הרב דוד סתיו
הרב אברהם סתיו

אבוא ביתך

צניעות וקרבה בין גברים לנשים

מגיד
ארגון רבני צהר

David Stav, Avraham Stav
Avo Beitekha
Modesty and Intimate Relationships

עורכים אחראיים: גילה פיין וראובן ציגלר
עורכת משנה: אפרת גרוס
עריכת לשון: שמואל מרצבך
הגהה: ינון חן
עימוד: חיה זיידבנד
עיצוב העטיפה: אליהו משגב

ספרי מגיד, הוצאת קורן
ת"ד 4044 ירושלים 9104001
טל': 02-6330530 פקס: 02-6330534
www.maggidbooks.com

מסת"ב ISBN 978-965-526-221-6

נדפס בישראל Printed in Israel 2020

לזכר ולעילוי נשמת

אחינו ודודנו

מנשה פרידלנד ע"ה

בן מרדכי יוסף ומרים

נלב"ע

ביום ז' באייר ה'תשע"ז

חי חיי מחלות וייסורין קשים.

הונצח ע"י אחיו וגיסתו

חיים יאיר ולביאה פרידלנד וב"ב

שוהם

מוקדש לעילוי נשמת

רבי שמואל בן רבי נחמן הלוי גרינברג ז"ל
מרת אלקה בת רבי אברהם גרינברג ע"ה
רבי פנחס בן רבי אברהם האס (השילוני) ז"ל
רבי נחום בן רבי מרדכי ליבוביץ ז"ל
מרת אידס (יהודית) בת רבי חיים ליבוביץ ע"ה

הונצחו ע"י נכדם

הרב אברהם לביא שליט"א

תוכן העניינים

הקדמת המחבר א

הרב דוד סתיו

שנתיים חלפו מאז יצא החלק הראשון בסדרת הספרים 'אבוא ביתך' אשר עסק בסוגיות של זוגיות ומשפחה בעידן המודרני. בחסדי שמיים הספר זכה להתקבל ולהילמד בחוגים רחבים של בני תורה ובעלי בתים; הוא נידון בבתי המדרש, על ידי אברכים ורבנים, וגם צעירים וצעירות העומדים לפני הקמת בית מצאו בו מענה לספקותיהם.

כדרכה של תורה, ולאור רגישותם של נושאי הספר וחשיבותם, הוא עורר עניין רב ונוצרו סביבו דיונים בבמות ספרותיות ותקשורתיות שונות: היו שביקרו את המגמה המקילה שמצאו בו; היו שדווקא חשו כי מצויה בו שמרנות־יתר; אחדים מצאו טעם לפגם באזכור מקור זה או אחר; ואחרים דווקא שמחו על פריסת היריעה הרחבה והמקיפה של כל נושא בלי להתעלם כמעט משום מקור או דעה המופיעים בהקשר לסוגיה הנידונה. לא־מעט רבנים הודו לנו על הנכונות להעז ולדון בנושאים שלפני דור או שניים היו נדחקים לקרן זווית או מוצנעים הרחק מהשיח הציבורי; לעומתם תהו אחרים האומנם נכון לעסוק בפומבי בשאלות רגישות כאלו.

נדמה כי אלו ואלו דברי אלוקים חיים: ישנן קבוצות וחברות שהנהגות של קדושה והחמרה הן בשבילן סם חיים וביטוי עמוק לשאיפותיהן בעולם הקודש - וטוב שכך; וישנם כאלה שבעבורם כתבה תורה את עיקר הדין, וקפיצה מעל המדרגה שבה הם נמצאים עלולה לגרום להם ולבני ביתם נזקים גדולים ביראת שמיים.

סח לי פעם אחד מגדולי ההוראה במראות וכתמים בירושלים כי בדורנו צריך להקל בעניינים אלו. כששאלתי אותו על שום מה דווקא בדורנו יש להקל, השיב כי בדור שבו המציאות פרוצה לכל הכיוונים והמתירנות חודרת לכל פינה, אם לא נמצא את הדרך להתיר - את המותר כמובן - יחיה האדם חלילה באיסור. הוא הוסיף וסיפר כי בעבר פנה אליו אדם שביקש תמיד לנהוג כדעה המחמירה בענייני טהרת המשפחה;

כששאל אותו מורה ההוראה כיצד מגיבה לכך רעייתו, השיב השואל ואמר כי היא צדיקה ושמחה בחומרותיהם; אך לימים התברר כי בעת שהלה היה מדקדק בחומרות ומנהגים הייתה אשתו עוברת על איסורי תורה עם גברים אחרים ולתחושת ההשלמה ששידרה לא היה כיסוי.

מובן שאין ללמוד ממעשה אחד על הכלל כולו - מסתבר שאפשר למצוא גם דוגמאות הפוכות - אך יש בסיפור זה כדי להמחיש את הצורך באיזון מדויק ההולם את מדרגתו של כל אדם ואדם, ואת חובתו של האדם לברור לו נתיב שבו הוא חש כי נכון לצעוד, בבחינת 'סולם מוצב ארצה וראשו מגיע השמימה'. בה בעת חובתם של אנשי ההלכה להציג בפני כל אדם את אבני הדרך הבסיסיות הקיימות במשעול זה; לא לגור מפני איש אלא לפרוש את דברי תורתנו הקדושה באופן בהיר ומדויק שאינו כפוף לאג'נדה כלשהי.

גם שאלת דיון הפומבי בסוגיות רגישות היא שאלה כבדת משקל, וכבר הורו חכמים במשנה (חגיגה פ"א מ"ד) כי "אין דורשים בעריות בשלושה"; אלא שהדברים הללו נאמרו בזמן שבו כל אדם ינק את הידע שלו בבית הוריו או בבית המדרש. שונה הוא דורנו שבו הטכנולוגיה הפתוחה מאפשרת לכל אדם להיחשף לכל נושא באופנים רדודים ושליליים; זהו עולם שאין בו חלל ריק ומה שלא ייאמר מתוך מבט של קודש ובעין של תורה ייאמר בשפה אחרת ומזווית מנוגדת והפוכה. לכן, דווקא מתוך מחויבות לעולם הטהרה והקדושה בישראל, לדידנו חובה בעת הזו לעסוק בכל נושא שמרחף בחלל עולמנו ועולמם של ילדינו ועלול להיות מחסום בינם ובין עבודת האלוקים - ומאידך־גיסא לשמש אמצעי העצמה וחיבור בינם לבין תורת ישראל.

הספר שלפניכם הוא פרי עמל של עשרות שנים, מעת היותי חניך בתנועת עזרא ומדריך בה ובתנועת בני עקיבא. זכיתי להיות בקשר עם מאות ואלפי בני נוער דרך שיעורים שאותם העברתי במדרשה לבנות באוניברסיטת בר־אילן, בישיבת פתח תקווה ובמסגרות רבות אחרות; וכבר שנים רבות אני זוכה לשמש כרבה של תנועת עזרא יחד עם עמיתי הרב יוסף וייצן שליט"א. השאלות שבהן נתקלתי השכם והערב בכל אותם מפגשים שיקפו את הצורך להעניק משנה סדורה לאחד האתגרים הגדולים של דורנו, אתגר היחסים בין המינים.

בהזדמנות זו שלוחה תודתי לכל השואלים, שלא ויתרו ואילצו אותנו, הרבנים, לחדד ולדייק את תשובותינו כדי שיהלמו את רוחה של תורה מחד־גיסא וישקפו התייחסות רלבנטית למציאות היומיומית שאותה חווה החברה שלנו מאידך־גיסא.

הקדמה זו היא גם הזדמנות נוספת להכיר טובה לכל אלה שנתנו בנו אמון ואפשרו לנו להתפנות ולכתוב ספר זה.

יעמדו על הברכה יו"ר קרן תקווה מר רוג'ר הרטוג, ומנהלה המסור מר אריק

כהן, וכן קרן מיימונידיס ומנהלה מר מרק צ׳רנדורף. לולא עזרתם הנדיבה ספק אם היינו יכולים להתפנות לכתיבה אינטנסיבית הדרושה ליצירת ספרים אלה.

ברכה מיוחדת שלוחה לרעייתי אביבה העומדת לימיני ומפצירה בי ללא הרף להעמיד משנה סדורה ומורכבת לאתגרי הדור בתחומים אלה. נכונותה לשאת בכל הנדרש לשם התמסרותי ללימוד התורה והפצתה היא נס גלוי; ואני מודה עליו - לה ולבורא העולם.

תודה לילדיי, חתניי וכלותיי, שאף הם מרבים להציף שאלות מכוונות ובוערות מהשטח ומאפשרים לי מגע ישיר עם המציאות המשתנה חדשות לבקרים.

אנו מתפללים שלא תצא תקלה מתחת ידינו ושלא נאמר על מותר אסור ולא על אסור מותר.

דוד סתיו

שוהם תש״פ

הקדמת המחבר ב

הרב אברהם סתיו

"וַיָּשֶׁב מֹשֶׁה אֶת דִּבְרֵי הָעָם אֶל ה'" (שמות י"ט, ח)

אנו רגילים לחשוב על משה רבנו כמי שמוריד את לוחות הברית מן ההר אל העם, כמי שנושא בקולו את דבר ה' אל בני ישראל; אך למשה רבנו תפקיד נוסף, חשוב לא־פחות: להיות זה שמביא את תלונותיהם של ישראל לפני המקום, להיות זה שמרגיש מתי הם חלשים ומפוחדים מכדי לשמוע את קול ה' הישיר והמחריד. משה רבנו הוא גם זה שמסוגל לדעת, ברגע אחד נשגב ונורא, שעם ישראל איננו יכול לקבל עתה לוחות של ברית ועדיף פשוט לשבור אותם.

להבדיל, גם מלאכת הכתיבה של ספר זה מוטבעת בחותם הדיאלוג. את החלק העיקרי שבו, מבחינה כמותית, תופס משא ומתן הלכתי אינטנסיבי, בראיות ובמקורות, כדרכה של תורה; אולם לאורך כל הדרך נשזרה מלאכת הלימוד והעיון במלאכה מורכבת לא־פחות: בשיח ובהקשבה לתנועות ובקשות המתעוררות בעולם בעשורים האחרונים.

הדיאלוג שמתוכו נכתב הספר התקיים בכמה מישורים: דיאלוג עם תלמידי חכמים רבים, בפורומים שונים, שחיוו את דעתם בסוגיות השונות; דיאלוג בין אבי מורי לביני, על פערי הדורות ובתי הגידול הרוחניים המבדילים בינינו; ודיאלוג עם קשת רחבה של בני אדם שהספר פונה אליהם ומתייחס אליהם: גברים ונשים, בני נוער ומבוגרים, בעלי נטיות חד־מיניות ועוד.

סוגיית הצניעות והיחסים בין המינים נושאת בקרבה מטענים חברתיים רבים בכל הנוגע לתפיסת המיניות והבנת היחס בין גברים לנשים בכלל. על כן ביקשנו מנשים רבות, הן תלמידות חכמים הן נשות מקצוע בתחומים הרלבנטיים, לקרוא חלקים

משמעותיים מן הספר ולהעיר את הערותיהן. זוהי ההזדמנות להודות לכל אלו שנענו בחפץ לב לבקשתנו, וביניהן: ד"ר מירי כהנא, הרד"ר תמר מאיר, הרבנית אוריה מבורך, ד"ר רונית עיר־שי, ד"ר חנה קהת, הרד"ר תרצה קלמן. תודה מיוחדת שלוחה לרבנית מלכה פיוטרקובסקי שליבנה איתי סוגיות אלו במשך שעות ארוכות, ובפרט את המבוא להלכות צניעות (המופיע בפרק השישי). מלבדן יש עוד עשרות רבות, אולי מאות, של נשים ונערות שהעירו והאירו, וחלקו עימנו את תובנותיהן; תעמודנה כולן על הברכה.

רשימת התודות לא תהא שלמה מבלי להזכיר את בני ובנות משפחתנו: אחיי ואחיותיי, גיסיי וגיסותיי; ובפרט את אמי מורתי שיורדת עמי בחוכמה רבה לפרטי הפרטים של דקדוקי הניסוח. על כולן שלוחה תודתי לרעייתי בתיה שמלבנת עימי כבר שנים ארוכות כל טקסט כתוב היוצא מתחת ידי - ברגישות ובתבונה עמוקה.

מפורטת ומדוקדקת ככל שתהיה, הכתיבה ההלכתית אינה יכולה לתת מענה מלא לכל אדם בכל מצב. כבר בכרך הקודם, העוסק בענייני משפחה, חתמנו לא־פעם את הדיון בהמלצה לעשות שאלת חכם; כיוצא בזה, בכרך שלפניכם מופיעה מדי פעם הקביעה "והדבר מסור ללב". הסוגיות הנידונות בספר נוגעות לתנועות דקות ועדינות המתרוצצות בתוככי נפשו של האדם; אלו תנועות שהמקורות ההלכתיים יכולים לזהותן באופן כללי בלבד ולייצר בעבורן מסגרת בסיסית - ולפיכך הדבר עודנו מסור ללב. בכך הבחין כבר בעל **ספר החינוך** (מצווה קפח) שכתב כי חכמים לא היו מסוגלים להתייחס לכל מגוון הפעולות והמצבים בתחום זה, וכי "במה שלא הזכירו הם, יש על כל אחד ואחד לעשות כפי מה שימצא את גופו מוכן".

אנו תקווה שהדיונים והפסיקות בספר זה ישמשו מסגרת ובסיס איתן שבאמצעותם יוכל כל אדם להיחשף הן למסגרת ההלכתית הן לרוחה, ועל גביהם לבנות עולם אישי של קדושה וטהרה עם שמחת חיים ודרך ארץ.

אחתום בהודאה לארגון רבני צהר ולמנכ"ל הרב ד"ר משה בארי; לצוות המסור והמקצועי של הוצאת מגיד המלווה אותנו במסירות גם בהוצאת כרך זה; ולעורך הרב שמואל מרצבך שחדות העין שלו ובהירות מחשבתו סייעו מאוד לדיוקם של דברינו ולליטושם.

אברהם סתיו

אלון־שבות תש"פ

מבוא

לדרך הפסיקה של הספר

רקע: בין הלכה למיניות

מתוך מגוון הנושאים העצום שבו עוסקת ההלכה היהודית, אפשר שהקשה ביותר לקיום הוא התחום המיני. על הפסוק "וַיִּשְׁמַע מֹשֶׁה אֶת הָעָם בֹּכֶה לְמִשְׁפְּחֹתָיו" (במדבר י"א, י) דרשו חז"ל שמשה שמע את ישראל בוכים על "עסקי משפחות, שנאסרו להם לשכב אצלם" (יומא עה ע"א), דהיינו על ההגבלות בתחום האישות. על חטא עבודה זרה של ישראל אמרו חז"ל שנעשה כדי "להתיר להם את העריות" (במדבר רבה פרשה טו כד; סנהדרין סג ע"ב), ולא כדי להתיר בשר בחלב או כלאיים לדוגמה. הקושי בקיומן של הלכות אלו מובן, שהרי יצר המין הוא מן הדחפים הבסיסיים והעוצמתיים ביותר של האדם,[1] וכל הגבלה שלו מנוגדת באופן עמוק לצדדים הטבעיים והקמאיים שבאדם.

על אף הקושי שבדבר, התורה לא היססה להטיל מגבלות רבות על ביטוייה של המיניות ולכונן מוסר מיני בעל היקף מורחב.[2] בתורה שבכתב, המוקד העיקרי של מגבלות אלו הוא זהות הנשים שעימן מותר לאיש להתחתן (וממילא גם זהות האנשים שעימם מותר לאישה להתחתן); ואילו בתורה שבעל־פה אנו מוצאים הגבלות על קשרים בין המינים שלא במסגרת נישואין, סייגים על הקשר שבין איש ואשתו (גם בשעה שהם מותרים זה בזו), הלכות צניעות, שמירת העיניים והוצאת זרע לבטלה.

1. כפי שבא לידי ביטוי בין השאר בתיאוריות של פרויד. ראו למשל זיגמונד פרויד, **שלוש מסות על התאוריה המינית**, מרחביה 1954.
2. על אופיו של המוסר המיני היהודי ראו למשל אצל אליעזר ברקוביץ, **מאמרים על יסודות היהדות**, ירושלים תשס"ד, עמ' 187–209.

המקורות כולם שבים ומדגישים את החומרה הגדולה של העבירות בתחומים אלו, שבגללן מקיאה הארץ את יושביה (ויקרא י"ח, כד-כה).

הפער בין היצר האנושי הסולד ממעצורים לבין חוקי התורה גרם לכך שלאורך כל הדורות התהוו קשיים בקיומם של חוקי העריות. זנות עם נשים נוכריות מתוארת כבר בפרשת בלק (במדבר כ"ה, א); ישעיהו מוכיח את בנות ציון על שהן הולכות "נְטוּיוֹת גָּרוֹן וּמְשַׂקְּרוֹת עֵינָיִם" (ישעיהו ג', טז); וחכמים מעידים על תופעה רווחת של זנות אפילו בעיצומו של יום הכיפורים (יומא יט ע"ב).

הקושי שבשמירת דיני צניעות איננו נובע רק מכוחו של היצר, אלא גם מן ההגבלות שהם מטילים על החיים החברתיים הטבעיים, כפי שכתב הראי"ה קוק זצ"ל (**מדות הראיה, צניעות**):

> מדת הצניעות גורמת טובות רבות בעולם, ומתוך כך היא זוכה לדחות מפניה דברים שהיו טובים מצד עצמם, אבל כיון שמפני יצר האדם וכחו החלש יגרמו לפרוץ במדת הצניעות, שהיא קיומו של העולם הרוחני והחמרי. מדת האהבה והידידות, בכל הסימנים והדבורים הנוחים, היה ראוי להיות שוה בין המינים, אבל מפני יקרת ערך הצניעות נדחית מדת דרך ארץ ממקומה עד שלא לשאול בשלום אשה...[3]

ישנו אפוא מתח מהותי בין "מדת דרך ארץ" הקוראת ליחסי רֵעות וקרבה בין המינים, לבין "מדת הצניעות" המגבילה אותם מאוד. ההלכה היהודית נתנה את 'המילה האחרונה' למידת הצניעות בשל החשש מפני "יצר האדם וכחו החלש" ומתוך הכרת המקומות הנמוכים שאליהם יכולים להידרדר היחסים בין גברים ונשים אם לא יוצבו להם גבולות.

דיני עריות בימינו

עם זאת נדמה כי בימינו מצויים תנאי חיים ייחודיים המקשים על קיומם של דיני העריות יותר מבעבר; נמנה כמה מהם:

א. גיל הנישואין - בגמרא (קידושין כט ע"ב) נאמר כי מי שלא נשא אישה עד גיל עשרים, "כל ימיו בעבירה". העלייה בגיל הנישואין הממוצע יצרה מציאות שבה רבים כבר הגיעו לבשלות מינית אך טרם מצאו את בן זוגם (ולעיתים אף לא החלו

3. הרב קוק מוסיף כי "הצנוע מכיר כי לא מפני שׂנאה על המין הוא מתרחק ועושה גדרים כי אם מפני התכלית הכללי היפה".

לחפש אותו). גם אם ישנן הצדקות שונות לדחיית הנישואין בימינו,[4] אין להכחיש את ההשלכות הבעייתיות של דחייה זו על היכולת ליישם את דיני צניעות כהלכתם.

ב. חברה מעורבת – החברה המערבית נמצאת בשיאו של תהליך בן מאות שנים שבו יותר ויותר תחומי חיים – לימודים ועבודה, מתחמי בילוי ומסגרות צבאיות – הפכו משותפים לגברים ונשים. תהליך זה התעצם בשל הפמיניזם הליברלי[5] שהביא ברכה רבה לעולם בכך שיצר חברה שבה שני המינים זוכים להזדמנויות שוות בהשכלה, בתעסוקה ובהנהגת הציבור והמדינה. אולם החתירה לשוויון מתנגשת במקרים רבים עם רעיון ההפרדה בין המינים,[6] ומשום כך ההפרדה בוטלה במרבית המסגרות. במובן מסוים, יש בכך כדי להרגיל את שני המינים בשהייה משותפת ולנרמל את המפגש ביניהם,[7] אך יש בכך גם יצירה של פתחים רבים שבהם יכול החטא להיכנס.

ג. קדמה טכנולוגית – מגוון אמצעי התקשורת שאנו חשופים להם ונוטלים בהם חלק מייצר אפשרויות אינסופיות לעשייה חיובית אך גם לכישלונות ונפילות. מכיוון שסביבת החיים החדשה שלנו לא התקיימה בימי חז"ל, אין בידינו הנחיות המקבילות לדיני ייחוד או שמירת נגיעה, וקשה מאוד לקבוע גבולות וכללים ביחסים בין המינים במרחב הווירטואלי.

ד. מתירנות מינית – ראשיתה של תנועת השחרור המיני בשנות השישים של המאה הקודמת בארה"ב, ומשם היא התפשטה לעולם כולו. תנועה זו ביקשה להסיר את העכבות המוסריות והחברתיות בתחום זה ועודדה יחסים שלא במסגרת הנישואין, עירום פומבי, פורנוגרפיה וכן הלאה.[8] התנועה קיבלה רוח גבית מן הגל השני של הפמיניזם, שהחל במקביל וביקש לפורר את המבנים המשפחתיים המסורתיים.[9] מהפכה זו לא חדרה במלואה אל החברה הדתית, אך שינתה לבלי הכר את פני

4. ראו על כך בספרנו **אבוא ביתך**, חלק א, פרק א.

5. הגל הפמיניסטי הראשון, שזמנו הוא מסוף המאה ה־18 ועד אמצע המאה ה־20, ביקש להעניק שוויון זכויות לנשים בחברה.

6. שהרי בסופו של דבר הפרדה מביאה לעיתים לידי אי־שוויון, בעיקר בהקשרים שבהם אחד המינים דומיננטי יותר (למשל כנס מנהלים נפרד בחברה שבה 90% מהמנהלים הם גברים).

7. כפי שכתב בעל **הלבוש** (או"ח, מנהגים, אות לו): "דעכשיו מורגלות הנשים הרבה בין האנשים ואין כאן הרהורי עבירה כל כך".

8. על יסודותיה הרוחניים של מהפכה זו ושורשיה הנוצריים ראו בחיבורו של ניל מנוסי, **שורשי המהפכה המינית בראי היהדות והנצרות**. זמין במרשתת.

9. ראו למשל Kate Millet, *Sexual Politics*, New York 1970. על המהפכה הא־מינית המתחוללת במאה ה־21 ראו Karli June Cerankowski and Megan Milks (eds.), *Asexualities: Feminist and Queer Perspectives*, New York and London 2014.

השיח שעימו באה החברה הדתית במגע. ערכים של צניעות וגבולות בין המינים, שהיו בעבר נחלת הכלל, נתפסים כעת מוזרים ומשונים. אפשר שהדוגמה הבולטת ביותר לשינוי בתפיסת המיניות, שבו כמעט שלא נדון בספר זה, היא היחס להומוסקסואליות: עד שנת תשמ"ח קבע החוק הישראלי עונש של עשר שנות מאסר על קיום יחסים חד־מיניים,[10] ואילו כיום הוא מכיר (בעיקר במסגרת פסיקות בג"ץ) בזוגיות הומוסקסואלית כזוגיות נורמטיבית ברוב התחומים עד שהאפשרות לאסור בחוק את עצם היחסים נשמעת מופרכת באוזני אדם מן השורה.

על ההיבטים הללו, הקשורים באופן ספציפי לתחום המיני, יש להוסיף את הקושי של חלקים מסוימים של הציבור הדתי־לאומי לקבל את ההלכה כסמכות עליונה ומוחלטת; קושי הבא לידי ביטוי בסוגים שונים של 'דתיים־לייט' או 'דתיים על הרצף' לגווניהם השונים.[11]

התמודדות הלכתית עם אתגרי התקופה

כיצד עלינו להתמודד עם המציאות החדשה שניצבת לפתחנו? ככלל נדמה שאפשר להצביע על שלוש גישות עקרוניות הרווחות בעולם ההלכה ובציבור:

גישה אחת נוקטת שבדור פרוץ כמו שלנו מחובתנו ללכת אל הקיצוניות השנייה ולחתור להפרדה מוחלטת ככל האפשר בין המינים. גישה זו רווחת בחברה החרדית וגם בחלקים מן החברה הדתית־לאומית והיא באה לידי ביטוי באירועים נפרדים, באוטובוסים נפרדים, בתנועות נוער נפרדות וכן הלאה.[12] הבסיס של גישה זו נמצא בדברי **הטור** (אה"ע, סימן כא) שהובאו **בשו"ע** (שם, א): "צריך אדם להתרחק מן הנשים מאד מאד", ובהנחיות שונות ברוח זו שנמצאות בדברי חז"ל והפוסקים.[13] יש בגישה זו היגיון רב: יצר העריות מוצא כל העת דרכים חדשות להופיע בהן, וכנגדן יש לייצר תגובה הולמת. בדור שבו נשחקו הנורמות הישנות של הצניעות הטבעית, יש למלא

---

10. ראו: סעיף 351 לחוק העונשין, התשל"ז-1977; תיקון 22 לחוק העונשין, התשמ"ח-1988.
11. תופעה זו נידונה בין השאר בכמה מאמרים שנתפרסמו במהלך קיץ תשע"ח. ראו: הרב יהודה ברנדס, 'מחיר הרצף', מוסף שבת, **מקור ראשון**, כ"א בתמוז תשע"ח; הרב שלמה וילק, 'הלכה במבחן', מוסף שבת, **מקור ראשון**, כ"ט בתמוז תשע"ח; רגב בן־דוד, 'לקראת מפה חדשה: דתיי הרצף כיהודים מורשתיים', מוסף שבת, **מקור ראשון**, ג' באב תשע"ח.
12. על גישה זו בהרחבה ראו הרב יובל שרלו ורן חורי, **חברה שלמה: חברה צנועה מעורבת לכתחילה**, תל־אביב תשע"א.
13. כגון "אל תרבה שיחה עם האשה" (משנה, אבות פ"א מ"ה).

את מקומן בחומות הפרדה מלאכותיות.[14] יחד עם זאת, נראה שגישה זו אינה בת־יישום בחברה הדתית המודרנית המעורה בכל מרחבי החיים של החברה הישראלית: בצבא, באקדמיה ובמקומות העבודה.

לפי גישה שנייה, הכללים העתיקים שוב אינם תקפים בחברה המודרנית: שמירת נגיעה אינה רלבנטית כיום ביחסים בין גברים לבין נשים; איסור קול אישה הוא איסור מופרך בסביבה התרבותית שבה אנו חיים; וכיסוי ראש הוא פריט לבוש מביך שאבד עליו הכלח. בחברה הרחוקה שנות אור מן המציאות שבה נוצרו הלכות צניעות, אין הצדקה לקיים אותן ככתבן.[15] הבסיס ההלכתי לגישה זו נמצא בדברי הגמרא (קידושין פב ע"א) "הכל לשם שמים", כפי שפירש אותם הריטב"א (**חידושי הריטב"א**, שם, ד"ה הכל): "הכל כפי מה שאדם מכיר בעצמו... ואם מכיר בעצמו שיצרו נכנע וכפוף לו ואין מעלה טינא כלל מותר לו להסתכל ולדבר עם הערוה ולשאול בשלום אשת איש". דהיינו הלכות צניעות לא נחקקו בסלע והן תלויות הקשר ועשויות להשתנות לפי המציאות ורוח הזמן. ואכן, כמעט אין מי שיחלוק על כך שהנחייתו של הרמב"ם, שאין להניח לאישה לצאת מביתה יותר מפעם או פעמיים בחודש (**משנה תורה**, הלכות אישות, פי"ג הי"א), שוב איננה רלבנטית כיום. דוגמה קרובה יותר היא קביעתם של גדולי הפוסקים בתחילת המאה ה־20 שאסור לנשים להצביע בבחירות, קל וחומר להיבחר בהן: בעוד בזמנו הצטרף אל האוסרים הראי"ה קוק,[16] כיום אין איש מתלמידי תלמידיו האוחז בשיטה זו, ואף בחברה החרדית היא נכחדה כמעט לחלוטין. ממילא יש מקום לומר שהלכות היחסים בין המינים אמורות לשקף את הנורמות החברתיות המקובלות ואין צורך לקבע את הניסוחים המצויים בדברי חז"ל והפוסקים. הבעיה

14. מייצג בולט של גישה זו הוא הרב מנשה קליין, מחבר **שו"ת משנה הלכות**. ראו למשל את תשובתו בעניין 'אל תרבה שיחה עם האשה' (שם, חלק ט, סימן שיא).

15. דברים העשויים להזכיר רוח זו כתב הרב שג"ר, **שיעורים על ליקוטי מוהר"ן**, חלק ב, אלון־שבות תשע"ה, עמ' 385: "כוחה של ההלכה כאשר היא ממשות חייו של היהודי, כאשר הוא אינו נצרך להנמקות חיצוניות כדי לקיימה. רק כך היא יכולה לייצג את האלוקי ולהחדירו לחיינו; היא מאבדת את ערכה כאשר היא הופכת לאידיאולוגיה, קרי נזקקת למערכת הצדקות חיצוניות שמעבר לה. לכן אין משמעות להלכה אם היא אינה מעצבת עולם שלם. למשל, כאשר אנו חיים בתוך עולם מערבי, ומנסים לשלב לתוכו את הוראות ההלכה בנושאי צניעות, ברור שנרגיש צרימה וכפייה".

16. ראו על כך במבוא לחלק א של ספרנו **אבוא ביתך**, וכן: תמר רוס, 'היבטים פמיניסטיים במשנתו האוטופית של הרב קוק', בתוך: יהודיע עמיר (עורך), **דרך הרוח: ספר היובל לאליעזר שביד**, ירושלים תשס"ה עמ' 717–752; אבינעם רוזנק, **ההלכה הנבואית**, ירושלים תשס"ז, עמ' 246–253.

בגישה זו היא שבהיעדר גדרים הלכתיים ברורים עתיד כל ערך מופשט להתפורר ולהתמוסס, ודאי כאשר מדובר בערך המנוגד במהותו ליצרים האנושיים הבסיסיים ביותר.

בספר זה ננקוט גישה שלישית: הגישה ההלכתית. בכל סוגיה נבקש לברר את דברה המדויק של ההלכה, ולהציב אותו כמסגרת המחייבת שבתוכה עלינו להתנהל. מובן כי חלו שינויים מציאותיים רבים לאורך השנים ואין בכוונתנו להתעלם מהם; אך נבקש לתת להם מקום במסגרת ההגדרות ההלכתיות שלתוכן הם נכנסים, כדרכה של תורה. לא נוותר גם על השאיפה לתוספת צניעות וקדושה, אך נבחין בין עיקר הדין לבין מידת חסידות והנהגות של פרישות.

אנו סבורים שלגישה זו יתרונות רבים על פני חברותיה, הן בנוגע לדיני צניעות וקרבה בין המינים הן ביחס למרחב ההלכתי כולו. גישה זו נובעת מתוך אמון בשפה ההלכתית המחזיקה את עם ישראל ואת ערכיו במשך אלפי שנים. הרמב"ם כבר קבע בעיקרי האמונה שלו כי "זאת התורה לא תהא מוחלפת",[17] וביאר **במורה הנבוכים** (חלק ג, פרק מא) שגם אם יש צורך בשינוי של פרט זה או אחר, עלינו לעשות זאת במסגרת הכלים ההלכתיים שהעניקה לנו התורה (הכוללים גם הוראות שעה ותקנות) ולא מתוך תודעה של שינוי כללי המשחק; זאת משום שכוחה של ההלכה הוא בהיותה חוק אחיד וקבוע, וכאשר מערערים על כך מאבדים את כל התוקף של הערכים שהיא מנחילה.[18]

משום כך אין להתיר את שאסרו חכמי ההלכה, ומאידך־גיסא גם אין לאסור את אשר התירו. ההיצמדות להכרעה ההלכתית הכרחית לשם יצירת אמון במוסד ההלכה. כך כתב הראי"ה קוק זצ"ל (**שו"ת אורח משפט**, או"ח, סימן קיא):

> חלילה לנו לחשוב שע"י מה שאנו מתירים את המותר... כי בזה נתן פרצה לפני הפורצים, חלילה. אדרבא, כשיראו העם כולו שמה שהוא מותר אנחנו מתירים,

17. כך הוא נוסח המובא בסידורים. ניסוחו של הרמב"ם עצמו **בפירוש המשנה** (סנהדרין, פרק י) שונה מעט בסגנונו אך דומה בתוכנו. הראשונים דנו בעיקר אמונה זה והתפלמסו על אודותיו. ראו: **אור השם** (לר"ח קרשקש), מאמר שלישי, חלק א, כלל ה, פרק א; **ספר העיקרים** (לר"י אלבו), חלק ג, פרקים יג-יט; **ראש אמנה** (לר"י אברבנאל), פרק יג; **נוה שלום** (לרבי אברהם שלום), מאמר י, פרק ד.

18. רעיון דומה נמצא אצל אריסטו, **פוליטיקה**, ספר ב, פרק 8. ראו אליעזר חדד, **התורה והטבע בכתבי הרמב"ם**, ירושלים תשע"א, עמ' 335-362. דברים ברוח זו כתב גם הראי"ה קוק (**לנבוכי הדור**, פרק יד): "והנה מטעם שמירת המרכז הרוחני שבתורה והידיעה שהיא עצת ד' להורות דרך החיים, ואם יחל העם להנהיג קלות במקצתה, הלא דייתיקי שבטל דבר אחד ממנה כולה בטלה, על כן חלילה לבטל אות אחת מן התורה גם אם ישתנו הזמנים".

אז יאמינו ביותר שכל מה שאנו אוסרים הוא מפני שכך הוא דין תורה או מנהג ישראל שהוא גם כן תורה. אבל אם נאסור אפילו דברים הבאים על ידי המצאה חדשה שלא היה מעולם כלל, יאמרו שהרבנים חפצים להחמיר מלבם ואינם חסים על הצבור, ובזה יש נתינת יד לפרצות גדולות, ד' ישמרנו.[19]

כלומר ההבחנה בין איסור הלכתי לבין סברות אישיות היא הבחנה הכרחית כדי שהפסיקות המחמירות יתקבלו מתוך אמון. הבחנה זו חשובה עשרת מונים בדורנו, דור מהפכת המידע, שבו כל קביעה הלכתית נתונה לביקורת של אלפי אנשים משכילים עם מאגרי מידע תורניים נגישים. מי שיאסור את המותר, גם אם מתוך כוונות נאצלות, ייחשף עד מהרה ודבריו לא יזכו לאמון הציבור. משום כך הדרך הנכונה, בתחום זה יותר מאשר בתחומים אחרים, היא להבחין בין עיקר הדין לבין המחויבות האישית להתעלות בצניעות ובפרישות. כך אכן נהג בעל **ספר החינוך** (מצווה קפח):

אין באפשר להגיד פרטי הענינים שידע האדם לעשות לקרב אליו דעת האשה... ולכן הזכירו זכרונם לברכה מהם קצת, ובשאר יזהר כל אחד ואחד לשמור עצמו לפי מה שימצא את גופו, כי השם יראה ללבב.

ומכל מקום... מכל מה שהזהירו זכרונם לברכה אין אדם רשאי לזוז ממוסרם הטוב.

דהיינו ההלכה קבעה בגדרים מוחלטים רק חלק קטן מן התחום של הקרבה בין המינים, ויש להתייחס אליהם כאל מסגרת בסיסית שאותה אין לפרוץ ועל גביה יש להקים סייגים נוספים ההולמים כל אדם ואדם באופן אישי.

מתוך הדבקות בשפה ההלכתית, נבקש להישיר מבט אל המציאות ולהיות מודעים לכך שרוב ככל בני הציבור הדתי־לאומי לומדים ועובדים במסגרות מעורבות וחשופים במידה ניכרת לתרבות המערבית - לא על מנת להתיר את האסור, אלא כדי להכיר בכנות בהשלכות ובמשמעויות של כל פסיקה ולוודא שהדרך שאנו מציגים יכולה לעמוד במבחני החיים ולשמש דרך לרבים ללא תחושה של שקר וצביעות. כך נבקש

19. כך כתב גם הרש"ר הירש **בשו"ת שמש מרפא** (סימן עט): "נהיה עמוד ברזל וחומת נחשת לכל המתפרצים בעם, בכל אשר יש בו באמת נדנוד עבירה והריסת הדת. אבל בכל דבר שאין בו שמץ איסור נהיה רך כקנה ולא נקשה ערפנו, אז גם לתוכחתנו על עון יטו אזן. אכן, אם גם בדבר שאין בו נדנוד עברה נתנגד להם, גם בתוכחתנו על עון פלילי ישימו תהלה לאמר: אף זה אינו כי אם עקשות לב וקשיות עורף ממורנו, הלא גם על דבר מותר ריב יריב עמנו".

ליצור דרך שאותה יבור לו האדם החפץ להיות מעורב בדעת עם הבריות ויחד עם זאת להיות מחויב לעולם של הלכה וקדושה.

שער ראשון

קרבה בין המינים - מגע וייחוד

א

מגע בין המינים במסגרות טיפוליות

"במסגרת השירות הלאומי אני מתנדבת במקום המשמש כמעון לילדים שנפלטו ממערכות החינוך. מרבית הילדים במעון הם ילדים למשפחות הרוסות שלא סיפקו לילדיהן את אווירת החמימות המשפחתית שכל ילד זקוק לה; ואני חשה לא־פעם את חשיבות המגע הפיזי בילדים הללו שגורלם לא שפר עליהם והם חסרים חום גופני. האם מותר לי לחבק אותם או להעניק להם תמיכה פיזית אחרת?"

"אני עובדת במרכז שיקומי המיועד לפגועי ראש בעלי צרכים מיוחדים. אופי העבודה שלי אינו דורש מגע פיזי, לפחות לא באופן מהותי, אך לעיתים אני חשה שמגע כזה נדרש; לדוגמה במסיבות ואירועים שבהם משמיעים מוזיקה והחניכים רוקדים עם אנשי הצוות. מבחינתי, נתינת יד במקרה כזה היא חלק מן העבודה הטיפולית ואני מרגישה שהימנעות ממנה עשויה לפגוע בהם. האם הדבר מותר?"

פתיחה

בניגוד לרוב הסוגיות ההלכתיות, סוגיית הקִרבה בין המינים אינה נוגעת לתחום שבין האדם לעצמו אלא עוסקת בממשק בינו לבין החברה. לדוגמה, יכול אדם ללמוד כמה שנים באוניברסיטה, לאכול אוכל כשר, להתפלל בהפסקות ולהתלבש כרצונו, והנקודה היחידה שבה ייווצר מתח בינו לבין הסביבה החילונית תהיה כשנשיאת האוניברסיטה תושיט לו את ידה ללחיצה בטקס הענקת התעודות. בדומה לכך, לאחרונה פורסם

כי ישנם תושבים מוסלמים שנמנעת מהם קבלת אזרחות שווייצרית משום שאין הם מוכנים ללחוץ את ידי הפקידים בני המין השני, בעוד יתר חוקי האיסלאם מתקיימים ברשות היחיד ואינם מפריעים לאיש.[1] משום מה, דווקא נושא זה הוא החוצץ בין תרבויות שונות.

כל כוח פועל לכל הכיוונים, וכפי שהתנהלותו של שומר ההלכה משפיעה על סביבתו, כך גם האווירה החיצונית מפעילה עליו לחץ וגורמת לו לחוש שהתנהגותו אינה 'נורמלית'. התבוננות רחבה וכנה על החברה המערבית החילונית, אל מול רעותה הדתית, איננה מותירה מקום לספק באשר לערך העקרוני של דיני עריות. חברה המבקשת קדושה ואידיאלים, ושואפת לשיתוף פעולה ענייני ומכבד בין גברים לנשים, זקוקה לסייגים ואיסורים בתחום המיני.[2] אולם לעיתים ישנם צרכים מיוחדים המציבים סימני שאלה סביב גדרי ההלכה.

מאז סדרת מחקרים שנערכו בשנות הארבעים של המאה הקודמת,[3] עלתה המודעות החברתית לצורך של כל ילד וכל אדם בקשר אישי חם ואוהב. ילדים שאינם זוכים לקשר כזה בסביבתם הטבעית מקבלים אותו במוסדות ובמסגרות שונות שבהם הם שוהים, ולשם כך דרושים (מלבד אנשי מקצוע) מתנדבים רבים; ואכן בני נוער רבים, חלקם הגדול מן הציבור הדתי־לאומי, פועלים בתחום זה - במסגרת תנועות הנוער ועמותות שונות ובעיקר במסגרת השירות הלאומי. מדי שנה, אלפי בנות שסיימו את בית הספר התיכון מטות את שכמן ומסייעות בתחומי הרווחה והחינוך בכל רחבי מדינת ישראל. מתנדבות אלו עושות עבודת קודש, ושם שמיים מתקדש על ידן בהביאן אור של תקווה ונחמה במקומות שמציאות החיים בהם אינה פשוטה.

---

1. התופעה המתפשטת במדינות אירופה של אילוץ נשים מוסלמיות להימנע מלבוש 'צנוע מדי', היא תנועת־נגד חילונית שאיננה מאפיינת מצב עניינים נורמלי.

2. ראו למשל במאמרו של הרב ניר מנוסי, 'נוגע, לא נוגע: כיצד התחלתי לשמור נגיעה', מוסף שבת, **מקור ראשון**, ה' בניסן תשע"ח.

3. הידועים במחקרים אלה הם: מחקרו של ספיץ שהצביע על חשיבות המגע בתינוקות ששהו בתחילת חייהם בבתי חולים; מחקרו של הרלוו שהראה כי גורי קופים מעדיפים מגע מלטף על פני מזון; ומחקרו של סקילס שהראה שיפור בתפקודם של יתומים שנמסרו לטיפול נערות בעלות פיגור שכלי. ראו: René A. Spitz and Katherine M. Wolf, 'Anaclitic Depression: An Inquiry into the Genesis of Psychiatric Conditions in Early Childhood', *Psychoanalytic Study of the Child* 2, 1946, pp. 313-342; Harry F. Harlow, 'The Nature of Love', *American Psychologist* 13, 1958, pp. 673-685; Harold M. Skeels and Harold B. Dye, 'A Study of the Effects of Differential Stimulation on Mentally Retarded Children', *American Journal of Mental Deficiency* 44, 1939, pp. 114-136.

אחד מתפקידיהן הנפוצים ביותר של בנות השירות הוא לשמש כתובת חינוכית ומשען נפשי לילדים בעלי צרכים מיוחדים, או לילדים שגדלו במשפחות הרוסות ומשוועים לחום ואהבה. מציאות זו מעוררת דילמות הלכתיות מורכבות שאחת מהן היא שאלת מערכת היחסים הפיזית, הרצויה והמותרת, בין המינים במסגרת כזו.

בפרק זה נעסוק בעיקר בבירור מהותו של האיסור על קרבה פיזית בין גברים ונשים, ובבירור גדריו. כמו כן נבחן באיזו מידה יש משמעות למצוקתם של המטופלים לעניין זה.

א. תוקף איסורי קרבה לעריות ומקורם

בפרשת אחרי מות נאמר: "אִישׁ אִישׁ אֶל כָּל שְׁאֵר בְּשָׂרוֹ לֹא תִקְרְבוּ לְגַלּוֹת עֶרְוָה אֲנִי ה'... וְאֶל אִשָּׁה בְּנִדַּת טֻמְאָתָהּ לֹא תִקְרַב לְגַלּוֹת עֶרְוָתָהּ" (ויקרא י"ח, ו-יט). משמעו הפשוט של המונח "תקרב" הוא יחסי אישות, כפי שכתבו **אבן-עזרא** ו**חזקוני** (שם); אך חז"ל למדו ממילה זו כי יש להרחיב את האיסור לפעולות נוספות וכך אמרו (תורת כהנים, אחרי-מות, פרשה ט): "אין לי אלא שלא יגלה מנין שלא תקרב? תלמוד לומר 'לא תקרב'".

בתורת כהנים מבואר אם כן שישנן פעולות שנאסרו משום 'קרבה' אך לא ברור מהן אותן פעולות.[4] תיאור מפורט יותר אפשר למצוא באבות דרבי נתן (נוסחא א, פרק ב):

> איזהו סייג שעשתה תורה לדבריה?... יכול יחבקנה וינשקנה וידבר עמה דברים בטלים? תלמוד לומר "לא תקרב". יכול תישן עמו בבגדיה על המטה? תלמוד לומר "לא תקרב".[5]

4. עיינו למשל בדברי הרמב"ן (**השגות הרמב"ן לספר המצוות**, לא-תעשה שנג): "והנה לדעתי הברייתא השנויה בספרא אינה אלא לאיסור השכיבה בקירוב בשר כשיהיו שניהם ערומים".

5. ראו שמות רבה, פרשה טז, אות ב: "האשה נקראת גפן שנאמר אשתך כגפן פוריה, אמר הקדוש ברוך הוא: אל תאמר הואיל ואסור לי להשתמש באשה, הריני תופשה ואין לי עון, או שאני מגפפה ואין לי עון, אני נושקה ואין לי עון. אמר הקדוש ברוך הוא: כשם שאם נדר נזיר שלא לשתות יין, אסור לאכול ענבים לחים ויבשים ומשרת ענבים וכל היוצא מגפן היין, אף אשה שאינה שלך - אסור ליגע בה כל עיקר, שכן שלמה אומר היחתה איש אש בחיקו ובגדיו לא תשרפנה כן הבא אל אשת רעהו לא ינקה כל הנוגע בה. לכך סמך הקדוש ברוך הוא פרשת נזיר לפרשת סוטה שהן דומות זו לזו, וכל מי שנוגע באשה שאינה שלו מביא מיתה על עצמו". האיסור העולה ממדרש זה נראה רחב יותר, אך לא ברור מהי חומרתו.

באבות דרבי נתן מפורש שאסור לאדם לחבק ולנשק את אשתו כשהיא נידה, וכן אסור לו לישון עימה באותה מיטה. לאור מקורות אלה מוסכם על הפוסקים שיש לאסור קרבה לעריות, אלא שנחלקו הראשונים בשאלת תוקף האיסור.

הרמב"ם כתב **בספר המצוות** (לא־תעשה שנג, בתרגום הרב קאפח):

> שהזהירנו מלהתענג באחת מכל העריות ואפילו בלא ביאה. כגון החבוק והנשוק וכיוצא בהן ממעשה ההתעלסות... כאילו יאמר לא תקרבו אליהם קרבה המביאה לגלות ערוה... וכבר כפל האזהרה באיסור הדברים המכוערים הללו ואמר "לבלתי עשות מֵחֻקּוֹת התועבות".

וכך פסק גם **במשנה תורה** (הלכות איסורי ביאה, פכ"א ה"א):

> כל הבא על ערוה מן העריות דרך איברים או שחבק ונשק דרך תאוה ונהנה בקרוב בשר הרי זה לוקה מן התורה, שנאמר "לבלתי עשות מחקות התועבות" וגו' ונאמר "לא תקרבו לגלות ערוה", כלומר לא תקרבו לדברים המביאין לידי גילוי ערוה.

בדבריו הזכיר הרמב"ם פסוק נוסף החותם את פרשת אחרי מות: "וּשְׁמַרְתֶּם אֶת מִשְׁמַרְתִּי לְבִלְתִּי עֲשׂוֹת מֵחֻקּוֹת הַתּוֹעֵבֹת אֲשֶׁר נַעֲשׂוּ לִפְנֵיכֶם" (ויקרא י"ח, ל). **בפירוש המשנה** (סנהדרין פ"ז מ"ד) הסביר הרמב"ם מהו היחס בין איסור 'לא תקרבו לגלות ערווה' לבין איסור 'לבלתי עשות מחוקות התועבות':

> הבא על ערוה מן העריות דרך איברין או שנשק אחת העריות או שחבק או שנגע באבר מאבריה כדי ליהנות, באיזה אבר שיגע מאברי גופה כגון אותם המתחככים ביד וברגל... וכן המצחק עם אחת העריות, והשחוק עמה והקריצה בעין לשם תענוג,[6] כל זה אסור והעושה אותם חייב עליהם מלקות, והם כולם כלולים בתוך שני לאוין האמורים בתורה: האחד הוא אמרו יתעלה "לא תקרבו לגלות ערוה",

6. הרחבת איסור התורה ל"רמיזה וקפיצה" מובאת גם במניין המצוות הקצר לרמב"ם (הקדמה **למשנה תורה**, לא־תעשה שנג), והרמב"ן (**השגות הרמב"ן לספר המצוות**, לא־תעשה שנג) כתב עליה: "והם באמת דברים בטלים שיהיה במדבר עם אשתו נדה שיחה בטלה לאו ומלקות מן התורה". ואכן בהלכותיו הזכיר הרמב"ם פעולות אלו רק בהלכה ב: "העושה דבר מחוקות אלו הרי הוא חשוד על העריות; ואסור לאדם לקרוץ בידיו וברגליו או לרמוז בעיניו לאחת מן העריות או לשחוק עמה או להקל ראש ואפילו להריח בשמים שעליה או להביט ביפיה אסור, ומכין למתכוין לדבר זה מכת מרדות" (**משנה תורה**, הלכות איסורי ביאה, פכ"א ה"ב).

כאלו אמר התרחקו מדברים המקרבים והמרגילים לגלוי ערוה וכך פירשוהו עליהם השלום לא תקרבו ולא לגלות ערוה; והשני אמרו "לבלתי עשות מחקות התועבות", ואלו שאמרנו ודומיהן נקראין חקות התועבות.

מדברי הרמב"ם עולה כי מדובר בשני איסורים נפרדים:[7] איסור 'לא תקרבו לגלות ערווה' עוסק בחשש שמא מעשי הקִרבה יובילו לידי גילוי ערווה;[8] ואילו האיסור על 'חוקות התועבות' עניינו התיעוב שקיים במעשים אלו בפני עצמם.[9]

על כל פנים, מדברי הרמב"ם ברור שמעשי קרבה אסורים מן התורה, וכן דעת רוב הראשונים: בעל **ספר החינוך** (מצווה קפח), **הסמ"ג** (לאוין, מצווה קכו), הריטב"א (**חידושי הריטב"א**, שבת יג ע"ב), הריב"ש (**שו"ת הריב"ש**, סימן תכה), ר' מנחם המאירי (**בית הבחירה**, סנהדרין סו ע"ב), הראב"ד (**פירוש הראב"ד על הספרא**, אחרי מות, פרשה ח), רבנו יונה (**איגרת התשובה**) ועוד.

עם זאת, מן הגמרא במסכת שבת (יג ע"א) נראה כי איסור זה שנוי במחלוקת. הגמרא מביאה ברייתא ברוח המקורות הנזכרים: "מה אשת רעהו – הוא בבגדו והיא בבגדה אסור, אף אשתו נדה – הוא בבגדו והיא בבגדה אסור", ומעירה על כך: "ופליגא דרבי פדת, דאמר רבי פדת: לא אסרה תורה אלא קורבה של גלוי עריות בלבד". באופן פשוט נראה כי לדעת ר' פדת אפילו קירוב בשר מותר מן התורה (עיינו **ברש"י**, שם,

7. מדברי הרמב"ם לא ברור לחלוטין האם כל אחת מהפעולות כלולה בשני האיסורים: היה מקום להבין כי פעולות כגון שחוק וקריצה כלולות באיסור הקִרבה ולא בדין חוקות התועבות, אך הרמב"ם לא הבחין בפירוש בין פעולות שונות. כמו כן, יש לדון האם ייתכן מצב שבו לוקים פעמיים (כלומר על כל אחד מהלאווים בפני עצמו).

8. כך עולה גם מלשון אבות דרבי נתן (שהוזכרה לעיל): "סייג שעשתה תורה"; וכך מפורש יותר **בספר החינוך** (מצווה קפח): "שנמנענו מהתקרב עם הערוה שום קורבה, לפי שידוע כי הקורבה סיבה אל גילוי ערוה". כיוצא בזה כתב גם **בשו"ת בית הלוי** (חלק א, סימן א) וכך הסביר מדוע הותר קירוב בשר עם יבמה אף שמצוות ייבום נעשית רק בביאה עצמה. גם **הקרית מלך רב** (חלק ב, סימן כו) כתב כי מי שאינו יכול להתקשות, וממילא אינו יכול לבוא על העריות, לא נאסר גם בחיבוק ונישוק (ראו **שו"ת ציץ אליעזר**, חלק ו, סימן מ, פרק כב, וראו בהרחבה להלן עמ' 75 ואילך).

9. אומנם יש להעיר כי הפסוק עצמו, "וּשְׁמַרְתֶּם אֶת מִשְׁמַרְתִּי לְבִלְתִּי עֲשׂוֹת מֵחֻקּוֹת הַתּוֹעֵבֹת", רומז על התרחקות וסייג, כפי שפירש **הספורנו** על אתר: "שמרו גם את המצות שצויתי לשמירה וגדר שלא תכשלו בכל אלה", וכעין זה כתב גם **האלשיך** (שם); אך הרמב"ם לא הזכיר את חלקו הראשון של הפסוק (וראו **חזקוני** על אתר: "מחקות התועבת – שמגפפים ומנשקים ומתוך כך באים לידי זימה").

ד"ה גילוי),[10] והרמב"ן (**השגות הרמב"ן לספר המצוות**, לא־תעשה שנג) כתב שמן הסוגיה עולה שחכמים הסכימו להנחה זו: "נבין מהם כי אצלם זה האיסור מדרבנן, או יהיה מן התורה דכל דמתהני מאיסורא איסורא הוא כענין בחצי שיעור". לאחר מכן נראה שהרמב"ן מתלבט מעט לגבי תוקף האיסור,[11] אך בהמשך הוא מכריע בבירור שדיני קרבה "אינם אלא גדרים וסייגים להתרחק מן העבירות וסמכו אותם למקרא". לעמדה זו הצטרפו הרשב"ץ (**זוהר הרקיע**, לא־תעשה יא) ורבנו ירוחם (**תולדות אדם וחוה**, נתיב כג, חלק ב), וייתכן שזו גם דעת ראשונים נוספים שלא הזכירו מצווה זו במניין המצוות שלהם.[12]

אכן, העמדה הרווחת יותר בראשונים היא עמדת הרמב"ם, וכן פסקו **הטור** (אה"ע, סימן כ), **השו"ע** (שם, א) **והלבוש** (שם).[13]

לסיום סעיף זה יש להדגיש כי מעשי קרבה אסורים מן התורה גם בפנויה נידה,[14] כפי שהוכיח הריב"ש (**שו"ת הריב"ש**, סימן תכה) באריכות, ואף לגבי פנויה שאינה

---

10. עיינו בראשונים על אתר שהציעו להבין את דברי ר' פדת גם באופנים אחרים.
11. הרמב"ן שוקל לחדש מושג של 'חצי שיעור באיכות' שהאחרונים דנו בו רבות. ראו למשל את הדיון בשיטת הרמב"ם (**משנה תורה**, הלכות מאכלות אסורות, פ"ח הט"ז) בעניין הנאה מאיסורים הנחשבת כחצי שיעור של אכילה: בנושאי הכלים שם, וב**משנה למלך**, הלכות יסודי התורה, פרק ה, הלכה ח.
12. כגון **היראים**, **בה"ג** ורס"ג. כך עולה גם מפשט דברי הרשב"א בתשובה (**שו"ת הרשב"א**, חלק א, סימן א'קפח), אף שבמקום אחר (שם, תשובות המיוחסות לרמב"ן, סימן קכז) נראה שהוא מתלבט בעניין זה.
13. ב**שו"ת יביע אומר** (חלק ה, אה"ע, סימן ה) כתב הרב עובדיה יוסף: "אין לנו בזה הכרעה ברורה כדעת הרמב"ם"; אך בספרו **טהרת הבית** (חלק א, עמ' לז) כתב שדעת רוב הראשונים כרמב"ם. דיון בדברי הרב עובדיה יוסף ראו גם ב**שו"ת תפלה למשה**, חלק ה, סימן לט, הערה 2, ובספר **גן נעול**, חלק ג, פרק טז, הערה 16. ספר **גן נעול** הוא חיבור מקיף על הלכות צניעות והלכות ייחוד ומחברו הוא הרב יעקב לוי. הספר **גן נעול** על הלכות צניעות יצא בשלושה כרכים והפניה ל**גן נעול** תוך ציון החלק, כפי שנעשה בהערה זו, מכוונת אליו. לעומת זאת, הפניה סתמית ל**גן נעול** ללא ציון החלק מכוונת לכרך על דיני ייחוד. כמו כן יש להבחין בין ספר **גן נעול** לבין ספרו של הרב שלמה אבינר **גן נעול: פרקי צניעות** המצוטט אף הוא בחיבור זה.
14. ב**שו"ת משנה הלכות** (חלק ד, סימן קפו) התלבט הרב מנשה קליין מהו הדין בגויה ונטה להקל: "לדעת הרמב"ם דלמדו מלא תקרבו נראה דבנכריות דליכא איסור דאורייתא דדוקא דרך חיתון אסרה תורה ואם כן אפשר דגם רבנן לא גזרו... דלגבי עובדי כוכבים נקרא לבו גס בה בשאר נשי ישראל כמו אשה לבעלה לגבי שאר נשים וחות דרגא אחת בעובדי כוכבים משאר נשי ישראל... ואף דרבנו גרשם מאור הגולה ב"ב נ"ז כתב דאסור להסתכל בנשים שעומדות בשעת הכביסה ואפילו בנשים נכריות התם שאני משום הרהור". אולם בספר **גן נעול** (חלק ג, פרק טז, סעיף לד) הביא הרב יעקב לוי מקורות רבים שבהם נאסרה גם נגיעה בנוכרית.

נידה כתב הרמב"ם (**פירוש המשנה**, סנהדרין פ"ז מ"ד) כי אומנם אין לוקים על מעשי קרבה עימה, "אבל כל אותם הדברים אסורים ואינם מותרים בשום אופן".[15] כמו כן, בתורת כהנים (אחרי מות, פרשה ח) ו**בספר החינוך** (מצווה קפח) מפורש כי האיסור חל באופן שווה על האיש ועל האישה.[16]

ב. נגיעה שאינה של חיבה: האם אסורה מדאורייתא?

ראינו כי לכל הדעות נאסרו מעשי קרבה כגון חיבוק ונישוק בין גברים לנשים (האסורות להם), ולדעת רוב הפוסקים מדובר באיסור תורה. אך עדיין יש לדון: האם כל נגיעה נאסרה או שמא רק נגיעה שיש בה פן של קרבה לגלות ערווה היא שנאסרה?[17]

בדברי הרמב"ם שהובאו לעיל מפורש שהאיסור מתייחס דווקא למגע שנעשה "דרך תאווה" ו"כדי ליהנות". המקור הראשון האוסר נגיעה שאינה של חיבה הוא **שו"ת הרשב"א** (תשובות המיוחסות לרמב"ן, סימן קכז):

> שאלה: בעל המבין ברפואות, ואשתו נדה וחולה, ויש בעיר רופאים מוחזקין שמבינין כמותו, או יותר: היוכל הבעל למשש בדפק שלה...
> תשובה: מסתברא שאסור. חדא, דאפשר דכל קריבה דאורייתא... אלא מאן דאסר שום קריבה, משום 'לך לך אמרין נזירא' כו'; אפילו הכי איסור דרבנן איסור הוא, דכיון דהוא חולי שאין בו סכנה לא נתיר בו איסור דרבנן.

15. בעל **תורת השלמים** (יו"ד, סימן קפג, ס"ק ד) הציע הוה־אמינא שלפיה איסורי נידה לא נאמרו בפנויה, משום שלא שייך בה הטעם שהובא בגמרא (נידה לא ע"ב) לדין נידה: "כדי שתהא חביבה על בעלה כשעת כניסתה לחופה". אך הפוסקים כולם תקפו בחריפות את עצם העלאתה של מחשבה כזו, כפי שהאריך להראות הרב עובדיה יוסף (**טהרת הבית**, עמ' לו).

16. כך כתב גם **רש"י** (ויקרא י"ח, ו): "להזהיר נקבה על הזכר", וכך הובא **באוצר הפוסקים** (אה"ע, סימן כ, ס"ק ה, אות ב) בשם **החמדת שלמה** ו**שו"ת מחנה חיים**; ועיינו גם בספר **עמודי אור**, סימן קיח, אות א. שיטת יחיד מנוגדת אפשר למצוא ב**שו"ת שואל ומשיב** (מהדורה רביעאה, חלק ג, סימן קלב): "על הקריבה שמביא לידי גילוי ערוה זה אינו רק על האיש, שטוב מראה עינים באשה יותר מהלך נפש... אבל האשה אינה נהנית מזה וגם אינה עושית מעשה אף בגילוי עריות ממש ולכך אינה לוקית על זה, וזה ברור כשמש".

17. אפשר ששאלה זו תלויה בהבנת מהות האיסור, דהיינו בהתלבטות האם נגיעה היא מעשה איסור עצמאי או שמא נאסרה רק מפני החשש שתוביל בהמשך לגילוי עריות. אך אין הכרח לתלות את הדברים: גם אם הנגיעה היא איסור עצמאי, ייתכן שנאסרה רק נגיעה בעלת אופי של גילוי ערווה; ומאידך־גיסא גם אם הנגיעה היא סייג אפשר שהוא כולל כל סוג של מגע – שמא יתפתח בהמשך לכדי גילוי ערווה.

הרשב"א אסר לבעל למשש את הדופק של אשתו כשהיא נידה, ומדבריו משתמע כי לו היה מדובר בחולי שיש בו סכנה, המגע היה מותר. **השו"ע** (יו"ד, קצה, יז) פסק איסור זה להלכה, ו**בבית יוסף** (יו"ד, סימן קצה) נטה לומר שיש לאסור את המגע אפילו במקום סכנה.

הרמ"א (על **השו"ע**, שם; וכן **בדרכי משה**, שם, ס"ק ו) השיג על פסיקת **השו"ע** וכתב בשם **הגהת מרדכי** כי "אותן שנזהרין מליגע בנשותיהן נדות כשהן חולות שזהו חסידות של שטות". מדברי הרמ"א עצמו לא ברור באיזו נקודה הוא חולק על **השו"ע**, אולם **הש"ך** (יו"ד, סימן קנז, ס"ק י) חלק על עצם קיומו של האיסור וכתב "דאף הרמב"ם לא קאמר אלא כשעושה חיבוק ונישוק דרך חיבת ביאה" (וכיוצא בזה כתב שם, סימן קצה, ס"ק כ).

מכל האמור עד כה עולה לכאורה כי דין נגיעה שאינה של חיבה בין גברים לנשים תלוי במחלוקת **השו"ע** ו**הש"ך**, אלא שכל הדברים הללו נאמרו ביחס לאשתו נידה, שהלכה פסוקה היא שאסור לנגוע בה "אפילו באצבע קטנה" (שבת יג ע"ב; **שו"ע**, יו"ד, קצה, ב). לא עוד אלא שמן המקורות הנזכרים עולה בבירור שבשאר עריות מותרת נגיעה כזו, שהרי בתשובתו עסק הרשב"א בדינו של בעל הרוצה לטפל באשתו בעצמו, וברור לרשב"א שאין איסור שרופא אחר יטפל בה. כך כתב גם **הש"ך** (יו"ד, סימן קצה, ס"ק כ): "המנהג פשוט שרופאים ישראלים ממששים הדפק של אשה, אף על פי שיש רופאים אחרים עובדי כוכבים, וכן עושים שאר מיני משמושים על פי דרכי הרפואה".

הבחנה זו, בין אישה זרה לאשתו נידה, מפורשת גם ב**אור זרוע** (חלק א, סימן שמא) הדן בהיתר לענוד טבעת לכלה נידה:

> היכא שכבר הכינו צרכי הסעודה ופירסה נדה, הרי זה כונסה לכתחלה ומקדשה ומקבלת הטבעת מידו דכיון דעדיין לא נתקדשה ואינה מותרת לבוא עליה לית לן בה אם יגע בידה.

כלומר ההיתר לנגוע בידה של הכלה נובע מכך שאין היא עדיין אשתו של החתן. טעמה של הבחנה זו מבואר ב**שו"ת הרשב"א** (חלק א, סימן א'קפח):

> אפילו הושטת כלי מיד אשתו נדה לידו אסור לפי שלבו גס בה ובקריבות מעט איכא למיחש להרגל עבירה; אבל בשאר נשים שאין לבו גס בהן בדברים אלו כגון הושטת כלי וכיוצא בו אין בהם משום הרגל עבירה במי שאין לבו גס בה.

הרשב"א מסביר שכיוון שליבו של אדם גס (כלומר רגיל) באשתו, אסרו ביניהם כל קרבה כשהיא נידה, ואילו בשאר עריות אסרו רק "קריבה המביאה לידי הרגל עבירה".[18]

העולה מכל האמור הוא כי נגיעה שאינה של חיבה מותרת מדאורייתא בכל העריות, ובנידה היא נתונה במחלוקת. אומנם **הבית שמואל** (סימן כ, ס"ק א) כתב שלא כדברי **הש"ך** ולדעתו כל נגיעה ב'ערווה' אסורה מדאורייתא; אך **החוות יאיר** (סימן קפב) כתב שזוהי דעת יחיד **והנודע ביהודה** (תניינא, יו"ד, סימן קכב) כתב ש"פשט המנהג" כדברי **הש"ך** - אפילו באשתו נידה.[19]

ג. נגיעה שאינה של חיבה – האם אסורה מדרבנן?

עד כה ראינו כי לדעת רוב הפוסקים אין איסור תורה בנגיעה שאינה של חיבה, אך עדיין נותר לברר אם יש בה איסור מדרבנן. בשאלה זו התלבט כבר רבו של **הש"ך**, ר' יהושע העשיל בעל **מגיני שלמה** (**שו"ת פני יהושע**, אה"ע, סימן מד) שכתב: "ואפשר דאפילו מדרבנן אינה כי אם בנדה לא בשאר עריות... ומעשים בכל יום יוכיחו, והטעם דבנדה יש לחוש יותר להרגל עבירה משאר עריות כיון שהוא אשתו". **המגיני שלמה** נטה לומר כי בנגיעה בעלמא אין כל איסור, גם לא איסור מדרבנן, וכך מפורש לכאורה גם בלשון **הט"ז** (או"ח, סימן תרטו, ס"ק א) שכתב "דהא אשת חבירו שאסור לישן במטה אחת ומותר בנגיעה".[20]

אלא שבדברי **הש"ך** אפשר למצוא עמימות מסוימת. מצד אחד, **הש"ך** (יו"ד, סימן קנז, ס"ק י) הדגיש שדווקא איסור תורה לא קיים במגע כזה וכתב: "דאינו לוקה אלא בדרך תאוה וחיבת ביאה", וכי "ליכא איסור דאורייתא אלא כשעושה כן דרך תאוה וחיבת ביאה" (שם, סימן קצה, ס"ק כ); ומלשונו משתמע כי ישנו איסור דרבנן במגע כזה וכך דייק מדבריו הרב פיינשטיין (**שו"ת אגרות משה**, יו"ד, חלק ב, סימן קלז). גם **השדי חמד** (אסיפת דינים, מערכת חתן וכלה וחופה, אות כו) סבר שכל נגיעה אסורה

18. הבחנה זו אינה מוסכמת על כל הפוסקים ויש שכתבו שכל דיני הרחקות בין איש לאשתו נידה נאמרו גם בפנויה נידה (**שדי חמד**, אסיפת דינים, מערכת חתן וכלה וחופה, סימן כו), אך הרוב המוחלט של הפוסקים הקל בכך (**רמ"א**, אה"ע, כא, ה).

19. **באוצר הפוסקים** (אה"ע, סימן כ, סעיף א, אות ג) הובאו דבריהם של פוסקים רבים שסברו כדעת **הש"ך**.

20. עיינו גם במאמרו של הרב יהודה הרצל הנקין, 'נגיעה באישה: איסור תורה?!', **צהר** יח, תשס"ד, עמ' 137-139.

בכל אישה, ומשום כך התקשה להבין את המקורות שהתירו נתינת טבעת באצבע של אישה שעדיין אינה אשתו.[21]

מאידך־גיסא, **הש"ך** (יו"ד, סימן קנז, ס"ק י) הוכיח את עמדתו מכך "שהאמוראים היו מחבקים ומנשקים לבנותיהם ואחיותיהם" וכן משום ש"המנהג פשוט שרופאים ישראלים ממששים הדפק של אשה אפילו אשת איש או עובדת כוכבים אף על פי שיש רופאים אחרים עובדי כוכבים" (שם, סימן קצה, ס"ק כ). מן הדברים הללו משתמע כי מדובר בפעולה המותרת לכתחילה, וכן דייק גם הרב פיינשטיין (**שו"ת אגרות משה**, אה"ע, חלק ב, סימן יד; שם, אה"ע, חלק ד, סימן סד) שהתיר משום כך נסיעה באוטובוסים הכרוכה במגע בין נשים לגברים.

בשאלה זו, הלכה למעשה, אפשר למצוא כמה נימות בדברי הפוסקים. בעל **העזר מקודש** (אה"ע, סימן כ) נטה לומר "שיכול להיות שאסור קריבה לאשת איש ולעריות גם שלא בדרך חבת תאוה על כל פנים מדרבנן", משום ש"חשש התקלה קרוב שאולי כמעט יהיה לבו נוטה לתאוה ויותפס באיסור דאורייתא"; וחשש זה אינו קיים בנגיעה בבתו או אמו "כמו שלא חששו בה ביחוד כן אין חשש בנישוק ולא שייך שום מדת חסידות לחשוש בזה". מדבריו עולה כי מגע שאינו של חיבה נאסר רק במקום שבו ישנו חשש שמא האדם יתכוון לחיבת ביאה.

מדברי פוסקים רבים נראה כי בנגיעה שאינה של חיבה אין איסור גמור, אפילו מדרבנן, אלא חובת הרחקה לכתחילה. כך עולה מדברי המאירי (**בית הבחירה**, עבודה זרה יז ע"א, ד"ה אע"פ):

> אף על פי שבאיסור קריבה פרשה תורה "לא תקרבו לגלות ערוה", שהדבר מוכיח על קריבה שלא בכונת גלוי ערוה שמותרת, מכל מקום צריך אדם להזהר על כל קריבה שבעולם.

כדברי המאירי כתב גם ר' חיים פלאג'י (**שו"ת לב חיים**, חלק ב, סימן ד): "הגם שקריבה

21. אף הגר"א (**ביאור הגר"א**, יו"ד, סימן קצה, ס"ק כא) כתב שבלי כוונת גילוי ערווה, האיסור "אינו אלא מדרבנן", אך דבריו נאמרו ביחס לנגיעה באשתו נידה, שנגיעה בה אסורה לכל הדעות לפחות מדרבנן; וראו גם בספר **את צנועים חכמה** (חלק ב, עמ' רעז-רפ) שציין פוסקים נוספים שאסרו מדרבנן כל מגע. יש להעיר כי בספר **כפתור ופרח** (סימן נח) נאמר שמישוש הדופק מותר משום שנגיעה יד ביד אינה אסורה מדאורייתא ומותר לעבור על איסור דרבנן לצורך חולה; ומדבריו משתמע שאפילו נגיעה טכנית של רופא אסורה מדרבנן באופן עקרוני (אכן, **הכפתור ופרח** התיר את הנגיעה לרופא גם משום ש'בעבידתיה טריד', ולא ברור לגמרי מהו היחס בין שני טעמי ההיתר).

שאסרה תורה הוא קריבה של הנאה... אבל נגיעה בעלמא לא שמענו, עם כל זה נראה דאיכא איסורא". כיוצא בזה כתב גם ר' יאיר חיים בכרך (**שו"ת חוות יאיר**, סימן קפב): אף על פי שאין כאן קריבה של חיבה דאסרה תורה מכל מקום מכוער הדבר". ממקורות אלה עולה כי נגיעה שאינה של חיבה איננה אסורה לחלוטין ולמרות זאת איננה מותרת לגמרי.[22]

יש שהבחינו בין סוגים שונים של מגע, וכך כתב הרב פיינשטיין (**שו"ת אגרות משה**, יו"ד, חלק ב, סימן קלז):

> מדרבנן משמע דאסרו אף בלא חיבת ביאה, אם לא ניכר שאינו לחיבת ביאה... ומשמוש הרופאים ניכר שאינו לחיבת ביאה אלא לרפואה. ולפי זה גם לעולא וחבריו אסור דהא הוא מעשה חיבת ביאה רק שהם לא מתכוונים לזה שאסור מדרבנן, אבל מכל מקום לא גזרו בהו באחותו משום דבשביל דלא שייך בהו הרהור ותאוה לא יבואו לעבור בשאר נשים שהם אסורים בהן.

הרב פיינשטיין טען כי מגע שניכר כי הוא אינו קשור לחיבת ביאה, כגון משמוש הרופאים, הותר לכתחילה וכי מסתבר לכלול בהיתר זה גם נסיעה מעורבת באוטובוסים;[23] אך מגע שנראה כמגע של חיבת ביאה אסור מדרבנן גם אם בפועל אין מצויה כוונה כזו.[24]

דברים דומים כתב הרב משה לוי (**שו"ת תפלה למשה**, חלק ה, סימן לט):

> אפשר שאין בזה אפילו איסור מדברי סופרים, וגם מגונה לא הוי, דדוקא חיבוק ונישוק שבדרך כלל דרכו להביא לגלוי ערוה, לכן אף על פי שעושה כן שלא

---

22. כך כתב גם ר' יצחק הכהן רפפורט בספרו **בתי כהונה** (חלק ב, סימן יב): "דלאו דלא תקרבו אינו אלא כשעושה דרך תאוה והנאת שמוש, ואין עיקר האיסור אלא בכהאי גוונא - הא בר מינה אינו אלא בתורת פרישות וטהרה".

23. ראו בספר **את צנועים חכמה**, חלק ב, עמ' רעט.

24. הרב פיינשטיין חזר על עמדתו בתשובה נוספת (**שו"ת אגרות משה**, יו"ד, חלק ג, סימן נד, אות א): "מדרבנן אסרו גם שלא בדרך תאוה משום דאפשר לבא מזה גם להתקרבות דבדרך תאוה, וגם בשביל הרואים שלא יבחינו ויחשבו שהוא דרך תאוה". מאידך־גיסא, בכמה מקומות (שם, אה"ע, חלק ד, סימן לב, אות ט; שם, סימן סב, אות ב) כתב הרב פיינשטיין שאין כל איסור במגע שאינו של חיבה. יש שתמהו על הסתירה שבדבריו (ראו: **לבושה של תורה**, סימן עה, אות ו; **גן נעול**, חלק ג, פרק טז, הערה 27). אולם נראה כי גם אם יש סתירות קלות בין הניסוחים, כוונתו היא להבחין בין סוגים שונים של מגע, כמבואר למעלה.

> בדרך תאוה וחיבה הרי זה מגונה ואסור... אבל נגיעה בעלמא שבדרך כלל אין דרכה להביא לגילוי עריות הואיל ואינה בדרך תאוה וחיבה, יש לומר שאין צריך להזהר בה כלל.[25]

ננסה לחדד הבחנה זו מתוך דיון בהגדרת מגע של חיבה.

ד. מה נחשב נגיעה של חיבה?

בדברי **הש"ך** שנזכרו בסעיף הקודם הוצגו שני מקרי קצה: "חיבוק ונישוק דרך תאווה וחיבת ביאה" האסורים מדאורייתא; ו"מישוש הדופק" שהותר.[26] אך המקרים שבהם אנו דנים בפרק זה הם מקרי ביניים: אין הם נעשים "דרך תאווה וחיבת ביאה"; ומאידך־גיסא יש בהם הפגנה של חיבה וקרבה שאינן קיימות בטיפול רפואי רגיל. לכן עלינו לבחון שתי שאלות: א. האם נאסרה נגיעה של חיבה לא־מינית? ב. האם המגע מוגדר לפי קריטריונים אובייקטיביים או שהאיסור תלוי בתחושות הסובייקטיביות של הנוגע?

1. נגיעה של חיבה לא־מינית

ברוב המקורות הקדומים נראה כי התשובה לשאלה זו ברורה, ואין איסור במגע של חיבה שאין בו תאוות ביאה. כך עולה מלשון פסיקתא זוטרתא (ויקרא י"ח, ו):

> קריבה של גילוי עריות אסור אבל שאינה של גלוי עריות מותר. מנשק ומחבק את אחותו ואת דודתו ואת אמו.

וכן מדברי בראשית רבה (תיאודור־אלבק, פרשה ע, אות א):

> כל נשיקה של תִפלות בר מן ג': נשיקה של גדולה, ונשיקה של פרקים, נשיקה של פרישות... ר' תנחומא אמר: אף נשיקה של קריבות [שנאמר] "וישק יעקב לרחל" שהיתה קרובתו.

ממקורות אלה עולה שגם חיבוק ונישוק מותרים כאשר הם אינם נעשים מתוך חיבת

---

25. הרחבה בעניין זה ראו בספר **גן נעול**, חלק ג, פרק טז, סעיף ד.
26. על מהותו של מישוש הדופק ראו **בשו"ת בני בנים**, חלק א, סימן לח.

ביאה, וכך ברור גם מדברי **הש"ך** (יו"ה, סימן קנז, ס"ק י; ראו בסעיף הקודם) שהתבסס על מעשי האמוראים שהיו מחבקים ומנשקים את קרובותיהם. כך מפורש גם בספר **מגילת אסתר** (לא־תעשה שנג): "זה הלאו משמע דוקא כשהוא עושה חבוק ונשוק דרך חיבת ביאה והוא לא היה עושה כי אם דרך אהבת קורבה"; וכך כתבו גם פוסקים אחרים.[27]

העזר מקודש (סימן כ) ניסח את הדברים באופן חד־משמעי:

> נראה פשוט שגם בשיש בזה דרך חבה הרי זה כהנישוק לבנותיו ולאחיותיו, ורק דרך חיבת ביאה הוא האיסור; והיינו שבדעתו אז להתקרב אליה לביאה או שבדעתו היה כן לולי איזה מניעה שיש לפי שעה לפניו והוא מצפה אחר שעה או שתים ביום ההוא לבוא אליה, מה שאין כן כשהוא בהיסח הדעת מלבוא אליה.

כעין זה כתב ר' אליהו פוסק (**שו"ת מור ואהלות**, סימן קפג, אות יב) שהורה כי "חיבוק ונישוק בלב עצב" לא נאסרו אלא מדרבנן. לאור הבנה זו הגדיר הרב שלמה דיכובסקי מגע מרגיע של בעל באשתו בשעת הלידה כנגיעה שאינה של חיבה והתירה במצבים מסוימים.[28]

מאידך־גיסא, **בשו"ת דברי יציב** (אה"ע, סימן לו) כתב הרב הלברשטאם ש"חיבוק ונישוק דהוא דרך חיבה ואהבה אף שאינו דרך חיבת ביאה אסור בבתו... כיון שדרך חיבה הוא איסור בעצם ולא משום סייג". לדעתו, גם חיבה לא־מינית נחשבת חיבה גמורה האסורה מעיקר הדין.

דיון בנגיעה של חיבה לא־מינית מצאנו בדברי האחרונים שעסקו בסוגיית לחיצת יד לאישה. לאור דברי המדרשים הנזכרים ו**המגילת אסתר** מסתבר היה לומר שאין זו נגיעה אסורה, וכן כתב ר' משה פיינשטיין (**שו"ת אגרות משה**, אה"ע, חלק א, סימן נו): "ובדבר שראית שיש מקילין אף מיראי ה' ליתן יד לאשה כשהיא מושיטה אולי סוברין דאין זה דרך חבה ותאוה אבל למעשה קשה לסמוך על זה".

27. כגון **שו"ת פני יהושע**, אה"ע, סימן מד: "מנ"ל [=מנא לן] דנגיעת נדה הוי דאורייתא, דהרמב"ם ז"ל לא כתב כי אם חבוק ונשוק, וגם זה משמע דדוקא דרך תאוה". **בשו"ת בני בנים** (חלק א, סימן לז) הביא הרב הנקין מקורות רבים לגישה זו.
28. הרב שלמה דיכובסקי, 'הרגעת יולדת ומעוברת', **תחומין** כג, תשס"ג, עמ' 237–240. יש לציין כי שם מדובר באשתו נידה, ומשום כך ההיתר הוגבל דווקא למצב שבו היולדת טוענת שהיא זקוקה לכך מאוד.

הרב פיינשטיין חתם את דבריו בקביעה כי "למעשה קשה לסמוך על זה"; ובמקום אחר (שם, אה"ע, חלק ד, סימן לב) פירש מדוע:

להושיט יד לאשה כדרך הנותנים שלום בהפגשם ודאי הוא פשוט שאסור, דהרי יש לו לחוש גם לדרך חבה והנאה... איני רואה שום סתירה ממש שהתרתי לילך באוטובוסים דשם ליכא כמעט לכולהו ענין חבה.

כיוצא בזה כתב הרב צבי האגער בהערותיו **לשו"ת בית שערים** (או"ח, סימן רצד):

מכאן תוכחת מגולה על הנשים הסוחרות שדרכן כשמוכרין סחורה בשעת גמר המקח עושין האנ"ט שלא"ק [=תקיעת כף] עם אנשים זרים או עם עכו"ם דכיון דאסורין להם והוי ערוה לגבייהו אסור להן ליגע ידה בידם ובפרט דהוי קצת נגיעת חיבה ואקרובי דעתא.

וכך כתב גם **הבן איש חי** (**עוד יוסף חי**, פרשת שופטים, אות כב):

נשיקה על היד אינה דרך חיבה, אלא לפי נימוס העולם ודרך ארץ, דלא הוי חיבה אלא בנשיקה על הפנים או על המצח או על הדדים... ולכן נהגו להקל... מנהג אנשי אירופה כשיבא אורח לבית חבירו ואהובו יאחוז האורח בכף בעל הבית או האשה בעלת הבית... וזהו אות חיבת השלום, דודאי ירא שמים צריך שיזהר לבלתי יעשה זאת, כיון דהוא אחיזה ונגיעה יד ביד כדרך חיבה.

הפוסקים האריכו לדון בסוגיה זו על היבטיה השונים,[29] ולענייננו חשובה הגישה העקרונית העולה מדבריהם שלפיה יש מקום להגדיר גם לחיצת יד כנגיעה של חיבה. במבט ראשון דבריהם נראים תמוהים: כיצד אפשר להרחיב את המושג 'חיבת ביאה' גם ללחיצת יד? נראה שדברי האוסרים מבוססים על מושג ה'הנאה', כפי שהובא **באורחות חיים** (הלכות ביאות אסורות) בשם רבנו יונה:

אסור ליגע באשת איש בידיה או בפניה או בכל אבר מאיבריה מן התורה שנאמר

---

29. ראו בספרו של הרב אברהם וסרמן, **רעך כמוך**, עמ' 197-205; בספרו של הרב שמואל הבר, **את צנועים חכמה**, חלק ב, עמ' רצז-שח; ובמאמרו של הרב יובל שרלו, 'מקור איסור מגע באישה' המצוי באתר ישיבת אורות שאול.

> איש אל כל שאר בשרו לא תקרבו וכן הלכה ברורה שהקריבה הזאת היא הנגיעה בידיה או בפניה או בכל אבר מאיבריה כדי ליהנות מן המגע.

מוקד דבריו של רבנו יונה איננו ההתקרבות אל הביאה אלא ההנאה המקומית שנגרמת מן המגע. גורם זה יכול להתקיים גם במגע שלא נעשה בהקשר של ביאה, ואיסורו נובע מתפיסת איסורי קרבה כאיסור עצמאי שאיננו רק סייג לביאה, כמבואר **בשו"ת הריב"ש** (סימן תכה):

> שאפילו קריבה לבד, ר"ל [=רצוני לומר] קריבה של הנאה, כגון חבוק ונשוק, אסורה מן התורה. ואפילו בלא יחוד, דליכא למיחש לביאה, לפי שהקריבה עצמה אסורה בלאו הזה.

כך הסביר גם הרב בנימין יהושע זילבר את האיסור (**מקור הלכה**, שבת יג ע"א, סימן יז, בירור הלכה, אות יד):

> נתינת שלום לאשה בנתינת יד עוברין בלאו דלא תקרבו מן התורה... וזה פשוט דחיבוק ומגע היד זהו דרך תאוה, אף שלפעמים רגילים בזה מחמת נימוס וידידות, שהרי גם בחבוק ונשוק לפעמים רגילין בזה בין איש לחבירו מחמת ידידות, אפילו הכי באשה מקרי זה דרך תאוה וחיבת ביאה ואסור מן התורה... וגם בחביקת היד של אשה יש הנאה כמו בחבוק ונשוק.[30]

דברים אלה מנוגדים לתפיסת **העזר מקודש** הנזכרת, שלפיה עניינו של האיסור הוא מגע שעשוי להביא לידי ביאה, כלשון הרמב"ם (הקדמה **למשנה תורה**, מניין המצוות הקצר, לא־תעשה שנג): "שלא לקרב לעריות בדברים המביאים לידי גילוי ערווה כגון חיבוק ונישוק". לפי תפיסה זו קשה יהיה לאסור מגע של ידיים בלבד, ואכן הרב יהודה הרצל הנקין (**שו"ת בני בנים**, חלק א, סימן לז) הראה כי מקורות רבים שאסרו ריקודים מעורבים לא התייחסו אל המגע עצמו כמגע של חיבה.[31] עם זאת, גם בלשון הרמב"ם (**משנה תורה**, הלכות איסורי ביאה, פכ"א ה"א) נזכר גורם ההנאה, "ונהנה בקירוב בשר", ולכן נראה שגם הוא יודה שיש לאסור כאשר מצויה הנאה מינית מן המגע, גם

30. ראו גם בספר **את צנועים חכמה** (חלק ב, עמ' רצח-רצט) שהביא בשם **החזון איש** כי לחיצת יד אסורה ב'ייהרג ואל יעבור', והתלבט האם נאסרה משום חיבה או משום ההנאה שבמגע.

31. עיינו להלן בפרק החמישה־עשר העוסק בריקודים מעורבים.

כשאין מדובר בשלב בדרך לביאה.[32] כמו כן, אם יש בנגיעה כדי להביא לידי הרהור, די בכך כדי לאוסרה, אף אם אין היא כלולה בגדר 'לא תקרבו'.[33]

לסיכום, פשוטם של דברי חז"ל הוא שדווקא מגע בעל הֶקשר של ביאה נאסר, ולא מגע שמבטא חיבה וקרבה נפשית; אך רבים מן האחרונים הגדירו גם לחיצת יד כנגיעה של חיבה, ונראה כי לדעתם מוקד האיסור הוא ההנאה הנוצרת במגע, ויש לחשוש לדבריהם כאשר קיימת הנאה כזו.

2. אובייקטיבי או סובייקטיבי?

שאלה נוספת, הנובעת מתוך הדיון הנ"ל, היא שאלת היחס בין המציאות האובייקטיבית לבין התודעה הסובייקטיבית. מקורות רבים הדגישו את כוונתו של הנוגע. למשל המאירי התיר נגיעה ללא "כוונת גילוי ערווה" (ראו לעיל), וכך כתב גם הגר"א (**ביאור הגר"א**, יו"ד, סימן קצה, ס"ק כא). גם **העזר מקודש** (שדבריו הובאו לעיל) כתב שמעמד המגע תלוי בכוונת הנוגע, ולכן הסביר שחכמים אסרו מגע שאינו של חיבה שמא יתכוון לחיבת ביאה. כך נראה גם מדברי הרב פיינשטיין (**שו"ת אגרות משה**, יו"ד, חלק ב, סימן קלז) שכתב על האמוראים שחיבקו את קרובותיהם "דהא הוא מעשה חיבת ביאה רק שהם לא מתכוונים לזה שאסור מדרבנן". ביטוי ברור לדעה זו מופיע **בשו"ת חוות יאיר** (סימן קפב) שהתיר לאדם לנשק אישה שאינה אשתו באופן שנראה כקרבת ביאה, משום שעשה זאת רק לצורכי התחזות.

מאידך־גיסא, הרב זילבר (**מקור הלכה**, שבת יג ע"א, סימן יז, עמק הלכה) כתב:

> זה ברור דגם הש"ך סובר דאפילו באינו מתכוין להנאה ותאוה נמי אסור מן התורה... כיון דהוה דרך תאוה... אבל למשש הדופק דאינו דרך תאוה מותר מן התורה.

מדבריו עולה שהגדרת המגע תלויה בגדרים אובייקטיביים ולא בכוונותיו של כל אדם ואדם. אפשרות דומה הוצעה בספר **את צנועים חכמה** (חלק ב, עמ' רסב–רסג): "ודאי

---

32. עיינו בספר **גן נעול**, חלק ג, פרק טז, הערה 4 והערה 17.

33. כמבואר במסכת כלה (פרק א, הלכה ז): "אמר להם משה לישראל, שמא חזרתם לקלקולכם הראשון, אמרו לא, לא נפקד ממנו איש, אם כן כפרה זו למה, אמרו לו אם מידי עבירה יצאנו, מידי הרהור לא יצאנו. מיכן אמרו חכמים כל הנוגע באצבע קטנה של אשה כאילו נוגע באותו מקום".

אסור מדאורייתא לנשק, גם אם עיקר כוונתו אינה לחיבת ביאה, כיון שסוף סוף נהנה ממגע זה"; כלומר מה שקובע איננו המאפיינים האובייקטיביים של המעשה וגם לא כוונת האדם, אלא ההנאה הנגרמת בפועל מן המגע.

לענייננו, אם ננקוט כדעת רוב הפוסקים, הרי שכאשר החיבוק ניתן מתוך רצון טהור לתמוך ולעודד, הוא ייחשב כמגע שאינו של חיבה; ואילו לדעת הרב זילבר ההיתר יהיה תלוי במאפיינים האובייקטיביים של הפעולה. עם זאת, גם אם נאמר שכוונה תמימה עשויה להתיר את המגע מצד הגורם המטפל, יש להגביל זאת למצב שבו אין סבירות גבוהה לקיומה של כוונה מינית מצד המטופל, כדי שלא יהיה במגע משום 'לפני עיוור'. משום כך, קשה להתיר לבת שירות לחבק נער בן חמש־עשרה, גם אם מבחינתה מדובר במגע טהור ותמים.

לעיל ראינו כי הפוסקים נחלקו (בדעת הרמ"א והש"ך) האם נגיעה שאינה של חיבה אסורה מדרבנן או מותרת לגמרי. לאור האמור נראה להכריע כי בנגיעה שבאופן אובייקטיבי אין בה ולו שמץ של חיבה והנאה (כגון נגיעה לשם סיוע טכני או טיפול רפואי) יש לסמוך על דעת הפוסקים שהתירו מגע כזה לכתחילה. מאידך־גיסא, כאשר יש הנאה וקרבה מינית יש לאסור את המגע מדאורייתא; ואילו במגע תמים שיש בו פוטנציאל של הנאה וקרבה, יש להחמיר כדעת האוסרים מדרבנן מגע שאינו של חיבה, בצירוף דעת הפוסקים הסבורים כי מגע כזה נחשב כמגע של חיבה. נראה כי זהו גם מנהג העולם (שומר ההלכה) שאינו נמנע ממגע טכני בעלמא (כגון קבלת עודף ממוכרת או מדידת לחץ דם על ידי אחות) אך נמנע בנסיבות רגילות מלחיצת יד ומשאר סוגי מגע של קרבה.[34]

ה. משמעות הצורך הנפשי במגע

עד כה עסקנו בשאלה העקרונית האם ישנו איסור בסוגים שונים של מגע, ואם כן מהי חומרתו; אך במצבים שבהם אנו עוסקים קיים גם צד שני למשוואה: הצורך שבעבורו נדרש המגע. לגורם זה מוקדש מקום נכבד בדיוני הפוסקים בעניין לחיצת יד לבן המין השני שהושיט ידו ללחיצה ועשוי להתבייש.[35] אך בנידון דידן המוקד איננו אי־הנעימות שבסירוב, שהרי מדובר במערכת יחסים קבועה שבה אפשר להסביר למטופלים על

34. ראו גם: הרב אביגדר נבנצל, הרב יגאל שפרן והרב גבריאל טולדנו, 'פיזיותרפיה וריפוי בעיסוק לאור ההלכה', **אסיא** פא-פב, תשס"ח, עמ' 79-92; ישראל כ"ץ, 'מגע בין נשים לגברים בטיפול רפואי משלים', **תחומין** לב, תשע"ב, עמ' 90-95.

35. עיינו בספר **רעך כמוך**, עמ' 202–204 ובמאמרו של הרב שרלו (לעיל הערה 29).

קיומו של איסור נגיעה, אלא הצורך הנפשי שאותו מספק המגע. הרקע לדיון זה הוא סוגיית ההרחקות בין איש לאשתו נידה כאשר אחד מהם חולה. סוגיה זו, גדולה ורחבה היא,[36] וכאן נסקור אותה בקצרה ונדלה ממנה את השייך לענייננו.

השו"ע (יו"ד, קצה, טו-טז) פסק:

> אם הוא חולה ואין לו מי שישמשנו זולתה, מותרת לשמשו רק שתזהר ביותר שתוכל להזהר מהרחצת פניו ידיו ורגליו והצעת המטה בפניו.
>
> אשה חולה והיא נדה, אסור לבעלה ליגע בה כדי לשמשה, כגון להקימה ולהשכיבה ולסמכה.

השו"ע מבחין בין מצב שבו האיש חולה, ומכיוון שתש יצרו אפשר להתיר לאישה לשמשו (ראו **שו"ת תרומת הדשן**, סימן רנב), לבין מצב שבו האיש בריא והאישה חולה, ואסור לו לנגוע בה שמא יצרו יגבר והוא יבוא עליה. בפוסקים מבואר כי במצב שבו האיש חולה, הותרה גם נגיעה שאינה של חיבה, אלא שכאשר הדבר אפשרי יש לעשות זאת על ידי חציצה.[37] כמו כן, הפוסקים הדגישו כי היתר זה נאמר רק בדלית־ברירה וכשאי אפשר למצוא אישה שתבצע את אותן פעולות.[38]

אפשר ליישם דין זה במקרה שבו מטפלת נוגעת באדם שיצרו חלש משל אדם רגיל ואין חשש שהמגע יעורר יצר זה; אך ברוב המקרים מדובר במטופלים בעלי יצר מיני נורמלי, וממילא הנידון דומה יותר למקרה שבו האישה חולה, דהיינו מצב שבו קיים צורך במגע אך יצרו של האיש בתוקפו. במקרה כזה פסק **השו"ע** (שם) שאסור לבעל לנגוע באשתו, אך **הרמ"א** (שם, טז) השיג עליו וכתב: "ויש אומרים דאם אין לה מי שישמשנה, מותר בכל, וכן נוהגין אם צריכה הרבה לכך".

מן המצדדים בשיטת הרמ"א היה הרדב"ז, בן זמנו ומקומו של ר' יוסף קארו, ומדבריו אפשר ללמוד על טעמי ההיתר (**שו"ת הרדב"ז**, חלק ד, סימן ב):

> ואפילו חולי שאין בו סכנה אני אומר שמותר כיון שאי אפשר אלא בו שהרי אין הרפואה תלויה בעשיית האיסור וחששא רחוקה היא שיבא עליה מכמה טעמי: חדא כיון שהגיע חוליה עד שצריך אחר להשכיבה ולהקימה אין אדם מתאוה לה

---

36. ראו במאמרו של הרב יואל רבינוביץ', 'טיפול רפואי של בני הזוג זה בזה כשהאישה נידה', **מישרים** א, תשס"ב, עמ' 189-202.

37. כך מבואר **בפתחי תשובה**, יו"ד, סימן קצה, ס"ק יז, **ובטהרת הבית**, סימן יב, סעיף מה.

38. כך מפורש בלשון **השו"ע**, ומבואר בהרחבה **בטהרת הבית**, סימן יב, סעיף מה.

> כי אין אדם מתאוה אל המתה; ותו כיון שהיא חולה ויש לה חולשה לא תניחנו ולא חיישינן שמא יבא עליה באונס; ותו דאפילו הנכרים מרחיקין את הנדה כל שכן ישראל הקדושים וכל שכן מיתה וחולה; ותו דאין זה דרכי נועם שאפילו שאין לה סכנה עכשיו אפשרי קרוב הוא שעל ידי שאין מי שישכיבנה ויקימנה תבא לידי חולי שיש בו סכנה.

חלק מן השיקולים שהעלה הרדב"ז קשורים לרתיעה הטבעית שעשויה למנוע מן הבעל לעבור על האיסור; ושיקולים אלה עיתים שהם קיימים במקרים הנידונים כאן ועיתים שלא. אך בסוף דבריו העלה הרדב"ז שיקול עקרוני יותר, הנוגע לאופי מחלתה של האישה: ההנחה שגם אם נראה כעת שאין סכנה לאישה, עשוי חולי זה להביא לידי סכנה בעתיד. למעשה, הפוסקים התחבטו כיצד יש לפסוק במחלוקת המחבר והרמ"א, ואין הכרעה ברורה בדבר.[39]

בענייננו לא מדובר בסיוע פיזי לחולה, אלא בסיוע נפשי לאדם בעל מצוקה רגשית או קושי קוגניטיבי. הפוסקים דנו במעמדה של מצוקה כזו ונטו להגדיר אותה כחולי ולהתיר בעבורה פעולות שהותרו בעבור חולה.[40] ממילא, ככל שמדובר בצורך מובהק יותר, כך יהיה יותר מקום להתיר סוגי מגע שנאסרו מדרבנן בלבד.

דיון בהיבטים אלה אפשר למצוא בדברי הפוסקים בעניין מגע בילדים מאומצים.[41] במקרה זה קיים שיקול חשוב נוסף להקל, והוא אופי הקשר הנוצר בין ההורים המאמצים לילדים, המנטרל במידה רבה את החשש מקרבה מינית.[42] אך שיקוליהם של הפוסקים כללו גם את העמדת הצורך של אותם ילדים במגע לעומת איסור מגע

39. ראו שם, סעיף מו.
40. ראו במאמרו של הרב ישראל רוזן, 'ישוב באירוע פיגוע: נסיעת עובדת סוציאלית ומנהיג ציבור בשבת', **תחומין** כג, תשס"ג, עמ' 73–88 (בעיקר בעמ' 79).
41. ראו: אברהם ס' אברהם, 'אימוץ ילדים', **המעין** לד(ד), תשנ"ד, עמ' 29–40; **את צנועים חכמה**, חלק ב, עמ' שלה-שמה; הרב ירון בן-צבי, '"לזרעו אחריו": דין ייחוד באימוץ ובהפריה מלאכותית', **אסיא** צא-צב, תשע"ב, עמ' 104–121; אבישלום וסטרייך, 'מעמדם של ילדי הפריה מלאכותית לענין איסור ייחוד', שם, עמ' 122–146.
42. יש מן הפוסקים (ראו: **שו"ת ציץ אליעזר**, חלק ו, סימן מ, פרק כא; **שו"ת עשה לך רב**, חלק ג, סימן לט) שתלו את דינם של ילדים מאומצים בשאלה האם ההיתר הוא משום שאנשי כנסת הגדולה ביטלו את היצר, או שהוא נובע מסיבות טבעיות. נראה לדחות תלות זו ולומר שאנשי כנסת הגדולה יצרו את המציאות הטבעית המוכרת לנו כיום, וקודם לכן ייתכן שהייתה משיכה מינית בין אדם לילדיו - הביולוגיים והמאומצים גם יחד.

שאין בו חיבת ביאה. כך למשל כתב הרב וולדנברג (**שו"ת ציץ אליעזר**, חלק ו, סימן מ, פרק כא):

> כתבתי בצידוד צדדי היתר הנ"ל הגם שנדמה שנכנסים לכאורה בפירצות דחוקות... בכדי לא לסגור הדרך לפני ילדים אומללים שלא יהא להם דורש ומבקש מבתים שיחנכו אותם שם על ברכי התורה והמסורה.

וכן כתב הרב חיים דוד הלוי (**שו"ת עשה לך רב**, חלק ג, סימן לט):

> ולא נכנסתי להיתר זה, אלא מתוך מדת הרחמים על אותם ילדים שלא זכו לבית הורים מסיבות שונות, ומוצאים הם תחליף לבית הורים חם בדמות הורים מאמצים, שכל כונתם לשם שמים.

דיון זה אינו דומה לגמרי לענייננו, וכן עמדות אלו אינן מוסכמות בקרב הפוסקים,[43] אך יש בדברים הללו כדי להצביע על מגמה למצוא פתחי היתר כדי לאפשר מגע באנשים הזקוקים לכך. גם אם במבט שטחי נראה כי מתן חיבוק לילד ברגע זה איננו צורך אקוטי, הרי שבטווח הארוך ייתכן שיהיה בכך כדי לשנות את מהלך חייו ואת אופן התפקוד שלו ויחסיו עם סביבתו; ואכן הרב יעקב אריאל כתב (**שו"ת באהלה של תורה**, חלק ה, סימן ח) שמשום כך יש להקל במצבים כאלו.

ו. באיזה גיל חלים איסורי נגיעה?

קודם שנחתום את הפרק עלינו לדון בשאלה שאיננה קשורה דווקא לענייננו: באיזה גיל מתחילים לחול איסורי קרבה לעריות? שאלה זו לא נתבארה היטב במקורות, וכבר תהה הרב בנימין יהושע זילבר (**שו"ת אז נדברו**, חלק ו, סימן עב): "ומי זה יכול ליתן גבול ולומר דעד שנה זו אין דעתו של אדם וכו'".

עם זאת, ניתן להצביע על כמה נקודות זמן אפשריות:

1. בנות מגיל 3 ובנים מגיל 9. זהו הזמן שבו הם נחשבים מבחינה הלכתית כ'ראויים לביאה' וחל עליהם איסור ייחוד (**שו"ע**, אה"ע, כב, יא). לדעת **המשנה ברורה** (ביאור הלכה, סימן עה, ד"ה טפח) גם איסור הסתכלות ב'ערווה' חל מגיל זה; ומן

43. רבים מן הפוסקים אסרו נגיעה בילדים מאומצים וייחוד עימהם. ראו: **שו"ת מנחת יצחק**, חלק ט, סימן קמ; **שו"ת שבט הלוי**, חלק ו, סימן קצו; ועיינו ב**שו"ת אגרות משה**, אה"ע, חלק ד, סימן סד.

החלקת מחוקק (סימן כא, ס"ק ט) משתמע שהוא הדין לעניין איסור נגיעה, וכן פסק הרש"ז אויערבך (**הליכות שלמה**, תפילה, פרק כ, סעיף ט).

2. גילי 5-7. כך מקובל לפרש את דברי **החזון איש** (או"ח, סימן טז, אות ח) שכתב שדיני צניעות אינם חלים על ילדות "שאין דעתן של בני אדם עליהן מחמת קטנותן".[44] גיל זה אינו קבוע לגמרי, כפי שכתב **החזון איש** (שם): "ואין כאן שיעור בשנים אלא לפי מציאותן וקטנות גופן".[45] דבריו לא נאמרו לעניין איסור נגיעה,[46] אך בנוגע לילדות מאומצות פסק הרש"ז אויערבך שיש להקל ולנגוע בהן עד גיל 5-6,[47] **ובשו"ת להורות נתן** (חלק ד, סימן קד) כתב שעד גיל זה מותר לאח לנשק את אחותו ולשמוע את קול זמרתה.

3. הגעה לבגרות מינית ("שָׁדַיִם נָכֹנוּ וּשְׂעָרֵךְ צִמֵּחַ"). משלב זה אסור להורים לישון בקירוב בשר עם ילדיהם (**שו"ע**, אה"ע, כא, ז) ולפי הרמב"ם **בפירוש המשנה** (סנהדרין פ"ז מ"ד) אסור אפילו לחבק אותם. כמו כן משלב זה נחשבת ערוות הילדים כ'ערווה' לעניין קריאת שמע בעבור הוריהם (**שו"ע**, או"ח, עג, ד). הפוסקים התלבטו אם שלב זה מתחיל אצל בנות בגיל 9 ואצל בנים בגיל 12, אצל בנות בגיל 11 ובנים בגיל 12, או שהדבר נבחן בכל מקרה לגופו (כל עוד לא הגיעו לגיל מצוות).[48]

העולה מכל האמור הוא כי מבחינה פורמלית חל האיסור כבר על ילדה מגיל 3 וילד מגיל 9, אלא שבפועל כאשר נוגעים בילדה בגיל 4 ברור לכל בר־דעת שאין כאן (מלבד

44. כך אכן נהגו למעשה, שלא כפסיקתו של **המשנה ברורה**, כפי שכתב הרש"ז אויערבך (**הליכות שלמה**, תפילה, פרק כ, סעיף ט).

45. ראו בספר **גן נעול** (חלק ב, פרק ט, הערה 267) שהביא מגוון רחב של שיטות בהגדרה זו, מגיל 5 ועד גיל 11 (**בירור הלכה**, חלק א, עמ' קסא).

46. כפי שהדגיש הרש"ז אויערבך בספרו **הליכות שלמה** (לעיל הערה 44).

47. כפי שהובא במאמרו של פרופ' אברהם, לעיל הערה 41.

48. העניין תלוי בגרסאות בסוגיה בקידושין (פא ע"ב) ובברכות (כד ע"א). ראו: **בית יוסף**, אה"ע, סימן כא, סעיף ז; **שו"ע**, שם (וכן או"ח, עג, ג); **חלקת מחוקק**, שם, ס"ק יב; **בית שמואל**, שם, ס"ק טז; **עצי ארזים**, שם, ס"ק ו. **בשו"ת מעין אומר** (חלק יב, פרק ב, שאלה טו/ב) הובא כי הרב עובדיה יוסף נשאל: "מורה לחינוך מיוחד אם יכולה ליגע בילדים עד גיל שתים עשרה" והשיב "מותר"; והעורך הרב יהודה נקי ביאר (בהערתו שם) שהפסיקה מסתמכת על תשובת הרמב"ם (**שו"ת הרמב"ם**, מהדורת בלאו, סימן שלב) שכתב כי ערווה קטן נחשבת כ'ערווה' לעניין קריאת שמע דווקא כאשר "יהיה לו תאר הגדול, שדים נכונו ושערך צמח". ראו גם **שו"ת יביע אומר**, חלק ו, או"ח, סימן יד.

במקרים של סטייה) נגיעה של חיבה מינית, ומשום כך יש מקום להשוות זאת למגע בין הורים לילדיהם שלא נאסר עד שלב מאוחר יותר. אך בסביבות גיל 9, ובוודאי בגילי 10-11, כבר קיימת אפשרות עקרונית של מגע בעל אופי מיני, וממילא מסתבר שיחולו איסורי נגיעה באופן גמור.[49]

סיכום

א. קיים איסור על מגע בין גברים לנשים. לדעת רוב הפוסקים זהו איסור מן התורה והוא מתקיים גם במסגרות טיפוליות.

ב. מגע שנחווה כבעל אופי מיני מצד אחד הצדדים אסור מלבד במקום פיקוח נפש.[50]

ג. מגע בעל אופי טכני לחלוטין, כגון סיוע בישיבה ובקימה, מותר בשעת הצורך לכתחילה.

ד. נראה כי אפשר להקל גם במגע של חיבה בילד או ילדה מתחת לגיל 10, כאשר ברור וניכר שאין בו ממד מיני.

ה. מגע המבטא קרבה לא־מינית, כגון נתינת יד בריקוד או חיבוק של תמיכה, אסור לכתחילה במציאות רגילה, אך אפשר מבחינה עקרונית להתירו בעבור אדם הזקוק לכך משום שלדעת רוב הפוסקים מגע כזה נחשב כמגע שאין בו חיבת ביאה (שלפי חלק מן הדעות הותר לכתחילה ולפי דעות אחרות נאסר מדרבנן בלבד). ההיתר מבוסס גם על תפיסת צרכיו הנפשיים של ילד שנפרד מהוריו, או של מטופל במוסד שיקומי, כחולי שבעבורו אפשר להקל באיסורי דרבנן מסוימים.[51]

ו. היתר זה לא ניתן באופן גורף, ויש לסייגו בכמה דרכים:

1. ככל שהדבר אפשרי יש לבצע את המגע דרך בגדים ולא באופן ישיר. גם מגע דרך בגדים איננו מותר באופן גורף, אך איסורו קל יותר.[52] משום כך, כאשר יש צורך (למשל) להרגיע ילד באמצעות אחיזת ידו, יש לאחוז בחלק המכוסה בשרוול.
2. אם בפועל המגע מביא לידי הרהור או גירוי היצר, הוא אסור באופן גמור.

---

49. משום כך לא נראה לקבל את הבחנתו של הרב יעקב אריאל (**שו"ת באהלה של תורה**, חלק ה, סימן ח) בין ילדים מתחת גיל מצוות לילדים מעל גיל מצוות.

50. למעשה גם במקרה כזה, ההיתר נתון במחלוקת הפוסקים ואין כאן המקום להאריך בזה.

51. ראו **שו"ת מעין אומר**, חלק יב, פרק ב, שאלה טו/ה: "שאלה: אשה שמטפלת בילד בין ארבע עשרה עם תסמונת דאון, ברמה של ילד בן ארבע, האם מותר לה לשיר לו וכן לגעת בו לצורך פיזיותרפיה? תשובה: מותר". בהערה שם ביאר העורך הרב יהודה נקי שדינו של ילד כזה כחולה הזקוק למגע לרפואתו.

52. ראו על כך בהרחבה בפרק הבא.

על המטפלים לפתח מודעות ורגישות הן ביחס לתחושותיהם־שלהם, הן ביחס לתגובות המטופלים, וללמוד לעצור צעד אחד לפני הגבול. כמו כן, יש לבחון כל מקרה לגופו ולהחמיר (למשל) במגע בין נער לנערה צעירה, יותר מאשר במגע של אישה מבוגרת.[53]

3. הרב משה פיינשטיין כתב שמגע תדיר, גם בעל אופי לא־מיני, עשוי להפוך בקלות לבעל אופי מיני;[54] ומשום כך, גם אם אפשר להתיר מגע מסוים באופן חד־פעמי, ייתכן שהוא יהיה אסור כחלק ממערכת יחסים קבועה.[55] בהקשר זה יש לציין כי דווקא נערים שלא זכו לגדול במסגרת משפחתית וחברתית רגילה עשויים לפתח קשרים לא־בריאים עם הנשים המטפלות בהם.

ז. למעשה, כאשר מדובר במבוגרים, או בנערים מעל גילי 10-11, אסור שמגע של חיבה יהיה חלק קבוע ממערכת היחסים עימם.[56] מגע טכני, וכן מגע חד־פעמי, כאשר השעה צריכה לכך, ראוי לבצע דרך בגד חוצץ אך בדלית־ברירה אפשר גם באופן ישיר; כל זאת בתנאי שאין המגע מעורר חיבה בעלת אופי מיני, הן מצד המטפל הן מצד המטופל. קשה להגדיר תנאי זה במדויק, והוא תלוי באופי המגע, בגילי המטפל והמטופל ובאופיים, בנסיבות האירוע ובמשתנים נוספים. על כן רצוי מאוד להיוועץ לפני כל החלטה כזו עם אנשי טיפול המכירים את המקרה ואת המשמעות של המגע בהקשר שבו מדובר. "וכל מעשיך יהיו לשם שמיים".

53. הרב יעקב אריאל (**שו"ת באהלה של תורה**, חלק ה, סימן ח) התיר דווקא לנשים נשואות לנגוע בילדים מעל גיל מצוות.

54. דברי הרב פיינשטיין נאמרו ביחס לטיפול של איש באשתו נידה כשהיא חולה (**שו"ת אגרות משה**, יו"ד, חלק ג, סימן נד): "דקריבות הרבות הצריכות לחולה אף שתחלת עשייתן אינו לחיבת ביאה הם מקרבין ביותר איש לאשתו כמו קריבה דחיבת ביאה".

55. כיוצא בזה כתב הרב וואזנר ב**שו"ת שבט הלוי** (חלק י, סימן רלד) בעניין בן חורג עם צרכים מיוחדים: "יש לצדד להתיר באם נצרך לדבר זה ללטף אותו מזמן לזמן דרך רפואה... וגם זה לא בקביעות".

56. מלבד כאשר מדובר במסגרות של אומנה או אימוץ, שבהן יש לדון בנפרד. ראו במאמרים המצוינים לעיל. כמו כן, במקרים קשים, שבהם מטופל גבר אינו מתקשר עם הסביבה באופן נורמלי, אפשר להחיל עליו את דיני חולה הנזכרים לעיל. גם במגע של איש במטופלת יש מקום להקל אם היא נתונה במצב שבו לא יעלה על הדעת להעניק למגע משמעות מינית; אך כדי להתיר במקומות כאלו יש להיוועץ ברב ולשטוח לפניו את פרטי המקרה.

ב

גדרי איסור נגיעה: נגיעה בשיער ובבגד או בעזרת חפץ

"התארסנו בשעה טובה לפני כמה שבועות. אני ובן זוגי מבקשים להקים בית של תורה, ולאורך כל הקשר שלנו אנו משתדלים להקפיד על ההלכה - בכל התחומים ובכלל זה הלכות נגיעה וייחוד. לאחרונה שאלנו את עצמנו: האם מותר לנו לבטא חיבה באמצעות מגע לא־ישיר, כגון מגע בבגד או באמצעות חפץ (למשל פלאפון), וכן האם מגע כזה מותר כשהוא נעשה בצורה סתמית שלא בכוונה ושלא לשם חיבה?"

פתיחה

אחד המונחים שנכנסו ללקסיקון החברתי־דתי בעשורים האחרונים הוא צמד המילים הבעייתי 'שמירת נגיעה'. צירוף מילים זה בעייתי משתי סיבות: ראשית, הוא רומז כי הימנעות ממגע גופני בין המינים היא מידת חסידות מיוחדת, שאיננה מובנת מאליה, אף שמדובר בהלכה פשוטה;[1] שנית, יש בו כדי להציב במוקד היחסים בין המינים את ההיבט הטכני, את עצם הנגיעה, במקום לראות איסור זה כחלק מהקשר רחב יותר של איסור קרבה יתרה בין המינים.

לצד שני ההיבטים הללו, ודאי שיש אמת במושג זה ואכן ההלכה אוסרת מגע

1. מטעם זה הביע הרב יובל שרלו במקומות רבים את התנגדותו למונח זה. ראו למשל הרב יובל שרלו ורן חורי, **חברה שלמה: חברה צנועה מעורבת לכתחילה**, תל־אביב תשע"א, עמ' 30.

גופני בין גבר לאישה - הן כאשר מדובר באשתו של האדם כשהיא נידה, הן כאשר מדובר באשת איש (ושאר עריות) או בפנויה נידה. עם זאת, יש לדון בכמה שאלות הנוגעות להגדרת הנגיעה האסורה, כגון: האם שיער נחשב חלק מהגוף לעניין איסור נגיעה? האם מותר לנגוע בבגדים שלובש בן המין השני, והאם בהקשר זה יש להבחין בין סוגים שונים של בגדים (צמודים/רפויים, דקים/עבים)? האם הותר מגע על ידי חפץ (לדוגמה, טפיחה על כתפו של בן המין השני בעזרת ספר או מקל כדי להסב את תשומת ליבו)?

אי אפשר לענות על שאלות אלו מבלי לדון תחילה ביסודות איסור נגיעה ובמעמדה של נגיעה שאינה של חיבה. ביסודות אלה עסקנו באריכות בפרק הקודם, סביב שאלת המגע בין המינים במסגרת טיפולית, ונזכיר כאן בקצרה את מסקנותינו שם:

א. לדעת הרמב"ם ורוב הראשונים, איסור קרבה לעריות כולל כל מעשה של קרבה (כגון חיבוק ונישוק) גם ללא יחסים מלאים; ואילו לדעת הרמב"ן, מעשה קרבה ללא יחסים מלאים אסור מדרבנן בלבד.

ב. לדעת רוב הפוסקים, האיסור מן התורה נאמר רק במגע של חיבה בעלת אופי מיני, ואילו מגע טכני בלבד הותר לחלוטין. מגע ידידותי שאין בו הקשר מיני אך גם איננו טכני בלבד נחשב כאיסור דרבנן, ומשום כך בהקשרים מסוימים ויוצאי דופן (כגון במקום חולי או משום כבוד הבריות) יש מקום להקל בו.

על רקע מסקנות אלו נדון עתה בהגדרות המעשיות של הנגיעה האסורה.

א. נגיעה בשיער

1. מעמדו ההלכתי של השיער

האם איסור נגיעה כולל גם את האיסור לנגוע בשערו של בן המין השני? כדי לענות על שאלה זו נפתח בבירור כללי יותר של מעמד השיער ביחס לגוף האדם בתחומים הלכתיים שונים. נציין כי הֶקשר בין השאלה המעשית הנידונה לבין הדיון העקרוני איננו חד־משמעי: ייתכן שנכריע באופן עקרוני שהשיער נחשב חלק מגוף האדם, ולמרות זאת נתיר את הנגיעה בו משום שאין בכך קרבה; וייתכן שנכריע כי השיער איננו חלק מן הגוף, ולמרות זאת נאסור את הנגיעה משום שיש בה חיבה. עם זאת, הדיון העקרוני חשוב לשם הגדרת נקודת המוצא: האם באופן בסיסי השיער הוא חלק מהגוף וכדי

להתיר אותו יש להציג ראיות משכנעות, או שמא השיער אינו חלק מהגוף ולכן על האוסר לגעת בו מוטלת הבאת הראיה?

סקירת הסוגיות הרלבנטיות מציירת תמונה מורכבת ומלמדת כי מעמדו של השיער זוקק יחס מיוחד ובאופן טבעי הוא איננו נתפס כחלק מן הגוף. ביטוי לכך אפשר למצוא בתיאור נזקי הרגל במסכת בבא קמא (ג ע"א): "הזיקה בגופה דרך הילוכה, בשערה דרך הילוכה, בשליף שעליה" (כלומר שער הבהמה איננו חלק מ"גופה" והוא דורש התייחסות נפרדת).

דיון מפורש יותר בסוגיה זו אפשר למצוא בקשר לדיני טבילה וחציצה (עירובין ד ע"ב): "תניא - 'ורחץ את כל בשרו', את הטפל לבשרו, וזהו שער". מלשון הברייתא עולה כי השיער איננו חלק טבעי מ"בשרו" של האדם,[2] אלא דבר "הטפל לבשרו" ולפיכך יש צורך בריבוי מיוחד בעבורו.[3] גם לגבי מסקנת הגמרא נחלקו הראשונים: לדעת הרמב"ם (**משנה תורה**, הלכות מקוואות, פ"ב הט"ו) השיער נחשב כחלק מהגוף; ואילו לדעת אחרים (שדעתם הובאה ב**משנה תורה**, שם) השיער איננו חלק מהגוף והוא חייב טבילה בפני עצמו וכך פסק **השו"ע** (יו"ד, קצה, א).[4]

הגמרא עצמה התלבטה באשר למעמד השיער כאשר דנה באיסור הנאה מגוף המומתים.[5] במשנה (ערכין פ"א מ"ד) נאמר כי "האשה שנהרגה - נהנין בשערה" ובביאור הדברים נחלקו האמוראים (ערכין ז ע"ב): לדעת רב, ההיתר נאמר רק בפאה נוכרית אך שיער רגיל נחשב כגופה לכל עניין; ואילו לדעת רב נחמן, ההיתר נאמר גם בשיער ממש. הרמב"ם (**משנה תורה**, הלכות אבל, פי"ד הכ"א) הסביר את היתר השיער בכך "שאינו גופו",[6] אולם מדברי **רש"י** (ערכין ז ע"ב, ד"ה פשיטא) עולה כי השיער נחשב מבחינה עקרונית כגוף האדם והותר רק משום שהמיתה לא יצרה בו שינוי משמעותי ולכן לא אסרה אותו.

היחס המורכב למעמד השיער עולה מסוגיות נוספות, במגוון תחומים,[7] אך

---

2. יש לדון אם לחלק בין "בשרו" ל"גופו".
3. במקומות אחרים (קידושין נו ע"ב ועוד) הוגדר גם עור כ"דבר הטפל לבשרו"; וראו בדברי **הערוך לנר** (סוכה ו ע"א, ד"ה בגמרא את הטפל) שעמד על הפער בין הסוגיות.
4. ראו: **שו"ת אגרות משה**, יו"ד, חלק א, סימן קב; **חידושי הגרי"ז על הרמב"ם**, הלכות מקוואות, פרק ב, הלכה טו.
5. האיסור ליהנות מן המת נלמד בגזירה שווה מעגלה ערופה ומובא בגמרא במסכת עבודה זרה (כט ע"ב).
6. ואכן גם **הכלי חמדה** (פרשת משפטים, עמ' 243) הציע ללכת בדרך זו.
7. במסכת נידה (נה ע"א) נאמר ששער המת איננו מטמא (כשהוא אינו מחובר למת), ומדין זה משתמע שאין השיער חלק מגופו; אולם הגמרא מסבירה זאת בכך ש"גזעו מחליף", ומכך משתמע

בעניין הגדרת נגיעה על ידי שיער התמונה מעט יותר ברורה. כאשר השיער מחובר למת, הנגיעה בו מטמאת כנגיעה במת עצמו, כפי שפסק הרמב"ם (**משנה תורה**, הלכות טומאת מת, פ"ג הי"ג). הרמב"ם (שם, פ"א ה"ג) התייחס גם למקרה הפוך שבו האדם נוגע במת בעזרת ציפורניו: "נראה לי שאם נגע בצפרניו או בשיניו נטמא כיון שהם מחוברים לגוף הרי הם כגוף". אומנם הרמב"ם התייחס בפירוש רק לשיני המת וציפורניו, אך **הקרית ספר** (שם) **והמעשה רֹקח** (שם) כתבו שהוא הדין לשערו;[8] כלומר גם אם השיער איננו נחשב לגמרי כחלק מגוף האדם, הרי שמגע דרך השיער נחשב כנגיעה בגוף האדם.[9]

2. מעמד השיער בהלכות צניעות

כפי שציינו, לא ברור האם אפשר להסיק מן ההגדרה ההלכתית־עקרונית של השיער לגבי דיני איסור נגיעה. סוגיה קרובה יותר לענייננו היא הסוגיה במסכת ברכות (כד ע"א) הדנה בגדרי 'ערווה' לעניין האיסור לקרוא קריאת שמע כנגד ה'ערווה':[10]

שלולא כן היה מטמא שער המת כגופו. ראיה נוספת מצויה בגמרא בזבחים (כו ע"א) המלמדת שכאשר שער הכוהן נמצא מחוץ לעזרה - עבודתו פסולה משום שהוא לא בא כולו לאוהל מועד; אך היא לומדת זאת באופן ספציפי ומן הדברים עולה ששער האדם לא נחשב באופן פשוט כחלק מגופו. בסוגיה אחרת במסכת זבחים (יט ע"א) התלבטה הגמרא לגבי הגדרת השיער כחציצה בין גוף הכוהן לבגדי הכהונה שלו: "יצא שערו בבגדו, מהו? שערו כגופו דמי או לאו כגופו דמי?". שאלה רלבנטית אחרת, שנידונה באחרונים, היא השאלה האם הסך את שערו בשמן המשחה עובר על האיסור לסוך מן השמן על "בשרו". ראו: **ערוך לנר**, כריתות ו ע"ב, ד"ה אכן צ"ע; **מקור ברוך**, חלק א, סימן ט; **שערי טהר**, חלק ב, סימן ט; **באר לחי רואי**, סימן נז.

8. אומנם מסברה היה מקום להבחין בין הדברים ולומר כי שער האדם נחשב כדבר המחובר לגופו ולמרות זאת אין בו מעשה מגע משום שהוא אינו נשלט לחלוטין בידי האדם.

9. ההבחנה בין הגדרת ה'חפצא' של השיער לבין הגדרת מעשה הנגיעה עולה מן הסתירה־לכאורה בין דברי הרמב"ם הנזכרים לבין דבריו בהלכות משכב ומושב (פ"ח הי"א) בעניין טומאת משא של זב: "וכן חבורי הזב שנישאו על הטהור או חבורי טהור שנישאו על הזב הרי זה טמא, וכאילו נשא כל אחד מהם עצמו של חבירו, ואלו הם החיבורים: השינים הציפורנים והשיער שלהן, ויראה לי שטומאה זו מדבריהם". הרמב"ם פסק שחיבורי הזב מטמאים במשא רק מדרבנן, אף שבמגע הם מטמאים מדאורייתא! מו"ר הרב אהרן ליכטנשטיין זצ"ל טען לאור זאת שהחיבורים אינם נחשבים כחלק מן הזב עצמו לעניין הגדרת הנושא אותו כ'נושא זב', אך נגיעה דרכם נחשבת כמעשה של נגיעה בטומאה.

10. יצוין כי בסוגיה שם מצויה התייחסות נוספת לשיער: הגמרא מתירה לקרוא קריאת שמע כנגד שער ערווה היוצא מן הבגד. אך נראה שאין בכך כל ראיה לעניין הגדרת השיער כחלק מן הגוף,

> **אמר שמואל: קול באשה ערוה, שנאמר "כי קולך ערב ומראך נאוה". אמר רב ששת: שער באשה ערוה, שנאמר "שערך כעדר העזים".**

מדוע יש צורך בפסוק מיוחד כדי ללמד ששיער נחשב כערווה? הלוא כבר למדנו בגמרא (שם) ש"טפח באשה ערוה", דהיינו שכל חלק שנהוג לכסותו נחשב כערווה כאשר הוא מגולה, וממילא ברור שהוא הדין לשיער של נשים נשואות שנהוג לכסותו ולפיכך אין צורך בפסוק מיוחד?!

נראה כי הגמרא סבורה שישנו דמיון בין קול האישה לשערה: בשני המקרים מדובר בדבר שיש בו יופי ושלרוב איננו חשוף לעין כול, אלא שאין זה חלק מגוף האישה ממש כי אם דבר־מה היוצא מגופה. יש לדון אם כן מהי מסקנת הגמרא: בנוגע לקול, נראה שלא התחדשה תובנה לגבי מעמדו העקרוני (אלא נאמר ששמיעת קול אישה שקולה לראיית 'ערווה'), אך בנוגע לשיער יש להתלבט האם למסקנת הגמרא ראייתו אסורה אף שאין הוא חלק מגוף האישה, או שמא המסקנה היא שהשיער הוא חלק מגוף האישה?

הרב משה פיינשטיין (**שו"ת אגרות משה**, או"ח, חלק ד, סימן טו) נדרש לשאלה זו וכתב: "גם השער נתחדש בקרא שהוא כבשר האשה, שבדרכן לכסות הוא בדין ערוה כהמקומות מהבשר שדרכן לכסות"; כלומר לפי מסקנת הגמרא השיער הוא חלק מגוף האישה לכל דבר ועניין. כך כתב גם הרב פסח אליהו פאלק (**שו"ת מחזה אליהו**, סימן ט, אות ג): "וקמשמע לן מקרא דמשבח האשה ביופי שערותיה מכלל דהן חלק מגופה".

אכן יש לדון האומנם מוכח מן הגמרא ששיער נחשב כגוף האישה ממש, או שמא כפי שכתב **רש"י** (ברכות כד ע"א, ד"ה קולך), "מדמשבח לה קרא בגוה, שמע מינה תאוה היא" והשיער אינו נחשב כגוף האישה. כך או כך מן הגמרא עולה שבענייני צניעות יש לאסור את שער האישה כמו גופה, ומסברה נראה להשוות בין ראיית השיער לנגיעה בו.[11]

התייחסות ישירה לנושא הנגיעה אפשר למצוא בהלכות נידה. הרמב"ם (**משנה תורה**, הלכות איסורי ביאה, פי"א, הלכות יח-יט) כתב שבימי נידתה של האישה "לא יגע בה אפילו באצבע קטנה... ולא יגע בבשרה מפני הרגל עבירה". הכפילות שבדברי

משום שגם אם מדובר בחלק מן הגוף אפשר לומר שאין הוא בכלל 'ערווה'.

11. אך עיינו בדברי **העזר מקודש** שיובאו להלן, שלפיהם יש דברים (כגון בגדים) שנאסרו בהסתכלות ולמרות זאת מותרים במגע. עוד יש להעיר כי בדבריו שם התיר **העזר מקודש** לברך נשים תוך הנחת יד על ראשן, ולא ברור לחלוטין האם מדובר במצב שבו הראש גלוי או שהוא מכוסה במטפחת; וראו להלן.

הרמב"ם הוסברה בספר **מעשה רקח** (שם) במילים הבאות: "אפשר שבא להוסיף שלא יגע אפילו בשערותיה ובצפרניה כמו שנאמר 'את בשרו' את הטפל לבשרו". נראה כי הקביעה שאסור לנגוע בשיער של אשתו נידה היא הנחה פשוטה בקרב הפוסקים, שכלל לא טרחו לציין זאת ולא דנו אלא בשאלה האם יש איסור נגיעה בבגדיה, בחפצים שהיא מחזיקה וכדומה, כפי שנראה להלן.

אומנם, ככלל אין להסיק באופן ישיר מדיני ההרחקות מאשתו נידה להתנהלות עם פנויה,[12] אך נראה כי המ**עשה רקח** הבין שהאיסור כלול בהגדרה הבסיסית של איסור נגיעה, שנאמר גם בפנויה. כיוצא בזה העיד על עצמו הרב עובדיה יוסף (**טהרת הבית**, חלק א, עמ' לט): "ואני נוהג כשמברך איזו אשה המבקשת ברכה, לתת ידי למעלה מראשה באויר כדי שלא לנגוע בשערות ראשה".[13]

מאידך־גיסא, **בשו"ת שלמת חיים** (אה"ע, סימנים תרמא-תרמג) כתב כי בעקבות לשון הגמרא בברכות (מג ע"ב), "שערו כבגדו", אפשר להתיר את המגע בשיער לנוהגים בכך; אך באופן פשוט דברי הגמרא הללו אינם קשורים לענייננו וראיה זו אינה ברורה.

לסיכום, מעמד השיער כחלק מגוף האדם נתון בספק; אך מגע דרך השיער נחשב מגע לדיני טומאה וכן בהלכות צניעות נחשב השיער כ'ערווה' וברור שאסור לאדם לגעת בשיער של אשתו נידה. לכן יש לאסור נגיעה בשערו של בן המין השני, ורק בשעה שהמגע מותר באופן חריג (כגון לצורך רפואה) יש להעדיף מגע כזה על פני מגע בגוף עצמו.

ב. בגדים

1. האם חציצה של בגד מתירה נגיעה?

שאלת איסור נגיעה בבגדים מתחלקת באופן כללי לשני מצבים: א. נגיעת גוף בגוף כאשר הבגד חוצץ ביניהם; ב. נגיעה בבגד שאותו לובש בן המין השני. נדון תחילה במצב הראשון דהיינו בשאלה האם מותר לגבר ואישה לנגוע זה בזה כאשר בגד חוצץ ביניהם? הגמרא במסכת שבת (יג ע"א) עוסקת בשאלה דומה, אך לא קל להסיק ממנה מסקנות חתוכות:

---

12. כפי שהתבאר בפרק הקודם, ראו לעיל עמ' 32.

13. אכן ישנן עדויות רבות (ואף תמונות) על כך שהרב עובדיה יוסף הניח את ידו על ראשיהן של נשים בשעת הברכה, אך יסוד ההיתר קשור לאופי המגע ולא להיתר גורף ביחס לשיער (כפי שמבואר ב**טהרת הבית**, חלק א, עמ' לט).

איבעיא להו: נדה, מהו שתישן עם בעלה היא בבגדה והוא בבגדו?...
תא שמע: "ואל ההרים לא אכל, ועיניו לא נשא אל גלולי בית ישראל, ואת אשת רעהו לא טמא, ואל אשה נדה לא יקרב", מקיש אשה נדה לאשת רעהו. מה אשת רעהו - הוא בבגדו והיא בבגדה אסור, אף אשתו נדה - הוא בבגדו והיא בבגדה אסור. שמע מינה.
ופליגא דרבי פדת, דאמר רבי פדת: לא אסרה תורה אלא קורבה של גלוי עריות בלבד, שנאמר "איש איש אל כל שאר בשרו לא תקרבו לגלות ערוה".

סוגיה זו עוסקת במישרין במצב שבו איש ואישה האסורים זה בזה ישנים "הוא בבגדו והיא בבגדה". עם זאת, המוקד של הסוגיה הוא החשש מעצם העובדה שהם ישנים על מיטה אחת (אולי גם במצב של ייחוד), וכלל לא ברור מהי רמת המגע ביניהם: ייתכן שהם נוגעים זה בזה ישירות באיברים הגלויים, ייתכן שהם נוגעים זה בזה דרך הבגדים, וייתכן שהם אינם נוגעים כלל זה בזה.[14] אם נוסיף לכך את העובדה שלא ברור על מה בדיוק חולק ר' פדת והאם נפסקה הלכה כמותו,[15] הרי שקשה ללמוד מן הסוגיה עצמה דבר ברור לענייננו.

עם זאת, מדברי הראשונים והאחרונים על הסוגיה אפשר ללמוד על עמדתם בנידון דידן. כך למשל סיכם הריטב"א את הסוגיה (**חידושי הריטב"א, שם, ד"ה ופליגא**): "שהתורה אמרה 'ואל אשה בנדת טומאתה לא תקרב' לאסור קירוב בשר, אבל הוא בבגדו והיא בבגדה איסורא דרבנן הוא, וכן הלכה". כך כתב גם ר' אברהם אליגרי (**לב שמח**, לא־תעשה שנג, ד"ה ועוד יש): "דהיא בבגדה שניא היא משאר קריבות שאינה מדאורייתא אף לדעת הרב [הרמב"ם]";[16] וכך מפורש גם **בשו"ת מהרש"ם** (חלק ד,

---

14. ראו בדברי הרמב"ן (**השגות הרמב"ן לספר המצוות**, לא־תעשה שנג): "דע שאין מחלוקת רבי פדת וחביריו בזה אבל המאמר היה על שאלתם בנדה אם מותרת לשכב עם בעלה במטה אחת, היא בבגדה והוא בבגדו, ואף על פי שיש בישנים במטה אחת קריבה וחמום זה מזה כענין 'אם ישכבו שנים וחם להם', וכל שישנים במטה אחת אי איפשר להם בלא נגיעה וכדאתמר התם 'והא איכא עגבות', ויש בהם עוד חשש ביאה, ובא רב יוסף לאסור מטעם חשש הביאה כדרך שאסרו בעוף שלא יעלה עם הגבינה בשלחן אחד ואף על פי שאפילו האכילה מדבריהם, וכל שכן בכאן ששכיבתן במטה אחת קרוב לבא לידי ביאה. ודחינו זה משום דאיכא שנוי ודעות, ואחר כך באנו ואסרנו הדבר מפני שיש בשכיבתן במטה אחת קריבה והנאה זה מזה".
15. ראו בדברי הרמב"ן שהובאו בהערה הקודמת.
16. אומנם הוא מציין שהרמב"ן **והמגיד משנה** השוו בין "הוא בבגדו" לבין שאר מעשי קרבה, אך כפי שכתבנו לעיל ייתכן שזה משום העובדה שישנים במיטה אחת. **הלב שמח** הוכיח את דבריו מלשון הרמב"ם (**משנה תורה**, הלכות איסורי ביאה, פי"א הי"ח): "אסור לאדם שידבק באשתו בשבעת

סימן קמט): "באחד שחיבק את אשתו בימי מניקתה ופירסה נדה באמצע... ואם רק דרך מלבושה גם הרמב"ם מודה, דדוקא בקירוב בשר סבירא ליה דהוי מהתורה, אם כן ספק דרבנן ולקולא".

יש לשים לב לכך כי מהרש"ם דן בחיבוק ממש, ולא בנגיעה בעלמא, ולמרות זאת הוא סבור שכאשר יש חציצה של בגד אין המעשה נכלל באיסור קרבה לעריות אלא רק בדיני הרחקות דרבנן מאשתו נידה. התייחסות נוספת ברוח זו אפשר למצוא בספר **מקור חיים** (יו"ד, סימן קצה, ס"ק סא; הובא להלכה **בפתחי תשובה**, יו"ד, סימן קצה, ס"ק יז), שדן במחלוקת הפוסקים (שנזכרה לעיל עמ' 31) בעניין ההיתר לבעל רופא למדוד דופק לאשתו נידה: "וראיתי מורים שהורו בנדון זה להניח בגד דק על הדפק, ואז מותר לבעלה הרופא למשש הדפק על אותו הבגד המפסיק". מדבריו משתמע כי חציצה אינה מבטלת את האיסור לחלוטין, אך יש בה כדי להפחית את חומרתו ולהופכו לאיסור מדרבנן (שהותר בעבור חולה), אף שמדובר באשתו נידה. ואכן, המתבונן בלשון הרמב"ם (**משנה תורה**, הלכות איסורי ביאה, פכ"א ה"א) **והשו"ע** (אה"ע, כ, א) יראה כי הם הדגישו שאיסור הקרבה הוא דווקא כש"נהנה בקירוב בשר".[17]

מכל המקורות הללו עולה שחציצת בגד מפחיתה מחומרת האיסור אך אינה מבטלת אותו לחלוטין, וכך עולה גם מדברי **ספר חסידים** (סימן תתרצ): "לא יתקע יהודי ידו בכף הנכרית ולא הנכרית בכף איש יהודי ולא יהודית בכף הנכרי ולא הנכרי בכף יהודית אף על פי שהיד מעוטפת בבגד, סייג לגלוי עריות". מדבריו נראה כי לא מדובר באיסור תורה, ולמרות זאת המעשה אסור.

כך עולה גם מדברי **התורת חיים** בעניין מעשיו של עולא המתוארים בגמרא במסכת שבת (יג ע"א):

ימים נקיים אלו ואף על פי שהיא בכסותה והוא בכסותו"; ודייק מלשון זו כי מדובר באיסור בעלמא, שהרי הרמב"ם לא כתב "לוקה" או "חייב". אך יש מקום לדחות ראיה זו משום שההקשר המדובר הוא השוואה בין ימי טומאה לימי ליבון, וממילא ייתכן שהרמב"ם לא התכוון לעסוק בהקשר זה בחומרת האיסורים השונים.

17. כך כתב גם **בשו"ת שמחת כהן** (יו"ד, חלק א, סימן לח): "וגם לדעת הרמב"ם דאיכא איסור דאורייתא יש לומר דהיינו דוקא בקירוב בשר ממש אבל בנדון דידן דנראה דליכא קירוב בשר ממש אלא על ידי הפסק מכנסים ליכא איסור דאורייתא גם להרמב"ם. ומכל מקום ודאי דאיכא איסור דרבנן דלא גרע משאר הנאת עריות". אומנם באבות דרבי נתן (נוסחא א, תחילת פרק ב) נאמר: "יכול תישן עמו בבגדיה על המטה תלמוד לומר לא תקרב", ומן הדברים משתמע כי זהו דין תורה; אך קצת קשה לומר שכל המעשים המפורטים שם נאסרו מן התורה (שהרי הם כוללים גם התקשטות של אישה בימי נידתה). ייתכן גם שדווקא שינה משותפת נאסרה מן התורה ולא מגע בעלמא.

עולא כי הוי אתי מבי רב הוה מנשק להו לאחוותיה אבי חדייהו, ואמרי לה אבי ידייהו [=עולא כשהיה בא מבית רב, היה מנשק את אחיותיו על בית החזה שלהן, ויש אומרים על בית ידיהן]. ופליגא דידיה אדידיה, דאמר עולא: אפילו שום קורבה אסור, משום לך לך אמרי נזירא סחור סחור, לכרמא לא תקרב [=ומעשה זה חולק על דבריו עצמו, שאמר עולא: אפילו שום קורבה אסור, כשם שאומרים לנזיר לך מסביב ואל תתקרב לכרם].

רבים למדו ממעשיו של עולא, שהיה מנשק לאחיותיו, על גדרי נגיעה של חיבה ודיני צניעות בתוך המשפחה; אך **התורת חיים** (עבודה זרה יז ע"א) העיר על נקודה חשובה הנוגעת לענייננו:

משמע דלא הוה מנשק להו על היד ועל החזה גופייהו, אלא על בית היד ובתי החזה דהיינו על המלבוש שמכניסין בו היד והחזה, והיינו דנקט עולא קריבה בעלמא אסור דאפילו בכהאי גוונא.

מדברי **התורת חיים** עולה שמגע (או לפחות נישוק) דרך בגד איננו חלק מאיסורי קרבה מן התורה ולמרות זאת הוא אסור מדרבנן משום סייג, וכדברי **ספר חסידים**.[18]

עם זאת, לכאורה אפשר למצוא שיטה מקילה יותר בתלמוד הירושלמי (סוטה פ"ג ה"א, יח ע"ג):

"ולקח הכהן מיד האשה את מנחת הקנאות"... על ידה הוא מניף... וכהן מניח את ידו תחתיה ומניפה. ואין הדבר כָאוּר [=כָּעוּר]? מביא מפה. ואינו חוצץ? ומביא כהן זקן. אפילו תימר ילד - שאין יצר הרע מצוי לשעה.

הירושלמי דן במנחת סוטה שצריכה להיות מונפת כאשר ידי הכוהן מונחות תחת ידי האישה. הירושלמי שואל האם מעשה כזה אינו מכוער ומציע לפתור את הבעיה על ידי חציצה במפה. אומנם לבסוף דוחה הירושלמי אפשרות זו, משום שלדבריו המפה היא חציצה הפוסלת את ההנפה, אך עולה מדבריו שהנחת מפה בין ידו של הכוהן לידה של האישה עשויה להסיר את הכיעור שבמגע ביניהם.

---

18. ראו בדברי **הבן איש חי** (**עוד יוסף חי**, פרשת שופטים, אות כב; הוזכרו לעיל עמ' 38) שכתב שדברי **התורת חיים** נאמרו רק ביחס לנישוק על החזה, ואילו נישוק על גב היד מותר גם ללא בגד חוצץ (והזכרנו את דבריו לעיל).

מהו היחס בין דברי **ספר חסידים** לבין דברי הירושלמי? אפשר שהם חולקים; אך אפשר גם שההבדל נעוץ בסיטואציה שעליה מדבר הירושלמי - הנפת מנחת סוטה - שאינה לחיצת ידיים של חיבה אלא מגע טכני שנעשה במקום צורך. ואכן, הירושלמי אינו מגדיר זאת כאיסור גמור אלא רק כ"דבר כָּאוּר".[19] נראה כי במצב כזה, שבו הנגיעה מותרת מעיקר הדין, אפשר להסיר את הכיעור על ידי חציצה; ואילו כאשר מדובר בנגיעה מיותרת שיש בה ממד של חיבה (כגון תקיעת כף), החציצה אינה מתירה לחלוטין את המעשה.[20]

העיקרון שלפיו הבגד מפחית מחומרת האיסור עולה גם מדברי **רש"י** (שבת יג ע"א, ד"ה גילוי) שכתב כי לוּ היינו סבורים שמגע בקירוב בשר אסור רק מדרבנן, היה עלינו לומר שמגע דרך בגדים מותר. כיוצא בזה כתב **בשו"ת שלמת חיים** (אה"ע, סימן קד): כאשר מגע ישיר נחשב ככיעור־גרידא, החציצה מתירה אותו לגמרי.

אף ר' חיים פלאג'י (**שו"ת חיים ושלום**, חלק ב, סימן יז) דן בדברי **ספר חסידים**. לדעתו, לכתחילה ראוי לחכם להימנע כליל מכך שנשים ינשקו את ידיו; אך אם אי אפשר "יהיה על ידי בגד מעוטף היד ולא ידחוק". לאחר מכן הביא ר' חיים פלאג'י בשם בנו - על פי דברי הירושלמי הנזכרים - שכאשר המגע נעשה דרך מפה עבה, הוא מותר.

גישה מקילה עוד יותר אפשר למצוא בדברי **העזר מקודש** (סימן כא, סעיף ו):

> מה שנוהגים לברך הקרובות בנות אחיו ואחותיו וכדומה בנשיאת כפים על גבי ראשיהן, כל שאין קירוב בשר יד ליד גם המקומות המגולים ואין בשר נוגע לבשר, אין קפידא... וגם שהסתכלות נמנע גם על מלבושים כשמכירם ומכירה

19. מה אפשר ללמוד מן הירושלמי לגבי היחס העקרוני להלכות נגיעה? לכאורה הנחת המוצא של הירושלמי היא שנגיעה כזו אינה ראויה אף שבאופן פשוט אין בה חיבה, ובניגוד למה שכתבנו לעיל. ניתן ליישב זאת בשתי דרכים: א. הירושלמי דן באשת איש שמעמדה חמור יותר משאר עריות (וכך יישב הרב משה לוי, 'נגיעה בנשים האסורות משום ערוה', **אור תורה** תצ, תשס"ח, עמ' תשלא-תשמב, על פי **השגות הרמב"ן לספר המצוות**, לא־תעשה שנג). ב. מסקנת הירושלמי "שאין יצר הרע מצוי לשעה" משמעה כי למעשה אין לחשוש לנגיעה אקראית כגון זו. ראו גם לשון **התוספות** (סוכה מז ע"ב, ד"ה כהן מניח ידו; מנחות סא ע"ב, ד"ה כהן מניח ידו) שגרסו בירושלמי "שאין יצר הרע מצוי לאותה שעה", ואפשר שכוונתם היא שדווקא בסיטואציה של הבאת מנחת סוטה אין לחשוש ליצר הרע (עיינו **בשו"ת בית יהודה**, אה"ע, סימן לג). יש לציין שגרסת כת"י ליידן היא כגרסת הדפוסים: "שאין יצר הרע מצוי לשעה".

20. כך אכן כתב **השדי חמד** (מערכת חתן וכלה, אות יב) וכעין זה הכריע גם **בשו"ת חלקת יעקב** (יו"ד, סימן צט, אות ה).

בצורתה, הסתכלות הוא בחינת סרסור הראשון... מה שאין כן נגיעה... והרי רק בנדה ההרחקה יתרה... וגם באשתו נדה אין קפידא לפעמים בנגיעה בבגד שעליה. וגבי מתון ת' זוזי שויא משך בגד מעל אשה... ואלו היה בזה דררא דאיסורא לא היה התנא הקדוש מרכב לכלה, כי דררא דאיסור הוא בלא פלוג, אך נגיעה בלבוש אין בה קפידא ורק בחינת ארכב אכתפיה שגם שלא נקבע על זה איסור קבוע מכל מקום אמר שאי לא דמיא עלייהו ככשורא ימנעו מפועל ההוא שהוא צד התגרות ביצר לפעמים כי יש בזה מעין חיבוק מה שאין כן זולת זה.

העזר מקודש דן בבת אחת הן בנגיעה דרך בגד, הן בנגיעה בבגד עצמו (שתידון להלן). לענייננו חשוב ההיתר שבו הוא פותח: ההיתר לברך נשים תוך הנחת ידיים על ראשיהן. מן ההקשר של הדברים עולה כי מדובר בנשים שראשיהן מכוסים במטפחות ו**העזר מקודש** מתיר זאת משום שלדעתו נגיעה בבגד אינה נחשבת נגיעה. בהמשך הוא דן במעשיו של רב אחא שהיה מרכיב את הכלה על כתפו (כתובות יז ע"א), ומסביר אותם בטענה כי נגיעה דרך בגדים אינה נחשבת איסור גמור. אומנם גם **העזר מקודש** מודה שכאשר יש בנגיעה "מעין חיבוק" היא אסורה למעשה, אך נראה כי לדעתו נגיעה רגילה (כגון טפיחה על השכם) מותרת בלא דוחק.[21]

לסיכום, מגע דרך בגד לא נאסר מן התורה, אך כאשר מדובר במגע של חיבה הוא אסור מדרבנן או לכל הפחות נחשב ככיעור. עם זאת, כאשר מדובר במגע שאינו של חיבה ויש בו צורך, אפשר להתיר מגע דרך בגד גם במקרים שבהם מגע ישיר אינו ראוי. במובן זה, מגע דרך בגד עדיף על פני מגע בשיער.

2. האם מותר לנגוע בבגד שלובש בן המין השני?

עד כה עסקנו במגע בין גוף לגוף כאשר הבגד משמש כחציצה, וראינו כי מעמדו של מגע כזה בעייתי למדי, לפחות מדרבנן. האם יש איסור בעצם המגע בבגד גם כשאין כלל מגע בגוף (כגון מגע בצעיף המשתלשל מצוואר האישה, בעניבה שעל צוואר האיש או בנעליים)?[22]

דיוני הפוסקים בסוגיה זו מצויים בעיקר ביחס למגע באשתו נידה; וכך נאמר **בספר הרוקח** (הלכות נידה, סימן שיח):

21. ראו גם בספר **גן נעול**, חלק ג, פרק טז, סעיף כ.

22. תיאור קדום למגע כזה אפשר למצוא במערכת היחסים בין יוסף לאשת פוטיפר, שם נאמר "וַתִּתְפְּשֵׂהוּ בְּבִגְדוֹ... וַיַּעֲזֹב בִּגְדוֹ בְּיָדָהּ..." (בראשית ל"ט, יב).

מעשה בתלמיד אחד שמת ולא הלכו אחר מטתו עשרה בני אדם. התחיל חבירו לבכות אמר: זו תורה וזו שכרה? פקח הקדוש ברוך הוא עיניו בחלום ואמר לו: חבירך לא עבר עבירה מימיו, כי אם פעם אחת עברה אשתו נדה לפניו ונגע בבגדיה, לכן הגבו עבירה ממנו. בו בלילה ראה את חבירו מהלך בתוך הפרדס בתוך המעין של מים בתוך גן עדן.

כדרכם של סיפורים מסוג זה, יש מקום לדון האם מדובר בהנחיה הלכתית לכל אדם או בהנהגה של מידת חסידות, אך דברי הרשב"ץ (**שו"ת התשב"ץ**, חלק ג, סימן נח) בעניין זה ברורים יותר: "ליגע בבגדיה בעודה לבושה יש להתרחק, אבל כשאינן עליה מותר". פסיקה זו הובאה להלכה גם **בפתחי תשובה** (יו"ד, סימן קצה, ס"ק ג).

בדברי החיד"א הובאה חומרה נוספת לגבי מגע באשתו נידה: "שלא יגעו המלבושים שלו במלבושים שלה זה בזה" (**שו"ת חיים שאל**, חלק ב, סימן ל) וכך פסק גם **ערוך השולחן** (יו"ד, סימן קצה, סעיף כ). רבים מן האחרונים פירשו כי עצם המגע בין הבגדים אסור, אף שהם רחוקים מן הגוף (**בדי השולחן**, סימן קצה, ס"ק טו; **טהרת הבית**, סימן יב, סעיף ב). אולם הרב ניסים קרליץ (**חוט שני**, הלכות נידה, סימן קצה, סעיף ב, אות יז) כתב שדווקא נגיעת גוף בגוף דרך הבגדים אסורה גם בלי כוונה; ואילו כאשר הולכים זה לצד זה, והבגדים הרחוקים מן הגוף נוגעים זה בזה בלי כוונה, הדבר מותר.

עם זאת, אין בדברי הפוסקים הנ"ל התייחסות לשאלה האם אפשר להשליך מדין אשתו נידה לדין פנויה נידה או אשת איש. ייתכן שאפשר למצוא לכך התייחסות בדברי **התורת חיים** (עבודה זרה יז ע"א; הובאו לעיל) שכתב שאסור לנשק את "המלבוש שמכניסין בו היד והחזה". אומנם מדבריו לא ברור לחלוטין האם מדובר בבגד צמוד או רפוי, אך בהמשך דבריו אסר גם נגיעה במטפחת שאותה מחזיקה אישה; ובספר **שלחן העזר** (יו"ד, סימן קצה, ס"ק ה) ביאר "דהמטפחת על ידה כמו בית יד" ומשום כך אסורה הנגיעה בה.

נראה כי בניגוד לשאלה שנידונה בסעיף הקודם, במקרה זה אין כל בסיס לאיסור גורף על מגע של איש במלבושי אישה (או להפך), משום שהפוסקים לא הגדירו מגע זה כמגע באישה עצמה אלא רק כ"מגע בבגדיה" שנאסר באשתו נידה ורק בה (ואף זאת כהרחקה שאין לה מקור ברור בדברי חז"ל). ואכן, כפי שראינו לעיל, **העזר מקודש** (סימן כא, סעיף ו) התיר באופן גורף מגע בבגדי אישה, וכתב שאף באשתו נידה הנגיעה בבגדיה אינה אסורה בכל מצב. כדמות ראיה לדבריו מצויה **בפירוש בעל הטורים על התורה** (בראשית כ"ד, מז) לגבי אליעזר ששם את הנזם והצמידים על רבקה: "'ואשִׂם הנזם', חסר יו"ד, לומר שלא נגע בבשרה מחמת צניעות"; מדבריו עולה שיש חוסר

צניעות דווקא בנגיעה בבשר ולא בנגיעה בתכשיטים שעל הגוף.[23] לאור האמור נראה כי מותר לנגוע בבגדים של בן המין השני כאשר הם אינם צמודים לגופו ויש צורך בדבר, כגון הסרת קצה הבגד מקוץ או מסמר שנתקע בו.[24]

עם זאת, דומה כי יש משמעות לעובדה שמגע זה נאסר באשתו נידה. ככלל, דיני הרחקות בין איש לאשתו כוללים את כל הפעולות שעשויה להיות להם משמעות של קרבה - גם אם ברוב המקרים בפועל אין להם משמעות כזו - משום שבין איש ואשתו קרבה היא המצב הטבעי ועל כן נאסרה כל פעולה שיכולה ללבות אותה. מן האיסור האמור באשתו נידה יש ללמוד אם כן שגם מגע בבגדים עשוי לבטא קרבה מסוימת (כגון קשירת עניבה לצוואר האיש וכדו׳), ובמקרים כאלו הנגיעה אסורה ועוד נרחיב על כך להלן.[25]

ג. מגע על ידי חפץ

האם מותר לנגוע בבן המין השני בעזרת חפץ, מבלי שמתקיים מגע ישיר בין גוף לגוף או אפילו בין בגד לבגד?

בשו״ת התשב״ץ (חלק ג, סימן נח) נידונה השאלה האם ״יוכל ליגע בה [באשתו בנידותה] בעץ או בקנה״ אך לא ניתנה כל תשובה בעניין. התייחסות ברורה יותר אפשר למצוא בדברי ר׳ מנחם המאירי (**בית הבחירה**, נידה סד ע״א, ד״ה כבר ביארנו): ״מה שנאמר בתוספתא שאסור לרדותה במקל אין הלכה כן, נגיעת בשר אין כאן, המשך חבה אין כאן, אלא שהדברים נאים על כל פנים ליאסר מאיזה צד״.[26]

על הנחות המוצא של הדיון בדבר אופי מערכת היחסים הזוגית, כבר כתב הרב שמואל וואזנר (**שו״ת שבט הלוי**, חלק ד, סימן קו): ״כל הענין נפלא בעיני״; אך לענייננו חשוב היחס העקרוני למגע בעזרת חפץ. ככל הנראה, לפי התוספתא שאותה מצטט המאירי גם מגע כזה חשוב מגע; ואילו המאירי עצמו כותב בפירוש ש״נגיעת בשר אין כאן״. מאידך־גיסא, המאירי אוסר נגיעה כזו למעשה ולשם הסבר הצד להתיר

23. עם זאת, מדברי הפוסקים שדנו בחופת נידה משתמע כי גם באשתו נידה לא נאסר מגע בטבעת שעל אצבעה כל עוד הוא אינו נוגע בידה ממש (ראו למשל **שדי חמד**, מערכת חתן וכלה וחופה, סימן כו), וקצת צריך עיון מדוע להבחין בין טבעתה לבין בגדיה.

24. כאשר משיכת קצה אחד של הבגד גורמת לכך שהגוף יידחק על ידי קצהו השני, הדבר דומה למגע על ידי חפץ שבו נדון בסעיף הבא.

25. וכן כתב בספר **גן נעול**, חלק ג, פרק טז, סעיף כד.

26. ניסוח דומה של המאירי ראו **בבית הבחירה**, כתובות ד ע״ב, ד״ה ומעתה.

ציין גם ש"חבה אין כאן", ומדבריו משתמע קצת כי לו היה זה מגע של חיבה היה מקום לאוסרו גם בלי נגיעת בשר.

איסור הנגיעה בעזרת חפץ עולה גם מדברי רבני צרפת שהובאו ב**שיטה מקובצת** (כתובות סא ע"א, ד"ה וכתבו תלמידי):

> כמו שאסור ליגע בה עד שתטבול, כמו כן אסור להושיט לה שום דבר, דהושטה כנגיעה דיינינן ליה, וכן כתבו רבני צרפת ז"ל.

מדבריהם עולה כי איסור הושטת חפץ לאשתו נידה מבטא את העובדה שהושטה היא כמגע. אולם לדעת רוב הראשונים איסור הושטה נובע מהחשש שמא ייגע בידה (**בית יוסף**, יו"ה, סימן קצה, סעיף ב), ואדרבה מוכח מדבריהם שההושטה עצמה אינה נחשבת כמגע ומשום כך נאסרה רק בין איש לאשתו נידה.

דיון קרוב לענייננו אפשר למצוא בדברי האחרונים על אודות המנהג לרקוד עם הכלה בשעת חתונתה. מנהג זה היה מושרש ביהדות אשכנז, כפי שכתב **הב"ח** (אה"ע, סימן כא):

> וכתב מהרש"ל: נראה לי כגון כלה כדי לחבבה על בעלה או משום כבוד אביה ותלמיד חכם ראוי להחמיר עד כאן לשונו. ובמלכותינו נהגו תלמידי חכמים להקל בכלה גם הגדולים שבדור והיכא דנהוג נהוג והיכא דלא נהוג איסורא איכא.

דברי **הב"ח** הובאו ב**חלקת מחוקק** (סימן כא, ס"ק ו); ו**הבית שמואל** (שם, ס"ק יא) נטה להתיר גם בלי תלות במנהג. אופן הריקוד עם הכלה היה בעזרת מטפחת שקצה אחד שלה אחוז ביד הכלה והשני ביד הרוקד. אף שרבים התנגדו לריקוד זה, עד היום אפשר לראות בחברה החסידית רבנים רבים הנוהגים לקיים אותו.[27]

עם זאת ייתכן שיש להבחין - הן לאור המקורות הנזכרים, הן מסברה - בין שני מצבים: נגיעה **משותפת** בחפץ ונגיעה **באמצעות** חפץ. עצם המציאות שגבר ואישה נוגעים בחפץ אחד, או אוחזים בו יחד, לא נאסרה אלא באשתו נידה וגם זאת רק משום החשש שמא ייגעו זה בזה. לעומת זאת, כאשר אדם נעזר בחפץ כמעין 'יד ארוכה' מתוך מודעות וכוונה לנגוע בעזרת החפץ בבן המין השני, יש בכך מעשה נגיעה ברמה מסוימת שעליו כתב המאירי שראוי "לאסור מאיזה צד".

דוגמה להבחנה מעין זו אפשר למצוא בדיני יין נסך, שם נפסק כי "מגע על ידי

27. ראו להלן עמ' 314.

דבר אחר" אינו אוסר את היין כאשר הוא נעשה מתוך חוסר מודעות (**שו"ע**, יו"ד, קכד, יד); אך כאשר הגוי משתמש באופן מודע בחפץ כלשהו כדי לגעת ביין, מעשהו נחשב כמגע גמור האוסר את היין (שם, יא).

אכן, דברי המאירי נאמרו אך ורק באשתו נידה וכבר ראינו לעיל כי ר' חיים פלאג'י נטה להתיר בשעת הצורך אפילו מגע באמצעות בגד עבה, ועל כן אין לאסור מגע על ידי דבר אחר באופן מוחלט. כך כתב גם ר' אליהו פוסק (**שו"ת מור ואהלות**, סימן קפג, אות יב) כי "יש ללמד קצת זכות במה שאין העולם נזהרים מנגיעה ע"י דבר אחר", משום שנגיעה שאינה של חיבה אסורה מדרבנן בלבד וחכמים לא גזרו באופן כזה. גם בספר **שלחן העזר** (סימן ח, סעיף ט, ס"ק ה) נטען שהאיסור על נגיעה באמצעות חפץ ארוך נאמר רק בין בני זוג. למרות כל זאת יש להבחין בין אחיזה משותפת בחפץ, המותרת באופן פשוט וללא כל סייג, לבין מגע על ידי דבר אחר העשוי לבטא קרבה – ועל כן יש להיזהר בו ולהגביל אותו לשעת הצורך ולשם צרכים טכניים בלבד.[28]

ד. שאלת ההקשר

לאורך הפרק ביקשנו לבחון אופנים שונים של מגע בין גבר לאישה ולדון האם הם כלולים באיסור קרבה לעריות, מדאורייתא או מדרבנן. כפי שראינו, בעוד דינים מסוימים מבוססים היטב במקורות, לחלק ניכר מן השאלות קשה למצוא תשובות ברורות ובהירות. אף שניסינו להבחין בין מצבים שונים ולעגן את הכרעותינו במקורות, יש לשוב ולהדגיש את חשיבותה העצומה של שאלת ההקשר.

כבר ציינו בפתח דברינו כי הסוגיה שבה אנו עוסקים נקראת 'איסור נגיעה' רק בטעות, ולאמיתו של דבר שמה הוא 'איסור קרבה'. לקביעה זו יש השלכות רבות לקולא; וכך למשל הותרו במסגרת טיפול רפואי פעולות שבהקשר אחר נחשבות לאיסור תורה גמור, ולדעת פוסקים רבים ההיתר נאמר גם כשאין צורך דוחַק (כגון כשאפשר לטרוח ולמצוא רופאת נשים).

אך להגדרה זו ישנן השלכות לחומרה, וכך פסק **השו"ע** (אה"ע, כא, א):

> צריך אדם להתרחק מהנשים מאד מאד. ואסור לקרוץ בידיו או ברגליו ולרמוז בעיניו לאחד מהעריות; ואסור לשחוק עמה, להקל ראשו כנגדה או להביט ביופיה; ואפילו להריח בבשמים שעליה אסור.

28. כעין זה הבחין בספר **גן נעול**, חלק ג, פרק טז, סעיף כא.

השו"ע אוסר בפירוש גם פעולות שאין בהן שום מגע פיזי (ולו עקיף, כגון קריצה ורמיזה), ומדברי הרמב"ם שהבאנו בתחילת הפרק עולה כי גם פעולות כאלו אסורות מן התורה משום 'לא תקרבו'. אם כן, ברור שכאשר זהו מעשה של חיבה וקרבה הוא אסור בהחלט, גם אם מבחינה טכנית מדובר רק במגע דרך בגד או על ידי דבר אחר.

כיצד יוגדר מעשה של חיבה וקרבה? קשה לקבוע מסמרות בעניין זה, והדבר נתון גם לליבו כל אדם ואדם, אך ככלל נראה כי כל מעשה שיש בו משמעות לעצם המגע יוגדר כמעשה של חיבה. לדוגמה, ברור שאסור לאדם ללטף את בן המין השני, או את בגדו, גם בעזרת חפץ; וכמו כן ברור שאסור לאדם לבצע עיסוי בבן המין השני בעזרת חפץ (אלא אם מדובר בטיפול בעל אופי רפואי, ואזי מדובר בסוגיה אחרת).

מובן שישנם מקרים גבוליים יותר. למשל ייתכן שכאשר אדם גורר חפץ כבד ואישה עומדת בדרכו אך הוא אינו יכול לקרוא לה, אין איסור לדחוק בה מעט בעזרת אותו חפץ כדי שתפנה את הדרך. מאידך־גיסא מסתבר כי טפיחה על כתפו של אדם כדי לעורר את תשומת לבו משדרת קרבה מסוימת, ולכן אינה ראויה אף שאין בה איסור גמור.

סיכום

א. כחלק מן הסייגים שהוטלו על הקשרים בין גברים ונשים שאינם נשואים אלו לאלו, נאסר (מדאורייתא או מדרבנן) כל מגע בין המינים, למעט מגע טכני־הכרחי בשעת הצורך.

ב. בתחומים הלכתיים אחרים אפשר לראות כי מגע באמצעות השיער נחשב מגע (אף שלא ברור אם השיער הוא חלק מהגוף ממש), וכן בהלכות צניעות נחשב השיער כערווה. משום כך ברור שאין לאיש לנגוע בשער אשתו (או להפך) בשעה שהיא נידה. גם בין פנויים ופנויות יש לאסור נגיעה בשערו של בן המין השני, ורק בשעה שהמגע מותר (כגון לצורך רפואה) יש להעדיף מגע כזה על פני מגע בגוף עצמו.

ג. מגע דרך בגד לא נאסר מן התורה, ולמרות זאת כאשר מדובר במגע של חיבה הוא אסור מדרבנן או לכל הפחות נחשב כביעור. עם זאת, כאשר מדובר במגע שאינו של חיבה ויש בו צורך, אפשר להתיר מגע דרך בגד גם במקרים גבוליים שבהם מגע ישיר אינו ראוי. כמו כן ודאי שבמצבים כאלה יש להעדיף מגע דרך בגד על פני מגע ישיר או מגע בשיער.

ד. מגע בבגד רפוי שלובש בן המין השני, אסור בין בני זוג נשואים כשהאישה נידה; אולם ביחסים בין גברים לנשים שאינם נשואים לא נאסר מגע כזה באופן גורף.

ה. אחיזה משותפת בחפץ אסורה בין בני זוג נשואים כשהאישה נידה, אך מותרת

לגבר ואישה שאינם נשואים זה לזו. מאידך־גיסא, פעמים רבות שימוש בחפץ כ׳יד ארוכה׳, לשם מגע בבן המין השני, עשוי להיות לא־ראוי ואף אסור.

ו. ככלל, ובפרט בדוגמאות האחרונות, מקרים גבוליים צריכים להיבחן על רקע ההקשר שבו הם נעשים. עצם העובדה שמקרים גבוליים אלו נאסרו בין בני זוג כשהאישה נידה מורה על פוטנציאל הקִרבה הטמון בהם; ומשום כך יש להימנע מכל סוג של מגע, אפילו עקיף, כאשר הוא נושא עימו משמעות של קרבה או חיבה.

ג

ייחוד של אדם מבוגר עם עובדת זרה

"אבי הוא אדם מבוגר הסובל ממחלות שונות המגבילות אותו בפעילותו היומיומית. בימים אלה החלטנו להעמיד לרשותו מטפל צמוד שישהה איתו בקביעות. למרות ניסיונות מאומצים, לא עלה בידינו למצוא גבר מתאים אלא רק אישה, עובדת זרה מן הפיליפינים. האם יכולים אנו להעסיק אותה אף שהדבר יהיה כרוך במציאות תדירה שבה שניהם ישהו לבדם בתוך הבית הנעול במצב של ייחוד?"

פתיחה

זכינו שתוחלת החיים בעולם - ובארץ ישראל בפרט - הולכת ומתארכת ואנשים רבים מגיעים לזקנה מופלגת שבעבר היו זוכים לה בודדים בלבד. בתופעה זו יש ברכה מרובה,[1] ויחד עם זאת היא גורמת לכך שרבים יחיו בערוב ימיהם בחולשה וחולי הנמשכים שנים ארוכות. בשנים אלו מתגייסים בני המשפחה לעזור ולסייע, ומבקשים להכיר טובה להוריהם ולסייע בידם ככל יכולתם; אך פעמים רבות יש צורך במטפלים צמודים (המגיעים לרוב מארצות הנֵכר), נוסף על תמיכתם של בני המשפחה.

1. ראו את דברי הראי"ה קוק (**שמונה קבצים**, קובץ א, פסקה תפו): "ראש לכל התרופות [ליראת המוות] היא אריכות ימים, אריכות ימים בכדי השעור המספיק לטבעו של אדם, הרוחני והחמרי, האישי והמשפחתי, העולמי והמדיני".

תופעה זו מעוררת שאלות רבות במגוון תחומים (בישולי עכו"ם, מלאכות שבת ועוד) וחשוב להכיר אותן וללמוד על אודותיהן.[2] מובן כי לכתחילה ראוי שלאישה תהיה עובדת ולאיש יהיה עובד, הן מסיבות אנושיות-פשוטות הן מסיבות הלכתיות;[3] אך לעיתים הדבר איננו אפשרי, ובפרק זה נדון בשאלה האם כאשר העובדת שוהה יחד עם המטופל יש חשש של איסור ייחוד.

נפתח בסקירה תמציתית של כמה דיונים כלליים הנוגעים לדין ייחוד, ולאחר מכן נרחיב על ההיבטים הייחודיים של שאלתנו.

א. יסודות דין ייחוד

1. מקור האיסור ותוקפו

פרטים רבים נכתבו בגמרא ביחס לדין ייחוד, אך כמה משאלות היסוד שלו נותרו עמומות.[4] בגמרא במסכת קידושין (פ ע"ב) נאמר:

> רמז ליחוד מן התורה מנין? שנאמר "כי יסיתך אחיך בן אמך" - וכי בן אם מסית, בן אב אינו מסית?! אלא לומר לך: בן מתייחד עם אמו ואסור להתייחד עם כל עריות שבתורה.

מן הלשון "רמז מן התורה" (שבהמשך, הגמרא מעמידה מול "פשטיה דקרא") לא ברור מהו תוקף איסור ייחוד. בגמרא במסכת עבודה זרה (לו ע"ב) נאמר כי "ייחוד דבת

2. ישנם לא-מעט חומרי הדרכה הלכתית בנושא; ראו למשל את ספרו של הרב יוסף בייפוס, **עזרה כהלכה**.
3. אחת השאלות שעולות במצב שבו שוכרים עובדת בעבור גבר היא שאלת ההיתר להשתמש באישה, ודאי כשהדבר כרוך במגע, ראו על כך **ברמ"א** (אה"ע, כא, ה) ובספר **אוצר היחוד** (שו"ת היחוד, שאלה כ, עמ' קיט-קכ).
4. דיון נרחב בשאלות אלו ראו במאמרו של הרב עזריה ברזון, 'איסור ייחוד בימינו', **תחומין** י, תשמ"ט, עמ' 302-323.

ישראל דאורייתא",[5] וכך סברו רוב הראשונים.[6] לעומתם, הרמב"ם כתב (**משנה תורה**, הלכות איסורי ביאה, פכ"ב ה"ב): "איסור ייחוד העריות מפי הקבלה",[7] וכך סברו כמה ראשונים נוספים.[8] בלשון **השו"ע** (אה"ע, כב, א) אין למצוא הכרעה ברורה בין הדעות, אך מדבריו **בבית יוסף** (שם) נראה כי הוא נוטה לשיטת הרמב"ם, וכך הכריע גם **הלבוש** (שם).[9] אף שרבים מן האחרונים כתבו שמדובר באיסור תורה,[10] כתב **הציץ אליעזר** (חלק ו, סימן מ, פרק א) ש"אין בידינו בזה כף ההכרעה".[11]

בניגוד לייחוד עם עריות, שלגבי תוקפו נחלקו הפוסקים, תוקף האיסור להתייחד עם גויה מפורש בגמרא (עבודה זרה לו ע"ב):

> ייחוד דאורייתא דאשת איש, ואתא דוד וגזר אפילו אייחוד דפנויה, ואתו תלמידי בית שמאי ובית הלל גזור אפילו אייחוד דעובדת כוכבים.

כלומר איסור ייחוד עם נוכרית אינו אלא גזירה מאוחרת שגזרו תלמידי בית הלל ובית שמאי. עם זאת, כאשר מדובר בעובדת זרה שהיא אשת איש התמונה מורכבת יותר, משום שלדעת **התוספות** (סנהדרין נב ע"ב, ד"ה פרט לאשת אחרים) אישה כזו אסורה לישראל באיסור עשה של 'ודבק באשתו' (בניגוד לגויה פנויה שאסורה מדרבנן בלבד); וממילא, דינה תלוי במחלוקת הפוסקים האם מן התורה נאסר ייחוד עם כל אישה שאסורה על האדם מן התורה, או ייחוד עם עריות בלבד,[12] וכך כתב **המנחת חינוך** (מצווה קפח, אות ג). עם זאת, רוב הפוסקים חלקו על עיקר חידושם של **התוספות**

5. כעין זה נאמר גם במסכת סנהדרין (כא ע"א-ע"ב). יש להעיר כי דברים אלה נאמרו בניגוד לאפשרות שבית הדין של דוד הוא שגזר על הייחוד; ולפיכך אפשר להבין שהגמרא אינה סבורה אלא שמדובר בתקנה קדומה הקרובה לדין תורה ולא בדין דאורייתא ממש.
6. ראו: **רבנו חננאל**, סנהדרין כא ע"ב; **רש"י**, שבת יג ע"א, ד"ה מה; **תוספות**, שם, ד"ה מה; **תוספות**, סוטה ז ע"א, ד"ה נדה; **סמ"ג**, לאוין, מצווה קכו; **טור**, אה"ע, סימן כב.
7. באופן פשוט כוונת הרמב"ם היא שמדובר בדין מדרבנן, וכך נקטו גם רוב הפוסקים (שדבריהם יובאו להלן), אך עיינו בספר **ארעא דרבנן**, מערכת י, אות רפח.
8. ראו: **סמ"ק**, מצוה צט; **בית הבחירה** למאירי, קידושין פ ע"ב, ד"ה אמר.
9. מאידך-גיסא, מלשונו הסתמית של הרמ"א, שלא ראה לנכון להשיג על **השו"ע** ולהביא את שיטת ראשוני אשכנז, משתמע שלא הבין כי **השו"ע** סבור בהכרח כרמב"ם.
10. ראו: **ב"ח**, אה"ע, סימן כב; **חכמת אדם**, כלל קכז, סעיף א.
11. למקורות נוספים שעסקו בשאלה זו ראו: **אנציקלופדיה תלמודית**, ערך 'יחוד', אות א, הערות 21-39; **אוצר הפוסקים**, אה"ע, סימן כב, סעיף א; **את צנועים חכמה**, חלק ג, עמ' א-יז.
12. ראו: **אנציקלופדיה תלמודית**, ערך 'יחוד', אות ב, הערה 522 והלאה; **את צנועים חכמה**, חלק ג, עמ' פג-קד.

בדין 'ודבק באשתו',[13] ומלבד זאת לדעת רוב הפוסקים דין ייחוד נאמר בעריות בלבד. כמו כן, מפשט דברי הגמרא נראה שכל ייחוד עם גויה מותר מן התורה ואין בהם רמז להבחנה בין פנויה לבין אשת איש, וכך יש לנקוט להלכה.[14]

אחת ההשלכות של הדיונים שסקרנו עד כה היא שאלת היתר ייחוד לצורך חולה: אם מדובר בייחוד האסור מן התורה, מסתבר שאין להתירו אלא במקום סכנה ממשית (עד שיש שאסרו ייחוד כזה אפילו במקום סכנה משום שתפסו את איסור ייחוד כ'אביזרייהו דעריות');[15] אולם כאשר מדובר באיסור ייחוד שתוקפו מדרבנן בלבד, יש מקום להקל בו כמו באיסורי דרבנן אחרים שהותרו בעבור חולה. ואכן, **בשו"ת זרע יצחק** (קצנלבוגן, אה"ע, סימן טז, ערוגה ד) השווה את דין ייחוד עם חולה להיתר לסייע לאשתו נידה כשהיא חולה (**רמ"א**, יו"ד, קצה, טז), וכתב שיש לצרף זאת כסניף להקל.

2. טעם האיסור וגדריו

מסוגיית הגמרא ברור לחלוטין שאיסור ייחוד נובע מן החשש "שמא יבוא עליה",[16] אך הפוסקים התלבטו האם החשש הוא לביאה באונס או לפיתוי: מחד־גיסא, אונס הוא מעשה שיש לאדם רתיעה מוסרית ממנו,[17] וכן רתיעה שמא יתגלה קלונו;[18] מאידך־גיסא, בעילה בהסכמה דורשת שני שותפים (לפחות) לפשע ולא רק חוטא אחד.

בעקבות ספק זה התלבטו הפוסקים לגבי מצבים שבהם מתאפשר רק חשש אונס (כגון ייחוד עם קטנה שאינה מוסרת עצמה לביאה) או רק חשש פיתוי (כגון ייחוד עם אישה חזקה, או גבר חלש כמבואר להלן) וכן כשהאישה יכולה לצעוק לעזרה. למעשה, מן הסוגיות עולה בבירור שיש לחשוש לפיתוי,[19] וכך הכריעו רוב ככל הפוסקים,[20]

---

13. **חידושי הרשב"א**, קידושין כא ע"ב, ד"ה אשת; **אבני מילואים**, סימן טז, ס"ק ג.
14. עיינו בספר **יד שלום**, סימן סט, אות טו, ו**באוצר הפוסקים**, אה"ע, סימן כב, סעיף ב, אות ט, ס"ק ג.
15. ראו: **אנציקלופדיה תלמודית**, ערך 'יחוד', אות א, הערות 240-250; **את צנועים חכמה**, חלק ג, עמ' כה-מד.
16. קידושין פ ע"ב. כך עולה באופן ברור מכל השיקולים הנזכרים בסוגיה (כגון "אשתו משמרתו" ו"נשים דעתן קלות עליהן"), וכן מן הקשר בין מעשה אמנון ותמר לבין גזירת ייחוד עם פנויה.
17. כלשון **החזון איש** (אה"ע, סימן לה, אות ג): "לא נחשדו ישראל על האונס".
18. כלשון **הבינת אדם** (שער בית הנשים, סימן טז [כו]): "דאם יאנס אזי היא תגלה ועל כל פנים יקבל בושה או עונש".
19. כך עולה מסברות כגון "נשים דעתן קלות עליהן" ו"אימת בעלה עליה".
20. ראו במקורות שבהערה הבאה; ודלא **כדרישה**, אה"ע, סימן כב, ס"ק ד.

ואילו השאלה האם חוששים לאונס תלויה ועומדת ונטיית הפוסקים היא להקל בכך.[21]

ב. ייחוד כשאין חשש ביאה

השאלה המעשית העומדת לפנינו היא שאלת הייחוד של אדם מבוגר עם עובדת זרה. השיקול העיקרי להקל במקרה זה הוא שאין חשש ממשי שיגיעו לידי ביאה, ולכן אפשר שהאיסור כלל לא חל. שאלת איסור ייחוד עם זקן היא אפוא סעיף של שאלה רחבה יותר: האם דיני ייחוד נקבעים לפי ההיתכנות של מעשה העבירה בכל מקרה לגופו, או שמא כל מצב שעומד בגדרי ייחוד הכלליים נאסר?[22] אפשר שיש לתלות התלבטות זו במחלוקת בעניין תוקף האיסור: אם מדובר בדין תורה יש מקום לתפוס אותו כאיסור גורף; ואילו תקנת חכמים עשויה להיות גמישה יותר.[23]

כמו כן אפשר לתלות את השאלה בהתלבטות יסודית בדין ייחוד: האם דין ייחוד עניינו חשש ריאלי ממעשה עבירה,[24] או שמא עצם מציאות הייחוד אסורה משום שיש בה קרבה לערווה[25] או מסיבות אחרות?[26] אולם תלות זו אינה מוכרחת: מחד־גיסא,

21. ראו: **זכרון עקידת יצחק**, פרק א; **אנציקלופדיה תלמודית**, ערך 'יחוד', אות א, הערות 46-59; **את צנועים חכמה**, חלק ג, עמ' עג-פא.

22. ראו: **אנציקלופדיה תלמודית**, ערך 'יחוד', אות א, הערות 60-75; **את צנועים חכמה**, חלק ג, עמ' מז-עב.

23. להלן נראה הבחנות ברוח זו. אכן, גם אם מדובר בדין דרבנן אפשר שהוא נגזר באופן גורף (כדברי **המשיבת נפש** שנראה להלן), ומאידך־גיסא אפשר שמדובר בדין תורה המותאם לחששות בפועל, כפי שכתב למשל ר' יוסף ענגיל בספר **לקח טוב** (כלל ח, אות ז): "איסור יחוד הוא רק משום סייג וגדר אטו ביאה אף על פי שהוא איסור דאורייתא". סברות שונות בעניין זה ראו במאמרו של הרב יחיאל מיכל טוקצינסקי (מו"צ בבני־ברק), 'איסור יחוד בכלה שפי"נ והמסתעף', **תל תלפיות** סד, תשס"ז, עמ' רמג-רנו.

24. ראו **שו"ת ציץ אליעזר**, חלק ו, סימן מ, פרק כב, אות א: "דבר פשוט וברור הוא דאיסור היחוד... אין הגזירה והחששא בזה לשמא יגרום היחוד לקרבן וילכו אחר כך למקום אחר לסתירה וביאה, אלא הגזירה והחששא לשמא יגרום היחוד הזה כשלעצמו לגלוי ערוה" (וראו בהמשך דבריו שם שהוכיח נקודה זו ממקורות רבים ולמד ממנה כמה השלכות).

25. כך אפשר להבין מלשון אבות דרבי נתן (נוסחא א, פרק ב): "הרי הוא אומר איש איש אל כל שאר בשרו לא תקרבו, מכאן אמרו אל יתיחד אדם עם כל הנשים בפונדק". ראו: **סמ"ג**, לאוין, קכו; **ספר החינוך**, מצווה קפח.

26. ראו למשל את ההסבר שהציע הרב נתן גשטטנר (**שו"ת להורות נתן**, חלק א, סימן נז, אות ג) לדעת הרמב"ם: "אין הכונה דוקא שיבואו לגלות ערוה באותה שעה של היחוד, אלא שעל ידי

ייתכן שגם אם האיסור נובע מחשש ריאלי, למעשה הוא נקבע על פי כללים מוגדרים ולא ניתנה תורת כל אדם בידו לסטות מהם על פי שיקול דעתו; ומאידך־גיסא, גם אם עצם מציאות הייחוד יוצרת קרבה אסורה, אפשר שדווקא מציאות שיש בה חשש ריאלי של ביאה יוצרת קרבה כזו.[27]

מסוגיית הגמרא עולה בבירור שכאשר מסיבות שונות אין חשש ביאה, לא נאסר הייחוד. הדוגמה הבולטת ביותר לכך היא דין 'בעלה בעיר': כאשר בעלה של האישה נמצא בעיר "אין חוששין משום ייחוד" (קידושין פא ע"א), ולדעת רוב הראשונים מותר לכתחילה להתייחד עימה בחדר נעול "מפני שאימת בעלה עליה" (**שו"ע**, אה"ע, כב, ח). היתר זה לא נאמר באדם שקרוב לאישה ו"גס בה" (קידושין פא ע"א; **שו"ע**, אה"ע, כב, ח), ויש בכך כדי להוכיח שאיסור ייחוד מותאם באופן ספציפי לסיטואציה.[28] לדעת רש"י, לכתחילה אסור להתייחד עם אשת איש גם כשבעלה בעיר, ויש שהסבירו כי לדעתו איסור ייחוד חל באופן גורף גם כשאין חשש עבירה ממשי;[29] אך הסבר זה אינו מוכרח, ואפשר שלדעת רש"י ישנו חשש ממשי גם כשבעלה בעיר.[30] כמו כן, שיטת רש"י היא דעת מיעוט ורוב הפוסקים הכריעו שלא כדבריו.

דוגמה מורכבת יותר הקרובה לענייננו היא מצב של אנינות, כאשר מתו של האדם מוטל לפניו. בגמרא (קידושין פ ע"ב) מובאת מחלוקת תנאים בעניין ייחוד בשעת הקבורה:

> תניא: כל שלשים יום - יוצא בחיק, ונקבר באשה אחת ושני אנשים, אבל לא באיש אחד ושתי נשים, אבא שאול אומר: אף באיש אחד ושתי נשים!
>
> אפילו תימא אבא שאול, בשעת אנינות תביר יצריה [=אפילו תאמר כדעת אבא שאול, בשעת אנינות יצרו של האדם נחלש].
>
> ורבנן? סברי לה כר' יצחק, דאמר רבי יצחק: "מה יתאונן אדם חי גבר על חטאיו" - אפילו בשעת אנינותו של אדם יצרו מתגבר עליו.

היחוד יבואו לידי קירוב הדעת עד שבסופו של דבר יבואו לידי גילוי עריות בפעם אחרת". יש להעיר כי גם לפי גישה זו, כשאין כל חשש לביאה בעתיד לא יהיה איסור; וכן אכן כתב הרב גשטטנר בעניין פצוע דכא. ראו שם, חלק ו, סימן קיג, אות ז.

27. ראו רעיון דומה שם, אות ד.

28. כפי שהוכיח הרב פיינשטיין ב**שו"ת אגרות משה**, אה"ע, חלק ד, סימן סה, אות י.

29. ראו **אבי עזרי**, הלכות איסורי ביאה, פרק כב, הלכה יב. יש להדגיש שדבריו נאמרו דווקא בייחוד האסור מדאורייתא, ולכן הודה שמותר להתייחד עם שתי נשים כשבעליהן בעיר.

30. ראו בהשגות **החזון אי"ש** שבסוף **האבי עזרי** (חלק נשים-קדושה) שפירש באופן מעט שונה.

ואבא שאול? כי כתיב ההוא - במתרעם על מדותיו כתיב, והכי קאמר: מה יתרעם על מדותיו? וכי גבר על חטאיו? דיו חיים שנתתי לו.

ורבנן? כי ההוא מעשה דההיא איתתא, דהוה עובדא ואפיקתיה [=כמו אותו מעשה באותה אישה שהוציאה תינוק חי כאילו הוא מת כדי שתוכל לעבור עבירה; על פי **רש"י**, שם, ד"ה ורבנן].

לדעת אבא שאול, בשעת אנינות נחלש יצרו של האדם ואין חשש שיגיע לידי עבירה; ומדבריו עולה בבירור שאנו בוחנים בכל מצב את האפשרות הריאלית להגיע לידי עבירה, וכאשר יש אדם שיצרו חלש מותר לו להתייחד. גם מהסברה של הגמרא לדברי חכמים עולה כי אין הם חולקים על העמדה העקרונית אלא רק על היישום שלה באנינות.[31] יתר על כן: יש שכתבו שגם חכמים מודים לאבא שאול במצבים מסוימים.[32] הרב יצחק זילברשטיין (**תורת היולדת**, פרק יה, ס"ק ד) למד מכך שיש להתיר ייחוד עם אישה שציריה תכופים ואינה מסוגלת להתרצות לעבירה, והביא שכך נטה לומר גם הרב יוסף שלום אלישיב;[33] אולם פוסקים אחרים דחו היתר זה.[34]

סוגיה נוספת היא סוגיית הקרובות המותרות בייחוד. במדרש ההלכה המובא בגמרא (קידושין פ ע"ב) נאמר שמותר לאדם להתייחד רק עם אמו, ובמשנה (שם פ"ד

31. דעת חכמים מוסברת בשתי דרכים. בתחילה מסבירה הגמרא שלדעתם היצר נשאר בתוקפו גם בשעת אנינות. לפי הסבר זה אין מחלוקת עקרונית בין התנאים, וכולם מודים שכאשר נחלש היצר אין איסור ייחוד. ההסבר השני המובא בגמרא תולה את דעת חכמים במעשה שאירע עם "ההיא איתתא". בראשונים (**רש"י**, קידושין פ ע"ב, ד"ה ורבנן; **תוספות**, שם, ד"ה כי) הובאו שלושה פירושים למעשה: לפי פירוש אחד המעשה מוכיח שאכן היצר גובר גם בשעת אנינות; לפי פירוש שני הוא מצביע על חשש מזיוף מצב של אנינות; ולפי פירוש שלישי יש לשנות את הגרסה והסיפור מסביר את דעת אבא שאול.

32. כך למשל **ברש"י כתב יד** (מועד קטן כד ע"א, ד"ה ונקבר) נאמר שחכמים אוסרים דווקא באנינות על תינוק, "דכיון דליכא אלא צער פורתא אתו לידי עבירה". כמו כן, הרמב"ם (**משנה תורה**, הלכות אבל, פי"ב ה"י) התיר במקרה כזה ייחוד של אישה אחת עם שני אנשים, אף שבאופן כללי אסר ייחוד כזה. ראו בנושאי הכלים שם; **באנציקלופדיה תלמודית**, ערך 'יחוד', הערות 897-911; ובספר **גן נעול**, פרק א, סעיף לא.

33. יש לדון ביחס בין שמועה זו לבין המובא משמו **בשו"ת ציץ אליעזר** (חלק ז, סימן מו): שם משתמע כי הרב אלישיב נטה לשיטת **הזית רענן** האוסר ייחוד גם עם מי שאין לו גבורת אנשים כלל.

34. **בשו"ת מנחת שלמה** (חלק א, סימן צא, אות כא) כתב הרב אויערבך שאין לחדש היתר כזה מעצמנו וכן שיש חשש שמא הצירים ייפסקו. **ובשו"ת ציץ אליעזר** (חלק יב, סימן לג) כתב שחכמים לא הבחינו בכהאי גוונא, כפי שלא הבחינו לעניין אנינות.

מי"ב) הותר להתייחד גם עם בתו; אך בגמרא (שם פא ע"ב) הרחיב רב אסי את ההיתר גם לאחותו, וכדבריו הכריעו הפוסקים למעשה.[35] יש מן הפוסקים שהלכו צעד נוסף והתירו ייחוד עם כל הקרובות, אך היתר זה שנוי במחלוקת.[36]

עצם ההיתר להתייחד עם קרובות מוכיח באופן פשוט שאיסור ייחוד הוא איסור המשתנה עם שינוי המציאות; שהרי היתר זה מבוסס על מעשיהם של אנשי כנסת הגדולה שהתפללו על כך שאדם לא יתגרה בקרובותיו (**רש"י**, קידושין פא ע"ב, ד"ה ודר), ושינוי זה אירע רק אחרי שנאסר הייחוד (על ידי התורה עצמה, או על ידי חכמים שקדמו לימי דוד המלך).[37]

כך עולה גם מדברי הפוסקים בסוגיית הייחוד עם ילדים מאומצים. יש מן הפוסקים שהתירו ייחוד כזה, אף שמבחינה פורמלית אין כאן קרבה הלכתית, משום שלמעשה אין חשש שמא יגיעו לידי עבירה.[38] גם מבין האוסרים, יש שנימקו את האיסור בכך שיש הבדל מציאותי בין קרבה ביולוגית לקרבה מלאכותית,[39] ויש שהתנגדו באופן עקרוני להתיר ייחוד במצבים שונים על פי סברה.[40]

---

35. **חלקת מחוקק**, סימן כב, ס"ק א; **שו"ת ציץ אליעזר**, חלק ו, סימן מ, פרק כ, אותיות א-ו.
36. שם, אות ז והלאה.
37. כעין זה כתב ר' שלמה קלוגר (**שו"ת טוב טעם ודעת**, תליתאה, חלק א, סימן ה) שאפשר היה ללמוד מדברי קבלה את ההיתר של אדם להתייחד עם אשתו נידה משום שאיסור ייחוד איננו גזירת הכתוב ללא טעם אלא סייג התלוי במציאות וממילא גם דברי קבלה יכולים ללמד שבמציאות של זוג נשוי אין חשש שיבואו לידי עבירה.
38. **שו"ת ציץ אליעזר**, חלק ו, סימן מ, פרק כא; **שו"ת עשה לך רב**, חלק ג, סימן לט. ב**שו"ת אגרות משה** (אה"ע, חלק ד, סימן סד) התיר הרב פיינשטיין מחמת סברה זו ייחוד של גר עם קרובותיו אף שמבחינה הלכתית הקרבה אליהן פקעה, "דכיון דהא דליכא תקיפת יצר לאמו ובתו הוא ענין טבעי".
39. ראו **שו"ת שבט הלוי**, חלק ו, סימן קצו.
40. ראו **שו"ת דברי יציב**, אה"ע, סימן מו. **הדברי יציב** הדגיש שאין להבחין בין מצבים שונים גם בייחוד פנויה אף שהוא מגזירת דוד המלך (אך לא ברור מה יאמר בשאר דיני ייחוד מדרבנן כגון עם שתי נשים). ב**שו"ת מנחת יצחק** (חלק ט, סימן קמ) כתב הרב וייס שיש לאסור זאת משום שאין דורשים טעמא דקרא, והביא כחיזוק לשיטתו את דעת **העזר מקודש** שאסר ייחוד אפילו עם סבתא משום שלא הותרה בפירוש בפסוק; אך לא נראה שקיבל עמדה זו באופן מלא, אלא השיג רק על דעת המתירים כל ייחוד שאדם הורגל בו.

ג. אדם שאין לו גבורת אנשים

1. קרבה לעריות כשאין אפשרות של ביאה

אחד ממקרי המבחן העיקריים לשאלת אופי האיסור הוא דין זקן שתשש כוחו, וכבר אין חשש שמא יבוא לידי עבירה. נפתח במקרה הפשוט באופן יחסי: זקן שאינו יכול לבעול כלל. מקרה כזה הוא חלק ממקרה כללי יותר, אדם "שאין לו גבורת אנשים" מכל סיבה שהיא, והוא תלוי לכאורה בהתלבטות העקרונית בעניין אופי האיסור, שבה הארכנו לעיל.

שאלה זו התעוררה לגבי איסור קרבה לעריות בשאלה שנשלחה לרב יצחק בכר דוד, רבה של קושטא, בעל **הדברי אמת**, בסביבות שנת תק"י (1750).[41] השאלה עסקה באדם ("בן תורה") שהוחזק כמי שאין לו גבורת אנשים, וחיבק ונישק אחת מן העריות, בטענה שאיסורי קרבה נועדו להרחיק מן הביאה, ומכיוון שהוא אינו יכול להתקשות אין איסור תורה בביאתו. לעומתו טען החכם המקומי שאיסורי קרבה אסורים מצד עצמם, בלי תלות בחשש הביאה.[42]

הרב דוד העביר את השאלה לשלושה חכמים צעירים: הרב רפאל מיוחס (**פרי האדמה**, הלכות איסורי ביאה, פרק א, הלכה יא); הרב יהודה נבון (**קרית מלך רב**, שו"ת, סימן כו) והרב יונה נבון (**שו"ת נחפה בכסף**, חלק ב, אה"ע, סימן יט), ושלושתם חיזקו באופן עקרוני את העמדה המקילה, וכתבו שאין איסור תורה בביאה של אותו אדם ומתוך כך גם לא בשאר מעשי קרבה. עם זאת, לדעת **הנחפה בכסף** ו**פרי האדמה** יש איסור דרבנן במעשיו, ולדעת **הקרית מלך רב** יש בכך כיעור. מבין שלושתם, **הקרית מלך רב** הוא היחיד שהתייחס בפירוש (אך כבדרך אגב) גם לדין ייחוד, וכתב שאף איסור ייחוד תלוי בחשש ביאה ומותר במי שאין איסור בביאתו.[43]

מדברי שלושתם הוכיח הרב וולדנברג (**שו"ת ציץ אליעזר**, חלק ו, סימן מ, פרק כב, אות ח) שבזקן שאין לו גבורת אנשים אין כלל איסור ייחוד. לדבריו, גם אם נאמר שבקרבה של חיבוק ונישוק יש איסור דרבנן או כיעור, הדבר נכון דווקא בפעולות אקטיביות של קרבה הנחשבות כדבר "מגונה" ו"מעשה טפשים" הגם שאינן עשויות

41. התשובה לא נכנסה לחלק הראשון של **שו"ת נחפה בכסף** שנדפס בשנת תק"ח, אך הספיקה להיכנס ל**קרית מלך רב** שנדפס בשנת תקי"א.

42. ראו גם לעיל בפרק הראשון, הערה 8.

43. חלק ניכר מן הדיון הוקדש לשאלת האיסור בביאה ללא קישוי; ראו בנושאי הכלים על **השו"ע**, אה"ע, כ, וב**אוצר הפוסקים**, שם.

להביא לידי ביאה,[44] "מה שאין כן לענין שאלת היחוד דהוא בשב ואל תעשה ואינו קרב כלל בנגיעה של ממש... דליכא בזה אפילו משום כיעור". עם זאת, מסקנה זו אינה מוכחת, וגם עיקר דין הייחוד לא תפס מקום מרכזי בדברי הפוסקים הנזכרים.[45]

2. ייחוד עם זקן שאין לו גבורת אנשים

דיון ישיר בשאלתנו, כמאה שנים אחר כך, אפשר למצוא בתשובה **בשו"ת זית רענן** (כרך א, אה"ע, הלכה א, סימן א) על אודות "זקן אחד אשר כבר נתבטלו כל כוחותיו לקישוי ולזרע, אם מותר ביחוד". תשובת **הזית רענן** התבססה על דברי האמורא שמואל במסכת סוטה (כו ע"ב) כי בעל יכול לקנא לאשתו גם מאדם "שחוף", ועל כך שאלה הגמרא: "פשיטא!".[46] מן העובדה שלגמרא היה פשוט שיש קינוי בשחוף, הוכיח **הזית רענן** שיש איסור להתייחד עם אדם כזה, משום שבירושלמי (סוטה פ"א ה"ב, טז ע"ג) יש שיטה שלפיה אין דין קינוי באביה ובנה (שאין בהם איסור ייחוד), וממילא אם אין בשחוף איסור ייחוד אין זה פשוט שיש בו קינוי. שחוף, כפי שכתב הרמב"ם (**משנה תורה**, הלכות סוטה, פ"א ה"א) "הוא האיש שאינו מתקשה ואינו מוליד", **והזית רענן** הסיק שגם אדם כזה אסור בייחוד.[47] אך האחרונים כבר עמדו על כך שראיית **הזית רענן** קלושה ביותר, ואפשר לדחותה באופנים שונים.[48] כמו כן, הוא עצמו כתב שראייתו תקפה רק לייחוד דאורייתא, ואילו בייחוד דרבנן (כגון עם פנויה או גויה) מסתבר שלא גזרו כשאין חשש ממשי.

---

44. כאמור **במשנה תורה**, הלכות איסורי ביאה, פכ"א ה"ו.

45. ראו בספר **זכרון עקידת יצחק** (פרק א, עמ' יז-כב) שדחה את ראיית **הציץ אליעזר** וכתב שאפשר שדווקא ייחוד נאסר כאיסור עצמי, גם אם שאר מעשי קרבה אינם אלא סייג והרחקה. הוא העיר גם שעיקר הדיון בפוסקים הנזכרים היה לגבי הדין בדיעבד, האם יש לקנוס את אותו אדם על שקרב לערווה, ואין להסיק מדבריהם לגבי היתר לכתחילה.

46. על תמיהתה השיבה הגמרא שיכולים היינו לחשוב שקינוי שייך רק במי שאפשר לומר עליו "וְשָׁכַב אִישׁ אֹתָהּ שִׁכְבַת זֶרַע" (במדבר ה', יג) ולפיכך לימד שמואל שאין זו דרישה הכרחית.

47. מן המהלך של **הזית רענן**, כפי שתיארנו עתה, מוכח בבירור כי הוא דן במי שאינו יכול להתקשות בשום פנים ואופן (אם לא על ידי רפואה), ושלא כפי שהציע הרב פיינשטיין (**שו"ת אגרות משה**, אה"ע, חלק ד, סימן סה, אות י) להבין את דבריו.

48. ראשית, כלל לא ברור אם אכן יש שיטה בירושלמי התולה את דין קינוי באיסור ייחוד. שנית, הבבלי חולק על הירושלמי וסבור שיש קינוי גם באב ואח. שלישית, לדעת רבים מן הראשונים (מאירי, **תוספות**) שחוף הוא אדם שיכול להתקשות קצת ולבעול. ראו: **שו"ת ציץ אליעזר**, חלק ז, סימן מו; **דבר הלכה**, סימן ב, סעיף ט.

לא עוד אלא שבתחילת דבריו הביא **הזית רענן** ראיה לכיוון ההפוך: **הרמב"ם** (**משנה תורה**, הלכות איסורי ביאה, פכ"ב ה"י) **והשו"ע** (אה"ע, כב, יא) פסקו שאין איסור להתייחד עם קטן בן פחות מתשע שנים, משום שהוא אינו ראוי לביאה; ומכאן מוכח שאיסור ייחוד תלוי באפשרות הביאה. **הזית רענן** עצמו דחה את הראיה, משום שבזקן - בניגוד לקטן - יש אפשרות להתרפא ולבעול (כפי שעולה מן הגמרא במסכת שבת קיא ע"א); אך מדבריו עולה שכאשר מדובר במצב שאין לו תקנה לעולם, אין איסור ייחוד. כמו כן, עיקר הבחנתו של **הזית רענן** אינה ברורה, שהרי אין כל היגיון להתיר ייחוד לנער שגילו תשע שנים פחות־יום־אחד ולאסור ייחוד לזקן רק משום שאולי יוכל להתרפא בתהליך ממושך הרבה יותר.[49]

חיזוק להיתר אפשר למצוא בדברי ר' יעקב ריישר, **השבות יעקב**, מגדולי פוסקי גליציה בתחילת המאה ה־18, בספרו **עיון יעקב** על אגדות הש"ס.[50] בפירושו למעשה דוד ואבישג (המופיע בסנהדרין כב ע"א) כתב הרב ריישר שאבישג חשבה שהתירו לדוד להתייחד עימה בזקנותו משום שאין לו כבר גבורת אנשים. מן הדברים הללו עולה כי **השבות יעקב** נקט באופן פשוט שייחוד כזה מותר.[51]

למעשה, הן מן המקורות הן מסברה, נראה כדברי המתירים בעניין זה; וכאשר אין האדם יכול להתקשות, או שמסיבות אחרות אין כל אפשרות שיגיע לידי עבירה, אין לחשוש כלל לאיסור ייחוד.[52]

---

49. בראיה זו החזיקו גם הרב וולדנברג (**שו"ת ציץ אליעזר**, חלק ז, סימן מו) ובעל **דבר הלכה** (סימן ב, סעיף ט). עם זאת, היה מקום לדחות ולומר שהתורה (או חכמים) אסרה באופן כללי להתייחד עם מי שנמצא בקבוצת האנשים הבוגרים הראויים לרוב לביאה, ולא הבחינה באופן פרטני בין אנשים הראויים לביאה בפועל לבין מי שאינו כזה (ראו **את צנועים חכמה**, חלק ג, עמ' ס).

50. **עיון יעקב**, סנהדרין כב, אות לד. דברי **העיון יעקב** הובאו בהקשר שלנו ב**אוצר הפוסקים**, אה"ע, סימן כב, ס"ק ב, אות ב.

51. הרב וולדנברג (**שו"ת ציץ אליעזר**, חלק ח, סימן יד) הביא ראיה נוספת לשיטתו מ**דרשות חתם סופר** (חלק א, חנוכה תקס"ד) שם הקשה **החתם סופר** כיצד התיר יוסף לעצמו להתייחד עם אשת פוטיפר ויישב זאת על פי מדרש הקובע שליוסף לא הייתה גבורת אנשים; ומכאן הוכיח **הציץ אליעזר** שבמצב כזה אין איסור ייחוד לדעת **החתם סופר**. אולם המעיין בדברי **החתם סופר** יראה כי הוא לא הסביר את ההיתר להתייחד בכך שליוסף היה חולי שמנע ממנו להתקשות, אלא הסביר שיוסף ביקש לבחון אם הגיע למדרגת צדקות שבה לא יתקשה גם כשיתייחד עם אישה. יש לדון האם מותר לאדם לבחון את עצמו באופן כזה, אך על כל פנים אין מדברי **החתם סופר** ראיה ישירה לענייננו.

52. **שו"ת אגרות משה**, אה"ע, חלק ד, סימן סה, אות י; **שו"ת תשובות והנהגות**, חלק ה, סימן שלא; **גן נעול**, פרק ב, סעיף יד. עיינו גם ב**שו"ת שבט הלוי**, חלק ו, סימן קצז: "מה דהוא זקן מופלג

ד. זקן שתשש כוחו

בחלק גדול מן המקרים אין מניעה טכנית מוחלטת לקיום יחסים, וגם לא ידוע שאין לאדם אפשרות להתקשות,[53] אך הסבירות שאדם חלש בגיל מופלג יחטא עם העובדת הזרה שמטפלת בו נראית נמוכה במיוחד. אם אכן איסור ייחוד נועד אך ורק למנוע אפשרות ריאלית של חטא, מסתבר לכאורה להתיר גם במקרה כזה. לצד זאת, יש כאן שתי סיבות אפשריות להחמיר: א. חשש אמיתי שמא יצרו יתגבר עליו למרות זקנותו; ב. התורה או חכמים לא הבחינו בין אדם לאדם.

יש להדגיש כי הגם שהכרענו בסעיף הקודם שכאשר אין אפשרות לבעול אין איסור ייחוד, ייתכן שהאיסור קיים בכל מי שיש לו אפשרות עקרונית לבעול ומבלי להתחשב במידת הסבירות הספציפית בכל מקרה. עם זאת, כבר הראינו לעיל שמדין 'בעלה בעיר', מסוגיית אנינות ומהיתר ייחוד עם קרובות, עולה שיש מקום להתיר ייחוד גם במצבים שבהם קיימת אפשרות עקרונית של מעשה עבירה.

1. ייחוד עם זקנה או חולה

באשר לחשש הריאלי ממעשה עבירה, יש שביקשו ללמוד מן הסיפור המובא בגמרא (קידושין פא ע"ב) על אודות רב חייא בר אשי שפרש מאשתו זה כמה שנים "מחמת זקנה" (**רש"י**, שם, ד"ה אלא) ולמרות זאת כשהתחפשה לזונה וחלפה לפניו התעורר יצרו לחטוא עימה.[54] עם זאת, אין סיבה לחשוב שמדובר היה באדם חולה וחלש במיוחד, אלא רק באדם מבוגר שיצרו נחלש. כמו כן, יש לדון האם העובדה שהצליחו לפתות אותו במאמצים מיוחדים מלמדת על איסור גורף של ייחוד.[55]

טובא ואין לו גבורת אנשים כלל דיש מצדדים בזה להקל באיסור יחוד בעלמא וכאן לסניף על כל פנים".

53. חשוב להדגיש שלא כל מי שהגיע לגיל 70–80 נחשב באופן אוטומטי כמי ש"תשש כוחו"; ראו במאמרו של אילן הלפרין, 'מיניות ומין בגיל השלישי'. זמין במרשתת.

54. ראו: **זכרון עקידת יצחק**, פרק א, עמ' יט-כ; **נשמת אברהם**, אה"ע, סימן כב, ס"ק ב בשם הרש"ז אויערבך. ועיינו **בשו"ת אגרות משה**, אה"ע, חלק ד, סימן סה, אות י.

55. בדומה לכך, השואל **בשו"ת ציץ אליעזר** (חלק יב, סימן סז) הביא כראיה לאסור את דברי הירושלמי (שבת פ"א ה"ג, ג ע"ב): "מעשה בחסיד אחד שהיה יושב ושונה אל תאמן בעצמך עד יום זקנותך. כגון אני. אתת חדא רוחא ונסיתיה. ושרי תהי ביה [=באה רוח אחת וניסתה אותו, והחל להרהר בה]"; **והציץ אליעזר** (שם, אות ג) דחה את ההוכחה: "דבשם המדובר רק בזקן בלבד אבל לא כשאין לו גם כבר בהחלט גבורת אנשים, וגם לא מדובר שם מיחוד".

החרגה מסוימת של זקן מאיסורי קרבה לעריות אפשר למצוא בדברי הירושלמי (סוטה פ"ג ה"א, יח ע"ג):

"ולקח הכהן מיד האשה את מנחת הקנאות"... על ידה הוא מניף... וכהן מניח את ידו תחתיה ומניפה. ואין הדבר כָּאוּר [=כָּעוּר]? מביא מפה. ואינו חוצץ? ומביא כהן זקן.

בירושלמי מבואר שהנחת יד תחת יד האישה היא דבר כעור כשמדובר בכוהן צעיר, ומעשה לגיטימי כשמדובר בכוהן זקן. עם זאת, הירושלמי עוסק בפעולה שמלכתחילה אין בה אלא כיעור ולא איסור גמור, ועל כן אין ללמוד היתר גורף מדבריו.

במקורות קדומים אין התייחסות מפורשת למעמדו של זקן לעניין ייחוד, אך הרמב"ם (**משנה תורה**, הלכות איסורי ביאה, פכ"ב ה"א) התייחס בפירוש לייחוד עם זקנה וכתב: "אסור להתייחד עם ערוה מן העריות בין זקנה בין ילדה שדבר זה גורם לגלות ערוה", וכך פסק גם **השו"ע** (אה"ע, כב, א). מפשט דבריהם נראה כי גם ייחוד עם זקנה, שאינו עשוי להביא לידי ביאה, נכלל באיסור;[56] ואכן **הצפנת פענח** הסביר כי לדברי הרמב"ם יש איסור עצמי בייחוד גם ללא חשש ביאה, ועמד על המתח שבין דברי הרמב"ם לבין דברי הירושלמי.[57] עם זאת, נראה שאין מכאן ראיה גמורה משום ש'זקנה' בלשון הרמב"ם היא כל אישה שעברה את גיל הפריון,[58] ואין כל מניעה שהמתייחד עימה יבוא לידי עבירה.[59]

---

56. ברוח דבריו הוסיף המהרש"ל (**ים של שלמה**, קידושין, פרק ד, סימן כא) וכתב: "אין חילוק בין ילדה לזקנה, או יפה, או כעורה". יש להעיר כי ר' יעקב פרדו בספרו **אפי זוטרי** (אה"ע, סימן כב, ס"ק לב) דייק ההפך מדברי הרמב"ם: "ופשוט דלא כל האנשים ולא כל הנשים שוו בשיעוריהן דאם הוא אדם צנוע והיא גם כן צנועה ובעלת זקנה והאיש לבדו בבית שמתה אשתו מה יעשה... ובכל כהאי גוונא אין לדיין אלא מה שעיניו רואות לפי הזמן והנושא"; וראו גם **בשו"ת ציץ אליעזר** (חלק ו, סימן מ, פרק יג, אות ז) שדחה את דבריו בתוקף. עוד יש להעיר מדברי רב נטרונאי גאון (**תשובות הגאונים: שערי צדק**, חלק ג, שער ו, סימן לח): "היחוד עם נשים יפות מראה אסור", וצריך עיון.
57. **צפנת פענח**, הלכות איסורי ביאה, פרק כב, הלכה א. יצוין כי אף הוא לא טען שיש מדברי הרמב"ם ראיה לגישתו, אלא רק שגישה כזו מובילה באופן טבעי למסקנת הרמב"ם.
58. ראו: **משנה תורה**, הלכות גירושין, פי"א ה"כ; שם, הלכות מטמאי משכב ומושב, פ"ד ה"א.
59. לפי הצעה זו, הרמב"ם הזכיר "בין ילדה בין זקנה" כדי להבהיר שייחוד לא נאסר דווקא באישה צעירה ומושכת במיוחד, או שלא נאסר דווקא באישה הראויה ללדת (שביאה עליה עשויה להביא לממזרות). יש להעיר כי האחרונים (כגון **הקרית מלך רב** על **משנה תורה**, שם) כתבו שמקור דברי הרמב"ם בלשון המדרש (בראשית רבה, תיאודור־אלבק, פרשה מח, אות טז), שבו מבואר כי

יתרה מזאת, יש מקום רב להבחין בין זקן לבין זקנה, כפי שלמדנו **בשו"ת תרומת הדשן** (סימן רנב; הדברים הובאו להלכה **בשו"ע**, יו"ד, קצה, טו-טז) לעניין הרחקות בין בעל ואשתו נידה כשאחד מהם חולה:

דוקא כשהוא חולה והיא בריאה שרי, כיון דחולה הוא ליכא למיחש להרגל עבירה דאין יצרו מתגבר עליו מפני שתשש כחו... אבל כשהיא חולה והוא בריא איכא למיחש להרגל עבירה שמא יצרו מתגבר עליו ויפייסנה.

כלומר אנו מניחים שעיקר החשש להתגברות היצר הוא מצד האיש, וממילא יש הבדל בין מצב שבו האישה חולה (או זקנה), שאז עדיין קיים חשש שמא האיש יפתה אותה, למצב שבו האיש עצמו חולה (או זקן) ואז יצרו לא יתעורר מלכתחילה. ואכן, **בשו"ת מאורות נתן** (לייטר, סימן מז) העלה את האפשרות לחלק באופן זה ולהתיר ייחוד לזקן שכבר הגיע לגבורות, ודחה אותה רק משום "שהפוסקים סתמו דבריהם".[60]

2. ייחוד עם חולה מסוכן

סוגיה קרובה יותר לענייננו אפשר למצוא במסכת גיטין. במשנה (שם פ"ז מ"ד) נאמר שכאשר אדם נותן גט לאשתו על מנת שיחול מעכשיו אם ימות, "לא תתייחד עמו אלא בפני עדים", שמא יבוא עליה וייחשב כאילו קידש אותה בביאה וכן משום שמעתה אין היא אשתו ואסור להתייחד עם הפנויה (**רש"י**, גיטין עג ע"א, ד"ה מתני'). בירושלמי (גיטין פ"ז ה"ה, מח ע"ד) נאמר על כך: "תני אף המסוכן. אמר רבי יעקב בר אחא מעשה היה בהן שבעל מת" (דהיינו גם באדם מסוכן אנו חוששים שמא יבעל בשארית כוחותיו, ולכן אסור לו להתייחד). הרשב"א (**שו"ת הרשב"א**, חלק א, סימן א'רמג) דן גם הוא בבעל שגירש את אשתו כשהוא מסוכן "וכמעט שאינו שולט באיבריו וכנטרפה דעתו", וכתב שמסברה לא נראה היה לחוש שמא בעל וקידש אותה, אך מדברי הירושלמי מוכח שיש לחוש לכך.[61] בדומה לכך כתב **המקנה** (קידושין פ ע"ב, ד"ה ובזה) ש"לא

גם כשרה אמנו הייתה בת תשעים התקיים בה איסור ייחוד. אך על שרה אנו יודעים שהיא עוד שימשה וילדה לאחר מכן, כך שאי אפשר להוכיח מן הדורות הראשונים לזמננו.

60. מדבריו עולה כי הוא אוסר גם ייחוד עם שתי נשים; וראו על כך להלן.

61. כך פסק **הבית שמואל** (סימן קמח, ס"ק ו) בשם הרשב"א: "אפילו שכיב מרע נוטה למות וגוסס אסור להתייחד בלא עד".

מצינו היתר יחוד אפילו בחולה".[62] **בשו"ת דברי יציב** (אה"ע, סימן יח) הביא הרב הלברשטאם את דברי הרשב"א **והמקנה** ולמד מהם שאין להתיר ייחוד גם לאדם זקן וחלש.[63]

אך המתבונן בדברי הרשב"א יראה כי כלל לא ברור שהוא ביטל את דעתו מפני דברי הירושלמי.[64] הרשב"א כתב אומנם "אלא שבירושלמי אמרו..." - והיה מודע לכך שהירושלמי סבור שלא כדבריו - אך המשיך והביא סיבות נוספות להקל באותו מקרה בלשון "ועוד" המלמדת כי הוא לא ביטל לחלוטין את הסברה הקודמת. ואכן הרדב"ז (**שו"ת הרדב"ז**, חלק ג, סימן תקמא) כתב כי לדעת הרשב"א אין סומכים על הירושלמי ואין חוששים לביאה בחולה מסוכן.[65] מלבד זאת יש להעיר שדברי הירושלמי נאמרו בייחוד של אדם עם אשתו (לשעבר) שרגיל בה, ולעניין חשש שהאישה היא אשת איש, וכלל לא ברור שיש ללמוד מהם על דיני ייחוד עם עובדת זרה.[66]

3. ייחוד עם זקן

דיון מפורש בשאלת דיני ייחוד לאדם זקן אפשר למצוא כבר בדברי הראשונים. ר' יוחנן לוריא, מגדולי הפוסקים בצרפת במאה ה־15 למניינם,[67] הסביר בספרו **משיבת נפש** (בראשית כ"ה) כיצד התיר אברהם לאליעזר להתייחד עם רבקה:

---

62. דבריו נאמרו בפירוש גם ביחס לייחוד עם שפחה האסור רק מדרבנן.
63. עם זאת, נראה שקיים פער מסוים בין דברי הירושלמי לפסיקת הרשב"א **והדברי יציב**. הירושלמי דן ב"מסוכן" דהיינו אדם ש"קפץ עליו החולי" והוא עומד בסכנת מוות (ירושלמי גיטין ו ה, מח ע"א: "מה בין מסוכן מה בין חולה? חולה כדרך הארץ ומסוכן כל שקפץ עליו החולי. דרך הארץ - הקרובים נכנסין אצלו מיד והרחוקין לאחר ג' ימים, ואם קפץ עליו החולי - אילו ואילו נכנסין אצלו מיד"); ואילו הרשב"א הרחיב את האיסור גם לאדם שאינו שולט כל כך באיבריו.
64. להלן ציטוט של החלק הרלבנטי: "ומיהו אפילו משום חשש קידושין היה נראה דליכא הכא. חדא דלמי שהוא גוסס היה נראה שאין לחוש וכמו שאמרת דאפילו לבעול אין פנאי. אלא שבירושלמי אמרו בפרק מי שאחזו תני אף המסוכן אמר רבי יעקב בר אחא מעשה היה כיון שבעל מת. ועוד אפילו בשכיב מרע בעלמא אין חשש...".
65. דברי הרדב"ז הולמים את שיטתו הכללית בעניין איסורי קרבה כשאחד מבני הזוג חולה; ראו **שו"ת הרדב"ז**, חלק ד, סימן ב.
66. מאידך־גיסא יש מקום להבין שהרשב"א הכריע דווקא שאין כאן בדיעבד חשש קידושין, אך לא התיר ייחוד כזה לכתחילה.
67. ראו חיים הלל בן־ששון, 'משנתו החברתית של ר' יוחנן לוריא', **ציון** כז, תשכ"ב, עמ' 166-198.

> אחר שהיה זקן ופסק ממנו התאוה מחמת זקנתו חשב אברהם שגם (ממנו) פסק התאוה, כי היה גם אליעזר זקן וסמך לו שמכירו שהוא צדיק.

מדבריו עולה כי מותר לאדם שפסקה ממנו התאווה להתייחד עם אישה, ולא לגמרי ברור עד כמה נדרש שאותו אדם יהיה גם "צדיק". לאור עיקרון זה המשיך הרב לוריא וביאר כיצד התייחדו דוד ואבישג, אך הוסיף גם הסתייגות מן הדברים:

> שמא אחר מעשה דאבישג גזר דוד על יחוד דפנויה ולא חילק בין בחור בין זקן ממעשה שאירע לו, דהא אמרו על פי הקבלה כשבאתה בת שבע לפניו בא עליה, אם כן חזרה תאוותו, וכן יכול להגיע לזקן אחר על כן אין לסמוך על הזקנה.

הרב לוריא מעיר אפוא כי אפשר לדחות את הראיה מדוד משום שמעשה אבישג קדם לגזירת ייחוד עם פנויה. למרות הסתייגות זו, אין הוא חוזר מעצם ההכרעה (שבעזרתה הסביר את מעשה אברהם ואליעזר),[68] וגם ברור לדעתו כי מעיקר הדין אין איסור ייחוד בזקן וכי אם ישנו איסור כזה הוא רק מדרבנן.[69]

למעשה, רבים מן הפוסקים האחרונים נקטו כדבר פשוט כי חכמים לא הבחינו בין ייחוד עם זקן לייחוד עם צעיר, וכי לפיכך יש לאסור ייחוד בכל מקרה שבו יש אפשרות עקרונית של ביאה;[70] אולם לאור דברינו עד כה נראה כי כאשר מדובר במצב הקרוב לדברי הרשב"א והרדב"ז, וברור שאדם זה לא יבוא לידי ביאה גם אם אין לכך מניעה רפואית, יש מקום לצרף שיקול זה ולהתיר את הייחוד בשעת הצורך, כפי שיבואר להלן.

---

68. אפשר היה ליישב את מעשה אברהם ואליעזר בכך שגם הוא קדם לגזירת ייחוד פנויה, אך הרב לוריא כתב שדבריו מבוססים על ההנחה שלפיה קיים אברהם אבינו את כל תקנות חכמים.

69. יש להדגיש שהרב לוריא לא כתב את דבריו כדרשה בעלמא, אלא היה מודע למשמעות ההלכתית שלהם והתמודד איתה: "ואף על פי שגבי סוטה יכול הבעל להתרות אל תסתרי עם פלוני אף על פי שהוא סריס או זקן, שמעינן שאסורים לייחד. אין זה ראייה שכתב המיימוני שיכול הבעל לקנאות את אשתו אל תסתרי עם אביך, אעפ"י שהלכה פסוקה שמותר האב להתייחד עם בתו".

70. ראו: **שו"ת דברי מלכיאל**, חלק ד, סימן קב; **שו"ת מהר"ם שיק**, אה"ע, סימן צא; **שו"ת ישכיל עבדי**, חלק ה, אה"ע, סימן א; **שו"ת תשובות והנהגות**, חלק ה, סימן שלא. אף **בשו"ת ציץ אליעזר** (חלק יב, סימן לג) כתב שחכמים אסרו את הייחוד "אפילו על בן צ' עם בת ג'", והדגיש (שם, סימן סז) שהתיר רק כשאין כל חשש מציאותי לגילוי עריות.

4. ייחוד דרבנן

בדברינו עד כה לא הבחנו בין סוגים שונים של ייחוד, אך רבים מן הפוסקים כתבו שיש להבדיל בין ייחוד מדאורייתא לבין ייחוד מדרבנן.[71] ראינו לעיל שראש האוסרים ייחוד במי שאין לו גבורת אנשים היה בעל **זית רענן**, והוא עצמו סייג את האיסור לייחוד דאורייתא ונטה להתיר בייחוד עם פנויה האסור מדרבנן.[72] גם לגבי מי שיש לו גבורת אנשים, כתב **בשו"ת חלקת יעקב** (אה"ע, סימן סו) שיש להקל כאשר אין ייחוד גמור, "היכי דעל פי שכל האנושי לא יוכל לבא לידי איסור כגון כשהיא זקנה או ילדה למאד או יודע בודאי בעצמו שאי אפשר לו לפתות אשה לזנות". אך דבריו נאמרו רק במקרה שבו ברגע זה אין ייחוד (כגון כשהם בשני חדרים נפרדים) ורק קיים חשש שמא יגיעו לידי ייחוד.

היתר משמעותי יותר כתב הרב משה פיינשטיין (**שו"ת אגרות משה**, אה"ע, חלק ד, סימן סד, אות ג) בעניין דירה קבועה של אח ואחות יחד, שנאסרה לסתם בני אדם אך מותרת לדעתו לזקנים:

> מה שאסור לדור בקביעות הוא דוקא כשיש ממש חשד אבל כשהן זקנים ואף באחד מהן זקן וחולה דליכא החשש אין לאסור.

לדעת הרב פיינשטיין איסור דירה קבועה של אח ואחות איננו איסור גורף ולא נאמר אלא כשיש חשש למעשה עבירה ממש,[73] ובזקנים אין לדעתו חשש כזה.[74] עם זאת אין ללמוד מכאן בהכרח על דיני ייחוד רגילים.

---

71. לעומת זאת, **בשו"ת שואל ונשאל** (חלק א, אה"ע, סימן לט) כתב הרב נתנזון נגד הבחנה כזו בהקשר של ייחוד עם זקנה, אך הוא עצמו סבור שיש חומרות מסוימות שלא נאמרו בייחוד עם זקנה, כגון ייחוד עם שלושה אנשים לדעת **השו"ע** והרמב"ם.

72. עיינו גם **בשו"ת דברי יציב**, אה"ע, סימן יח.

73. זוהי דרך אחת לפרש את היחס בין ההיתר להתייחד עם אחות לבין האיסור לדור עימה באופן קבוע; אך אפשר לומר גם ההפך ולהסביר שדווקא עיקר דין ייחוד של תורה הוא בדירה קבועה, ובשאר עריות (שאינן אחותו) גזרו גם על ייחוד זמני (**צפנת פענח**, הלכות איסורי ביאה, פרק כא, הלכה ד). לחילופין, אפשר שאין הבדל מהותי בין הגזירות ובכל ערווה אסרו באופן העשוי להביא לידי עבירה (עיינו **בתוספות הרא"ש**, קידושין פא ע"ב, ד"ה מתיחד).

74. לא לגמרי ברור כיצד תתיישב קביעה זו עם עמדתו העקרונית של הרב פיינשטיין (שנזכרה לעיל) שלפיה כל דין ייחוד נאמר רק כשיש חשש עבירה. אפשר שדין ייחוד רגיל נאמר גם כשיש חשש קלוש לעבירה, ודין דירה עם אחותו רק כשיש חשש משמעותי.

דיון מפורש בעניין ייחוד דרבנן בזקן וחלש נמצא בתשובה אחרת של הרב פיינשטיין (שם, אה״ע, חלק ד, סימן סה, אות י):

ובעובדא דזקן וחלש שנתבטלו כל כחותיו ולא שייך לבא לידי קישוי היה שייך להתיר אם היה זה ברור, אבל לא אפשר לידע זה בודאי... בזקן וחלש שהוא חולה ושוכב במטה וידוע שלא יכול להתקשות ולבעול על פי רופאים מצד מחלתו מסתבר שליכא איסור יחוד, ויש שהחולה מרגיש זה בעצמו. אבל פנויה טהורה שאיסורה רק מדרבנן מותרת להתייחד עם כל זקן חלש שאינו יכול להתקשות לפי הרגשתו בעצמו ופירש מאשתו בשביל זה דדבר רחוק הוא שיתקשה ואין לו לחוש ביחוד דרבנן לזה.

הרב פיינשטיין סבור, כפי שראינו לעיל, שכאשר אין לזקן אפשרות להתקשות הוא מותר אפילו בייחוד דאורייתא; ואילו ייחוד דרבנן מותר לדעתו גם ״עם כל זקן חלש שאינו יכול להתקשות לפי הרגשתו בעצמו ופירש מאשתו בשביל זה״. גם כאן לא מדובר על סתם אדם מבוגר, אלא על אדם שכבר פירש מאשתו ואין לו יצר לעניין זה, אף שמבחינה רפואית ייתכן שהוא יכול להתקשות במקרים מסוימים.

צד נוסף להקל בייחוד עם עובדת זרה נובע מן המעמד שלה כעובדת שעשויה בסבירות גבוהה להיות מפוטרת אם תגלה המשפחה שהיא זינתה עם אחד מבני הבית. סברה זו הובאה בדברי הפוסקים בנוגע לייחוד עם רופאים[75] או נהגים,[76] ואף שאין בה כדי להתיר את איסורי ייחוד באופן גורף, יש לצרף אותה לשיקולים נוספים.[77]

ה. פתרונות למניעת ייחוד

ראינו אם כן כי ישנם מקרים שבהם איסור ייחוד חל גם על אנשים מבוגרים, וממילא יש למצוא פתרון שימנע מציאות של ייחוד. גדרי הלכות ייחוד רבים ומסועפים, וכאן נזכיר בקצרה רק את הפתרונות הרלבנטיים ביותר לענייננו:

75. ראו **שו״ת ציץ אליעזר**, חלק ו, סימן מ, פרק יב, אות יא.
76. ראו: **שו״ת אגרות משה**, יו״ד, חלק ב, סימן פב; **טהרת יום טוב**, חלק ז, עמ׳ נז; **תורת היולדת**, פרק יד, ס״ק ד, עמ׳ צ.
77. וכן כתב בנידון דידן הרב אייל בן־דוד, ׳עובדת זרה הסועדת אדם זקן וחולה׳, **אמונת עתיך** 98, תשע״ג, עמ׳ 22.

א. במקום שבו הדבר אפשרי: השארת פתח הבית כשהוא לא־נעול.[78]
ב. קיומם של שכנים (או קרובי משפחה) המחזיקים במפתח הדלת[79] ויכולים להיכנס לבית ללא התראה, ואכן עושים זאת מדי פעם בכל שעות היממה.[80]
ג. מצלמות אבטחה המכסות את שטח הבית שבו נמצאים יחד הקשיש והעובדת.[81] פתרון זה פחות יעיל כאשר העובדת צריכה להיכנס עם הקשיש לפרק זמן ממושך גם למקלחת וכדומה.

במידת האפשר יש להשתמש בפתרונות אלה כאשר מדובר על אדם שלא ידוע לנו בבירור שאין לו שום אפשרות טכנית לקיים יחסים.[82]

סיכום

א. איסור ייחוד, כמו שאר דיני התורה, חל גם על אנשים מבוגרים.
ב. איסור ייחוד נועד למנוע יחסים אסורים בין המתייחדים, ועל כן הוא קיים רק כאשר ישנו חשש ליחסים כאלו. עם זאת, הפוסקים התלבטו באיזו מידה ניתן לדון בכל מקרה לגופו ולהתיר ייחוד כשאין חשש ריאלי לביאה.
ג. קטן שאינו ראוי לביאה מותר בייחוד, ובאופן פשוט הוא הדין לכל אדם שאינו מסוגל כלל לקיים יחסים, הן משום שאין לו גבורת אנשים, הן מחמת מחלות שונות (שיתוק, אלצהיימר וכדומה) או מגבלות פיזיות אחרות. גם בקרב המחמירים בעניין, ישנם רבים המתירים זאת כאשר מדובר בייחוד מדרבנן, כגון ייחוד עם גויה.
ד. על אדם בריא חל איסור ייחוד גם אם הגיע לגיל מבוגר; אך כאשר מדובר בזקן

78. הפוסקים נחלקו אם דלת סגורה שאינה נעולה מתירה איסור ייחוד, בפרט בשעות הלילה (ראו **גן נעול**, פרק ח, סעיפים ג-ד); אך בנידון דידן יש להקל.
79. יש לוודא שהדלת לא תהיה נעולה עם המפתח בתוכה באופן שלא יאפשר את פתיחתה מבחוץ.
80. ראו **שו"ת דובב מישרים**, חלק א, סימן ה. יש החולקים על היתר זה (ראו **את צנועים חכמה**, חלק ג, עמ' ריט-רעב), אך אפשר לסמוך על המקילים בצירוף שאר הסברות שנזכרו לעיל; וראו **נטעי גבריאל**, הלכות ייחוד, פרק ה, סעיף ו.
81. ראו: הרב שלמה לוי, 'ייחוד במקום שיש בו מצלמת אינטרנט', **תחומין** ל, תש"ע, עמ' 222-228; הרב חנוך אלבק, 'בענין פנימי וחיצון באיסור יחוד ואם מועילה מצלמה להציל מן היחוד', **מוריה** שסז-שסח, תשע"א, עמ' קמג-קמט.
82. פתרון הלכתי נוסף הוא הקפדה על כך שהאיש והעובדת יימצאו בשני חדרים נפרדים, ולכתחילה עדיף שלפחות אחד מהם יהיה נעול (ראו **דבר הלכה**, סימן יא) אך פתרון זה איננו רלבנטי לרוב כשכל מטרת נוכחותה של העובדת היא לסייע לזקן ולטפל בו.

שמצב בריאותו רעוע וברור שבפועל אין שום סיכוי שיגיע לידי עבירה (גם אם מבחינה רפואית־טכנית הוא מסוגל לכך), יש להתיר לו להתייחד בשעת הצורך - בפרט כשמדובר בייחוד עם גויה שנאסר מדרבנן בלבד.[83]

ה. באופן זמני, ובשעת דחק גדולה, יש מקום להתיר גם לזקן שמצבו פחות מובהק להתייחד עם המטפלת שלו, תוך הסתמכות על כך שמדובר במקום חולי ושהמטפלת חוששת לאבד את מקום עבודתה.

ו. בייחוד של אדם מבוגר עם עובדת זרה אפשר לסמוך ללא חשש על השיטות המקילות ולפתור את בעיית הייחוד על ידי פתיחת המנעול, נתינת מפתח לשכן שיוכל להיכנס מדי פעם לדירה, או התקנת מצלמות אבטחה שיצלמו את הדירה.

83. חלק מן המקורות להקל, כגון דברי הרדב"ז, נאמרו ביחס לייחוד מדרבנן, ולעומת זאת דברי **המשיבת נפש** נאמרו באופן פשוט גם על ייחוד מדאורייתא.

ד

ייחוד עם אם מבוגרת ועובדת זרה

"אמנו שתחיה זכתה לאריכות ימים, אולם בשל מכאוביה וזקנותה היא זקוקה לעובדת סיעודית שתסייע לה בכל צרכיה, ביום ובלילה. אנו, בניה, רגילים לבקר את אמנו לעיתים קרובות, וכדי לארח לה לחברה אנו שוהים בביתה במשך שעות ארוכות ואף לנים בו. ביקורינו כמובן משמחים אותה מאוה, אך רצינו לשאול: האם בשהייה עם האם והעובדת בבית אחד יש בעיה של איסור ייחוד?"

פתיחה

למציאות המבורכת של התארכות תוחלת החיים ישנן השלכות חברתיות וכלכליות רבות, על הקהילה ועל המדינה, אך יותר מכול היא משפיעה על התא המשפחתי. הלכות כיבוד אב ואם מקבלות משמעות חדשה כשמדובר בשנים ארוכות של טיפול בהורים מזדקנים, המצויים ברמות תפקוד שונות מבחינה פיזית וקוגניטיבית.

אחד האתגרים שמשפחות רבות משתדלות לקחת על עצמן הוא שבמשך זמן רב ככל האפשר ישהו לצד ההורה בני משפחתו הקרובים, ולא רק העובד או העובדת הזרה המטפלים בו. אתגר זה ראוי לכל שבח, והוא ללא ספק חלק חשוב ממצוות כיבוד אב ואם וביטוי להכרת הטוב ולמחויבות הטבעית כלפי ההורים.

מלבד המשאבים הטכניים שאתגר זה דורש, הוא עשוי לעורר גם שאלה הלכתית: כאשר מדובר באימא מבוגרת שנעזרת בעובדת זרה, יש לדון אִם כאשר בנה של האֵם מגיע לבקר הוא נכנס בכך לחשש של דין ייחוד.[1]

א. רקע: דין ייחוד עם שתי נשים

עיקרו של דין ייחוד הוא האיסור על איש ואישה האסורים זה בזו לשהות יחד במקום נסתר ומבודד. בפרק הקודם ראינו שעיקר תוקפו של איסור ייחוד נתון במחלוקת: את דברי הגמרא (קידושין פ ע"ב) כי יש "רמז ליחוד מן התורה" אפשר להבין כאיסור תורה גמור (כפי שסברו רוב הראשונים); אך אפשר גם שזהו רמז לאיסור דרבנן, והפוסקים התלבטו בכך בלי להגיע להכרעה ברורה. כמו כן ראינו כי לכל הדעות ייחוד עם גויה פנויה הוא גזירת חכמים מאוחרת, ולדעת רוב מוחלט של הפוסקים גם ייחוד עם גויה שהיא אשת איש נאסר מדרבנן בלבד.

המציאות הרגילה של דין ייחוד היא כאשר איש אחד מתייחד עם אישה אחת: "בן מתייחד עם אמו, ואין אחר מתייחד עם כל עריות שבתורה" (עבודה זרה לו ע"ב); ואילו ייחוד של איש אחד עם שתי נשים נתון במחלוקת תנאים במשנה (קידושין פ"ד מי"ב):

> לא יתייחד אדם עם שתי נשים, אבל אשה אחת מתייחדת עם שני אנשים; רבי שמעון אומר: אף איש אחד מתייחד עם שתי נשים.[2]

ההלכה נפסקה כדעת חכמים, אך יש לדון מהו לדעתם תוקף האיסור להתייחד עם שתי נשים: **משו"ת הרשב"א** (חלק א, סימן א'קעה) משתמע שמדובר באיסור דרבנן בלבד,[3]

---

1. כאשר מדובר באב מבוגר, המצב פשוט יותר משום שייחוד של שני אנשים ואישה לא נאסר. עם זאת, כאשר האב ישן או שהוא חולה ומשותק, שבה וניעורה השאלה ההלכתית, כפי שיבואר להלן.
2. בהמשך המשנה נאמר: "בזמן שאשתו עמו", אך **התוספות** (קידושין פ ע"ב, ד"ה רבי) כתבו שלא מדובר בסיוג להיתרו של ר' שמעון אלא בהיתר נוסף המוסכם גם על דעת חכמים, כמבואר להלן. על הבדלי הגרסאות בעניין ראו **אנציקלופדיה תלמודית**, ערך 'יחוד', הערה 844.
3. זוהי בוודאי דעת השואל, ר' אליהו מעכו, ואילו דעת הרשב"א עצמו אינה ברורה.

וכך נקטו להלכה רוב הפוסקים;[4] אך מדברי כמה ראשונים משתמע כי לדעתם זהו איסור תורה.[5]

על בסיס ההנחה שייחוד עם שתי נשים אסור רק מדרבנן, כתב ר' אליהו מעכו שייחוד כזה נאסר רק עם ערווה גמורה ולא עם גויה או פנויה (**שו"ת הרשב"א, שם**); אך הרשב"א דחה את דבריו ולהלכה נקטו כל הפוסקים שישנו איסור להתייחד עם כל שתי נשים.[6] אומנם לגבי ייחוד עם ישראלית וגויה כתב **הערך ש"י** (אה"ע, סימן כב, ד"ה וכן) שיש להתירו, משום שהגויה לא תתבייש לספר אם תזנה, אך גם חידוש זה לא התקבל על דעת רוב הפוסקים.[7]

מדוע אסור להתייחד עם שתי נשים? בגמרא (קידושין פ ע"ב) הוסבר ההבדל שבין גברים לנשים באופן הבא: "מאי טעמא? תנא דבי אליהו: הואיל ונשים דעתן קלות עליהן".[8] אלא שעדיין לא ברור לחלוטין באיזה חשש מדובר. **רש"י** על המשנה (שם, ד"ה מתני') פירש: "ושתיהן נוחות להתפתות ולא תירא זו מחבירתה שאף היא תעשה כמותה"; כלומר החשש נעוץ באפשרות ששתי הנשים תזנינה, וכך הובא בדברי כמה מן הראשונים.[9] לעומתו, הריטב"א וראשונים אחרים כתבו שדרך הנשים לחפות

---

4. ראו: **שו"ת חוות יאיר**, סימן עג; **בינת אדם**, שער בית הנשים, סימן טז; **דבר הלכה**, סימן א, סעיף ח; **שו"ת ציץ אליעזר**, חלק ו, סימן מ, פרק ב, אות ד; **שו"ת שבט הלוי**, חלק ג, סימן קפג; **שו"ת תשובות והנהגות**, חלק ה, סימן שלא.

5. כפי שדייק מהרש"ם (**שו"ת מהרש"ם**, חלק ג, סימן קנב) מן התירוץ המובא בראשוני ספרד (נידה ה ע"ב) שלפיו נוכחות של שלוש נשים נחשבת כ'רשות היחיד' ו'מקום סתירה' לעניין סוטה וספק טומאה. יש להעיר שתירוץ זה התקבל אומנם על דעתו של הריטב"א (**חידושי הריטב"א**, נידה ה ע"ב, ד"ה כשחברותיה), אך הרמב"ן (**חידושי הרמב"ן**, שם, ד"ה מכדי) כתב ש"אינו כלום". כדברי המהרש"ם משתמע גם מדברי הרדב"ז (**שו"ת דברי דוד**, סימן לב), וכך נקט באופן פשוט גם ר' יוסף ענגיל בספרו **לקח טוב** (כלל ח, אות ז). ראו: **אוצר הפוסקים**, אה"ע, סימן כב, סעיף א, אות ב; **אנציקלופדיה תלמודית**, ערך 'יחוד', אות ד, הערות 846–848; **את צנועים חכמה**, חלק ד, עמ' קמו–קנא.

6. ראו **שו"ת ציץ אליעזר**, חלק ו, סימן מ, פרק ב, אות ה.

7. **שו"ת שבט הלוי**, חלק ה, סימן רב, אות א.

8. בתנא דבי אליהו רבה (פרשה יח) הובא נימוק אחר: "לא יתייחד אדם עם שתי נשים, אבל אם תאמר אשה אחת מתייחדת עם שני אנשים, אין הלכה כן, שאם יעמוד אחד [ויבא] עליה בעבירה אין כאן עדות שלימה, אבל אשה אחת מתייחדת עם שלשה בני אדם, שאם יעמוד אחד מהן ויבא עליה בעבירה יש כן עדות שלימה".

9. **רבנו חננאל**, קידושין פ ע"ב, ד"ה מתני' (מובא אצל הרב אלעזר הורביץ, 'שרידים חדשים מפירושי רבנו חננאל', **הדרום** מד, תשל"ז, עמ' 5–78); **נימוקי יוסף**, שם, ד"ה מתניתין; **ר"ן על הרי"ף**, שם לב ע"ב מדפי הרי"ף, ד"ה מתני'; ועיינו **בבית הבחירה**, קידושין פ ע"ב, ד"ה אמר המאירי.

זו על זו גם כשהן עצמן אינן חוטאות.[10] בסעיף הבא נדון בנפקא־מינה אפשרית בין שתי הדעות הללו, מצב שבו בנוגע לאחד הנשים אין חשש שתתפתה לזנות: לפי רש"י אפשר שבמקרה כזה יהיה מותר להתייחד עם שתי הנשים; ואילו לפי הריטב"א החשש בעינו עומד.

ב. ייחוד עם קרובת משפחה ואישה נוספת

האפשרות שנוכחות של אישה מסוימת תמנע חשש של ייחוד הובאה במשנה (קידושין פ"ד מי"ב) ביחס לאשתו של האדם: "בזמן שאשתו עמו ישן עמהן בפונדקי מפני שאשתו משמרתו";[11] ובגמרא (קידושין פא ע"ב) אפשר למצוא מגוון רחב יותר של מצבים שבהם מותר להתייחד עם שתי נשים:

> מתייחד אדם עם שתי יבמות, ועם שתי צרות, עם אשה וחמותה, עם אשה ובת בעלה, עם אשה ותינוקת שיודעת טעם ביאה ואין מוסרת עצמה לביאה.

מלבד ייחוד עם נשים העוינות זו את זו, התירה הגמרא גם ייחוד עם תינוקת שאינה מוסרת עצמה לביאה. כפי שביאר **רש"י** (שם, ד"ה ואינה), תינוקת כזו אינה נוחה להתפתות ולפיכך סברת 'נשים דעתן קלה' אינה מתקיימת לגביה.[12]

האם אפשר ללמוד מכאן שכאשר אין חשש ביאה עם אחת הנשים, לא יהיה איסור ייחוד גם עם השנייה? יש מן האחרונים שאכן סברו כך וכתבו שכאשר בעלה של אחת הנשים נמצא בעיר ואין חשש שתזנה, היא מתירה בכך גם את חברתה;[13]

---

10. **חידושי הריטב"א**, קידושין פ ע"ב, ד"ה מתני'; **חידושי ר' יהונתן מלוניל**, לב ע"ב מדפי הרי"ף ד"ה מתניתין. הרמ"ה הוסיף וביאר (**יד רמה**, שם, ד"ה מתני'): "ואפילו כשרות, דסברן צניעותא הוא לחפויי אהדדי".

11. על פי גרסת **הרי"ף** (קידושין לג ע"א מדפי הרי"ף). אף הרמב"ם (**משנה תורה**, הלכות איסורי ביאה, פכ"ב ה"ד) **והשו"ע** (אה"ע, כב, ג) פסקו להלכה היתר זה.

12. גם **רבנו יהונתן מלוניל** (לג ע"א מדפי הרי"ף, ד"ה מתיחד) והרמ"ה (**יד רמה**, שם פא ע"ב, ד"ה אמ') שביארו את סברת 'נשים דעתן קלה' בדרכו של הריטב"א (היינו שנשים מחפות זו על זו גם אם הן עצמן אינן חוטאות) הסבירו את ההיתר כדברי רש"י. ראו גם בהערת מהדיר **היד רמה** (שם, הערה 120) שהציע כי דווקא אישה בוגרת סבורה שעליה לחפות על חברתה גם אם אינה חוטאת, ואילו קטנה שאינה חוטאת בעצמה גם לא תחפה על חברתה.

13. **ספר המקנה**, קידושין פא ע"א, ד"ה ברש"י ד"ה בעלה; **בינת אדם**, שער בית הנשים, סימן יז. גם בספר **נתיבות לשבת** (אה"ע, סימן כב, ס"ק ד) הסכים בעל **ספר המקנה** עם סברה זו באופן עקרוני.

ואף שאחרונים אחרים דייקו מדברי הרמב"ם כי הוא חולק על היתר זה, דיוקם אינו מוכרח.[14]

על רקע זה דנו הפוסקים בשאלה הנוגעת במישרין לענייננו: האם מותר לאדם להתייחד עם שתי נשים, שאחת מהן היא קרובת משפחה שאין עימה חשש ייחוד (כגון: אם, בת או אחות)? החיד"א (**שו"ת יוסף אומץ**, סימן כו) נדרש לשאלה זו (במקרה של ייחוד עם אֵם ואשת איש זרה) והכריע לאיסור, תוך שהוא מבחין בין מקרה זה לבין דין 'אשתו משמרתו' וקטנה:

> לא אמרו במשנה וגמרא ופוסקים דיש שמירה אלא כשאשתו עמו אבל אמו אינה שמירה.[15] וטעמא דאשתו הוי שמירה דאין אשה מתקנאת אלא בירך חבירתה והיא זהירה מאד בזה לעמוד על המשמר. אבל אמו אינה זהירה וישנה ואינה משגחת ועוד כי היא מחפה על בנה... והדבר מבואר דאשתו מתקנאת ונשי דסניין אין מחפות וקטנה שמגלה הסוד. הא עם אמו שמחפה ודאי אסיר.

יש לשים לב שבתחילה הגביל החיד"א את ההיתר רק לאשתו של האדם שמקפידה "לעמוד על המשמר"; ואילו בהמשך הרחיב את ההיתר לכל אישה שאין חשש שתחפה עליו. גם בעל **ההפלאה**, בספרו **נתיבות לשבת** (אה"ע, סימן כב, ס"ק ד) כתב שאם ואחות אינן נחשבות כשומרות משום שהן מחפות על קרוביהן (אף שלדעתו אישה זרה שבעלה בעיר יכולה להיחשב כשומרת). אף ר' אברהם אלקלעי (**זכור לאברהם**,

---

14. הרמב"ם (**משנה תורה**, הלכות איסורי ביאה, פכ"ב ה"ח) כתב: "לא תתייחד אשה אחת אפילו עם אנשים הרבה עד שתהיה אשתו של אחד מהם שם". לכאורה לפי הסברה הנזכרת די בכך שתהיה שם אישה כלשהי שבעלה בעיר, ואין צורך דווקא באישה של אחד מן הגברים המתייחדים. מכאן הוכיחו בספר **עצי ארזים** (אה"ע, סימן כב, ס"ק יד) ובספר **אור שמח** (הלכות איסורי ביאה, פרק כב, הלכה יב) שהרמב"ם לא קיבל סברה זו (ו**בהגהות הרד"ל**, קידושין פא ע"א, ד"ה שאני, תלה את הדבר במחלוקת הראשונים בסברת 'נשים דעתן קלה'). אולם **הכסף משנה** ו**הרדב"ז** (על **משנה תורה**, שם) כתבו שסברה זו עצמה היא שעמדה בבסיס היתרו של הרמב"ם, ואישה זו שבעלה לצידה היא ששומרת על חברותיה (ועיינו ב**שו"ת נחפה בכסף**, חלק ב, אה"ע, סימן יא, שהרחיב סברה זו). כמו כן, אפשר שהרמב"ם התיר גם במצב שבו אשתו של אותו גבר נמצא במקום שבו היא משגיחה דווקא עליו ולא על חברותיה. תירוץ אחר מצוי בדברי **האור שמח** (שם) שהציע להעמיד את דברי הרמב"ם בייחוד של אנשים ונשים שגסים אלו באלו.

15. הרב וולדנברג (**שו"ת ציץ אליעזר**, חלק ו, סימן מ, פרק יד, אות ה) הציע דחייה אפשרית לראיה זו: "דהמשנה דנקטה אשתו מפני שאתה ברור שיכול להתייחד עמה ועל אמו ובתו צריכה עוד המשנה לאשמיענו קודם אם מותר בכלל להתייחד עמם".

חלק ג, אה"ע, אות י, ערך 'יחוד') כתב ש"לכאורה נראה" כי "אם יש שם אשה אחרת, אפילו אם בתו או בת בתו שם אסור"; ודבריו הובאו להלכה **בפתחי תשובה** (אה"ע, סימן כב, ס"ק ב).[16]

לעומת זאת, ר' חיים פלאג'י (**שו"ת חיים ושלום**, חלק א, אה"ע, סימן יט) הביא את דברי **שו"ת מהר"י וייל** (סימן נה) שהתיר ייחוד של איש עם אם ובנה, ולא חשש שמא הבן יחפה על אמו. ר' חיים פלאג'י הסיק מכך שגם ייחוד עם קרובת משפחה של האיש יהיה מותר ואין חוששים שמא היא תחפה עליו.[17] אף בספרו **ראה חיים** על התורה (פרשת וישב) כתב כך, וביאר שהיתר הייחוד לא מבוסס רק על החשש שמא תספר לאחרים, אלא גם על עצם הבושה שיש בחטא שנעשה בפני מי שאינו חוטא. בושה כזו קיימת ביתר שאת כאשר מדובר בזנות בפני קרובת משפחה.

אף הרב פיינשטיין כתב (**שו"ת אגרות משה**, אה"ע, חלק ב, סימן טו; שם, חלק ד, סימן סה, אות ח) שמכל המקורות הנזכרים עולה בבירור שכאשר אין חשש שאישה מסוימת תזנה, היא מתירה את הייחוד גם לחברותיה, משום הבושה שבדבר, ולכן הסיק הרב פיינשטיין שמותר להתייחד עם שתי נשים שאחת מהן קרובה של האיש.[18] הרב וולדנברג (**שו"ת ציץ אליעזר**, חלק ו, סימן מ, פרק יד, אות יא) הכריע להקל במקרה כזה כשמדובר בייחוד דרבנן (כגון עם פנויה או גויה),[19] ונראה שיש לסמוך על כך,[20]

16. גם **העזר מקודש** (סימן כב, סעיף א) התלבט בשאלה זו משום חשש החיפוי; וראו גם בספר **גן נעול** (פרק יב, סעיף ב, הערה 5) שציין לפוסקים נוספים שהחמירו בדבר: **שו"ת מעשה אליהו** (מני), סימן קז; **שו"ת שער שמעון אחד**, חלק ה, סימן ח; **שו"ת תפילה למשה**, חלק ו, כת"י, ועוד.

17. יש מקום לפקפק בראיה זו משום שמהר"י וייל דן בייחוד של אישה עם שני גברים, שהותר בפירוש במשנה, ומשום כך הגיוני שלא לחדש סברה להחמיר כשאחד מהם הוא קרוב משפחה. לעומת זאת, ההיתר להתייחד עם קרובת משפחה איננו מפורש במקורות, ואנו מבקשים ללמוד אותו מסברה, מדין אשתו או קטנה, וממילא יש יותר מקום להציע הבחנות מסוג זה. עיינו גם **בשו"ת ציץ אליעזר**, חלק ו, סימן מ, פרק יד, אות ח.

18. אפשר שלפי סברה זו נתיר את הייחוד גם לדעת הריטב"א, משום ש'קלות הדעת' של הנשים לא מסירה את הבושה שיש בחטא שנעשה בפני מי שאין לה כלל יצר למעשה העבירה. מדברי הרב פיינשטיין עצמו נראה כי הוא התבסס על דברי רש"י ולא הזכיר את סברת הריטב"א.

19. בסוף דבריו ציין **הציץ אליעזר** **לשו"ת בית שלמה** (או"ח, סימן מח) שכתב שיש להקל בשעת הצורך גם בייחוד דאורייתא, והסכים לדבריו.

20. עיינו בספר **גן נעול** (פרק יב, סעיף ב, הערה 6) שציין פוסקים נוספים שהקלו בכך אפילו כשמדובר בייחוד עם ערווה: **שו"ת תשובות והנהגות**, חלק ב, סימן תרנח; **חידושים וביאורים**, קידושין, סימן יא, אות יב; **פתח הבית**, פרק ט, סעיף ד; **שו"ת מגיד תשובה**, חלק ג, סימן ד, ועוד. מחבר גן

ולו משום שמדובר במחלוקת באיסור דרבנן (הן משום שמדובר בשתי נשים, הן משום שמדובר בגויה).[21]

ג. 'שמירה מצלת' כשהשומרת ישנה

את ההיתר להתייחד עם שני אנשים או שלוש נשים, סייג הראב"ד באופן משמעותי (**בעלי הנפש**, שער הפרישה, סימן א):

> הני מילי ביום, אבל בלילה לישן עמה בבית אחד אסור עד שיהיו שם שלשה כשרים... חיישינן דילמא אדנאים חד מינייהו אזיל חד ועביד איסורא.

דברי הראב"ד הובאו **בבית יוסף** (אה"ע, סימן כב) ונפסקו להלכה **ברמ"א** (שם, ה). עם זאת, כאשר אשתו של אדם נמצאת עימו, כתבו הראשונים שהיא משמרתו גם בלילה, בשעת השינה; וכך ביאר זאת **ר' יהונתן מלוניל** (קידושין לב ע"ב מדפי הרי"ף, ד"ה מתניתין): "ישן עמהן בפונדק אחד, מפני שאשתו משמרתו ואינה יכולה לישן מפני פחדתה על זה, דאין אשה מתקנאה אלא בירך חברתה".[22]

כיוצא בזה כתב **הפני יהושע** (קידושין פ ע"ב, ד"ה תוספות בד"ה רבי): "דודאי לא תשתקע אשתו בשינה כיון שמשמרתו ועוד דמירתת טובא";[23] והוסיף **העזר מקודש** (סימן כב, סעיף ה): "גם אם היה נראה לו שישנה בעומק אחר כל הנסיונות, חושש שברגע שתקוץ תרגיש כיון שדעתה עלויה תמיד גם חושש שעושה את עצמה כישנה כדי לנסותו כי דעתה על זה תמיד".[24]

נעול הכריע שיש להקל בדבר, וכן הכריעו בספר **דבר הלכה** (סימן ח, סעיף ד) בשם **החזון איש**, ובספר **נטעי גבריאל** (יחוד, שו"ת, סימן ג).

21. כפי שכתבו כמה מן האחרונים, יש להקל בספקות ומחלוקות כאשר מדובר בייחוד עם גויה ופנויה, אפילו אם ננקוט שעיקר דין ייחוד הוא מן התורה. ראו: **שו"ת דברי מלכיאל**, חלק ד, סימן קב; **שו"ת שבט הלוי**, חלק ג, סימן קפג; **שו"ת אגרות משה**, אה"ע, חלק ד, סימן סה, אות יב.

22. כך כתב גם ר' מנחם המאירי, **בית הבחירה**, קידושין פ ע"ב, ד"ה אמר.

23. גם ר' דוד לוריא (**הגהות הרד"ל**, קידושין פ ע"ב, ד"ה וישן) כתב שיש להבחין בין שלוש נשים לבין אשתו וביאר שמאשתו האדם "מתיירא יותר".

24. דעת יחיד מחמירה בעניין היא שיטת **האפי זוטרי** (אה"ע, סימן כב, ס"ק ח); וראו **בשו"ת ציץ אליעזר** (חלק ו, סימן מ, פרק יג, אותיות א-ו) שהאריך לדחות את דבריו.

את הנידון דידן יש לדמות לכאורה למקרה הרגיל של ייחוד בלילה שנאסר, שהרי הסברות המיוחדות שנאמרו באשתו לא שייכות כאן.[25] למרות זאת יש מקום להקל בדבר מכמה טעמים.

ראשית, עיקר דינו של הראב"ד, האוסר ייחוד עם שתי נשים בלילה, שנוי במחלוקת.[26] הרז"ה בהשגותיו על **בעלי הנפש** (**סלע המחלוקות**, שער הפרישה, סימן א, אות ה) חלק עליו בפירוש וכדבריו כתבו כמה מן הראשונים.[27] גם מן העובדה ששאר הראשונים לא ציינו את חומרת הראב"ד משתמע כי הם לא קיבלו אותה,[28] ואכן **הדרישה** (אה"ע, סימן כב, ס"ק יב) כתב "דהראב"ד לחוד חייש לזה".[29] כמו כן, הפוסקים התלבטו אם דינו של הראב"ד נאמר גם בייחוד דרבנן,[30] והרב פיינשטיין (**שו"ת אגרות משה**, אה"ע, חלק א, סימן סא) כתב שיש להקל בזה בשעת הדחק.[31]

שנית, יש מקום לדמות ייחוד עם קרובות דווקא לייחוד עם אשתו, ולא לייחוד עם שני אנשים. מדברי הראשונים עולה ששמירת תינוקת (שאינה מוסרת עצמה לביאה) מועילה גם בדרך ובלילה, וכן מפורש בדברי המהרש"ל (**ים של שלמה**, קידושין, פרק

---

25. ברור כי אין ליישם בכל הקרובות את הדינים המיוחדים שנאמרו באשתו, כגון ששמירתה מועילה גם כשהיא אינה נמצאת עימו בבית (לפי חלק מהשיטות).

26. לשיטות הסבורות שגם בדרך אין צורך בשלושה, הוא הדין באופן פשוט גם בלילה; ראו **אנציקלופדיה תלמודית**, ערך 'יחוד', הערות 1081 ו־1091.

27. **סמ"ג**, לאוין, מצווה קיא, ד"ה בפרק בתרא; **מרדכי**, הלכות נידה, רמז תשמא; **ספר התרומה**, הלכות נידה, סימן קט. דבריהם נאמרו בנוגע לכלה שפירסה נידה, אך אין סיבה מהותית להבחין בין הנושאים ואף דברי הראב"ד התייחסו קודם כול למקרה זה.

28. אף הרמ"א, שבהגהותיו הביא להלכה את דברי הראב"ד, כתב בשו"ת שלו שלא כדברי הראב"ד; ראו **שו"ת הרמ"א**, סימן יד.

29. **הדרישה** הסביר את עמדת שאר הראשונים על פי דרכו המיוחדת שלפיה החשש העומד ביסוד דין ייחוד הוא רק חשש של אונס; אולם דרך זו נדחתה על ידי רוב ככל הפוסקים. עיינו גם **בשו"ת טוב טעם ודעת** (תליתאה, יו"ד, סימן ה) שהציע להבחין בין דין חתן וכלה, שאינו נפוץ, לבין דין ייחוד רגיל שבו לא גזרו חכמים כשיש יותר מאיש אחד ואישה אחת בחדר גם אם השאר ישנים.

30. ראו: **שו"ת אמרי כהן**, סימן כו; **שו"ת שבט הלוי**, חלק ה, סימן רב, אות א; **גן נעול**, פרק ד, סעיף לד.

31. עוד יש להעיר כי לדעת המהרש"ל (**ים של שלמה**, כתובות, פרק א, סימן ו) וה**חכמת אדם** (שער בית הנשים, כלל קכו, סעיף ה) החשש העיקרי בייחוד בלילה הוא שמא יזדקק אחד לנקביו וילך לבית הכיסא, וחשש זה איננו קיים בימינו כאשר בית הכיסא נמצא בתוך הבית (כפי שהעיר בספר **גן נעול**, פרק ד, סעיף לג, הערה 86).

ד, סימן כד).[32] ייתכן שדווקא ייחוד עם שני אנשים נאסר בדרך ובלילה, משום שדי בכך שאחד מהם יישן או יסטה מן הדרך כדי שתיווצר מציאות של ייחוד, ואפשר שהאיש והאישה לא יחששו לחטוא כי אפשר שאף האיש השני יחבור אליהם; ואילו כאשר ישנו אדם הנחשב כשומר ומופקע מן האיסור (כגון תינוקת או קרובת משפחה), נוכחותו מרתיעה את האחרים מלחטוא גם אם הוא ישן או סוטה לרגע מן השביל.[33]

על כל האמור יש להוסיף את שיטת **העזר מקודש** (סימן כב, סעיף ה), שלפיה כאשר הבית מואר לא נאמרה חומרתו של הראב״ד, משום שגם אם השומר יירדם הוא יוכל לפקוח עיניים ולראות את מעשה העבירה בִּן־רגע. הפוסקים פקפקו אומנם בחידוש זה,[34] אך בצירוף כל הסברות הנזכרות ודאי שאפשר לסמוך עליו.[35]

יש להעיר כי **בשו״ת שבט הלוי** (חלק ה, סימן רא, אות ד) חידש הרב וואזנר שכאשר האישה לקחה כדור שינה ואינה שולטת על שינתה, אין היא נחשבת שומרת אפילו כשמדובר באשתו; אולם **הנטעי גבריאל** (פרק מא, הערה ח) כתב (על פי **הגהות הרד״ל**) שגם במצב כזה יש לאדם רגש טבעי המונע אותו מלחטוא והעיד בשם רבותיו שיש להקל בכך.

ד. 'שמירה מצלת' כשהשומרת חולה או משותקת

עד כה התייחסנו לעובדה שהביקור מתקיים בשעות הלילה כאשר האֵם ישנה והראינו כי יש להקל בכך בשעת הצורך; אך פעמים רבות האם המבוגרת כבר אינה בקו הבריאות ורמת התפקוד והתנועה שלה אינה גבוהה, ולפיכך יש לדון האם עצם נוכחותה יכולה להיחשב כ'שמירה' המצילה מאיסור ייחוד.

הפוסקים דנו בכמה סוגים של מגבלויות שמהן עשויים לסבול השומר או השומרת. מקרה שנזכר כבר בתלמוד הוא מקרה של בעל סומא: הגמרא (קידושין פא ע״א) דנה במצב של חשש ייחוד בין רב ביבי לבין אשתו של רב יוסף (שכידוע היה סומא) וקובעת שזהו מצב של 'בעלה בעיר'; ומכאן הוכיחו רבים מן האחרונים

32. האחרונים התקשו בהבנת דברי המהרש״ל ובסתירות שבין כתביו השונים. ראו: **ט״ז**, אה״ע, סימן כב, ס״ק ט; **את צנועים חכמה**, חלק ה, עמ' רעב־רעט; **גן נעול**, פרק יא, סעיף י.

33. כך משתמע מדברי **הציץ אליעזר** (חלק ו, סימן מ, פרק יד, אות ה) שכתב כי באופן עקרוני יכולה הייתה המשנה לומר שגם אמו משמרתו ולא רק אשתו, ונראה שלדעתו דיני שמירתן שווים.

34. עיינו **בשו״ת שבט הלוי**, חלק ה, סימן רב, אות א.

35. ראו: **שו״ת אמרי כהן**, סימן כו; **שו״ת יד יצחק**, חלק ג, סימן רכ; **אוצר הפוסקים**, אה״ע, סימן כב, סעיף ג, אות יז.

שגם בעל סומא יכול לתפקד כשומר בעבור אשתו,[36] משום "שהסומא מרגיש במה שנעשה בבית" כלשון הרד"ל (**הגהות הרד"ל**, קידושין פא ע"א, ד"ה שאני), או משום "דמסתפה דילמא קרי לה למידי [=שחוששת שמא יקרא לה לדבר־מה] והיא עסוקה בדבר אחר" כדברי החיד"א (**שער יוסף**, שו"ת, סימן ג).[37]

לאור דברים אלה דנו הפוסקים האחרונים במצב שבו הבעל משותק ואינו יכול לנוע מחדר לחדר. הרב נתן גשטטנר (**שו"ת להורות נתן**, חלק י, סימן פז) הביא את דברי הפוסקים בעניין סומא, והוסיף: "לפי זה יש לדון להקל גם כשבעלה חולה ואינו יכול לזוז ממקומו, אם הוא נמצא באותה דירה ויכול להרגיש במעשיה". אף בספר **נטעי גבריאל** (הלכות ייחוד, שו"ת, סימנים י-יב) הובא כי יש מן הפוסקים שהקלו בדבר זה, כגון בעל **המשנה הלכות** (חלק יז, סימן לג) שכתב "כל שאשתו היא בדעתה ויודעת מה שנעשה סביבה אין שום חשש".[38]

בדברי הפוסקים הנ"ל מבואר כי ישנה דרישה עקרונית לכך שהבעל יוכל להרגיש במעשי אשתו, וממילא כאשר הבעל מטושטש ואינו מסוגל להבחין במתרחש נראה שלא יוכל לתפקד כשומר. כך כתב הרב יצחק שמואל שכטר **בשו"ת ישיב יצחק** (חלק א, אה"ע, סימן לח) במקרה הדומה לשאלתנו (ייחוד של בעל עם אשתו החולה ועובדת זרה): "ובנדון שאלתכם שכמעט שאינה פותחת עיניה יש לומר דגרע מישנה דלאו בת הרגשה היא כלל".

עם זאת, בספר **דבר הלכה** (שו"ת, סימן ד) הובאה שאלה על ייחוד עם אישה שבעלה מחוסר הכרה "ורק סכויים קלושים ישנם שיתעורר", ונפסק שכשם שאנו אוסרים ייחוד עם גוסס בשל החשש הקלוש שמא יתאושש,[39] כך יש להקל בשמירה של בעל גם אם קיים רק סיכוי קטן שיתעורר.[40] **הדבר הלכה** הוסיף שלדעת **החזון איש** סברת 'אימת בעלה עליה' איננה נובעת מחשש רציונלי, התלוי באפשרות הריאלית של הבעל 'לתפוס אותה על חם', אלא מתחושה נפשית טבעית הקיימת גם כשאין

36. **אור שמח**, הלכות איסורי ביאה, פרק כב, הלכה יב, ואחרונים נוספים שיוזכרו להלן, ושלא כדעת **האפי זוטרי**, אה"ע, סימן כב, ס"ק ח. ראו: **שו"ת ציץ אליעזר**, חלק ו, סימן מ, פרק יג, אותיות א-ו; **אוצר הפוסקים**, אה"ע, סימן כב, ס"ק לא, אות ב.

37. כך הכריע גם בספר **דבר הלכה** (סימן ז, סעיף ה), אף שהעיר (שם, ס"ק ה) שאפשר להעמיד את הסיפור שבגרמא לפני שנסתמא רב יוסף.

38. כך הובא גם בספר **עזרה כהלכה** (פרק יב, סעיף א) בשם הרב ניסים קרליץ.

39. כמבואר **בשו"ת הרשב"א** (חלק א, סימן א'רמג), וראו גם בפרק הקודם.

40. יש מקום רב להשיג על ההשוואה, משום שאין לדמות בהכרח בין גדרי החשש האובייקטיבי שמא יתאושש ויבעל, לבין חששה הסובייקטיבי של האישה כשבעלה גוסס. כמו כן, יש מקום להבחין בין חשש לחומרה לבין הסתמכות על כך לקולא.

אפשרות סבירה כזו.[41] תחושה כזו נובעת מעצם נוכחותו של הבעל, ולכן הייחוד מותר גם במצב כזה. **הדבר הלכה** הוכיח את טענתו מדבריהם של כמה פוסקים שהתירו לאישה להתייחד עם בעלה הגוסס ואדם נוסף שנמצא בחדר, אף שלא ברור באיזו מידה מסוגל הבעל להשגיח במעשיה.[42]

תשובתו של **הדבר הלכה** מתייחסת לייחוד עם אשת איש שבעלה משמרהּ, ואילו בנידון דידן יש צד להקל משום שמדובר בייחוד עם גויה; מאידך־גיסא, יש גם צד להחמיר משום שמדובר בשמירה של אם שהשפעתה פחותה מזו של בעל ולא ברור אם תועיל כאשר אין חשש ריאלי שהאם תתעורר. מלבד זאת, נראה כי במקרים קיצוניים של חוסר הכרה או חוסר צלילות, הצעת **הדבר הלכה** היא חידוש גדול המנוגד לרוח דברי רוב הפוסקים שראינו עד כה, שעמלו להסביר את השמירה הממשית שמתקיימת בישן ובסומא וכדומה; ועל כן לכתחילה אין להסתמך על דבריו באופן בלעדי.

ה. פתרונות

בפרק הקודם, שעסק בייחוד של זקן עם עובדת זרה, עמדנו על שני פתרונות כלליים המפקיעים שם 'ייחוד' מן הסיטואציה: א. דלת לא־נעולה או אנשים שבידם מפתח ויכולים להיכנס לבית ללא התראה (קל וחומר כאשר הבית כלל אינו נעול ויש אפשרות שבני אדם ייכנסו בלי רשות); ב. מצלמות אבטחה המכסות את שטח הבית באופן המונע ייחוד. מלבד פתרונות אלו, בנידון דידן אפשר להשתמש בפתרון נוסף: שהייה בחדרים נפרדים.

בגמרא (קידושין פא ע"א) נאמר שכאשר גברים ונשים שוהים בשני חדרים הנמצאים זה לפנים מזה, "חוששין משום ייחוד". לדעת **רש"י** (שם, ד"ה ונשים), עצם השהייה בחדרים נפרדים אלה נאסרה, שמא יפרוש אחד הגברים לחדר השני ויתייחד עם הנשים. אולם לדעת הרמב"ם (**משנה תורה**, הלכות איסורי ביאה, פכ"ב ה"ח) אסורה רק הפרישה מחדר לחדר, ולא השהייה בחדרים נפרדים; וכך פסק גם **השו"ע** (אה"ע, כב, ו).[43] לגבי דעת הרמב"ם, הפוסקים התלבטו אם התיר דווקא כשיש נשים רבות או אנשים רבים בכל חדר (ושני החדרים נחשבים כחדר אחד), או גם כאשר יש

41. דברי **החזון איש** הובאו ונידונו בספר **דבר הלכה**, סימן ז, ס"ק ב.
42. הכרעת **הדבר הלכה** הובאה גם בספר **נשמת אברהם**, סימן כב, ס"ק ט.
43. הפוסקים התחבטו כיצד להכריע במחלוקת זו. ראו: **דבר הלכה**, סימן יא, סעיפים א–ב; **את צנועים חכמה**, חלק ג, עמ' קנג-ריח; **גן נעול**, פרק ו, סעיף א.

איש אחד בחדר אחד ואישה אחת בשני (משום שאין איסור ייחוד בחדרים נפרדים).[44] כאשר מדובר בשני חדרים נפרדים הנפתחים למסדרון אחד, כתבו הפוסקים שיש יותר מקום להקל ולהתיר שהייה של איש בחדר אחד ואישה בחדר שני,[45] אך עדיין לא יצאנו מכלל מחלוקת.[46] משום כך, יכול האיש לשהות באחד החדרים כשהעובדת נמצאת בחדר אחר, וכאשר עליו לעבור במסדרון יעשה זאת במהירות. כמו כן, אם העובדת שוהה במסדרון, צריך האיש לנעול את דלת חדרו או לחסום אותה.[47] עוד נעיר שהפוסקים נחלקו אם היתר חדרים נפרדים נאמר דווקא כאשר דלת כל חדר סגורה (גם אם לא נעולה), או שדי בכך שפתחי החדרים לא יהיו מכוונים זה כנגד זה.[48]

למעשה נראה כי באופן כללי יש להחמיר בייחוד של איש ואישה בבית נעול, הן משום שדעות המתירים מבוססות על כמה מחלוקות וספקות, הן משום שהדעת נותנת כי יכולה לצמוח מכך תקלה. אך בנידון דידן, כשיש צד לומר שאמו משמרתו גם כשהכרתה מטושטשת, וכן מדובר בייחוד דרבנן לצורך חולה,[49] הרי שיש להסתמך על היתר זה תוך השתדלות לעשות את המֵרב כדי להימנע מייחוד (כגון: לנעול את דלת החדר, להימנע משהייה במסדרון, או לבקש מהעובדת לסגור את דלת חדרה).

סיכום

א. אסור לאיש אחד להתייחד עם שתי נשים. לדעת רוב הפוסקים מדובר באיסור דרבנן, ולמרות זאת הוא קיים גם כשמדובר בייחוד עם פנויה או עם גויה.

ב. כאשר אחת הנשים היא אמו של האדם, שאין חשש שיחטא עימה, נחלקו הפוסקים אם נוכחותה נחשבת כשמירה המתירה את הייחוד, ולמעשה הכריעו הפוסקים להקל - בוודאי כשמדובר בייחוד עם גויה שנאסר מדרבנן בלבד.

ג. כאשר אחד המתייחדים ישן, לדעת הראב"ד יש צורך בשומר נוסף (אלא אם מדובר באשתו של האדם); אך דבריו נתונים במחלוקת ואפשר שלא נאמרו במקרה שבו

44. **חזון איש**, אישות, סימן לד, אות ד; **דבר הלכה**, סימן יא, סעיף א; **גן נעול**, פרק ו, סעיף ט.

45. **דבר הלכה**, סימן יא, ס"ק ח (בשם **החזון איש**); **גן נעול**, פרק ו, סעיף טז.

46. ראו למשל **בשו"ת אגרות משה** (אה"ע, חלק ד, סימן סה, אות יט) שאסר אפילו כשהדלת נעולה; וראו **את צנועים חכמה**, חלק ג, עמ' רג-רד.

47. כך עולה מדברי **המשנה ברורה** (סימן רלט, שער הציון, ס"ק יז); וראו בספר **גן נעול**, פרק ו, הערה 37.

48. ראו **גן נעול**, פרק ו, סעיף כא.

49. ראו **בשו"ת זרע יצחק**, אה"ע, סימן טז, ערוגה ד, וכן בפרק הקודם.

נוכחת קרובת משפחה או במקום שבו יש אור דולק. משום כך, בשינה רגילה יש להקל בדבר, ואף כשהאם לקחה כדור שינה יש להקל - כשאין ברירה אחרת.

ד. הפוסקים הוכיחו שגם שומר סומא נחשב שומר, ולמדו מכך גם לשומר חולה או משותק כל עוד הוא מודע ברמה מסוימת למתרחש. אך כשמדובר באדם מחוסר הכרה או מטושטש לחלוטין, ואין סיכוי סביר שישוב להכרה, מסתבר להחמיר.

ה. במצב כגון זה האחרון, יש להשתדל להימנע מייחוד בעזרת מצלמות אבטחה או בעזרת הפקדת מפתח אצל אדם שיוכל להיכנס לבית ללא התראה. כשפתרונות אלה אינם זמינים, אפשר להקל ולשהות בבית האם, תוך הקפדה על כך שהאיש והעובדת יימצאו כל העת בחדרים נפרדים; וכשהדבר אפשרי - האיש ינעל את החדר שבו הוא שוהה או יחסום אותו.

ו. יש לחזור ולהדגיש את הזכות והמחויבות שבגמילת חסד עם הורים מבוגרים בכל דרך וכי אין להימנע מכך בשל איסור ייחוד מדרבנן. כאשר לא נמצא פתרון הלכתי במסגרת דברינו הנזכרים, יש לעשות שאלת חכם ולמצוא יחד עימו את המענה המתאים.

ה

דיני ייחוד לבעלי נטייה חד־מינית

"אני לומד בישיבת הסדר ויש לי נטייה הומוסקסואלית. כאדם שומר תורה ומצוות, מעולם לא מימשתי את הנטייה הזו. האם מותר לי להמשיך לגור בחדר הפנימייה יחד עם בחור אחר או שיש בכך משום איסור ייחוד?".[1]

פתיחה

האפשרות שאדם יקיים יחסים עם בן מינו הייתה מוכרת מאז ומעולם, וכבר בתורה מצויה התייחסות מפורשת למעשה זה: "וְאִישׁ אֲשֶׁר יִשְׁכַּב אֶת זָכָר מִשְׁכְּבֵי אִשָּׁה תּוֹעֵבָה עָשׂוּ שְׁנֵיהֶם מוֹת יוּמָתוּ דְּמֵיהֶם בָּם" (ויקרא כ', יג). אם התורה טרחה לאסור באופן מפורש פעולה זו, מסתבר שהיו כאלה שנהגו לעשות אותה. ואכן התורה עצמה מספרת שאנשי סדום אמרו ללוט: "אַיֵּה הָאֲנָשִׁים אֲשֶׁר בָּאוּ אֵלֶיךָ הַלָּיְלָה הוֹצִיאֵם אֵלֵינוּ וְנֵדְעָה אֹתָם" (בראשית י"ט, ה); וחז"ל במדרשיהם ייחסו מעשה זה גם לחם בן נח (סנהדרין ע ע"א) ולפוטיפר (סוטה יג ע"א).

בספרי הנביאים אפשר למצוא ביטויים המעידים על קיומה של תופעה זו בעם ישראל. הבולט שבהם הוא סיפור פילגש בגבעה, שבו ביקשו אנשי גבעה "הוֹצֵא אֶת הָאִישׁ אֲשֶׁר בָּא אֶל בֵּיתְךָ וְנֵדָעֶנּוּ" (שופטים י"ט, כב).[2] גם בדברי חז"ל מצויה תוכחה

1. שאלה משמעותית לא־פחות שלא נדון בה כאן היא: האם יש איסורי 'קרבה' בין גברים בעלי נטייה חד־מינית? ראו למשל **שו"ת עולת יצחק**, חלק ג, סימן רסו.
2. כמו כן, יש שפירשו את ה"קָדֵשׁ" שנהג בארץ בימי רחבעם (מלכים א י"ד, כד) כמשכב זכור (ועיינו בספרי דברים, פיסקא שיח, ולעומת זאת **ברד"ק** ו**בתרגום יונתן** על מלכים שם). חז"ל מלמדים

חוזרת ונשנית על עוון משכב זכור, ומדבריהם עולה כי הם התמודדו עם תופעה זו. למשל, בגמרא (סוכה כט ע"א) נאמר שהחמה לוקה בשל משכב זכור, ובמשנת רבי אליעזר (פרשה יח; מהדורת ענלאו, עמ' 337) נאמר שמשכב זכור קשה כעבודה זרה.

מכל המקורות הללו עולה שמשכב זכור היה מוכר בעם ישראל כמעשה עבירה, אך אין למצוא בהם תיאור של מערכות זוגיות חד־מיניות או של נטייה קבועה כזו. בקרב אומות העולם אפשר שהמצב היה שונה. בגמרא בחולין (צב ע"א-ע"ב) נאמר שישנן שלוש מצוות בלבד שבני נח ממשיכים לקיים:

> אחת - שאין כותבין כתובה לזכרים; ואחת - שאין שוקלין בשר המת במקולין; ואחת - שמכבדין את התורה.[3]

רש"י (שם, ד"ה שאין) פירש "דאף על פי שחשודין למשכב זכור ומייחדין להם זכר לתשמישן, אין נוהגין קלות ראש במצוה זו כל כך".

אולם בבראשית רבה (תיאודור־אלבק, פרשה כו, אות ב) נאמר ביחס לדור המבול:

> ויקחו להם נשים... מכל אשר בחרו - זה זכור ובהמה. ר' הונא בשם ר' יוסף: דור המבול לא נמחו מן העולם עד שכתבו גמומסיות [=שטרי נישואין][4] לזכור ולבהמה.

ממקורות אלו עולה כי אצל אומות העולם משכב זכור היה ממוסד במידה מסוימת,

---

כי גם עם ישראל היה נגוע לעיתים בתופעת משכב זכור וכך ביארו את הפסוק "עֲמַדְתֶּם עַל חַרְבְּכֶם עֲשִׂיתֶן תּוֹעֵבָה וְאִישׁ אֶת אֵשֶׁת רֵעֵהוּ טִמֵּאתֶם וְהָאָרֶץ תִּירָשׁוּ" (יחזקאל ל"ג, כו): "עמדתם על חרבכם - זו עינוי דין וגזל; עשיתן תועבה - זו משכב זכור..." (תוספתא, ליברמן, סוטה פ"ו ה"ט). גם הגמרא (סנהדרין פב ע"א) דורשת על הפסוק במלאכי (ב', יא) "בָּגְדָה יְהוּדָה וְתוֹעֵבָה נֶעֶשְׂתָה בְיִשְׂרָאֵל וּבִירוּשָׁלָם": "ותועבה נעשתה בישראל ובירושלים - זה משכב זכור". כיוצא בזה מצאנו גם בירושלמי (ברכות פ"ט ה"ב, יג ע"ג) שדרש על חטא זה את הפסוק בספר ירמיהו (כ"ה, ל) "ה' מִמָּרוֹם יִשְׁאָג וּמִמְּעוֹן קָדְשׁוֹ יִתֵּן קוֹלוֹ שָׁאֹג יִשְׁאַג עַל נָוֵהוּ": "שאוג ישאג על נוהו - בשביל נויהו. אמר ר' אחא: בעון משכב זכר. אמר הקדוש ברוך הוא אתה זיעזעתה איברך על דבר שאינו שלך; חייך שאני מזעזע עולמי על אותו האיש". דברים דומים נאמרו בספרי דברים (פיסקא שיח) על הפסוק "יַקְנִאֻהוּ בְּזָרִים בְּתוֹעֵבֹת יַכְעִיסֻהוּ" (דברים ל"ב, טז): "בתועבות יכעיסוהו - זה משכב זכור". מסתבר כי אילו לא היה מדובר בתופעה בעלת נוכחות בעם ישראל, לא היו חז"ל דורשים את הפסוקים כמכוונים אליה.

3. למעשה, מעמדן של שלוש המצוות הללו התערער מאוד בדורות האחרונים.
4. המילה 'גמוס' ביוונית מציינת קשר נישואין (כמו במילה 'מונוגמיה' לדוגמה).

ואכן אנו יודעים שבחברה היוונית העתיקה בימי בית שני הייתה הנטייה החד־מינית מקובלת ולגיטימית לא־פחות מן הנטייה הדו־מינית.[5]

בדורות האחרונים חדרה תופעה זו גם לעם ישראל וחיים בקרבנו אנשים המגדירים את עצמם במוצהר כבעלי נטייה חד־מינית. אם נקבל הגדרה זו כבעלת משמעות הלכתית, אפשר יהיה לגזור ממנה השלכות על הלכות צניעות - הן לקולא הן לחומרה; ובפרק זה נתמקד בהשלכות של הגדרה זו על דיני ייחוד.

איסור ייחוד הבסיסי אוסר על גבר ואישה להתייחד זה עם זה באופן שעלול להביא לידי עבירה. אם נגדיר גבר כהומוסקסואל יש לשאול שתי שאלות שאינן בהכרח קשורות אחת ברעותה: האם הוא אסור בייחוד עם גבר? האם הוא מותר בייחוד עם אישה?

כפי שציינו, שאלה זו נובעת בראש ובראשונה מהגדרת התופעה החדשה (באופן יחסי) של הומוסקסואליות מוצהרת, ולכן נפתח בדיון בתופעה זו. לאחר מכן נעבור לדיון ממוקד יותר בדיני ייחוד ובמהלכו ננסה להשוות תופעה זו למקרים מקבילים שכבר נידונו בדברי הפוסקים.

א. האם קיים מעמד הלכתי של בעל נטייה חד־מינית?

השאלה שאותה אנו מבקשים לברר איננה שאלה אמפירית אלא עיונית־הלכתית. לשון אחרת: השאלה הניצבת לפנינו איננה האם מצויים בני אדם הנמשכים באופן קבוע ובלעדי לבני מינם, אלא האם יש למשיכה זו מעמד הלכתי. שאלה זו קשורה בקשר רופף בלבד לשאלה האם ההומוסקסואליות נובעת מגורמים גנטיים או סביבתיים, שלגביה נחלקו החוקרים.[6] השאלה שאנו מבקשים לברר היא: האם יש שוני מהותי בין הומוסקסואל להטרוסקסואל, או שמא באופן בסיסי כל בני האדם שווים בעיני ההלכה וההבדלים ביניהם הם רק במינונים של היצרים ובאופן ההתמודדות עימם?

נמחיש את השאלה מתוך תחומים אחרים. בגמרא (שבת קנו ע"א) נאמר כי מי שנולד במזל צדק יהיה אדם צדיק, ולעומתו מי שנולד במזל מאדים יהיה שופך דמים.

---

5. ראו למשל בנאום אריסטופנס שבדיאלוג של אפלטון, 'המשתה', בתוך: **כתבי אפלטון**, מיוונית: יוסף ג' ליבס, כרך ב, תל־אביב תש"מ, עמ' 111–116.

6. ראו למשל Tuck C. Ngun and Eric Vilain, 'The Biological Basis of Human Sexual Orientation: Is There a Role for Epigenetics?', *Advances in Genetics* 86, 2014, p. 167. סיכום ממצה של עשרות מאמרים אפשר למצוא גם בוויקיפדיה האנגלית בערכים: Biology and Sexual Orientation, Environment and Sexual Orientation.

אומנם הגמרא (שם) מוסרת כמה המלצות חינוכיות לגבי ההתמודדות עם נטיות אלו, אך לא מצאנו בשום מקום כי ישנו מעמד הלכתי נבדל למי שנולד במזל מאדים, המגדיר את האדם כאכזרי ופוסל אותו מלהיות דיין, חזן וכדומה. מאידך־גיסא, מצאנו בהלכה מעמד של 'אסטניס', היינו אדם "מעונג ומפונק" יותר מן הרגיל (ראו **רש"י**, ברכות טז ע"ב, ד"ה רחץ) שדינו שונה מבני אדם רגילים בתחומים רבים - הן לקולא הן לחומרה.[7]

ממילא יש לשאול: האם דינו של הומוסקסואל הוא כמי שנולד במזל מאדים ומצויות לגביו הנחיות חינוכיות מסוימות אך אין לו מעמד הלכתי שונה, או שמא דינו כאסטניס ויש לו מעמד הלכתי מיוחד לקולא ולחומרה?

ייתכן שאפשר להביא ראיות להתלבטות זו מדברי האחרונים. הרב משה פיינשטיין כתב בתשובה "לנכשל במשכב זכור" כי בחטא זה אין תאווה מינית רגילה (**שו"ת אגרות משה**, או"ח, חלק ד, סימן קטו):

> למשכב זכור ליכא שום תאוה מצד הבריאה וכל התאוה לזה הוא רק תועה מהטבע לדרך אחר אשר גם רשעים בעלי תאוה שלא נמנעין מצד חטא ועון אין הולכין לשם. שיצר הרע זה אינו אלא מחמת שהוא דבר אסור שהוא כמו להכעיס ח"ו... תאוה למשכב זכור הוא נגד עצם התאוה וגם רשעים אין להם תאוה לזה בעצם אלא שכל התאוה הוא רק מחמת שהוא דבר אסור והיצר הרע מסיתו להמרות נגד רצון הקדוש ברוך הוא.

מדברי הרב פיינשטיין עולה כי הוא אינו מכיר במעמד נבדל של אדם הומוסקסואל, אלא טוען שמדובר בנטייה לא־טבעית של אדם כלפי דבר האסור לו.[8] בתשובה אחרת כתב הרב פיינשטיין (שם, אה"ע, חלק ד, סימן קיג) בנוגע לבעל שהתברר אחרי הנישואין שהוא הומוסקסואל ש"אם הוא שטוף בזה שיותר נהנה ממשכב זכור ממשכב נשים, הוא ודאי קידושי טעות"; ומדבריו בהקשר זה משתמע כי מדובר בסטטוס המגדיר את האדם כמעין בעל מום שקידושיו קידושי טעות. עם זאת נראה שכוונת הרב פיינשטיין בתשובה האחרונה אינה אלא לומר שכאשר אדם נוהג באופן קבוע לחטוא במשכב זכר,

7. לדוגמה: אסור לו לאכול בערב פסח כבר מן הבוקר כדי שיוכל לאכול בערב; מותר לו לרחוץ כשהוא אבל, ועוד דינים רבים. ראו **אנציקלופדיה תלמודית**, ערך 'אסטניס'.

8. על משמעותה של עמדה זו, ועל עמדות מנוגדות בדברי פוסקי זמננו, ראו רונית עיר־שי, 'בין ניתוח פמיניסטי לניתוח מגדרי בחקר חז"ל וההלכה המודרנית: הומוסקסואליות והבניית הגבריות כמקרה מבחן', **דיני ישראל** לב, תשע"ח, עמ' 249–284 (בעיקר מעמ' 274 והלאה).

ומבכר זאת על פני הקשר עם אשתו, יש בכך פגיעה קשה בחיי הנישואין; כלומר הרב פיינשטיין אינו מתייחס בתשובה זו למעמד הנטייה כשלעצמה.

לעומת זאת, מדברי הראי"ה קוק נראה כי הוא הכיר בקיומה של נטייה כזו וכך כתב (**שמונה קבצים**, קובץ ו, פסקה צט):

> ההתעוררות של המדע החדש על דבר הנטיה הטבעית שיש לאיזה בני אדם מראשית יצירתם למשכב זכר, ובשביל כך חפצים הם לעקור את המחאה המוסרית בזה, אבל דבר אלהינו יקום לעולם. וכבר פירש בר קפרא על זה, תועבה תועה אתה בה, שהיא נטיה רעה שצריך אדם וכללות האדם להלחם עליה. ומקצת הטינא שאולי תמצא אצל יחיד באופן שאי אפשר לעקרה, זה ראו חכמים מראש ואמרו על זה, כל מה שאדם רוצה כו', משל לדג הבא מבית הציד, רצה לאוכלו צלי שלוק מבושל אוכלו. ובזה העמיקו בטבע האדם עד לחמלה על המקולקלים בראשית יצירתם...

אפשר לראות שהרב פיינשטיין והרב קוק חלוקים בהסבר דרשתו של בר קפרא (נדרים נא ע"א) "'תועבה' - תועה אתה בה": הרב פיינשטיין מסביר שהכוונה היא שאין זו נטייה טבעית אלא סטייה שאותה יוזם האדם ללא כל הצדקה (עיינו **ברש"י**, שם, ד"ה תועה); ואילו הרב קוק מסביר שזו נטייה טבעית מולדת שהאדם צריך להילחם בה. לענייננו חשובה העובדה שהרב קוק רואה בנטייה זו גורם בעל משמעות הלכתית שחז"ל ניסו להתחשב בו בדרכים שונות, בעוד הרב פיינשטיין אינו רואה בה גורם משמעותי.

ניתן גם להבחין כי מחלוקתם של הרב פיינשטיין והרב קוק קשורה לשאלה המחקרית־פסיכולוגית על מוצאה של נטייה זו: לדעת הרב פיינשטיין מדובר בנטייה שמתעצבת על ידי האדם והחברה;[9] ואילו לדעת הרב קוק זו נטייה מולדת. אכן, יש להדגיש שוב כי שאלה זו איננה מכרעת בענייננו: גם אם מדובר בנטייה מולדת, ייתכן שאין לה מעמד הלכתי (בדומה לנטייה המולדת של בני מזל מאדים לרצוח); וגם אם

9. חיזוק לגישת הרב פיינשטיין אפשר להביא מדברי הרמב"ן: "כי נפש האדם הרוה שאיננה מתאוה לדברים הרעים לה, כאשר תבא בלבו קצת התאוה והוא ימלא תאותו אז יוסיף בנפשו תאוה יתירה ותהיה צמאה מאד לדבר ההוא שאכל או שעשה יותר מבראשונה, ותתאוה עוד לדברים רעים שלא היתה מתאוה להם מתחלה. כי המתאוה לזמת הנשים היפות, כשיהיה שטוף בזמתן תבואהו תאוה לבוא על הזכר ועל הבהמה" (**פירוש הרמב"ן על התורה**, דברים כ"ט, יח).

מדובר בנטייה נרכשת, ייתכן שבשלב מסוים היא מוטמעת באדם באופן עמוק שמשנה את מעמדו ההלכתי (בדומה לתכונת האסטניסיות שיכולה להיות נרכשת).

תחום קרוב יותר לתחום ההלכתי הוא התחום החברתי־משפטי. בתחום זה הראה הפילוסוף וההיסטוריון מישל פוקו שהתפיסה ביחס להומוסקסואליות השתנתה לאורך ההיסטוריה. לדבריו,[10] עד המאה ה־18 לסה"נ נתפסה ההומוסקסואליות כחטא (בדומה לחטאים מיניים אחרים כגון ניאוף או אונס); אך מאז נתפסת ההומוסקסואליות כסטייה המגדירה את זהותו של האדם כמעוותת ולא־טבעית.[11] נראה שניתוח זה הולם גם את המקורות שראינו, שהרי בתורה מופיע האיסור כאיסור רגיל, בדומה לשאר איסורי עריות, והראי"ה קוק מודה שדבריו נובעים מ"התעוררות המדע החדש". כמו כן, רק בדברי הפוסקים בדורות האחרונים אפשר למצוא (כפי שנראה להלן) התייחסויות הלכתיות להומוסקסואל כאדם בעל נטייה מסוימת, בניגוד לדורות הקודמים שבהם מצויה רק התייחסות לחטא משכב זכור והשלכותיו.[12] פער זה אינו נובע בהכרח משינוי תפיסתי והוא עשוי לנבוע גם משינוי במציאות: כאשר בני אדם מגדירים את עצמם כהומוסקסואלים, ייתכן שגם ההלכה תתייחס אליהם באופן כזה.

לסיום חלק זה אפשר להציע הבחנה בין סוגים שונים של הומוסקסואלים. לעיל ראינו כי ישנה סתירה־לכאורה בין שתי תשובות של הרב פיינשטיין והצענו שלדעתו הנטייה עצמה אינה מולדת אך העובר על האיסור באופן תדיר נחשב כבעל מום, אולם אפשר ליישב את דבריו באופן אחר. כפי שראינו, הכותרת של תשובתו הראשונה הייתה "לנכשל במשכב זכור", ואפשר להבין שהיא פונה לאדם שזהותו המינית אינה ברורה ומבהירה לו שמשיכתו לגברים היא רק עצת היצר; לעומת זאת

---

10. מישל פוקו, **תולדות המיניות**, תל־אביב 1996, עמ' 29-38.

11. עם זאת, כבר בכתבי אפלטון (בדיאלוג 'המשתה', לעיל הערה 5) הובאה הטענה שהומוסקסואלים והטרוסקסואלים הם צאצאים של שני סוגי בני אדם קדמונים מן המיתולוגיה היוונית, ומכאן שאפלטון ראה בנטייה המינית תכונה המאפיינת באופן עמוק את זהותו של האדם. גם אם התיאור המיתולוגי לא הובא כטיעון רציני ו'אמיתי', הוא משקף את האופן שבו נתפסה ההומוסקסואליות בעיני אפלטון. עוד על ההבדלים התפיסתיים בין הדורות ראו סקירתו המצוינת של יואב שורק, 'פגיעתה הרעה של הלגיטימציה', **השילוח** 11, תשע"ח, עמ' 125-146.

12. הרב עזריאל זילבר (במאמרו 'הומוסקסואליות: מהות התופעה וההתייחסות אליה'; זמין במרשתת) הקשה על גישתו של פוקו מדברי **ספר החינוך** (מצווה רט), שכתב כבר בימי הביניים שמשכב זכור הוא "טירוף". אומנם בגרסאות המקובלות יותר של **ספר החינוך** כתוב "טינוף" ולא "טירוף", וכך מסתבר יותר, אך יש מקום להביא ראיה לגישה זו מדברי הרמב"ם שיובאו להלן שלפיהם משכב זכור הוא "מחוץ לדרך הטבעי".

בתשובה השנייה מתייחס הרב פיינשטיין בפירוש לאדם נשוי שזהותו המינית ברורה והוא נמשך באופן קבוע לגברים.[13] גם בדברי הרב קוק אפשר לראות חלוקה בין אנשים שיכולים להילחם בנטייתם (ומציאות זו היא הנפוצה יותר לדעתו), לבין אדם שנטייתו היא חלק מהותי וקבוע מזהותו.[14]

ב. ייחוד עם גברים

אף שתופעת ההומוסקסואליות בעם ישראל היא תופעה חדשה באופן יחסי, שאלת הייחוד עם גברים היא שאלה עתיקה. הדיון ההלכתי בשאלה זו הושפע באופן עמוק מן העובדה שהנטייה החד־מינית לא הייתה נפוצה בעם ישראל בתקופת חז"ל, וכך נאמר במשנה במסכת קידושין (פ"ד מי"ד):

> ר' יהודה אומר: לא ירעה רווק בהמה, ולא יישנו שני רווקין בטלית אחת, וחכמים מתירים.

לביאור דעת חכמים, החולקים על ר' יהודה, הובאה בגמרא (שם פב ע"א) הברייתא הבאה: "תניא, אמרו לו לרבי יהודה: לא נחשדו ישראל על משכב זכור ולא על הבהמה". מדברי חכמים נראה שגם עצם החשש של משכב זכור לא היה קיים בעם ישראל - בניגוד למקורות שראינו לעיל שבהם מפורש כי היו לא־מעטים מעם ישראל שנכשלו בעבירה זו בהזדמנויות שונות.

כמי מהתנאים יש לפסוק? ייתכן ששאלה זו תלויה במחלוקת האמוראים המובאת בגמרא (שם פא ע"ב):

---

13. הרב פיינשטיין הדגיש בתשובתו שאין הוא מתייחס למי שנכשל רק פעם או פעמיים, שנחשב רשע אך לא בעל מום.
14. הרב עזריאל זילבר ('הומוסקסואליות', לעיל הערה 12) הביא שתי דרכים נוספות ליישב את הסתירה בין התשובות: א. התשובה השנייה נכתבה מאוחר יותר, וייתכן שהרב פיינשטיין חזר בו כשנחשף לתופעה הגוברת של הומוסקסואליות; ב. התשובה השנייה נאמרה בהלכות גיטין והרב פיינשטיין הקל בה כדי לא לעגן את האישה. הרב זילבר עצמו נטה לתשובה שלישית שהביא בשם הרב שבתי רפפורט (שאשתו היא נכדה של הרב פיינשטיין), שלפיה הרב פיינשטיין סבור כי ישנם אנשים שאכן נהנים מיחסים עם גברים, אלא שאין זו הנאה מינית רגילה אלא הנאה שיש בה פגם וסטייה והיא נובעת מרצון פנימי להכעיס.

> אמר רב יהודה אמר רב אסי: מתייחד אדם עם אחותו, ודר עם אמו ועם בתו. כי אמרה קמיה דשמואל, אמר: אסור להתייחד עם כל עריות שבתורה, ואפילו עם בהמה...

> אפילו עם בהמה - אביי מכלליה מכולה דברא. רב ששת מעבר ליה מצרא. רב חנן מנהרדעא איקלע לרב כהנא לפום נהרא; חזייה דיתיב וקא גרס וקיימא בהמה קמיה; אמר ליה: לא סבר לה מר אפילו עם בהמה? אמר ליה: לאו אדעתאי [=אביי היה מונע את הבהמות מלהיות בכל השדה. רב ששת היה מעביר אותן מעבר לגבול השדה. רב חנן מנהרדעא פגש את רב כהנא על שפת הנהר; ראהו כשהוא יושב ולומד ועומדת בהמה לפניו; אמר לו: לא סבור מר שאסור להתייחד אפילו עם בהמה? אמר לו: לא שמתי לבן].

בגמרא מבואר כי לדעת שמואל אסור להתייחד אפילו עם בהמה ובאופן פשוט הוא סבור כדעת ר' יהודה, בניגוד לרב אסי המתיר זאת כדעת חכמים. בהמשך הגמרא הובאו סיפורים על כמה אמוראים שהכריעו לכאורה כדעת שמואל ונמנעו מלהתייחד עם בהמה; ואכן הריא"ז (**פסקי ריא"ז**, קידושין, פרק ד, הלכה ד) והראב"ן (**ספר ראב"ן**, סוף הלכות קידושין) כתבו שהלכה כשמואל וכר' יהודה.[15]

אולם **התוספות** (קידושין פא ע"ב, ד"ה אביי) **והרא"ש** (קידושין, פרק ד, סימן כד) כתבו שמעיקר הדין הלכה כרב אסי, ואמוראים אלו "חומרא בעלמא קא עבדי". כך כתב גם הרמב"ם **בפירוש המשנה** (קידושין פ"ד מי"א): "והמדקדקים מן החכמים היו מתרחקים מכל יחוד ואפילו יחוד בהמה על אף גודל טהרתם עליהם השלום".

מתוך ניתוח זה הסיק הרא"ש כי אף שנפסקה הלכה כחכמים וכרב אסי, "המחמיר תבוא עליו ברכה" וראוי לכתחילה שלא להתייחד עם זכר או בהמה. אומנם המהרש"ל (**ים של שלמה**, קידושין, פרק ד, סימן כג) סירב לקבל זאת וכתב:

> מה שכתב [הרא"ש] וכל המחמיר תבא עליו עליו ברכה. על יחוד דעריות, דהיינו אמו ואחותו, וכן איתא בספר מצות גדול (לאוין קנו), אבל ייחוד דבהמה ומשכב זכור לא נחשדו ישראל על כך, ואי בעי האידנא להחמיר מיחזי כיוהרה.[16]

---

15. אף הריצ"ד (**חידושי הריצ"ד**, קידושין פא ע"ב) סבר באופן פשוט כי דעת האמוראים היא כשמואל.
16. מדברי מהרש"ל לא ברור האם הוא התכוון לבאר את דברי הרא"ש ולצמצם את היקפם או שביקש לחלוק עליו (ואכן **באוצר הפוסקים**, סימן כד, אות ב, הובאה התלבטות לגבי הבנת דבריו). ייתכן

אך הרמב"ם (**משנה תורה**, הלכות איסורי ביאה, פכ"ב ה"ב), **הטור** (אה"ע, סימן כד) **והשו"ע** (שם, א) הכריעו למעשה כי "אין איסור להתייחד עמהן, ואם נתרחק אפילו מיחוד זכר ובהמה, הרי זה משובח".[17] יש לציין כי החיד"א (**שו"ת יוסף אומץ**, סימן כו) השיג באריכות על דעת מהרש"ל ואכן מפשט הגמרא משתמע שלא כדבריו.

ג. ייחוד עם זכר בימינו

1. האם יש איסור בזמן הזה?

כפי שראינו, לדעת רוב מוחלט של הפוסקים מותר מעיקר הדין להתייחד עם זכר, אף שלכתחילה ראוי להחמיר בכך. טעם הדבר הוא ש"לא נחשדו **ישראל** על משכב זכור", בעוד ביחס לגויים נאמר בגמרא (עבודה זרה טו ע"ב) ש"אין מוסרין להם תינוק ללמדו ספר וללמדו אומנות" משום שהנוכרים חשודים על משכב זכור (**רש"י**, שם, ד"ה ואין, בפירוש השני).[18] יתר על כן, בגמרא (עבודה זרה לו ע"ב) נאמר שגזרו על ילדי נוכרים שיהיו טמאים כמו זבים כדי שלא יתקרבו אליהם ילדים יהודים ויבואו לידי משכב זכר.

חלוקה חדה זו, בין ישראל לנוכרים, היטשטשה בדברי הפוסקים בדורות הבאים ובמקומה הופיעה חלוקה בין תקופות שונות. כך פסק **השו"ע** (אה"ע, כד, א):

> לא נחשדו ישראל על משכב זכר ועל הבהמה, לפיכך אין איסור להתייחד עמהן... ובדורות הללו שרבו הפריצים, יש להתרחק מלהתייחד עם הזכר.

השו"ע קובע שהיתר הייחוד הוא תָלוי תקופה. ומכיוון שבזמננו "רבו הפריצים" יש איסור גם ליהודים להתייחד עם זכר (וכן פסק **הלבוש**, שם). לעומת זאת, כפי שראינו לעיל,

---

כי לדעתו האמוראים הקפידו על ייחוד עם בהמה בשל חשש מראית עין או חילול השם - כדי שהגויים בסביבתם, שהיו פרוצים בעריות מכל הסוגים, לא ירננו אחריהם ויאמרו שאף חכמי ישראל עושים כן.

17. זו לשון **השו"ע**. עם זאת, בכמה כתבי יד של **משנה תורה**, וכך נראה שהייתה גם גרסת **המגיד משנה**, הושמטה מילת 'זכור' ולפי זה ייתכן כי כל החומרה נאמרה רק ביחס לבהמה. ואכן לא מצינו בגמרא סיפורים על חכמים שהתרחקו מלהתייחד עם זכרים ואף המילה 'זכר' אינה מוזכרת בברייתות השונות - הגם שמפשט הסוגיה לא נראה כי יש הבדל בין התחומים.

18. כמו כן אין להעמיד אצל נוכרים בהמה משום שנחשדו עליה (עבודה זרה כב ע"א). אומנם להלכה כתב **הרמ"א** (יו"ד, קנג, א) שטעם האיסור הוא רק כפירושו הראשון של רש"י, שמא ילמדוּ מינות, וביאר הגר"א (**ביאור הגר"א**, שם, ס"ק ג) כי בימינו לא נחשדו הגויים על משכב זכור.

המהרש"ל כתב שבזמן הזה אין כל חשש של משכב זכור "ואי בעי האידנא להחמיר מיחזי כיוהרה"! כמו כן, מלשונו של **הרמ"א** (יו"ה, קנג, א) משתמע שאין איסור על ייחוד של זכרים עם גויים והגר"א (**ביאור הגר"א**, שם, ס"ק ג) ביאר שאפילו הגויים "אין חשודים האידנא"!

נראה כי הפער העצום בין דברי הפוסקים נובע מן ההבדל בין התרבויות שבהן חיו: המהרש"ל, הרמ"א והגר"א חיו באירופה הנוצרית שסלדה ממשכב זכור ונלחמה בו בכל כוחה בהצלחה לא־מבוטלת; לעומתם, ר' יוסף קארו חי בסביבה מוסלמית שהייתה סובלנית הרבה יותר כלפי תופעה זו. הבדל זה עולה מדברי **הב"ח** (אה"ע, סימן כד) שהשיג על **השו"ע**:

> וכתב כן לפי מדינתו ודורותיו, ומשמע דיש להתרחק מדינא קאמר, אבל במדינתינו דלא נשמע שפרצו בעבירה זו אין צריך להתרחק אלא דמכל מקום מי שנתרחק הרי זה משובח.

מדברי **הב"ח** עולה כי ההבדל איננו בין ישראל לנוכרים, או בין תקופות שונות, והוא תלוי בסביבה התרבותית הספציפית שבה דנים, וכך פסק גם **החכמת אדם** (סימן קכו, סעיף יד). היתרו של **הב"ח** הובא **בחלקת מחוקק** (סימן כד, ס"ק א) **ובבית שמואל** (שם, ס"ק),[19] אלא שהם הוסיפו כי דווקא ייחוד הותר "במדינותינו" ואילו לשכב בטלית אחת אסור בכל מקום.

מה הדין למעשה בימינו? הראי"ה קוק (**שו"ת דעת כהן**, סימן ג) נטה להבין שהבחנתו של **הב"ח** היא בין אקלימים שונים, ולאור זאת יש להחמיר בארץ ישראל: "הב"ח ז"ל אמר כן על ארצות האיברופא הקרות, אבל בארץ הקדם כארץ הקודש צריך ויש להתרחק מדינא". מאידך־גיסא, הגדרה זו אינה מצויה בלשון **הב"ח** ושאר הפוסקים שהבחינו בפירוש בין מדינות "שפרצו בעבירה זו" לבין מדינות שאנשיהן אינם פרוצים בה, כלומר מדובר בהבדל תלוי תרבות ולא תלוי אקלים; ואף הראי"ה קוק סיים במילים "ויש לחקור אחר המנהג".

למעשה כתבו רוב הפוסקים במאה הקודמת שאין להחמיר בדיני ייחוד בין גברים. כך כתב הרב זילבר (**שו"ת אז נדברו**, חלק ו, סימן נ); ולא עוד אלא שלדעת **ערוך השולחן** (אה"ע, סימן כד, סעיף ו) אפילו לגבי שינה של שני רווקים יחד "מעולם לא שמענו לחוש לזה והנזהר תבוא עליו ברכה". עם זאת, בעשרות השנים האחרונות

19. אומנם עיינו בספרו של ר' משה אזולאי (נכד החיד"א) **זכרון משה** (אה"ע, סימן כד) שהשיג על **הב"ח** וכתב שאולי אין הוא מודע לחטאים המתרחשים בחדרי חדרים.

הגישה לנושא זה השתנתה מעט: בכמה ספרים הובאה הנחיה של האדמו"ר מבעלז להימנע מייחוד בחדרי הפנימיות;[20] הרב מרדכי גרוס (**אום אני חומה**, חלק ב, סימן קמו) כתב שיש לדאוג לכך שיהיו כמה בחורים עם מפתחות של חדרי הפנימיות כדי שלא יהיה בהם ייחוד גמור, וההדרכות מעין אלו מצויות בספרים נוספים.[21]

עוד יש להעיר כי לא ברור אם האיסור שחידש **השו"ע** חל על המדינה כולה או דווקא על אדם שחשוד בפריצות. מדבריו משתמע קצת כי אזהרתו אמורה כלפי כשר שאל לו להתייחד עם סתם אדם (שמא הוא פרוץ), ואילו כאשר שני גברים מכירים זה את זה כאנשים כשרים אין להם איסור ייחוד בכל מקרה.[22]

2. האם בעלי נטייה חד־מינית נחשבים פרוצים?

המנהג הרווח כיום הוא שלא להקפיד על ייחוד של גברים הטרוסקסואלים גם בזמן הזה, אך יש לדון מה דינם של גברים הומוסקסואלים. לכאורה יש לומר, לאור דברי **השו"ע** הנזכרים, שהומוסקסואלים נחשבים פרוצים במשכב זכר ולכן אסור להם להתייחד עם גברים. אולם יש לדון מי נחשב פרוץ: האם עצם הנטייה המינית מגדירה את האדם כפרוץ, או שמא דווקא מימושה של נטייה זו מכניסה אותו לכלל הפרוצים? לשון אחרת: האם אדם שנמשך לגברים אך מתגבר על משיכתו ומעולם לא נכנע לה יוגדר פרוץ?

נראה ששאלה זו תלויה בהבנת דברי חכמים, "לא נחשדו ישראל על משכב זכור". קריאה פשוטה של הדברים מעלה שישראל לא נחשדו לקיים בפועל משכב זכור, ואין בה כל התייחסות לנטייתם המינית הפנימית. אולם בהבנת דברי הרמב"ם (**פירוש המשנה**, סנהדרין פ"ז מ"ד) אפשר להתלבט:

> לא נחשדו ישראל על משכב זכור ועל הבהמה, לפי שהעם הזה הטהור לא תתקפהו תאותו לשני מעשים אלו שהם מחוץ לדרך הטבעי.

מקריאה פשוטה של דברי הרמב"ם נראה שטעם ההיתר הוא שהתאווה למשכב זכור

20. ראו בספרו של הרב יעקב ישראל לוגאסי, **בים דרך**, חלק ב, עמ' 66.

21. עיינו **בשו"ת שיח כהן**, חלק א, אה"ע, סימן ד. בתחילה כתב המחבר, הרב אליעזר כהן, כי הלכה **כערוך השולחן** ומהרש"ל אך לבסוף כתב ששמע כי בימינו רבים נכשלים בכך ולכן יש להחמיר כדברי **השו"ע**.

22. ואכן בספר **גן נעול** (פרק ב, הערה 48) כתב הרב יעקב לוי שמותר לאדם להתייחד עם אדם אחר הידוע לו ככשר. על דרכי ההפניה לספר **גן נעול** בחיבור זה ראו לעיל בפרק הראשון, הערה 14.

כלל לא מתעוררת בקרב עם ישראל; ולפיכך כאשר מדובר באדם שהתאווה מתעוררת אצלו, חוזר איסור ייחוד וניעור. אך אפשר להבין את דברי הרמב"ם באופן מעט שונה. הרמב"ם כותב שעם ישראל הוא עם טהור ולכן לא ייתקף בתאווה למשכב זכור. מה פירוש הדבר? מסתבר (בעיקר לפי השקפתו המחשבתית של הרמב"ם) שההבדל בין עם ישראל לאומות העולם איננו הבדל גנטי היוצר שינויים בנטיות הטבעיות; אלא מדובר בהבדל חברתי־תרבותי היוצר יחס של גינוי וסלידה ממשכב זכור, וכך אכן הבינו את דברי הרמב"ם הרב שלמה קורח **בשו"ת תשובה כהלכה** (סימן לט) והרב אפרים כחלון **בשו"ת אך טוב לישראל** (חלק ב, סימן יז).

הרב כחלון הוסיף שפירוש זה מוכח מדברי **השו"ע** שכתב כי בימיו נחשדו גם ישראל במשכב זכור, וברור שההבדל בין הדורות איננו גנטי אלא תרבותי. לאור זאת אפשר לומר שאדם שנמשך לגברים אך בפועל מתגבר על משיכה מינית זו אינו יוצא מכלל ישראל שלא נחשדו על משכב זכור. דמות ראיה לכך אפשר להביא גם מדברי **החזון אי"ש** (אה"ע, סימן לה, אות ג) שכתב שלא נחשדו ישראל על האונס; וכאן ודאי לא מדובר על נטייה מינית אלא על רתיעה מוסרית או דתית שכמותה קיימת גם אצל בעל נטייה חד־מינית שומר תורה ומצוות.

אולם כאשר אדם נכשל בפועל במשכב זכור, נראה בבירור שהוא בכלל הפרוצים האסורים בייחוד; וכן כתב הרב חיים פלאג'י בספרו **רוח חיים** (אה"ע, סימן כד, סעיף א):

> והנראה לומר בזה דכל שנכשל גם כי עשה תשובה שלימה הרי הוא באיסור יחוד עם הזכרים ויקבל עליו בשבועה חמורה ובנקיטת חפץ כי מעולם לא יתיחד עם הזכרים.

דומה כי גם מי שלא נכשל בפועל בעבירה זו אך היה קרוב להיכשל בה הרי הוא בכלל מי ש"תתקפהו תאותו", וצריך עיון.[23]

למעשה, בשאלה זו - דין ייחוד עם גבר להומוסקסואל שלא נכשל מעולם - דן בפירוש הרב שלמה קורח (**שו"ת תשובה כהלכה**, סימן לט), וטען שלהומוסקסואל יש איסור ייחוד עם גברים גם אם הוא יודע בעצמו שלא ייכשל. לדבריו, כשם שאפילו צדיק הדור אסור בייחוד עם אישה משום שיש לו משיכה טבעית כלפיה, כך גם הומוסקסואל אסור בייחוד עם גבר אף אם הוא אדם צדיק שמעולם לא נכשל בעוון

23. בספר **גן נעול** (פרק א, הערה 38) התלבט המחבר מה דינו של אדם שעבר על איסור זה כשלא היה שומר מצוות, מתוך רצון לנסות 'דברים חדשים' ולא מתוך תאווה, וכעת חזר בתשובה.

זה. הרב יעקב לוי (**גן נעול**, פרק ב, הערה 48) נטה גם הוא לאסור ייחוד עם גבר לאדם כזה, אלא שהתלבט בדבר וסיים כי "יש לעיין".[24]

מאידך־גיסא נראה שאפשר לדחות את ראייתו של הרב קורח ואת ההשוואה שהוא עורך. נראה שדווקא העובדה שאדם צדיק אסור בייחוד מוכיחה שהאיסור אינו מוגדר לפי הסיכויים שיש לאדם ספציפי לעבור עבירה, אלא מדובר באיסור מוחלט המוטל על כל גבר ואישה; וממילא, אם אין מקור לאיסור ייחוד אצל שני גברים, אין אפשרות לאסור זאת מכוח סברה. כדי לברר יותר נקודה זו נדון מעט באופי איסור הייחוד בין גברים.

ד. אופי האיסור

מקורו של איסור ייחוד הובא בגמרא במסכת קידושין (פ ע"ב):

> רמז ליחוד מן התורה מנין? שנאמר: כי יסיתך אחיך בן אמך, וכי בן אם מסית, בן אב אינו מסית? אלא לומר לך: בן מתייחד עם אמו, ואסור להתייחד עם כל עריות שבתורה.

מן המילים "בן אמך" למדה הגמרא שמותר לבן להתייחד דווקא עם אמו ולא עם שאר עריות שבתורה. מתוך כך הקשה הרב רפאל חזן **בשו"ת חקרי לב** (אה"ע, סימן יז): כיצד אפשר להתיר ייחוד עם זכר?! הלוא הפסוק התיר דווקא ייחוד עם האם! אומנם יש מן הפוסקים שלמדו מדברי הגמרא להתיר ייחוד עם כל הקרובות שלא נחשדו עליהן (כפי שנראה להלן), אך לדעת רוב הפוסקים ההיתר נאמר דווקא באם (ובת) ולא בשאר עריות! מכך הסיק הרב חזן שדין ייחוד נאמר רק בייחוד של גבר עם אישה (בדומה לבן עם אמו) ולא בזכור או בבהמה. לדבריו, גם לדעת ר' יהודה (שסבר שישראל נחשדו על משכב זכור) אין ייחוד בין גברים כלול באיסור שנלמד מן הפסוק, אלא שמכיוון שבפועל נחשדו אסור להם להתייחד.

24. כעין זה כתב גם הרב עזריאל זילבר ('הומוסקסואליות', לעיל הערה 12): "מסתבר שאדם בעל נטיות הפוכות, אסור לו להתייחד עם זכר, כשם שיש איסור ייחוד בכל העריות. אומנם יש בכל אופן הבדל בדרגת החומרה. מסתבר שאומנם ייחוד עם כל העריות נאסר מן התורה, אך לא עם זכר, שהרי 'לא נחשדו ישראל על כך'. יתר על כן, לא מצינו שרבנן אסרו על ייחוד עם זכר לחשוד על כך. ייתכן שרבנן לא גזרו על כך כי מציאות כזו היא בגדר 'מילתא דלא שכיחא' שלא גזרו בה רבנן. אך בכל אופן נראה לאסור ייחוד, כי לאדם שנגוע בכך הרי ייחוד עלול לגרום להרהורי עבירה וכיו"ב, אם לא לדברים גרועים מכך".

כדבריו יש להוכיח מכך שאפילו ר' יהודה לא אסר ייחוד של שני גברים אלא דווקא ששני רווקים יישנו בטלית אחת; וכך עולה מדברי הרמ"ע מפאנו (**שו"ת הרמ"ע מפאנו**, סימן קל):

> אינו מתיחד עם האנשים כנשים כך היא שנויה בתוספתא שלפנינו סוף בכורים.
>
> וכתב כסף משנה בסוף הלכות אסורי ביאה דרבי יהודה דמתניתין סוף קדושין פ"ב ע"א היא ואנו אין לנו בדברי רבי יהודה התם אלא מאי דקתני לא יישנו שני רווקים בטלית אחת.

כלומר גם אם יש דין ייחוד בין גברים אין הוא גזירה מוחלטת אלא דין הרחקה שמותאם לסיטואציה הספציפית.[25] כך משתמע גם מלשון **השו"ע** (אה"ע, כד) "יש להתרחק מלהתייחד", השונה מלשונו בשאר איסורי ייחוד. מאידך־גיסא, הגר"א (**ביאור הגר"א**, שם, ס"ק ג) נימק את דברי **השו"ע** במילים: "דלא התירו אלא משום דלא נחשדו", ומלשונו משתמע שעיקר דין ייחוד חל גם על גברים, וכאשר הם חשודים חוזר עיקר האיסור וניעור.[26]

לפי גישת **החקרי לב** ופשט לשון **השו"ע**, יש מקום רב להחיל איסור זה רק על מי שבפועל אינו מתגבר תמיד על יצרו ולא על כל מי שיש לו משיכה מינית לגברים. כך כתב גם הרב שמואל דוד (במסמך הנושא את השם 'תשובות לשאלות הומו דתי'): "כיוון שאין איסור מפורש, הרי שאם הוא חושב שהוא יכול שלא לחטוא, מותר לו להתייחד עם חברו ולגור עמו בדירה אחת".

גם הרב שלמה קורח (**שו"ת תשובה כהלכה**, סימן לט), שהחיל את האיסור על כל בעלי משיכה לגברים, הודה כי אין מדובר באיסור גמור שנלמד מן הפסוקים אלא בדין שנלמד מסברה וקיים רק כאשר יש חשש ריאלי לעבירה.[27] מכך הסיק הרב קורח

---

25. מודל דומה אפשר למצוא בדברי **העזר מקודש** (סימן כב, סעיף א), שכתב שאותם אמוראים שהחמירו שלא להתייחד עם בהמות לא נהגו בהן דיני ייחוד גמורים אלא רק הרחקות קלות יותר.

26. יש מקום לקשר שאלה זו למחלוקת הראשונים בעניין תוקף דין ייחוד (ראו **אנציקלופדיה תלמודית**, ערך 'יחוד', וכן לעיל עמ' 68 ואילך). אם איסור ייחוד הוא מן התורה, קל יותר להבין שמדובר בעיקרון המשתנה לאור המציאות; ואילו אם מדובר בגזירה מדרבנן, אזי אם לא גזרו על ייחוד בין גברים איננו יכולים לגזור מדעתנו. אכן ייתכן בהחלט לדחות תלות זו, וראו גם לעיל בפרק השלישי, ליד הערה 23.

27. הרב קורח דן באריכות האם מדובר באיסור גמור (כפי שדייק **הב"ח** מלשון **השו"ע**) או רק בהנהגה טובה (כפי שמשתמע מלשון **השו"ע** "יש להתרחק").

שהאיסור קיים רק כאשר שני הגברים המתייחדים הם הומוסקסואלים, משום שכאשר רק אחד מהם הוא כזה מסתבר שהשני לא ישמע לו לעבור עבירה; ועל כך הוסיף הרב קורח את העובדה שגברים אין דעתם קלה, וכך כתב גם הרב יעקב לוי בספר **גן נעול** (פרק ב, הערה 48).[28]

ה. ייחוד עם נשים

ראשית יש להבהיר כי הדיון בחלק זה מתמקד רק בחלק מן ההומוסקסואלים שבהם דנו עד עתה, שכן החלק הקודם התייחס לכל מי שיש לו משיכה מינית לגברים, אף אם הוא נמשך במקביל גם לנשים (ביסקסואל), ואילו חלק זה מתייחס רק לאדם שנמשך באופן בלעדי לגברים וסולד ממגע מיני עם נשים.

במקרה כזה קיים באופן פשוט ניגוד בין ההגדרה הפורמלית של הדין, איסור ייחוד של גבר עם אישה, לבין טעמו של הדין, החשש שמא יגיעו לידי עבירה. במבט ראשון נראה ששאלה זו תלויה בשאלתם של האחרונים האם איסור ייחוד הוא איסור עצמי או רק הרחקה מפני חשש ריאלי של עבירה.[29] אומנם למעשה נראה שאין לנסח את השאלה בצורה דיכוטומית כזו, משום שגם הסוברים שמדובר באיסור עצמי מודים שהוא אינו קיים כשאין אפשרות של ביאה (כגון כשבעלה בעיר), וגם הסוברים שמדובר בהרחקה מודים שחז״ל יצרו גזירה כללית ואין לדון בכל אדם ובכל מצב ולבחון אם יש חשש סביר שיגיעו לידי ביאה.

אם כן, נראה שעלינו לבחון שתי שאלות: א. האם יש תקדימים לכך שאנו מתירים ייחוד במציאויות שאין בהן חשש עבירה, אף שלא הוחרגו בפירוש על ידי חז״ל? ב. במידה שכן, האם הומוסקסואליות נחשבת כמציאות כזו?

1. חריגים בדיני ייחוד

כבר בדברי חז״ל אפשר למצוא מציאויות רבות שהוחרגו מאיסור ייחוד. הדוגמה הבולטת ביותר היא דין ייחוד עם קרובות. במשנה (קידושין פ״ד מ״ב) נאמר ״מתייחד אדם עם אמו ועם בתו״; ובגמרא (שם פא ע״ב) הובאה מחלוקת אמוראים בעניין (שכבר הוזכרה לעיל):

---

28. אומנם ייחוד של תינוקות עם נוכרי נאסר גם כשהתינוק אינו נמשך לגברים, כנראה מתוך חשש שמא הנוכרי יאנוס אותו ולא יהיה לו כוח להתנגד.

29. ראו לעיל עמ׳ 71 ובספר **את צנועים חכמה**, חלק ג, עמ׳ מז-עב.

אמר רב יהודה אמר רב אסי: מתייחד אדם עם אחותו, ודר עם אמו ועם בתו.
כי אמרה קמיה דשמואל, אמר: אסור להתייחד עם כל עריות שבתורה, ואפילו עם בהמה.

השו"ע (אה"ע, כב, א) פסק את דברי המשנה, היינו שמותר לאדם להתייחד רק עם אמו ובתו; אולם **הרא"ש** (קידושין, פרק ד, סימן כד) פסק כרב אסי, דהיינו שמותר לאדם להתייחד גם עם אחותו, וכן כתבו להלכה רוב ככל הפוסקים,[30] ואף יש מן הפוסקים שהתירו ייחוד עם שאר קרובות.[31]

מהי משמעותו של היתר זה? נראה שאפשר להבין את ההיתר בשתי דרכים:
א. זהו דין מיוחד שנאמר בקרובות ונלמד מן הפסוק שהתיר לבן להתייחד עם אמו.
ב. הוא מבוסס על הסברה כי אין חשש לעבירה בתוך מערכת יחסים שאין בה מתח מיני. הנפקא־מינה הידועה ביותר להתלבטות זו היא דינם של ילדים מאומצים: הרב וולדנברג (**שו"ת ציץ אליעזר**, חלק ו, סימן מ, פרק כא) סבר שאפשר להתיר ייחוד עם ילדים מאומצים, משום שגם לגביהם יש לומר שאין דרכם לבוא לידי עבירה (על פי **הלבוש**, אה"ע, סימן כב, ס"ק א), וכן כתב הרב חיים דוד הלוי (**שו"ת עשה לך רב**, חלק ג, סימן לט); ואילו **המנחת יצחק** (חלק ט, סימן קמ), **הדברי יציב** (אה"ע, סימן מו) **ושבט הלוי** (חלק ו, סימן קצו) חלקו על היתר זה ואסרו ייחוד עם ילדים מאומצים; ודרך ביניים אפשר למצוא **בשו"ת בצל החכמה** (חלק ד, סימן יד) שהתיר לגר להתייחד עם אמו הביולוגית (שלא נחשבת כאמו ההלכתית) כאשר מדובר בייחוד דרבנן (ואפילו בפנויה נידה שהיא ספק דאורייתא).

לענייננו יש מקום להשוות דין זה לנידון דידן, משום שבשני המקרים מדובר במקרה שלא הוגדר על ידי חז"ל כמותר אף שבפועל אין בו חשש עבירה. אך יש גם אפשרות להבחין לשני הכיוונים: מחד־גיסא, המקרה של ילדים מאומצים מבוסס על היתר שיסודו בגמרא ויש לו בסיס מציאותי מוגדר בניגוד להומוסקסואליות שהיא מצב נפשי אישי שאין לו התייחסות במקורות; מאידך־גיסא, במקרה של ילדים מאומצים יש בסופו של דבר אפשרות למשיכה מינית (וכבר היו דברים מעולם), מה שלא אפשרי אצל הומוסקסואל מובהק.

ואכן, מדברי **המנחת יצחק** (חלק ט, סימן קמ) נראה שהאיסור בילדים מאומצים

30. ראו: **שו"ת אגרות משה**, אה"ע, חלק ד, סימן סה; **שו"ת שבט הלוי**, חלק ה, סימן רא; **שו"ת ציץ אליעזר**, חלק ו, סימן מ, פרק כ; **שו"ת אז נדברו**, חלק י, סימן כא; ועוד רבים

31. ראו: **שו"ת הרדב"ז**, חלק ז, סימן לב; **לבוש**, אה"ע, סימן כה, ס"ק א; **רש"ש**, קידושין פא ע"ב, ד"ה מתייחד עם אחותו; ועיינו **באבן־עזרא**, דברים כ"ז, יט.

הוא משום ש"לא פלוג רבנן", וסברה זו נכונה ביתר תוקף בנידון דידן. מאידך־גיסא, **השבט הלוי** (חלק ו, סימן קצו) אסר זאת משום ש"יש הבדל רב בין עצמו ובשרו של בן ובת ממש שהרגש של הרחקה מקריבה דערוה לאב ואם הוא בטבע יותר אצלם מילד וילדה זרים", וממילא יש מקום להבין שכאשר אין כלל משיכה מינית אפשר יהיה להתיר ייחוד.

דוגמה נוספת שיש לדון בה היא דין אישה זקנה. הדעת נותנת, וגם בדברי חז"ל יש מקורות לכך, שאין חשש רב שאדם יתפתה לעבור עבירה עם אישה זקנה. עם זאת, הרמב"ם (**משנה תורה**, הלכות איסורי ביאה, פכ"ב ה"א) **והשו"ע** (אה"ע, כב, א) הדגישו שאיסור ייחוד נאמר בכל אישה, "בין זקנה בין ילדה"; ומדבריהם אפשר לדייק שאיסור ייחוד נאמר גם במקרים שבהם בפועל אין משיכה מינית. מאידך־גיסא, מצאנו כמה מן האחרונים שהקלו בייחוד של אישה זקנה יותר מבייחוד של צעירה. הרדב"ז למשל התיר מצב מסוים שיש בו חשש ייחוד דווקא לזקנות מגיל ארבעים ומעלה.[32] גישה קיצונית יותר אפשר למצוא בספר **אפי זוטרי** (אה"ע, סימן כב, ס"ק לב) שדן באדם ששכר לעצמו משרתת ולעיתים קורה שהם נמצאים במצב של ייחוד:

> ופשוט דלא כל האנשים ולא כל הנשים שוו בשיעוריהן, דאם הוא אדם צנוע והיא גם כן צנועה ובעלת זקנה, והאיש לבדו בבית.

אומנם הגישה הרווחת יותר בפוסקים היא לאסור באופן מוחלט ייחוד גם עם אישה זקנה, אך מדבריהם לא ברור על איזו זקנה מדובר. מן הדברים משתמע שהכוונה לזקנה בניגוד לילדה, היינו לאישה מבוגרת (והרדב"ז נקב בגיל ארבעים), ובמקרה כזה אומנם לא קיים הסיכון שקיים במקרה של בחורה צעירה, אך עדיין יחסי אישות אינם דבר מופרך. שאלתנו דומה יותר למקרה שבו האישה היא 'זקנה' בלשון מודרנית, כגון אישה בת תשעים, ובכך אין דיון מפורש בפוסקים הנ"ל.

ממילא נראה יותר לדמות את ענייננו לדין זקן שתשש כוחו. בפרקים הקודמים ראינו שיש מן הפוסקים שאסרו ייחוד גם על זקן שאינו יכול כלל להתקשות, ואילו העמדה המרכזית גורסת שאין איסור במצב כזה. עם זאת, במקרה שבו קיימת אפשרות טכנית לבעול, רבים מן הפוסקים נקטו שיש להחמיר גם כאשר לא קיים חשש ריאלי לעבירה, והדבר לא יצא מכלל מחלוקת.

---

32. ראו **שו"ת הרדב"ז**, חלק ג, סימן תפא; ועיינו **בשו"ת מנחת יצחק**, חלק ז, סימן עג.

לענייננו, נראה באופן פשוט כי מי שאוסר ייחוד אפילו כשאין אפשרות טכנית לקישוי (כפי שהבין הרב אלישיב[33] בדעת **הזית רענן**), יאסור גם ייחוד של הומוסקסואל. ונראה שדינו דומה מאוד לדין זקן שיכול מבחינה טכנית להתקשות אלא שברוב הזמן אין לו תאווה לכך, ולדעת הרב פיינשטיין הוא אסור בייחוד דאורייתא ומותר בדרבנן. אומנם גם על השוואה זו יש מקום לפקפק, הן לקולא והן לחומרה: מחד־גיסא, זקנה היא דבר ניכר, והקשיים בתפקוד המיני של זקנים נזכרו כבר בגמרא, וממילא יש להקל בה יותר מבתופעה החדשה והלא־ניכרת של הומוסקסואליות; מאידך־גיסא, אצל זקנים יש אומנם קשיים בתפקוד המיני אך באופן בסיסי קיימת בקרבם משיכה מינית לנשים, מה שאינו נכון לגבי הומוסקסואל.[34]

2. ייחוד במי שאינו נמשך לנשים

בדברינו לעיל ראינו כמה מקרים שבהם דנו הפוסקים האם להתיר ייחוד במקרה שבו אין חשש להתעוררות היצר ולביצוע עבירה, ועמדנו על כך ששאלות אלו נתונות במחלוקת ושיש מקום להבחין בהן בין דיני דאורייתא לדיני דרבנן. כעת נדון באופן ספציפי האם הומוסקסואליות נחשבת כחריג כזה.

נראה שהדגם שאפשר ליישם בענייננו הוא דגם שנמצא בכמה מקומות בש"ס. וכך נאמר בגמרא בברכות (כ ע"א):

> רב גידל הוה רגיל דהוה קא אזיל ויתיב אשערי דטבילה, אמר להו: הכי טבילו והכי טבילו. אמרי ליה רבנן: לא קא מסתפי מר מיצר הרע? אמר להו: דמיין באפאי כי קאקי חיורי [=רב גידל היה רגיל ללכת ולשבת על שערי המקווה. אמר לנשים הטובלות: טבלו כך וטבלו כך. אמרו לו חכמים: כבודו אינו חושש מיצר הרע? אמר להם: הן דומות בעיניי כאווזים לבנים].

וכעין זה נאמר בגמרא בכתובות (יז ע"א):

> רב אחא מרכיב לה אכתפיה ומרקד, אמרי ליה רבנן: אנן מהו למיעבד הכי? אמר להו: אי דמיין עלייכו ככשורא - לחיי, ואי לא - לא [=רב אחא היה מרכיב את

33. דבריו הובאו בשו"ת **ציץ אליעזר**, חלק ז, סימן מו; ראו בפרק הקודם, הערה 33.
34. עוד יש להעיר כי הרב וולדנברג (**שו"ת ציץ אליעזר**, חלק ו, סימן מ פרק כב) כתב שכאשר הייחוד ניכר לאנשים שאינם מכירים את מצבו של הזקן, יש להימנע מכך משום מראית עין.

> הכלה על כתפיו ורוקד. אמרו לו חכמים: האם לנו מותר לעשות כך? אמר להם: אם היא דומה בעיניכם כקורה - מותר לכם, ואם לא - לא].

בשני המקרים הללו אנו מוצאים תלמידי חכמים שהקלו לעצמם בהלכות צניעות באופן מופלג, משום שלא חשו משיכה כלפי נשים. כך פירשו הראשונים גם את מעשיו של עולא המובאים בגמרא בשבת (יג ע"א) ובעבודה זרה (יז ע"א):

> עולא כי הוי אתי מבי רב הוה מנשק להו לאחוותיה אבי חדייהו, ואמרי לה אבי ידייהו [=עולא כשהיה בא מבית רב, היה מנשק את אחיותיו על בית החזה שלהן, ויש אומרים על בית ידיהן]. ופליגא דידיה אדידיה, דאמר עולא: אפילו שום קורבה אסור, משום לך לך אמרי נזירא סחור סחור, לכרמא לא תקרב [=ומעשה זה חולק על דבריו עצמו, שאמר עולא: אפילו שום קורבה אסור, כשם שאומרים לנזיר לך מסביב ואל תתקרב לכרם].

ופירש הריטב"א (**חידושי הריטב"א**, שבת יג ע"א, ד"ה ופליגא):

> ופליגא דידיה אדידיה. פירוש כי היה מיקל לעצמו לפי שמכיר ביצרו, וכההוא דאמר דמיין עילאי כי קאקי חיורי.

וכעין זה כתבו **התוספות** (עבודה זרה יז ע"א, ד"ה ופליגא):

> מה שהיה מיקל לעצמו היינו משום דדמיין עליה כי כשורא.

יש להדגיש שאמוראים אלה לא הסתמכו על עצם העובדה שהיו צדיקים ולא היה חשש שיבואו לידי חטא, שהרי כבר נאמר בגמרא בסוכה (נב ע"א) "כל הגדול מחבירו יצרו גדול הימנו"; אלא הסתמכו על כך שהגיעו למדרגה כזו של פרישות שבה המפגש עם נשים כלל לא עורר אצלם יצר או תאווה.

כדי שנוכל ללמוד ממקרים אלו לענייננו יש להניח שתי הנחות נוספות. ראשית, ההיתר לא נאמר דווקא לצדיקים, אלא לכל מי שבפועל לא מתעוררת אצלו תאווה. הנחה זו מתבססת על דברי בעל **הלבוש** (או"ח, מנהגים, אות לו) בעניין ברכת 'שהשמחה במעונו' בסעודה שיש בה תערובת נשים וגברים:

ואפשר משום שעכשיו מורגלות הרבה הנשים בין האנשים, ואין כאן הרהורי עבירה כל כך, דדמיא עלן כקאקי חיורי מרוב הרגלן בינינו, וכיון דדשו דשו.

בדבריו מבואר שסברת 'קאקי חיורי' לא נאמרה דווקא בצדיקים אלא בכל מציאות שבה בפועל אין הרהורי עבירה. ואכן, בעל **העיון יעקב** (ברכות כ ע"א) כתב שההיתר של רב גידל נבע מכך שרב גידל היה עקר ו"נאבדה ממנו חמדת נשים".[35]

הנחה נוספת היא שכל אדם יכול להחליט לעצמו שנשים דומות עליו כ'קאקי חיורי'. נראה שיש להוכיח נקודה זו מדבריו של רב אחא לתלמידיו, שכל אחד מהם שנשים נדמות לו "כי כשורא" יכול לשאתן על כתפיו. אומנם בעל **ספר החינוך** (מצווה קפח) כתב שדווקא בימי האמוראים יכולים היו אנשים להעיד על עצמם שאין להם יצר הרע, ובימינו אסור לסור מכל ההרחקות שהורו חז"ל; אך **הסמ"ק** (מצווה ל) כתב שהעיקרון העולה מן הגמרא יכול להיות מיושם גם בימינו, וכן עולה מדברי המאירי (**בית הבחירה**, קידושין ע ע"א) והריטב"א (**חידושי הריטב"א**, קידושין פב ע"א).[36]

עוד יש להעיר שהתייחסות מפורשת מצויה בגמרא דווקא לגבי נגיעה ואין בה דיון מפורש בהלכות ייחוד (אף שייתכן שהוא כלול במעשיו של רבי יוחנן שישב על שערי טבילה). על כל פנים נראה כי יש להוכיח מכאן שמעמדו של אדם שאינו נמשך לנשים הוא מעמד מוכר בהלכה שאפשר לגזור ממנו הקלות בהלכות צניעות. יש לציין גם כי הרב וולדנברג (**שו"ת ציץ אליעזר**, חלק ו, סימן מ, פרק כב) כתב שיש להחמיר יותר בדיני נגיעה מאשר בדיני ייחוד.[37]

התייחסות מפורשת לענייננו מצויה בדברי הרב שלמה קורח (**שו"ת תשובה כהלכה**, סימן לט): "כיון שכתבנו שאין זאת אלא נטיה מיצר הרע, אסור יחוד עם אשה". מדבריו רואים שהוא נקט כשיטת הרב פיינשטיין שרואה בהומוסקסואליות רק נטייה מנטיות היצר, וממילא לא העניק לה מעמד הלכתי.[38] אך לאור ההיכרות

---

35. בספר **מראית עין** לחיד"א (ברכות כ ע"א) ובספר **לקוטי בתר לקוטי** (שם) השיגו על פירוש **העיון יעקב**. ראו גם את דברי **העיון יעקב** (סנהדרין כב ע"א) שהובאו לעיל בפרק השלישי (עמ' 77) בעניין ייחוד עם זקן שאין לו גבורת אנשים.

36. בספר **תורת ההסתכלות**, סימן ז, ובספר **תורת ההרהור**, סימן כא, דנו באריכות בעניין זה.

37. אומנם אפשר לפרש בדוחק כי הסיפורים בגמרא אינם מתייחסים לדינים שנאסרו בפירוש על ידי חז"ל, אך אין זה עולה מפשט דברי הראשונים הנ"ל; ועיינו בספר **תורת ההרהור**, סימן כא.

38. באופן אחר כתב הרב שמואל דוד (במסמך שלא נדפס, הנושא את השם 'תשובות לשאלות הומו דתי') כי בעל נטייה חד־מינית צריך להקפיד על דיני ייחוד ונגיעה משום ש"עליו להתנהג כאדם נורמאלי".

עם המציאות בימינו נראה שכאשר אדם מכיר בעצמו שאין לו כלל משיכה לנשים אפשר יהיה להקל בכך.

סיכום

א. הכלל שלפיו אסור לגבר להתייחד עם אישה ומותר לגבר להתייחד עם גבר איננו כלל מוחלט. ישנם מצבים שבהם מותר לגבר ואישה להתייחד, ומצבים שבהם אסור לשני גברים להתייחד.

ב. הומוסקסואליות היא תופעה משמעותית ומובחנת שיש לקחת אותה בחשבון במסגרת הדיון בדיני ייחוד, הן לקולא הן לחומרה וכדלקמן.

ג. לדעת רוב הפוסקים, אין בימינו איסור גורף על ייחוד בין שני גברים, אולם לשני גברים החשודים על משכב זכר אסור להתייחד זה עם זה. איסור זה איננו מוחלט והוא קיים רק במצבים שבהם יש חשש ריאלי שיבואו לידי איסור.

ד. עצם קיומה של נטייה חד־מינית איננו מגדיר את האדם כחשוד על משכב זכר, כל עוד לא מימש את נטייתו.

ה. למעשה נראה כי יש לאסור את הייחוד באחד משני מצבים: 1. כאשר אחד הצדדים נכשל בעבר בפועל במשכב זכור. 2. כאשר שני הגברים הם הומוסקסואלים ומדובר בייחוד גמור שיש בו חשש ריאלי לעבירה, בוודאי כשהם נמשכים זה לזה.[39]

ו. לגבר ואישה אסור להתייחד זה עם זה. הפוסקים נחלקו אם האיסור תלוי בחשש הריאלי למעשה עבירה או שמדובר באיסור גורף ומוחלט. פוסקים רבים (למשל: **אגרות משה** ו**בצל החכמה**) הבחינו בהקשר זה בין דיני ייחוד מדאורייתא לדיני ייחוד מדרבנן.

ז. גבר בעל נטייה חד־מינית מוחלטת וקבועה, שאינו נמשך כלל לנשים, דינו תלוי במחלוקת זו. משום כך נראה שאפשר להקל בדיני ייחוד דרבנן, כגון ייחוד עם פנויה שאינה נידה או ייחוד עם שתי נשים.

ח. בשעת הצורך יש מקום להקל גם בייחוד עם פנויה נידה שהיא ספק דאורייתא. עם זאת, יש לסייג היתר זה בשני סייגים: 1. ההיתר אמור דווקא כאשר מדובר באדם שנטייתו המינית קבועה והוא אינו מסוגל כלל לקיים יחסים עם נשים. 2. ההיתר אמור דווקא כאשר העדים לייחוד - ובעיקר האישה שאיתה מתייחד האדם - מודעים לנטייתו המינית ואין בכך משום 'מראית עין'.

---

39. הרב שמואל דוד (שם) כתב רק ש"כדאי שלא לגור בחדר אחד", אך נראה כי גם ייחוד גמור בבית אחד עשוי להביא לידי מכשול ולפיכך יש לאוסרו.

שער שני

צניעות הלבוש

ו

צניעות, הלכה ופמיניזם: מבוא לדיני צניעות

א. והצנע לכת

כאשר ביקש הנביא מיכה להעמיד את כלל מצוות התורה על שלושה עקרונות יסוד הוא סיכם זאת במילים:[1] "הִגִּיד לְךָ אָדָם מַה טּוֹב וּמָה ה' דּוֹרֵשׁ מִמְּךָ כִּי אִם עֲשׂוֹת מִשְׁפָּט וְאַהֲבַת חֶסֶד וְהַצְנֵעַ לֶכֶת עִם אֱלֹהֶיךָ" (מיכה ו', ח). משמעו של העיקרון השלישי, "וְהַצְנֵעַ לֶכֶת עִם אֱלֹהֶיךָ", הוא שמעשיו של האדם - הן אלה שבינו לבין זולתו, הן אלה שבינו לבין קונו - ייעשו בצנעה.[2] באופן דומה, כאשר העמיד ישעיהו את התורה על שישה עקרונות, אחד מהם היה "עֹצֵם עֵינָיו מֵרְאוֹת בְּרָע" (ישעיהו ל"ג, טו) דהיינו הימנעות מהסתכלות בדברים הזקוקים לצניעות. מדוע הצניעות חשובה כל כך? כיצד ייתכן שהיא שוות ערך לעשיית משפט ואהבת חסד? מה מסתתר מאחורי חובת ההסתרה?

כששבים וקוראים את פסוקי התורה לאור דברי מיכה, מגלים כי הצניעות היא מרכיב מהותי בקשר בין האדם לבין האלוקים. המפגש הראשון בין ה' למשה מתחיל בהסתרה: "וַיַּסְתֵּר מֹשֶׁה פָּנָיו כִּי יָרֵא מֵהַבִּיט אֶל הָאֱלֹהִים" (שמות ג', ו); וכך גם המפגש

---

* התכנים המופיעים בפרק זה נכתבו תוך שיחות ליבון ממושכות עם הרבנית מלכה פיוטרקובסקי, ועל כך נתונה לה תודתנו.

1. על פי הגמרא במכות (כד ע"א): "בא דוד והעמידן על אחת עשרה... בא ישעיהו והעמידן על שש... בא מיכה והעמידן על שלש".

2. ראו במפרשים על אתר מגוון פירושים רחב למושג הצנעה האמור בפסוק זה.

של עַם ישראל עִם ה' בהר סיני: "רֵד הָעֵד בָּעָם פֶּן יֶהֶרְסוּ אֶל ה' לִרְאוֹת" (שמות י"ט, כא). בהמשך קובע הקב"ה את משכנו באוהל מועד, וכך מתאר זאת המדרש (במדבר רבה פרשה א ג): "כיון שעמד אהל מועד אמר יפה הוא הצניעות... הרי הוא מדבר עמו באהל מועד". "אָכֵן אַתָּה אֵל מִסְתַּתֵּר" אמר ישעיהו (מ"ה, טו), וכך תיאר את אופי המפגש הרצוי בין האדם לבין הקב"ה.[3]

נראה שממד ההסתרה הוא כה משמעותי ביחסים עם ה', מפני שהוא שורש ההבדל בין היהדות לבין האלילות. במובן מסוים, התנ"ך כולו הוא מלחמת עולם בתפיסה האלילית הפטישיסטית (שהתגלגלה אחר כך בתרבות היוונית) המייחסת כוחות לחפצים קונקרטיים שאינם מייצגים אלא את עצמם.[4] מאמץ כביר עושה התורה כדי להעלות את עם ישראל לתפיסה מופשטת יותר, שבה הגילויים הגשמיים הם סמל הרומז לעולמות אינסופיים הנסתרים מעין רואה.[5]

המפתח לקבלת האחר כסובייקט הוא ההכרה בממד הסוד שבו וההבנה שאנו מסוגלים להיפגש עם רבדים מסוימים של העומד מולנו בעוד רבדים אחרים יישארו נסתרים לעולם.[6] חתירה לגילוי וחשיפה מוחלטים היא למעשה רדוקציה של האישיות האינסופית העומדת מולנו וצמצומה לכדי חפץ קונקרטי־מוחשי - הא ותו לא. לעומתה, תנועת ההסתרה מבטאת את ההכרה בקיומו של סוד שאין לחשוף אותו. לכן הצניעות היא המפתח לקדושה.[7]

יסוד הצניעות במפגש עם הקב"ה אינו מסתכם בנבואה או בעבודת הקורבנות,

---

3. כאשר הכוהן הגדול נכנס אל קודש הקודשים ביום הכיפורים, הוא מביא עימו כף של קטורת כדי להצניע את המפגש כתנאי לאינטימיות; לכן נאמר בעבודת יום הכיפורים כי "כָל אָדָם לֹא יִהְיֶה בְּאֹהֶל מוֹעֵד בְּבֹאוֹ לְכַפֵּר בַּקֹּדֶשׁ עַד צֵאתוֹ" (ויקרא ט"ז, יז). ראו על כך בספר **מבית לפרוכת: פשט עיון ומשמעות בעבודת יום הכיפורים**, פרק ט. דין נוסף הנובע ממגמה זו הוא הציווי "וְלֹא יָבֹאוּ לִרְאוֹת כְּבַלַּע אֶת הַקֹּדֶשׁ וָמֵתוּ" (במדבר ד', כ) האוסר לראות את כלי המקדש ללא הנרתיק המכסה אותם (יומא נד ע"א). חז"ל והמפרשים דימו איסור זה לכלה שאינה רוצה להיראות בפני ארוסה ללא בגדים (שם) או למלך ש"אין כבוד לראותו ערום" (**ריקאנטי**, במדבר ד', כ).
4. השאלה (שבה דנו יחזקאל קויפמן וחוקרי מקרא אחרים) האם זהו תיאור נאמן של הדת האלילית הקדומה, או שמא אין זה אלא ציור קריקטורי שלה, איננה מעניינֵנו כאן.
5. על מגבלותיו של חוש הראייה ראו בספרו של הרב דוד כהן ('הנזיר'), **קול הנבואה**.
6. זוהי ההבחנה בין 'אני', 'אתה' ו'הוא' בלשונו של ר' צדוק (**ליקוטי מאמרים**, מהדורת ירושלים תשס"ב, עמ' עה-עז). אפשר שישנה זיקה מסוימת בין הבחנה זו לבין שלושת הסדרים של לאקאן: הממשי, הדמיוני והסמלי.
7. דברים ברוח זו הובאו בשם הרב יוסף דוב הלוי סולובייצ'יק אצל: Rabbi Norman Lamm, 'Tzeniut: A Universal Concept', in: Marc Angel (ed.), *Haham Gaon Memorial Volume*, Brooklyn 1997, pp. 151-161. הרב לאם קישר זאת לפסוק "שְׂרָפִים עֹמְדִים מִמַּעַל לוֹ

אלא מגדיר גם את צורת המפגש עם התורה,[8] כלשון הגמרא (מועד קטן טז ע"א – טז ע"ב): "חמוקי ירכיך כמו חלאים, מה ירך בסתר – אף דברי תורה בסתר".[9] לימוד התורה חייב להיעשות מתוך הבנה עמוקה כי רבדים מסוימים בה יישארו לעולם בלתי־מושגים.[10]

מן המפגש עם האל ודברו התרחבה מידת הצניעות לכל דרכי החיים. שלושת הסימנים שנותנת הגמרא בישראל הם "רחמנים, ביישנים וגומלי חסדים" (יבמות עט ע"א).[11] גם כאן מפתיע לכאורה שהביישנות מוגדרת כתכונה חיונית ובסיסית, אך על רקע כל האמור אפשר להבין זאת: הצניעות היא תנועה נפשית המבקשת לשמר את ממד הסוד במציאות ולכן היא כה חשובה.[12] אפשר שמתנועה נפשית זו נובעים גם דיני לשון הרע ורכילות והלכות היזק ראייה.[13]

צניעות במשמעות של ענווה עשויה לנבוע מרצון להימנע מגאווה דורסנית,

---

שֵׁשׁ כְּנָפַיִם שֵׁשׁ כְּנָפַיִם לְאֶחָד בִּשְׁתַּיִם יְכַסֶּה פָנָיו וּבִשְׁתַּיִם יְכַסֶּה רַגְלָיו וּבִשְׁתַּיִם יְעוֹפֵף" (ישעיהו ו', ב).

8. הנחיה זו באה לידי ביטוי גם במובן הפיזי הפשוט ביותר, כגון באיסור לאחוז ספר תורה 'ערום', דהיינו בלי מטפחת חוצצת (שבת יד ע"א; **רש"י**, שם, ד"ה ספר).

9. בדרך זו צועדות ההנחיות הנוקשות שהובאו במשנה (חגיגה פ"ב מ"א): "אין דורשין בעריות בשלשה ולא במעשה בראשית בשנים ולא במרכבה ביחיד". ראו גם בהמשך המשנה, בסוגיית הגמרא על אתר העוסקת כולה בעניין זה, וכן בסוגיה בקידושין עא ע"א בעניין שמירת שם ה'.

10. הבנה זו מבוססת על תודעה המתוארת יפה בזוהר (חלק ג, קנב ע"א) ולפיה סיפורי התורה אינם אלא לבוש שמאחוריו מסתתר גוף שבתוכו מתקיימת נשמה המציצה לפרקים אך לעולם אינה מובנת לגמרי. במקום אחר מתאר הזוהר (חלק ב, צט ע"א) את התורה כאהובה המסתתרת בהיכלה ומגלה לעיתים את פניה לאוהבה ומיד שבה ונכסית, והדברים משלימים זה את זה. אין כאן מקום להאריך במשמעויות העמוקות של הדברים הללו על אופי לימוד התורה; וראו למשל מרדכי מרטין בובר, **דרכו של אדם על פי תורת החסידות**, ירושלים תשי"ז, עמ' 7-13. ראו גם את דברי מהר"ל מפראג, **נתיבות עולם**, נתיב הצניעות, פרק א: "כי החכמה בעצמה היא צנועה ונסתרת ואין החכמה בנגלה, ולפיכך כמו שהיא החכמה בעצמה כך ינהג עם החכמה שילמד בצניעות דהיינו בסתר".

11. אפשר להבחין בהקבלה לדברי מיכה: אם גמילות חסדים נובעת מאהבת חסד והרחמים קשורים לעשיית משפט, הרי שהביישנות היא התכונה האישיותית של מי שמצניע לכת עם אלוקיו.

12. ראו את דברי הרב צבי יהודה קוק (**לצניעות ולטהרה בישראל**, עמ' ד): "הצניעות המתגלית גם בדמותו החיצונית של גוף האדם וגם בתלבושת בגדיו, המקושרת עם הטהרה, הרי היא כמוה שייכת לתכונת אופיים של ישראל, 'מצוינים – בלבושיהם'".

13. על הזיקה בין איסורים אלו ראו בדברי הרמב"ן (**חידושי הרמב"ן**, בבא בתרא נט ע"א, ד"ה ומסתברא) שיידונו להלן בפרק התשעה־עשר. ראו גם במאמרו של הרב לאם (לעיל הערה 7) על ערכי הכבוד והפרטיות שעליהם (מלבד רעיון הקדושה) מבוססת חובת הצניעות.

אך גם מתוך תנועה פנימית שאינה רואה בחיוב החצנת־יתר של יכולות, כישורים או ממון. דומה כי תנועה פנימית זו מעולם לא הייתה חשובה כפי שהיא חשובה בימינו - כשהתרבות המערבית מצפה מאיתנו לחשוף, לגלות ולהחצין כל דבר כמעט בכל מחיר,[14] עד שקשה לנו (לפעמים) לחוות אפילו את עצמנו כבעלי משמעות במישורים שאותם איננו משתפים ברשתות החברתיות.

ב. צניעות ומיניות

מידת הצניעות, ההבחנה בין גילוי לכיסוי, מלווה את האדם בכל דרכי החיים: היא מנחה אותו כיצד לדבר וללכת; באיזה אופן לבנות את ביתו; ואיך לחגוג את שמחת נישואי ילדיו.[15] בין הקשריה השונים יש חשיבות מיוחדת למידת הצניעות בתחום המיני והגופני, משום שאחד הממדים האלמנטריים ביותר ביחסים בין בני אדם הוא הממד הפיזי (או המיני) ועל נקלה אפשר להופכו למוקד ההתרחשות במרחב הציבורי ולפריזמה העיקרית שבעדה יבחנו הנוכחים אלו את אלו. גם בתחום היחסים בין המינים מתחלקת הצניעות לתתי־תחומים מגוונים: בתחום הדיבור היא מלמדת אותנו כיצד לדבר עם בני המין השני, ומורה לנו גם כיצד לדבר בינינו לבין עצמנו מבלי לנבל את פינו; בתחום ההתנהגות היא מייצרת שורה ארוכה של הנחיות המעצבות את היחסים בין גברים לנשים במרחב הציבורי, ואף מבקשת לקדש ולזכך את היחסים בין איש לאשתו; נוסף על מישורים אלו ישנו גם מישור הלבוש, של גברים ושל נשים, כשהם חולקים מרחב משותף.

חשיפה או הבלטה של הגוף (או חלקים ממנו) מסיטה את תשומת הלב מאישיותו של האדם אל הפוטנציאל המיני הגלום בו. העולם המערבי (כמו גם חלק גדול מן התרבויות העתיקות) מודע לכך היטב ומבקש 'לחגוג' את המיניות הזו ולהציגה לראווה, "לְהַרְאוֹת הָעַמִּים וְהַשָּׂרִים אֶת יָפְיָהּ" (אסתר א', יא). ואכן, מאז ימי התרבות היוונית, שהאדירה את הספורטאים העירומים בגימנסיאות, וכלה בתחרויות מלכת היופי ומר עולם הנערכות כיום, התרבות המערבית משתמשת, באופן מודע ולשם רווח כלכלי,

14. ראו על כך בהרחבה אצל הרב יהודה ברנדס, 'סביבה משתנה ותרבות פרסום: האם הבגד עושה את האדם?', מוסף שבת, **מקור ראשון**, כ"ד בשבט תשע"ח.

15. האפשרות שאדם יופיע לעיני זולתו כאובייקט קיימת בתחומים רבים; לדוגמה, אדם המפגין את עושרו עשוי להיתפס כאובייקט כלכלי והוא הדין לגבי כישורים שונים ותכונות אחרות. על הצניעות כתנועת־נגד לרדוקציה של האדם לכלל הישגיו החיצוניים, ראו Irene McMullin, 'A Modest Proposal: Accounting for the Virtuousness of Modesty', *The Philosophical Quarterly* 241, 2010, pp. 783-807.

במשיכה המינית שיוצר גוף האדם כשהוא מוצג באופן מסוים. זהו המצב בסרטים, בפרסומות, בתוכניות טלוויזיה ובעוד הקשרים; וכל זאת מתוך תפיסה שלפיה המיניות היא חלק ממרחב ההנאות האנושי המותר והלגיטימי (בדומה לאכילה ושתייה) - ולעיתים גם הרצוי - ובתנאי כמובן שאין הנאה זו פוגעת באיש.

פעמים רבות, בדרך למימוש יצר המין, גורמת תפיסה זו לביטול מעמדו של האדם כסובייקט; בעקבותיה האדם רואה בזולתו, ולעיתים אף בעצמו, אמצעי למימושן של תאוות שונות ואובייקט שאין בו אלא גופו ומיניותו. דוגמה אופיינית לתפיסה זו היא העובדה שלא־פעם התקשורת מתמקדת בהיבטים הגופניים של מנהיגות ציבור ומנהיגי ציבור, משל זהו מה שמגדיר אותם.

תורת ישראל, לעומת זאת, מטילה סייגים רבים על מימוש המיניות, ומעודדת אותה רק בין איש לאשתו (וגם בהקשר זה היא מסייגת אותה בדרכים שונות ומבקשת לקדשה ולזככה) - בין משום שהיא תופסת את המיניות כממד נמוך וחומרי (באופן יחסי) שיש לצמצמו ולהגבילו כדי לאפשֵר לחלקים הגבוהים של האדם להופיע (כדעת הרמב"ם); בין משום שהיא רואה אותה כמרחב מקודש ונשגב הזקוק לאינטימיות ובלעדיות כדי להתגלות כראוי (כדעת רבים מן המקובלים).[16] שלילתה של המיניות החופשית חִלחלה מן היהדות אל הנצרות ואל האיסלאם והופיעה אצלן בווריאציות שונות ומשונות, לעיתים תוך שלילה גורפת של המיניות; זאת בשעה שהגישה היהודית מעולם לא שללה את המיניות עצמה, ואדרבה ממקורותיה עולה כי היא רואה אותה ככלי חשוב ומקודש לחיזוק הקשר שבין איש לאשתו שהוא מקום של השראת שכינה ומקדש מעט.[17]

הבנת הפוטנציאל הנפיץ הטמון במפגש בין גברים ונשים, בעקבות נוכחותו של יצר המין, מובילה לגישות שונות ביחס לשאלה כיצד למנוע פיתוח אינטימיות בין גבר ואישה שאינם עתידים לחיות במסגרת זוגית. אחת הגישות לסוגיה זו היא שלילה מוחלטת של הימצאות גברים ונשים במרחב משותף, ואכן ישנן תרבויות וחברות (במדינות איסלאמיות מסוימות ובחלקים של החברה החרדית והדתית) החותרות להפרדה מעשית בין המינים. בתרבויות אלו הגוף הנשי נתפס כגורם המאתגר את

16. ראו הרב אהרן ליכטנשטיין, 'נישואין: על מערכת היחסים ועל יחסי האישות', **מעשה חושב** א, תשע"ו, עמ' 163–182. בגישה האחרונה צעד בין השאר הרב אלימלך בר־שאול במאמרו על הצניעות (**מערכי לב**, עמ' 57-65): "הנשואין לפי דת משה וישראל הם איחוד, במובן הנעלה ביותר של מושג זה... היש מקום, היש טעם והיגיון, להוציא את הנזר הזה מטרקלינו? המותר לעשות תפארת בת־מלך־כבודה נושא לסקרנות בני־רחוב?".

17. ראו בחיבורו של ניל מנוסי, **שורשי המהפכה המינית בראי היהדות והנצרות**. זמין במרשתת.

יצר המין הגברי ואילו הסובייקט המגדיר בהן את המרחב הציבורי הוא הגבר; ולפיכך מוטלות בחברות אלו מגבלות חמורות על אופן לבושן של הנשים והן חייבות להסתיר את כל גופן ולכסות את פניהן. לעיתים גם בכך אין די ועל הנשים להלך במקום המיוחד להן שבו אין חשש שיראו אותם הגברים ויתגרו.

באופן מפתיע, הזרם השמרני־קיצוני והזרם המתירני שותפים לתפיסת העולם הרואה באישה יצור מיני בלבד:[18] הן הברוטליות שבה מבליטה התרבות המערבית את גוף האישה, הן ההסתרה המוחלטת של גוף האישה הנהוגה בתרבות האיסלאמית ודומותיה, קובעות את זהות האישה כמינית בלבד.

אל מול שני הזרמים האדירים הללו צמחה בעשורים האחרונים התנועה הפמיניסטית, תנועת־נגד הכופרת בהנחת המוצא שלפיה מפגש בין המינים חייב בהכרח לעבור רדוקציה ליחסים בעלי אופי מיני. לדידה, כריכת המיניות והנשיות באופן בלתי־נפרד לא רק מחפיצה את הנשים אלא גם מסייעת לדיכוין ולהדרתן מן המרחב הציבורי מתוך חתירה (כנה או לא־כנה) להימנעות ממתח מיני. בעיני תנועה זו, המבט הגברי מגדיר את האישה כאובייקט ומטיל עליה את האחריות לעירור המיניות הגברית;[19] והטלת אחריות כזו היא מעשה חד־ממדי, מוטה ופגום ואין להסכין עימו. ואכן, בעלי האידיאולוגיה הפמיניסטית שואפים לנרמל את הנוכחות הנשית במרחב הציבורי ולנטרל (או למִצער למזעֵר) את הגדרתה כאובייקט מיני, ולפיכך הם נאבקים הן בפרסומות מחפיצות, הן בתהליכי הפרדה קיצוניים.[20]

באופן בסיסי, נראה כי הגישה הפמיניסטית הולמת היטב את רוח ההלכה ודברי חז״ל. בניגוד לדת האיסלאם, הזרם המרכזי בהלכה לא אסר נוכחות נשים וגברים יחד במרחב הציבורי, אלא ביקש לכונן חיים משותפים של קדושה.[21] בתנ״ך ובסיפורי חז״ל אנו מוצאים נביאות ומנהיגות וגם גברים ונשים מן השורה המנהלים חיי חברה מעורבים. ההלכה עוסקת במצבים שבהם נשים קונות ומוכרות, לומדות ומלמדות, לצד גברים. כשר׳ יוחנן מספר על העבר שאליו הוא מתגעגע, הוא מתאר כי במציאות זו ״הוו מטיילין טליא וטלייתא בשוקא כבר שית עשרה וכבר שב עשרה ולא הוו חטאן

18. על החיבור בין הזרמים הללו עמד כבר עזריאל קרליבך בספרו **הודו: יומן דרכים**, תל־אביב תשמ״ו, עמ׳ 136–141.

19. ראו למשל: טובה הרטמן, ׳כיסוי וגילוי באישה׳, **דעות** 17, תשס״ד, עמ׳ 6–11; ליאת ביתן, ׳בין כיסוי לגילוי: מסרים תרבותיים ביחס לגוף וצניעות׳, בכתובת https://goo.gl/rvwseH.

20. ראו רונית עיר־שי, ״׳הדרת נשים׳: הפמיניזם כמנצח העצוב׳. זמין במרשתת.

21. אין להכחיש שקיימים גם כיוונים אחרים בדברי חז״ל ובפוסקים, אך לענייננו חשוב הזרם המרכזי של הפסיקה המקובלת בציונות הדתית. על מקורותיו של זרם זה ראו אצל הרב יובל שרלו ורן חורי, **חברה שלמה: חברה צנועה מעורבת לכתחילה**, תל־אביב תשע״א.

[=היו מטיילין נער ונערה בשוק, כבן שש־עשרה, כבן־שבע עשרה, ולא היו חוטאים]" (בבא בתרא צא ע"א), ולא משום שהלכו מראש לטיול נפרד. הספרות ההלכתית עורכת הבחנות דקות ומורכבות בין 'המקומות המכוסים' לבין 'המקומות המגולים', ובין זמנים והקשרים, ומאפשרת שיתוף מרבי תוך ניסיון להימנע ככל האפשר ממתח מיני.[22]

חשוב להבהיר את טיבה של הימנעות זו. אין מדובר רק ברצון לשמור על קדושתו וטהרתו האישית של כל איש או אישה באמצעות הסתרת בן המין השני; ואפילו לא רק ברצון לשמור על המיניות כמרכיב אינטימי ומיוחד המיועד אך ורק לקשר בין איש ואשתו. מדובר גם בשאיפה שבני האדם לא ייתפסו בעיני זולתם כאובייקט מיני, ובמאמץ לבל יישלל מהם צלם אנוש, כפי שמצוי במקומות רבים בחברה המערבית בת זמננו: בתחרויות יופי ובתצוגות אופנה, בסרטים ובפרסומות, במועדונים וברחוב. הימנעות זו יסודה ברצון לשמור על "כבוד בנות ישראל" (ירושלמי סנהדרין פ"ב ה"ד, כ ע"ב) מפני מבט חיצוני־נצלני ההופך את הגוף לחפץ,[23] ובשאיפה לשמור על כבודו של כל אדם כבעל נשמה אלוהית שאיננה נערכת לפי מידת המשיכה של הופעתה החיצונית.[24]

נדגים זאת באמצעות דוגמה להתנהגות צנועה שאיננה נובעת מצו דתי. מן המפורסמות שקוד הלבוש של בית המלוכה הבריטי – לגברים ולנשים גם יחד – הוא צנוע באופן מובהק עד ששערוריות־זוטא קמות בכל פעם שמי מבני משפחת המלוכה סוטה מעט מן הכללים.[25] ההיגיון שבדבר, כפי שהוסבר בכלי התקשורת של הממלכה,

22. במקרים רבים מגמה זו נעצרת בפתח בית הכנסת שבו נשמרת הפרדה ברמה גבוהה ביותר. ההסבר הפשוט לכך הוא הרצון לטהר את המרחב הפולחני מכל שמץ של מתח מיני, אולי כתמונת ראי לדתות שבהן המיניות עמדה במוקד הפולחן. על הבעייתיות שבהבחנה זו ראו תמר רוס, 'תרומת הפמיניזם לדיון ההלכתי: "קול באישה ערווה" כמקרה מבחן', בתוך: אבינעם רוזנק (עורך), **הלכה, מטה־הלכה ופילוסופיה: עיון רב־תחומי**, ירושלים 2011, עמ' 35–64.

23. כלשונו של הרב שג"ר במאמרו 'צניעות ובושה', בתוך: אופיר שוורצבוים ועמיחי סדן (עורכים), **כתנות אור: בירור אמוני בסוגיית הצניעות**, ירושלים תש"ס, עמ' 117–125.

24. ראו את דברי הרב יצחק גינזבורג במאמרו 'עטרת בעלה: כיסוי ראש האישה באור פנימיות התורה', **אסיף** ב, תשע"ה, כרך ב, עמ' 126–142: "הצנעת גוף האישה נועדה להעתיק את המבט – הן של האישה והן של סובביה – מחיצוניותה לפנימיותה, ולשדר מסר כי רב בה הנסתר על הגלוי, כי הנשמה הנסתרת היא העיקר והגוף הנגלה טפל לה. בנוסף, אך לא פחות חשוב מכך, פועלת הצנעת הגוף לייקר את הגוף ולקדשו, לאותת כי הוא רכושה הבלעדי של האישה הנמסר ברצונה ולבן בריתה בלבד". בהמשך המאמר הסביר הרב גינזבורג שמשום כך אין היהדות תובעת כיסוי של הפנים משום שהם מבטאים את פנימיותו של האדם.

25. למעשה כללים אלה דומים מאוד להלכות צניעות שלנו, ופעמים רבות אף מחמירים מהן.

הוא שנתינים אינם אמורים לחשוב על הנסיכה שלהם כעל אובייקט מיני.[26] בעיני ההלכה, כל ישראל בני מלכים הם ולפיכך היא מבקשת לבטל ככל שניתן את המבט המיני על הזולת.[27]

קוד הלבוש הנהוג בקרב בית המלוכה הבריטי מחדד נקודה נוספת: הצניעות איננה כרוכה בהכרח בהדרה או אפילו בהסתרה. להפך, דווקא הלבוש הצנוע הוא שמאפשר לאדם להופיע במלוא הדרו, כשם שמלכת אנגליה מחויבת ללבוש בגדים מכובדים שיבליטו את נוכחותה כאדם וכבת מלוכה. באופן דומה, דווקא הלכות צניעות מאפשרות לנשים לתפוס מקום של מנהיגות והובלה.[28] תפקידן של הלכות צניעות בימינו הוא לאפשֵר לנשים וגברים לבטא את יכולותיהם וכישוריהם, תבונתם ורגשותיהם, ייחודם וחוזקותיהם, ולזכות להתייחסות עניינית ומכבדת - הראויה לבני אדם שנבראו בצלם. צידה השני של הבחנה זו הוא הקביעה שגם כאשר נשמרת הצניעות המינית, ישנן מחויבויות נוספות הנובעות מערך הצניעות במובנו הרחב, הן ביחס לנשים הן ביחס לגברים: לא להתבלט יתר על המידה, לא להפגין עושר מנקר עיניים וכן הלאה.

ג. החפצה וארוטיקה

האם משמעות הדברים היא שראוי להכחיד את הארוטיקה כליל (ואף לראות בה 'תודעה כוזבת' שיצרה התרבות הפטריארכלית כדי 'למשטֵר' את הנשים באמצעות גופן)? האם היינו רוצים לחיות בעולם שבו אין כל משמעות למראה הפיזי? האם אנו חפצים לדור בעולם שבו בני האדם אינם מטפחים את מראם ופסוקי תיאורי הגוף בשיר השירים מאבדים את המטען הרגשי שלהם?

---

26. יש לציין כי ההצלחה בשטח זה חלקית בלבד: גופן של בנות המלוכה אומנם מכוסה אך התקשורת מלאה בדיונים על פרטי הלבוש האופנתיים שלהן.

27. השוו לדבריו של ארווינג קריסטול בספרו **מחשבות על השמרנות החדשה** (ירושלים תשס"ה, עמ' 134): "הדיכוי המיני - וכל אותו קוד של התנהגות נשית שהורגלנו לכנותו ויקטוריאני - נכפה ונאכף בידי נשים, לא בידי גברים (העתידים להרוויח מעט מאוד אם תהיינה כל הנשים צנועות). והנשים התעקשו על הקוד הזה כי אף שהיה מדכא מבחינה מינית, היה גם משחרר בכל מיני מובנים אחרים. במיוחד, הוא שחרר את הנשים בעיקרון, אם לא תמיד בפועל ממש, ממצבן הקודם במושאים מיניים או כמושאי עבודה. לשון אחרת: כל הנשים הועלו עכשיו למעמד האצילי של גברות, הזכאיות להוקרה פורמלית, ליחס של כבוד ולהתחשבות".

28. כמו כן אישה יכולה לתבוע מבעלה בגדים שתוכל "להתנאות בהם" (**רש"י**, כתובות מח ע"א, ד"ה לפום שארה), ומכאן שאין כל עניין שאישה (רווקה או נשואה) לא תתנאה בלבושה.

התשובה היהודית המקובלת היא שתחום זה צריך להתקיים רק בין איש לאשתו;[29] אלא שבימינו בין הבגרות המינית לחתונה חולפות 10–20 שנה, וגם אחריה מבלים בני הזוג את רוב זמנם שלא במחיצת בן זוגם. האם חיי הרווקות הארוכים יכולים להיות מנוטרלים לחלוטין מאלמנטים כה מרכזיים בקיום האנושי? האם אפשר לקיים את הארוטיקה כשפה פרטית המדוברת רק בחדר המיטות ואין לה רמז מחוץ לכותלי הבית?

קשה לתת תשובה חד־משמעית לשאלות אלו. לדעת הרב שג"ר, הלכות צניעות מבקשות במודע "לאפק את הנשיות, אבל בכך להעצים אותה ולשדרה",[30] דהיינו לשמר (גם במרחב הציבורי) רמזים לקיומה של המיניות, בלי לממש אותה בפועל. קשה להכריע אם מגמה זו אכן עולה מן המקורות או שמא עולה מהם מגמת סילוק מוחלט של המיניות מרשות הרבים. בין כך ובין כך, נראה כי ההלכה מבקשת מן האדם שלא להתמקד בממד הארוטי של המציאות, וכי גם אם ממד זה נוכח ואנו חשים בו – אין להניח לו להשתלט על נקודת המבט שלנו ולהפעיל אותנו. בדומה למה שכתבו הפוסקים בעניין הרהורי עבירה – כי אין חובה (או אפשרות) למנוע כליל את קיומם אלא רק למזער אותם, להסיח את הדעת מהם ולא לשקוע בהם – כך גם ביחס לממד הארוטי בכללותו:[31] המיניות אינה אמורה להיות מוכחשת או מודחקת, אלא עליה להיות (מלבד בין בני זוג נשואים) פחות מרכזית מכפי שהיא שואפת להיות.

ד. בין גברים לנשים

מדוע אם כן קיים לכאורה מתח מובנה בין הלכות צניעות לבין הפמיניזם (והתודעה המודרנית בכלל)? אחד ממוקדי החיכוך בין ההלכה לפמיניזם קשור לנקודת המבט: נקודת המבט ההלכתית הייתה מאז ומעולם גברית; והסובייקט הכותב את ההלכה, כמו גם הקורא שאליו היא ממוענת, היה סובייקט גברי. לכן ישנו 'סדר נשים' בדיוק כשם שישנה 'מסכת עבדים', אך לא יעלה על הדעת שיימצא ספר העוסק ב'הלכות גברים', שהרי הגבר היהודי הבוגר הוא המען העיקרי שאליו מתייחסת ההלכה. בהלכות צניעות בולטת יותר נקודה זו, שכן הנושא העיקרי הנידון בהן הוא לבוש האישה אך נקודת המבט שלהן היא גברית: על פיה נקבע מה מגרה ומה מפתה, מה אסור בגילוי ומה מותר.

29. גם בין אישה לבעלה קיימות הנחיות הלכתיות למניעת החפצה מוגזמת, אך במינונים מסוימים היא לגיטימית ובריאה, משני הצדדים.

30. הרב שג"ר, 'צניעות ובושה' (לעיל הערה 23).

31. ראו למשל **עזר מקודש**, אה"ע, סימן כג, סעיף ג.

התסכול מתעצם לנוכח חוסר הסימטריה בין דיני הגברים לדיני הנשים. הספרות ההלכתית הקלאסית (בעיקר במאות השנים האחרונות) מפרטת את גדרי הלבוש של הנשים ואת דיני שמירת העיניים של גברים, אך ממעטת מאוד לעסוק בגדרי לבוש של גברים או בחובת שמירת העיניים של נשים.

משום כך חשוב להדגיש כי כל שנכתב כאן, ושייכתב כאן, מופנה באופן עקרוני לנשים ולגברים כאחד. גם גברים עשויים להתלבש ולהתנהג באופן המנכיח את גופם כאובייקט מיני ומושא תשוקה; וסוגים שונים של בגדי גברים מעוצבים בכוונה כדי להדגיש את איברי הגוף ולהבליטם.[32]

לצד הדגשה זו יש לציין כי אינו דומה יחסה המחפיץ של התרבות כלפי גברים ליחס המחפיץ ש'זוכות' לו נשים; ככלל אפשר לומר שבתרבות המערבית כּוּונו חיצי ההחפצה בעיקר כלפי גוף האישה. לדוגמה, מחקרים שונים הראו כיצד סרטי קולנוע במאה העשרים מציגים נשים באופן המדגיש את קווי המִתאר של גופן וכיוצא בזה, כחלק מתפיסת האישה כאובייקט שנועד לעינוג הסובייקט הגברי המתבונן.[33]

משום כך, גבר מן השורה יתלבש לרוב באופן שלכל הדעות איננו מעורר משיכה מינית; ולמעשה, הן בציבור הדתי הן בציבור החילוני, הגבר הממוצע יכסה אחוז גדול יותר מגופו מאשר האישה הממוצעת, וכדי להיווכח בכך די לבחון את סגנון הלבוש הנתפס כמקובל באירועים חגיגיים אצל גברים ואצל נשים. החברה המערבית - החילונית והדתית גם יחד - מגדלת את הגבר כסובייקט שחשיפת גופו איננה רלבנטית בעבורו ולרוב אף איננה מכבדת אותו;[34] זאת בניגוד למסר שאותו מקבלת האישה בחברה המערבית, המעודדת חשיפה של הגוף כביטוי של יופי ושחרור[35] (לדוגמה,

---

32. כך כתב גם הרב יעקב אריאל (**הלכה בימינו**, עמ' 273): "היהדות שוללת את ההחפצה. מכאן המושג 'צניעות' שחל הן על גברים הן על נשים. אדם צנוע הוא מי שאינו מבליט את חיצוניותו, שאיננו מחפש להרשים בהופעתו, הוא אדם שעיקרו בפנימיותו, באישיותו הרוחנית".

33. ראו Laura Mulvey, 'Visual Pleasure and Narrative Cinema', *Screen* 16 (3), 1975, pp. 6-18. גם במחקר עדכני על האופן שבו מתוארות דמויות נשים בתסריטים התגלו ממצאים דומים; ראו בכתובת https://www.vulture.com/2018/04/how-50-female-characters-were-described-in-their-screenplays.html.

34. באופן יחסי כמובן. כפי שציינו לעיל, קיימות בהחלט גם תופעות של החפצת הגוף הגברי.

35. כך למשל הסבירה חברת הכנסת מרב מיכאלי בריאיון לליאור דיין את בחירתה להתלבש בצניעות: "מה לובשים גברים? חליפה. מה עושה החליפה? מעלימה את הגוף לחלוטין. אין גוף... ולא רלבנטי שעיר, שמן, רזה... ראש מול גוף. כל הבגדים של נשים נועדו לשים את הגוף בפרונט... אני לא מוכנה להיות גוף". ראו בכתובת https://www.youtube.com/watch?v=ev84QeCHej0.

אישה שתלך בקביעות, בדומה לגברים רבים, כשכל גופה מכוסה בגד לא־צמוד מלבד הראש וכפות הידיים, תזכה לשדרים שליליים מן החברה המערבית).[36]

התופעה הבעייתית והכואבת של חוסר צניעות מן הצד הגברי במקומות רחצה נובעת גם היא מאותה נקודה: מכיוון שהגברים חונכו שלא 'לעשות עניין' מן הגוף שלהם, אזי כש'תנאי השטח' מזמינים זאת, לא אכפת להם לחשוף את גופם, לרוב (גם אם בהחלט לא־תמיד) מתוך חוסר מודעות להשלכות הסביבתיות (אין הכוונה שלבנים אין כל עניין להרשים בנות בעזרת גופם, אך חשיפתו היא גורם שולי באופן יחסי). לשם המחשה, כדי להתמודד עם תופעת השחייה של גברים בלבוש מינימלי באתרי טבע הפתוחים לכול, נזקקנו למחאה ציבורית של ממש[37] - כאילו אותם גברים לא היו מסוגלים להבין לבד שמראם עשוי להביך מטיילים אחרים ואף לפגוע בהם.

לבסוף יש להעיר כי אומנם מסתבר שיהיו הבדלים בפרקטיקה של הצניעות בין גברים לנשים וכי כמעט אף חברה מתורבתת אינה יכולה להתכחש לקיומם של הבדלים כאלו, אך דווקא משום כך חשוב להדגיש כי העיקרון המנחה הוא אחד: הימנעות מלבוש המחצין את המיניות ומנכיח אותה. מתוך הבנה זו יש לפתח רגישות גם לסוגיית הצניעות הגברית שנדחקה הצידה ועומדת בצל העיסוק הנרחב בצניעות הנשית.

ה. אידיאליזם וריאליזם

הקושי הגדול בקיום הלכות צניעות סובב סביב השאלה: על מי מוטלת האחריות למתח המיני הקיים בין גברים ונשים ומי מגדיר לבוש מסוים כמשדר מיניות?

לבושן של נשים ונערות רבות (בדומה לגברים ונערים רבים) הוא לבוש שאינו מבליט את הגוף ולא חושף אותו באופן מכוון, אך גם לא מכסה אותו באופן מובהק ומכוּון: הוא יהיה ארוך בחורף וקצר בקיץ ויושפע מן ההיצע בחנויות ומתפיסת היופי המקובלת - מבלי שיושפע ממידת המשיכה המינית שהוא מעורר. לעיתים ההלכה אוסרת ללבוש לבוש כזה ומעוררת תרעומת גדולה: מי קבע שאיברים 'ניטרליים' כמו זרוע או רגל הם בעלי מטען מיני? מדוע קבע זאת? ועל מה ולמה האחריות מוטלת על האישה המתלבשת (או האיש המתלבש) ולא על המתבונן?

36. הדוגמה הבולטת ביותר לשדרים כאלו היא התופעה הגוברת בכמה מארצות אירופה, שבמסגרתה דוחקים בנשים (מוסלמיות בעיקר) לוותר על קוד הצניעות המחמיר שלהן.

37. ראו למשל בכתבתה של יעל פרידסון, 'הקרב על המעיינות: גברים התפשטו ליד הנשים והילדים', ynet, 27.8.2018.

נדמה כי התשובה נעוצה באחד המאפיינים הבולטים של ההלכה - הריאליזם שלה; ובלשון חכמים: "לא דיברה תורה אלא כנגד יצר הרע". ההלכה אינה מבקשת לסרטט עולם אוטופי, אלא לנהל עולם אנושי ממשי שלו כידוע גם חסרונות ופגמים. כיוון שכך, ההלכה לא תשאל "האם ראוי שלבוש מסוים יעורר מתח מיני?" אלא "האם מסתבר שלבוש מסוים יעורר מתח מיני?"; וכיוון שהתשובה היא, כפי שהוכח מבחינה מחקרית,[38] שלבוש לא־צנוע יוצר מתח מיני והתייחסות מחפיצה, אזי במקביל לדרישה מן המתבונן שלא להסתכל במבט מיני (כגון בדיני שמירת העיניים),[39] ההלכה תדרוש מן המתלבש למנוע את האפשרות למבט כזה. דרישה זו נעשית מתוך הכרה במחיר הכואב (הכרוך לעיתים קרובות גם באי־נוחות פיזית) שאותו נדרשות נשים לשלם בעולם שאחרי החטא,[40] וכלשון חכמים: "עשר קללות נתקללה חוה... עטופה כאבל, ומנודה מכל אדם, וחבושה בבית האסורין" (עירובין ק ע"ב).[41]

---

38. כמו למשל במחקר מפורסם משנת 2009 שבו אצל נבדקים שהסתכלו על תמונות של נשים בלבוש לא־צנוע הופעלו האזורים במוח הקשורים לחפצים, ולא לבני אדם. ראו: Ian Sample, 'Sex Objects: Pictures Shift Men's View of Women', *The Guardian*, 16.2.09. יש לציין כי המחקר מתייחס ללבוש שנתפס לא־צנוע גם בחברה המערבית, ולא ברור אם היה משיג תוצאות דומות עם לבוש מהוגן יותר שאינו 'הלכתי'.

39. מלבד הלכות שמירת העיניים, מצויה בדברי הבעש"ט ותלמידיו קריאה ל'העלאת המחשבות' כך שגם מראה של אישה לא יתקשר באופן מיידי ליצר מיני (ראו: **צוואת הריב"ש**, אות צ; **ליקוטי אמרים**, אות מז). חלק ממורי החסידות המאוחרים נרתעו מיישום נרחב של רעיון זה (ראו: **תניא**, פרק כח; **מאור ושמש**, פרשת ראה, ד"ה השמר).

40. על המחירים הכרוכים במידת הצניעות, והמתח שבינה לבין מידת 'דרך ארץ', ראו את דבריו החשובים של הראי"ה קוק (**מידות הראיה**, צניעות): "מדת הצניעות גורמת טובות רבות בעולם, ומתוך כך היא זוכה לדחות מפניה דברים שהיו טובים מצד עצמם, אבל כיון שמפני יצר האדם וכחו החלש יגרמו לפרוץ במדת הצניעות, שהיא קיומו של העולם הרוחני והחמרי. מדת האהבה והידידות, בכל הסימנים והדבורים הנוחים, היה ראוי להיות שוה בין המינים, אבל מפני יקרת ערך הצניעות נדחית מדת דרך ארץ ממקומה עד שלא לשאול בשלום אשה. הצנוע מכיר כי לא מפני שנאה על המין הוא מתרחק ועושה גדרים כי אם מפני התכלית הכללי היפה. דוגמתם של דברים אנו מוצאים בדעות, התרחקות הראויה וכמעט מוטבעת שלא לתור אחר מחשכות המרחיקות את המעמד המוסרי, לפעמים נראה שדוחקים את חופש הדעת, אבל מי שמכיר התכלית יבין את יקר ערך ההגבלה, ויקבל אותה באהבה".

41. דרישה הלכתית זו עשויה לעורר אנטגוניזם, משום שיש בה לכאורה מעין 'האשמת הקורבן', דהיינו העברת שדר לאישה שהיא נושאת באחריות ועליה להסתתר ולהתכסות, בעוד לאמיתו של דבר מבטו המיני של האיש הוא הבעיה שבה ראוי לטפל. אכן, ההלכה אינה מהססת להטיל אחריות גם על קורבנות פוטנציאליים ואומנם "יותר יש לאדם ליזהר עצמו שלא יזיק אחרים משלא יוזק" (**תוספות**, **בבא קמא** כג ע"א, ד"ה וליחייב), אך גם על הניזק מוטלת החובה לשמור

תנועתה של ההלכה המכפיפה את האידיאל לחולשות אנושיות - מעין הדימוי שבו תיאר המדרש את מתן תורה: "מלמד שהרכין הקב"ה שמים העליונים על ראש ההר ודִבֵּר עמהן"[42] - מנוגדת תכלית ניגוד לתנועות הפרוגרסיביות שחלקים מן התנועה הפמיניסטית בת זמננו נמנים עליהן. תנועות אלו מבקשות לעצב את העולם מחדש, לשרוף את הישן והמסואב, כר' שמעון בר יוחאי בצאתו מן המערה (שבת לג ע"ב), ולהקים על חורבותיו בריאה חדשה ומושלמת;[43] ואילו ההלכה מתבוננת במציאות בעיניים ריאליות ומבקשת לשנותה מתוך עצמה - בצעדים מדודים אך בטוחים.

בהקשר של הלכות צניעות, זרמים מסוימים בתנועה הפמיניסטית מבקשים לערער על המציאות הקיימת, להתכחש אליה, או לא להיכנע למציאות שהִבנו הגברים במהלך הדורות; במקום כל זאת הם מבקשים לכונן עולם אידיאלי שבו ינותק הקשר ההכרחי בין לבוש לבין מיניות. דוגמה הממחישה את העניין והתפרסמה לאחרונה היא מעשיה של שחקנית תיאטרון שעלתה על הבימה בלבוש חשוף, אך עצרה את ההצגה כאשר בני הנוער שבקהל החלו לצלם אותה; הנחת המוצא שלה הייתה שאין להימנע מהסתכלות בנשים, וודאי שאין לחייב את הנשים ללכת בלבוש צנוע, ומאידך־גיסא אין להפוך את האישה למוקד של הנאה מינית בלי רצונה. ביטוי אחר לדרישה זו נמצא בצעדה שנתית המתקיימת בישראל שבה הולכות נשים בלבוש לא־צנוע באופן מופגן תוך שהן מביעות את הדרישה (המוצדקת כשלעצמה) שלא להטריד נשים בשל לבושן.[44]

אם נתבונן על החברה כמכלול, קשה לומר שגישה זו עשויה להיות דרך לרבים. קל לפרק את ההגבלות והסייגים שקבעה ההלכה, אך קשה הרבה יותר להתנגד לשטף המסרים המחפיצים של התרבות הכללית, המוצאים אוזן קשבת ביצר לב האדם שהוא רע מנעוריו. לכן, פירוק כללֵי ההלכה לא יפתור כל בעיה ורק ייצור אתגר גדול יותר. גם בית המלוכה הבריטי, שאותו הזכרנו לעיל, לא הסתפק בחינוך האזרחים לבל יתבוננו על משפחת המלוכה במבט מיני, אלא יצר כללי לבוש בעבור בני המלוכה.

את נכסיו והוא נושא באחריות חלקית, כלשון המשנה (בבא קמא פ"א מ"ג): "הניזק והמזיק בתשלומין". מובן שאין בכך כל גריעה מן האחריות של הפוגע, ודאי כאשר מדובר בפגיעה מינית או בהטרדה מינית, וראו להלן בפרק התשעה־עשר.

42. מכילתא דרבי ישמעאל, יתרו, מסכתא דבחדש, פרשה ט.

43. תנועת נפש זו זיהה כבר כבר הראי"ה קוק שכתב באחת מפסקאותיו: "האידיאליסטים הגדולים רוצים בסדר יפה וטוב, מוצק ואדיר כזה, שאין בעולם לו דוגמא ויסוד, על כן הם מהרסים את הבנוי לפי מדת העולם" (**שמונה קבצים**, קובץ א, פסקה רצז).

44. על הפער בין המציאות לבין התביעה הפמיניסטית בתחום ההטרדות המיניות, ראו להלן בפרק התשעה־עשר.

אם כן, במציאות בת ימינו לבוש המכסה את הגוף הוא האופן למימוש מלא ככל האפשר של חיים שוויוניים ומשותפים.[45]

האם ההלכה היהודית הצליחה במקום שבו הפמיניזם המערבי נכשל? זוהי שאלה נוקבת שבמישור הפרטי קשה לענות עליה באופן מבוסס: קשה להוכיח האומנם הצליחה המדיניות ההלכתית והאם הצמיחה אנשים ונשים המתייחסים זה לזה כסובייקטים ונמנעים מלהתמקד במאפיינים החיצוניים של הזולת;[46] אולם בכל הנוגע למישור הציבורי, נדמה כי קיים הבדל מובהק בין צורת השיח המקובלת בחברה הדתית לבין זו הנוהגת בחלקים רחבים בחברה המערבית (הכוונה כמובן לציבור הרחב, ולא לאליטה אינטלקטואלית מצומצמת). די בהאזנה לשיחה מקרית בין חיילים בעמדת שמירה או בצפייה בסצנה אקראית בטלוויזיה כדי להמחיש זאת; בחברה שומרת הלכה יהיה הרבה פחות עיסוק גלוי של גברים במיניותן של נשים.[47]

ו. הלכה ואופנה

אתגר משמעותי ביותר בתחום הצניעות הוא נושא האופנה.[48] בתקופות שבהן רווחת אופנת לבוש הרחוקה מגדרי ההלכה, עומד בפנינו קושי כפול. ראשית, האופנה היא מוקד משיכה משמעותי העומד אל מול שמירת ההלכה, בדומה לכל תופעה עכשווית

45. כלומר הקריאה להתלבש בצניעות היא למעשה קריאה פמיניסטית, ויש מן ההוגות הפמיניסטיות שאכן רואות אותה באופן זה. ראו למשל: Anne Barnhill, 'Modesty as a Feminist Sexual Virtue', in: Sharon L. Crasnow and Anita M. Superson (eds.), *Out from the Shadows: Analytical Feminist Contributions to Traditional Philosophy*, Oxford 2012, pp. 115-137. סוגיה זו נתונה במחלוקת עזה בקרב ההוגות הפמיניסטיות; סקירה והצעה לפיתרון ראו אצל: Leslie A. Hahner and Scott J. Varda, 'Modesty and Feminisms: Conversations on Aesthetics and Resistance', *Feminist Formations* 24.3, 2012, pp. 22-42.

46. טובה הרטמן (במאמרה 'כיסוי וגילוי באישה', לעיל הערה 19), הצביעה על כך שגם רווקים דתיים מבררים אצל השדכניות את מידות גופן של נשים בטרם ייפגשו עימן; אולם נראה שטענה זו איננה רלבנטית משום שהדבר מצביע רק על החשיבות שאותם רווקים מקנים לגוף כאשר מדובר בהקשר של חיי נישואין - שבהם הממד הפיזי הוא ללא ספק חלק משמעותי. באותה מידה אפשר היה להביא ראיה מפסוקי שיר השירים שאינם עוסקים רק בתכונות האופי של בני הזוג.

47. עם זאת, אין להכחיש את התופעה עצומת הממדים של הצריכה הסמויה של תכנים מיניים שפשתה לצערנו בכל רובדי החברה בלי להבחין בין מגדרים ומגזרים.

48. ובפרט זו של הלבוש הנשי, שהרי הלבוש הגברי אינו עובר שינויים ניכרים המאתגרים את השיח ההלכתי, ולפנינו מוקד נוסף המושך את השיח ההלכתי להתרכז בלבוש האישה.

המושכת את יצר לב האדם המבקש להידמות לחבריו. שנית, האופנה משנה את התחושה ביחס למושג הצניעות עצמו: בגדים מסוימים עשויים להיחשב בתקופה מסוימת כבגדים שאדם סביר לא יעלה על דעתו ללבוש, ואילו בתקופות אחרות העין מתרגלת אליהם והם נראים כאפשרות מתקבלת על הדעת - עד כדי כך שההלכה האוסרת אותם נראית קיצונית ותמוהה.

באופן עקרוני מדובר בתופעה לא־מפתיעה וברור שלתרבות ולמנהג יש חשיבות רבה בהגדרת מושגי הצניעות. סביר שלבוש כלשהו ייחשב צנוע בשבט אפריקני פלוני, ואילו במדינה מוסלמית אדוקה הוא יישא עמו מטענים מיניים ומחפיצים. למעשה, כל מושג הצניעות הוא מן ה'מפורסמות', כלשון הרמב"ם (**מורה הנבוכים**, חלק א, פרק ב), דהיינו ערך הנובע מהבְנָיָה חברתית; ולכן לא התקיים כלל בגן עדן, לפני חטא אדם הראשון, כשמעשים נבחנו בגדרים אובייקטיביים של אמת ושקר ולא לפי מוסכמות חברתיות. ממילא, כשם שעקרון הצניעות מבוסס על הנוהג בחברה מסתבר שהוא הדין גם ליישומיו המעשיים.

יחד עם זאת, התזוזות בכללי הלבוש ההלכתיים מינוריות הרבה יותר מן השינויים העצומים המתחוללים ברחוב, משום שכללי האופנה אינם משתנים רק בעקבות התחושה שלבוש מסוים הופך כעת ל'צנוע', אלא במידה רבה בעקבות תנועות המבקשות דווקא את חוסר הצניעות (או למצער מתוך תנודות אופנתיות שאינן לוקחות בחשבון את ממד הצניעות). משום כך עשוי להתקיים פער בין התחושה הרווחת, שלפיה בגד מסוים הוא סביר ומקובל, לבין הגדרתו ההלכתית כצנוע או לא־צנוע. לשון אחרת: גם כאשר לבוש מסוים איננו מעורר במודע מתח מיני מיוחד, אפשר שהדבר נובע מההתרגלות והכלה מתמדת של החצנה מסוימת שדעת התורה איננה נוחה הימנה.

אולם הפער בין קוד הלבוש המסורתי לזה המערבי איננו משקף אך ורק את הקביעה המעשית כי חשיפת איבר כלשהו יוצרת מתח מיני סמוי. דווקא מתוך ההבנה שלמנהג העולם יש משמעות בהגדרת הלבוש הצנוע והמכובד, הבחירה כיצד להתלבש נושאת עימה מטען כבד הרבה יותר, שהרי אין מדובר רק בבחירה אם לעבור על איסור מסוים, אלא בבחירה לאיזו חברה ותרבות להשתייך ("דת משה ויהודית" בלשון חז"ל). כמו מדי צבא או מעילי 'זברה' חסידיים, גם אורך השרוול נושא עימו מסר של השתייכות חברתית וערכית - בין אם נחפוץ בכך, בין אם לאו.[49]

המודעות לנקודה זו מעצימה לעיתים את הקושי שבצניעות. בדור שגדל על ברכי האינדיבידואליזם חפֵצים רבים (גברים ונשים) להשיל מעליהם תלבושת המעידה על

49. על תפיסה זו של צניעות כגורם המבטא זהות העידו נשים רבות, ראו Lynne Schreiber, *Hide and Seek: Jewish Women and Hair Covering*, Jerusalem and New York 2003.

השתייכותם החברתית־דתית. אלא שכפי שאירע לסגנונות לבוש שונים, מה שמתחיל כתנועה נגד השתייכות הופך לבסוף לסמל להשתייכות אחרת (דוגמת חבישת קסקט במגזר הדתי־לאומי שהפכה לסימן ההיכר של תת־מגזר בתוך מגזר זה); המציאות אינה סובלת ואקום, ובשאלות מסוימות אי אפשר שלא לבחור צד אלא אי־הבחירה היא בעצמה בחירה. לשון אחרת: כאשר ממירים את קוד הלבוש ההלכתי בקוד לבוש מערבי, מדובר בעסקת חבילה ערכית שאת כלל מרכיביה אנו משדרים כלפי חוץ - אם נרצה בכך ואם לאו.

לבסוף זוהי הסיבה לכך שהפער בין קוד הלבוש ההלכתי לרעהו המערבי עתיד להמשיך ולהתקיים כל עוד יתקיים פער ערכי בין העולמות. הלבוש ההלכתי יהיה לעולם צנוע יותר לא רק משום שהוא מכסה איברים מסוימים, אלא משום שהוא משדר - כלפי פנים וכלפי חוץ - את תפיסת הצניעות שעיצבה אותו, יחד עם המכלול הערכי העומד בבסיס ההשתייכות החברתית שעליה הוא מצביע.[50]

ז. צניעות הלכתית: כללים ופרטים

גם כאשר מבינים את רעיון הצניעות ומסכימים עם עקרונותיו, ואף כאשר מפנימים את היבטיו החברתיים של קוד הלבוש, קשה לעיתים לאמץ את התפיסה ההלכתית הדקדקנית של גדרי הצניעות.

ואכן, תהפוכות האופנה מאתגרות גם את פסיקת ההלכה, ולא רק את שמירתה; במובנים מסוימים הן מאתגרות את ההלכה עצמה. תופעות של חוסר צניעות התקיימו אומנם כבר בעת העתיקה ותוכחות על רקע זה מצויות כבר בדברי הנביאים, אולם עד למאות האחרונות נשמרה המסגרת העקרונית של לבוש נשי־יהודי צנוע ('מנהג בנות ישראל') ששימש את ההלכה כנקודה ארכימדית וכבסיס טבעי להשוואה. במציאות כזו יכול היה פוסק ההלכה להסתפק בהנחיות כלליות או חלקיות ולהותיר את עיקר נושא הלבוש הנשי לחינוך הפנים־משפחתי העובר מאם לבת ומאישה לרעותה; ואכן, בתלמודים ובדברי הראשונים אנו מוצאים התייחסויות מעורפלות למדי לנושאים אלו.

אלא שתופעות חברתיות שונות, פנים־יהודיות וכלל־עולמיות, שינו את המצב ללא הכר; בעולם המערבי החלו נורמות הלבוש המקובלות, הצנועות באופן יחסי, להיסדק בסוף המאה ה־18 עם פרוץ המהפכה התעשייתית. הן שבו למשך כמה עשרות שנים בתקופה הוויקטוריאנית, אך נשברו פעם נוספת אחרי מלחמת העולם

50. ראו על כך במאמרו של הרב יהודה ברנדס, 'סביבה משתנה ותרבות פרסום' (לעיל הערה 14).

הראשונה והתפוררו לחלוטין אחרי מלחמת העולם השנייה.[51] גם בעם ישראל, לא־תמיד מתלבשת האם כפי שהתלבשה הסבתא, והחברה היהודית משקפת יותר את הנורמות המערביות מאשר את מסורת ישראל.[52] במצב עניינים כזה נדרשת ההלכה לספק הגדרות מפורטות, להציע מידות מדויקות של אורך, רוחב ועובי, ולעצב מחדש באופן מלאכותי את שהיה טבעי ומובן מאליו בדורות הקודמים.[53]

הזדקקותה של ההלכה לפרטי הפרטים ולתיחום סנטימטרים יוצרת בעיה כפולה: בהלכה עצמה, ובשיח על אודותיה. נפתח בקושי הראשון.

הדקדוק בפרטים עלול להחמיץ את מטרתו ולעוות את התמונה הכוללת. צניעות היא תכונה שקשה מאוד להגדיר באופן מדויק וכמו־מתמטי (בדומה ליופי או הדרת כבוד): גם אם נגדיר במדויק את אורך הבגדים, האם אפשר להגדיר את מידת השקיפות שלהם או את גִזרתם? התשובה כמובן היא שאין דרך מוחלטת לענות במדויק על כל השאלות הללו, ולפיכך על הצניעות להישאר תמיד ערך רוחני־מוסרי שיש לשאוף למימושו ולהטמעתו בחיינו. עם זאת, דווקא מתוך ההבנה כי הצניעות היא ערך המנוגד לתנועתה הטבעית של החברה המודרנית, ברור כי הצניעות אינה יכולה להתבסס על תחושת הלב לבדה. בדומה לכל קוד לבוש שנועד להכתיב ערכים מסוימים, גם ההלכה זקוקה להגדרות מדויקות וברורות שיעניקו ממשות לרעיונות המופשטים.

כללי הצניעות ההלכתיים הם אפוא מעין גבולות גזרה, קווים אדומים שבתוכם מצוי מרחב שלם של צניעות שעלינו ללמוד ולהפנים. גבולות מעצם טבעם צריכים להיות מדויקים, ובהלכה ישנן הגדרות ברורות למקום המדויק שאותו אין לגלות בשום מצב. דווקא כדי שנוכל להשיב את הצניעות למקומה האמיתי, כמידה פנימית־

---

51. בוויקיפדיה בשפה האנגלית, בערך 'History of Western fashion', ישנו תיאור מפורט של האופנה המערבית לפי מאות ועשורים. לפי האמור שם, התקופה שבסוף המאה ה־18 מכונה במחקר 'Age of Undress', ואילו השינויים הדרמטיים בלבוש המודרני (כגון מכנסיים לנשים) מתוארכים לשנות החמישים והשישים של המאה ה־20.

52. הראי"ה קוק מעיר על פריצת גדרי הצניעות שאירעה בעקבות מלחמת העולם הראשונה (באיגרת 'אל בנות ציון', בתוך **לצניעות ולטהרה בישראל**): "אחרי המלחמה הנוראה, אשר האנושיות אבדה על ידה הרבה מאד מנכסיה הרוחניים... חדר המנהג הגרוע של התלבושת החדישה בפריצות שובבה, מודה כזאת, שרוב טובי האנושיות חורקים עליה שן, ופניהם מאדימות מזעם ובושת". תופעה זו התגברה במדינת ישראל לאחר השואה, כאשר העולים נתלשו מקהילותיהם ואימצו את מנהגי המקום שלא הלמו את ההלכה. תיאור של מציאות זו ראו אצל דב שוורץ, 'על מעמדו של הספר בשיח הגופניות והמיניות בציונות הדתית', **עלי ספר** 24–25, תשע"ה, עמ' 331–362.

53. ראוי לציין כי מצויות תמונות מן הדורות הקודמים שבהן מופיעות נשות רבנים בלבוש שאינו הולם את הגדרים ההלכתיים המקובלים כיום, ויש בכך לעיתים כדי לאתגר את פסיקת ההלכה.

אישיותית, עלינו להתחיל מהבנה מדויקת של המסגרת שבתוכה היא אמורה לצמוח. לכן על אף אי־הנוחות ולמרות הידיעה שאין זה העיקר, פוסקי ההלכה ופוסקות ההלכה נדרשים להגדיר היטב את גבולות הגִזרה; אנשי החינוך נדרשים להנחיל גבולות אלה לתלמידיהם; ושומרי ההלכה נדרשים לקיימם. ההיאחזות בגבולות אלה צריכה להיעשות מתוך אמונה כי הם נוצרו מכוח הבנה עמוקה של טבע האדם ולשם יצירת מסגרת שתאפשר לבני האדם לקיים חברה שוויונית, מכבדת וקדושה.

הקושי השני שאותו מעוררת הזדקקותה של ההלכה לפרטי הפרטים של הלכות צניעות הוא השיח על אודות ההלכה. לעיתים קרובות כאשר מוטלים על האישה דינים מדוקדקים המגדירים את תפיסת הגוף שלה ואת מיניותה, הם עשויים להיתפס בעיני הציבור כלא־צנועים בעצמם, וכן כקטנוניים וחטטניים. במובן מסוים, הלכות צניעות מציפות את המבט שהן בעצמן מבקשות למנוע, והן אף משדרות כביכול שהגוף נושא עימו פוטנציאל תמידי של חטא.

לכן חשוב להבין שההלכה אינה רוצה חלילה להפוך את האישה לאובייקט מיני, אלא מנסה להילחם בכל כוחה בתפיסת האישה כאובייקט כזה על ידי זרים.[54] כאשר ההלכה דורשת מנשים ללבוש חצאית עד הברך, היא אינה מבקשת להפוך את הברך הנשית לאובייקט מיני, אלא טוענת שכך היא עשויה להיתפס בחברה.[55] כפי שציינּו כמה פעמים, ההלכה מנסה דווקא להפוך את המיניות ללא־רלבנטית ברשות הרבים ולאפשֵר לאישה להופיע בה כסובייקט חף מקונוטציה מינית.

הבנת מגמת ההלכה חשובה לא רק לנשים ולגברים המקיימים את הלכות צניעות, אלא גם לאלה המופקדים על החינוך לצניעות. חשוב לדעת כי שיח הצניעות מּועד להידרדרות למחוזות של החפצה, שבמסגרתם מוגדרת האישה על פי גופה ולבושה, ומיניותה מובלטת במקום שתוצנע (וזאת מבלי להזכיר את האפשרות שהשיח יהפוך לא־צנוע באופן מובהק, ולדאבוננו כבר היו דברים מעולם). הכרה זו צריכה להנחות הן את מינון הזמן שאותו מקצים לנושא הצניעות, הן את העדינות והזהירות שנדרשות

54. במסגרת חיי הנישואין יש מקום מסוים גם ליחסי סובייקט-אובייקט, הן מצד האיש הן מצד האישה, כחלק מאופיו של המעשה המיני, כפי שעולה מדבריו של לאקאן על כך ש"אין יחס מיני" ("il n'y a pas de rapport sexuel"). בה בעת, היהדות מבקשת להדגיש גם ביחסים אלה את הממד של יחסי סובייקט-סובייקט; וראו את דברי הרב סולובייצ'יק על "גאולת יחסי האישות", בספרו **אדם וביתו**, ירושלים תשס"ב, עמ' 94-95.

55. דומה כי מסיבה זו, המבט הגברי־מערבי מעודד את האישה לחשוף את הברך ואת הירך. אף שבאופן טבעי לבוש לא־צנוע יבלוט יותר בחברה שבה נהוג קוד לבוש צנוע, אין פגם בעצם קיומו של מטען מיני ביחס לגוף האישה, כל עוד הוא ממומש רק במסגרת קשר הנישואין.

במהלך השיח; בפרט יש להימנע מדיונים בצניעות הלבוש הנשי המוּנחים על ידי גברים ומופנים כלפי נשים (וראו להלן).

ח. הלכה, אמון וזהות הפוסק

בסופו של דבר, שמירת הלכה היא עניין של אמון: אמון בנותן התורה ובמקבליה, ואמון במעבירי המסורה ובחכמי הדור; אמון שהיעדרו מקעקע את הקיום הדתי כולו. שמירת הלכות צניעות צריכה להיעשות מתוך אמון בפוסקי ההלכה שעשו כמיטב יכולתם כדי לבחון את גדרי הלבוש הנשי והגברי, ולהגדיר מה צנוע ומה מיני, מה מאפשר יחסים ענייניים בין המינים ומה עשוי להנמיך אותם. כאשר ההלכה פונה לאישה ומבקשת שתלך עם בגד אחר מזה המקובל ברחוב, היא מבקשת ממנה שתיתן אמון במסורת ההלכתית במקום באופנת השוק - גם אם תחושתה האישית היא שאין כל בעיה עם אופנה זו.

הבקשה לאמון איננה פשוטה: חלק ממקורות ההלכה התעצבו בחברה פטריארכלית שבה יכול היה הרמב״ם להורות לבעל שיניח לאשתו לצאת מביתה רק פעם או פעמיים בחודש (**משנה תורה**, הלכות אישות, פי״ג הי״א);[56] ואין זה קל לתת אמון בהלכה הנוגעת לנשים כשהיא יוצאת מבית מדרש כזה.[57]

האמון בהלכה יכול להיבנות על שני אדנים. ראשית, מתוך מודעות לכך שהבחירות החופשיות כביכול מוכתבות למעשה על ידי כוחות השוק והתרבות, ולכוחות הללו יש אג׳נדות משלהם.[58] הנורמות החברתיות המגדירות את הלבוש המקובל כיום נוצרו באותה סביבה רוחנית הדוחקת באנשים ובנשים לחשוף את עצמם ולהחצין את אישיותם ככל האפשר.[59] הבחירה הנתונה בידינו היא בחירה בין סוכני

56. על הרקע החברתי־תרבותי של פסיקה זו ראו אברהם גרוסמן, **והוא ימשול בך? האישה במשנתם של חכמי ישראל בימי הביניים**, ירושלים תשע״א, עמ׳ 123-125.

57. ואכן, אחד ממאפייניה של הביקורת הפמיניסטית על ההלכה הוא אימוץ ׳הרמנויטיקה של חשד׳. ראו רונית עיר־שי, ׳בין ניתוח פמיניסטי לניתוח מגדרי בחקר חז״ל וההלכה המודרנית: הומוסקסואליות והבניית הגבריות כמקרה מבחן׳, **דיני ישראל** לב, תשע״ח, עמ׳ 249-284.

58. ראו על כך בספרו של יובל נח הררי, **קיצור תולדות האנושות**, אור־יהודה תשע״א, עמ׳ 359-367.

59. ראו את התיאור הנאה המובא **בשו״ת באר משה** (שטרן, חלק ד, סימן קמז): ״ידוע לכל ומפורסם עד לחדא, שמומחים גדולים בענין גירוי היצר הרע יושבים חבורות חבורות יומם ולילה בפאריז, במקום אבי אבות הטומאה, מקום זימה וזנות, מרכבא דסיטרא אחרא, חושבים ומהרהרים, מודדים ושוקלים, איך לייצר בגדים של היותר שחץ ויותר פרוץ לנשים ואנשים״.

תרבות שונים, ונדמה שגם מי שחש קושי עם המסורת התרבותית המשתקפת בהלכה יבכר אותה על פני זו המכוננת את תרבות הלבוש המערבית שאותה תיארנו לעיל.

שנית ועיקר - עלינו לתת אמון במנגנוני השינוי וההתאמה של ההלכה, ולהכיר בכך שהיא יודעת להבחין בין ערכי הליבה ההלכתיים הבלתי־משתנים, לבין דרכי היישום שצריכות לעבור התאמה וכוונון־מחדש בכל דור ודור. עובדה היא שאיש אינו פוסק הלכה למעשה את הנחייתו של הרמב"ם הנזכרת לעיל וכי צורת השיח בין גברים לנשים כיום שונה מזו המתוארת בגמרא.

יתר על כן, האמון צריך לנבוע מתוך תחושה שפוסקי ההלכה קשובים לצרכים, לתחושות ולקשיים של מקיימי ההלכה. אמון כזה הוא תוצר של תנועה הדדית, בבחינת "וְהֵשִׁיב לֵב אָבוֹת עַל בָּנִים וְלֵב בָּנִים עַל אֲבוֹתָם" (מלאכי ג', כד), והוא דורש עדינות ורגישות משני הצדדים.

אתגר האמון, הקיים בתחומים הלכתיים נוספים המשיקים לערכים תרבותיים ולנורמות חברתיות, מתעצם בסוגיית הצניעות ונסוב על זהותם של פוסקי ההלכה. לאורך דורות רבים היה רוב גברי מוחלט בקרב חכמי המסורה, וברור היה לכול שבאחריותם לדון בכל תחום הלכתי, נשי וגברי כאחד - כשם שחכמי הרפואה, שבדורות הקודמים היו ברובם גברים, לא נמנעו מעולם מעיסוק תיאורטי ומעשי ברפואת נשים. התודעה הפמיניסטית המתרחבת, כמו גם קיומה של אופציה נשית בעולם פסיקת ההלכה, שינתה את התמונה בדור האחרון. המחשבה על גברים העוסקים בפרטי פרטים בלבושן של נשים מעוררת בימינו התנגדות עזה, וזאת נוסף על התחושה כי מדובר בשיח המציב את הגבר במרכז ההוויה ובשפה המעצבת את המרחב הציבורי על פי הצרכים הגבריים.[60]

לצד ההזדהות עם התחושה הנזכרת, תהיה זו טעות לקבוע שהעיסוק בדיני צניעות צריך להימסר לנשים בלבד. נבהיר זאת מתוך חלוקה בין שלבים שונים בעשייה ההלכתית.

השלב הסופי של העיסוק ההלכתי הוא שלב הגשת פסקי ההלכה לקהל הרחב, והוא כולל הן ניסוח וכתיבה, הן ירידה לפסים מעשיים (בהקשר שלנו: עיסוק בסוגי בגדים ואופני לבוש ספציפיים). שלב זה הוא הבעייתי ביותר בדיני צניעות, ואכן ראוי היה לכתחילה שגברים יכתבו לגברים ונשים לנשים: הן משום שדברים המגיעים מבני אותו מין מתקבלים יותר על הלב ונאמרים על בסיס מצע משותף של חוויות ותחושות; הן מחמת חוסר הצניעות שבשיח בין איש לאישה על אודות גופה של האישה. ברור אפוא כי ראוי נכון שחינוך והוראה אישית־מעשית בענייני צניעות, כמו בהלכות

60. ראו על כך בהרחבה אצל רוס, 'תרומת הפמיניזם' (לעיל הערה 22).

אישות וטהרת המשפחה, ייעשו ככל האפשר בין בני אותו המין. ההתנהלות בעניין זה לא הייתה רגישה מספיק בעבר, במוסדות חינוך ובתנועות הנוער, והובילה לחוסר צניעות ולאנטגוניזם גם יחד.

אולם קודם לשלב זה ישנם שני שלבים אחרים, עקרוניים יותר. שלב אחד הוא שלב הניתוח העיוני־למדני של מקורות ההלכה. שלב זה, שהוא עיקרה של מלאכת הפסיקה, איננו קשור באופן מהותי למינו של הפוסק, וגם אם השפעות מסוימות מצויות תמיד, אין טעם לנסות ולהפקיע מגברים כל עיון הלכתי הנוגע לנשים - כשם שלא יעלה על הדעת לשלול מנשים לעסוק בענייני משפחה הנוגעים גם לגברים. נציין כי באופן טבעי אף אנו קיימנו משא ומתן הלכתי בסוגיות אלו, עם גברים ונשים גם יחד, מתוך אמונה שכל נושא הנוגע לשני המגדרים ראוי לכתחילה שיתלבן במשותף, אך לא מתוך תחושה שאין זה לגיטימי להתנהל באופן אחר.

מלבד העיסוק הלמדני־תיאורטי, שלב חשוב - ואולי ראשון - בפסיקת ההלכה הוא ניתוח המציאות שעימה מבקשת ההלכה להתמודד ובחינת ההשלכות שתהיינה לאותה פסיקה. בהלכות המופנות לנשים בלבד, אכן ראוי כי דווקא פוסקות הלכה תעסוקנה בהן ותפסוקנה בהן הלכה למעשה; אך הלכות צניעות אינן כאלו. כפי שהראינו לאורך כל הפרק, הלכות צניעות עוסקות בכינון חברה מעורבת טהורה, ועניינן הוא המתח שבין המינים; משום כך הלכות אלו צריכות להיכתב לכתחילה מתוך דיאלוג בין הצדדים.[61] מכיוון שהלכות צניעות מבקשות להילחם במבט המחפיץ המגיע מן המין השני, יש צורך בנקודת מבט גברית לשם הגדרת הלכות צניעות של נשים,[62] ובמקביל יש צורך במבט נשי כדי לנסח דיני צניעות לגברים; ולפיכך אין טעם בהימנעות כוללת של גברים מכתיבה בתחומים אלו. כדי להתמודד עם האתגרים שתוארו בהקדמה זו, העומדים בפני אנשי ההלכה ונשות ההלכה בבואם לעצב את דיני הצניעות בלבוש (הגברי והנשי), ראוי ונכון כי דינים אלה ילובנו בשיח, בעצה אחת ובשיתוף פעולה מלא בין תלמידי חכמים לבין תלמידות חכמים המכירות היטב את השפה ההלכתית ומכירות לפניי ולפנים גם את שלל התסכולים הכרוכים בהתמודדות

---

61. לעיתים אפשר לשמוע מן המתנגדים לעיסוק של גברים בצניעות גם את הטענה שלפיה אין כלל מקום להלכות צניעות אלא רק להלכות שמירת העיניים המיועדות לגברים. אף שאין בכך אמת, ודאי שהלכות צניעות קשורות קשר הדוק להלכות שמירת העיניים, ולפיכך צניעות נשית היא גם נושא גברי.

62. ראו על כך גם במאמרו של הרב יוני מילוא, 'חינוך לצניעות בדור החוצפה והמרדנות', בתוך: אופיר שוורצבוים ועמיחי סדן (עורכים), **כתנות אור: בירור אמוני בסוגיית הצניעות**, ירושלים תש"ס, עמ' 371-396: "ההלכה מנסה, ממבטו של הגבר, לזהות מהן הנקודות באישה הגורמות למבט חיצוני עליה מצד הגברים".

ההלכתית עם נושא הצניעות בלבוש. כך בעזרת ה׳ יעוצבו כללים אלה בצורה מדויקת וינוסחו בעדינות וברגישות המרבית.

סיכום

א. מידת הצניעות היא אחד היסודות הרוחניים העמוקים של תורת ישראל, ועניינה הוא ההבנה שמהות הדברים נמצאת במרחב הסמוי מן העין ואין לראות את חזות הכול בביטוי החיצוני של הדברים. מכך נובעת ההימנעות מהחצנה של ממון ומעמד, וכן ההימנעות משימת דגש עיקרי על ההופעה החיצונית.

ב. החצנת הגוף והנכחת המיניות קשורות זו בזו באופן הדוק, והמגמה הרווחת בעולם המערבי מבקשת להעצים את שתיהן ו׳לחגוג׳ את שתיהן תוך החפצה של גברים ובעיקר נשים והנמכתם לכדי אובייקט מיני. לעומת זאת, היהדות תופסת את המיניות כעניין השמור לקשר המקודש שבין איש ואשתו; היא מבקשת לטשטש את נוכחות המיניות ברשות הרבים וכן לאפשר לגברים ונשים לבטא את אישיותם הפנימית המלאה.

ג. מתוך מגמה זו נובעות הלכות צניעות הלבוש ושמירת העיניים, ובשל כך הן שייכות מבחינה עקרונית לגברים ולנשים באותה מידה. יחד עם זאת, אין להכחיש את ההבדלים (הטבעיים או התרבותיים) הקיימים בפועל בין גברים לנשים, וכשם שהתרבות המערבית הפופולרית מרבה להבליט את גוף האישה כמוקד למשיכה מינית, כך דיני צניעות יבקשו לכסות אותו יותר כדי למנוע משיכה זו.

ד. הכרתה של ההלכה בכך שחשיפת הגוף מגבירה את המתח המיני, אף שיש בה פגיעה מסוימת בנשים המבקשות להתלבש כרצונן מבלי שישליכו עליהן מטענים תרבותיים וחברתיים, נובעת מן הגישה הריאליסטית של ההלכה, המבקשת להתמודד עם המציאות הנוכחית - שבה יש קשר בין לבוש לבין מיניות - ולא להתעלם ממנה.

ה. ברמה העקרונית, מושגי הצניעות הם חברתיים ואמורים להיות מושפעים במידה ניכרת מתפיסת הצניעות של החברה ומנהג המקום; אולם למעשה גם כאשר המנהג משתנה, ההלכה נשארת פעמים רבות על מכונה, הן משום שהיא מבקשת למנוע גם נימות דקות של משיכה מינית שהחברה אינה מבחינה בהן (או מנסה להתכחש להן), הן משום שקוד הלבוש מבטא עולם ערכי שאיננו מתמצה בשאלה אם חשיפה של חלק גוף זה או אחר נושאת עימה בפועל מטען מיני.

ו. בתחום הצניעות, יותר מאשר בתחומים אחרים, עברה ההלכה בדורות האחרונים מקביעת עקרונות כלליים לתיאור גדרים מפורטים ומדוקדקים; וזאת בשל תהליכים

תרבותיים שערערו את מסורת הלבוש בקהילות היהודיות. תופעה זו דורשת מאיתנו להבין שהגדרים ההלכתיים אינם אלא מסגרת בסיסית שעל גבה יש לבנות את הצניעות כתכונה אישיותית שמתוכה נגזרת התנהלות כללית. כמו כן יש להקפיד שהעיסוק המפורט בהלכות צניעות לא יהפוך לעיסוק המעצים את המיניות ומנכיח אותה - ובכך יחטא למטרתו.

ז. הלכות צניעות, בדומה לשאר תחומי ההלכה, מנוסחות על ידי פוסקי ההלכה שהם גברים ברובם המכריע; זאת אף שדינים אלה מתייחסים בחלקם הגדול לנשים דווקא. באופן עקרוני אין טעם לפגם בעיסוק של גברים בתחום (אף שריבוי מורות ההלכה, בכל תחום, הוא תופעה מבורכת), הן משום שהתורה כולה ניתנה לגברים ולנשים גם יחד, הן משום שגם לנקודת המבט הגברית יש משקל בדיני צניעות. אכן, יש בכך כדי להגדיל את החשיבות של הדיאלוג ושל הנכונות להקשיב לצרכים והתחושות העולים מכל הצדדים.

ז

הבסיס ההלכתי לדיני צניעות

"אני מורה באולפנה לבנות, ובחלק משיעורי החינוך אני עוסקת בנושא הצניעות. אנחנו מדברות על הערכים השונים הקשורים למושג הצניעות וסובבים אותו, אך פעמים רבות שואלות התלמידות: איפה כתוב בתורה שצריך להתלבש בצניעות?. כיצד עליי להשיב לטענה זו? האם יש בסיס הלכתי מוצק לדיני צניעות או שמדובר רק במידה טובה שהולבשו עליה גדרים והלכות שלא בצדק?"

פתיחה

אחד האתגרים המורכבים ביותר בדורנו הוא אתגר הצניעות בכלל וצניעות הלבוש בפרט. מערכות החינוך בחברה הדתית־לאומית, וכן משפחות רבות, מוצאות עצמן בהתמודדות בלתי־פוסקת עם סוגיה זו. סיבות שונות לאתגר זה: היצר הטבעי המבקש להתנאות ולעצב את הלבוש בצורה חופשית ללא מגבלות; התרבות המערבית שבה הולכים ונעלמים המחסומים שהיו קיימים בעבר; האופנה המודרנית החודרת לבתינו דרך מסכים מכל הסוגים והגדלים; ומזג האוויר החם והלח השורר בארצנו ומעודד לבוש קל.

על כל הגורמים הללו נוסף הקושי להסביר את ערכי הצניעות ו'לשווק' אותם בעולם שבו אין להם תפקיד מרכזי. ניסיונות רבים נעשים בתחום זה, ואף אנו עסקנו בכך בפרק הקודם, אולם מתוך הקושי להסביר את ערכי הצניעות עולה ביתר־שאת שאלת התוקף ההלכתי של התביעה לצניעות. דווקא נוכח הקושי, חשוב לשוב ולהתבונן במקורותיו ההלכתיים של מושג הצניעות וביסודותיו, ולהגדיר את החובות המוטלות

הן על הגבר הן על האישה בתחום זה.[1] נפתח את הדיון בחובת הצניעות הבסיסית הקיימת בין אדם לעצמו ולאלוהיו; נמשיך בחובה הצניעות הרחבה יותר הקיימת בנוכחות בני אדם אחרים (לאו דווקא נשים); ונסיים בדיני הצניעות הנוגעים למרחב המשותף לשני המינים.

א. צניעות במרחב האישי

1. "ולא יִרְאה בך ערות דבר"

האם קיימת חובת צניעות כאשר האדם נמצא לבדו בחדרי חדרים? בפרשת כי תצא נאמר (דברים כ"ג, י-טו):

> כִּי תֵצֵא מַחֲנֶה עַל אֹיְבֶיךָ וְנִשְׁמַרְתָּ מִכֹּל דָּבָר רָע... כִּי ה' אֱלֹהֶיךָ מִתְהַלֵּךְ בְּקֶרֶב מַחֲנֶךָ לְהַצִּילְךָ וְלָתֵת אֹיְבֶיךָ לְפָנֶיךָ וְהָיָה מַחֲנֶיךָ קָדוֹשׁ וְלֹא יִרְאֶה בְךָ עֶרְוַת דָּבָר וְשָׁב מֵאַחֲרֶיךָ.

יש מן המדרשים שפירשו את המילים "עֶרְוַת דָּבָר" כרומזות לחטא גילוי עריות, וכך מצאנו בהם: "מלמד שעריות מסלקות את השכינה" (ספרי דברים, פיסקא רנח);[2] "כל זמן שישראל פרוצים בעריות שכינה מסתלקת מביניהם" (אבות דרבי נתן, נוסחא א, פרק לח).[3] לפי מדרשים אלה, לא ברור לחלוטין מה בא הפסוק לחדש מבחינה הלכתית,[4] אך ברור כי אין כל קשר בינו לבין תחום צניעות הלבוש.[5]

---

1. למניין מפורט של מצוות העשה והלא־תעשה הקשורות במישרין ובעקיפין בצניעות הלבוש ראו: **הצניעות והישועה**, פרק א; **לבושה של תורה**, חלק א, סימן לז; **את צנועים חכמה**, חלק א, עמ' א-י.
2. מאידך־גיסא עיינו **ביראים** (סימן שצב) שכתב: "ותניא בספרי ושב מאחריך - מלמד שהעריות מסלקות את השכינה, פירוש ראיית העריות". אלא שמכלל דבריו ברור כי אין כוונתו לאיסור כללי על ראיית הערווה אלא לאיסור בזמן אמירת דבר שבקדושה, וכדלקמן.
3. כך הבינה גם הגמרא במסכת סוטה (ג ע"ב; כא ע"א) וראו: במדבר רבה פרשה יד ו; שם פרשה יט לב.
4. ראו: **השגות הרמב"ן לספר המצוות**, שכחת הלאוין, המצווה האחת־עשרה; **ביאור ר"י פערלא על ספר המצוות לרס"ג**, מנין שישים וחמש הפרשיות, פרשה ו.
5. יש לציין פירוש נוסף, על התפר שבין חטא לצניעות, המפרש את "ערוות דבר" כ'ערוות דיבור' דהיינו ניבול פה. ראו ויקרא רבה, פרשה כד; ועיינו **בספר חרדים**, מצוות לא־תעשה, פרק ד, אות מט.

מאידך־גיסא, רוב המקורות ההלכתיים פירשו שהפסוק מתייחס לחשיפת הערווה אך צמצמו מאוד את היקף האיסור, וכך מצאנו בירושלמי ובבבלי: "חד חסיד שאל לאליהו זכור לטוב: ערום מהו שיקרא שמע? אמר ליה: 'ולא יראה בך ערות דבר'" (ירושלמי תרומות פ"א ה"ד, מ ע"ד); "מנין לערום שלא יתרום? דכתיב 'ולא יראה בך ערות דבר'" (בבא מציעא קיד ע"ב). לפי מקורות אלה, הפסוק מתייחס לחשיפת הערווה אך אוסר זאת רק במצבים של עמידה לפני ה': בקריאת שמע או בברכה.

חובת הצנעת הערווה במפגש עם השכינה נזכרה גם בפרשת יתרו, בפסוק "וְלֹא תַעֲלֶה בְמַעֲלֹת עַל מִזְבְּחִי אֲשֶׁר לֹא תִגָּלֶה עֶרְוָתְךָ עָלָיו" (שמות כ', כג),[6] ואפשר שנרמזה כבר במעשיו של אדם הראשון שהחביא את עירומו מפני ה' (עיינו **בספורנו**, בראשית ג', ח). גם מפשט הפסוק בפרשת כי תצא אפשר להבין שביציאה למלחמה יש נוכחות מיוחדת של השכינה (אולי בשל ארון הברית שהיה יוצא להילחם עימם; עיינו **ברשב"ם** על אתר) ומשום כך נאסרה חשיפת הערווה.

בין כך ובין כך, מדובר באיסור הנוגע למצבים מיוחדים ומכאן מוכח כי באופן כללי לא נאסר גילוי הערווה.[7] כמו כן, גם במסגרת אמירת דברים שבקדושה, האיסור מוגבל לגילוי הערווה עצמה ואין בו חובת צניעות רחבה יותר, כמבואר במשנה (חלה פ"ב מ"ג): "האשה יושבת וקוֹצָה [=מפרישה] חלתה ערומה מפני שהיא יכולה לכסות עצמה אבל לא האיש" (כלומר די בכך שהערווה עצמה מכוסה גם אם הגוף כולו מגולה).

עם זאת, אפשר למצוא בדברי חז"ל כמה אמירות בשבח הצניעות גם במרחב האישי, וכך נאמר בתוספתא (ליברמן, ברכות פ"ב הי"ב):

> אין שבחו של אדם להיות עומד ערום; שכשברא הקדוש ברוך הוא אדם לא בראו ערום שנאמר "בְּשׂוּמִי ענן לבושו וערפל חתֻלָּתו": "בשומי ענן לבושו" - זה השפיר; 'וערפל חתלתו' - זה שליא.

---

6. וכיוצא בזה בפרשת תצווה לעניין בגדי הכהונה: "וַעֲשֵׂה לָהֶם מִכְנְסֵי בָד לְכַסּוֹת בְּשַׂר עֶרְוָה מִמָּתְנַיִם וְעַד יְרֵכַיִם יִהְיוּ" (שמות כ"ח, מב). עיינו גם במכילתא דרבי ישמעאל, יתרו, מסכתא דבחדש, פרשה יא, ד"ה ולא.

7. ראו בספר **הצניעות והישועה** (פרק ב, אות טו) שנדחק להעמיד את כל ההקשרים במקורות חז"ל שבהם מתוארים אנשים המבצעים פעולות ללא בגדים (כגון האישה המפרישה חלה עירומה) בשעת הדחק וכשלא יכולים היו להתלבש.

במסכת שבת (קיח ע"ב) הובאה סדרה ארוכה של הנהגות שנהג ר' יוסי. אחת מהנהגות אלו נוגעת לצניעות הלבוש: "אמר רבי יוסי: מימי לא ראו קורות ביתי אימרי חלוקי"; ופירש **רש"י** (ד"ה לא): "כשפושט חלוקו פושטו כמו שהוא לובשו דרך ראשו, ומכסה את עצמו תחלה משום צניעות בסדינו מתחת, ויושב במטתו".

מהקשר הדברים בגמרא עולה כי מדובר במידת חסידות מיוחדת, וכך נראה גם מדברי הרמב"ם (**משנה תורה**, הלכות דעות, פ"ה ה"ו) שלא פסק את דברי ר' יוסי אלא כתב באופן כללי: "צניעות גדולה נוהגים תלמידי חכמים בעצמן, לא יתבזו ולא יתגלו ראשן ולא גופן".[8] כך אכן דייק **הפרי מגדים** (או"ח, סימן ב, משבצות זהב, ס"ק א) מלשון הרמב"ם: "משמע שאר אדם מתגלים גופם וראשם"; אולם **הטור** (או"ח, סימן ב) הביא את הדברים כהנהגה הראויה לכל אדם, וכן פסק **השו"ע** (שם, א): "לא ילבש חלוקו מיושב אלא יקח חלוקו ויכניס בו ראשו וזרועותיו בעודנו שוכב, ונמצא כשיקום שהוא מכוסה".[9] עם זאת, נראה כי גם לשיטתם מדובר בהנהגה טובה בלבד ולא בדין גמור, כפי שעולה מלשון **המשנה ברורה** (שם, ס"ק א): "צריך ליזהר תמיד מחמת טעם זה שלא במקום הכרח מלגלות מבשרו ואפילו מעט כל מה שדרכו להיות מכוסה בבגדים לעולם... אם לא שאי אפשר בענין אחר". גם מן המקורות העוסקים בדיני תפילה וברכות (שחלקם הובא לעיל) עולה שאין איסור על עצם גילוי הבשר שלא בשעת התפילה.[10]

2. צניעות בבית הכיסא

התייחסות נוספת לסוגיית הצניעות מצויה בהלכות בית הכיסא. בגמרא במסכת ברכות (כג ע"ב) נערך דיון מפורט בשיעור הגילוי בבית הכיסא: "כשהוא נפנה - מגלה לאחריו טפח ולפניו טפחיים..."; וכן נאמר בגמרא (שם סב ע"א) כי "אין נפרעין מעומד אלא מיושב... אין קורין צנוע אלא למי שצנוע בבית הכסא". חשיבותה המיוחדת של הצניעות בבית הכיסא עשויה להיות קשורה לכך שמדובר במקום נסתר מעין רואים,

8. עיינו בפירוש **קרית מלך** לר' חיים קנייבסקי (הלכות דעות, פרק ה, הלכה ו) שפירש את דברי הרמב"ם כמתייחסים לאופן שבו תלמיד חכם הולך ברחוב ולא להתנהלותו בחדרי חדרים.

9. ראו **פלא יועץ**, ערך 'צניעות': "מדת הצניעות צריכה לאנשים, וכל שכן לנשים, ובזה האדם נבדל מן הבהמה, ואפילו כשהוא לבדו בחדרי חדרים".

10. אומנם **בשו"ת משנה הלכות** (חלק ו, סימן ב) נטה הרב מנשה קליין לומר כי מדובר באיסור גמור, אך עיינו **בפסקי תשובות** (או"ח, סימן ב, אות א, הערה 1) שדחה את דבריו וצידד בעמדת **האגרות משה** ו**האז נדברו** שכתבו שאין זו אלא מידת חסידות.

שבו מתבטאת הצניעות כתכונה פנימית;[11] אך אפשר שהצניעות נדרשת דווקא שם משום שבית הכיסא מביא לידי ביטוי את הצדדים הבהמיים שבאדם,[12] ועל רקע זה יש צורך מיוחד בהדגשת תכונת הצניעות האנושית.[13]

דינים אלה נפסקו להלכה **בשו"ע** (או"ח, ג), ובאופן פשוט נראה כי מדובר בדינים מוחלטים הנוגעים לכל אדם (אולם עיינו בדברי הרמב"ם שנזכרו בסעיף הקודם). לדעת **הסמ"ק** (מצווה נז),[14] דינים אלה הם חלק ממצוות הצניעות שנלמדה מן הפסוקים בפרשת כי תצא (כלשונו: "להיות צנוע דכתיב 'והיה מחניך קדוש' וכתיב 'והצנע לכת עם אלהיך'");[15] אולם כבר הראינו לעיל שחז"ל לא קיבלו משמעות זו של הפסוק, אלא הגבילו את האיסור לאמירת דבר שבקדושה. ואכן הרב פיינשטיין כתב (**שו"ת אגרות משה**, יו"ד, חלק ג, סימן מז) על דיני הצניעות בבית הכיסא ובמרחץ "שאין ענינים אלו אלא הנהגות טובות ומדת חסידות";[16] ובהמשך דבריו הגדיר את מנהג הצניעות בבית כמנהג שעניינו כיסוי המקומות שאותם מקובל לכסות כאשר נוכחים בבית אנשים אחרים, וכן כתב שאין כל עניין להתלבש בבית כאילו האדם נמצא בחוץ.

ב. צניעות במרחב הציבורי

המקורות הנזכרים לעיל מתייחסים למצב שבו אדם ניצב לבדו, כשרק השכינה עימו בחדר, אך אפשר שבמחיצת אנשים נוספים ישנו איסור חמור יותר. כך עולה מן הגינוי של התורה לחשיפת ערוותו של נח (בראשית ט', כא-כג), ואפשר שגם ממעשיהם של

11. כך הסביר ר' צדוק הכהן מלובלין בספרו **ליקוטי מאמרים**, מהדורת ירושלים תשס"ב, עמ' קכה. ראו גם את דברי הראי"ה קוק (**עין איה**, שבת, פרק ט, פסקה רנז) שכתב סביב דברי הגמרא שתיארה את צניעותו של שאול המלך בעשיית צרכיו: "הצניעות ראויה לאדם משני צדדים, מצד יחוסו אל החברה האנושית, שהצניעות היא אחת מיסודי בנין אושר הקיבוץ ובטחונו. והשנית מצד עצמו, מעצם מעלת נפשו האלהית".

12. ראו חגיגה טז ע"א: "ששה דברים נאמרו בבני אדם, שלשה כמלאכי השרת, שלשה כבהמה... מוציאין רעי כבהמה".

13. ראו **פרי צדיק**, חנוכה, אות כא: "כי שם צניעות הונח על הנגדר מתאוות... וזה דייקא בבית הכסא ששם משכן קליפה זו".

14. דבריו הובאו גם **במשנה ברורה**, ביאור הלכה, סימן ג, ד"ה יהא.

15. עיינו גם **בסמ"ק**, מצווה פג, שלמד מ"ולא יראה בך ערות דבר" מצווה נפרדת – האיסור לומר דבר שבקדושה בפני 'ערווה'.

16. הרב פיינשטיין הוסיף וכתב שדיני צניעות במקומות אלו קלים יותר מדיני צניעות במקומות אחרים, משום שלא שייך בהם "כבוד שכינה" ולכן מטרתם אינה אלא "להרגיל את עצמו בצניעות" ואפשר להקל בהם בשעת הצורך.

אדם וחוה שכיסו עצמם בעלי תאנה וממעשיו של הקב"ה שעשה להם כותנות עור. כיוצא בזה נאמר בגמרא במסכת יבמות (סג ע"ב): "אין לך משוקץ ומתועב לפני המקום יותר ממי שמהלך בשוק ערום".[17] מלשון הגמרא לא משתמע כי מדובר בחומרה מדרבנן, ומאידך־גיסא לא ברור מהו המקור בתורה לאיסור זה.

באופן פשוט נראה שמדובר בנורמה מוסרית בסיסית, העולה כבר מסיפור גן עדן, כפי שכתב הרמב"ם (**מורה הנבוכים**, חלק א, פרק ב, בתרגום שוורץ) ש"חשיפת הערווה" היא "הברור ביותר בין המפורסמות לגנאי". כיוצא בזה כתב הרב משה שמואל גלזנר בהקדמה **לשו"ת דור רביעי**:

> שלא לילך ערום בשוק - לא איפרש בתורה שהוא אסור, אבל הוא נימוס וחוק קבוע אצל כל בעלי דעה... ובעיני פשוט הדבר דלצאת ערום עבירה יותר גדולה מלהשהות באהל המת או לבישת שעטנז ובגד אשה,[18] כי היא עבירה המוסכמת אצל כל בעלי דעה, והעובר עליה יצא מכלל אדם הנברא בצלם אלוקים.[19]

על אף חומרת האיסור, זהו אינו איסור גורף אלא תְלוי הקשר, כפי שעולה מן הגמרא במסכת שבת (מא ע"א):

> אמר רבי זירא: אנא חזיתיה לרבי אבהו שהניח ידיו כנגד פניו של מטה [=אני ראיתי שר' אבהו הניח ידיו כנגד פניו של מטה]... איני? [=האומנם?] והאמר רבי אבא אמר רב הונא אמר רב: כל המניח ידיו כנגד פניו של מטה כאילו כופר בבריתו של אברהם אבינו! לא קשיא: הא כי נחית, הא כי סליק [=אין קושי: זה כשיורד, זה כשעולה].

אם כן, כשמדובר ברחיצה בנהר, גילוי הערווה הוא מעשה טבעי וסביר עד כדי כך שהימנעות ממנו יכולה להתפרש כניסיון בעייתי להסתיר את ברית המילה.[20] כמו כן,

---

17. וראו בתנא דבי אליהו זוטא (פרשה י): "ותשחת הארץ לפני האלהים... שהיו מפשיטין את בגדיהן והיו מניחין אותן על גבי הקרקע והן היו הולכין ערומים בלי לבוש".
18. על הבחירה בין איסורים אלו לבין יציאה לרחוב בלי בגדים ראו: **רמ"א**, יו"ד, שעב, א; **פתחי תשובה**, שם, ס"ק ה; **שו"ת צמח יהודה**, חלק ד, סימן פב.
19. על הרעיון העקרוני של ציוויים מוסריים בסיסיים שאינם כתובים בתורה, ראו בספרו של הרב יהודה עמיטל, **והארץ נתן לבני אדם**, עמ' 25-40.
20. ראו על כך בפרק הבא.

דווקא ביחס למלך נאמר שיש איסור מוחלט לראותו ערום (משנה סנהדרין פ"ב מ"ה), וממילא משתמע שאין איסור גורף כזה לגבי שאר בני אדם. מאידך־גיסא, בגמרא (שבת מא ע"א) מבואר שראוי לו לאדם לנהוג בצניעות כשהוא עולה מן הנהר "ופניו כלפי העם" (**רש"י**, שם, ד"ה כי סליק); וכן בהלכות בית הכיסא נאמר שעל האדם להתרחק "עד מקום שלא יוכל חבירו לראות פירועו" (**שו"ע**, או"ח, ג, ח).[21]

הנהגה נוספת של תלמידי חכמים, שלא הובאה **בשו"ע**,[22] הוזכרה בגמרא במסכת בבא בתרא (נז ע"ב): "חלוק של תלמיד חכם כיצד? כל שאין בשרו נראה מתחתיו. טלית של תלמיד חכם כיצד? כל שאין חלוקו נראה מתחתיו טפח";[23] כלומר לא רק עירום גמור נאסר בציבור, אלא גם גילוי חלקי של הגוף (או של בגד תחתון) אינו ראוי - לפחות לתלמידי חכמים. עם זאת, ודאי שאין זה איסור גמור, כפי שעולה בין השאר מן הסוגיות הדנות בכשירותו של אדם שזרועותיו גלויות לשמש כשליח ציבור - מבלי לרמוז כי יש איסור כלשהו בלבוש כזה.[24]

העולה מכל האמור הוא שחשיפת הערווה באופן פומבי וקבוע משוקצת בעיני התורה,[25] ולתלמידי חכמים ראוי להימנע ככל האפשר מגילוי הגוף. מאידך־גיסא, אין חובה גורפת ללכת בלבוש צנוע בפני אחרים, והדבר תלוי בזמן ובמקום.

---

21. יש לדון באיזו מידה רובד זה של האיסור הוא תלוי תרבות; ועיינו **בתורה תמימה**, בראשית ט', הערה כ: "באלה האומות הפראים הדרים בין הרי אפריקא ועוד במקומות שאינן מיושבים כראוי שדרכם לילך ערומים, כמובא בספרי ידיעות העולם, והוא אמינא כיון שדרכם בכך הרי הם כבהמות וחיות אשר מכיון שרגילים לילך כמו שנבראו אין חשובין איסורי ערוה, קמשמע לן כיון דעל כל פנים הם מין אנושי הרי הם ככל אדם לענין זה". ראו גם **אגרות ראיה**, איגרת כ: "ההסכמה הגמורה בלב שאין שום הפסד ללכת ערום בשוק, למי שמסכים כן, וטוען שיתנהגו כן בפועל, הוא חטא אצלנו, וראוי להיות חטא, ואיננו חטא אצל הפראים שבאיי גוויניא, למשל".

22. אכן, לדעת ר' חיים קנייבסקי, הנהגה זו רמוזה בדברי הרמב"ם (**משנה תורה**, הלכות דעות, פ"ה ה"ו); ראו **קרית מלך** (שם).

23. עיינו **במגן אברהם**, סימן ב, ס"ק א שכתב שכיום אין נזהרים בכך משום שאנו הולכים עם בתי שוקיים מתחת לחלוק.

24. ראו מסכת סופרים, פרק יד, הלכה יב: "פוחח, הנראין כרעיו, או בגדיו פרומים, או מי שראשו מגולה, פורס על שמע" ועיינו גם במגילה כד ע"א-ע"ב ובמפרשים שם.

25. עיינו למשל בשיחתו הקבועה של הרב יהודה עמיטל על פרשת בלק בעניין מלחמתה של התורה באידיאולוגיית 'בעל פעור' והחיבור המלא אל הטבע, בכתובת: http://etzion.org.il/he/ המלחמה-התמידית-בפעור.

ג. צניעות בין המינים

המקורות שסקרנו עד כה אינם מבחינים כלל בין גברים לבין נשים, ועולה מהם כי קיימת חובה שוויונית של צניעות - הן בין האדם לעצמו (ברמה של מידת חסידות) הן בין האדם לחבריו - אלא שחובה זו תלוית הקשר היא ואיננה מוחלטת. כעת נעבור לדון בחובת הצניעות המיוחדת למרחבים המשותפים לשני המינים. חובה זו קיימת באופן דו־כיווני - דהיינו גם על גברים בפני נשים, כפי שיתבאר בהרחבה בפרק הבא - אולם בפרק זה נבקש לבחון את מקורות הדין, ואלה מתייחסים לרוב לצניעות של אישה בפני גברים.[26]

1. 'דת משה ויהודית'

מקור אפשרי לאיסור על האישה לגלות את גופה בפני אנשים נמצא במסכת כתובות. במשנה (שם פ"ז מ"ו) נאמר:

> ואלו יוצאות שלא בכתובה: העוברת על דת משה ויהודית... ואיזוהי דת יהודית? יוצאה וראשה פרוע, וטווה בשוק, ומדברת עם כל אדם.

בגמרא (שם עב ע"א) מבואר כי פריעה גמורה של הראש בשוק היא בגדר 'דת משה':

> ראשה פרוע דאורייתא היא! דכתיב "ופרע את ראש האשה", ותנא דבי רבי ישמעאל: אזהרה לבנות ישראל שלא יצאו בפרוע ראש!

מלשון הגמרא משתמע שאסור מן התורה לאישה נשואה לפרוע את ראשה.[27] לאור זאת, יש מקום להרחיב את האיסור לכל גילוי של הגוף שהרי בגמרא (סוטה ח ע"א) נאמר: "'ופרע את ראש האשה' - אין לי אלא ראשה. גופה מנין? תלמוד לומר: 'האשה'"; ומכאן למדו חז"ל שהכוהן מגלה את ליבה של הסוטה.

לכאורה אפשר להשוות את גילוי הלב לפריעת הראש וללמוד מן המעשים הנעשים לאישה הסוטה על הנורמות הנדרשות מאישה רגילה, וכן כתב **בשו"ת משפט**

26. להלן נדון באיסורים הקיימים בכל מצב ובכל זמן, אך מלבד זאת יש להיזהר (גם בתוך הבית) מאמירת דבר שבקדושה כנגד 'ערווה', כפי שכתב באריכות **החפץ חיים** בספרו **גדר עולם**, פרק ו.

27. וראו בהרחבה להלן בפרק השנים־העשר העוסק בחובת כיסוי הראש.

צדק (חלק ג, סימן ג): "כמו שסתירת שער הראש אמרינן דהוי דאורייתא... כן נאמר שגלוי הגוף והלב שהיה צריך לגלות בה הוי מדאורייתא".[28] אלא שמסקנה זו תלויה בהבנת אופן הדרשה בעניין כיסוי הראש ואיננה מוכרחת.[29] גם אם נתעלם מדרשה זו, אפשר שיש ללמוד קל וחומר מפריעת הראש לגילוי הגוף;[30] אך יש להעיר כי לדעת **תרומת הדשן** (סימן רמב) איסור פריעת הראש הוא מדרבנן בלבד. כמו כן, הרב יוסף שלום אלישיב (**קובץ תשובות**, חלק א, סימן יג) כתב שמפריעת בגדי האישה הסוטה אין להוכיח אלא שיש איסור על גילוי גמור של הלב, ואין ללמוד מדין זה על שאר 'המקומות המכוסים'.[31]

דיון מפורש יותר אפשר למצוא סביב דין "הטוָוה בשוק" שנזכר במשנה (כתובות פ"ז מ"ו) כאחת האפשרויות של "עוברת על דת יהודית". אחד ההסברים שהובאו בגמרא (שם עב ע"ב) לדין זה הוא שמדובר "במראָה זרועותיה לבני אדם"; כלומר כאשר אישה חושפת את זרועותיה בשוק היא עוברת על 'דת יהודית'.

מכאן אפשר ללמוד שני דברים, לקולא ולחומרה. ראשית, מסוגיית כתובות מוכח באופן פשוט שחשיפת הזרועות לא נאסרה מן התורה אלא רק מ'דת

28. דברי **המשפט צדק** הובאו בכמה מספרי האחרונים: **כבודה בת מלך**, עמ' פב; **את צנועים חכמה**, חלק א, עמ' ב-ה.

29. למשל אפשר להבין שדין כיסוי הראש נלמד מן הייתור של "האשה" (**בית הבחירה**, כתובות עב ע"א, ד"ה אמר; וראו **שו"ת אגרות משה**, אה"ע, חלק א, סימן נז). לפי הבנה זו, אין ללמוד מכאן על גילוי הגוף משום שעצם חובת פריעת הגוף נלמדה גם היא מאותו ייתור.

30. זאת בהנחה שפריעת הראש אסורה משום צניעות ולא מסיבות אחרות; וראו להלן בפרק השנים-עשר העוסק בחובת כיסוי הראש. עיינו גם בספר **יערות דבש**, חלק א, דרוש ו: "ואמרו בבבא קמא כי עזרא תיקן שתהא חוגרת בסינר משום צניעות, פירשו מפרשים, לאו דוקא בסינר, רק כל מקומות מגולים באשה תיקן שתהיה הולכת בכיסוי, לבל יראה בה ערות דבר ותהא צנועה, וסינר דנקט לדוגמא בעלמא, וזהו ודאי בשוק ברבים ודאי דאורייתא לילך בכיסוי ובצניעות, ואפילו גילוי שער דאורייתא בשוק, וכמה חרדות חרד ישעיה על בנות ציון שהולכות נטויות גרון וכדומה, רק בתוך הבית לא היתה כל כך צנועה, ועזרא תיקן אפילו בבית שהולכות בלי מלבושים עליונים תהא חוגרת מכל מקום סינר".

31. אף **בשו"ת משפט צדק** דן באשה שהייתה מגלה את חיקה, ולא כתב שכל גילוי של 'המקומות המכוסים' אסור מן התורה. אולם עיינו בספר **הצניעות והישועה** (פרק ג, אות ח) שביקש לדחות את דברי הרב אלישיב ולטעון כי "לא מסתבר לחלק בגופה בין חלק לחלק". עיינו גם בספר **לבושה של תורה** (חלק א, סימן לז, אותיות ב-ד) שהכריע כי "גילוי חלק מעיקר הגוף אסור מהתורה" ואילו גילוי הזרועות אסור מ'דת יהודית' בלבד. הוא התמודד שם גם עם האפשרות להוכיח מן הגמרא (גיטין צ ע"א) שגילוי הזרועות אסור מדאורייתא.

יהודית',[32] וכן פסק **המשנה ברורה** (שער הציון, סימן עה, ס"ק ה).[33] אומנם מן הירושלמי (גיטין פ"ט הי"א, נ ע"ד) משתמע שמדובר בדין תורה (כלשונו: "מניין היוצאה וראשה פרוע צדדיה פרומין וזרועותיה חלוצות? תלמוד לומר 'כי מצא בה ערות דבר'") אולם דברים אלו נאמרו ביחס ליכולת לגרש אישה זו, ואין הכרח ללמוד מהם ביחס לתוקף האיסור המוטל על האישה עצמה.[34] גם הרב עובדיה יוסף (**שו"ת יחוה דעת**, חלק ג, סימן סז) כתב שמלשון הרמב"ם **והשו"ע** משתמע שגילוי הזרועות נאסר מדרבנן בלבד; ואף שלאחר מכן חזר בו וכתב "שבודאי יש בזה איסור מן התורה", לא ברור מה הבסיס לחזרה זו וכיצד הוא מיישב את העובדה שגילוי הזרועות הוגדר כ'דת יהודית' בלבד.[35] שנית, אפשר לכאורה ללמוד מסוגיית כתובות שחשיפת הזרועות ודומיהן אסורה לפחות מדרבנן ככל 'דת יהודית', וכך עולה מדברי כל הפוסקים שנזכרו לעיל.

יש מקום לפקפק ביכולת לבסס את האיסור על מקורות אלה, משום שהם עוסקים דווקא באשת איש האסורה על שאר בני העולם ומחויבת בנאמנות כלפי בעלה. כך עולה גם מלשון התוספתא (ליברמן, כתובות פ"ז ה"ו) שמנתה את היוצאת ב"בגדים פרומים" יחד עם מגוון רחב של התנהגויות שהמשותף להן הוא "שלא נהגה עמו כדת משה וישראל"; ומלשון התוספתא משתמע שמוקד הבעיה הוא הפגיעה במחויבותה של האישה כלפי בעלה ולא בעצם חוסר הצניעות.[36]

32. ראו **קובץ תשובות**, חלק א, סימן יג; אולם עיינו **בהפלאה** (סימן קטו, ס"ק ט) שכתב שאם האישה הולכת מראש עם זרועות גלויות הדבר חמור מאשר אם הזרועות מתגלות תוך כדי מלאכתה. עיינו גם בספר **לבושה של תורה**, חלק א, סימן מט, אות כב.

33. דבריו שם מתייחסים גם לשוק, אך לא ברור אם יש להוכיח מהם שגם השוק איננו בגדר 'דת משה', ואפשר שהוזכר רק לעניין אי־האפשרות להתיר את גילויו על פי מנהג הנשים.

34. וכך פירש **הפני משה** על אתר: "וזהו דת יהודית ובהא נמי יכול לגרשה דדרשינן דבר המביא לידי ערוה".

35. לכאורה יש להקשות גם על יסודות אחרים של האיסור, שיובאו להלן ('לא תקרבו' ו'לפני עיוור'): אם אכן יש בסיס לאיסור מדין תורה, מדוע הוגדר כ'דת יהודית'? אך יש ליישב שגדרי 'דת משה ויהודית' הם יסוד עצמאי של איסור, המושתת על מערכת היחסים הזוגית או על ההיבדלות מחוקות הגויים (כדלקמן), ובמסגרת זו הוגדרה חשיפת הזרועות כ'דת יהודית' בלבד - מבלי לשלול את האפשרות שבנסיבות מסוימות תהיה כרוכה חשיפת הזרועות באיסור תורה. יש להעיר גם שאיסורי התורה עשויים לבוא על גבי גדרי 'דת משה ויהודית', משום שאפשר לומר שדווקא קוד לבוש הפורץ גדרים אלו יוצר קרבה יתרה לעריות ומכשיל את המסתכלים.

36. חשוב להדגיש שהפגיעה בנאמנות הזוגית היא בסופו של דבר גם עבירה בין אדם למקום שאינה תלויה ברצון הבעל (בדומה לאיסור זנות של אשת איש); ראו מאמרו של הרב שמואל אריאל, 'בין האשה לבין בוראה', **אקדמות** כט, תשע"ד, עמ' 53-68 (ובפרט בעמ' 54-61).

אולם למעשה הכריעו רוב הפוסקים שאפילו כיסוי הראש מחייב לפעמים גם אישה שאינה נשואה (כגון גרושה ואלמנה), ומכאן שחובה זו קיימת (לפחות מדרבנן) גם בלי זיקה לקשר הנישואין.[37] ואכן, מסתבר שאף אם ישנם הבדלים בין גדרי הלבוש של נשואות ופנויות, עצם היכולת של מנהג ישראל להכתיב קוד לבוש מסוים, הנחשב כ'דת יהודית', קיימת גם ביחס לפנויות.

עוד יש להעיר כי האיסור מן התורה בפריעת הראש נאמר דווקא 'בשוק' ולא בהליכה בין החצרות (שאסורה מ'דת יהודית' בלבד), וכמוהו גם איסור הטווייה וגילוי הזרועות (ראו כתובות עב ע"א); ולפיכך אין ללמוד מכאן כי ישנו איסור מן התורה בלבישת לבוש לא־צנוע במקומות פחות ציבוריים.[38]

2. חוקות הגויים

מקור נוסף שהציעו הפוסקים לאיסורי צניעות הוא דין חוקות הגויים.[39] לבוש לא־צנוע נובע פעמים רבות מאימוץ אופנות המגיעות מאירופה וארה"ב, וממילא יש מקום לאסור את עצם החיקוי של אופנות אלו.

אולם יש מקום לפקפק בטיעון זה משתי סיבות. תחילה, יש לדון אילו נורמות של אומות העולם אסורות בחיקוי ובאיזה אופן. הראשונים כבר עמדו על כך שלא כל פעולה שעושים הגויים נאסרה לישראל, שאם כן לא היינו יכולים לעשות דבר;[40] אלא שהם נחלקו אילו פעולות בדיוק כלולות באיסור. להלכה התקבלו דברי המהרי"ק (**שו"ת מהרי"ק**, שורש פח) וכפי שפסק **הרמ"א** (יו"ד, קעח, א):

> אינו אסור אלא בדבר שנהגו בו העובדי כוכבים לשום פריצות, כגון שנהגו ללבוש מלבושים אדומים... או בדבר שנהגו למנהג ולחוק ואין טעם בדבר... אבל דבר שנהגו לתועלת, כגון שדרכן שכל מי שהוא רופא מומחה יש לו מלבוש מיוחד

---

37. ראו במאמרו של הרב שמואל אריאל, 'בין האשה לבין בוראה' (לעיל בהערה הקודמת), ועיינו להלן בפרק הארבעה־עשר העוסק בחובת כיסוי הראש של אלמנות וגרושות.
38. גם מדרבנן היה מקום להגביל את האיסור שכן הפוסקים נחלקו בשאלת גילוי הראש בתוך הבית, ואף אם ננקוט כדעת המחמירים לא ברור שכל גדרי 'דת יהודית' של כיסוי ראש ייושמו גם בשאר דיני צניעות.
39. טעם זה עשוי להבהיר את מושגי 'דת משה' ו'דת יהודית' שנזכרו לעיל, ועיינו להלן בפרק השנים־עשר.
40. ראו **אנציקלופדיה תלמודית**, ערך 'חקות הגוים', אות א.

> שניכר בו שהוא רופא אומן, מותר ללובשו. וכן שעושין משום כבוד או טעם אחר, מותר.[41]

הרמ"א מונה שני סוגים של מנהגים שאסור לחקות: מנהגים לשם פריצות ומנהגים בלי טעם. לכאורה מסתבר שבגדים לא־צנועים יהיו בכלל 'מנהגי פריצות', אולם הרמ"א הוסיף שכאשר "עושין משום כבוד או טעם אחר" מותר ללובשם, וקביעה זו מבוססת על דברי המהרי"ק (**שו"ת מהרי"ק**, שם) שאסר לבישת בגדי נוכרים "דווקא כשהוא עושה כדי להדמות אליהם". נראה באופן פשוט שההולכות בלבוש לא־צנוע כיום, וודאי בארץ ישראל, אינן עושות זאת כדי להידמות לגויים אלא משום שהן חושבות שכך נאה יותר.[42]

עם זאת, ר' חיים מצאנז חידש חומרה גדולה בנקודה זו (**שו"ת דברי חיים**, יו"ד, חלק א, סימן ל):

> מה שכתב מהרי"ק וזו לשונו: "אם לא נתכוין להתדמות לגוי מותר", כוונתו דוקא באם כוונתו רק משום תועלת המועיל בדרך היתר כגווני דנידון דידיה דהיה הרופא נושא מלבוש כדרך הרופאים, דאין כוונתו רק לצרכי ממון. אבל אם אין כוונתו רק לילך דרך שחץ או כדי להתנאות בפני הבריות, בזה עצמו מתדמה להגוים שגם המה עושים לשם פריצות ושחץ ובודאי אסור.

הדברי חיים טוען שכאשר כוונת הלובש היא לשם פריצות, הרי שהדבר נחשב כחוקות הגויים אף אם אין בכוונתו להידמות לגויים.[43] כך כתב גם הרב עובדיה יוסף (**שו"ת יביע אומר**, חלק ו, יו"ד, סימן יד, אות א):

> מכיון שנצטוינו ללבוש בגדי צניעות ולהתרחק מבגדי פריצות, הרי אופנה זו מיוחדת רק לגוים, והמתנהג על פי אופנה זו עובר על ובחקותיהם לא תלכו... נמצא שההולכת בחצאית מיני שהיא בגד בוגדים של פריצות נוראה, וכל מגמתה

---

41. עיינו **בשו"ת יביע אומר** (חלק ג, יו"ד, סימן כד, אות ה) שציין לדבריהם של פוסקים רבים שהכריעו כדברי הרמ"א.

42. אפשר לטעון שמושגי היופי נקבעים על פי צו האופנה של הגויים, אך באותה מידה אפשר לומר שמושגי ה'כבוד' שהוזכרו ברמ"א נקבעים על פי הנורמות של הגויים, ולמרות זאת הותר הדבר משום שבפועל לבוש כזה לא נלבש מתוך תודעה של הידמות לגויים.

43. כך כתבו בעקבותיו גם בספר **את צנועים חכמה**, חלק א, עמ' רלג, ובספר **לבושה של תורה**, חלק א, סימן ה, אות ה.

ללכת בדרכי האופנה לשמור ארחות פריז המביאה לידי זמה, בודאי שיש בזה הלאו של ובחקותיהם לא תלכו.

עם זאת, מפשט דברי המהרי"ק נראה כי דווקא כוונה להידמות לגויים נאסרה, שהרי המהרי"ק הוכיח את דבריו מלשון הספרי "שלא תאמר הואיל ויוצאין בארגמן אף אני יוצא בארגמן" (ספרי דברים, פיסקא ה) ומשתמע ממנה בבירור שדווקא חיקוי של הגויים נאסר ולא כל ערך שלילי הקרוב ברוחו לערכי הגויים.[44]

בעיה מהותית יותר הכרוכה ביישום דין חוקות הגויים בענייננו היא שכלל אין מדובר בנורמות המאפיינות גויים ומבדילות אותם מיהודים.[45] כבר במאה ה־18 העיר ר' יעקב עמדין (**סידור יעב"ץ**, דיני תשעה באב, חלון ז) "שבעוונותינו הרבים בכל המאדעס [=האופנות], היהודים קודמין", והתמונה בימינו איננה שונה בהרבה. לגבי גדרי הלבוש שנאסר משום חוקות הגויים כבר כתב המהרי"ק (**שו"ת מהרי"ק**, שורש פח): "דלא נאסר אלא במלבוש שכבר נתייחד אליהם ופרשו הישראלים ממנו משום צניעות", וממילא אין מקום ליישם את האיסור בבגדים שמלכתחילה לא פרשו מהם ישראל, וכן כתב ב**שו"ת בית שערים** (יו"ד, סימן רלו). לאור זאת קבע הרב מנשה קליין (**שו"ת משנה הלכות**, חלק ד, סימן קטו) כי "כל דבר שאינו אלא משום מאדע אין בו משום 'ובחוקותיהם'".[46]

על אף קושי זה, העלה הרב פיינשטיין את האפשרות לאסור בגדים לא־צנועים משום חוקות הגויים, וכך כתב (**שו"ת אגרות משה**, יו"ד, חלק א, סימן פא):

> הבגדים שיש בהן פריצות ממש... כיון שגם הישראליות מלובשות בהן גם מתחלה אין להחשיבן מלבושי נכרים מצד עצם הבגדים, אבל עצם הפריצות אולי יש להחשיב מחוקות העכו"ם...[47] ומה שמצריך מהרי"ק בנדנוד פריצות ודרך גאוה

44. כך הבין גם הרב צבי הבר, 'איסור הליכה בחקות הגויים', **מעליות** יד, תשנ"ד, עמ' 151–194.
45. אין לומר שיהודים שאינם מקפידים על ההלכה ייחשבו כגויים לעניין זה, שהרי הראשונים התלבטו האם יש לכלול באיסור גויים שאינם משבעת עממי כנען, וכן האם הוא כולל גם אומות שאינן עובדות עבודה זרה, וברור מדבריהם שאין הוא מתייחס ליהודים (ראו **אנציקלופדיה תלמודית**, ערך 'חקות הגוים', אות א).
46. בספר **את צנועים חכמה** (חלק א, עמ' רמב) הבחין הרב שמואל הבר בין מציאויות שונות של אופנות המנוגדות להלכה, אך נדמה כי הבחנותיו אינן מוכרחות.
47. כיוצא בזה כתב הרב מרדכי גרוס (**אום אני חומה**, חלק ב, חידותם משתעשעות, סימן רפג): "פריצות הוי דבר שביסודו שייכא לעכו"ם" ומשום כך היא כלולה לדעתו באיסור לחקות את נימוסי הגויים. אולם דברים אלו קשים להבנה, שהרי לפי זה כל מעשה המנוגד במשהו

> גם שפרשו הישראלים ממנו משום צניעות שמשמע דבלא פרשו ממנו ליכא איסור... אפשר הוא רק בנדנוד פריצות כהא דבגדים אדומים וכדומה אבל בבגדי פריצות ממש אפשר אף בלא הנהיגו עדין לפרוש ואף בלא פרשו יש לאסור, וצריך עיון באיסור זה.

הרב פיינשטיין הציע, בדומה לרב עובדיה יוסף, שבגדי פריצות נחשבים באופן מהותי כחוקות הגויים, אף אם הפכו מקובלים גם בחברה היהודית. לשם כך הוא נאלץ להבחין בין "נדנוד פריצות" שאסור רק כשהוא מאפיין את הגויים, לבין "בגדי פריצות ממש" האסורים בכל מקרה. החידוש והדוחק שבדבריו גלויים למעיין, ואף הרב פיינשטיין עצמו לא סמך למעשה על סברה זו אלא הותיר אותה ב"צריך עיון".[48]

לסיום סעיף זה נעיר שאפשר היה ללמוד איסור על חיקוי מנהגי לבוש לא־צנועים מפסוק אחר: "וּשְׁמַרְתֶּם אֶת מִשְׁמַרְתִּי לְבִלְתִּי עֲשׂוֹת מֵחֻקּוֹת הַתּוֹעֵבֹת אֲשֶׁר נַעֲשׂוּ לִפְנֵיכֶם" (ויקרא י"ח, ל). הרמב"ם (**משנה תורה**, הלכות איסורי ביאה, פכ"א ה"א) למד מכאן איסור כללי לנהוג בפריצות מינית כמו הפריצות שנהגה בקרב עמי כנען, ואיסור זה איננו משתנה עם שינויי המנהגים. אולם למעשה בכל מקום צירף הרמב"ם איסור זה לאיסור 'לא תקרבו' שבו נדון להלן, ומדבריו משתמע שאיסור זה אינו מוסיף הלכות חדשות ומיוחדות.[49]

לתכונותיהם של ישראל (כגון "ביישנים, רחמנים וגומלי חסדים") ייחשב כאיסור תורה של חוקות הגויים, ולא שמענו דבר זה מעולם.

48. לו היה לבוש מסוים שבתחילה לבשו אותו גויים בלבד ורק עם הזמן עבר לישראל, הדבר תלוי באופן פשוט במחלוקת אחרונים: **בשו"ת בית שלמה** (יו"ד, חלק א, סימן קצז) כתב שגם אם המנהג השתנה באיסור אנו הולכים אחר מנהג היהודים כיום; ואילו **בשו"ת חתם סופר** (או"ח, סימן קנט) כתב שמנהג שהונהג באיסור איננו מתיר דבר, וכן משתמע גם **משו"ת דברי חיים** (יו"ד, חלק א, סימן ל) **ומשו"ת אבני נזר** (חו"מ, סימן קג). מדברי **המנחת חינוך** (מצווה רנא), שכתב שמנהג גויים שבטל מותר לנהוג בו, משתמע לכאורה כדעת **הבית שלמה**; אולם בספר **לבושה של תורה** (חלק א, סימן ה, אות ט, ס"ק ג) ביאר כי לדעת **החתם סופר** כאשר הגויים עדיין נוהגים כך, אף אם המנהג התפשט גם ליהודים, נחשבים כל ישראל כנוהגים יחד במנהג הגויים, ולכן אין זה דומה למנהג שבטל ונעלם כליל מן העולם. עוד כתב שם (ס"ק ד) כי אפשר שאין מחלוקת בין הפוסקים, משום שה**בית שלמה** התיר בגדים ניטרליים ואילו ה**חתם סופר** אסר רק בגדים של פריצות (אולם דבריו אינם מובנים משום שה**חתם סופר** דן בגילוח זקן שאין בו פן של פריצות).

49. אף שמסברה אפשר היה להבחין בין איסור 'לא תקרבו' שעניינו סייג לגילוי ערווה, לבין דין 'חוקות התועבות' שיכול להתפרש כאיסור עצמאי; וראו לעיל בפרק הראשון.

3. 'לא תקרבו לגלות ערווה'[50]

ראינו עד כה כמה ניסיונות למצוא מקורות לחובה עצמית של צניעות, הנובעת ממנהג ישראל או מאיסור חיקוי הגויים, ועמדנו על הקשיים שבהם (לפחות במישור של איסור תורה). כעת נבחן שני מוקדי איסור נוספים העשויים להסביר גם את טעמו ומשמעותו של הדין: איסור קרבה לעריות ואיסור 'לפני עיוור'.

מן הלשון שבה נכתבו איסורי עריות בתורה - "לֹא תִקְרְבוּ לְגַלּוֹת עֶרְוָה" (ויקרא י"ח, ו) - אפשר להבין שעצם החשיפה של הגוף נאסרה; אך למעשה ברור שכוונת התורה היא לאסור יחסי אישות. עם זאת, הלשון שנקטה התורה עשויה ללמד על הקִרבה בין גילוי הבשר למעשה העבירה.[51] יתר על כן, בגמרא במסכת יומא (עד ע"ב) נאמר: "טוב מראה עינים באשה יותר מגופו של מעשה".

ואכן, הגמרא במסכת סנהדרין (עה ע"א) מספרת על חולה שרפואתו היחידה הייתה לראות אישה מסוימת בעירום, אך חכמים קבעו שאסור לו לעשות זאת - "ימות ואל תעמוד לפניו ערומה" - והר"ן (**חידושי הר"ן**, פסחים כה ע"ב, ד"ה והביאו) ביאר שהסתכלות כזו נחשבת 'אביזרייהו דעריות'. לכאורה אפשר ללמוד מכאן שחשיפת הגוף נכללת באיסורי קרבה לעריות, ואכן כך טען השואל **בשו"ת אגרות משה** (אה"ע, חלק א, סימן נו).[52]

אולם למעשה, מדברי הרמב"ם (**משנה תורה**, הלכות איסורי ביאה, פכ"א, הלכות א-ב; **פירוש המשנה**, סנהדרין פ"ז מ"ד) לא ברור אם הסתכלות בערווה היא בכלל קרבה שנאסרה מדאורייתא או שהיא אסורה רק מדרבנן. אף הרב פיינשטיין התלבט בכך, ונטה לומר "שהסתכלות שיהיה שייך לאיסור גילוי עריות הוא רק כעובדא דהתם

50. להרחבה בעניין זה ראו בפרק העשרים העוסק בדיני שמירת העיניים.

51. כלשון ויקרא רבה (פרשה יט): "על ידי שהאשה זו מתעצלת מלכסות את עצמה כראוי ימך המקרה, הדא הוא דכתיב: וגלה את ערותה את מקורה הערה והיא גלתה את מקור דמיה".

52. עיינו גם **בשו"ת שואל ומשיב**, מהדורה תליתאה, חלק ב, סימן קלט. הרב נתנזון דן שם באיסור שאותו עוברת האישה כשהיא עומדת ערומה לפני אותו איש, ובאופן עקרוני נטה לומר שיש בכך איסור של גילוי עריות גם מצידה, ולמרות זאת ביאר כיצד אפשר היה להתיר לה את הדבר: "והנה שאלני... היא שהיא גם כן מצוות [אולי צ"ל: מצווה] על גילוי עריות ואיך תעמוד לפניו ערומה? והשבתי... כל שלא מקרי גילוי עריות לגבי הבועל היא אנוסה בדבר כדי להציל נפשו של זה, וכמו דמותר לעשות כל מלאכת איסור בשביל פקוח נפש כמו כן מותר לעשות כן. ובפרט באשה דקרקע עולם היא, ובמה שעומדת ערומה אינה עושית שום מעשה מגילוי עריות, רק דאסור בשביל הבועל והיא עושית לפקוח נפש של זה".

שהאשה באה או שהובאה לזה שיסתכל בערמומיתה"; כלומר דווקא כאשר האישה חושפת את גופה במסגרת הקשר מכוון של הנאה וקרבה, יש בכך צד של גילוי עריות.

נראה שכך אפשר להסביר גם את קביעתה של המשנה (סוטה פ"א מ"ז) כי "במידה שאדם מודד, בה מודדין לו: היא קשטה את עצמה לעבירה - המקום ניוולה; היא גילתה את עצמה לעבירה - המקום גילה עליה". גם במשנה זו מדובר על אישה שגילתה את בשרה לאיש זר כחלק מתהליך של זנות, ועל כך הענישה אותה התורה; וממילא יש לדון אם דווקא היחשפות מכוונת בפני אדם מסוים נחשבת מעשה קרבה,[53] או שמא כל הליכה מודעת בלבוש שיש בו גילוי של הגוף נחשבת מעשה כזה.[54]

מלשון **ספר חסידים** (סימן קי) אפשר להבין שכל חשיפה של הגוף היא חלק מאיסור גילוי עריות: "שער באשה ערוה לגלות, וכל האמור בשיר השירים כגון 'בטנך ערימת חטים', 'שוקיו עמודי שש', 'שני שדיך' וכו'; וכל שדרך לכסות - ערוה לאשה לגלות". דברי **ספר חסידים** מבוססים על לשון הגמרא (ברכות כד ע"א) "שוק באשה ערוה... שער באשה ערוה...", ונראה כי לדעתו כוונת הגמרא היא שחשיפת איברים אלה היא חלק מאיסור גילוי עריות. כיוצא בזה פירש גם הריא"ז (**פסקי ריא"ז**, ברכות, פרק ג, הלכה ג, אות ו): "שיער באשה ערוה וקול באשה ערוה, שצריכה האשה להזהר בגילוי שערה ולהנעים קולה בין האנשים".[55]

אולם פירוש זה איננו הכרחי (וכן לא ברור שראשונים אלה נתכוונו לכך), ואפשר שגילוי הגוף שנעשה באופן תמים לחלוטין (כגון בשל מזג האוויר) אינו נחשב כאיסור

---

53. בהיחשפות מכוונת אפשר שיש איסור נוסף של 'לא תתורו'; עיינו בספר **הצניעות והישועה**, פרק א, לאוין, אות ח.

54. ראו גם **שו"ת אז נדברו**, חלק ג, סימן סד: "אף שזה ברור שהסתכלות מקרי אביזרייהו... אבל מה שאשה מוזהרת ללבוש בגדי צניעות, או משום צניעות עצמה או שום שלא תכשיל אחרים, אין זו מאביזרייהו. דהגורם לאחרים לעבור על אביזרייהו אין זו מאביזרייהו שאינו נהנה ואין לה שייכות לאיסור ערוה עצמה".

55. אפשר לטעון שדיוק זה איננו ודאי וכי המילה 'ערווה' אינה קשורה לאיסור קרבה לעריות דווקא אלא לכל איסור הקשור לתחום המיני; אך כפירושנו משתמע גם **משו"ת מהר"ם מרוטנבורג** (דפוס לבוב, סימן שי): "מורי רבינו אסר לנשים הרוחצות במרחץ להיות נכרי מקיזם, מב' טעמים, חדא דאפילו מגלה זרועותיה הויא עוברת על דת משה ויהודית, וכל שכן כל גופה. וכן אמרינן שער באשה ערוה כל שכן כל גופה. ואין חילוק בין נכרי לישראל דמקנאים על ידי גוים". מדבריו עולה שחובת הצניעות נובעת גם מאיסור קרבה לעריות שנאמר גם ביחס לגויים. עיינו גם **בספר האשכול** (עבודה זרה קצב ע"א): "איכא איסורא רבה בעריות האסורות איסור ערוה שאין בפנויות רחוקות, וכדתניא לא יסתכל אדם באשה נאה ואפילו פנויה, באשת איש ואפילו מכוערת" (וכעין זה **בתשובות הגאונים: שערי תשובה**, סימן כט).

גמור של קרבה לעריות. הבחנה כזו הציע ר' שלמה קלוגר (**מי נדה**, קונטרס אחרון, יו"ד, סימן קצה, סעיף ז):

> ודאי לפי תומה בדרך מקרה אם מסתכל במקומות המכוסין שבה, אין האיסור אליה רק עליו. אבל אם היא ממצאת עצמה לו ומגלה בשרה בכוונה כדי שיסתכל בה, זה הוי איסור גם לה.

עם זאת, מסתבר שכאשר לבוש לא־צנוע נבחר במכוון, משום שהגזרה הפחות־צנועה יפה ומושכת יותר, ומתוך מודעות לנוכחותם של גברים[56] – יש איסור ללובשו.[57] עוד יש להדגיש כי איסור 'לא תקרבו' אינו חל מן התורה על פנויה טהורה כפי שכתב הרמב"ם (**משנה תורה**, הלכות איסורי ביאה, פכ"א ה"ג; **פירוש המשנה**, סנהדרין פ"ז מ"ד).[58]

4. 'לפני עיוור'

אחריותם של הגברים ושל הנשים

נוסף על החובות הנוגעות לאדם עצמו ולמידותיו, ועל האיסור ליצור קרבה אסורה בין המינים, ישנה גם חובה שלא לגרום לבני אדם אחרים לעבור על איסורים – מתוך תפיסה של ערבות הדדית ואחריות משותפת לשמירת מצוות ה'.

---

56. בניגוד, למשל, למי שעובדת (או לומדת) בסביבה נפרדת ואינה נותנת דעתה על מבקרים אקראיים שעשויים לחלוף במקום. הבחנה דומה בעניין 'דת יהודית' (בין אישה הנמצאת במרחב משותף, ב'שוק', לבין אישה היושבת בביתה הפרטי שגברים זרים מגיעים אליו לעיתים נדירות) הוזכרה לעיל.

57. ראו בספר **לבושה של תורה** (חלק א, סימן לז, אות ו) שהכריע "דאשה הלובשת בפריצות רוצית שבני אדם יסתכלו בה... וזה דומה לאיש הקורץ בידיו לחבורה של בנות". אולם נראה שהדברים מורכבים יותר, משום שהאישה בוחרת את בגדיה לאו דווקא מתוך רצון למשוך את מבטם של גברים, אלא מתוך רצון להיראות טוב יותר בעיני הסביבה כולה (ובכלל זה חברותיה, בעלה וקרובי משפחתה). ראו גם לשונו של בעל **ספר חסידים** (סימן תריד): "ודע שכל אשה שהיא הולכת לפני בית איש ומתחילה לא הרימה קולה אבל כשהולכת לפני בית איש משמעת קול הרי כונתה לרעה וכן האיש".

58. בעניין פנויה נידה ראו את דברי **הפרי מגדים** (או"ח, סימן עה, משבצות זהב, ס"ק ב): "ויראה פנויה נדה מכלל ערוה הוה".

הסתכלות של איש באישה לא־צנועה כרוכה בכמה וכמה איסורים.[59] מלבד איסור קרבה לעריות שעליו עמדנו לעיל, היא כרוכה גם באיסור "וְלֹא תָתוּרוּ אַחֲרֵי לְבַבְכֶם וְאַחֲרֵי עֵינֵיכֶם" (במדבר ט"ו, לט) וכן באיסור "וְנִשְׁמַרְתָּ מִכֹּל דָּבָר רָע" (דברים כ"ג, י) שעניינו הימנעות מהסתכלות העלולה להביא לידי הוצאת זרע.[60]

באופן עקרוני, האחריות לאיסורים אלו רובצת על כתפי הגבר ועליו להימנע מלהסתכל בנשים באופן המביא לידי זנות או הרהור. משום כך מעולם לא עלה על הדעת לאסור נוכחות של נשים ברשות הרבים אף שגברים עשויים להתבונן בהן בדרכים אסורות.[61] אולם כאשר 'המקומות המכוסים' שבגוף האישה גלויים, קיים רובד חמור יותר של איסור כפי שהוכיח הרב משה פיינשטיין (**ש"ת אגרות משה**, או"ח, חלק א, סימן מ): "במקומות המגולות אסור דוקא כשמכוין ליהנות ובמקומות שדרכן להיות מכוסות אסור בכל אופן". במקומות אלה אסור להסתכל אף בלי כוונה, ועל האיש להתאמץ ולהימנע ממצב שבו יראה אותם;[62] וממילא אפשר כי האישה נדרשת שלא להביא את האיש לידי איסור בעל כורחו.[63]

ייתכן שלסברה זו, בהקשר שלנו, יש מקור כבר מדין התורה. במשנה (סנהדרין פ"ו מ"ג) נאמר: "האיש נסקל ערום ואין האשה נסקלת ערומה". במשנה זו אין מדובר בהכרח על אישה הנחשבת 'ערווה' בעבור אחד מן הצופים, או על אשת איש, ולמרות זאת קובעת המשנה שהיא אינה נסקלת עירומה. בגמרא (שם מה ע"א) מבואר כי חכמים למדו דין זה מן הפסוק "וְרָגְמוּ אֹתוֹ" (ויקרא כ"ד, יד) - "אותו ולא אותה",

59. פירוט והרחבה של האיסורים הכרוכים בהסתכלות ראו בספר **תורת ההסתכלות**, סימנים ב–ג, ובספר **לבושה של תורה**, חלק ב, סימן ע. על הסתכלות של נשים באנשים ראו להלן בפרק הבא העוסק בדיני צניעות של גברים.

60. על איסורים אלו ראו בהרחבה להלן בפרק העשרים.

61. כפי שכתב הרב פיינשטיין בתשובה שתידון להלן (**שו"ת אגרות משה**, או"ח, חלק א, סימן מ): "שהוא דין על האנשים שלא יסתכלו בהן כמו ברחובות ואם יש מי שיעבור ויסתכל בכוונה לראות ליהנות אין אנו אחראין להם". אולם עיינו במדרש תנחומא (וישלח ה): "צריכה אשה להיות יושבת בתוך הבית ולא תצא לרחוב שלא תכשל עצמה ולא תביא מכשול לבני אדם ונמצאו מסתכלין באשת איש".

62. עיינו בספר **לבושה של תורה** (חלק ב, סימן ע, אותיות סח–עא) שהסביר את האיסור הן מצד 'לא תקרבו' הן מצד הרהורי עבירה.

63. כך כתב גם **בשו"ת דברי יציב** (אה"ע, סימן לז, אות ה): "והאיסור מדינא דש"ס על הנשים, יש לומר שזה דוקא בכהאי גוונא שראיה בעלמא גם כן אסור, ולזה בשערה וזרועותיה דאיכא איסורא בראיה בעלמא להכי האיסור רמיא עלה"; וכדבריו משתמע גם **מפסקי ריא"ז**, ברכות, פרק ג, אות ו. ראו עוד להלן עמ' 217.

וכן שטעם הדין הוא חשש ל"הרהורא";[64] וכך כתב גם **רבנו יהונתן מלוניל** (שם יד ע"ב מדפי הרי"ף): "אין האשה נסקלת ערומה כלל כדי שלא ישׂביעו עיניהם הרואים אותה ערומה ויתנו עיניהם בנשים אחרות".[65]

החשש מפני חטאם של הגברים שזור במאמרי חז"ל רבים: הגמרא במסכת סוטה (כב ע"א) משבחת בתולה שהייתה מתפללת "יהי רצון מלפניך שלא יכשלו בי בני אדם"; ובמסכת תענית (כד ע"א) מסופר על ר' יוסי בר דורמסקית שגרם למותה של בתו שהיתה "בעלת יופי" ואמר "שובי לעפריך, ואל יכשלו ביך בני אדם".[66]

טעם זה לחובת הצניעות עולה גם מדברי הראשונים, כגון רבנו יונה שכתב (**איגרת התשובה**, אות נח):

> וצריכה האשה שתהא צנועה ונזהרת שלא יסתכלו בה בני אדם חוץ מבעלה, שהמסתכלים בפניה או בידיה יורדין לגיהנום והיא ענושה בעונש כל אחד ואחד מהם מפני שהחטיאה אותם ולא נהגה צניעות בעצמה ונכשלו בה.[67]

רבים מן הפוסקים הוסיפו וכתבו כי אישה המתלבשת באופן לא־צנוע עוברת על איסור תורה של 'לפני עיוור',[68] אף שמדברי רבנו יונה עצמו אין הכרח לומר כן.[69] כך למשל כתב הרב וואזנר (**שו"ת שבט הלוי**, חלק ב, סימן סב): "דודאי איסור דאורייתא איכא ללכת כן לפני אחרים להכשילן בהסתכלות והרהורים"; וכיוצא בזה כתב הרב עובדיה

---

64. כך עולה מ**תוספות הרא"ש**, סוטה כג ע"ב, ד"ה אותו; ואילו לדעת **רש"י** (סנהדרין מה ע"א, ד"ה להרהורא) מן התורה אין צורך להפשיט את האישה וסברת 'הרהורא' לא באה אלא להסביר מדוע לא חידשו חכמים מדעתם שיש להפשיטה כדי שתמות מהר.

65. עם זאת, במסקנת הגמרא נאמר שחכמים מנעו את הפשטת האישה רק כדי לחוס על בזיונה, ולא ברור אם סברת ההרהור בטלה לחלוטין.

66. יש להדגיש כי הגמרא אינה מעודדת התנהלות כזו ואף יש בה נימה של ביקורת כלפי רבי יוסי בר דורמסקית, שאותו היא מכנה "גברא דעל בריה ועל ברתיה לא חס [=אדם שלא חס על בנו ועל בתו]"; ועיינו **בעלי תמר** על הירושלמי, שבת פי"ט ה"ב, ד"ה ונתענה.

67. כעין זה מצאנו בספר **אורחות צדיקים**, שער הגאווה: "האשה המתקשטת לפני האנשים, בזה היא מדלקת לבם, ומכנסת הרהורים בלבם, ובזה עונשה גדול מאד, שהיא נותנת מכשול לפני רבים". ראו שם שהתייחס באופן דומה גם לצניעות של גברים בפני נשים.

68. **צמח צדק**, חידושי ש"ס, ברכות, פרק ג, אות ג.

69. עיינו **בשו"ת אז נדברו**, חלק יד, סימן מח: "מלשון ר"י נראה שאין כאן הלאו של לפני עור ממש"; וראו להלן דיון בדבריו.

יוסף (**שו"ת יחוה דעת**, חלק ג, סימן סז): "שהיא עוברת מן התורה על 'לפני עור לא תתן מכשול'".[70]

עם זאת, יש מקום לפקפק במסקנה זו ולסייג אותה, שהרי בסופו של דבר אין האישה כופה על האיש לעשות איסור, אלא היא הולכת כרצונה והאיש נדרש לכלכל את צעדיו בהתאם[71] - בדומה לנשים הכובסות ליד הנהר שמותר להן לגלות את גופן ועל האיש מוטלת החובה שלא להסתכל בהן (ראו בבא בתרא נז ע"ב). אכן, אפשר שיש להבחין בין המקרים: שם מדובר באזור מסוים המיועד לכביסה וגברים עוברים בו רק דרך עראי ולפיכך בידם להיזהר; ואילו ברשות הרבים נוכחים גברים ונשים באופן קבוע וקשה לדרוש מכל הגברים להשפיל את מבטם ולפיכך האיסור ייעשה בהכרח.[72] גם אם הבחנה זו נכונה, לא ברור לגמרי באילו מקומות יחול האיסור.[73] כך או כך, כפי שכתב הרב בנימין יהושע זילבר (**שו"ת אז נדברו**, חלק יד, סימן מז), אין לבסס את חובת הצניעות על הלכות 'לפני עיוור' בלבד, משום שהאחריות להימנע מהסתכלות מוטלת בעיקרה על הגבר.[74]

---

70. כך כתב גם הרב יצחק הורביץ בספר **יד הלוי** על **ספר המצוות לרמב"ם**, עמ' קמג. כך נקט גם הרב גשטטנר (**שו"ת להורות נתן**, חלק ה, קונטרס מבעד לצמתך, פרק ה, אות ג), וניסה לבאר מדוע האיסור על האישה לא התפרש במקורות קדמונים: "סוד עצם הדין שהאשה אסורה לצאת שלא בצניעות לא נכתב בהלכה מיוחדת. והטעם נראה פשוט... ענין הצניעות נתפשט בישראל מאז ומעולם, ואיסור הפריצות היה מפורסם לכל עד שלא היה צורך להשמיע את האיסור דאסור לצאת בבגדי פריצות, והפחיתות והנזק שבזה היתה מודעת על פני תבל". סברה דומה ראו במאמרו של הרב שמואל אריאל (לעיל הערה 36), עמ' 66; ועיינו גם בספר **דברי שלום** (פרק י) שהתמודד עם הטענות השונות שיובאו להלן.
71. אם יעמוד האיש בגדרים ההלכתיים שנאמרו בעניין, דהיינו שילך בקרבת נשים רק כשאין דרך אחרת וישפיל את מבטו בקרבת מראות אסורים, הרי שלא תהיה עבירה בידו.
72. כעין זה הבחין הרב זילבר (**שו"ת אז נדברו**, חלק ג, סימן כד, אות ג), ולכן התיר לנשים לרחוץ בחוף נפרד בנוכחות מציל, ולמרות זאת כתב שיש משום 'לפני עיוור' בהליכה בלבוש פרוץ ברחוב, "כי הנסיון הזה הוא לפעמים בבחינת אש לנעורת". ראו גם להלן.
73. מסתבר כי בהליכה ברחוב הומה אדם יהיה איסור, משום שאפשר להניח באופן ודאי שחלק מן העוברים והשבים לא ישמרו על גדרי ההלכה; ולעומת זאת במרחב נשי בעיקרו, יש מקום לומר שהאחריות מוטלת על הגברים הנכנסים לשם.
74. אכן לא ברור לגמרי מדבריו אם גם בלבוש חשוף ממש אין איסור 'לפני עיוור'; וראו בתשובתו שנזכרה בהערה לעיל. עיינו גם בדברי הרב דב ליאור ב**שו"ת דבר חברון** (או"ח, סימן עא) ששם במוקד החינוך לצניעות את הדרישה "שהבנות תהיינה מודעות לכך שהן עלולות להחטיא את הבחורים בהרהורים לא טהורים".

'לא תחמיד'

אפשר לנסח באופן מעט שונה את המחויבות החלה על האישה ביחס לסביבתה, וזאת בעזרת דברי רבנו יונה **בספר היראה** (אות רנד):

> אל תשבח אשה ביופיה בפני חברך פן על ידך יחמדנה וכתיב "לא תחמוד": קרי ביה 'לא תחמיד', וכן קרי ביה 'לא תחמֵד'.[75] אל תקשט נפשך ותלך בין הנשים כדי שיתאוו לך.

איסור 'לא תחמוד', לפי רבנו יונה, כולל גם איסור על יצירת חימוד בליבם של אחרים: משום כך אסור לאדם לשבח את יופייה של אישה נשואה בעיני חבריו;[76] וכן אסור לאיש להתקשט באופן הגורם לנשים להתאוות אליו,[77] ומסתבר שהוא הדין לאישה נשואה.[78] נראה כי המוקד של דין זה שונה מאשר דין 'לפני עיוור'; כאן הבעיה איננה בכך שהאדם מזמן את האיסור בפני חברו, אלא בכך שהוא מגרה את יצר חברו לעבור על איסור.[79]

יש מקום ללמוד מכאן עיקרון רחב יותר שלפיו אסור לאדם לבצע פעולות המכוונות לעורר את יצרו של אדם אחר. כך אכן דרשו חז"ל (שבת סב ע"ב) את פסוקי התוכחה לבנות ישראל שנאמרו בנבואת ישעיהו (ג', טז): "יען כי גבהו בנות ציון – שהיו מהלכות בקומה זקופה... וכיון שמגיעות אצל בחורי ישראל, בועטות בקרקע ומתיזות עליהם ומכניסות בהן יצר הרע". חטאן של בנות ציון לא היה בעצם נוכחותן שאפשרה את האיסור, אלא באופן התנהלותן שגירה את בחורי ישראל לעבור על האיסור.

---

75. **במקור היראה** (על **ספר היראה**, שם) כתב שמקורו של רבנו יונה במכילתא דרבי ישמעאל, יתרו, מסכתא דבחדש, פרשה ח.
76. ראו **שו"ת משנה הלכות**, חלק ז, סימן רמג: "דוקא כשמשבח ביופי אז חיישינן משום לא תחמוד דאין אשה אלא ליופי אבל בשבח מעשים ליכא יצר הרע דישלוט בו". אך במקום אחר (שם, חלק ט, סימן שיא) נראה שהבין אחרת.
77. מלשונו של רבנו יונה משתמע קצת שהאיסור חל דווקא כשמתכוון לכך שיתאוו אליו, אולם מתחילת דבריו נראה שאסר לשבח את יופייה של אישה בכל מקרה "פן על ידך יחמדנה".
78. עיינו בספר **לבושה של תורה**, חלק ב, סימן סט, אות ד. צריך עיון מדוע לא עמד המחבר על ההבדל בין פנויה לבין נשואה בהקשר זה.
79. אומנם אפשר שגם אופן זה כלול באיסור, כפי שכתב **הקהלות יעקב** (ליקוטים, חלק ב, סימן ז) שבכלל האיסור גם "מעשה המעורר אצל חבירו הרצון וההסכמה לעשות עבירה", ועיינו בספר **לפני עור**, עמ' מז–מח ובספר **שירת משה: לפני עיוור**, סימן ח, ענף א.

ממילא, אין בדין זה כדי לאסור נוכחות של נשים יפות במרחב הציבורי, כפי שאין בכך כדי לאסור נוכחות של גברים נאים; אולם יש כאן הנחיה שלא להתנהל באופן המעורר את היצרים, ובכלל זה החובה להתלבש באופן שמרבה צניעות וקדושה.[80]

סיכום

א. חובת הצניעות קיימת בכמה מישורים: בין אדם לעצמו ולאלוהיו, בין אדם לסביבתו, ובין נשים לגברים.

ב. בין האדם לבין עצמו ובינו לבין אלוהיו נדרשת התנהגות צנועה גם כאשר אין אדם אחר (איש או אישה) בסביבה; ומפשט דברי חז"ל והפוסקים עולה כי מדובר במידת חסידות בלבד, אף שיש שהחמירו בה מאוד.

ג. מישור נוסף הוא חובת הצניעות בנוכחות בני אדם זרים, גם אם מדובר בבני אותו המין: עירום פומבי מנוגד לערכי התורה והמוסר ואסור באיסור חמור; ומנהג תלמידי חכמים להקפיד על לבוש צנוע לגמרי. עם זאת, מישור זה של צניעות הוא תלוי הקשר, ויש מצבים (כגון בבית המרחץ) שבהם אין איסור לאדם לגלות את בשרו.

ד. מישור אחר הוא צניעות הלבוש במרחב המשותף לגברים ונשים. אפשר להצביע על כמה שורשים אפשריים לחובה זו:

1. 'דת משה ויהודית' - התורה אסרה על אישה נשואה לפרוע את ראשה ברשות הרבים, ויש שלמדו מכאן חובה גורפת של כיסוי הגוף; אולם מן המקורות נראה שכיסוי הזרועות וכדומה כלול רק ב'דת יהודית' שתוקפה מדרבנן.

2. חוקות הגויים - היצמדות לאופנה של פריצות המיובאת מאומות העולם נחשבת כהליכה בחוקות הגויים; אולם כאשר מדובר באופנה הרווחת במידה שווה בקרב יהודים, ואין כוונה להידמות לגויים דווקא, נראה שאיסור זה איננו קיים.

3. 'לא תקרבו לגלות ערווה' - לבוש לא־צנוע עשוי ליצור קרבה ומתח מיני בין גברים לבין נשים, ועל כן כלול באיסורי קרבה לעריות (לפחות מדרבנן). עיקר האיסור הוא על לבישה מכוונת של בגד חשוף ומושך, משום שכך המתלבש שותף לעבירה באופן אקטיבי.

4. 'לפני עיוור' - לבוש לא־צנוע עשוי לגרום להסתכלות שנאסרה משום 'לא תתורו' ולהביא לידי הרהור עבירה או חימוד. מישור אחד של האיסור קיים בגילוי

80. יש להדגיש כי חובה זו אינה מוגבלת דווקא להסתרת 'המקומות המכוסים' אלא להתנהלות הכוללת במרחב הציבורי.

׳המקומות המכוסים׳ (שכל הסתכלות בהם אסורה) הנעשה במרחב ציבורי שבו ודאי יהיה מי שלא יוכל להימנע מן ההסתכלות. מישור אחר קיים בכל לבוש המכוון למשוך ולגרות את היצר.

ה. העולה מכל האמור הוא שחובת הצניעות נובעת ממגוון רחב של עקרונות, מדאורייתא ומדרבנן, הנוגעים הן לאדם המתלבש הן לעיצוב החברה. הצניעות היא תכונה אישית־פנימית וגם חובה חברתית שנועדה לקדש את המרחב שבין המינים.[81]

ו. עוד עולה מכלל דברינו כי יש חשיבות רבה לתודעה ולכוונה הפנימית, ולא רק לאורך הבגד. הרצון לאמץ את אופנת הגויים, כמו גם הכוונה להתלבש באופן שימשוך את העין ויגביר את המתח המיני, הם חלק משמעותי מן האיסור. משום כך יש להתמקד בחינוך לערכיה הפנימיים של הצניעות ולא רק לגדריה החיצוניים.[82]

81. זאת בניגוד לקביעתה של הרבנית מיכל טיקוצינסקי, ׳גדולה מסך חלקיה: צניעות כעקרון יסוד׳, **אקדמות** כט, תשע״ד, עמ׳ 69-77, וכלשונה: ״היסודות להלכות אינם מצויים במתח שבין המינים ואינם נובעים מחשש לאיסורי עריות ומגרימת הרהורים״ (שם, עמ׳ 71). להרחבה על הדיון שבהקשרו נכתב המאמר ראו: נדב שנרב, ׳היש בסיס הלכתי לקוד לבוש לנשים׳, **אקדמות** כט, תשע״ד, עמ׳ 37-51; הרב יהושע ענבל, ׳האם ראו חז״ל את הצניעות כהלכה מחייבת׳, **המעין** נו(א), תשע״ז, עמ׳ 69-77.

82. עיינו **בשו״ת אז נדברו** (חלק יד, סימן מז, בהערה): ״בבתי חינוך לבנות יש ליתן משקל גדול על עניני צניעות ולא רק על הפרטים אלא בעיקר על הכלל אשר יוצא ממנו הרבה פרטים״.

ח

הלכות צניעות לגברים

"אני לומד במכינה קדם־צבאית ונוהג לטייל עם חבריי ברחבי הארץ. כשאנחנו מגיעים לבריכות מים, אנו פושטים את בגדינו ונשארים עם מכנס־תחתון קצר ('בוקסר'). לעיתים קרובות חולפות גם נשים במקום ושאלנו את עצמנו: האם נכון לשהות במקומות כאלו בלבוש כזה?"

פתיחה

ארצנו היא ארץ חמה, ואשרינו שרבים בני הנוער המבקשים לראות בנופיה ולטבול במי מעיינותיה. מציאות זו מעודדת באופן טבעי את המעבר ללבוש מינימלי, גם במקומות ציבוריים; אולם בעוד כללי הצניעות המתייחסים ללבוש של נשים מוכרים היטב, כללי הלבוש של גברים אינם ידועים בציבור ורבים סבורים שהם אינם קיימים כלל. על כן יש צורך לברר את מקורות הדין ויסודותיו ולנתח את הגדרים הנובעים מהם.

בפרק הקודם עמדנו על שני סוגי הלכות בדיני צניעות: א. הלכות המבוססות על ערך הצניעות האישית ונוגעות גם לאדם שנמצא יחד עם בני מינו ואפילו למי שנמצא לבדו. ב. הלכות הקשורות ליחסים בין המינים ומבקשות לצמצם את המתח המיני ביניהם ולעדן אותו. בעוד הסוג הראשון של ההלכות איננו מבחין בין איש לאישה, ולמעשה רוב מקורותיו מתייחסים דווקא לגברים, הרי שהמקורות המתייחסים לסוג השני מתמקדים לרוב בלבושן של נשים הנמצאות בחברת גברים - מתוך הנחה שללבוש זה תפקיד משמעותי בעיצוב אופי היחסים ובהשפעה על תודעתם של הגברים, וכן על רקע תפיסת המרחב הציבורי כמרחב גברי בעיקרו.

כאשר אנו מבקשים לנסח את הלכות צניעות לגברים, עלינו לבחון אפוא שלוש שאלות: א. מהם הגדרים המדויקים של חובת הצניעות שאיננה תלויה בנוכחות בני המין השני? ב. האם גם ללבוש הגברים בנוכחות נשים יש משמעות בהקשר של יצירת מתח מיני או הרהור? ג. האם עשוי להיות יסוד הלכתי כלשהו המחייב דווקא גברים בלבוש צנוע?

א. ההלכה בימינו לעומת מנהג הדורות הקודמים

בעוד צניעות לבושן של נשים היא נושא בעל נוכחות משמעותית בסדר היום ההלכתי של מאות השנים האחרונות, הרי שצניעות הלבוש של גברים בפני נשים כמעט שלא זכתה להתייחסות.[1] יתר על כן, מכלל דברי הפוסקים עולה כי הם לא ראו מקום להבחנה בין חובת הצניעות של איש בנוכחות גברים לזו הקיימת בנוכחות נשים.

כך למשל הרב טבק, מחבר **שו"ת תשורת ש"י**, שאת פסיקתו המחמירה נביא להלן, כבר עמד על כך "דדורות שלפנינו לא נזהרו בזה" (שם, סימן קכה), והצדיק את שינוי ההלכה בעיקרון שקבעה הגמרא במסכת חולין (ו ע"ב - ז ע"א): "מקום הניחו לי אבותי להתגדר בו"; דהיינו יש זכות (ואף חובה) לדורות האחרונים לדון על פי שיקול דעתם גם כנגד המנהג הרווח. עם זאת, אין בדבריו הסבר למהות ההבדל בין הדורות.

הסבר כזה אפשר להציע לאור דבריו של הרב מנשה קליין (**שו"ת משנה הלכות**, חלק ז, סימן יב); לדבריו, שורש ההבדל בין גברים לנשים בענייני צניעות הוא בכך שלאיש יש כוח לבחור את בת זוגו ומשום כך דרכו של האיש להסתכל באישה לשם זנות, ואילו ביד האישה אין כוח כזה ולכן כברירת מחדל אין היא מתכוונת לזנות. נבאר זאת מעט יותר: לדעת הרב קליין, מכיוון שהאיש הוא הבוחר והשליט, הרי שהאישה היא זו שאמורה לשאת חן בעיניו. מבטו של האיש על המציאות הוא מבט בוחן ומחפש, ובהתאם לכך האישה נתפסת כמי שהמראה שלה אמור למשוך ולפתות (בניגוד אגב לרבים ממיני בעלי החיים, שם הזכר הוא זה שעליו להתייפות על מנת למשוך את הנקבות).[2]

---

1. ואכן הרב צבי יהודה הכהן קוק (**שיחות הרב צבי יהודה**, ויקרא, עמ' 175) התרעם על ההבדל בהתנהלות בין גברים לנשים בעניין זה: "לפעמים הולכים ברחוב רב ורבנית יחד, אבל רק חצי הזוג לבוש כראוי. פשוט הדבר שהרבנית לבושה בהתאם לכל הלכות הצניעות... אבל הגבר, התלמיד־חכם אינו מקפיד. זו חולשה! האם הכרחי שיהיה כן? גם לגבר מתאים להיות מכוסה, והצניעות שייכת למהות טבע היהדות".
2. להסבר בהיר של ההבדל בין בעלי חיים לבני אדם בעניין זה ראו מאמרה של רחלי עינב, 'לא הבל היופי', **טבע הדברים** 161.

אם כנים הדברים, הרי שעם שינוי הזמנים והשוואת מעמד האישה לזה של האיש בכל התחומים, נקודת מבט זו עשויה להשתנות. ככל שהאישה מקבלת את תפקיד הסובייקט, כך האיש עשוי להיכנס למשבצת האובייקט. ואכן, ככל שחברה היא שוויונית יותר, כך משקיעים יותר הגברים במראם החיצוני.[3] מחקרים הראו כי בעשורים האחרונים ישנה עלייה דרמטית בשימוש של גברים במוצרי טיפוח ואמצעים קוסמטיים אחרים,[4] ותלו זאת בין השאר בתהליך ההחפצה שעובר הגוף הגברי בהופכו לאובייקט מיני.[5]

אין כאן המקום לדון בתופעה זו מבחינה ערכית־רוחנית,[6] אך עשויה להיות לה השפעה דרמטית על סוגייתנו. ככל שגופו של האיש הופך להיות 'נושא', כך חשיפתו עשויה לגרום למתח מיני או למבוכה ואי־נעימות. משום כך אין להעתיק את גדרי הצניעות במדויק מן הדורות הקודמים לימינו, אלא ליישם את העקרונות ההלכתיים במסגרת המציאות המודרנית.[7]

ב. חובת הצניעות הכללית

בפרק הקודם ראינו כי חובת הצניעות הכללית קיימת בשני מישורים. מישור אחד הוא הצניעות במרחב האישי, ובכלל זה חדר השינה ובית הכיסא (ולפי רוב השיטות, צניעות זו היא מידת חסידות בלבד). מישור אחר הוא הצניעות בנוכחות אנשים אחרים

---

3. כפי שתיאר הודי זקן את תרבות המערב באוזניו של עזריאל קרליבך (**הודו: יומן דרכים**, תל־אביב תשמ"ו, עמ' 138): "אצלם גם הגבר מתגנדר בלבושו, למשוך את עין הנשים!".
4. מה שעשוי לעורר בין השאר שאלות בדיני 'לא ילבש'; ראו למשל במאמרו של הרב ליאור לביא, 'הסרת שיער מן הגוף בלייזר לגברים', **תחומין** לד, תשע"ד, עמ' 138–146.
5. Glen Jankowski, 'Why More Men are Wearing Makeup than Ever Before', *The Conversation*, 15.1.2018. זמין במרשתת.
6. דיון על יחסה של התורה לאסתטיקה ראו במבוא לפרק על האומנות בספרנו **בין הזמנים**.
7. דברים ברוח זו כתב גם הרב יוסף וייצן, בתשובה באתר 'ישיבה': "היום, לצערנו, גם הגברים נהיו נשים והם משקיעים בבגדים שלהם בצד החיצוני שלהם... אולי באמת ראוי שעתה חכמי תורה שבעל פה יתכנסו ויתקנו תקנות שכלול בהם הלכות צניעות לגברים" ('גדרי צניעות לגבר', בכתובת https://www.yeshiva.org.il/ask/88498). ראוי לציין שתשובה זו ניתנה בט"ו באב תשע"ד, ואילו בתשובה מוקדמת יותר, שניתנה בי' תמוז התשע"ג, כתב הרב וייצן כי "הקב"ה בחר בנשים לתת להם את מתנת היופי", ולכן אין צורך בהלכות צניעות לגברים ('צניעות גם אצל גברים', בכתובת https://www.yeshiva.org.il/ask/81019), ודברים ברוח זו כתב גם בכ"ט תמוז התשס"ט ('ההבדל ההלכתי בין בנים לבנות בענייני צניעות', בכתובת https://www.yeshiva.org.il/ask/48668).

(גם אם הם בני אותו המין) והוא מתחלק לשלוש רמות חומרה. הרמה החמורה ביותר היא האיסור על עירום ברשות הרבים, ש"אין לך משוקץ ומתועב לפני המקום" יותר ממנו (יבמות סג ע"ב); אולם בפרק זה נבקש לבחון את שתי הרמות הקלות יותר: חובת צניעות בנהר ובבית המרחץ, וחובת צניעות הלבוש של תלמידי חכמים.

1. צניעות בנהר ובמרחץ

בגמרא במסכת שבת (מא ע"א) נאמר:

> אמר רבי זירא: אנא חזיתיה לרבי אבהו שהניח ידיו כנגד פניו של מטה [=אני ראיתי שר' אבהו הניח ידיו כנגד פניו של מטה]... איני? [=האומנם?] והאמר רבי אבא אמר רב הונא אמר רב: כל המניח ידיו כנגד פניו של מטה כאילו כופר בבריתו של אברהם אבינו! לא קשיא: הא כי נחית, הא כי סליק [=אין קושי: זה כשיורד, זה כשעולה].[8]

המוקד של הסוגיה הוא השאלה האם יש איסור לכסות את הערווה כדי לא להיראות כמתבייש בברית המילה,[9] אך אפשר שיש ללמוד ממנה גם לשאלתנו. הגמרא מבחינה בין מי שיורד לנהר, שאסור לו להתכסות, לבין מי שעולה מן הנהר, וכך ביאר זאת **רש"י** (שם, ד"ה כי): "כי סליק - ופניו כלפי העם מותר משום צניעות". מלשונו משתמע שאין כאן חיוב אלא היתר בלבד; כך נראה שהבין **רבנו חננאל** (שם, ד"ה הלכך): "שרי להניח ידיו כנגד פניו של מטה כשעולה מן הנהר" וכך כתב גם **הדרישה** (יו"ה, סימן רמב, ס"ק ו): "מן הדין אין צריך לכסות הערוה".

אולם הריא"ז (**פסקי ריא"ז**, שבת פרק ג, הלכה ב, אות יז) כתב שבעלייתו מן המים "צריך לכסות ערותו דרך צניעות", ומלשונו משתמע שמדובר בחיוב.[10] כך כתב

8. בהמשך הגמרא מובאים מעשים בחכמים שונים שאפשר שלא קיבלו חלוקה זו; עיינו **בחידושי הרש"ש** (שבת מא ע"א, ד"ה גמ' כי) ובספר **שבת של מי** (שם, ד"ה לא).

9. ראו **שו"ת פתחא זוטא**, אה"ע, סימן ח: "בנהר שרוחצין בו בני אדם, יצא פקודה משר המחוז שאסור לרחוץ שם (בעירום) רק במכנסים קצרים המכסים הערוה... ובא השאלה אם מותר ללובשם". ועיינו **בפסקי תשובות**, או"ח, סימן ב, אות ב.

10. יש להעיר כי בדוחק ניתן לפרש 'צריך' במובן של צורך אישי, ומאידך־גיסא גם בדברי רש"י ור"ח אפשר לדחוק ולומר שהתכוונו שמותר וצריך להתכסות.

גם **המגן אברהם** (סימן ב, ס"ק ב): "כשפניו כלפי העם, צריך לשחות או להניח ידיו על פניו של מטה".[11]

מהו הטעם להבחנה בין היורד לנהר לבין מי שעולה ממנו? בספר **הערוך** (ערך 'פן') נאמר שבירידה "אין אחד רואהו", ומכאן שבכל מצב שבו מישהו עשוי לראות אותו, קיימת חובה (לדעת **המגן אברהם**) לכסות את הערווה. אולם בספר **נחפה בכסף** (על **ספר היראה**, אות ד, ס"ק ב) כתב "דאפילו כשיש אנשים בנהר, מכל מקום כשיורד לרחוץ צריך להיות מגולה"; כלומר כאשר הגילוי נעשה לצורך, אין עניין להשתדל לצמצם אותו.[12] גישה שלישית נמצאת בספר **בית מנוחה** (הורוויץ, שבת מא ע"א, ד"ה הא), ולפיה ההיתר הוא משום ש"כל ההולכים לנהר הם ערומים בלי כיסוי; אם כן אין כאן שום צניעות ואינו צריך להתבייש לפניהם". לדבריו, מוקד ההיתר הוא ההקשר הסביבתי שבו נמצא האדם, ואם העירום נורמטיבי בהקשר זה - אין סיבה להצניעו.

מן האמור עולה שגילוי הערווה מותר כאשר הוא נעשה לצורך ובאופן המקובל, אך לא ראוי להוסיף בו מעבר לנדרש, וודאי שאין ראוי להיות ערום במקום שבו שאר בני אדם כבר לבושים (כגון חדר חיצוני של מלתחה, והכול לפי הזמן והמקום). בימינו, משמעות הדבר היא שאין לרחוץ ללא בגדים במקומות ציבוריים.[13]

2. צניעות של תלמידי חכמים

בדברי חז"ל קשה למצוא הנחיה גורפת המורה לגברים ללכת בלבוש צנוע. עם זאת, אפשר למצוא הנחיה כזו ביחס לתלמידי חכמים (בבא בתרא נז ע"ב):

---

11. יש לדון מניין למדו זאת: האם מתוך מעשיו של רבי אבהו, או מתוך הנחה שלולא היה חיוב להתכסות לא הייתה הגמרא מתירה זאת?

12. דברים דומים כתב **השל"ה** (מסכת חולין, פרק דרך חיים תוכחת מוסר, הגהה) כדי להסביר מדוע מותר לאדם לגלות את עצמו בנהר, גם אם אין שם בני אדם, אף שהוא חייב לשמור על צניעות כשמתלבש בחדרו: "אם עוסק בענין שמוכרח לגלות את עצמו, דהיינו שרוצה לרחוץ, ועיקר הרחיצה היא שיהיה כל בשרו ערום, על כל זאת בהליכתו לנהר מכסה את עצמו נראה ככופר בבריתו של אברהם אבינו". **המגן גיבורים** (אלף המגן, סימן ב, ס"ק ב) הוסיף: "כיון דכל הגוף ערום ואינו מכסה רק פניו שלמטה נראה כבוש בדבר".

13. כפי שכתב **הילקוט יוסף** (סימן ב, הערה א): "כל ההיתר לילך ערום בנהר, היה בזמנם שהיו רגילים לרחוץ בנהר, אבל בימינו שדרך כל העולם לרחוץ בים ובנהר עם בגד ים, ולא ערומים לגמרי, אין להתיר".

חלוק של תלמיד חכם כיצד? כל שאין בשרו נראה מתחתיו. טלית של תלמיד חכם כיצד? כל שאין חלוקו נראה מתחתיו טפח.

הרשב"ם (שם, ד"ה כל) פירש שהחלוק (הפנימי) צריך להגיע עד כף הרגל, והטלית (החיצונית) צריכה להגיע עד הטפח הסמוך לרגל; ואילו הרמב"ם (**משנה תורה**, הלכות דעות, פ"ה ה"ט) פירש שאסור לתלמיד חכם ללבוש בגדים שקופים שהבשר נראה בעדם.[14] הרמב"ם הוסיף וכתב (שם, ה"ו): "צניעות גדולה נוהגים תלמידי חכמים בעצמן; לא יתבזו ולא יתגלו ראשן ולא גופן".

האם הנחיות אלו מוגבלות לתלמידי חכמים בלבד? הגמרא (בבא בתרא צח ע"א) גינתה בחריפות את "המתגאה בטלית של תלמיד חכם ואינו תלמיד חכם", ופירש **הרשב"ם** (שם, ד"ה כל) שהכוונה היא לאותה טלית המכסה את החלוק, "וצניעותא יתירתא הוא, וגסות הוא למי שאינו תלמיד חכם" (וכיוצא בזה פירש **ר' יצחק קרקושא** על אתר). אולם **רבנו גרשם** (שם, ד"ה כל) פירש שהכוונה היא לסודר מיוחד שתלמידי חכמים היו כורכים על ראשיהם, **ורבנו חננאל** (שם, ד"ה כל) כתב שהכוונה היא "שעושה מעשה תלמיד חכם" באופן כללי. כמו כן, גם לדעת רשב"ם מדובר רק על הטלית המכסה את החלוק, ולא על החלוק המכסה את הבשר.

פוסקי אשכנז הרחיבו את הנחייתו של הרמב"ם גם למי שאינם תלמידי חכמים. בספר **אור זרוע** (הלכות שבת, סימן מג) מובא המדרש הבא:

ובשפלות ידים ידלוף הבית - על ידי שהאדם הזה משתפל מלכסות גופו כראוי, ידלוף הבית, יעלה גופו חטטין; הא למדת שצריך אדם לכסות כל גופו.[15]

כך פסק **הרמ"א** (או"ח, ב, ו): "ויכסה כל גופו, ולא ילך יחף";[16] וביאר **הלבוש** (שם) "שכל זה דרך צניעות והכנעה".[17] עם זאת, אפילו לגבי תלמידי חכמים מצאנו שגילו את

14. הרמ"ה (**יד רמה**, בבא בתרא נז ע"ב, אות רסב) הביא את שני הפירושים.

15. השוו לגרסה הנמצאת לפנינו במדרש ויקרא רבה (פרשה יט): "בעצלתים ימך המקרה, על ידי שהאדם הזה מתעצל לכסות את ראשו כראוי, ימך המקרה, הרי הוא נעשה דאומטיקום, ובשפלות ידים, ע"י שהאדם הזה משתפל לקנח גופו כראוי, יעלה גופו חטטין. ר' אבהו פתר קריא באשה, ע"י שהאשה זו מתעצלת מלכסות את עצמה כראוי, ימך המקרה".

16. האחרונים העירו שבמקום שבו נהגו ללכת יחפים, וכן לצורך תשובה וכפרה, מותר ללכת יחף (**משנה ברורה**, סימן ב, ס"ק יד).

17. עיינו גם **במחצית השקל**, או"ח, סימן ב, ס"ק א: "אף על גב דבזמן הזה בעונותנו הרבים אין לנו דין תלמיד חכם, מכל מקום במילי דצניעות ראוי לכל אחד להתנהג במדת תלמיד חכם".

זרועותיהם בעת חום כבד (גיטין לא ע"ב), ומסתבר שאפשר להקל בכך בשעת הצורך (ראו **שו"ת שלמת חיים**, או"ח, סימן ו).

ומה בדבר תלמידי חכמים במרחץ? האם גם שם חייבים הם לשמור על צניעותם ולהימנע מלרחוץ עם שאר בני האדם?

בברייתא (פסחים נא ע"א) נאמר: "תלמיד לא ירחץ עם רבו, ואם רבו צריך לו - מותר",[18] וביאר **רש"י** (שם, ד"ה תלמיד) שהתלמיד צריך "להתבייש מכבודו וממוראו" של רבו.[19] אולם **הרמ"א** (יו"ד, רמב, טז) סייג זאת וכתב: "כל זה לא מיירי אלא במקום שהולכים ערומי ערוה במרחץ, אבל במקום שהולכים במכנסים, מותר; וכן המנהג פשוט ליכנס עם רבו למרחץ". מדברי הרמ"א עולה כי אין כל מניעה שתלמידי חכמים ירחצו עם מי שאינם תלמידיהם, כפי שמצאנו לא־פעם בסיפורי חז"ל;[20] ואפילו עם תלמידיהם הישירים אין כל בעיה לרחוץ, כל עוד הערווה עצמה מכוסה. עם זאת, מן המקורות הנזכרים אנו למדים שכאשר יוצאים מן המים וממשיכים לטייל, אין ללכת בגילוי הגוף - ודאי כשמדובר בתלמידי חכמים, ולדעת הרמ"א זהו דינו של כל אדם; וזאת מלבד האיסור הגורף לגלות את הגוף, אפילו בחדרי חדרים, שהוא בבחינת מידת חסידות.

ג. לבוש של גברים בנוכחות נשים

מדברינו עד כה עולה כי חובת כיסוי הגוף - בין של תלמידי חכמים בין של שאר בני האדם, בין של הגוף כולו בין של מקום הערווה לבדו - היא חובה תלוית הקשר שעניינה מידות הצניעות והכבוד העצמי הנדרשות מהאדם. הבגדים הם כבודו של האדם (שבת קיג ע"א) וההקפדה עליהם משקפת אישיות מתורבתת ומאופקת (והיא אף מעצבת אישיות כזו); ועם זאת, אין כל גנאי בכך שבהקשרים מסוימים הלבוש איננו נדרש, אפילו בנוכחות אנשים אחרים. אולם מה בדבר גילוי הגוף בנוכחות בנות המין השני?

---

18. מפשט הגמרא משתמע שהאיסור הוא על התלמיד, אולם מדברי הרמב"ם נראה שהאיסור חל על הרב; עיינו **בשו"ת להורות נתן**, חלק א, סימן סא.

19. כדברי המשנה (סנהדרין פ"ב מ"ה) בנוגע למלך: "אין רואין אותו כשהוא מסתפר ולא כשהוא ערום ולא בבית המרחץ, שנאמר שום תשים עליך מלך - שתהא אימתו עליך".

20. ראו: יומא ט ע"ב; בבא מציעא פד ע"א.

1. האם מותר לנשים להסתכל בגברים?

הסתכלות של גברים בנשים שאינן לבושות בצניעות כרוכה במגוון איסורים: א. קרבה לעריות והנאה מהן ('לא תקרבו'); ב. הרהור ומשיכה לעבירה ('לא תתורו'); ג. גירוי מיני העשוי להביא לידי טומאה ('ונשמרת מכל דבר רע'). בפרק הקודם ראינו כי חובת הצניעות של האישה מבוססת במידה רבה על איסורים אלו, בין כאשר היא שותפה אקטיבית לקרבה שבהיחשפות, בין כאשר האיש עובר על איסור כשהוא מביט בה; ומעתה עלינו לדון האם איסורים אלה קיימים גם במקרה ההפוך, היינו בהסתכלות של אישה באיש?

נשים אינן מוזהרות (לפי רוב השיטות) בדין 'ונשמרת' שעניינו גירוי מיני העשוי להביא להוצאת זרע, אך הן נצטוו על 'לא תתורו' וכן על איסור קרבה לעריות.[21] אלא שעדיין יש לשאול: א. האם הסתכלות של נשים בגברים יוצרת קרבה או הרהור אסורים? ב. האם יש משמעות ללבושם של הגברים בהקשר זה?

מדברי חז"ל בכמה מקומות עולה כי הם הכירו בהשפעתה של הסתכלות באיש נאה על הנשים המסתכלות. למשל בגמרא בסנהדרין (צב ע"ב) למדנו כי "בשעה שהגלה נבוכדנצר הרשע את ישראל היו בהן בחורים שהיו מגנין את החמה ביופיין, והיו כשדיות רואות אותן ושופעות זבות"; וכך מובא גם במדרש ילמדנו (ילקוט תלמוד תורה, בראשית, אות קסא) המתאר את הנשים המצריות ש"כיון שהוי מסתכלות ביפיו של יוסף, היו חותכות את ידיהן".

בספר שמואל א (ט', יא-יג) מתואר מפגשם של שאול ונערו עם חבורת נערות היוצאות לשאוב מים ליד הרמה, עירו של שמואל. כאשר נשאלות הנערות אם שמואל נמצא בעיר, הן משיבות באריכות יוצאת דופן במקום להשיב "כן" ותו לא. הגמרא (ברכות מח ע"ב) הציעה שלושה הסברים לאריכות דברים זו: ר' נתן תלה אותה בכך "שהנשים דברניות הן"; שמואל (האמורא) טען שהנערות ביקשו להשתהות כדי "להסתכל ביפיו של שאול"; ואילו ר' יוחנן הסביר שיד ההשגחה הייתה בדבר כדי לעכב את המלכות שאול, "שאין מלכות נוגעת בחברתה אפילו כמלא נימא".

אין בגמרא התייחסות ערכית למעשיהן של הנערות, אולם במדרש שמואל (פרשה יג; מובא גם בילקוט שמעוני, שמואל א, רמז קח) נאמר:

> וכל האורך הזה למה? מלמד שהיו מביטות בנויו של שאול, ולא היו שבעות ממנו, דברי רבי יהודה.

---

21. ראו **אבוא ביתך**, חלק א, פרק כג.

אמר רבי יוסי: נמצאתה עושה בנות ישראל כך,[22] והלא כדרך שאי אפשר לאיש לזון את עיניו מאשה שאינה ראוי לו, כך אי אפשר לאשה לזון את עיניה מן האיש שאינו ראוי לה!

לדעת ר' יוסי, אסור לנשים להסתכל באנשים ומדבריו משתמע כי הוא משווה לחלוטין בין נשים לאנשים.[23] כך עולה גם מדברי **ספר חסידים** (סימן תריד): "צריך להזהר שלא ישמע קול אשה והוא הדין לאשה שלא תשמע קול איש שמכל שהאיש מוזהר אשה מוזהרת".[24] לא עוד אלא שעל פי דברי המדרש הללו כתב הרב טבק **בשו"ת תשורת ש"י** (סימן קכה) שראוי לבנות את בית הכנסת "באופן שלא יזונו הנשים עיניהם מהאנשים".[25]

אולם מלבד העובדה שתירוצי הגמרא הנזכרים אינם עולים בקנה אחד עם המדרש,[26] קיימת לכאורה הלכה מפורשת הסותרת אותו. במסכת שמחות (פרק יב, הלכה י) נאמר: "האיש משמש את האיש בחולי מעיים, אבל לא את האשה; האשה משמשת את האיש ואת האשה בחולי מעיים", וכך פסק גם **השו"ע** (יו"ד, שלה, י); וזאת מתוך הנחה כי אין בכך שאישה תסתכל בבית סתריו של האיש כדי להביא לידי עבירה (**ט"ז**, שם, ס"ק ה). מכאן הוכיח הרב עובדיה יוסף (**שו"ת יביע אומר**, חלק א, או"ח, סימן ו, אות ה) שאין איסור על נשים להסתכל באנשים, וכן הוכיח האדמו"ר מסאטמר (**שו"ת דברי יואל**, חלק א, או"ח, סימן י, אותיות ח–ט).[27]

עמדת ביניים משכנעת ביותר מצויה **בשו"ת שבט הלוי** (חלק ה, סימן קצז, אות ב):

---

22. הגרסה בילקוט שמעוני היא "עשית בנות ישראל כזונות".
23. עיינו בפירוש **מקור החסד** (על **ספר חסידים**, סימן תריד) שהקשה ממקורות רבים על השוואה זו.
24. עיינו **בשו"ת מערכי לב** (סימן ד) שניסה לבסס את דברי **ספר חסידים** על **פירוש רש"י** בסוטה מח ע"א, וראו **בשו"ת אהל משה** (צווייג, חלק א, סימן לב, אות ג) שדחה את ראייתו. הרב צווייג הציע גם לגרוס (או לפרש בדרך אחרת) את דברי **ספר חסידים** עצמם, אך הצעתו אינם מתיישבת עם דברי **ספר חסידים**, וכפי שנראה להלן בעל **ספר חסידים** הלך בדרך זו במקומות נוספים.
25. וכן כתב האדמו"ר האמצעי בספר **פוקח עורים** (חלק א, פרק ט) שהנשים מוזהרות גם הן כמו הגברים, משום ההרהורים שעשויים להיגרם להן מן ההסתכלות בגברים.
26. בספר **תורת ההסתכלות** (פרק יב) ניסה ליישב את דברי הגמרא עם המדרש.
27. דבריו מבוססים בין השאר על כך שר' יוחנן ישב על שערי טבילה ובנות ישראל הסתכלו בו (ברכות כ ע"א), וכן על כך שהגמרא (עבודה זרה כ ע"א) אסרה דווקא על איש להסתכל באישה נאה ולא להפך.

> אין להכחיש שאם באמת מסתכלים לשם זנות ואישות עוברים הנשים כמו האנשים דלא תתורו אחרי לבבכם ואחרי עיניכם הוא לאו השוה בכל... אבל לראות סתם ויביטו באנשים בלי לזון עיניהם, דהיינו בלי מחשבה של אישות, כמו שרואים הם כרגיל מבית הכנסת של הנשים, בודאי לא מצינו לאבותינו ורבותינו שחששו לזה.[28]

כלומר האיסור העקרוני של הסתכלות חל גם על נשים, ומשום כך אסור להן להסתכל מתוך כוונת זנות. אולם ההסתכלות לא נאסרה עליהן באופן גורף כשם שנאסרה על הגברים,[29] משום ש"באנשים גם הסתכלות והבטה סתם אסור כי כך טבע האיש להרהר מיד אחרי האשה, ולא כן טבע האשה בהבטה סתם, אם לא כשהיא מסתכלת בכוונת לזון עיניה" (שם).[30]

כיוצא בזה כתב הרב מנשה קליין (**שו"ת משנה הלכות**, חלק ז, סימן יב):

> דודאי הסתכלות דרך זנות אסור בין לאיש ובין לאשה... ומיהו לענין הרחקה לראות באקראי באשה לא גזרו שמא יבואו לידי הסתכלות ולידי ערוה ובאיש גזרו אפילו בסתם.

כלומר אף שאין הבדל במהות האיסור, האיש מועד יותר להסתכלות בעלת אופי מיני ולכן הרחיבו חכמים את האיסור המוטל עליו.

הרב בנימין יהושע זילבר ניסח עיקרון זה באופן שונה מעט (**שו"ת אז נדברו**, חלק יב, סימן מה):

> יש שני דינים בהסתכלות, הסתכלות לשם הנאה שזה אסור משום לא תתורו, ויש עוד איסור הסתכלות לא לשם הנאה... ועל פי רוב האיסור הזה קשור עם ונשמרת.

---

28. בלשון דומה התנסח גם הרב קרליץ (**חוט שני**, אה"ע, סימן כא, סעיף א, ס"ק ג, עמ' מג): "לראות או להסתכל אשה באיש מותר... אבל לזון עיניה באיש, היינו להשביע ולהנות מאיש, אסור".
29. יש להעיר כי **בשו"ת יביע אומר** (חלק א, או"ח, סימן ו, אות ה) שלל הרב עובדיה יוסף בפירוש הבחנות ממין זה, מכוח העובדה שר' יוסי לא הציע לפרש שהנשים השתהו כדי להסתכל בשאול באופן המותר. מאידך־גיסא, **בשו"ת מעין אומר** (חלק יב, פרק ב, סימן מב) הובא בשמו ש"לא ראוי" שזמרים יופיעו לפני נשים.
30. כעין זה כתב גם בספר **לבושה של תורה**, חלק ב, סימן עט, אות ו: "נראה דמותר רק כאשר לפי ראות העין אין האשה מתעניינת ונגררת אחר האיש. אבל כאשר בנות צעירות מסתכלות בבחורים בני גילם ונמשכות אחריהם... בהסתכלות זו ישנה קריבה לעריות".

לדבריו, יסוד ההבחנה איננו טמון במידת ההשפעה של ההסתכלות על האיש והאישה, אלא בכך שהסתכלות אקראית אסורה משום חשש הוצאת זרע שאינו קיים אצל נשים, ודווקא הסתכלות לשם הנאה אסורה משום 'לא תתורו'.[31]

2. הסתכלות ב'מקומות המכוסים' של גברים

על רקע זה יש לשאול: מהו דין הסתכלות ב'מקומות המכוסים' של גברים? בשיר השירים (ה', יד-טו) משבחת הרעיה את מבנה גופו של הדוד באופן שאיננו שונה בצורה מהותית מהאופן שבו הוא משבח אותה: "יָדָיו גְּלִילֵי זָהָב מְמֻלָּאִים בַּתַּרְשִׁישׁ מֵעָיו עֶשֶׁת שֵׁן מְעֻלֶּפֶת סַפִּירִים. שׁוֹקָיו עַמּוּדֵי שֵׁשׁ מְיֻסָּדִים עַל אַדְנֵי פָז". על פי ההיגיון של הסוגיה הידועה בברכות (כד ע"א), מסתבר היה ללמוד מכאן שמראה איברים אלו עשוי לעורר תאווה והם נחשבים כ'ערווה'.[32]

שאלה זו עלתה בדברי **ערוך השולחן** (או"ח, סימן עה, סעיף ה) שכתב:

> יש להסתפק אם רשאה האשה לקרות קריאת שמע ולברך נגד טפח מגולה באיש במקום המוצנע... או דילמא דבאיש שייך הרהור טפי מבאשה, וכן משמע מהפוסקים שלא הזכירו דין זה.

בעל **ערוך השולחן** הכריע ש'המקומות המכוסים' שבאיש (מלבד הערווה עצמה) לא גורמים לאישה הרהור האוסר עליה לומר דבר שבקדושה.

---

31. מדבריו משתמע שאסורה כל הסתכלות לשם הנאה, בדומה לאיסור החל על איש להתבונן באצבע קטנה שבאישה לשם הנאה אסתטית (ראו גם את דבריו של הרב זילבר **בשו"ת אז נדברו**, חלק ג, סימן עא); וזאת בניגוד לדברי **שבט הלוי** שאסר דווקא הסתכלות לשם זנות. מסתבר להכריע למעשה שיש לאסור רק הסתכלות שיש בה ממד מיני, ולו משום שמנהג העולם להקל ולהתיר הנאה אסתטית של נשים מקולם וממראם של גברים (כפי שכתב הרב עובדיה יוסף **בשו"ת יביע אומר**, חלק א, או"ח, סימן ו, אות ה). כך כתב בפירוש הרב קליין (**שו"ת משנה הלכות**, חלק ה, סימן קלב) והתיר לאישה להסתכל באיש ולהתפעל מיופיו "כעל דבר פלא"; כך הכריעו גם בספר **לבושה של תורה** (חלק א, סימן יב, אות ה) **ובשו"ת אשר חנן** (חלק ח, סימן קלז), וכך נטה להכריע בספר **גן נעול** (חלק ב, פרק ט, סעיף נה, הערה 233; חלק ג, פרק יג, סעיף מ).

32. אך אין זה מוכרח, שהרי גם עיניים ושיניים נזכרו בשיר השירים (בתיאורי הדוד והרעיה גם יחד), ולמרות זאת לא נאסרו בראייה; עיינו **בהערות הרב יוסף שלום אלישיב** על הגמרא שם.

דברים ברוח זו כתב גם הרב זילבר (**שו"ת אז נדברו**, חלק יב, סימן מה):

> אף על פי שלענין איש בכמה פרטים חמיר מקום המכוסה שבאשה ממקום יופיה, מכל מקום באיסור הסתכלות לאשה על איש הוא להיפך, דדוקא מקום היופי של האיש... אם זה נוגע לעריות הוי נהנה מן הערוה[33] ואסור, אבל על מקום המכוסה שבאיש מותר לאשה להסתכל.

כלומר דווקא בהסתכלות של איש על אישה קיים פוטנציאל גבוה של הרהור ב'מקומות המכוסים', ואילו בהסתכלות של אישה על איש אין משמעות למקומות אלו אלא רק לאופי המבט.[34] לאור זאת כתב הרב שלמה אבינר (הובא **בשו"ת אל־דוד**, עמ' 156): "לגבי אשה אין שום איסור להסתכל על אשה ערומה או איש ערום".[35]

כך הוכיח גם בספר **לבושה של תורה** (חלק ב, סימן עט, אות ה) מן ההיתר לטפל בחולה מעיים:

> דמותר לנשים להסתכל באנשים גם כאשר רואות חלקי הגוף שהן תמיד מכוסים מעין הרואה. ולפי זה פשוט שאיש מותר לו לשוט בים עם בגדי שיטה שלו גם אם נשים רואות אותו. והגם שרואות אברים המכוסים תמיד, כמו החלק העליון של הגוף, הרגלים והזרועות, בכל זאת אין בראיה זו שום איסור.

לעומת זאת, **בשו"ת באר משה** (חלק ה, סימן קמז, אות כג) כתב הרב משה שטרן בנוגע לשהייה של אישה בחוף שבו רוחצים גברים בבגדי ים:

---

33. יש להעיר שכאן מזכיר הרב זילבר את יסוד ההנאה מן הערווה, שנאסר משום 'לא תקרבו', ואילו קודם לכן הוא דן באיסור 'לא תתורו'.

34. אפשר שהדבר קשור להבחנה שערך לעיל: 'המקומות המכוסים' קשורים להנכחה ישירה של גירוי מיני, שנאסר משום 'ונשמרת', ופן זה חלש יותר אצל נשים; וזאת בניגוד להסתכלות של קרבה, הקיימת גם (ובעיקר) ב'מקומות המגולים'.

35. **בשו"ת אמנות** (עמ' קכט) כתב הרב דוד ספקטור: "מותר לאשה לראות ולצייר איש ערום, חוץ ממקום ערותו". בעניין הסתכלות של נשים בנשים ראו גם את דברי **המעדני יום טוב** (ברכות, פרק ג, סימן לז, ס"ק ס): "כמו באיש שאסור לראות בערוה כן באשה והרי מצינו איסור בנשים מסוללות", ועיינו **בבגדי ישע** (על **השו"ע**, או"ח, עה, א).

> במקום שהאיש ערום ברובו, חוץ מהתערובת שהאיסור לו ולה שווין, גם לה אסור להסתכל כי נולדין במוחה ובלבבה מחשבות רעים וזרות... וזה ברור כשמש.[36]

לדבריו, גם החולקים על מדרש שמואל ו**התשורת ש"י** יודו שיש לאסור במציאות כזו. אכן, נראה כי אין בהכרח סתירה בין פסיקה זו לדברי **ערוך השולחן** בעניין טפח מגולה באיש, משום שגם לדעת ה**באר משה** יש הבדל בין הסתכלות של איש באישה, שם אפילו טפח מגולה עשוי להביא לידי הרהור, לבין הסתכלות של אישה באיש שנאסרה דווקא כאשר הוא "ערום ברובו". עוד יש לומר שאיסור ההסתכלות באיש איננו קשור לגילוי חלק גוף מסוים, אלא לשדר הכללי הנובע ממנו, ולפיכך אפשר להתיר מצד אחד טיפול באיבריו המוצנעים של חולה מעיים, ומצד שני לאסור התבוננות באיש העולה מן המים כשרק בגד ים לגופו.

לסיכום, איסור ההסתכלות של אישה באיש קיים דווקא כאשר יש בו ממד של משיכה או הרהור, וממילא הוא תלוי בכמה וכמה פרמטרים - ולבושו של האיש עשוי בהחלט להיות אחד מהם.

3. האם לגברים יש חובת צניעות בפני נשים?

עד כה עסקנו בדיני ההסתכלות של האישה, אך מהן החובות הנגזרות מכך ביחס לאיש?

באופן עקרוני, כאשר איש או אישה הולכים באופן שבו אין איסור לראותם, אין הם אחראים על כך שמישהו עלול להסתכל בהם דרך זנות. משום כך מותר לאישה ללכת כשחלק מגופה גלוי, אף שיש איסור ליהנות אפילו "באצבע קטנה" שבה. בדומה לכך, מסתבר שמותר לאיש ללכת באופן שאיננו גורם במישרין להסתכלות אסורה, וכפי שראינו לעיל יש בכך כדי להתיר גם גילוי של 'טפח מכוסה' שבו. עם זאת, אסור לאיש ללכת באופן המביא באופן ישיר לידי איסור (ולדעת ה**באר משה** יש בכך כדי לאסור כל הליכה בבגד ים בקרבת נשים).

כמה מן הראשונים יישמו עיקרון זה וקשרו בין איסור ההסתכלות של נשים לחובת הצניעות של הגברים. כך למשל כתב רבו של הרמב"ן, ר' יהודה בר יקר (**פירוש התפילות והברכות**, עמ' קלז):

> אפילו הראיה שהנשים רואות אותם כשהם ביחד ומדברים ביחד אפילו לא יעשו עברה, נאוף הוא לה... וכשם שהצניעות גדול לאשה, כך גדול לאנשים.

---

36. בספר **גן נעול** (חלק ג, פרק יג, סעיף מא) כתב שנכון להחמיר בכך.

הנחיות המתייחסות ללבושם של הגברים אפשר למצוא בדברי הראשונים סביב איסור "לא תחמד" שדרשו עליו "לא תחמיד", היינו שאסור לגרום חמדה לאחרים.[37] כך למשל כתב בעל **ספר חסידים** (סימן צט): "אזהרה שלא ליפות עצמו כדי שישר בעיני אשת רעהו ויכניס אהבתו ויפיו בלבה"; ובמקום אחר (**ספר גימטריאות**, עניינים שונים, סימן ל) הוסיף: "כל אדם שיש לו בלורית בראשו, ומגולח זקנו... גורם לנשים לצפותו ובאות לידי הרהור". כך כתב גם רבנו יונה (**ספר היראה**): "אל תקשט נפשך ותלך בין הנשים כדי שיתאוו לך". רמז לרעיון זה אפשר למצוא כבר במדרש שקשר בין מעשי יוסף שהיה "מסלסל בשערו" לכך שנתגרתה בו אשת פוטיפר.[38] יש לשים לב כי בדומה לדיני צניעות של נשים, גם אצל גברים יש חשיבות לתודעה ולכוונה שמאחורי הבגדים.[39]

מלבד האיסור להכשיל את הנשים, יש להוסיף שלבוש מושך ולא־צנוע כרוך גם באיסור לאיש עצמו, וזאת בשני מישורים: ראשית, איסור 'לא תקרבו' הוא איסור משותף לאיש ולאישה ועניינו הקִרבה הנוצרת ביניהם (בעיקר כאשר האיש מודע לכך);[40] שנית, הסתכלות של אישה באיש עשויה להביא אותו עצמו לידי עבירה.[41] המדרש (בראשית רבה, תיאודור־אלבק, פרשה צז, אות כו) משבח את יוסף על "שהיו המצריות בנות מלכים מבקשות לראות את פני יוסף, ולא תלה עיניו באחת מהן". כלומר באופן טבעי כאשר נשים מסתכלות ביופיו קיימת משיכה להסתכל בהן בחזרה (**לבושה של תורה**, חלק ב, סימן עט, אות יב). בנידון דידן, יש מקום רב לחשוש שגם אם הלבוש החשוף לא יביא את הנשים לידי הרהור, יהיה בו כדי להשפיע על תחושותיו של האיש.[42] כך אכן כתב בעל **אורחות צדיקים** (שער הגאווה): "המקשט

---

37. ראו בהרחבה לעיל עמ' 169.
38. ראו למשל תנחומא וישב ח. אומנם מן המדרש לא ברור אם הביקורת על יוסף קשורה לכך שהסלסול עשוי לגרות את הנשים, או לכך שביטא שכחה של בית אבא, אך נדמה שהמדרש ראה קשר סיבתי בין הסלסול למעשיה של אשת פוטיפר.
39. עוד יש להוסיף כי בדומה לנשים, מסתבר שגם לגברים הצניעות כוללת את אופן ההתנהגות והתנועה ולא את גדרי הלבוש לבדם.
40. ראו לעיל בפרק הקודם, עמ' 163 ואילך.
41. יש מקום רב לומר כן אף לאידך־גיסא: הסתכלות של איש באישה עשויה להביא אותה לידי הרהור. אולם הלכות צניעות של נשים מבוססות היטב במקורות גם בלי להזדקק לסברה זו. עם זאת, יש חשיבות רבה לדיון ביסוד זה כאשר עוסקים בהלכות צניעות של אדם בעל נטייה חד־מינית: אף אם ביחס לסובבים אותו אין כאן שום דבר הגורם להרהור, מבחינתו הסיטואציה נחווית באופן אחר והיא עשויה להיות אסורה.
42. ביטוי לחשש זה אפשר למצוא בדיוני הראשונים והאחרונים בעניין רחיצה באמצעות שפחות וההרהור העשוי להתלוות לכך. ראו: **בית יוסף**, אה"ע, סימן כא; **הגהות הרמ"א**, שם, ה; **בית שמואל**, שם, ס"ק יא.

גופו הוא קרוב לזימה, כי יתראה לפני נשים לישא חן בעיניהן, ומתוך כך יתקרב אצלן ויבא לידי שחוק וקלות ראש".

4. חשיפת הגוף כהטרדה

עד כה עסקנו בצניעות גברים על פי העקרונות שיסודם בהלכות שבין אדם לעצמו ובין אדם למקום[43] – הן במישור של חובת הצניעות האישית הן במישור של חשש מהגעה לידי הרהור ועבירה – אך בהלכות צניעות ישנו גם יסוד מדיני בין אדם לחברו. התחושה המיידית הנפוצה יותר, כאשר איש נתקל באישה לא־צנועה, היא של הרהור ומשיכה; ואי־הנעימות העשויה להתלוות לכך נגרמת בעיקר על רקע תחושות אלו והאיסורים הכרוכים בהן. אולם כאשר איש חושף את עצמו לעיני אישה, הדבר כרוך פעמים רבות בתחושות לא־נעימות, ובמקרים קיצוניים אף מוגדר בחוק כהטרדה מינית.

בפרק התשעה־עשר נדון בהרחבה באיסור הטרדה מינית ונראה כי הוא מבוסס בין השאר על איסור אונאת דברים – האיסור לגרום צער לאדם מישראל. נוכח עובדה זו, קשה לקבוע בבירור מתי יחול האיסור והדבר תלוי מאוד בהקשר הספציפי, אך חובה על כל אדם לוודא שאופן הלבוש שלו אינו יוצר אי־נעימות בעבור סביבתו – בעיקר כשמדובר במקומות ציבוריים. בימינו, על פי עדותן של נשים רבות, לבוש חשוף של גברים עשוי בסבירות גבוהה לגרום לאי־נעימות כזו, ועל כן יש להימנע ממנו.[44]

5. גדרי צניעות של גברים בפני נשים

ממקומות רבים עולה כי ישנם הבדלים בין גדרי צניעות של גברים לאלו של נשים, וזאת בכמה מישורים:

מישור אחד הוא היכולת לגלות את הגוף במקום צורך, כגון כשאדם יוצא להיסקל. כאשר האיש נסקל מכסים אותו רק "מלפניו", ואילו את האישה מכסים "מלפניה ומאחריה" לדעת ר' יהודה, ולדעת חכמים אין מפשיטים אותה כלל (משנה

43. זאת בהנחה שאיסור 'לפני עיוור' הוא איסור שבין אדם למקום; ראו **אנציקלופדיה תלמודית**, ערך 'לפני עור לא תתן מכשול', אות ג.

44. בתשובה לשאלון שהעברנו ליותר מ־60 נשים מן המגזר הדתי־לאומי, רק כ־7% העידו שלבוש גברי חשוף אינו מפריע להן כלל; כ־20% מהנשאלות הודו שהוא עשוי לגרום למשיכה מינית; ולמעלה מ־65% אמרו שהוא גורם לתחושה של אי־נעימות ומבוכה.

סנהדרין פ"ו מ"ג).[45] דוגמה נוספת מצויה בדיני קריעה על מת בברייתא (מועד קטן כב ע"ב): לדעת תנא קמא האיש והאישה שווים לעניין קריעה; ואילו ר' שמעון בן אלעזר סבור ש"האשה קורעת את התחתון, ומחזירתו לאחוריה, וחוזרת וקורעת את העליון".[46] להלכה נפסק כדעת ר' שמעון בן אלעזר (**שו"ע**, יו"ד, שמ, יא), היינו שהאישה צריכה לקרוע את בגדה כך שבשרה לא יתגלה. **הב"ח** (שם, ס"ק י) הסביר שגם האיש אינו מגלה את בשרו לגמרי "דאין דרך ארץ לגלות את לבו ערום ממש בפני רבים", ולאישה אסור אף לגלות את הבגד הצמוד לגופה.

מישור אחר הוא ההתנהלות היומיומית בפועל. אף שראינו הנחיות המורות לאיש לכסות את כל גופו, למעשה יש מקורות המעידים כי אנשים התלבשו באופן שונה מנשים. דוגמה לכך אפשר לראות בדין 'שוק באישה ערווה' (ברכות כד ע"א), שעליו כתב הראב"ד (הובא **בחידושי הרשב"א**, שם, ד"ה והא): "שוק באשה מקום צנוע וערוה הוא ואפילו לגבי בעלה אף על פי שאינו מקום צנוע באיש".[47] דוגמה נוספת נמצאת בהלכות תפילה, שם הוגדרו 'המקומות המגולים' שבאיש באופן הבא: "בידיו עד הפרק העליון [=מרפק] ובצוארו עד החזה" (**כלבו**, סימן יא; **מגן אברהם**, סימן ד, ס"ק כג), והפוסקים למדו שמקומות אלו מותרים בגילוי תמיד (**משנה ברורה**, סימן ב, ס"ק א) – בניגוד לגדרי צניעות של נשים שלדעת פוסקים רבים חמורים יותר. עם זאת, חשוב להדגיש כי גדרים אלה תלויים במנהג המקום, וכבר כתב היעב"ץ (**מור וקציעה**, סימן צב) שבארצות אשכנז הקרות נהגו להחשיב גם חלקי גוף אלו כ'מקומות המכוסים'.[48]

מכל האמור עולה כי לא נכון ליישם אחד לאחד את דיני צניעות של נשים ביחס לגברים.[49] כיצד אם כן נגדיר הלכות אלו?

אפיק אחד שיש לצעוד בו הוא דין 'ערווה' במובנו הרחב. בהלכות קריאת שמע נאמר שדווקא כנגד הערווה עצמה אסור לקרוא, והפוסקים נחלקו אם "עגבות יש בהם משום ערוה" (**משנה ברורה**, סימן רו, ס"ק טז). לפי השיטות המחמירות,

---

45. בעניין שיטת חכמים ביחס לאיש, ראו **כסף משנה**, הלכות סנהדרין, פרק טו, הלכה א.
46. על שיטת תנא קמא ראו **ביאור הגר"א**, יו"ד, סימן שמ, ס"ק לב.
47. כך כתבו גם **הבית יוסף** (או"ח, סימן עה) **והלבוש** (שם, סעיף א), ודבריהם הובאו במקומות רבים (ראו בספר **כבודה בת מלך**, פרק ב, הערה 16).
48. כך פסק **המשנה ברורה** (סימן ד, ס"ק נג) וכך כתב גם הרב משה פיינשטיין (**שו"ת אגרות משה**, יו"ד, חלק ג, סימן סח) בעניין חובת הצניעות בחדרי חדרים: "מדת הלבישה הוא כמנהג המקום כגון אם הדרך לכסות הזרועות והשוקיים צריך גם כשאין אנשים ללבוש כן ואם הדרך לילך בזרועות מגולות גם לפני אנשים אין צריך לכסותם אף למדת חסידות".
49. להוציא מהכרעות משפטיות מסוימות בארצות מערביות, המנוגדות לאינטואיציה האנושית הפשוטה או מבכרות את ערך השוויון על פניה.

בגד תחתון (או בגד ים) צר עשוי לגלות חלק מן הערווה,[50] אך מכנסי 'בוקסר' ודאי אינם בכלל האיסור. אולם בפרשת תצוה נאמר: "וַעֲשֵׂה לָהֶם מִכְנְסֵי בָד לְכַסּוֹת בְּשַׂר עֶרְוָה מִמָּתְנַיִם וְעַד יְרֵכַיִם יִהְיוּ" (שמות כ"ח, מב);[51] ומכאן שכל החלק שבין המותנים לירכיים נחשב קשור לערווה, כפי שכתב **האלשיך** (שם): "כדי לכסות מהרהור בשר ערוה צריך שממתנים ועד ירכים יהיה הזהירות".[52] יתר על כן, מפרשת יתרו עולה כי גם גילוי המכנסיים, הצמודים לערווה, איננו ראוי על גבי המזבח והוא "קרוב לגלוי ערוה" (**פירוש רש"י על התורה**, שמות כ"ח, מב).[53] אולם במקורות אלו אין ראיה ברורה לגבי גדרי הכיסוי הנדרשים ממי שאינו עובד על גבי המזבח ואינו קורא קריאת שמע.

אפיק אחר, מעורפל יותר בפרטיו אך מבוסס יותר במהותו, הוא בחינת המשמעות של לבוש מסוים בעיני הסביבה. בחינה כזו יכולה באופן עקרוני להיעשות בכל מצב בפני עצמו, אלא שברוב המצבים קשה לתשאל את כלל הנוגעים בדבר (וקל וחומר לקבל מהם תשובות כנות). משום כך יש להסתמך על תחושות שאותן מביעות נשים רבות, בכתב ובעל־פה.[54] הנימה הכללית העולה מדברי נשים רבות היא שלבוש שאיננו מכסה את הירך (כגון 'בוקסר') עשוי בקלות לעורר תחושות של אינטימיות או אי־נעימות. ביחס לחשיפת פלג הגוף העליון, התגובות מורכבות יותר, ולבישת גופייה פותרת את הבעיה לדעת רוב הנשים.[55]

היבט נוסף שיש להתייחס אליו, וכבר נזכר בתחילת הדיון, הוא הנורמה המקובלת בקרב שאר בני אדם. נדמה כי לבישת מכנסיים או בגד ים רגיל היא נורמה מקובלת למדי ועל כן יש לאמץ אותה כסף תחתון ואין ללבוש פחות מזה. לבישת גופייה או חולצה היא נורמה מעט פחות נפוצה, ולכן ראוי לנהוג כך אך אין זה חיוב גמור.

---

50. כפי שכתב הרב בן־ציון אבא־שאול (**שו"ת אור לציון**, חלק ב, פרק מה, אות טו): "יש להזהר בזה במיוחד בחוף הים, שיש הלובשים בגד ים צר, ואסור לברך כנגדם".

51. ר' יצחק עראמה (**עקידת יצחק**, שער נא) התלבט אם בני אדם רגילים באותם ימים כלל לא לבשו מכנסיים תחת הכותונת, או שמא לבשו מכנסיים קצרים יותר.

52. יצוין כי באיסלאם רווחת עמדה המחייבת גברים לכסות את ה'ערווה' (عريها) עד הברכיים.

53. ראו להלן עמ' 225, 227, 236.

54. דוגמה אחת מני רבות אפשר למצוא בפורום הנוער של ערוץ 7: https://www.inn.co.il/Forum/Forum.aspx/t811339.

55. על פי הסקר הנ"ל (בהערה 44), כשליש מהנשים סבורות שדי בלבישת מכנסיים קצרים למניעת משיכה או אי־נעימות; יותר משליש סבורות שיש צורך גם בגופייה; ורק פחות מרבע מהנשים סבורות שיש צורך בחולצה עם שרוולים.

סיכום

א. כאשר אדם רוחץ בנהר או במרחץ (עם בני אותו המין), מותר לו באופן עקרוני לעשות זאת אף ללא בגדים כלל, בהתאם למקובל ולנדרש, אך לא ללכת עירום במקום שבו שאר בני האדם לבושים (ובימינו ברוב המקומות הציבוריים אין רוחצים ללא בגדים).

ב. ראוי לכל אדם (ובפרט לתלמידי חכמים) להימנע מגילוי הגוף ברבים (אף כשהם בני אותו המין), אך במקום שבו הדבר מקובל (כגון במסגרת רחצה בבריכה או בים), מותר אפילו לרב לרחוץ בלבוש חלקי ליד תלמידיו. גם בגילוי של חלק מהגוף יש להימנע כשהוא כבר איננו נדרש, כגון כשממשיכים לטייל אחרי היציאה ממקור המים.

ג. נשים, בדומה לגברים, מצוות בציווי "וְלֹא תָתוּרוּ אַחֲרֵי לְבַבְכֶם וְאַחֲרֵי עֵינֵיכֶם" (במדבר ט"ו, לט) ובאיסור קרבה לעריות, אך לא בהימנעות מכל גירוי מיני שאסור משום "וְנִשְׁמַרְתָּ מִכֹּל דָּבָר רָע" (דברים כ"ג, י). יש מן הראשונים שהחילו עליהן איסור הסתכלות זהה לזה של הגברים; אולם לדעת רוב הפוסקים אסור להן דווקא להסתכל באיש לשם הנאה מינית או בכוונת זנות, ואילו הסתכלות תמימה מותרת.

ד. גם הסתכלות ב'מקומות המכוסים' שבאיש לא נאסרה באופן גורף. עם זאת, לבוש חשוף במיוחד, ודאי כשמדובר באדם נאה, עשוי להגדיל את הסבירות להסתכלות שיש עימה עבירה.

ה. לאור האמור אין חובה גמורה על האיש לכסות כל חלק מגופו מעיני נשים, אך אסור לו להתלבש ולהתנהל באופן העשוי להביא לידי קרבה ומתח מיני - הן בשל האיסור להכשיל את הנשים, הן בשל חשש הקרבה וההרהור שעשויים להתעורר אצלו במצבים כאלו.

ו. חשיפה לא־הולמת של הגוף, ובפרט של גוף גברי בפני נשים, עשויה לעורר מבוכה ואי־נעימות הגובלות לעיתים בהטרדה מינית. כל אדם אחראי לכך שלבושו לא יגרום צער לסביבתו כאשר הוא נמצא במרחב המשותף לשני המינים.

ז. במידה שמתאפשר שיח פתוח בין כל הנוגעים בדבר, גדרי הצניעות של הגבר גמישים ומותאמים לכל מקרה לגופו. כברירת מחדל יש להקפיד על לבישת מכנסיים קצרים (לא הדוקים מדי) המתקרבים לברך - הן על בסיס גדרי 'ערווה' שנאמרו במכנסי הכוהנים, הן לאור התחושות השליליות שמביעות נשים רבות ביחס ללבוש קל מזה. ראוי מאוד ללבוש גם גופייה, משום שבעיני נשים רבות גם חשיפת פלג הגוף העליון אינה נעימה, וכן משום שרבים נוהגים לרחוץ כך.

ח. הלכות צניעות הלבוש מזמינות את הגברים להיות קשובים לקולות ותחושות - הן

שלהם, הן של הנשים הסובבות אותם - שחלקם לא התקיימו בעבר וחלקם התקיימו אך לא נשמעו. הלכות אלו דורשות מן הגברים להקדיש תשומת לב לקיומו של הגוף, לאנרגיות שהוא משדר ולכבוד ולעדינות שהוא זוקק. היעדר גדרים מדויקים המעוגנים במקורות איננו מוריד מחשיבות האתגר אלא דווקא מעצים אותו; ההיענות לאתגר זה עשויה להפוך אותנו לחברה שלמה, בריאה וקדושה יותר.

ט

צניעות בפני גויים

"אני לומדת באחת האולפנות בארץ ומתכוונת לצאת יחד עם כמה חברות לטיול באירופה. בחיי היומיום כולנו משתדלות לשמור על הלכות צניעות; אך לקראת הטיול שאלנו את עצמנו: האם יש צורך להקפיד על כך גם כשנטייל בסביבה לא־יהודית?"

פתיחה

ביקורים קצרים בחו"ל הפכו בשנים האחרונות לנורמה נפוצה ומקובלת בקרב משפחות ויחידים. האפשרות להחליף אווירה, להתנתק מקַלחת האירועים בארץ ולשהות כמה ימים בעולם שונה מעט, קוסמת לאנשים רבים. יחד עם זאת, דווקא הקסם שבהימצאות בארץ אחרת הוא אתגר לא־פשוט בעבור שומרי המצוות: האם גם באווירה כזו של התנתקות מחיי השגרה יצליחו להקפיד על הלכות שבת וכשרות, ועל תפילה ולימוד תורה?

בין שאר האתגרים קובעת ברכה לעצמה סוגיית הלבוש, משום שהלבוש בעיקרו הוא מושג חברתי והשמירה על הלכות צניעות בארץ - שלא כבנֵכר - היא חלק מן ההשתייכות החברתית הטבעית. יתר על כן, מכיוון שהלכות צניעות קשורות לבני המין השני שעימם באים במגע, יש לשאול אם הן נותרות על כנן כאשר נמצאים במקום שבו נורמות הצניעות שונות מן הנורמות ההלכתיות וגם הסובבים אינם יהודים המחויבים להלכה. שאלה זו דורשת תחילה את בירור היסודות ההלכתיים שעליהם מבוססת חובת הצניעות, ובכך עסקנו בפרקים הקודמים; בפרק זה נידרש להיבטים המייחדים את שאלת הצניעות בפני גויים.

א. 'לפני עיוור': נקודת המבט של הגויים

נקודת המבט העיקרית שנידונה בדברי פוסקי זמננו שעסקו בשאלה זו היא נקודת המבט של הגבר הגוי; כלומר מתוך הנחה שדיני צניעות מבוססים במידה רבה על האיסור להכשיל את הרואים בהסתכלות ובהרהור, יש לדון האם פעולות אלו נאסרו על הגויים כל עיקר, ואם כן האומנם חובה להימנע מלהכשילם.

באיזה איסור עשויים גויים להיכשל בעקבות מראה לא־צנוע? בכמה מקומות[1] בספר זה התבאר שאיסור הסתכלות עשוי לנבוע משלושה דינים: 'לא תתורו', קרבה לעריות ואיסור הוצאת זרע לבטלה. בעוד דין 'לא תתורו' נאמר לישראל בלבד, הרי שבשני הדינים האחרים התמונה פחות ברורה, וכדלקמן.

בברייתא שהובאה בגמרא (סנהדרין נז ע"ב) נאמר: "איש איש - לרבות את הכותים שמוזהרין על העריות כישראל", ור' חיים פלאג'י (**שו"ת חיים ושלום**, חלק א, סימן טז) למד מברייתא זו כי בני נח נאסרו בכל איסורי קרבה (כגון מגע של חיבה), שנלמדו מאותו פסוק; וכך כתב גם **המנחת חינוך** (מצווה קפח) ביחס לקרבה של בן נח לאשת ישראל. לפי סברה זו יש מקום לאסור על גויים גם ראייה של נשים האסורות עליהן כשהן לבושות בלבוש לא־צנוע.

אולם באופן פשוט, דברי הגמרא והפוסקים מורים כי בני נח הצטוו על העריות עצמן ולא על ההרחקות מהן.[2] כך סבר ר' יאיר חיים בכרך (**שו"ת חוות יאיר**, סימן קח) שהתיר לנערה ענייה לעבוד אצל גוי שנהג לחבק אותה לפעמים, ואף ר' ברוך פרנקל תאומים (בהגהותיו על **החוות יאיר**, שם) הסכים "שאין הנכרי מוזהר על זה". **השדי חמד** (מערכת הגימ"ל, סימן לח) נטה להסכים עם **החוות יאיר** והדגיש שכל הדיון אמור רק לפי מי שסבור שאיסורי קרבה הם מדאורייתא (שהרי ודאי שחכמים לא גזרו איסור על הגויים).

הוא הדין לאיסור הוצאת זרע לבטלה שבאופן פשוט נאמר אף הוא לישראל בלבד, כפי שכתבו בפירוש **התוספות** (סנהדרין נט ע"ב, ד"ה והא). משום כך כתב **החוות יאיר** (סימן קח) שגם אם "הערל יהנה ומשביע יצרו ותאותו בכך - אין בכך כלום". מאידך־גיסא, ער ואונן נענשו על עוון הדומה להשחתת זרע, ועל פי חז"ל גם חטאם

1. ראו למשל להלן בתחילת הפרק השבעה־עשר ובהרחבה להלן בפרק העשרים.
2. כפי שעולה, בין השאר, מדברי הפוסקים בעניין הליכה לרופא לא־יהודי, ראו: **ש"ך**, יו"ד, סימן קצה, ס"ק כ; הרב משה לוי, 'נגיעה בנשים האסורות משום ערוה', **אור תורה** תצ, תשס"ח, עמ' תשלא-תשמב.

העיקרי של בני דור המבול היה הוצאת זרע לבטלה,[3] ויש שהסיקו מכך שגם לבני נח נאסרה השחתת זרע.[4] מסיבה זו כתב הרב חיים פלאג'י (**שו"ת חיים ושלום**, חלק א, סימן טז) שאסור לאישה להניח לנוכרי לחבק אותה ולנשקה, אף שהרב פלאג'י עצמו הביא להלכה בספרו **החפץ חיים** (סימן לח, אות לה) את שיטת **החוות יאיר** המתיר גרימת הרהורים לגוי.[5] **השדי חמד** (מערכת הזי"ן, כלל כ) הציע לתלות זאת במחלוקת בעניין חיוב גויים בפרייה ורבייה והסיק שיש לחשוש לדעת האוסרים. אכן, גם אם נניח שאיסור השחתת זרע נאמר לגויים, יש לדון האומנם כלולים הם גם בדין 'ונשמרת מכל דבר רע' (שעניינו הימנעות מהרהור העשוי להביא בעקיפין לידי הוצאת זרע) או שמא רק הוצאת זרע ישירה נאסרה להם.[6]

אם כן, עצם קיומם של איסורי קרבה והרהור ביחס לגויים מוטל בספק; ומלבד זאת יש לדון האם יש איסור להכשיל אותם באיסורים אלה. הפוסקים דנו בשאלה העקרונית האם אסור להכשיל גויים בעבירות שהם מצווים עליהן והאם זהו חיוב מדאורייתא או מדרבנן.[7] בנידון דידן יש כמה צדדים להקל. תחילה, כפי שראינו לעיל בפרק השביעי, לא ברור שהליכה בלבוש לא־צנוע היא איסור גמור של 'לפני עיוור'. מלבד זאת, במקרים רבים אפשר שיש צד נוסף להקל משום שגדרי הצניעות (בוודאי אלה שמהתורה), מותאמים לנורמות ולהרגלים של הסביבה; וממילא מסתבר שכל עוד האישה לבושה באופן ההולם את קוד הלבוש המקומי, ובעיני הגויים איננו מעורר קרבה והרהור מיוחדים (בניגוד לסוגי לבוש מקובלים הנתפסים גם בעיני הגויים כעשויים להביא לידי הרהור) - אין כאן כל הכשלה.[8] ודאי שכאשר מדובר בדיני דרבנן, כגון 'קול אישה' והלכות 'דת יהודית' (ובכלל זה לבישת מכנסיים), אין כל מקום לחשש הכשלה שכן הגויים לא נצטוו בכך.

---

3. ראו: סנהדרין קח ע"ב; מסכת כלה רבתי, פרק ב, הלכה ז; **רש"י**, שבת מא ע"א, ד"ה כאילו.
4. ראו: **משנה למלך**, הלכות מלכים, פרק י, הלכה ז; **שו"ת צפנת פענח**, חלק א, סימן ל.
5. ביאור היחס בין האמור בשני הספרים צריך עיון: אפשר שהרב פלאג'י חזר ממה שכתב בספר **החפץ חיים** (שנדפס בשנת תר"מ) ובשו"ת **חיים ושלום** (שנדפס בשנת תרמ"ב) כתב את דעתו העדכנית; ובדוחק אפשר להבחין בין חשש הרהור המותר לדעתו, לבין חיבוק ונישוק שוודאי יביאו לידי הרהור ולכן אסורים.
6. עיינו בספר **תורת ההרהור** (סימן ז) שכתב כי אם איסור הרהור הוא איסור עצמי, הרי שוודאי שלא נאמר לגויים, ורק אם עניינו חשש הוצאת זרע יש מקום לומר כי הוא שייך גם בגויים.
7. ראו: **שו"ת פני יהושע**, חלק א, יו"ד, סימן ג; **אנציקלופדיה תלמודית**, ערך 'לפני עור לא תתן מכשול', הערות 220-222.
8. כך כתב גם בספר **לבושה של תורה**, חלק ב, סימן עב, אות ד.

על רקע כל האמור, פוסקים רבים התירו התנהלויות שונות כשהן נעשות בפני גויים. למשל **בשו"ת רבבות אפרים** (חלק ה, סימן תצא) **ובשו"ת באר שרים** (חלק ב, סימן נד) התירו הרב אפרים גרינבלט והרב אברהם יפה־שלזינגר שירה בפני גוי משום שהרהור לא נאסר עליו ומשום שעיקר דין 'קול באישה' הוא מדרבנן; וכך כתב גם הרב יוסף בר־שלום (**שו"ת נצח יוסף**, חלק ב, סימן סג): "מצד ההלכה נראה שמותר לאשה לשיר בקול לפני הגוי, שאין איסור הרהור לגוי". אף הרב עובדיה יוסף נקט שאין איסור לגרום הרהורים לגויים, ומשום כך התיר להראות "סרט של דברי חשק" לגויים (**שו"ת מעין אומר**, חלק יב, פרק ב, סימן כט) וכן התיר לגרושה להסיר את כיסוי הראש כשהיא שוהה בחו"ל (שם, סימן לו), ועל פי העורך (הרב יהודה נקי) ההיתר מבוסס על כך שיראוה רק גויים. **בשו"ת ישיב משה** (טורצקי, אה"ע, סימן ג) הרחיב יותר היתר זה והתיר באופן כללי לגלות את הגוף (בשעת הצורך) באופן שאינו נתפס כמגרה בחברה של גויים, בעיקר על בסיס הטענה שאין איסור לגלות את הגוף בפני אנשים שיצרם אינו מתגרה בכך.[9]

ב. נקודת המבט של האישה

אם כן, מצד האיסור להכשיל גברים יש מקום רב להקל בדיני צניעות ליד גויים, אולם יסודות אחרים של הלכות צניעות קיימים באופן פשוט גם בפניהם. הדבר נכון בוודאי ביחס להיבטים האנושיים הבסיסיים של מידת דרך ארץ: האיסור לשמש בפני בני אדם נאמר גם ביחס לגויים (נידה יז ע"א); וכיוצא בו החובה להתפנות בהיחבא (**מגן אברהם**, סימן ג, ס"ק יב). הוא הדין גם ליסודות אחרים של דיני צניעות: קרבה לעריות למשל נאסרה גם בין יהודייה לנוכרי,[10] שכן אף אם הגוי לא הצטווה על כך, האישה הצטוותה על כך; איסור חוקות הגויים קיים ביתר־תוקף בסביבה נוכרית; וגם נורמות 'דת משה ויהודית', שיסודן בחובת הצניעות האישית של אישה נשואה ברחוב, קיימות באופן פשוט גם בנוכחות גויים, וכך מפורש **בשו"ת מהר"ם מרוטנבורג** (דפוס לבוב, סימן שי):

---

9. הרב טורצקי האריך להוכיח זאת ממקרים שבהם הותר לצדיקים (ולאנשים המכוונים לשם שמיים) להסתכל בנשים, ולא נאמר בהם כי לנשים עצמן יש איסור שיראו אותן. הרב טורצקי הוסיף וכתב שהיה מקום להקל משום כך גם בישראלים הפרוצים בעריות.

10. אומנם כאשר האישה פנויה נראה שמדובר רק באיסור דרבנן; וראו **בשו"ת ישיב משה** (טורצקי, יו"ד, הלכות נידה, הלכה 27) שכתב שהרב יוסף שלום אלישיב התיר משום כך לאישה פנויה ללחוץ יד נוכרי בשעת הצורך (אף שלא התיר זאת לאישה נשואה או ליהודי).

מורי רבינו אסר לנשים הרוחצות במרחץ להיות נכרי מקיזם,[11] מב' טעמים: חדא דאפילו מגלה זרועותיה הויא עוברת על דת משה ויהודית, וכל שכן כל גופה; וכן אמרינן שער באשה ערוה כל שכן כל גופה. ואין חילוק בין נכרי לישראל דמקנאים על ידי גוים.[12]

מהר"ם מרוטנבורג השווה לחלוטין בין דיני צניעות מול נוכרי לדיני צניעות מול ישראל, ותלה זאת ב'דת משה ויהודית' ובכך ש"מקנאים על ידי גויים", היינו שלאישה נשואה אסור לקיים יחסים עם נוכרי כשם שאסור לה לקיים יחסים עם ישראל, ויחסים כאלה אוסרים אותה לבעלה.[13] ואכן ר' מאיר מלמד (מחכמי סלוניקי במאה ה־16) **בשו"ת משפט צדק** (חלק ג, סימן ג) עסק בדינה של אישה שהראתה לגוי את זרועה ואת חיקה וכתב כי עברה על 'דת משה ויהודית'. עם זאת, דברים אלו נאמרו דווקא בנוגע לאשת איש (שחשפה את גופה במתכוון) ולא ברור מה יהיה הדין בפנויה.[14]

התייחסות לצניעות של פנויה בפני גויים אפשר למצוא בגמרא (עבודה זרה יח ע"א), במסגרת תיאור חטא בתו של ר' חנינא בן תרדיון שבגינו נגזר עליה לישב בקובה של זונות:

אמר ר' יוחנן: פעם אחת היתה בתו מהלכת לפני גדולי רומי, אמרו: כמה נאות פסיעותיה של ריבה זו. מיד דקדקה בפסיעותיה.

ר' יעקב עמדין (**חידושי היעב"ץ**, שם, ד"ה בקובה) כתב "שהיה במעשיה גירוי יצר הרע", אך לא ברור מדבריו מהו מוקד האיסור. בספר **בן יהוידע** (שם, ד"ה מיד) כתב **הבן איש חי** "דהיה לחוש שמא יתגרה בהם יצר הרע ויעלה בלבם לאנוס אותה, שהם היו גדולי רומי ואין להם מונע"; ומדבריו נראה שמדובר בחשש מקומי (באופן יחסי).[15]

---

11. פעולת ההקזה היא פעולה רפואית המותרת באופן בסיסי גם כשעורך אותה רופא יהודי; אך נראה כי התשובה עוסקת במצב שבו הנשים חושפות את גופן יותר מן הדרוש בעבור הפרוצדורה עצמה.
12. ראו ניתוח של דבריו **בשו"ת להורות נתן**, חלק ה, קונטרס מבעד לצמתך, פרק ה, אות ב.
13. הראשונים והאחרונים דנו רבות בעניין זה. ראו למשל: **שו"ת אגרות משה**, יו"ד, חלק א, סימן עה; **שו"ת דברי יציב**, אה"ע, סימן כג; **שו"ת יביע אומר**, חלק ג, אה"ע, סימן ג, אותיות כ–כב.
14. מדבריו משתמע קצת כי הטעם השני של מהר"ם, הלקוח מגדרי 'ערווה', שייך גם בפנויה. מאידך־גיסא, מהמשך דבריו נראה שעיקר העניין הוא היחסים שבין האדם לאשתו.
15. **בשו"ת עולת יצחק** (חלק ב, סימן רלט) דייק הרב יצחק רצאבי מדברי **הבן איש חי** כי לדעתו אין איסור על עצם גרימת הרהורים לגויים, והקשה מדבריו של **הבן איש חי** במקום אחר (**רב ברכות**, מערכת הצ') שבו אסר על אישה להפיץ את תמונתה ברבים "כי הצורה הזאת הולכת ממקום

אולם **רש"י** (שם, ד"ה דקדקה) פירש: "דקדקה - לפסוע פסיעות נאות, וכתיב כל כבודה בת מלך פנימה"; ומדבריו עולה כי הדקדוק בפסיעות סותר את חובת הצניעות האישית ומשום כך אין משמעות לזהות האתנית או הלאומית של הנוכחים.

ואכן, גם בדברי רבים מפוסקי דורנו אפשר למצוא נימות של הסתייגות מן ההיתרים שנזכרו לעיל. לדוגמה, הרב יוסף בר־שלום שבאופן עקרוני התיר לנשים לשיר בפני גויים, הוסיף וכתב כי "אין זו דרך בנות ישראל הכשרות" (**שו"ת נצח יוסף**, חלק ב, סימן סג). כיוצא בזה כתב הרב יעקב אריאל (בהערה **לשו"ת חבל נחלתו**, חלק יח, סימן מג): "ממידת הצניעות הישראלית לא ראוי לאישה לשיר בפני גברים, גם אם הם גויים". עוד הדגישו רבים מן הפוסקים שאין לשיר לפני הגוי לבקשתו ולהנאתו (**גן נעול**, פרק ט, סעיף לב), או מתוך כוונה לגרות את יצרו (**שו"ת ישיב משה**, שם).

לאור דברי מהר"ם מרוטנבורג ורש"י, ומתוך התפיסה העקרונית של דיני צניעות כדינים שאינם תלויים רק בהכשלת הזולת, נראה כי להלכה חובת הצניעות קיימת באופן עקרוני גם בנוכחות גויים;[16] וכן נראה כי אף אם נורמות הצניעות בחברת הגויים נמוכות יותר, אין הדבר דומה לעמידה בפני איש מקצוע שטרוד במלאכתו או אדם שיצרו כלל אינו מתעורר.[17] יצר המין מצוי גם בקרבת גויים, והלכות צניעות מעצבות את צורת ההתנהלות שמגבילה את נוכחותו. משום כך לא אמור להיות הבדל מהותי בין הלבוש הראוי בארץ ללבוש בחו"ל, זאת מלבד בתחומים הקשורים לנורמות חברתיות (ולא להלכות צניעות עצמן) כגון לבישת מכנסיים לא־צמודים[18] ואולי גם כיסוי ראש חלקי המכסה את רוב השיער.[19]

עם זאת, יש מקום להקל במצבים של ראייה מקרית וארעית, כאשר האישה עצמה אינה מתנהלת באופן לא־צנוע והאחריות מוטלת על הגוי המתבונן בה. למשל יש מקום להקל ברחיצה בלבוש קל במקום מבודד גם אם מדי פעם עשוי לחלוף שם אדם, וכעין מה שכתב הרב משה שטרנבוך (**אורחות הבית**, הדרכה והערות, פרק יג):

למקום מעיר לעיר וממדינה למדינה, ועיני הכל שולטת בה בין אותם שהם בני ברית ובין שאינם בני ברית, וגם כל טמא לנפש, והכל מסתכלים בה ובאים להרהורים לא טובים". אך יש לדון אם אכן מוכח מן האמור **ברב ברכות** כי הפצת התמונה אסורה גם אם תגיע רק למי שאינם בני ברית.

16. אף שמהר"ם מרוטנבורג דן באשת איש, כבר ראינו לעיל בפרק השביעי כי 'דת משה ויהודית' שייכת באופן עקרוני גם לפנויות.

17. כפי שביקש להשוות **בשו"ת ישיב משה** הנ"ל.

18. ראו על כך להלן בפרק האחד־עשר.

19. טעם הדבר הוא שכיסוי יותר מרוב הראש הוא דין מ'דת יהודית' התלויה במנהג; וראו להלן בפרק השלושה־עשר. יש להעיר כי אפשר שלגרושה או אלמנה מותר יהיה לגלות את ראשה לגמרי גם במצבים שבהם אסור לה לעשות כן לעיני יהודים; וראו להלן בפרק הארבעה־עשר.

"במקום שיש חוף רחצה לנשים לבד רק נמצא שם מציל שמסתכל ורואה הנשים, אם הוא עכו"ם ואין להם משא ומתן עמו, נראה שאין לחוש בעכו"ם להרהורי עבירה".[20] כלומר מכיוון שהאישה כשלעצמה רוחצת במקום נפרד ואיננה שמה לב לנוכחות המציל, אין מוטל עליה למנוע ממנו ראייה מקרית שלה כאשר באופן בסיסי הוא אמור להיות טרוד במלאכתו.[21] נראה שאפשר ליישם את ההיתר גם כשמדובר באדם שאיננו מציל אך עובר במקום באקראי, אך מטבע הדברים קשה להגדיר תחום זה בבירור והדבר מסור ללב.[22]

לסיום חשוב להדגיש כי במקומות רבים בחו"ל ישנה סבירות גבוהה כי יימצאו בהם יהודים; ובמקומות אלה יש להימנע מכל אפשרות של גילוי 'המקומות המכוסים'.

סיכום

א. גוי לא נאסר בראיית אישה (יהודייה או גויה) הלבושה באופן המנוגד להלכות צניעות, משום שלא ברור אם איסורי קרבה והרהור נאמרו כלל לגויים; וגם אם כן, מדובר באיסורים מצומצמים שאינם כוללים את כל ההרחבות הנובעות מגזירות חכמים וממנהגי 'דת יהודית'.

ב. מקל וחומר ברור שאין איסור לאישה יהודיה להכשיל גוי בהסתכלות כזו, ולפיכך פוסקים רבים נטו להקל בדיני צניעות מסוימים בפני גויים.

ג. דיני צניעות נובעים בעיקרם מנורמות אישיות וחברתיות שבנות ישראל מחויבות בהן, בלי קשר הכרחי להכשלת אדם כלשהו. נורמות אלו קיימות גם בנוכחות גויים, ומשום כך באופן בסיסי אין הבדל בין הלכות צניעות בארץ ובחו"ל; וזאת מלבד העובדה שברוב המקומות בחו"ל שוהים גם לא־מעט יהודים, ודי בנוכחות של יהודי אחד כדי לבטל כל אפשרות של היתר.

---

20. ראו את המשך דבריו: "אבל אם הוא ישראל ראוי לאסור, אבל נהגו להקל אף בישראל שבעבידתיה טריד". פוסקים אחרים התירו לכתחילה רחיצה בנוכחות מציל ישראל; ראו **שו"ת אגרות משה**, אה"ע, חלק ד, סימן סב, אות א.

21. מאידך־גיסא, ראו את דברי הרב חיים יוסף דוד וייס (**שו"ת ויען דוד**, חלק ב, סימן קפד) שתקף את ההיתר לרחוץ בנוכחות מציל נכרי: "אטו לתקן העכו"ם קיימינן? והרי לתקן בנות ישראל הצנועות אנו צריכים, ואיך תעמוד לפני בהמה באופן מכוער כזה?".

22. בדיני 'קול אישה' יש מקום להקל אף יותר ולהתיר שירה גם כאשר ידוע שישנו גוי שעשוי לשמוע, כל עוד לא מדובר במצב שבו שרים בפניו באופן לא־צנוע שעשוי לגרום לקרבה, שכן לדעת פוסקים רבים, הקול כשלעצמו איננו נחשב כחוסר צניעות ורק האיש הוא שמחויב שלא להאזין לו בכוונה ליהנות (ראו להלן בפרק השישה־עשר).

ד. כאשר ידוע שאכן אין יהודים בסביבה, וכאשר נמצאים במקום מבודד שגברים אינם אמורים לשהות בו באופן קבוע, יש מקום להקל במידה מסוימת (וודאי שלא באופן גורף), משום שגם אם יחלוף שם באקראי אדם לא־יהודי ויסתכל, אין הוא עובר על איסור. כמו כן, בנוכחות גויים יש מקום להקל וללבוש מכנסיים לא־צמודים (גם כאלו שאינם מקובלים בחברה הדתית) וכיסוי ראש המכסה רק את רוב השיער.

י

צניעות הלבוש בתוך המשפחה

"אני נערה בת שש־עשרה, ולאחרונה התעורר ויכוח ביני לבין אחיי הבוגרים הלומדים בישיבות. באופן כללי אני משתדלת לשמור על ההלכה, כולל הלכות צניעות, אך כאשר אני נמצאת בבית בין בני המשפחה אני מרשה לעצמי לבוש קל יותר. לפי הבנתי, הלכות צנועות קיימות בעיקר כשנמצאים עם אנשים זרים, ואילו אחיי טוענים כי אין הבדל בין ההקשרים. מה אומרת ההלכה בעניין?"

פתיחה

סוגיית הצניעות והקרבה בין המינים הופכת מורכבת יותר כאשר מדובר במסגרת משפחתית. ראשית, מסיבות פרקטיות: באופן טבעי, בני משפחה נמצאים זה במחיצתו של זה במגוון רחב של מצבים - בטיולים ובבילויים, בבגדי רחצה ובבגדי שינה - ובנסיבות כאלו לא־קל לשמור על הלכות צניעות במלואן.[1] שנית, מסיבות מהותיות יותר: דיני הצניעות וההפרדה בין המינים נועדו ליצור גדרות ומחיצות בין נשים לגברים, ומגמה זו מנוגדת לשאיפה הבסיסית לאיחוד וקרבה בין בני המשפחה.

על רקע זה אפשר למצוא נורמות התנהגות שונות מאוד בין משפחה למשפחה: מחד־גיסא, ישנם החשים כי בתוך המשפחה אין מקום כלל לדבר על דיני צניעות

1. ראו בספר **פלא יועץ**, ערך 'עריות': "הנה בענינים אלו של קריבות האסורות דאמרן בנשים זרות, נקל הוא ליזהר, אבל הדבר הקשה הוא ליזהר בקרובותיו, ובפרט הנלוות עמו בבית, ומה גם שאין מי שיזהר כי לא ידעו שיש איסור בדבר ונעשה כהיתר".

והרחקה בין המינים (ויש אף הנוטים לעיתים להרחיב את גבולות ה'משפחה'); ומאידך־גיסא, רבים נוהגים לשמור על הלכות צניעות בתוך המשפחה כמעט כמו עם אנשים זרים.

שאלת היחסים בתוך המשפחה נוגעת למגוון רחב של דינים: נגיעה, ייחוד ועוד. במאמר זה נדון בקצרה גם בשאלות אלו (שנידונו רבות בדברי הפוסקים) אך נתמקד בשאלת צניעות הלבוש בתוך המשפחה (שנידונה הרבה פחות).[2]

א. איסורי קרבה בתוך המשפחה

בגמרא במסכת יומא (סט ע"ב) מסופר כי אנשי כנסת הגדולה הקהו את עיניו של יצר העריות, והועילו בכך "דלא מיגרי ביה לאיניש בקריבתה" דהיינו שהיצר לא יגרה את האדם בקרובותיו. גם בגמרא במסכת סנהדרין (קג ע"ב) מוצגים מעשיהם של מנשה ואמון ששכבו עם קרובותיהם כמעשים של התרסה שאינם נובעים מיצר העריות. תיאורים אלו מתיישבים היטב עם תחושותיהם של רוב בני האדם שאינם נמשכים לבני המין השני כאשר מדובר בקרובי משפחה (תופעה הידועה כאפקט וסטרמרק);[3] אך לא ברור מהו מעמדו ההלכתי של מצב זה ובאיזו מידה הוא מתיר קרבה פיזית בין קרובי משפחה.

מקור בעל אופי הלכתי בסוגיה זו אפשר למצוא במשנה (קידושין פ"ד מי"ב):

> מתייחד אדם עם אמו ועם בתו; וישן עמהם בקירוב בשר, ואם הגדילו - זו ישנה בכסותה וזה ישן בכסותו.

במשנה מבואר כי הורים יכולים לישון עם ילדיהם הקטנים בקירוב בשר, וכאשר הילדים גדלים הדבר אסור. הגמרא (שם פא ע"ב) יש דנה במפורט בהגדרת גיל המעבר מילדות לבגרות, אולם לא ברור מהם הדינים הנהוגים בגיל הבגרות.

הרמב"ם **בפירוש המשנה** (סנהדרין פ"ז מ"ד) כתב: "מותר לאם לנשק לבנה ולחבקו עד שישלמו לו שתים עשרה שנה ואחר כך ייאסר עליה כשאר העריות; וכן

2. יצוין כי בדת האיסלאם ישנו מושג הלכתי מובחן לעניין זה, הקרוי 'מהראם', דהיינו קרוב משפחה שאסור בנישואין (אב, חותן, בן, אח, אחיין ועוד) שאיתו אין איסור ייחוד והלכות צניעות אינן קיימות בנוכחותו.

3. ראו David H. Spain, 'The Westermarck-Freud Incest-Theory Debate: An Evaluation and Reformation', *Current Antropology* 28, 1987, p. 623.

האב מנשק את בתו ומחבקה עד שישלמו לה תשע שנים ותיאסר עליו אחר כך". גם ר' מנחם המאירי (**בית הבחירה**, קידושין פא ע"ב, ד"ה כבר ביארנו) כתב כי אחר שהבת גדלה "אסור לחבקה ולנשקה".[4]

אולם מפשט דברי המשנה עולה שדווקא שינה בקירוב בשר נאסרה ואילו שאר דרכי קרבה מותרים לעולם בין הורים לילדיהם. כך אכן כתב ה**בית שמואל** (סימן כא, ס"ק טו): "אם הגדילו אסור לישן בקירוב בשר אבל חיבוק ונישוק מותר", וכך פסק **ערוך השולחן** (אה"ע, סימן כא, סעיף י).[5] הכרעת הפוסקים היא שאפשר להרחיב את ההיתר גם ליחסים שבין סבים וסבתות לנכדיהם ונכדותיהם (ראו **שו"ת שמע שלמה**, חלק ב, אה"ע, סימן יב).

שאלה מורכבת יותר היא שאלת היחסים בין אחים ואחיות. בגמרא במסכת שבת (יג ע"א) מסופר שהאמורא עולא היה מנשק את אחיותיו ומעשה זה הוצג שם כשנוי במחלוקת.[6] הרמב"ם (**משנה תורה**, הלכות איסורי ביאה, פכ"א ה"ו) פסק כי

> המחבק אחת מן העריות שאין לבו של אדם נוקפו עליהן או שנשק לאחת מהן כגון אחותו הגדולה ואחות אמו וכיוצא בהן אף על פי שאין שם תאוה ולא הנאה כלל הרי זה מגונה ביותר ודבר אסור הוא ומעשה טפשים הוא.

כך פסקו גם **הטור** (אה"ע, סימן כא) **והשו"ע** (שם, ז). מדבריהם עולה כי מדובר בהנהגה לא־ראויה – שאינה איסור גמור, אפילו לא מדרבנן – אולי משום שהיא עשויה להוביל לקרבה לנשים זרות.[7]

---

4. דברים ברוח זו אפשר למצוא גם ב**חכמת אדם** (שער בית הנשים, כלל קכה, אות א): "לפי שראיתי ושמעתי מהרבה בני אדם שהם עמי הארץ וחושבים שכל הקרוב קרוב יותר מותר לחבקו ולנשקו כאילו היא אשתו וחס ושלום ומצוה לפרסם דאדרבה כל הקרוב קרוב יותר צריך להתרחק שהרי הבא על אמו וכלתו בסקילה ועל אשת איש בחנק ולכן צריך האדם ליזהר מאד ומכל שכן מאלו שלבו גס בהם".

5. יש לציין כי ב**מגן אברהם** (הקדמה לסימן רעד) הובא בשם האר"י כי "טוב לנשק ידי אמו בליל שבת", אולם שם מדובר על נשיקה של כבוד.

6. עיינו גם בסיפור המובא בגמרא (גיטין נח ע"א) על בנו ובתו של רבי ישמעאל בן אלישע שנשבו וכשהכירו זה בזה "נפלו זה על זה" (ובאיכה רבה, פרשה א, אות מו: "והוו מגפפין דין לדין ומנשקין דין לדין עד דנפקא נשמתהון"). ייתכן שההקשר הטרגי של המעשה השפיע על התנהגותם ואין מדובר בהתנהלות נורמטיבית; ואף שבתחילת המדרש (שם) נאמר שהאחות הייתה נוהגת לנשק את אחיה כשחזר מבית הספר, אפשר שעדיין לא הגיע לגיל תשע שנים ויום אחד.

7. ראו: **שו"ת אגרות משה**, אה"ע, חלק ד, סימן סג; **שו"ת תפלה למשה**, חלק ה, סימן לט.

לעומת זאת, מדברי הרמב"ן (**השגות הרמב"ן לספר המצוות, לא־תעשה שנג**) עולה שחיבוק קרובות מותר לגמרי (לפחות למי שאינו חשוד על העריות) וכלשונו: "אבל הכל גדר וסייג ומותר בקרובות למי שמוחזק שאינו חשוד לעשות כיעור ונמנע משאר הנשים". גם מדברי **התוספות** (שבת יג ע"א, ד"ה ופליגא) עולה כי אפשר להתיר זאת למי שסמוך ובטוח שלא יגיע להרהור, אך מדבריהם משתמע כי בפועל רק צדיק גמור יכול לסמוך על כך.[8] מלבד זאת, רבים מן הפוסקים כתבו כי גם לדעת האוסרים חיבוק ונישוק, יש להקל במגע סתמי בקרובות.[9]

עוד יש להעיר כי לאור דברי הרמב"ם כתב הרב משה פיינשטיין (**שו"ת אגרות משה, יו"ד, חלק ב, סימן קלז**) שרק בין אח לאחותו או בין אחיין לדודתו יש להקל, ולא בדוד ואחייניתו, משום שדווקא קרבה שאוסרת נישואין מתירה נגיעה.[10] מאידך־גיסא, מדברי המדרש (**בראשית רבה, תיאודור־אלבק, פרשה ע, אות א**) עולה אחרת:

> כל נשיקה של תִפלות בר מן ג': נשיקה של גדולה, ונשיקה של פרקים, נשיקה של פרישות...
>
> ר' תנחומ'[א] אמר: אף נשיקה של קריבות [שנאמר] "וישק יעקב לרחל" שהיתה קרובתו.[11]

8. הרב יהודה הרצל הנקין (**שו"ת בני בנים**, חלק ד, סימן יג) דן בכך באריכות והסיק שיש להקל בשעת הדחק ובאופן ארעי. עוד נעיר כי שניים מן האחרונים הביאו ראיה לדבריהם מן הפסוק בשיר השירים (ח', א): "מִי יִתֶּנְךָ כְּאָח לִי יוֹנֵק שְׁדֵי אִמִּי אֶמְצָאֲךָ בַחוּץ אֶשָּׁקְךָ גַּם לֹא יָבוּזוּ לִי": ב**שו"ת משנה הלכות** (חלק ד, סימן קפו) הוכיח מהפסוק שדווקא כאשר האח הוא קטן, "יונק שדי אמי", אין ביזיון בנשיקתו; ולעומת זאת ב**שו"ת בני בנים** (שם) הוכיח מפסוק זה שכל נשיקה בין אח לאחות מותרת. הצעתו של ה**בני בנים** מסתברת יותר, משום שאם מדובר בתינוק שיונק משדי אמו אין כל צורך בכך שיהיה אחיה, שהרי בגיל כזה מותר לנשק גם זר גמור. וכמו כן קשה לומר כי הרעיה מבקשת לדמות את דודה לתינוק בן שנתו, ואף ה**מלבי"ם** (שם) פירש שמדובר באח בוגר שרק בילדותו ינק משדי אִמה של הרעיה.
9. הרב יוסף שלום אלישיב (**קובץ תשובות**, חלק ב, סימן כ) התיר לאדם ללחוץ את ידה של אחותו לאחר שלא התראו זמן רב; וראו **גן נעול**, פרק טז, סעיף ס.
10. וכן נקט באופן פשוט לעניין ייחוד ב**שו"ת מאורות נתן** (לייטר, סימן מז).
11. ראו פסיקתא זוטרתא, ויקרא י"ח, ו: "קריבה של גילוי עריות אסור אבל שאינה של גלוי עריות מותר. מנשק ומחבק את אחותו ואת דודתו ואת אמו. עולא אמר: אפילו שום קריבה אסור. לך לך אמרין נזירא סחור סחור לכרמא לא תקרב".

מן המדרש משתמע ש"נשיקה של קריבות", דהיינו נשיקה בעלת אופי לא־מיני,[12] יכולה להתקיים גם בין בני דודים שהקֶשר המשפחתי ביניהם אינו מונע מהם להינשא (כפי שאכן קרה לבסוף ליעקב ורחל).[13] יש לדון אם אפשר ללמוד מן המדרש הלכה למעשה לימינו, אך חשוב לשים לב כי המדרש אינו מדגיש את זהות האישה אלא את אופי המעשה.

כמו כן, לדעת **האגרות משה** (שם) ההיתר נאמר רק בקרבה ביולוגית, "ולהקרובות שע"י קידושין הוא איסור גמור". אולם יש שלמדו מדברי **הרמ"א** (יו"ד, שצב, ב) כי אפשר להתיר מגע בין חותן לכלתו, והוא הדין לשאר קרובות;[14] ואכן **בשו"ת חקרי לב** (אה"ע, סימן יז) כתב ר' יוסף חזן שגם בקרובות שעל ידי נישואין אין אדם מתגרה.[15]

למעשה נראה שאין להרחיב את ההיתר מעבר להורים, סבים, אחים ואחיות, משום שרק בקרבה משפחתית כזו אפשר לקבוע באופן די ברור כי אצל אדם מן השורה אין כל חשש להתקרבות בעייתית.[16] בקרבה משפחתית רחוקה יותר אפשר היה באופן עקרוני להתיר לצדיקים גמורים כמו יעקב אבינו, אך לא נראה שיש לפסוק כך לרבים.[17]

---

12. על נגיעה של חיבה לא־מינית שלא במסגרת המשפחה ראו לעיל עמ' 36 ואילך.
13. עיינו גם **בשו"ת ציץ אליעזר**, חלק ו, סימן מ, פרק כא, אות ז. הרב וולדנברג התלבט שם כיצד לפרש את מעשיו של ר' אליעזר שגידל את בת אחותו: "בכהאי גוונא שרגיל עמה בכך מאז קטנותה ומגדל אותה כבת אין בזה לא משום יחוד ולא משום חיבוק ונישוק וכל כדומה לזה, מכיון ששורר ביניהם יחסי טיפוח חזקים של אב לבת... אם לא שנאמר דבת אחותו שאני דגם בה אהנו אנשי כנסת הגדולה דלא מגרי בקרובתא, ויהיה מזה אם כן הוכחה לשיטת רבינו ירוחם ודעימיה שהבאנו לעיל בפרק כ' דסברי דעם אחותו לאו דוקא אלא הוא הדין יתר קרובים. אבל זה דחוק דהרי בכאן היה דירת קבע שאסור גם באחותו. ועוד הרי בת אחותו אינה בכלל עריות שהרי מותרת לו".
14. ראו שם, פרק כ, אותיות יג–יז.
15. ר' יוסף חזן הוכיח זאת מדברי **רש"י** (סנהדרין סד ע"א, ד"ה אהני) שכתב שאדם מתגרה רק באשת איש ובנידה. אף הרב פיינשטיין (**שו"ת אגרות משה**, אה"ע, חלק ד, סימן סד) עמד על כך שזו משמעות דברי רש"י, וכתב שצריך לומר בדוחק "דהוא לאו דוקא".
16. לפי הרב פיינשטיין יש להקל באותה מידה גם בדודה ביולוגית, אך כבר הראינו שיש לערער על היסודות הפורמליים של דבריו. כמו כן, מבחינת היחס הנפשי קשה להבחין בין דוד לדודה ומדובר בקרבה מעט גבולית שראוי להחמיר בה.
17. ראו על כל העניין בהרחבה בספר **גן נעול**, חלק ג, פרק יג, סעיפים נז–סז. ראו גם בדברי הרב יצחק רצאבי (**שולחן ערוך המקוצר**, סימן רא, הערה ס) שכתב שאומנם למעשה יש להחמיר כפשט דברי **השו"ע**, אך יש בסיס רחב במקורות גם לנוהגים להתיר באופן גורף יותר מגע פיזי בין קרובים.

ב. ייחוד עם קרובות

שאלת היתר הייחוד עם קרובות נידונה בפירוש בדברי הגמרא; ולמעשה כבר במקור שממנו נלמד דין ייחוד עצמו אפשר למצוא יחס מיוחד לקרובות (קידושין פ ע"ב):

> רמז ליחוד מן התורה מנין? שנאמר "כי יסיתך אחיך בן אמך". וכי בן אם מסית, בן אב אינו מסית?! אלא לומר לך: בן מתייחד עם אמו ואסור להתייחד עם כל עריות שבתורה.

בדברי הגמרא הללו לא נאמר אלא שמותר לבן להתייחד עם אמו, אך במשנה (שם פ"ד מי"ב) מבואר שמותר גם לאב להתייחד עם בתו. הרחבה משמעותית של ההיתר נמצאת בהמשך דברי הגמרא (שם פא ע"ב) והיא נתונה במחלוקת אמוראים:

> אמר רב יהודה אמר רב אסי: מתייחד אדם עם אחותו, ודר עם אמו ועם בתו. כי אמרה קמיה דשמואל, אמר: אסור להתייחד עם כל עריות שבתורה, ואפילו עם בהמה.

רוב הראשונים פסקו הלכה כדעת רב אסי, דהיינו שמותר לאדם להתייחד עם אחותו;[18] וטעם ההיתר הוא שאנשי כנסת הגדולה עקרו את יצר העריות ביחס לקרובות,[19] כפי שנזכר לעיל. עם זאת, מלשונו של רב אסי עולה הבחנה בין אמו של האדם ובתו, שאיתן יכול הוא "לדור", לבין אחותו שעימה יכול הוא רק "להתייחד". **רש"י** (שם, ד"ה מתייחד) כבר הרגיש בכך וכתב שהיתר הייחוד עם אחות נאמר רק כשמדובר בדרך ארעי ולא במגורים משותפים, וכן פסק **החלקת מחוקק** (סימן כב, ס"ק א).

18. ראו לדוגמה **רא"ש**, קידושין, פרק ד, סימן כד.

19. כך מבואר למשל **בתוספות הרא"ש** (קידושין פא ע"ב, ד"ה מתיחד), ואף רש"י כתב סברה זו ביחס לאמו ובתו, אך לא ביחס לאחותו. יש להעיר כי **ברש"י** על מסכת סנהדרין (סד ע"א, ד"ה אהני) מפורש כי אנשי כנסת הגדולה ביטלו את היצר גם מאחותו, והשאירו אותו רק באשת איש ובנידה; ועיינו **בפני יהושע** (קידושין פא ע"ב, ד"ה פיסקא מתייחד), **במקנה** (שם, ד"ה ברש"י ד"ה ודר) **ובחידושי הרש"ש** (על רש"י שם) שכתבו שגם רש"י בקידושין מודה לכך, וביארו את דבריו בדרכים שונות.

ג. צניעות בפני קרובים

ראינו אם כן שייחוד בין קרובים מותר (לפחות באופן ארעי) ואילו במגע של קרבה נחלקו הפוסקים. על רקע זה נבקש לבחון האם הלכות צניעות הלבוש אמורות להתקיים בחיק המשפחה.[20]

1. יסודות חובת הצניעות ויישומם

בפרקים הקודמים ראינו כי חובת הצניעות בסביבה מעורבת זרה נובעת מארבעה גורמים: א. חוקות הגויים; ב. 'דת משה ויהודית'; ג. קרבה לעריות; ד. גרימה להסתכלות ולמתח מיני או גירוי מיני. עתה נדון בגורמים אלה ונברר האם הם משתנים כאשר מדובר בקרובי משפחה.

באשר לאיסור חוקות הגויים, נראה שאין הוא רלבנטי לאופן שבו האישה מתלבשת בנוכחות משפחתה, משום שאין מדובר באימוץ של אופנת לבוש מסוימת אלא בהתנהלות פנימית בתוך הבית שאינה מושפעת בכהוא זה מן הגויים ומנהגיהם.

מקור נוסף לחובת צניעות הוא דין 'דת משה ויהודית' שנאמר בעיקר לגבי אשת איש. על איסור זה אפשר ללמוד מדברי הפוסקים בעניין חובת כיסוי ראש בתוך הבית: מדברי הגמרא במסכת כתובות (עב ע"ב) עולה באופן פשוט כי מותר לאישה ללכת פרועת ראש בחצר; ומאידך־גיסא, בירושלמי (כתובות פ"ז ה"ו, לא ע"ב) מבואר שגם בחצר חובה ללכת עם כיסוי מסוים. למעשה נחלקו בכך הראשונים האחרונים,[21] אך הרב משה פיינשטיין (**שו"ת אגרות משה**, אה"ע, חלק א, סימן נח) כתב כי בביתה של האישה מודים כולם שפריעת הראש מותרת מעיקר הדין, ורק לכתחילה ראוי להחמיר בכך.

טעם ההיתר לפרוע את הראש בחצר הוא "דלא שכיחי רבים" (**רש"י**, כתובות עב ע"ב, ד"ה ודרך), ואפשר ללמוד מנימוק זה כי לא אכפת לנו שבני ביתה של האישה יראו את שערה. מאידך־גיסא, **הב"ח** (אה"ע, סימן קטו, ס"ק ב) שאחז בדעת האוסרים כתב כי "אפילו בפני אנשי ביתה אינה שרויה פרועת ראש"; כלומר המחלוקת על חובת כיסוי הראש בבית ובחצר היא במידה רבה מחלוקת על חובת הצניעות של אישה

20. בגמרא (בבא קמא מח ע"א) מבואר שכאשר אישה אופה היא מגלה את זרועותיה, ולכן כשהיא עושה זאת בחצר זרה, בעל החצר מסלק את עצמו מהחצר. מדברי הגמרא משתמע שכאשר מדובר בחצר משפחתית אין כל פגם בכך שבני הבית ישהו במקום.

21. ראו: **טור**, אה"ע, סימן קטו; **שו"ע**, שם, ד ובנושאי הכלים על אתר.

בפני בני ביתה. עם זאת, לא ברור לגמרי מי נחשב בכלל "בני ביתה": אפשר שהכוונה היא לבעלה וילדיה בלבד; אך אפשר גם שבכלל "בני ביתה" קרובים-רחוקים כגון אבי בעלה או המשרתים, ואזי המוקד איננו הקִרבה המשפחתית אלא ההקשר שבו נמצאים.[22]

מקור נוסף לחובת הצניעות הוא איסור קרבה לעריות. גדרי איסור הקִרבה הכרוכים בחוסר צניעות אמורים להיות דומים לגדרי חיבוק ונישוק שנידונו לעיל, אך **בשו"ת דברי יציב** (אה"ע, סימן לו) כתב הרב הלברשטאם שיש להבחין ביניהם:

> אפשר דדוקא בדבר שאיסורו משום סייג ליכא בקרובתיה, אבל חיבוק ונישוק דהוא דרך חיבה ואהבה אף שאינו דרך חיבת ביאה אסור בבתו, דכיון שדרך חיבה הוא איסור בעצם ולא משום סייג לא שייך לחלק בבתו.

כלומר חיבוק ונישוק אסורים מדאורייתא (בדרך חיבה), ומשום כך יש מקום לדעות האוסרות אותם גם בקרובות; אך כשמדובר בדברים שאינם אלא משום סייג אין לאוסרם בקרובות שלגביהן חשש האיסור אינו קיים. דברים אלו נכתבו ביחס לשמיעת קול זמר של בת, אך העקרונות שעליהם הם מבוססים רלבנטיים גם לענייננו, שהרי כל איסור הקרבה שבהסתכלות - ולא רק שמיעת קול זמר - הוא מדרבנן בלבד. ואכן מסתבר להבחין בין הדינים השונים ומסתבר שיחסי ידידות בין אח לאחותו מותרים ורצויים גם אם יש בהם אלמנטים של 'שחוק וקלות ראש' שנאסרו בין אנשים ונשים זרים משום 'לא תקרבו'.[23]

המקור האחרון לחובת הצניעות הוא האיסור החל על הגברים להסתכל בעריות. איסור זה מתחלק לשניים: א. איסור משום חשש הרהור והוצאת זרע לבטלה, שנלמד מן הפסוק "וְנִשְׁמַרְתָּ מִכֹּל דָּבָר רָע" (דברים כ"ג, י); ב. איסור על עצם ההסתכלות באישה שאינה מותרת לאדם, משום "וְלֹא תָתוּרוּ אַחֲרֵי לְבַבְכֶם וְאַחֲרֵי עֵינֵיכֶם" (במדבר ט"ו, לט). בנוגע לכל אחד מן האיסורים התלבטו הפוסקים אם תוקפו מדרבנן או מדאורייתא.[24]

נראה כי האיסור הראשון תלוי במידה רבה בהקשר שבו מדובר, וכי כאשר קרובי

22. ראו על כך במאמרו של הרב יהודה הרצל הנקין, 'עיונים בהלכות צניעות בדורנו', **תחומין** כט, תשס"ט, עמ' 109-137.

23. עיינו גם בדברי **ערוך השולחן** (אה"ע, סימן כא, סעיף ח): "בבתו וכלתו ואחותו נראה דאין איסור כלל בשאילת שלומם, דלא שייך בהן קירוב דעת דדרך ארץ כן הוא שהאב שואל בשלום זרעו וחוב הוא עליו וכן אחיו לאחותו, ועקרי העניינים האלה תלוי הכל לפי דעת ויראת שמים".

24. ראו להלן עמ' 411-412 ובהערות שם.

משפחה רגילים זה בזה ואינם מגיעים לידי הרהור, לא יחול איסור זה. גם בנוגע לאיסור 'לא תתורו' יש מקום רב לומר שרק כאשר ההסתכלות מושכת את הלב יש בכך משום 'לא תתורו'. ואכן, **בשו"ת מעין אומר** (חלק יב, פרק ב, סימן נד) הובא כי הרב עובדיה יוסף התיר לאב לראות את בתו הגדולה ללא גרביים, אף שלשיטתו הדבר נחשב כ'ערווה'; והעורך הרב יהודה נקי ביאר (בהערה שם) כי מן המקורות שהובאו בסעיף הקודם "חזינן שכל הדיון הוא רק לשכב עמהם בקירוב בשר, אך אין בזה דין של לא תתורו של ראיית ערווה".

2. אשתו נידה

מקור חשוב שממנו אפשר ללמוד על הנידון דידן הוא דין הסתכלות באשתו נידה. המיוחד במצב זה הוא שאיסור 'לא תקרבו' נאמר גם ביחס לאשתו בימי נידתה, ומאידך־גיסא יש מקום לחשוב שסף הגירוי במקרה זה גבוה יותר מאשר בעריות רגילות.[25] חשוב להדגיש כי המקרים אינם דומים לגמרי שהרי דרכו של עולם היא שאדם נמשך לאשתו ולא לאמו או לאחותו. יתר על כן, בקרבה לנידה נאמרו חומרות יתרות (כגון איסור הושטת חפץ) שלא נאמרו בנשים אחרות. אך אם נמצא כי הותרה הסתכלות מסוימת באשתו נידה, אפשר יהיה להתיר זאת בשאר קרובות מקל וחומר; ואכן **בשו"ת דברי יציב** (אה"ע, סימן לו) כתב הרב הלברשטאם שדברים המותרים באשתו נידה מותרים גם בבתו.

השו"ע (יו"ד, קצה, ז) פסק בנוגע לאשתו נידה: "לא יסתכל אפילו בעקבה, ולא במקומות המכוסים שבה"; אך **הרמ"א** (שם) הוסיף: "אבל מותר להסתכל בה במקומות הגלוים אף על פי שנהנה בראייתה" וביאר **הש"ך** (שם, ס"ק יב): "הואיל והיא מותרת לו לאחר זמן אינו בא לידי מכשול". כלומר גדרי איסור הסתכלות קלים יותר באשתו נידה משום שבפועל יש פחות חשש הרהור ותקלה.

היתר משמעותי יותר ברוח זו אפשר למצוא **בשו"ת אגרות משה** (יו"ד, חלק ב, סימן עה):

> ובדבר שער אשה נדה לבעלה, הנה ודאי עדיף ממקומות המכוסים שבה... שהבעל רגיל בהו תמיד הוא טעם גדול שאין לאסור עליו... ובכלל מסתבר לדינא שבמקומות המכוסים שבה שאסור לבעל להסתכל הוא רק במקומות המכוסים אף

25. כפי שפסק **השו"ע** (יו"ד, קצה, א): "מותר להתייחד עמה, דכיון שבא עליה פעם אחת תו לא תקיף יצריה".

> בביתה כשאין שם רק בעלה או כשאין שום איש דגם כן רגילות להיות מלובשות, דלא מסתבר כלל דיהיה הכוונה למקומות המכוסים כשהולכות בשוק ובפני אינשי אחריני שצריכות ללכת בצניעות יותר אך שטוב להחמיר באופן טוב ושלום כי בענינים אלו המחמיר משובח.

הרב פיינשטיין קובע כי גדרי 'המקומות המכוסים' באשתו נידה אינם זהים לגדרי שאר עריות, אלא נקבעים לפי הדרך שבה רגילה האישה ללכת בביתה. נראה כי אפשר ללמוד מדבריו גם לענייננו ולהתיר הסתכלות בקרובות משפחה כאשר הן לבושות באופן הרגיל והמקובל בתוך הבית. אף שיש פוסקים שחלקו על הרב פיינשטיין,[26] אפשר שהם יודו בקרובות אחרות שלגביהן אין חשש הרהור.

3. דיוני האחרונים

יש מן הפוסקים שלא הבחינו כלל בין דיני צניעות בבית לבין דיני צניעות בחוץ, כגון **הבן איש חי** בספרו **חוקי הנשים** (פרק א):

> עוד אתלונן: נמצאת אשה מסותרת, מחזיקה בדרכי הצניעות... אבל נמצאת עם קרוביה ובני ביתה מחזיקה בדרכי הצניעות בקלות... כי עולה בדעתם כי בפני קרוביהם ומשרתיהם ואשר גדלים בבתיהם אינן צריכות ללכת בדרכי הצניעות...
>
> ולפי חוקי התורה צריכה כל אשה ואשה לשמור צניעותה ודרכיה והליכותיה ומצות מוסריותה עם אחיה ובני חמיה וכל קרוביה ומשרתיה והגדלים בבית בדרכי הצניעות בשלימות ללא שום שינוי וחסרון.

עם זאת, בדברי הפוסקים אפשר למצוא הבחנות בין קרובים לבין זרים בעניין שמירת העיניים והלכות צניעות, וזאת בכמה הקשרים.

הקשר אחד הוא ההיתר להסתכל בנשים לשם הנאה. בפוסקים מבואר כי בניגוד לאישה זרה, שאסור להסתכל בה וליהנות מיופיה (**שו"ע**, אה"ע, כא), בקרובות (הלבושות בצניעות) אין איסור הסתכלות לשם הנאה שאינה מינית. כך עולה מדברי **השערי תשובה** (או"ח, סימן רכה, ס"ק א) **והמשנה ברורה** (שם, ס"ק א) שכתבו שדווקא על קרובותיו יכול אדם לברך 'שהחיינו' כש"נהנה בראייתם"; וכיוצא בזה כתב **הפסקי**

---

26. ראו: **שיעורי שבט הלוי**, סימן קצה, סעיף ז, אות ב; **חוט שני**, הלכות נידה, סימן קצה, סעיף ט, אות ג.

תשובות (או"ח, סימן עה, אות ז): "באותן שלא אסרו היחוד עמם (אמו, זקינתו, אחותו, בתו ונכדתו) אפילו נשואות, מותרת הראיה לכתחילה שלא לשם תאוה וזנות". עם זאת, לא לגמרי ברור אם ההנאה הנזכרת שם היא מן הראייה או רק מעצם המפגש.[27] הקשר נוסף הוא שמיעת קול זמרתן של נשים, שגם לגביו הורו רוב הפוסקים כי אין איסור בקרובות משום שהאדם רגיל לשמוע את קולן ואיסור 'קול אישה' נאמר רק בקול שאדם אינו רגיל בו.[28]

דיון קרוב יותר לענייננו הוא הגדרת 'ערווה' לעניין קריאת שמע. **בשו"ע** (או"ח, עה, א) נפסק: "טפח מגולה באשה, במקום שדרכה לכסותו, אפילו היא אשתו, אסור לקרות קריאת שמע כנגדה", והוסיף **הרמ"א** (שם): "ויש אומרים דוקא באשתו, אבל באשה אחרת אפילו פחות מטפח הוי ערוה".

בספר **טהרת השולחן** (שבסוף ספר **פתחי עולם**) העיר על סעיף זה כי צריך עיון מה דינן של עריות ש"לא שייך בהן הרהור, כמו בתו ואחותו, אם הוי ערוה לענין קריאת שמע"; והרב בנימין יהושע זילבר (**בית ברוך**, חלק א, עמ' תטז) כתב שמסברה נראה לאסור, משום שדיני קריאת שמע חמורים מגדרי איסור קרבה לעריות שלא נאמר בקרובות.[29] בספר **בירור הלכה** (או"ח, סימן עה, עמ' קסא) הסיק כי בקרובות משפחה יודה הרמ"א שדינן כאשתו של האדם, שרק טפח מגופה נחשב כ'ערווה' ולא פחות מכך; וכן הכריע גם **הפסקי תשובות** (או"ח, סימן עה, אות ב).

מדברי הפוסקים הללו עולה כי גדרי הסתכלות בקרובות שונים באופן מהותי מהסתכלות בשאר עריות, אף לעניין קריאת שמע, וכן משתמע מהם כי הסתכלות שלא בשעת קריאת שמע הותרה באופן גורף יותר. כך עולה גם מדברי ר' יהונתן אייבשיץ (**יערות דבש**, חלק א, דרוש ו):

> ועזרא תיקן אפילו בבית שהולכות בלי מלבושים עליונים תהא חוגרת מכל מקום סינר... נגד קרובים אביה ואחיה וכדומה, אשר לבה גס בהם, לפניהם אי אפשר להזהר, והם מעורבים עמה ויש לחוש להרהור והסתכלות, ולכך תקן עזרא

27. ראו גם בספר **תורת ההסתכלות** (סימן יד, אות כ): "עריות מתולדותן שאין לבו של אדם נוקפו עליהן... מסתברא דהסתכלות שלא לשם הנאה דמותר, דאינו חמור הסתכלות מלא תקרבו. ואלו הן: אמו, בתו, בת בתו, בת בנו, אחותו, אחות אמו, אחות אביו". בספר **גן נעול** (חלק ג, פרק יג, הערה 374) דן המחבר האם ניתן להרחיב את ההיתר גם להסתכלות בכלה או בחמות.

28. ראו: **שו"ת אבן ישראל**, חלק ט, סימן סג; **לקט הקמח החדש**, סימן עה, ס"ק כז; **הליכות שלמה**, תפילה, פרק כ, סעיף יא; **שו"ת תשובות והנהגות**, חלק א, סימן קלח. **בפסקי תשובות** (או"ח, סימן עה, אות יג) הביא מקורות נוספים להקל ולהחמיר.

29. ראו גם **שו"ת אז נדברו**, חלק ט, סימן נט.

שתהא אפילו בבית צנועה למאוד, שגם לקרובים לא יראה מקום תורפה וינצלו מידי הסתכלות.

ר' יהונתן אייבשיץ מסביר כי יש הבדל בין הצניעות הנדרשת ברחוב, שם חובה על האישה לכסות את כל גופה, לבין הצניעות הנדרשת בבית שהיא מינימלית הרבה יותר. ואכן בספר **לבושה של תורה** (סימן טז, אותיות ז-ח) הובא בשם כמה מפוסקי זמננו שמותר לאדם לראות את קרובותיו בלבוש שאיננו עומד בגדרי הצניעות, ובלבד שהן "לבושות בעיקרי הבגדים".[30]

סיכום

א. נחלקו הפוסקים האם מגע של קרבה הותר דווקא בין הורים לילדיהם, או גם בין אחים ואחיות. רבים נהגו להקל בכך ויש להם על מי שיסמכו, אך אין להרחיב את ההיתר לקרבה רחוקה יותר.

ב. דיני ייחוד לא נאמרו כלל בין הורים לילדיהם; ובין אחים ואחיות הם קיימים באופן חלקי ביותר (דהיינו במגורים של קבע).

ג. חובת צניעות הלבוש בסביבה מעורבת זרה, על מקורותיה השונים, איננה קיימת במלוא חומרתה בחיק המשפחה. היסודות החיצוניים יותר של דינים אלו (חוקות הגויים, 'דת משה ויהודית') אינם חלים בתוך הבית, והיסודות הקשורים לאווירה ולתחושות המושפעות מן הלבוש מקבלים אופי שונה בין קרובים.

ד. משום כך מותר לאישה להתלבש בנוכחות בני משפחתה גם באופן שאיננו עומד בגדרי הצניעות ההלכתיים הנדרשים ברשות הרבים.

ה. חיזוק לקביעה זו יש להביא מדברי הרב פיינשטיין בנוגע לחובת הצניעות של אישה נידה בפני בעלה, וכן מדברי הפוסקים שהתירו הסתכלות בקרובות לשם הנאה אסתטית וכן התירו את שמיעת זמרתן וכתבו שבפחות מטפח אין בראייתן דין 'ערווה' לעניין קריאת שמע.

ו. את מסקנתנו יש לסייג בשתי הערות: ראשית, החובה להתלבש באופן סביר ומכבד,

30. מחבר **לבושה של תורה** (שם) דן במכתבו של **החפץ חיים** (המובא בספר **חפץ חיים על התורה**, עמ' שכב-שכד), שבו עורר על חיזוק הצניעות בתוך הבית, וטוען כי **החפץ חיים** אסר רק גילוי של 'המקומות המכוסים' ממש. אולם בהערות הרב שמואל גריינמן (שם) נכתב: "על כן מחויב כל איש לתקן בביתו שלא ילכו בנות ביתו בזרועות מגולות, וכן כל לבושיהן יהיו עשויות כדין". ראו גם בספר **גן נעול** (פרק יג, הערה 378) שהביא דעות לכאן ולכאן מקרב הפוסקים האחרונים.

גם בין בני אותו המין, קיימת גם בתוך המשפחה; שנית, כאשר קיים בפועל חשש של הרהור וקרבה שאינה ראויה, שב איסור ההסתכלות על כנו. יש לגלות רגישות לעניין זה ולאי־הנעימות שהוא עשוי ליצור ולא לחרוג מן הלבוש המקובל והרגיל בתוך המשפחה.

יא

הלכות חצאית ומכנסיים

"קוד הלבוש הקיים באולפנה שלנו דורש מן התלמידות להגיע עם חצאית המכסה את הברכיים, אולם לאחרונה הוחלט לקיים בו דיון מחודש, לאור העובדה שבפועל הוא רחוק מלהיות מיושם. במהלך הדיון בפתרונות שונים, עלתה האפשרות לאפשר ללבוש חצאית קצרה, בתנאי שמתחת לחצאית יהיו מכנסי־טייץ או גרביים ארוכות. רצינו לשאול: האם פתרון זה ראוי על פי ההלכה?"

פתיחה

קשה לדון בדיני צניעות כשם שדנים בסוגיה הלכתית רגילה. הערוץ הראשי שבו התעצבו הלכות אלו הוא המסורת החיה של בנות ישראל העוברת מאם לבתה לאורך הדורות; ומסורת זו, יותר משהיא מורה גדרים מדויקים היא נושאת עימה רוח מסוימת, תכונה פנימית שניתנה לנו בירושה מאימהות האומה.[1] ואכן, תחום זה הוא בבחינת 'מקרא מועט והלכות מרובות': בדורות קדמונים כמעט שלא נגעו בגדרי הלבוש האסור והמותר, אף שכתבו רבות בשבח מעלת הצניעות.

למרות זאת, ישנן שתי סיבות להזדקקות לדיון הלכתי גם בנושא זה. ראשית, המסורת החיה נקטעה בדורות האחרונים עד שאם ניקח תמונות של נשים מן המאה

1. מעשה בתלמיד אחד שניגש למו"ר הרב אהרן ליכטנשטיין זצ"ל ושאל: "מהו הגודל המותר של פתח הצוואר בחולצה?". השיב לו הרב: "כפי שאשתך נוהגת". הוסיף התלמיד ושאל: "כן, אך מהם הקווים האדומים?"; והרב בשלו: "הקווים האדומים של אשתך הם הקווים האדומים".

האחרונה, בדילוגים של עשרים שנה, קשה יהיה להצביע על קשר כלשהו ביניהן; וזאת כחלק מתהליכים חברתיים ותרבותיים, יהודיים וכלל-עולמיים, ששינו לבלי הכר את נורמות הלבוש וההתנהגות. שנית, בדורות האחרונים הלך וגבר עיסוקם של הפוסקים בדיני צניעות - אפשר שבעקבות השינויים התכופים שהזכרנו - ומתוך כך נוצרו הגדרות וגבולות שהפכו לחלק מהותי מן המסורת ההלכתית.

לכן, אף שיסודותיה של שמירת הצניעות הם קניית מידות נפשיות נכונות והפנמה של רוח ההלכה, יש לברר מהם הקווים האדומים וגבולות הגִזרה ההלכתיים שבתוכם אמורה הצניעות לצמוח; וזאת מבלי להפחית מן האחריות האישית והרגישות הפנימית הנדרשות בסופו של דבר בהכרעה המעשית של כל אחת ואחת.

א. חובת כיסוי הרגל

1. 'שוק באישה ערווה'

בדברי חז"ל לא מצאנו דיונים מפורטים בגדרי הלבוש האסור והמותר, ורבות מן ההוכחות בדבר עמדתם מבוססות על אזכורים אגביים ועקיפים. אחד היסודות של הלכות צניעות הוא האיסור להתלבש באופן העשוי לעורר מתח מיני ביחסים בין גברים לנשים; ולפיכך המקור המרכזי שבו אפשר למצוא פירוט יחסי של גדרי הלבוש מצוי בסוגיה במסכת ברכות (כד ע"א) שבמוקד שלה עומד האיסור לקרוא קריאת שמע כנגד ה'ערווה':

> אמר רבי יצחק: טפח באשה ערוה. למאי? אילימא לאסתכולי בה, והא אמר רב ששת: ...כל המסתכל באצבע קטנה של אשה כאילו מסתכל במקום התורף! אלא באשתו ולקריאת שמע.
>
> אמר רב חסדא: שוק באשה ערוה, שנאמר "גַּלִּי שׁוֹק עִבְרִי נהרות" וכתיב "תִּגָּל ערותך גם תֵרָאֶה חֶרְפָּתֵך".

האחרונים למדו מדברי הגמרא הללו שישנם שני סוגים של איסורי הסתכלות: הסתכלות מתוך כוונה ליהנות, האסורה אפילו על אצבע קטנה; וראייה של 'המקומות המכוסים' שבאישה - ובכלל זה שוקהּ - האסורה אפילו באקראי.[2]

על פי הבחנה זו אפשר ללמוד מן הסוגיה על גדרי חובת הצניעות של האישה. מכיוון שאפילו ראייה בעלמא של השוק נאסרה, האישה מחויבת לכסות את השוק

2. ראו על כך בהרחבה להלן בפרק העשרים.

כדי לא להכשיל את העוברים והשבים - בניגוד לחלקי הגוף הגלויים (כגון אצבעה) שהאחריות שלא להסתכל בהם לשם הנאה מוטלת על האיש. כך אכן כתב הריא"ז (**פסקי ריא"ז**, ברכות פרק ג, אות ו): "שאין גילוי השוק כגילוי הפנים, וצריכה האשה להזהר בגילוי שוקה וגם האיש יש לו להעצים עיניו שלא יראה גילוי השוק"; וכיוצא בזה כתב **בשו"ת דברי יציב** (אה"ע, סימן לז, אות ה).[3]

השאלה המרכזית שנידונה בדברי הפוסקים בענייננו היא שאלת הגדרתו של מקום ה'שוק': האם מדובר בפרק העליון של הרגל, מעל הברך, הקרוי בלשוננו 'ירך', או שמא מדובר בפרק התחתון, זה שמתחת לברך, הקרוי בלשוננו (וגם בלשון התורה) 'שוק'? ראיות רבות, לכאן ולכאן, הובאו בדברי הפוסקים, וכיוון שקצרה היריעה מלדון בכולן לא נזכיר כאן אף את מקצתן.[4] למעשה, כמה מגדולי הפוסקים ובראשם **המשנה ברורה** (סימן עה, ס"ק ב) הכריעו כי יש להקל כדעה הראשונה, היינו שדווקא הירך נכללת באיסור ולא הפרק שמתחת לברך.[5] אף שרבים וטובים פקפקו בהכרעה זו,[6] כבר נהגו במקומותינו כדברי המקילים.[7]

2. 'טפח באישה ערווה'

היכן בדיוק מתחיל החלק שאותו יש לכסות? הירך עצמה מתחילה בפיקת הברך,[8] אלא שיש מקום לומר שאיסור ההסתכלות וממילא גם חובת הכיסוי מתחילים בנקודה מעט גבוהה יותר.

---

3. ראו לעיל בפרק השביעי, הערה 63. כעין זה מצאנו גם **בספר חסידים** (סימן קי): "שער באשה ערוה לגלות, וכל האמור בשיר השירים כגון בטנך ערימת חטים, שוקיו עמודי שש, שני שדיך וכו'; וכל שדרך לכסות, ערוה לאשה לגלות". עם זאת יש מקום לפרש את דבריו באופן אחר ולומר שכל מקום שהוגדר בגמרא כ'ערווה' דורש כיסוי מצד עצמו (מדין 'דת יהודית' וכדומה), בלי קשר להכשלת המסתכלים. נפקא־מינה בין שתי ההבנות עשויה להתקיים כאשר אין איסור על המסתכלים כגון בגילוי פחות מטפח (לפי חלק מהשיטות, ראו להלן בפרק זה).
4. ראו: **כבודה בת מלך**, פרק ב, סעיף יא; **את צנועים חכמה**, חלק א, עמ' יח-כח; **שו"ת בני בנים**, חלק ד, סימן ט.
5. כדבריו נטה לומר גם **החזון איש** (או"ח, סימן טז, אות ח); וכך פסק גם הרב פיינשטיין (**שו"ת אגרות משה**, אה"ע, חלק ד, סימן ק, אות ו).
6. ראו לדוגמה **בשו"ת שבט הלוי**, חלק א, סימן א, **ובשו"ת יביע אומר**, חלק ו, יו"ד, סימן יד, אות א. עיינו במסקנת תשובתו של הרב עובדיה יוסף ובפולמוס על עמדתו שהתקיים בכתב העת **משנת יוסף** ב, תשע"ד, סימן יח; וכן שם ז, תשע"ה, סימנים מז-מח.
7. מקורות לכאן ולכאן ראו בספרים **כבודה בת מלך** (פרק ב, סעיף יא) **ולבושה של תורה** (סימן מד).
8. ראו **אום אני חומה**, חלק א, עדות משמיעות, סימן יג, עמ' קצד.

ראינו לעיל את הסתירה בין דברי רבי יצחק שאמר "טפח באשה ערוה", לבין האיסור להסתכל אפילו באצבע קטנה של אישה. כדי לתרץ סתירה זו העמידה הגמרא את דברי ר' יצחק בדיני קריאת שמע (ובטפח מגולה מגוף אשתו של האדם) ולא בדיני צניעות; אך יש מן האחרונים שיישמו את דברי ר' יצחק גם בענייננו וכתבו כי דווקא טפח מגופה של אישה זרה אסור בהבטה בעלמא, ואילו שיעור קטן יותר אינו אסור אלא בהסתכלות מכוונת.[9] כך כתב ר' יהודה עייאש (**לחם יהודה**, הלכות קריאת שמע, פרק ג, הלכה טז), וכן פסק הרב משה פיינשטיין (**שו"ת אגרות משה**, אה"ע, חלק א, סימן נח), ולפי דבריהם אפשר שאין האישה חייבת אלא לוודא שלא יהיה טפח מגולה מן הירך, וממילא הבגד איננו חייב להגיע עד לברך ממש אלא יכול להסתיים קצת מעליה.[10] אולם להבחנה זו אין בסיס בדברי הראשונים ואכן רבים מהאחרונים לא קיבלו אותה.[11]

ישנן סיבות נוספות להשיג על היתר זה. ראשית, כמה מן הראשונים כתבו שדין 'טפח' נאמר דווקא באשתו של האדם, ואילו באישה אחרת אפילו פחות מטפח נחשב 'ערווה' (גם לעניין קריאת שמע);[12] והרמ"א (או"ח, עה, א) חשש לשיטתם. שנית, גם אם נניח ששיעור של פחות מטפח איננו נחשב 'ערווה' מבחינת האיש המסתכל, אין זה ברור שהדבר מתיר לאישה לגלות חלקי גוף המוגדרים 'מכוסים'.[13]

---

9. זאת ככל הנראה על בסיס ההנחה שבקריאת שמע נלמדו גדרי 'ערווה' שאותה אסור לראות אפילו בהבטה בעלמא, ומשום כך הם חלים גם על אשתו של האדם.

10. השיעור המדויק תלוי בהגדרת 'טפח': לדעת הרב פיינשטיין (**שו"ת אגרות משה**, אה"ע, חלק א, סימן נח) יש לשער שטח של טפח מרובע, ומכיוון ששיעור היקף הברך הנגלה מצד אחד הוא כשני טפחים, הרי שגובה החלק המגולה יכול להגיע לחצי טפח; ואילו לדעת הרב הנקין (**שו"ת בני בנים**, חלק ד, מאמר ג) יש לשער אורך של טפח בלי להתחשב ברוחב. להרחבה בעניין זה ראו להלן עמ' 284, וראו גם: הרב שרגא פייוויש שנעבאלג, 'חיוב מזוזה בחדר שאין בו ד' על ד'', **פעמי יעקב** מט, תשס"ב, עמ' כב-כו; **לבושה של תורה**, חלק א, סימן טו; **אום אני חומה**, חלק א, עדות משמיעות, סימן יג, עמ' קצד.

11. עיינו בב"ח הנ"ל ובצל"ח (ברכות כד ע"א, ד"ה שוק) שהבינו שדין 'טפח' בא להחמיר ב'מקומות המגולים' לעניין קריאת שמע.

12. ראו: **ראבי"ה**, ברכות, סימן עו; **דרשות מהר"ח אור זרוע**, סימן יז.

13. **שו"ת להורות נתן**, חלק ה, קונטרס מבעד לצמתך, פרק ה. ראו גם **שו"ת אור לציון**, חלק ב, הערות לפרק ו, אות יא: "נראה, שאף שלדעת מרן רק טפח באשה ערוה, מכל מקום ודאי שאין לאשה לגלות אף פחות מטפח, וכגון שלובשת בגד שיש בו חורים, שעל כל פנים הדבר אסור משום צניעות ודת יהודית". בספר **לבושה של תורה** (חלק א, סימן כד, אות יג) הוכיח כן מדברי הרמב"ם (**משנה תורה**, הלכות חובל ומזיק, פ"ד הט"ו) שכתב שאם נחבלה האישה ב'מקומות המכוסים', תשלומי הנזק שייכים לה ולא לבעלה; ולכאורה אם מותר לגלות פחות מטפח ממקומות אלו, הרי

על אף סברות אלו, התיר הרב פיינשטיין לנשים נשואות לגלות פחות מטפח משער ראשן, ודבריו התקבלו למעשה בציבור;[14] אך כלל לא ברור שאפשר ללמוד מדבריו לענייננו. ראשית, משום שכדי להתמודד עם דברי הרמ"א (שלפיהם באישה אחרת גם פחות מטפח נחשב 'ערווה') הבחין הרב פיינשטיין בין שיער לבין שאר סוגי ערווה.[15] שנית, גם אם ניישם את ההיתר בשאר 'המקומות המכוסים', יש לדון אם הוא קיים גם בשוק וכדלהלן.

המפרשים הקשו על דברי הגמרא שציינה כי "שוק באשה ערוה" ותמהו מדוע נשתמר יחס מיוחד לשוק, הלוא אין הוא שונה משאר 'המקומות המכוסים' שלגביהם נאמר "טפח באשה ערוה"![16] התשובות לקושיה זו מתחלקות לשני סוגים:[17] רוב הראשונים תירצו כי היינו יכולים לחשוב שהשוק איננו בכלל 'ערווה' משום "שפעמים הוא נגלה",[18] או משום "שאינו מקום צנוע באיש";[19] ולשיטתם נראה בבירור שגם ראיית השוק לא נאסרה כשמדובר בפחות מטפח (לעניין קריאת שמע), וכן משתמע

שעדיין צריך המזיק לשלם לבעל. אכן, אפשר להעמיד את דברי הרמב"ם דווקא במקומות שאסור לגלותם בשום פנים, ולחילופין לומר שהתשלום שייך לאישה משום שמקומות אלה מכוסים באופן רגיל ולא משום האיסור שבגילוי, וצריך עיון. עיינו גם בספר **לבושה של תורה**, חלק א, סימן לז, אותיות ו-ח.

14. ראו למשל בספר **ילקוט יוסף**, אוצר דינים לאישה ולבת, סימן לז, סעיף טו, בשם הרב עובדיה יוסף והרב משה לוי. ראו בקישור הבא (מתוך פורום 'בחדרי חרדים') שבו הובאו קישורים לעשרות תשובות של רבנים בני דורנו שאימצו עמדה זו: https://goo.gl/cpRb66.
15. מאידך־גיסא, **בשו"ת בני בנים** (חלק ד, מאמר ב, אות ג) הראה הרב הנקין שרוב הראשונים וגדולי האחרונים לא הבחינו בין שיער לבין שאר סוגי 'ערווה', וממילא אפשר ליישם את ההיתר גם בשאר מקומות; וכך כתב גם הרב אליקים אלינסון בספרו **האשה והמצוות** (חלק ב, פרק ד, הערה 38). על דבריהם יש להוסיף גם את דברי הריא"ז (**פסקי ריא"ז**, ברכות, פרק ג, אות ו) שהשווה בפירוש בין אשתו של האדם לאישה אחרת. לאור זאת התלבטו הפוסקים אם אפשר ליישם את היתרו של הרב פיינשטיין ביחס לגילוי המרפק, ראו למשל: הרב יוסף צבי רימון, 'ניצוצות אחרונים', בתוך: אופיר שוורצבוים ועמיחי סרדן (עורכים), **כתנות אור: בירור אמוני בסוגיית הצניעות**, ירושלים תש"ס, עמ' 439–446; **פניני הלכה**, ליקוטים ג, פרק ו, אות ה.
16. זאת בהנחה שדין 'טפח' נאמר ביחס ל'מקומות המכוסים', כפי שכתבו רוב הראשונים. ראו לדוגמה: **מרדכי**, ברכות, רמז פ; **תוספות הרא"ש**, ברכות כד ע"א, ד"ה טפח; **ספר השולחן**, הלכות קריאת שמע, שער ג.
17. ראו מגוון מקורות ותירוצים נוספים בספר **כבודה בת מלך**, פרק ב, הערה 16.
18. **חידושי הרא"ה**, ברכות, פרק ג, ד"ה ושוק; **תוספות הרא"ש**, ברכות כד ע"א, ד"ה ואמר; **שיטה מקובצת**, ברכות כד ע"א, ד"ה שוק. כך עולה גם מלשון ספר **האשכול** (מהדורת **נחל אשכול**, הלכות תפילה סימן ז; ועיינו **בנחל אשכול**, שם, ס"ק כג, וראו להלן).
19. **חידושי הרשב"א**, ברכות כד ע"א, ד"ה והא דאמר (בשם הראב"ד).

מלשון **הטור** ו**השו"ע** (כפי שדייק **בכף החיים**, סימן עה, ס"ק ו). לעומתם, כמה מן האחרונים כתבו שהחידוש בגמרא הוא שבשוק אסורה אפילו ראיית פחות מטפח.[20] כמו כן, סברות הראשונים הנ"ל הולמות יותר את העמדה שלפיה 'שוק' היא הפרק התחתון של הרגל, ואפשר שבירָך היו אוסרים גם בפחות מטפח.[21] עוד יצוין כי הנחייתו המעשית של הרב פיינשטיין בדיני כיסוי הראש אומנם התקבלה בציבור, אך לאו דווקא בשל הסברות שאותן הציג אלא משום האופי הייחודי של חובת כיסוי הראש.[22]

לסיכום, אף שניתוח מסוים של סוגיית הגמרא עשוי להתיר גילוי של פחות מטפח מן השוק,[23] נראה כי אין בסיס מוצק לניתוח כזה וכי יישומו בענייננו מנוגד לדברי הפוסקים הראשונים והאחרונים, ועל כן אין לסמוך עליו.

3. גילוי בדרך ארעי

בכרוזים שנחתמו בידי רבים מגדולי הפוסקים של הדור הקודם (ביניהם הרב שלמה זלמן אויערבך, הרב משה פיינשטיין והרב עובדיה יוסף) נאמר שאורך השמלה צריך להיות לכל הפחות טפח למטה מן הברך, כדי שתכסה את הברך בכל מצב - בעמידה ובישיבה.[24] הנחת המוצא של דבריהם היא שהחלקים המכוסים שבגוף האישה צריכים להיות מכוסים בכל רגע נתון, ואכן הדברים מסתברים.

עם זאת, יש מקום להבחין בין אישה הלובשת מלכתחילה בגדים שאינם מכסים את המקומות המוצנעים, לבין מצב שבו מקומות אלה נגלים רק באקראי. במשנה (כתובות פ"ז מ"ו) נאמר שהיוצאת בראש פרוע או טוֹוָה בשוק עוברת על 'דת יהודית',

---

20. **ב"ח**, או"ח, סימן עה, ס"ק ב; **ט"ז**, שם, ס"ק א; **משנה ברורה**, שם, ס"ק ז (בשם י"א). עיינו גם **בשו"ת דברי שלום**, או"ח, חלק א, סימן לו.
21. כפי שהכריעו **הפרי מגדים** (או"ח, סימן עה, משבצות זהב, ס"ק א) ו**החזון איש** (או"ח, סימן טז, אות ח) כי דין 'טפח' נאמר רק בפרק התחתון של הרגל כשנהגו לכסותו, ולא בפרק העליון הנחשב 'ערווה' גמורה.
22. ראו להלן בפרק השנים-עשר.
23. ראו את דברי הרב אלינסון (**האשה והמצוות**, חלק ב, פרק ד, הערה 111, ההדגשה במקור): "מדברי שו"ת אגרות משה משתמע שבפחות מטפח אין לאשה עצמה לחשוש... לפי זה יש להעדיף חצאית המגיעה **כמעט** לברכיים על מכנסיים, וצריך עיון". עיינו גם בדברי הרב מרדכי אליהו (**מאמר מרדכי: הלכות לימות החול**, פרק יד, סעיף מד): "בבגדד נהגו שהנשים מגלות שני שלישי טפח מעל הקרסול, ומכיון שרק 'טפח באשה ערוה' וזהו שיעור מועט מטפח - אין זה ערוה" (וראו שם, סעיף לז, בעניין זרוע). אולם צריך עיון האם היה אומר זאת לו היה נוקט שה'שוק' הוא הירך.
24. **כבודה בת מלך**, פרק ב, סעיף יג, הערה 29; וכן כתב **במלבושי מרדכי**, סימן יג, סעיף ה.

משום שבמהלך הטווייה היא מגלה את זרועותיה (שם עב ע"ב); וכתב על כך הרשב"א (**שו"ת הרשב"א**, חלק א, סימן תקעא): "לא אמרו אלא ברגילה בכך, אבל אם גִלתה ופרעה ראשה באקראי או שדִבּרה עם הבחורים פעם אחת דרך מקרה ודאי לא הפסידה כתובתה", וכן פסק **הרמ"א** (אה"ע, קטו, ד). האחרונים הקשו מדוע יש צורך שתהיה רגילה בכך,[25] ובעל **ההפלאה** (שם, קונטרס אחרון, ס"ק ט) טען שיש לסייג את דברי הרמ"א:

> לא מיירי שיצאה מביתה בזרועותיה מגולות, דאם כן למה נקט טווה בשוק, אלא על כרחך מיירי בטווה בשוק ועל ידי מלאכתה נתגלה זרועותיה ולא מפסדא בכהאי גוונא בפעם אחת כי אם ברגילה, ובאמת אם יצאה בתחלה בגילוי זרועותיה סגי בפעם אחת.

מדברי **ההפלאה** עולה שיש הבדל בין מי שיוצאת מלכתחילה עם בגדים המגלים את זרועותיה, לבין מי שזרועותיה מתגלות רק דרך מלאכתה.[26] אף שגם באפשרות השנייה יש איסור, וכאשר הדבר נעשה דרך קבע הוא בכלל עבירה על 'דת יהודית', זהו איסור קל יותר.[27]

כך אפשר להבין גם את דברי התוספתא (ליברמן, כתובות פ"ז ה"ו) שמנתה את מי ש"בגדיה פרומין" בין העוברות על 'דת יהודית' בלבד, אף שלכאורה גילוי הגוף עצמו חמור בהרבה מגילוי הראש (שאסור מ'דת משה'). הרב שאול ליברמן (**תוספתא כפשוטה**, נשים, כרך א, עמ' 290) ביאר שמדובר בבגדים הפתוחים בצידיהם ומתגלים רק בדרך ארעי עם תנועות האישה, ואפשר שמשום כך אין בהם משום 'דת משה'.[28]

---

25. **חלקת מחוקק**, סימן קטו, ס"ק יא; **בית שמואל**, שם, ס"ק יא; **ביאור הגר"א**, שם, ס"ק יב; **פתחי תשובה**, שם, ס"ק י.
26. לא ברור אם הזרועות מתגלות רק לרגעים בודדים (בדומה לשמלה שמגלה את הברך רק לפרקים קצרים במהלך פעולות מסוימות), או שהן גלויות לאורך פרקי זמן ממושכים במהלך הטווייה (בדומה לשמלה שמגלה את הברך בכל זמן הישיבה).
27. ראו **שו"ת להורות נתן**, חלק ה, סימן צג, אות ט: "והיינו טעמא דלא נהיגי לאסור מקצת הקנה שהוא סמוך לכף היד, שאי אפשר להזהר בזה, דמכיון שהידים עסקניות הן, מתרמי בקל שהבגד המכסה את הקנה נשמט קצת למעלה, והוי כמו פחות מטפח דלא החמירו". יש להדגיש כי מוקד ההיתר בדבריו איננו הארעיות של הגילוי, אלא העובדה שהוא בלתי־נמנע, וכלל לא ברור שיש ליישם זאת בירך. עוד יש לתהות אם דברי **ההפלאה** אכן מוכיחים שהאיסור עצמו קל יותר, או שהם נוגעים רק להגדרת האישה כ'עוברת על דת'.
28. ראו **את צנועים חכמה**, חלק א, עמ' ה-ו.

אפשרות ממוקדת יותר להקל אפשר למצוא בדברי הראשונים בעניין שוק. כפי שראינו לעיל, הראשונים כתבו שצריך היה לחדש שהשוק נחשבת 'ערווה' משום "שפעמים הוא נגלה". אפשר להבין שציון העובדה שהשוק נגלית לפעמים הוא תיאור מציאותי של התנהלות פגומה ואסורה (או של חוסר תשומת לב) מצד הנשים; אך מסתבר יותר להבין כי דרך ההתנהלות הנורמלית והמותרת של הנשים היא לכסות את שוקן מבלי לחשוש אם יתגלה מדי פעם ("פעמים שהאשה מגבהת בגדיה", כלשון **תוספות הרא"ש**, ברכות כד ע"א, ד"ה ואמר),[29] ורק בעבור הגברים נחשבת השוק כ'ערווה' בשעה שהיא גלויה.[30]

כפי שהערנו לעיל, תיאורה של השוק כאיבר שדרכו להתגלות מתייחס בסבירות גבוהה רק לפרק התחתון של הרגל, ואין ללמוד ממנו היתר לגילוי הירך; למרות זאת, אפשר ללמוד ממנו כי יש להבחין בין חובת הכיסוי העקרונית לבין החובה לוודא שהגוף יהיה מכוסה בכל מצב. בצירוף הסעיף הקודם, היה מקום להקל בבגד המכסה את הירך כולה באופן קבוע, גם אם באופן ארעי הוא עשוי לחשוף חלק קטן ממנה;[31] אך מלבד שסברה זו אינה מבוססת דיה ואפשר שכל צדדי ההיתר נאמרו רק ביחס לפרק התחתון של השוק, בפועל כאשר השמלה אינה מגיעה לברך, בעת ישיבה עשוי להתגלות שיעור גדול יותר מן הגוף.[32] כמו כן ישיבה היא מצב ממושך ולא תנועה חד־פעמית, ומשום כך יש לוודא שהבגד יגיע עד לברך גם בעת ישיבה.[33]

---

29. ניסוח מצמצם יותר ראו **בשו"ת להורות נתן** (חלק ה, קונטרס מבעד לצמתך, פרק ד, אות ב): "לפעמים דרכה לגלות באקראי בשעת מלאכתה במקום שאינו פומבי, וכגון כשעומדות על הכביסה".

30. עם זאת, אפשר שלמסקנת הגמרא יחול על הנשים איסור גמור לגלות את שוקן.

31. לא מדובר רק בצירוף של ספקות, אלא באפשרות עקרונית להבין שהירך כולה נחשבת אומנם כ'מקומות המכוסים', אולם איסור גילוי זמני נאמר דווקא בטפח. ראו גם האמור **בשו"ת בני בנים**, חלק ג, סימן כו: "מה שקבעו שחצאית צריכה להגיע עד עשרה סמנטימטרים מתחת לברך כדי שלא תתגלה מקצת מן הברך בכל מצב אפילו באקראי, והלא שמא פחות מטפח אינו ערוה אפילו באשה אחרת... ושמא הברך או חלק ממנה אינה בכלל השוק... שמא אינו ערוה אלא לקריאת שמע... מה שאין כן מצד ההסתכלות שמא לא תתגלה הברך ושמא לא יראוה ושמא לא יהרהרו בה".

32. כעין סברה זו ראו **בשו"ת שיח נחום** (סימן קח) שכתב שחובת כיסוי הזרוע איננה חובה עצמית, אלא חובה הנובעת רק מן הרצון למנוע גילוי של בית השחי.

33. אך לא נראה שיש חובה לכסות את הברך כולה, כולל החלק העליון של הפרק התחתון של הרגל.

4. ההלכה ומנהג העולם

שאלה גדולה בהלכות צניעות היא האם מדובר בגדרים קבועים ובלתי־משתנים או שמא אלו נורמות לבוש יחסיות העשויות להשתנות מזמן לזמן וממקום למקום. יש לדון בשאלה זו לאור שני המוקדים העיקריים של הלכות צניעות: א. ביחס לגברים המסתכלים, מדין קרבה לעריות או הכשלה בהסתכלות ובהרהור. ב. ביחס לאישה עצמה, מדין 'דת משה ויהודית' או איסור חוקות הגויים.

בנוגע למוקד הראשון, ייתכן שהדברים תלויים בהתלבטות אחרת: האם איסור ההסתכלות אינו אלא סייג להרהור ולעבירה או שמא מדובר באיסור עצמי שאסרה תורה.[34] אולם תלות כזו אינה מוחלטת, משום שגם אם מדובר באיסור עצמי, אפשר שהוא מתייחס להסתכלות במקום שנחשב כצנוע, והגדרה זו משתנה מדור לדור.

בשאלה זו נחלקו כבר הראשונים, ומהר"ח אור זרוע התלבט האם זרועותיהן של השפחות, שרגילות להיות גלויות, נחשבות 'ערווה'.[35] הניסוח הברור ביותר של העמדה המקילה נמצא בדברי **התוספות יום טוב** (**דברי חמודות**, ברכות, פרק ג, ס"ק קטז) שדן במעמדה של הזרוע וכתב: "ומסתבר דכל מקום ומקום לפי מנהגו דמידי הוא טעמא אלא דדברים שרגילה שלא לכסותם לא מקרי ערוה".[36]

כמה מן האחרונים הקלו בקריאת שמע כנגד מקומות שאין הנשים נוהגות לכסות. **הבן איש חי** (שנה ראשונה, פרשת בא, אות י) למשל כתב שבמקום שבו דרך הנשים לגלות את החזה בעת ההנקה, הרי שבזמן זה הוא נחשב כמקום מגולה שמותר לאדם לקרוא כנגדו קריאת שמע (כשמדובר באשתו).[37] כיוצא בזה כתב הרב עובדיה הדאיה (**שו"ת ישכיל עבדי**, חלק ד, או"ח, סימן ט) בעניין אמירת דברים שבקדושה כנגד נשים שזרועותיהן מגולות: "כיון שפסתה המספחת בעוונותינו הרבים לגלות, עם שלא מצד שורת הדין, מכל מקום כיון שעיקר טעם האיסור בזה הוא משום הרהור, כל שכבר נהגו ורגילי בהם לא מטרדי ולא אתו לידי הרהור". כעין זה כתב **ערוך השולחן** (או"ח,

---

34. בעניין זה נחלקו הרב בנימין יהושע זילבר (**תורת ההסתכלות**, פרק ד) והרב ניסים קרליץ (**חוט שני**, אה"ע, סימן כא, עמ' לז); ועיינו בספר **גן נעול** (חלק ג, פרק יג, הערה 6).
35. **דרשות מהר"ח אור זרוע**, סימן יז. כפי שמבואר שם, בנו הכריע כי יש להחמיר בדבר.
36. הרב יוסף שלום אלישיב (**קובץ תשובות**, חלק א, סימן יג) צידד בדעת **הדברי חמודות** לעניין זרועות, וחיזק את שיטתו מדברי **הפירוש המיוחס לר"ן** (שבת ס ע"א, ד"ה ותיהוי): "הני נשי דידן דאזלי בזרועות מגולות אסור ליתן אצעדות בזרועותיהן לצאת לרשות הרבים דהא איכא למיחש דילמא שלפא ומחויא לחבירתה דהא לא מיגניא בגילוי זרועה כיון דאורחה בהכין".
37. הגבלת ההיתר לאשתו בלבד אינה מוכרחת מלשון **הבן איש חי**, אך מסתברת מן ההקשר הרחב של דבריו.

סימן עה, סעיף ז) לעניין קריאת שמע כנגד שיער מגולה: "כיון שעתה רובן הולכות כך והוי כמקומות המגולים שבגופה... ממילא דליכא הרהור". עם זאת, **המשנה ברורה** (סימן ה, ס"ק י) חלק על דברי **ערוך השולחן**, וכן יש מקום להבין שהיתרו של **ערוך השולחן** מוגבל דווקא לשיער ולא נאמר לגבי שאר האיברים (ראו **שו"ת יביע אומר**, חלק ו, או"ח, סימן יג).

אך גם אם אין חשש הרהור ביחס לגברים, אין הדבר מתיר את עצם ההליכה בלבוש לא־צנוע המנוגד ל'דת משה' (בדומה לפריעת הראש). ואכן, מחלוקת האחרונים שסקרנו עד כה נוגעת לגבר הקורא קריאת שמע כנגד אישה, ומדברי חלק מהמקילים ברור שהם אוסרים את עצם ההליכה בגילוי ראש או בגילוי זרועות, כפי שכתב הרב עובדיה יוסף (**שו"ת יביע אומר**, חלק ג, אה"ע, סימן כא, אות י): "אבל להתיר לנשים לצאת ברשות הרבים בראש פרוע, ח"ו שיעלה על לב אדם להקל בזה". אף אם אפשר לדייק מדברי כמה מן הפוסקים כי ההיתר אמור גם לגבי האישה עצמה,[38] זוהי דעת מיעוט; ואילו בדברי רוב מוחלט של הפוסקים מבואר שגדרי הצניעות הבסיסיים נכונים בכל זמן ובכל מקום וכי רק דינם של מקומות מסוימים (כגון הפרק התחתון של היד או של הרגל) תלוי במנהג הנשים.[39]

נוסף על כך, גם לדעת המקילים שלא להחשיב זרועות מגולות כ'ערווה' במקום שבו נהוג לגלותן, יש מקום להבחין בין הזרוע לבין השוק. **בספר האשכול** פירש שדברי רב חסדא, "שוק באשה ערוה", מלמדים שהשוק נחשבת כערווה גם אם דרך האישה

38. כך דייק הרב אלינסון (**האשה והמצוות**, חלק ב, פרק ד, הערה 112) מלשון **הדברי חמודות** שלא הביע ביקורת כלפי הנוהגות לגלות את זרועותיהן. כך משתמע גם מדברי **הבן איש חי** בספרו **חוקי הנשים** (פרק יז) בנוגע לכיסוי ראש; כך כתב בספר **עוד יוסף חי** (פרשת בא, סעיף א) בעניין הפרק התחתון של היד; וכך עולה גם מלשונו בספר **בן איש חי** (שנה ראשונה, פרשת בא, אות יא): "החלק מן היד ומן הרגל שדרכו להיות מגולה כגון הכף והאצבעות, מותר לקרות כנגדם, דאין נקרא על זה שם ערוה". עיינו גם **בשו"ת ישכיל עבדי** (חלק ד, או"ח, סימן ט) **ובשו"ת יביע אומר** (חלק ו, או"ח, סימן יד) שנחלקו בהבנת עמדת **הבן איש חי**. גישה דומה עולה גם מדברי **יד הלוי** (על **ספר המצוות לרמב"ם**, מצווה קמג) בעניין כיסוי הראש: "והאמת שענין דברים אלו האסורין והמותרין, אין בש"ס ופוסקים ראשונים יסודם, אלא במנהג הליכות הנשים במקום ובזמן ההוא". היתר ספציפי לגילוי ראש במקום שלא נהגו לכסותו אפשר למצוא גם בתשובותיו של הרב יוסף משאש ובדברי פוסקים נוספים, ראו: **אוצר המכתבים**, חלק ג, סימן א'תתפד; **שו"ת מים חיים**, חלק ב, או"ח, סימן קי. על כל העניין ראו בהרחבה להלן עמ' 260 ואילך.

39. ראו: **תפארת שמואל** (על הרא"ש), ברכות, פרק ג, סימן לז; **חיי אדם**, כלל ד, סעיף א; **משנה ברורה**, סימן עה, ס"ק ב; **כף החיים**, או"ח, סימן עה, ס"ק ב; **מחניך קדוש**, עמ' ג; **שו"ת יביע אומר**, חלק ו, או"ח, סימן יד. ראו גם: **לבושה של תורה**, סימן מד; **מלבושי מרדכי**, סימן יג, סעיף ב; **את צנועים חכמה**, חלק א, עמ' ז–י; **פניני הלכה**, ליקוטים ג, פרק ו, סעיף ג.

לגלותה;[40] כלומר, גם אם מקומות אחרים בגוף תלויים במנהג ובהרגל, הרי שגילוי השוק אסור באופן אובייקטיבי.[41] הבחנה זו הובאה להלכה בדברי הפוסקים (הנזכרים לעיל) שאסרו בשוק אפילו פחות מטפח;[42] אך גם המקילים עד טפח לא יחלקו בהכרח על קביעה עקרונית זו.

ואכן, פוסקים רבים נקטו כדבר מובן מאליו שהשוק נחשבת 'ערווה' בכל זמן ומצב; וכך לדוגמה כתב **בשו"ת צמח צדק** (אה"ע, סימן קלט): "הנאמר שאם ינהגו לגלות שוקן בימי הקיץ זמן החום יהיה מותר שהרי נהגו כן?! ישתקע הדבר ולא יאמר דכיון שהוא ערוה לא מהני מנהג".[43] חיזוק לקביעה זו אפשר למצוא בתיאור בגדי הכוהנים; בתורה נאמר כי לעניין מידת המכנסיים (שאינה בת־שינוי) "בְּשַׂר עֶרְוָה" הוא "מִמָּתְנַיִם וְעַד יְרֵכַיִם" (שמות כ"ח, מב).[44]

לסיכום, הן מן הפסוקים, הן מדברי חז"ל והראשונים, נראה כי הירך נחשבת 'ערווה' אובייקטיבית שיש לכסותה בכל זמן ובכל מצב, בלי תלות במנהג המקום.

ב. מכנסיים ובגדים צמודים

1. מכנסיים ומכנסי־טייץ: מעמדו של בגד תחתון

עד כה עסקנו בגדריה של חובת כיסוי הרגל וראינו כי מעיקר הדין יש לוודא שהבגד יגיע עד לברך בכל מצב, אף שיש מקום ללמד זכות על מי שלובשת בגד שמגיע לברך

40. **ספר האשכול** (מהדורת **נחל אשכול**, הלכות תפילה, סימן ז): "וטפח שאמרו היינו במקום שדרכו להיות מכוסה... ולהכי הוסיף רב חסדא שוק". **הנחל אשכול** (שם, ס"ק כג) ביאר כי "קמשמע לן... גבי אשה ערוה הוא אפילו אם דרכה בכך, שהרי הכתוב קורא ערוה". עיינו גם **בשו"ת דברי שלום**, חלק א, או"ח, סימן א.
41. כך פירש את דברי רב חסדא גם הרב יהודה הרצל הנקין **בשו"ת בני בנים**, חלק ד, סימן ט.
42. כגון **הפרי מגדים** (או"ח, סימן עה, משבצות זהב, ס"ק א) שכתב: "ובמקום שדרכן לכסותן טפח, ומארכובה למעלה פחות מטפח נמי".
43. יצוין עם זאת לעמדתו החריגה של ר' יוסף חיים זוננפלד (המובאת **בשו"ת שלמת חיים**, סימן פו) שהובעה ביחס לגילוי שוק של נערות קטנות: "גם כאן לא למדו כי אם מדכתיב גלי שוק וגו', משמע שדרכו להיות מכוסה, וזה אינו ערוה כי אם באשת איש ובגדולה, אבל לענין במקום שאין כאן הרהור לא אמרו". עצם ההיתר בילדות קטנות איננו בלעדי לרב זוננפלד, אך מנימוקו משתמע שעיקר הגדרת שוק כ'ערווה' תלויה בכך שנוהגים לכסות את השוק.
44. נדון בקביעה זו בהרחבה להלן. יש לשים לב שמדובר בבגדי גברים.

ברוב הזמן ורק בדרך ארעי עולה מעט. אך האם כיסוי זה חייב להיות דווקא בשמלה או חצאית או שמא אפשר ללבוש מכנסיים?

חלק ניכר מדיוניהם של הפוסקים בעניין לבישת מכנסיים לנשים סובב סביב איסור 'לא ילבש' - או ליתר דיוק איסור "לֹא יִהְיֶה כְלִי גֶבֶר עַל אִשָּׁה" (דברים כ"ב, ה)[45] - אולם מלבד שרוב הפוסקים הקלו בדבר, שאלה זו כלל אינה נוגעת לענייננו משום שרוב המכנסיים הצמודים בימינו הם לבוש נשי מובהק.[46] אדרבה: אם גבר ילבש אותם סביר מאוד שיעבור בכך על איסור "לֹא יִלְבַּשׁ גֶּבֶר שִׂמְלַת אִשָּׁה" (שם). לעומת זאת, יש שנטו לאסור דווקא מכנסיים אלו, משום שפעמים רבות זהו בגד שנועד לשמש כבגד פנימי ותחתון, הצמוד לגוף.

הבעיה בבגד כזה עולה מתוך דברי הפוסקים בהלכות אבלות. **השו"ע** (יו"ד, שמ, יא) פסק שכאשר אישה קורעת את בגדיה על מת, היא "קורעת התחתון ומחזירתו לאחריה, וחוזרת וקורעת העליון", כדי שלא יהיה רגע שבו חלק מגופה יתגלה. **הב"ח** (שם, ס"ק י) הקשה מדוע יש צורך בכך, הלוא לפי חלק מן הראשונים בכל מקרה אין קורעים את הבגד הצמוד לגוף שעשוי לספוג את הזיעה! תשובתו של הב"ח היא "דגם זה אית ביה משום צניעות, דכשקורעת מלבוש זה התחתון ומגלה את המלבוש העשוי לקבל זיעה חשוב כאילו היתה מגלה את לבה ערום"; כיוצא בזה כתב **הש"ך** (שם, ס"ק כב): "כשמגלה החלוק נמי איכא פריצות כמו מגלה לבה"; וכן כתב **החכמת אדם** (שער השמחה, כלל קנב, סעיף ו).

מכאן הסיקו כמה מן הפוסקים שהבגדים הצמודים לגוף נחשבים כמו גופה של האישה ממש, וגילוים נחשב "כאילו היתה מגלה את לבה",[47] ומשום כך אסרו להתייחס לגרביים או לחולצות בסיס כאל כיסוי;[48] אולם יש מקום רב להשיג על מסקנה זו.

ראשית, דברי **הב"ח** עצמם אינם עולים בהכרח מן המקורות, שהרי אין כל בעיה לומר שדברי **השו"ע** נאמרו במצב שבו האישה לא לבשה בגד זיעה תחתון המכסה את כל הגוף. שנית ועיקר, הבגד שעליו כתב **הב"ח** את דבריו הוא בגד תחתון שאמור להיות נסתר, וודאי שבבגד כזה יש חוסר צניעות כאשר הוא מתגלה (ועל כן אין האישה

---

45. לסיכום הדיון ראו **שו"ת יביע אומר**, חלק ו, יו"ד, סימן יד.

46. עיינו **בשו"ת אבני צדק**, יו"ד, סימן עב.

47. כך למשל כתב **הבן איש חי** בספרו **חוקי הנשים** (פרק יז): "אסור לאשה ללבוש מלבוש דק אשר יראה דרכו הלבוש הפנימי". הוא האריך בעניין זה **בשו"ת תורה לשמה**, סימן ת.

48. וכן הובא בשם הרי"ד מבעלזא בספר **משנת יעקב** (או"ח, סימן עה): "שנשים לא יגלו את הגרביים כי זה בגד שנעשה לקבל הזיעה והוי כשוקיה ערומים", ודבריו נזכרו ברבים מספרי האחרונים. כך כתב גם הרש"ז אויערבך (**שו"ת מנחת שלמה**, חלק ג, סימן קג, אות טו): "אף אם הגרבים אינן שקופות... גם כן חשיב כמגולה"; ועיינו בספר **לבושה של תורה**, סימן לט.

קורעת את בגדיה העליונים), אך אין ללמוד מכאן על בגדים שמלכתחילה נועדו להיראות כלפי חוץ ועל דעת כן נלבשו. דומה הדבר ללבישת חולצה, שגם אם אין בגד אחר תחתיה המכסה את הזרועות אין איסור ללבוש אותה,[49] והוא הדין לגרביים ומכנסיים שנועדו מראש לשמש כלבוש הנראה כלפי חוץ.[50]

מקור אחר לאיסור אפשר למצוא בהלכות בגדי כהונה. בפרשת תצוה נאמר: "וַעֲשֵׂה לָהֶם מִכְנְסֵי בָד לְכַסּוֹת בְּשַׂר עֶרְוָה מִמָּתְנַיִם וְעַד יְרֵכַיִם יִהְיוּ" (שמות כ"ח, מב); ואילו בפרשת יתרו נאמר (שם כ', כג): "וְלֹא תַעֲלֶה בְמַעֲלֹת עַל מִזְבְּחִי אֲשֶׁר לֹא תִגָּלֶה עֶרְוָתְךָ עָלָיו". אם לכוהנים המשמשים על גבי המזבח יש מכנסיים, מהו החשש מעלייה אל המזבח במדרגות? **רש"י** (שם) ביאר כי "אף על פי שאינו גלוי ערוה ממש, שהרי כתיב 'ועשה להם מכנסי בד', מכל מקום הרחבת הפסיעות קרוב לגלוי ערוה הוא"; ומדבריו יש מקום ללמוד (אף שאין זה הכרחי) כי גם כאשר הערווה מכוסה במכנסיים, חשיפתה על גבי המזבח נחשבת כגילוי ערווה (או לפחות כדבר ה"קרוב לגילוי ערווה" ואינו ראוי).

שיקול נוסף שעלה בדברי הפוסקים בהקשר זה הוא דין 'בגדי צבעונין'. בגמרא (עבודה זרה כ ע"א) נאמר: "ונשמרת מכל דבר רע - שלא יסתכל אדם... בבגדי צבע של אשה"; כלומר אפילו בגדים מסוימים עשויים לגרום להרהורי עבירה ויש להיזהר מלהסתכל בהם. יש שביקשו ללמוד מדין זה בקל וחומר כי בגדים הצמודים לגוף אסורים בראייה;[51] אולם מלבד שהיקש זה אינו ברור, **בשו"ת אז נדברו** (חלק יד, סימן מח) דחה הרב זילבר מתוך כך את דברי השואל שרצה לאסור גרביים בצבע גוף:

---

49. בספר **לבושה של תורה** (סימן לט, אות א) הוצעו הבחנות שונות כדי להסביר את ההיתר ללבוש חולצה. יש להתלבט לאור כל אחת מהבחנותיו מה יהיה מעמדם של מכנסי-טייץ, אך על כל פנים מדובר בסברות שאינן מוכרחות.

50. גם הרב רפאל מלמד ('בעניין הנ"ל', **משנת יוסף** ז, תשע"ה, סימן מח, עמ' שלב-שלה) כתב שיש להבחין בין דברי הב"**ח** לבין דינה של הרגל "שזו הדרך לכסותה בגרביים"; וכיוצא בו כתב הרב יהודה ברכה (**שו"ת ברכת יהודה**, חלק ו, או"ח, סימן ה) שטען כי יש להתיר הליכה בגרביים לבדן "שכל מטרת לבישתם אינו אלא כדי לכסות את הרגלים, ולא כדי לקבל את הזיעה". יש להעיר כי מדברי המהר"ל (**חידושי אגדות**, בבא בתרא נז ע"ב) משתמע שעצם היותו של הבגד דבוק לבשר היא העניין הבעייתי: "צריך לכסות החלוק שדבק בבשרו, כי כאשר נראה הדבק לבשר דבר זה קצת גלוי הוא"; אולם דבריו נאמרו ביחס לצניעותם של תלמידי חכמים וכן לדעתו יש כאן רק "קצת גלוי". דיון בסברות אלו ראו בספר **הצניעות והישועה**, פרק ו, אות ג.

51. ראו **לבושה של תורה**, סימן לט, אות ב; ועיינו **בשו"ת מנחת שלמה**, חלק ג, סימן קג, אות טו.

> הרבה מיני הסתכלות אסרו משום הרהור... ואין לדון משם מה שמותר ומה שאסור להתלבש. והרי מפורש אמרו שאסור להסתכל על בגדי צבעונים, אפילו הכי לא אסרו לאשה ללכת בבגדי צבעונים.

כלומר גם אם יש אפשרות כלשהי להרהור בעקבות הסתכלות בבגדים מסוימים, הרי שכל עוד גוף האישה מכוסה ואיננו מובלט באופן חריג, חובת אי־ההסתכלות מוטלת על הגבר.[52]

לסיכום, מעמדם של מכנסיים שנלבשו מלכתחילה כדי לכסות את הגוף (ולא כבגד תחתון לזיעה בלבד) דומה למעמדם של מכנסיים רגילים. עם זאת, מלבד השיקול של 'לא ילבש', שאינו קיים במכנסי־טייץ, כתבו הפוסקים כי לבישת מכנסיים אסורה משום חוסר הצניעות הכרוך בכך. לא כל הפוסקים טרחו להסביר בדיוק מדוע לבישת מכנסיים אינה צנועה, אך עיון בדבריהם ובמקורותיהם מעלה שני היבטים שנדון בהם להלן: גילוי פיסוק הרגליים והבלטת צורת הגוף.

2. פיסוק הרגליים

בסוגיית הפתיחה של מסכת פסחים מונה הגמרא (שם ג ע"א) כמה הקשרים שבהם השתמשה התורה בלשון נקייה. אחד מהם הוא מרכב הזב: "בזב קראו מרכב ובאשה קראו מושב" (כלומר כאשר ביקשה התורה לתת דוגמה לכלי שעליו יושבת אישה טמאה, היא נמנעה מלתאר מצב של רכיבה). **רש"י** (שם, ד"ה בזב) ביאר שטעם הדבר הוא "שאין הגון להזכיר רכיבה ופיסוק רגלים באשה", ומהמשך הסוגיה משתמע קצת שלא רק אִזכור הפיסוק מגונה אלא גם עצם הרכיבה:

> ובאשה לא כתיב בה מרכב? והכתיב "ותקם רבקה ונערתיה ותרכבנה על הגמלים"! התם משום ביעתותא דגמלים אורחא היא [=שם משום פחד הגמלים דרכה היא].

52. יצוין כי שיטתו העקרונית של הרב זילבר (**שו"ת אז נדברו**, חלק יד, סימנים מז–מח) היא שהלכות צניעות מושתתות על חובה עצמית של האישה, ולא על החשש שמא תכשיל את הגבר בהרהור. עוד יש להעיר שהפוסקים דנו אם לאסור הסתכלות על בגדים תחתונים של נשים גם כאשר אין הם נמצאים עליה; עיינו בספר **גן נעול**, חלק א, פרק ו, סעיף טו.

רש"י (שם, ד"ה משום) פירש שדווקא במצב כזה "אורחא דאשה לרכוב".[53] כך כתב גם **הבן איש חי** בספר **בן יהוידע** (שם, ד"ה התם): "יש לנו ללמוד דאף על גב דאין איסור לאשה לרכוב בפיסוק רגלים, מכל מקום אורח ארעא שתהא יושבת על הבהמה בלתי פיסוק רגלים".[54] מכאן למדו כמה מן הפוסקים שלא ראוי לנשים לרכב על בהמה, או על אופניים, ללא לבוש מתאים המכסה את פיסוק רגליהן.[55]

יש שביקשו ללמוד מסוגיה זו גם לעניין מכנסיים ולאסור את לבישתם משום שעל ידם ניכר פיסוק רגליה של האישה,[56] וכפי שתיאר זאת הרב וולדנברג **בשו"ת ציץ אליעזר** (חלק יא, סימן סב): "וממש ברגליהן תעכסנה בפיסוק הרגלים דמינכרי".[57] אך גם אם נקבל את הפירוש שלפיו יש בגמרא נימה של גנאי כלפי מעשה של פיסוק רגליים, לא מדובר באיסור גמור אלא רק במעשה שאינו ראוי לכתחילה,[58] והוא הותר במקום שבו יש "ביעתותא". כך כתב **הבן איש חי** (**בן יהוידע**, שם): "בארצות הערב... לא נתלמדו הנשים... מנהג ערי אירופא שרוכבים מן הצד... אלא רוכבים בפיסוק רגלים"; וכיוצא בו הרב ישראל יעקב קנייבסקי (**קריינא דאיגרתא, חלק ב, סימן מד**) שכתב כי יש להתיר רכיבה "כשאין תחבורה אחרת".[59] כמו כן, נראה שקיים הבדל גדול בין הפיסוק הרחב המצוי ברכיבה, לבין עמידה או הליכה רגילה במכנסיים, ואין

53. עיינו **בפירוש רבנו חננאל** (פסחים ג ע"א, ד"ה בזב) **ובבית הבחירה** למאירי (שם, ד"ה והעניין) שפירשו שגם בשלב זה הגמרא דנה רק בשאלה מתי ראוי להזכיר לשון רכיבה באישה.
54. כיוצא בזה כתב **השפת אמת** (שם, ד"ה בגמ' התם), תוך שהוא מעיר שדבריו מנוגדים לפירוש **התוספות**: "קמשמע לן קרא דמשום ביעתותא אורח הנשים אפילו צנועות להיות רוכבת אבל בלאו הכי דרך צנועות להיות יושבת ולא לרכוב".
55. ראו: **לבוש מלכות**, פרק ג, סעיף ח; **אום אני חומה**, חלק ב, חידותם משתעשעות, סימן קפב; **שו"ת שאילת שלמה**, חלק ז, סימן קסא.
56. ראו: **שו"ת פאת שדך**, חלק א, סימן קמז; **שו"ת משנת יוסף**, חלק ו, סימן ב, אות ב. נראה שמקור זה עמד גם בבסיס דברי הרב עובדיה הדאיה (**שו"ת ישכיל עבדי**, חלק ה, יו"ד, סימן כ, אות ו): "לבוש זה של המכנסים לאשה הוא לבוש פרוע ופרוץ, ואינו מלבוש של צנועים, מכיון שהרגלים חלוקים אחת מהשנית עד בית הרחם, וזה מביא לידי הרהור להמסתכל בה".
57. אף **בשו"ת שבט הלוי** (חלק ב, סימן סג) הזכיר את פיסוק הרגלים, אך עשה זאת בהקשר של איסור 'לא ילבש'.
58. ראו **תורת חיים**, פסחים ג ע"ב, ד"ה ועוד: "פיסוק רגלים באשה לאו מגונה הוא אלא שאינו דרך כבוד".
59. אין להוכיח ממקורות אלה שמותר ללכת עם מכנסיים בשעת הצורך, משום שאפשר שמכנסיים חמורים יותר מפיסוק שעל ידי רכיבה.

ללמוד מן האחד על השני.[60] משום כך, רבים מפוסקי דורנו התירו ללכת במכנסיים לא־צמודים,[61] ולכל הפחות כתבו שאין בכך איסור הלכתי גמור.[62]

3. הבלטת צורת הגוף

הרדב"ז נשאל האם דברי חז"ל, שאסרו ללכת אחרי אישה (ברכות סא ע"א; עירובין

---

60. כך כתב הרב יהודה הרצל הנקין **בשו"ת בני בנים**, חלק ד, סימן כח, אות ו. אף בספר **לבושה של תורה** (סימן מד, אות ב) ובספר **את צנועים חכמה** (חלק א, עמ' רי) עמדו על הבעייתיות שבלימוד מעניין לעניין.

61. ראו: **שו"ת בני בנים**, חלק ב, מאמר א, סעיף לח, בשם הרב יוסף אליהו הנקין; הרב שמואל דוד, 'תשובות בעל פה של הרב אהרן ליכטנשטיין', **צהר** מ, תשע"ו, עמ' 31, בשם מו"ר הרב ליכטנשטיין זצ"ל; **שו"ת שיח נחום**, סימן קט. ראו גם בדברי הרב אלימלך בר־שאול (הובאו בספר **קדושים תהיו**, עמ' 254): "כבר נהגו בנות ישראל הכשרות והצנועות מגולת תימן ועוד גלויות ללבוש מכנסים מיוחדים לנשים" (אולם בהמשך דבריו אסר לבישת מכנסיים, משום צניעות, ונראה שכוונתו למכנסיים הדוקים). עוד יש להעיר כי המכנסיים של בנות תימן נלבשו מתחת לשמלה ונראו רק מתחת לברכיים; ראו אביבה מול־לנצט, **כסות ומסר: לבושם של יהודים בארצות האסלאם**, ירושלים תש"ע, עמ' 139.

62. **מקור חיים** (לרב חיים דוד הלוי), חלק ה, פרק רסה, סעיף לג, עמ' 250; הרב יצחק עראמה, 'האם מותר לאשה ללבוש מכנסים רחבים', **תחומין** כג, תשס"ג, עמ' 335–339. עיינו גם בספר **קדושים תהיו** (פרק ח, סעיף ג, אות ג) שדייק מלשונו של הרב יצחק יעקב וייס (**שו"ת מנחת יצחק**, חלק ב, סימן קח) כי יש מקום להקל בלבישת מכנסיים בשעת הצורך; ואכן מדברי **המנחת יצחק** משתמע כי הוא דן גם בלבישה בנוכחות גברים, ושלא כפי שהעמיד את דבריו בספר **כבודה בת מלך** (פרק ב, הערה 41). ראו גם את דברי הרב שלמה אבינר: "שאלתי את רבנו הרב צבי יהודה לגבי מציאות של טיולים ועבודה שיש בנות שאין נשמרות בצניעות בלובשן חצאית או שמלה, ומכנסיים הינם יותר צנועים. ענה לי שמקרים מיוחדים כגון אלה יש מקום לשקול להתיר" (**שו"ת שאילת שלמה**, חלק ז, סימן קמד); "אם הבת לובשת מכנסיים שאינם צמודים ולובשת חולצה קצת רחבה וארוכה מעל המכנסיים, לא אוכל לאסור, כי יש בזה שמירת הצניעות, אך גם לא נוכל להתיר" (שם, סימן קעד). כן ראו את דברי הרב יעקב אריאל (**שו"ת באהלה של תורה**, חלק ה, סימן ט): "במצבים מסויימים שלבוש נשי רגיל גורם לפגיעה בצניעות, כגון בטיולים או בפעילות גופנית הכוללת קפיצות וכד', יש מקום להתיר מכנסיים רחבים. איסור לא ילבש אינו נוהג בבגד זה לדעת חלק מהפוסקים כיון שהוא מיוחד לנשים, ומצד חיוב צניעות יש להקפיד שהמכנסיים יהיו מספיק רחבים, שבהם אין בעיה של צניעות". כמו כן ראו את דברי הרב דב ליאור (**שו"ת דבר חברון**, או"ח, סימן עג): "מכנסי בד רחבים קשה לומר שזה אסור, אבל דומה שאין זה תואם את רוח היהדות".

יח ע"ב), נאמרו גם כאשר האישה מכוסה מכף רגל ועד ראש. הרדב"ז השיב בחיוב, ובתשובתו ביאר את הגדרת האיסור (**שו"ת הרדב"ז**, חלק ב, סימן תשע):

> דאין הטעם משום שמסתכל במקום המגולה ממנה... אלא עיקר הטעם הוא מפני שיבוא לידי הרהור. ועל ידי הלוכה ותנועותיה, אעפ"י שהיא מכוסה, יבוא לידי הרהור.

מדבריו עולה שיש איסור וחשש הרהור כאשר תנועותיה של האישה מבליטות את גופה, גם כאשר היא מכוסה, ויש שלמדו מכאן איסור על לבישת בגדים צמודים.[63] עם זאת, דברי הרדב"ז מתייחסים לתנועותיה של האישה, ולא לצורת איבריה, ולא ברור כיצד יש להשליך מעניין אחד על משנהו.[64] יתר על כן, הרדב"ז לא העלה על דעתו לאסור על האישה ללכת ברחוב, אלא רק אסר על האיש ללכת מאחוריה ולהתבונן בתנועותיה זמן ממושך; לכן גם אם יש ללמוד מדבריו על לבישת בגדים צמודים, המסקנה לכל היותר היא שלאישה עצמה מותר להתלבש באופן זה ולגברים אסור להתבונן בה.

מקור אחר שדנו בו האחרונים נמצא במסכת יומא (נד ע"א). הברייתא המובאת שם מתארת כיצד בדי הארון שבקודש הקודשים היו "דוחקין ובולטין ויוצאין בפרוכת ונראין כשני דדי אשה", שכפי שפירש **רש"י** (שם, ד"ה נראין) "בולטין מתחת חלוקה". מלשון הברייתא אפשר ללמוד שדרך הלבוש הרגילה בימי חז"ל לא הסתירה את צורת האיברים; ומאידך־גיסא אפשר ללמוד ממנה שגם איברים לא־גלויים נחשבים כ"נראין" כשהם מובלטים. כך או כך קשה להסיק מסקנה הלכתית ברורה מדברי אגדה אלו.[65]

נראה אם כן שקשה למצוא מקור מפורש האוסר את גילוי צורת האיברים וכי איסור זה נופל תחת קטגוריה רחבה יותר. בגמרא (ברכות כ ע"א) נאמר שאסור לבנות ישראל ללבוש "כרבלתא" ברחוב; **והערוך** (ערך 'כרבל') פירש שמדובר ב"בגד אדום... שאין דרך בנות ישראל להתכסות בו שהוא פריצות ומביא לדבר עבירה". מכלל הדברים למדו הפוסקים כי "כל לבוש בולט שאשה מתלבשת בהם וגורם שיסתכלו במיוחד בה, זהו פריצות ואסור" (**שו"ת תשובות והנהגות**, חלק א, סימן קלו); וממילא הוא הדין לבגדים צמודים המבליטים את הגוף באופן לא־צנוע.[66] לאור זאת כתבו

---

63. ראו: **לבושה של תורה**, סימן מ; **שמירת המצוות לאישה ולבת**, עמ' 52.
64. כך העיר גם הרב יהודה ברכה **בשו"ת ברכת יהודה**, חלק ו, או"ח, סימן ה.
65. עיינו בספרים **לבושה של תורה** (סימן מ, אות ב) **והצניעות והישועה** (פרק ד, אות א).
66. ראו: **תורת ההסתכלות**, קונטרס מלבושי נשים, עמ' ה, יב; **לבושה של תורה**, סימן מ, אות א.

הפוסקים שאין ללבוש מכנסיים משום שיש בהם "הבלטת מחצב מבנה גופם",[67] והם נחשבים כ"לבוש של פריצות"[68] המעורר "תשומת לב מיוחדת... הסתכלות והרהורים רעים".[69] מסתבר, כפי שמבואר בדברי חלק מן הפוסקים, שסברה זו אמורה בעיקר לגבי מכנסיים הצמודים לגוף.[70]

4. גדר הדין וחומרתו

ראינו אם כן שהפוסקים הסכימו שיש לאסור לבישת מכנסיים צמודים המבליטים את צורת הגוף, אך מדבריהם עולה הבחנה ברורה בין איסור זה לבין גילוי הגוף עצמו. התשובה הידועה ביותר בהקשר זה היא תשובתו של הרב עובדיה יוסף (**שו"ת יביע אומר**, חלק ו, יו"ד, סימן יד), שבה הִנחה בתי ספר לאפשר לתלמידות להגיע כשהן לובשות מכנסיים (ומדבריו משתמע שמדובר גם במכנסיים צמודים), אם זו הדרך היחידה למנוע מהן הליכה בחצאיות קצרות; וכיוצא בזה כתב **בשו"ת משנה הלכות** (חלק יב, סימן שנד): "פשוט שאם לא תצא במכנסיים תצא בבגדים קצרים אז עדיף שתצא במכנסיים דמכנסיים הגם דהוי בגד פריצות בזמנינו אבל גילוי ערוה לא הוי". אף **בשו"ת בני בנים** (חלק ב, מאמר א, סעיף לח) התלבט אם לבישת מכנסיים הדוקים היא "איסור גמור" או רק "דבר שאינו ראוי לעשות".

בגד צמוד - ובכללו מכנסיים הדוקים - איננו נחשב אפוא כגילוי ממש. לבוש המושך תשומת לב כרוך אומנם בבעיות העקרוניות הקיימות בכל לבוש לא־צנוע (דת יהודית, חוקות הגויים, ו'לפני עיוור'),[71] אך אין בו 'גילוי ערווה' במובן המלא

67. **שו"ת ציץ אליעזר**, חלק יא, סימן סב.
68. **שו"ת שבט הלוי**, חלק ב, סימן סג. ראו כיוצא בזה **בשו"ת משנה הלכות**, חלק יב, סימן שנג: "בגדי פריצות לכולי עלמא הוי, דנשים הצנועות אינן יוצאות כך ח"ו, ולכן ח"ו לבנות ישראל לצאת במכנסיים".
69. **שו"ת יביע אומר**, חלק ו, יו"ד, סימן יד, אות ז.
70. ראו: **שו"ת יביע אומר**, שם; **מקור חיים** (לרב חיים דוד הלוי), חלק ה, פרק רסה, סעיף לג, עמ' 250, הערה 64; הרב אלינסון, **האישה והמצוות**, חלק ב, פרק ה, הערה 138).
71. **כבודה בת מלך**, פרק ב, הערה 39; **אום אני חומה**, חלק ב, חידותם משתעשעות, סימן צה.

שלו,[72] ומסתבר כי לבוש כזה אינו אסור מדאורייתא.[73] בהקשר זה ראוי לציין את מה שכתב הרב בנימין יהושע זילבר (**שו"ת אז נדברו**, חלק יד, סימן מח) על עניין דומה (גרביים בצבע גוף): "אם רוצים להשפיע לא רק על החוג המצומצם אלא גם על חוגים רחבים, תמיד יש להבחין בין מה שמצד ההרגש שקוראים לזה צניעות, ובין מה שזה אסור ממש".

לאור זאת, יש לדון אם הלכה זו תלויה במנהג הנשים בפועל בכל דור ודור. ראינו לעיל כי לדעת רוב הפוסקים עצם החובה לכסות את השוק איננה תלויה במנהג, משום שהשוק הוגדרה כ'ערווה' באופן אובייקטיבי וגילויָה מנוגד ל'דת משה'. אולם כאשר הרגליים עצמן מכוסות והלבוש נאסר רק משום שהוא מבליט את הגוף ועשוי לגרום להרהור, מסתבר מאוד לתלות את דינו במנהג הנשים בכל זמן ומקום.[74] ואכן, רבים מן הפוסקים הגדירו את איסור לבישת מכנסיים כדין של 'דת יהודית',[75] דהיינו כמנהג בנות ישראל העשוי להשתנות מזמן לזמן.[76]

דוגמה טובה לאיסור ממין זה היא דין בגד אדום. כפי שראינו לעיל, את האיסור ללבוש בגדים המושכים את העין למדו הפוסקים מן הגמרא (ברכות כ ע"א) שאסרה

---

72. יש לדון האם בגדים כאלו נאסרו גם מדין 'קרבה לעריות'. אומנם נראה בבירור שכל מעשה אקטיבי של גירוי אסור בלי קשר לגדרי לבוש ספציפיים, אולם אפשר שהסתכלות של האיש בתנועותיה של האישה, כאשר גופה מכוסה, איננה בכלל 'אביזרייהו דעריות', וצריך עיון.

73. עצם העובדה שדרך לבוש מסוימת הוגדרה כ'דת יהודית', ולא כ'דת משה', מוכיחה באופן פשוט שלא מדובר באיסור תורה; ככל הנראה משום שלבוש כזה איננו חוקות הגויים ממש, אלא רק לבוש יהודי לא־צנוע, וכן משום שאין כאן נתינת מכשול ודאי בפני המסתכלים. מאידך־גיסא, **בשו"ת קנין תורה** (חלק ב, סימן עב, אות א) כתב שמכיוון שלבוש כזה מביא בוודאות לידי הרהור הוא נאסר מן התורה. יש מקום להבחין בין מכנסיים צמודים מהוגנים לבין מכנסיים של פריצות, כפי שמשתמע מדברי הרב חיים דוד הלוי (**מקור חיים**, חלק ה, פרק רסה, סעיף לג, עמ' 250, הערה 64).

74. כך כתב הרב יהודה ברכה **בשו"ת ברכת יהודה**, חלק ו, או"ח, סימן ה. אף הרב אלינסון (**האשה והמצוות**, חלק ב, פרק ה, הערה 142) העלה את האפשרות שהרב עובדיה יוסף מודה לרב הדאיה במחלוקתם בעניין גדרי 'עוברת על דת' ומסכים שלבישת מכנסיים תלויה במנהג העולם. עיינו גם בלשונו של הרב מנשה קליין **בשו"ת משנה הלכות** (חלק יב, סימן שנד, ההדגשה אינה במקור) שכתב כי מכנסיים "הוי בגד פריצות **בזמנינו**".

75. ראו: **שו"ת מנחת שלמה**, חלק ג, סימן קג, אות טו; **כבודה בת מלך**, פרק ב, סעיף יט. יש להעיר כי דברי **המנחת שלמה** (שם) בעניין 'לפני עיוור' מבוססים על ההנחה שלבוש לא־צנוע כרוך באיסור זה, וראו על כך לעיל עמ' 165 ואילך.

76. ראו **שו"ת אגרות משה**, אה"ע, חלק א, סימן נז; ועיינו גם **בשו"ת רבבות אפרים**, חלק ו, סימן תס, ענף ג, ובספר **את צנועים חכמה**, חלק א, עמ' רמט־רנו.

ללבוש 'כרבלתא'. כאמור, **הערוך** (ערך 'כרבל') פירש שהכוונה לבגד אדום, ולאור זאת פסקו **הרמ"א** (יו"ד, קעה, א) **והש"ך** (שם, ס"ק ג) שאסור ללבוש בגדים אדומים. עם זאת, בימינו נהגו נשים צנועות ללבוש בגדים אדומים בלי לראות בכך כל חוסר צניעות, ואף שיש מן הפוסקים שהתנגדו לכך,[77] מנהג העולם להקל בדבר.[78]

חשוב להדגיש כי גם אם נאמר שדין לבישת מכנסיים תלוי במנהג העולם, הכוונה היא למנהג הנשים הצנועות המקפידות על ההלכה. בהקשר זה אין להתחשב במנהג שנהגו בו אומות העולם או נשים שאינן שומרות מצוות.[79] משום כך, גם בימינו אין להתיר מכנסיים צמודים, מלבד במקום שבו הדבר מקובל בקרב הנשים המקפידות על ההלכה. מכאן תשובה גם לשאלת הגדרתם של 'מכנסיים רחבים': מכנסיים שהנשים הצנועות שבאותו מקום לא נמנעות מלהיראות בהם.

מלבד זאת חשוב להדגיש כי עצם העובדה שהאיסור תלוי במנהג איננה מפקיעה את מעמדו כאיסור. הליכה במכנסי־טייץ, לדוגמה, היא מעשה שיש בו חוסר צניעות ובדיוק משום כך לא נמצא את מנהיגות הציבור ותלמידות החכמים שבדור הולכות באופן כזה. במצב היפותטי שבו כל הנשים תלכנה עם מכנסיים כאלו ברחוב, אפשר שהדבר אכן יהיה מותר,[80] אך זוהי מציאות דמיונית שאין לה כל משמעות מעשית בימינו.

לסיכום, אין איסור גורף על לבישת מכנסיים, אלא רק על בגד הדוק המבליט את צורת הגוף. איסור זה מושפע במידה רבה ממנהגן של בנות ישראל הצנועות בכל מקום ומקום.

ג. מכנסיים מתחת לחצאית

1. היקף חובת הכיסוי לאור יסודותיה

ראינו עד כה כי ישנה חובה הלכתית לכסות את הירך, לכל הפחות עד סמוך לברך,

77. עיינו **בשו"ת תשובות והנהגות**, חלק א, סימן קלו.

78. עיינו בספר **לבושה של תורה** (סימן סג, אות ה) שהסתייג ממנהג העולם בעניין זה.

79. ראו למשל **בדרשות מהר"ח אור זרוע** (סימן יז). מדבריו עולה שגם כאשר השפחות נוהגות ללכת בזרועות מגולות, אין בכך כדי לשנות את מעמדן של היהודיות; והדברים פשוטים שאם לא כן לא היה כל טעם בתוכחותיהם של הנביאים, החכמים ובעלי המוסר נגד לבושן של בנות הדור.

80. מסתבר שלבוש כזה גם לא יגרום הרהור ומשיכת תשומת לב. יש מקום לדון במציאות שבה לבוש מסוים עדיין יהיה בולט ומושך ולמרות זאת כל הנשים הצנועות החליטו לאמץ אותו, אך זו מציאות שקשה להעלות על הדעת.

וכן ראינו כי ישנו איסור ללכת בבגדים צמודים, ובפרט במכנסיים הדוקים, המבליטים את צורת הגוף ואיבריו. איסור זה איננו נובע מכך שבגדים צמודים נחשבים כגילוי ערווה ממש, אלא מן הפריצות שהם משדרים (המנוגדת ל'דת יהודית') ומן ההרהור שהם עשויים לגרום. לאור זאת יש לשאול: מהו החלק שאותו חייבת החצאית לכסות? האם ישנה חובה להסתיר את צורתו של כל איבר שהוגדר כ'ערווה' וכ'מקום מכוסה' או שמא חובה זו מצומצמת יותר?

מסברה יש מקום רב לצמצם את חובת הכיסוי בחצאית, שהרי ברור כי לגבי חלק מן האיברים המכוסים אין כל איסור בכך שצורתם ניכרת (והדוגמה הבולטת לעניין זה היא הזרועות). נוכח סברה זו יש שהבחינו בין שני סוגים של חובת כיסוי וטענו שכיסוי הירכיים שונה במהותו מכיסוי הזרועות - על פי הפסוק "חַמּוּקֵי יְרֵכַיִךְ כְּמוֹ חֲלָאִים" (שיר השירים ז', ב), המלמד על הסתרה מיוחדת שקיימת בירכיים,[81] וכוללת גם את צורתם;[82] אך כלל לא ברור כי ההסתרה האמורה בפסוק מתייחסת לצורת האיברים, ואפשר שכוונתו אינה אלא לציין שהירכיים מכוסות תמיד בניגוד לאיברים אחרים.[83] גם אם נאמץ מקור זה, סביר מאוד שהתיאור של 'חמוקי הירכיים' עשוי להתייחס לחלק הסמוך לערווה, ולא בהכרח לירך כולה.[84]

בדומה לכך, ראינו שרבים מן הפוסקים אסרו לבישת מכנסיים משום שבכך מתגלה פיסוק הרגליים; אולם באופן פשוט איסור זה מתייחס דווקא לחלק העליון של הרגליים.[85] כך עולה גם מלשונו של הרב הדאיה, שהתנגד ללבישת מכנסיים "מכיון שהרגלים חלוקים אחת מהשנית עד בית הרחם" (**שו"ת ישכיל עבדי**, חלק ה, יו"ד, סימן כ, אות ו).

לחילופין, יש שביקשו ללמוד לענייננו מדברי ר' מנחם המאירי (**בית הבחירה**, שבת צב ע"ב, ד"ה באמת) שהסביר את תקנת עזרא "שתהא אשה חוגרת בסינר" (ב"ק פב ע"א) וכתב: "והוא כעין סדין קטן לפניה לצניעות שלא יראו שפולי מעיה".[86] אכן אפשר להבין מדברי המאירי שעזרא חייב את האישה ללבוש מעין חצאית שתסתיר את

81. ראו את דרשתם של חכמים על פסוק זה (מועד קטן טז ע"א-ע"ב): "מה ירך בסתר, אף דברי תורה בסתר".
82. ראו **לבושה של תורה**, סימן מ, אות א.
83. כפי שעולה מדברי המהרש"א **בחידושי אגדות**, מועד קטן טז ע"א, ד"ה חמוקי.
84. כך הציע בנו של מחבר הספר **לבושה של תורה** (סימן מד, אות ב), אך אביו דחה את דבריו.
85. ראו שם.
86. באופן פשוט נראה כי לדעת המאירי התקנה מתייחס לצניעות האישה בעיני זרים, אולם ר' יונתן אייבשיץ (**יערות דבש**, חלק א, דרוש ו) פירש שעזרא תיקן רמה מינימלית של צניעות בתוך הבית. ראו גם לעיל בפרק הקודם שעסק בצניעות הלבוש בתוך המשפחה.

צורת גופה,[87] אולם מהם יש ללמוד גם על הגבלה משמעותית של הלכה זו:[88] חובת הכיסוי נאמרה רק ביחס ל"שיפולי מעיה" של האישה, ולא ביחס לירך כולה. עם זאת, הבנה זו של דברי המאירי אינה מוכרחת וקשה ללמוד ממנה להחמיר או להקל.[89]

לעיל הצענו ללמוד את איסור לבישת מכנסיים מן הציווי על מכנסי הכוהנים שנועדו "לְכַסּוֹת בְּשַׂר עֶרְוָה" (שמות כ"ח, מב). מידתם של מכנסי הכוהנים מפורשת בתורה, "מִמָּתְנַיִם וְעַד יְרֵכַיִם יִהְיוּ" (שם), ולכאורה אפשר ללמוד מכאן על גבולות ה'ערווה'. אולם למעשה קשה ללמוד מדין זה לנידון דידן, הן משום שמדובר על ערוות גברים, הן משום שמדובר על דין מיוחד שנאמר במזבח. כמו כן, אפשר שהחלק שעד סוף הירך נחשב כ'ערווה' רק לעניין חובת לבישת מכנסיים ולא לעניין איסור עלייה על המזבח.

2. ראיות מן המקורות ודברי הפוסקים

במשנה במסכת שבת (פ"ו מ"ד) נאמר: "בירית טהורה ויוצאין בה בשבת". הגמרא (שם סג ע"ב) הסבירה ש"בירית תחת אצעדה עומדת"; ופירש **רש"י** (שם, ד"ה תחת) שתפקיד הבירית הוא "להחזיק בתי שוקיה שלא יפלו ויראו שוקיה",[90] בדומה לאצעדה שבזרוע, ומותר ללכת עימה ברשות הרבים משום שאין חשש שמא תשלוף אותה האישה, "דלא מיגליא לשוקה [=שאינה מגלה את שוקה]".[91]

מדברי רש"י עולה שבתי השוקיים היו החציצה היחידה שהסתירה את רגלי

87. כך כתב הרב אלימלך בר־שאול (שדבריו הובאו בספר **קדושים תהיו**, עמ' 254), וכן כתב בספר **את צנועים חכמה**, חלק א, עמ' רט.

88. כמו כן, יש ללמוד על מידת חומרתה של הלכה זו מכך שהיא איננה נכללת אפילו בגדרי 'דת יהודית' (ראו **משנה תורה**, הלכות אישות, פכ"ד הי"ג **ומגיד משנה**, שם; אולם הרמב"ם עצמו ודאי לא פירש כדברי המאירי וכדלקמן).

89. פירושו של המאירי לתקנת עזרא הוא דעת יחיד, ומדברי רוב הראשונים - ובכללם הרמב"ם (ראו בהערה הקודמת) - עולה שתקנה זו מתייחסת לבגד תחתון שהאישה לובשת בתוך הבית או בימי נידתה. למעשה, אף מדברי המאירי עצמו לא ברור לחלוטין אם האישה לובשת את הסינר בבית או בחוץ, וכן לא ברור אם אכן מטרת הסינר היא להסתיר את צורת האיברים, ולא למנוע גילוי ממשי שלהם (כפי שפירש המאירי **בבית הבחירה**, בבא קמא פב ע"ב). עיינו גם בספר **לבושה של תורה**, פרק מ, אות ח, וכן פרק נ, אות ג.

90. כך כתב גם **האור זרוע**, חלק ב, הלכות שבת, סימן פד; ועיינו **בשו"ת ברכת יהודה** (חלק ו, או"ח, סימן ה) שהביא ראיה זו על בסיס **פירוש ר' עובדיה ברטנורא** (שבת פ"ו מ"ד).

91. **התוספות** (שבת סג ע"ב, ד"ה בירית) חלקו על פירוש רש"י, אך לא מחמת סברות הנוגעות להלכות צניעות.

האישה, ובלעדיהם היו נראים שוקיה; ובאופן פשוט נראה כי מדובר באותה 'שוק' שהוגדרה כ'ערווָה' לפי דרכו של כל פוסק ופוסק.[92] יתר על כן, מן ההקבלה בין שוק לבין זרוע משתמע שמקור זה מתייחס באופן ספיציפי לירך, והוא מן הראיות העיקריות שהובאו בפוסקים לטובת זיהוי ה'שוק' כירך.[93] עם זאת, אפשר לומר בדוחק שגם אם הבירית עצמה נמצאת בחלק העליון של השוק, ה'גילוי' שבדברי רש"י מתייחס דווקא לפרק התחתון. כך או כך ברור מכאן שישנם חלקים ברגל שהנשים נהגו לכסותם בבתי שוקיים שנראו כלפי חוץ, ונראה כי מדובר בבגד הסמוך לבשר.[94]

ככלל, בדברי הפוסקים האחרונים אפשר למצוא הסכמה על החובה ללבוש חצאית המגיעה עד למטה מן הברך, וכבר הזכרנו לעיל את הכרוזים המעידים על כך. עם זאת, מדברי רבים מן הפוסקים עולה כי הם לא דרשו שהחצאית או השמלה תגיע עד לקרסול, אף שהכריעו שהפרק התחתון של הרגל נחשב 'ערווה'.[95] מן הדיונים סביב נקודה זו אפשר לחלץ תובנות משמעותיות גם בנוגע לשאלתנו, כפי שנראה להלן.

הרב משה פיינשטיין נשאל "אם יש טעם להקפיד שילכו הבנות באנפילאות כשאין מקפידין שלא יהו דקות כך שהבשר לא יראה מתוכן" (**שו"ת אגרות משה**, אה"ע, חלק ד, סימן ק). השואל ביקש לאסור את הדבר, משום שאם הפרק התחתון של הרגל טעון כיסוי, אין תועלת בגרביים שקופות. הרב פיינשטיין השיב לו שמכיוון שהגרביים עצמן מכסות את הרגל, ורק צבען הוא כצבע העור, הדבר מותר; והוסיף כי לדעתו אין כלל חובה לכסות חלק זה, אך "אף במקום שהוא בדין ערוה ממש נמי הא איכא חִלוק, מאחר דעל כל פנים הערוה מכוסה, אך שיש לאסור משום דאיכא הרהור על כל פנים מזה שנראין כבשר. ואם כן באם הוא מקום שאינו מביא לידי הרהור כהא דלמטה מארכובה אף אם היה על כל פנים בדין ערוה לא היה שום איסור".

מתשובתו של הרב פיינשטיין עולות כמה נקודות. ראשית, מדבריו עולה כי גם בגד תחתון צמוד נחשב ככיסוי. שנית, בדבריו מבואר כי בגד צמוד בצבע גוף אסור

---

92. כפי שהעיר **בשו"ת ברכת יהודה** (שם): "לפי דעת הפמ"ג... צריך לומר דהרי בתי שוקיים מיירי בחלק העליון מעל הברך".

93. **חזון איש**, או"ח, סימן טז, אות ח; ועיינו **בשו"ת להורות נתן**, חלק ה, סימן צג, אות ח.

94. בניגוד לדברי **שולחן ערוך הרב** (או"ח, מהדורא בתרא, סימן שא): "שהבתי שוקים עצמן וכן השבכה עשויין רק לצניעות ולא לנוי כלל, כי הן במקום צנוע ואין דרכן להיות בגלוי אלא לכסות עליהן למעלה בבגדיה". עיינו גם בספר **הצניעות והישועה** (פרק ט, אות יד) שהציע כי כוונת רש"י היא שבתי השוקיים נראים כלפי חוץ רק בזמן שבו האישה שולפת את הבירית ולא באופן תמידי, אך מלשון רש"י, שהגדיר באופן זה את תפקידה הקבוע של הבירית, לא משתמע כהצעה זו.

95. עיינו למשל **בשו"ת שבט הלוי**, חלק ה, סימן עה, אות ב.

משום הרהור דווקא כשמדובר במקום המביא לידי הרהור, וכן כי לדעתו מקום זה אינו כולל את הפרק התחתון של הרגל ולא ברור מהיכן בדיוק הוא מתחיל. נוסף על כך, מדבריו נראה כי דווקא בגד בצבע גוף נאסר, ואילו בגד צמוד בצבע אחר מותר בלבישה אף מעל הברך.

עם זאת, במכתב גלוי שפרסם הרב פיינשטיין הוא ניסח את עמדתו באופן מחמיר יותר (שם, אה״ע, חלק ה, סימן יז):

> חובת בת ישראל ללבוש בגדים כשרים אשר לא יתגלה בהן אפילו משהו מהברכים חס וחלילה, הן בשעת הילוך והן בשעת ישיבה, ואף כשלובשות גרבים אסור, דהוא פריצות גדולה אף באלו שלא נראה הבשר.

גם במכתב זה הרב פיינשטיין אינו מתייחס אל גרביים כ׳גילוי ערווה׳ ממש אלא כ״פריצות״ (אף שייתכן שבחר מילה זו משום שמדובר במכתב ציבורי), אך מדבריו אלה נראה שפריצות קיימת גם בגרביים שאינן בצבע גוף, וכן מפורש בהם שהאיסור מתחיל כבר מן הברך.

יחס מורכב לשאלתנו אפשר למצוא גם בכתביו של הרב עובדיה יוסף. בתחילת תשובתו הידועה בעניין מכנסיים (**שו״ת יביע אומר**, חלק ו, יו״ד, סימן יד) כתב הרב יוסף:

> לבישת חצאיות מיני, שיש בהן משום גילוי שוק וירך, מלבושי תועבה הן, שומר נפשו ירחק מהן, ואפילו אם לובשות גרבי ניילון, הואיל ושקופות הן, ובשרן נראה דרך הגרבים, כמאן דליתנהו דמי.

מדבריו עולה שדווקא השקיפות של הגרביים היא שיוצרת את האיסור ואילו היו אטומות, מותר היה ללובשן, אף שהחצאית מגלה חלק מן הירך.[96]

יש מי שכתב שדברים אלו נכתבו רק בשעת הדחק,[97] אך הרב יוסף כתב דברים דומים גם בספר **טהרת הבית** (חלק ב, סימן יב, ס״ק כו, עמ׳ קסה), שם הזהיר מהליכה בגרביים שקופות בין הברך לקרסול. לחילופין, יש מקום לטעון שהרב עובדיה דרש

---

96. כך הוכיח הרב יהודה ברכה, באריכות וממקורות נוספים, בשו״ת **ברכת יהודה**, חלק ו, או״ח, סימן ה.

97. הרב אברהם י׳ זיאת, ׳בענין אורך השמלות והמסתעף׳, **משנת יוסף** ב, תשע״ד, סימן יח, עמ׳ סה-ע.

שהחצאית תכסה את הברך, ודבריו בעניין הגרביים מתייחסים רק לפרק התחתון של הרגל;[98] וכך אכן אפשר להבין מדבריו **בטהרת הבית** וכן מסוף התשובה הנזכרת לעיל.[99] אכן מן הקטע האחרון שצוטט משתמע שיש מקום להתיר לבישת גרביים גם מעל הברך, ואפשר שדברים אלה נאמרו בשעת הדחק ולא כתיאור הצניעות האידיאלית.

נימות שונות אפשר למצוא גם בעמדתו של הרש"ז אויערבך. בתשובתו שנזכרה לעיל הוא כותב שגם כשהגרבים אינן שקופות, "אם בשעה שהן יושבות נגלה לעין כל רואה מקומות מוצנעים שבגוף... חשיב כמגולה והרי זו פריצות" (**שו"ת מנחת שלמה**, חלק ג, סימן קג, אות טו). אולם בספר **הליכות שלמה** (תפילה, פרק כ, ס"ק יב) הובא בשמו: "גרביים המגיעים עד הברך בלבד, אינם נחשבים כיסוי כדין, אף אם האשה לבושה בבגד ארוך, מפני שהרבה פעמים מתגלה הרגל בשעה שיושבת". מדבריו משתמע קצת כי אף שהירך מתגלה בשעת הישיבה, לדידו די בגרביים ארוכות כדי לפתור את הבעיה ואין הוא תובע ללבוש בגד שאינו מגלה את הירך בשום מצב.[100]

התבטאות מפורשת יותר להיתר נמצאת בדבריו של הרב נחום אליעזר רבינוביץ' **בשו"ת שיח נחום** (סימן קט): "באשר לטוניקה על המכנסיים, אם הכיסוי מכסה את רוב הירך, הרי גם הרגליים מכוסות ואף החלק העליון של הרגל מכוסה כדמות חצאית, והרי זה לבוש צנוע". תשובתו מתייחסת לשאלה בדבר "מכנסיים רחבות מספיק (כך שלא רואים את קו המִתאר של הרגל) ומעליהם טוניקה", אך בדבריו בגוף התשובה לא נזכר תנאי זה, ומשתמע מהם שהחיוב העקרוני לכיסוי קווי המתאר של הרגל נאמר רק ביחס לחלק העליון של הירך, ואילו בשאר הרגל די בכיסוי של הגוף עצמו. כמו כן, במקום שבו מקובל הדבר, התיר הרב רבינוביץ' הליכה במכנסיים "צנועים" גם בלי טוניקה (אך לא פירט מהם מכנסיים "צנועים").

3. הלכה למעשה

לאורך הדיון ראינו פער מהותי בין שתי הלכות שונות: א. איסור גילוי השוק. ב. איסור הליכה בבגדים צמודים. האיסור הראשון קבוע וחמור, אינו תלוי במנהג, וחל על הירך

98. הרב רפאל מלמד, 'בענין הנ"ל' (לעיל הערה 50).

99. כך משתמע גם מן הכרוז שעליו חתם הרב עובדיה יוסף, המובא בספר **כבודה בת מלך**, פרק ב, הערה 29.

100. כדברי הרש"ז אויערבך כתב גם הרב מרדכי גרוס בספרו **אום אני חומה** (חלק ב, חידותם משתעשעות, סימן צט). הרב גרוס נימק זאת בכך ש"בגילוי של הברך אף לרגע קט חשיבא לגילוי ערוה", ומדבריו משתמע שגילוי הגרביים לרגע קט איננו אסור. כך עולה גם מהנחיותיו של הרב בר־שאול (**קדושים תהיו**, עמ' 254) בעניין לבישת מכנסיים בטיולים וכדומה לשם צניעות.

כולה עד לברך. לעומתו, האיסור השני קל וגמיש יותר, משתנה לפי המנהג, ולא ברור אם חל על כל הירך או רק על חלקה העליון.

מתוך הבחנה זו עולה האפשרות להתיר לבישת חצאית קצרה על גבי מכנסיים המכסים את הברך, משום שבאופן כזה הירך כולה מכוסה וגם חלקה העליון איננו מובלט. ואכן, בדברי הראשונים אפשר למצוא תיאור של 'בתי שוקיים' הנגלים תחת השמלה, או של סינר המכסה את 'שיפולי מעיה' של האישה כששאר הגוף עטוף בבגד הדוק יותר.

למרות האמור, מדברי כל הפוסקים האחרונים עולה שאורכה הרצוי של החצאית הוא עד מתחת לברך, ונשים רבות מקפידות על כך. לכן נראה כי לכתחילה ראוי מאוד ללכת באופן כזה, דהיינו לכסות את הירך כולה בחצאית או במכנסיים רחבים. יתר על כן, כאשר מדובר בחצאית, שעשויה להתרומם מעט, ראוי שהיא תגיע קצת מתחת לברך.

אולם, מדברי פוסקים רבים אפשר ללמוד שכיסוי הירך כולה בחצאית איננו חובה גמורה. ניסוחים מסוימים של הרב פיינשטיין והרב עובדיה יוסף מלמדים שכאשר לובשים גרביים שאינן שקופות, אין איסור גמור בכך שחלק מן הירך נראה מבעד לחצאית; מדברי הרב אויערבך נראה שמותר שהירך תתגלה באופן כזה באקראי; ומתשובתו של הרב רבינוביץ' נראה כי לדעתו החלק החייב בכיסוי של חצאית הוא רוב הירך.

על כל האמור יש להוסיף כי במקומות מסוימים בימינו נהוג שאפילו נשים שומרות הלכה הולכות עם חצאיות שאינן מגיעות לברך; ואף אם אין במנהגן כדי לשנות את גדרי 'גילוי ערווה', יש בו כדי להתיר להן את השימוש במכנסיים צמודים מתחת לחצאית.

נראה כי אפשר לסמוך על היתר זה לכתחילה כאשר החצאית מגיעה עד סמוך לברך ורק סנטימטרים ספורים מן המכנסיים מתגלים מעליה, שכן כפי שלמדנו יש צד להקל בגילוי פחות מטפח, וכמו כן גילוי דרך ארעי של ירך מכוסה במכנסיים לא נאסר. לא עוד אלא שגם כאשר החצאית מכסה בכל מצב רוב ברור של הירך ומגיעה עד קצת מעל הברך (ומתחתיה ישנם מכנסיים), יש מקום לסמוך על המקילים כאשר לבוש כזה מקובל על הנשים הצנועות באותו מקום.

ד. שיקולים חינוכיים־חברתיים ומדיניות הלכתית

הזכרנו לעיל את תשובתו של הרב עובדיה יוסף, שבה המליץ לבתי ספר להורות לתלמידותיהם בשעת הצורך ללכת עם מכנסיים, ובלבד שלא תלכנה עם חצאיות קצרות מדי. עמדנו על המשמעויות של פסיקה זו מנקודת המבט של הלכות צניעות,

אך תשובה זו נידונה רבות גם בהקשר אחר: סוגיית ההיתר של סמכות הלכתית או קהילתית 'להתפשר' בנושאים הלכתיים.[101]

הרב עובדיה יוסף הסתמך בתשובתו על סוגיית הגמרא בסוטה (מח ע"א) שהנחתה (ביחס לצורות שונות של שירת נשים) "לבטולי הא מקמי הא [=לבטל זה מפני זה]", ופירש **רש"י** (שם, ד"ה לבטולי) שאם "אין שומעין לנו לבטל את שניהם" עלינו לבטל את האיסור החמור ולהותיר בינתיים את האיסור הקל על כנו. מגמרא זו כבר למד החיד"א היתר לרב קהילה לעשות 'עסקה' עם בני קהילתו ולהתיר להם גילוח בימי הספירה בתנאי שיפסיקו להתגלח בתער (**שו"ת חיים שאל**, חלק א, סימן ו).

הרב אליעזר וולדנברג חלק על גישתו של הרב עובדיה יוסף בהקשרים אחרים,[102] והתייחס אליה גם בענייננו (**שו"ת ציץ אליעזר**, חלק יא, סימן סב):

> ומה נאמר ומה נדבר איפוא לדורינו זה שהפרוץ מרובה עד מאד מעל העומד, והבעיא היא לא על לבטולי הא מקמי הא אלא על דאי לא הא לא קיימי הא, וכל רמיזה להוראת איזה קולא על חלק שהוא יביא רק שאלה שהיו נזהרות עד כה יבואו לזלזל בזה ולהורות היתר לעצמם (כפי שכבר נשמע קולות להנהיג היתר לבישת מכנסיים במקומות שהיו מדקדקים להקפיד שהבנות לא יופיעו בלבוש כזה), אבל הצל לא יציל כלל, ויודע זאת כל מי שאינו נותן להשלות את עצמו, באופן שיצא מזה כי אם חילול השם בלבד.

הרב וולדנברג טען שהיתר לבישת מכנסיים לא יקדם את הצניעות בחברה אלא רק יגרום לכך שהמקפידות ללבוש חצאיות יוותרו על מאמציהן ויורו לעצמן היתר ללבוש מכנסיים.

נבקש לחדד את הבעיה הכרוכה בהיתרו של הרב עובדיה יוסף. כפי שכתב הרב אליקים אלינסון (**האשה והמצוות**, חלק ב, פרק ה, הערה 138), הלבוש איננו רק הלכה בעלמא אלא גורם המשקף את זהות האדם ומעצב אותה:

> קיימת בחינה אחרת לצניעות, שיסודה בעצם המוסכמות הקיימות בציבור בנות

101. ראו: הרב יובל שרלו, 'התיתכן פשרה בדיני שמים?', בכתובת https://goo.gl/bqjGGB; הרב איתי אליצור, 'מתן הנחות בקיום מצוות', בכתובת https://goo.gl/SjZeuy; **לבושה של תורה**, סימן מד, אותיות ג-ה.

102. ראו: **שו"ת ציץ אליעזר**, חלק ז, סימן כב; שם, חלק יא, סימן נה; ומאמרו של הרב איתי אליצור (לעיל בהערה הקודמת).

> ישראל הצנועות. העובדה שציבור זה נזהר ללכת דווקא בחצאית מעניקה ערך משמעותי להקפדה זאת. על ידי לבישת החצאית מזדהה בת ישראל עם חוגים אלו והיא מתבדלת מחוגים מתירנים. במידה מסוימת נהפכה החצאית בעשרות השנים האחרונות למעין 'כיפה' של הבת השומרת מצוות בקפדנות והמשתדלת לנהל את חייה לפי הנחיות המוסר של חכמינו, כפי שהן משתקפות בהוראותיהם ההלכתיות. על ידי סירובה ללכת במכנסיים היא מצביעה על עצמה באופן הפגנתי, שאין היא מוכנה להשלים עם כל התכתיבים של האופנה המודרנית... לאור האמור מובן שניתן להבחין בין לבישת מכנסיים יום־יום בחוץ ואפילו בבית ללבישתם בשעת פעולה הדורשת הגנה יתירה, כגון לגלישה או לטיול בהרים וביערות.[103]

החצאית, קצרה ככל שתהיה, מבטאת מאמץ והשתדלות. הנערה (או האישה) הדתית מתייסרת מול הראי בחנות או ארון הבגדים בשאלה האם חצאית מסוימת עדיין הולמת את גדרי הצניעות או שמא היא כבר מעבר לגבול; אך לבישת מכנסיים נחווית במקומות רבים כוויתור וכחציית גבול דתי־חברתי (וכך גם נתפסת על ידי אחרים) – הרבה יותר מאשר חצאית קצרה. משום כך יש להסס מאוד לתת הנחיה שתערער גבול זה במקומות שבהם הוא עודנו קיים; זאת מלבד העובדה שהמעבר למכנסיים עשוי לא לפתור את הבעיה אלא להעביר את המאבק לזירה אחרת (אורך המכנסיים, גזרתם וכן הלאה).

לעומת זאת, חצאית המגיעה מעל לברך, שמתחתיה מכנסי־טייץ המגיעים עד לברך, נתפסת כלבוש דתי מובהק (בעיקר בימות הקיץ, שבהם מכנסיים אלו נועדו לצניעות בלבד). במקומות מסוימים, גם לבוש כזה הוא בבחינת פריצת גבול וודאי שבהם ראוי להקפיד על סטנדרטים מחמירים יותר; אך במקומות אחרים נוהל כזה יכול לאפשר גמישות מסוימת והיענות לצורכיהן של הנשים תוך שמירה על מסגרת ברורה וסבירה של שמירת ההלכה.

---

103. כעין זה כתב גם הרב יעקב אריאל (דבריו הובאו בספר **קדושים תהיו**, עמ' 257): "המכנסיים לכשעצמם אינם חמורים כמו עצם ההיגררות אחרי מוסכמות ללא כל ביקורת עצמית וזקיפת קומה אישית. אותם חוגים הנמנעים מללבוש מכנסים נמנעים בדרך כלל גם מחיקויים של הרבה אורחות חיים פסולים הנהוגים בחברה המתירנית שלנו". יצוין עם זאת כי בהמשך דבריו מתברר שלדעתו הבעיה הספציפית במכנסיים היא ש"עצם אופנת המכנסיים באה לציין את שאיפתה של האשה להידמות לגבר בכל תחומי החיים"; ולעומתו, הרב אלינסון סבור כי "לפי תנאי החיים והמוסכמות של ימינו אנו" יש מקום למבט חיובי יותר על הרצון של נשים לקחת חלק שווה בכל סוגי הפעילויות (**האשה והמצוות**, חלק ב, פרק ה, הערות 124 ו־128).

סיכום

א. הגמרא הגדירה את השוק כ'ערווה', והפוסקים למדו מכך כי אסור לאיש לראות שוק של אישה וכי חובה על האישה לכסות את שוקה.

ב. אפשר לסמוך על הדעות המחשיבות רק את הירך כ'שוק' ולכסות את הרגל רק עד לברך.

ג. יש מקילים בגילוי של פחות מטפח מן ה'שוק', אך זו דעת יחיד שאין לסמוך עליה למעשה.

ד. רוב הפוסקים דרשו שהבגד יגיע עד מרחק ניכר למטה מן הברך, כך שיכסה את הירך כולה בכל מצב. אך כיוון שגילוי ארעי קל מגילוי קבוע, בשעת הדחק יש מקום להקל (בצירוף הסעיף הקודם) אם החצאית מגיעה רק עד לברך ברוב הזמן. ראוי מאוד להחמיר כדעת רוב הפוסקים.

ה. לדעת רוב הפוסקים, ישנם גדרי צניעות בסיסיים שאינם נתונים לשינוי ואינם תלויים במנהג המקום. נראה כי גם המקילים בעניין זה ביחס לזרוע או שיער יחמירו בכך לגבי שוק.

ו. מכנסי־טייץ כשלעצמם אינם אסורים בלבישה משום 'לא ילבש', וכן אינם נחשבים כבגד פנימי שיש חוסר צניעות בגילויו כלפי חוץ.

ז. יש שאסרו כל סוג של מכנסיים משום שעל ידם נראה פיסוק הרגליים, אך במקורות אין בסיס איתן לסברה זו ויש מקום להקל כדעת המתירים ללכת במכנסיים רחבים במקום שבו הדבר מקובל.

ח. אין איסור מפורש על הליכה בבגדים צמודים, אך יש איסור על בגדים בולטים המושכים את העין ומביאים לידי הרהור, וכן על בגדים 'פרוצים' המנוגדים לנורמות הצניעות של נשות ישראל - ומכנסיים צמודים בכלל זה.

ט. איסור זה עשוי להשתנות לפי מנהג הנשים הצנועות, אך רוב הנשים המקפידות על ההלכה נמנעות מללכת עם מכנסיים צמודים, ועל כן הוא נותר במלוא תוקפו. עם זאת, נראה שאין זה דין תורה גמור אלא איסור קל יותר של 'פריצות' או 'דת יהודית'.

י. ממקורות רבים עולה שעיקר האיסור בבגדים צמודים חל על החלק העליון של הירך. מדברי הראשונים נראה שמותר ללכת עם חצאית קצרה (מעל הברך) שתחתיה מכנסיים, ואף מדברי כמה מן הפוסקים האחרונים משתמע שכאשר הגוף עצמו מכוסה אין חובה שהחצאית תגיע בכל מצב עד לברך.

יא. בהתחשב במנהג העולם, ובצדדי ההיתר שהזכרנו לעיל, נראה להתיר בשעת הצורך חצאית המגיעה עד סמוך לברך (בעמידה) כשיש מכנסי־טייץ או גרביים

אטומות תחתיה. בשעת דחק גדול, ובמקום שבו לבוש כזה מקובל, יש לדון להקל גם בחצאית קצרה יותר, כל עוד היא מכסה רוב ניכר של הירך בכל מצב.

יב. לאור האמור, להלן סקירה תמציתית של מעמדן ההלכתי של נורמות לבוש שונות שעל בית הספר לבחור ביניהן לפי האפשרויות הזמינות לו:

יג. 1. לכתחילה יש לדרוש כיסוי של הירך כולה, עד למטה מן הברך (ובישיבה עד הברך), בחצאית או במכנסיים רחבים (במקום שבו מכנסיים כאלו מקובלים כלבוש צנוע).

2. כאשר יש סיבה להקל, אפשר לדרוש מכנסיים צמודים שיגיעו עד לברך (או גרביים ארוכות אטומות), נוסף על שמלה או חצאית שתגיע סמוך לברך. בשעת הצורך, כאשר לבוש כזה מקובל, אפשר להעלים עין כל עוד החצאית מכסה רוב ניכר של הברך.

3. לבישת מכנסיים צמודים ללא חצאית אסורה על פי ההלכה ברוב ככל המקומות. אולם מדובר באיסור קל, באופן משמעותי, מגילוי הגוף עצמו; ולכן מצד הלכות צניעות יש להעדיף זאת על פני חלופות גרועות יותר.[104] עם זאת, מבחינה חינוכית יש לשקול בזהירות רבה היתר כזה, שנזקו עשוי להיות רב מתועלתו.

4. הליכה בלבוש המגלה את הירך אסורה מן התורה. מובן שעדיף איסור קטן על פני איסור גדול, ועל כל מוסד להתנהל לפי העם שבתוכו הוא יושב, אך אי אפשר לומר שהדבר מותר.[105]

104. יש מקום ליישם העדפה זו במסגרות שבהן קוד הלבוש איננו קשור להיבטים חינוכיים וחברתיים, כגון במוסד שבו שוהות נשים שאינן שומרות מצוות (או אף אינן יהודיות) וללבישת מכנסיים לא תהיה השפעה חינוכית בעייתית.

105. כאשר מדובר בסנטימטרים ספורים מעל הברך, אפשר שיש מקום להעלים עין בדוחק רב; אך גילוי גדול מזה אסור לכל השיטות ואי אפשר להקל בו.

שער שלישי

כיסוי ראש

יב

חובת כיסוי הראש בימינו

"אני מתעתדת להינשא בקרוב לבחיר לִבי, והתחלנו לשוחח בינינו על נושא כיסוי הראש אחרי החתונה. ארוסי טוען שמדובר בחומרה מוגזמת שאף אחד כבר אינו מקיים וכי הוא יתקשה לראותי אותי עם שיער מכוסה, ואילו אותי לימדו תמיד שזו הלכה חד־משמעית. אני מבקשת לדעת מהו מקור הדין והאם הוא עדיין תקף בימינו"

פתיחה

כיסוי הראש הוא מסממני ההיכר הבולטים של האישה שומרת ההלכה ולפעמים גם אתגר לא־פשוט בעבורה; בחברות שבהן כיסוי הראש איננו מובן מאליו, הוא נחווה פעמים רבות כמעשה מוזר ולא־נעים.[1] יחד עם זאת, בכיסוי הראש כלולים ערכים עמוקים, רחבים ומגוונים: הוא מבטא את הבלעדיות של קשר הנישואין;[2] הוא מכונן השתייכות דתית וחברתית לעם ישראל לדורותיו;[3]

1. ראו תיאור של חוויית כיסוי הראש מפי נשים רבות אצל: Lynne Schreiber, *Hide and Seek: Jewish Women and Hair Covering,* Jerusalem and New York 2003; אפרת כהן, **מעל ומעבר: לימוד והעמקה בנושא כיסוי הראש**, ירושלים תשע"א, עמ' 124–137.
2. שרייבר, **מחבואים**, עמ' 58; כהן, **מעל ומעבר**, עמ' 100–104. ראו גם הרב יצחק גינזבורג, 'עטרת בעלה: כיסוי ראש האישה באור פנימיות התורה', **אסיף** ב, תשע"ה, כרך ב, עמ' 126–142.
3. שרייבר, **מחבואים**, עמ' 94–97; כהן, **מעל ומעבר**, עמ' 114–115. עוד על החוויה הקיומית של כיסוי הראש ראו אצל אוריה מבורך, 'למה אני אוהבת את כיסוי הראש שלי', מוסף שבת, **מקור ראשון**, ח' באדר א תשע"ט.

ומסמל - כלפי חוץ וכלפי פנים - את המחויבות כלפי שמיים (בדומה לכיפה ולציצית אצל גברים).[4]

כיסוי הראש היה נוהג רווח בעבר הרחוק (בפרט בקרב נשים נשואות),[5] כפי שניתן לראות בתחריטים ובציורים שונים, אך בחברה המערבית המודרנית הוא כבר איננו מקובל.[6] עובדה זו יוצרת מתח מתמיד בחברה הדתית־לאומית וקולות רבים בה קוראים לחדול מנוהג הלכתי זה: יש הטוענים כי שינוי המציאות צריך לגרור עימו שינוי של ההלכה, ולפיכך חובת הכיסוי כבר אינה קיימת; ואילו אחרים טוענים שחובה זו מחטיאה את מטרתה, משום שאצל הבעל (העובד לעיתים בחברת נשים שאינן מכסות את שערן) נוצרת התחושה שאשתו פחות נאה מנשים אחרות.

מתוך הכרה בקושי הכרוך בדבר, נבקש לברר בפרק זה את מקורותיה של חובת כיסוי הראש ואת יסודותיה ולבחון האומנם שינויים מציאותיים משפיעים על חובה זו.

א. מקור הדין ותוקפו

1. 'דת משה ויהודית'

במשנה במסכת כתובות (פ"ז מ"ו) נאמר:

> ואלו יוצאות שלא בכתובה: העוברת על דת משה ויהודית... ואיזוהי דת יהודית? יוצאה וראשה פרוע.

המשנה מתארת את פריעת הראש כפעולה המנוגדת ל'דת יהודית' בלבד, שהיא מנהג "שנהגו בנות ישראל ואף על גב דלא כתיבא" (**רש"י**, שם, ד"ה דת), ולא כפעולה המנוגדת ל'דת משה'. הגמרא (שם עב ע"א) עומדת על נקודה זו ותמהה:

> ראשה פרוע דאורייתא היא! דכתיב: ופרע את ראש האשה, ותנא דבי רבי ישמעאל: אזהרה לבנות ישראל שלא יצאו בפרוע ראש!

4. שרייבר, **מחבואים**, עמ' 39, 62–63, 156–157.
5. גם בעבר הקרוב יותר היו חברות נוכריות שהקפידו על כיסוי הראש, ראו שם, עמ' 19.
6. יתר על כן, הוא מזוהה לעיתים עם החברה המוסלמית השמרנית בכלל, והאיסלאם הקיצוני בפרט, על המטען שנושאים עימם גורמים אלו.

כלומר הגמרא קובעת כי כיסוי הראש אינו רק מנהג בלתי־כתוב (׳דת יהודית׳) אלא איסור הנובע מפסוקי התורה (׳דת משה׳). על הקביעה ״ראשה פרוע דאורייתא היא״ יש לשאול שתי שאלות:[7] תחילה, מהו התוקף והבסיס של הדין הטמון במילים ״דאורייתא היא״? ושנית, האם מדובר בקביעה מוחלטת או שמא היא תלויה במנהגי המקום והזמן?

2. אופן הלימוד

כדי להשיב על שאלות אלו נתבונן בשאלה בסיסית יותר: כיצד למדו חז״ל מפריעת ראש האישה הסוטה על חובת כיסוי הראש?

דרך בנות ישראל

רש״י (שם, ד״ה אזהרה) הציע שתי דרכי הבנה, ואנו נפתח בדרך השנייה שאותה הציג רש״י כעיקרית:

> מדכתיב ״ופרע״, מכלל דההוא שעתא לאו פרועה הות. שמע מינה, אין דרך בנות ישראל לצאת פרועות ראש.

מלשון רש״י נראה שדברי הברייתא אינם דרשה אלא ניתוח של ריאליה מקראית, דהיינו מתוך תיאור פריעת ראש האישה אפשר להוכיח שהמצב הרגיל[8] הוא שנשים מכסות את ראשיהן.[9]

---

7. בשאלת הגדרתו של של המונח ׳ראש פרוע׳, ובגדרי הכיסוי המתחייבים מכך, נדון בהרחבה בפרק הבא.

8. יש לציין כי **בשו״ת בני בנים** (חלק ג, סימן כא) הקשה הרב יהודה הרצל הנקין כיצד ניתן ללמוד מפרשיית סוטה, המתארת אישה הניצבת בחצר המשכן, על קוד הלבוש הרגיל ברחוב.

9. הרב מנשה קליין (**שו״ת משנה הלכות**, חלק י, סימן רמט) חלק על הבנה זו של דברי רש״י וכתב: ״אין לומר מסתם מעשה או סיפור הדברים... ההכרח הוא מכלל הציווי של ופרע ואי לאו דיש איסור עליו מדאורייתא התורה לא תצוונו עליו ההיפוך״; אך לא ברור לחלוטין מדוע הוא סבור שהתורה אינה עשויה לצוות על פריעת הראש גם אם אין חובת כיסוי ראש מדאורייתא. ראו גם במאמרו של הרב מנחם מרדכי פרנקיל תאומים, ׳בענין איסור פריעת הראש (ג)׳, **בית אהרן וישראל** קז, תשס״ג, עמ׳ עג-פג, שפירש את דברי רש״י באופן הבא: מכך שמגלים את ראש האישה כעונש על שפירסה סודרין על ראשה לכבוד הנואף (ראו להלן), מוכח שאפילו בשעה שנראתה אל הנואף היה ראשה מכוסה. פירוש זה דחוק ביותר.

הבנה זו מתחזקת מנוסח הדרשה המופיע בכמה ממדרשי התנאים. בספרי במדבר (פיסקא יא) נאמר: "לימד על בנות ישראל שהן מכסות ראשיהן, ואף על פי שאין ראיה לדבר זכר לדבר - 'ותקח תמר אפר על ראשה'". לשון הספרי מתארת את בנות ישראל המכסות ראשיהן, מבלי לקבוע שיש כאן חובה או "אזהרה" (כאמור לעיל בשם תנא דבי ר' ישמעאל).[10]

כך אפשר להבין גם מן האמור בבמדבר רבה (פרשה ט טז):

> ופרע - למה? שדרך בנות ישראל להיות ראשיהן מכוסות ולכך היה פורע ראשה ואומר לה: את פרשת מדרך בנות ישראל שדרכן להיות מכוסות ראשיהן והלכת בדרכי העובדי כוכבים שהן מהלכות ראשיהן פרועות; הרי לך מה שרצית.

המדרש מדבר על "דרך", דהיינו מנהג מקובל שאיננו בהכרח בעל תוקף מחייב, והדברים הולמים את הסברו הנזכר של רש"י.

עם זאת, ישנם כתבי יד של הספרי הגורסים לשון חיוב, "שיהו מכסות",[11] וכך נאמר גם באותה פרשה בבמדבר רבה (אות לג): "לימד על בנות ישראל שיהיו מכסות ראשיהן". כמו כן, במדרש מבואר שהאישה נענשת על כך שסטתה מדרך בנות ישראל, ומכאן שלפחות כל עוד בנות ישראל נוהגות לכסות את ראשן, אסור לאישה בודדת לשנות מן המנהג.

פריעת הראש כניוול

בתחילת דבריו הביא **רש"י** (כתובות עב ע"א, ד"ה אזהרה) אפשרות אחרת להבין את הדרשה:

> מדעבדינן לה הכי לנוולה מדה כנגד מדה כמו שעשתה להתנאות על בועלה, מכלל דאסור.

10. עיינו בדברי הנצי"ב (**עמק הנצי"ב**, על הספרי שם, עמ' נה): "ואף על פי שאין ראיה לדבר - שיהא מן הדין אלא דת יהודית כדתנן בכתובות שם יוצאה וראשה פרוע". מדבריו נראה כי לדעתו הספרי (המשקף את עמדת בית המדרש של ר' עקיבא) חולק על עמדת בית המדרש של ר' ישמעאל. עיינו גם ב**שבט שמעון** (חלק ג, נו ע"ב) שכתב על דברי הספרי: "מזה נראה שאינו אלא זכר לדבר... נראה רק שבנות ישראל מחמירין על עצמן ולא שחייבין לכסות".
11. ראו במאמרו של אליצור אברהם בר־אשר, 'כיסוי ראש: דת משה או דת יהודית', **אקדמות** ט, תש"ס, עמ' 101-115.

לפי אפשרות זו, האיסור אינו נלמד מעצם פריעת ראשה של הסוטה אלא מן ההקשר שבו נעשית פריעה זו. עם זאת, דברי רש"י מכילים כמה מרכיבים, ויש לדון מהו המרכיב שממנו נלמד האיסור.

ניתן להתמקד במילים "מדעבדינן לה הכי לנוולה" ולהסביר כי מפרשיית סוטה מוכח שפריעת הראש היא מעשה של ניוול, ומכאן שהוא אסור.[12] כך עולה **מפירוש רש"י על התורה** (במדבר ה', יח): "ופרע - סותר את קליעת שערה כדי לבזותה, מכאן לבנות ישראל שגלוי הראש גנאי להן"; וכך עולה גם מלשונו של הרי"ד בסוגייתנו (**פסקי הרי"ד**, כתובות עב ע"א, ד"ה ואי): "בסוטה שעושין כן כדי לנוולה, אלמא ניוול הוא לאשה לצאת בפריעת הראש".[13]

מידה כנגד מידה

את פירושו הראשון של רש"י אפשר להבין גם באופן שונה לחלוטין. ייתכן שהמוקד איננו הניוול הכרוך בפריעת הראש, אלא העובדה שזוהי "מדה כנגד מדה כמו שעשתה להתנאות על בועלה";[14] כלומר מכך שהתורה רואה לנכון להעניש את האישה על שפרעה את שערה לעיני בועלה, אנו למדים שפריעת הראש אסורה.[15] כך אכן כתב **השיטה מקובצת** (כתובות עב ע"א, ד"ה ופרע): "ואמרינן במסכת סוטה היא גלתה לו את ראשה לפיכך הכהן מגלה את ראשה, אלמא דלא היה לה לגלות את ראשה".

אם נפרש כך את דברי רש"י, הרי שלפנינו איסור גמור שהתורה מענישה עליו ואין סיבה לתלותו ב"בושה" או ב"מנהג".[16] החיסרון בפירוש זה הוא שלפיו העיקר

12. לפי הבנה זו, מרכיב ה'מידה כנגד מידה' לא נועד אלא להסביר מדוע אנו מתירים לפרוע את ראש האישה הסוטה ולא חוששים לניוול ולאיסור שבכך.

13. כפי שנראה להלן, כך הבין גם הריטב"א (**חידושי הריטב"א**, כתובות עב ע"א, ד"ה ראשה) את דברי רש"י.

14. יש להעיר כי בכתבי פילון (ראו במאמרו של יצחק זימר, להלן הערה 31) עניינה של פריעת הראש הוא הסרת הכיסוי שנחשב סמל לצניעות.

15. אומנם התנאות האישה על בועלה נעשתה בחדרי חדרים, ואילו איסור פריעת הראש מן התורה קיים דווקא ב'שוק', אך לדעת רוב הפוסקים היתר גילוי הראש בתוך הבית נאמר רק כאשר אין אנשים זרים (ראו בנושאי הכלים על **השו"ע**, אה"ע, קטו, ד), ולכן הוא אינו תקף במקרה זה.

16. כך כתב גם ר"י פערלא (**ביאור ר"י פערלא על ספר המצוות לרס"ג**, עשה צו): "דכיון דעבדינן לה הכי לנוולה מדה כנגד מדה כמו שעשתה להתנאות על בועלה מכלל דאסור, דאין עונש בלא אזהרה, וכיון שהעונש מפורש בקרא הרי זה כאילו האזהרה מפורשת בקרא".

חסר מדברי תנא דבי ר' ישמעאל, כלומר האיסור מבוסס את על עקרון 'מידה כנגד מידה' שכלל לא הוזכר בסוגייתנו, ולא על עצם התיאור של פריעת הראש.

מלבד זאת, המשפט שציטט **השיטה מקובצת** ("היא גלתה לו ראשה...") כלל אינו מופיע במסכת סוטה. במשנה (סוטה פ"א מ"ז) נאמר "היא גלתה את עצמה לעבירה", ובאופן פשוט הכוונה היא לכך שיצאה לרחוב והופיעה בפני זרים (**פירוש המשנה לרמב"ם**, סוטה פ"א מ"ז) או שגילתה את גופה, ואילו פריעת ראשה מתוארת דווקא כעונש על שקישטה את עצמה ופרשה סודרין נאין על ראשה (סוטה ח ע"ב).[17] יתר על כן, מפורש לכאורה בגמרא (שם) שהאישה כלל לא גילתה את ראשה אלא דווקא פרשה עליו "סודרין נאין".[18]

לאו הבא מכלל עשה

ישנה גם אפשרות נוספת להבנת פירושו הראשון של רש"י. ייתכן שדבריו כלל אינם מבוססים על ההקשר של פריעת האישה - לא על הניוול ולא על עקרון מידה כנגד מידה - אלא שמכיוון שהתורה מצווה על פריעת הסוטה, יש ללמוד שהפריעה אסורה במצבים אחרים.[19] כך הציע **השיטה מקובצת** (כתובות עב ע"א, ד"ה ופרע) שכתב: "מדאמר רחמנא גבי סוטה לגלות ראשה משמע ששאר הנשים צריך שלא ילכו בפרועת ראש"; וכעין זה כתב המאירי (**בית הבחירה**, שם, ד"ה אמר): "ופרע את ראש האישה, כלומר זאת ולא אחרת".[20]

בין אפשרות זו לבין פירושו השני והעיקרי של רש"י ישנו דמיון, אלא שלפי הצעה זו איננו לומדים מן הפריעה על המציאות המקובלת של כיסוי הראש, כי אם על נורמה מחייבת של כיסוי כזה. לדעת הרב משה פיינשטיין (**שו"ת אגרות משה**,

---

17. ראו **בשו"ת יביע אומר** (חלק ד, אה"ע, סימן ג) שהקשה כעין קושיה זו ופירש את לשון במדבר רבה הנזכרת כדעת **השיטה מקובצת**.

18. כך הקשה בספר **כתוב ישר דברי אמת**, עמ' סא.

19. בדברי רש"י עצמו קצת קשה לומר זאת, משום שבכך חלק הארי של דבריו הופך למיותר.

20. כיוצא בזה הסביר הרב מנשה קליין (**שו"ת משנה הלכות**, חלק י, סימן רמט) פירוש זה של רש"י: "דמדה הוא בתורה מכלל לאו אתה שומע הן ומכלל הן אתה שומע לאו והכא כיון דצוותה התורה ופרע את ראש האשה כדי לנוולה מכלל הן אתה שומע לאו דבשאר נשים אסור להם לפרוע ראשם".

אה"ע, חלק א, סימן נז), זוהי אכן כוונת רש"י בפירושו העיקרי, ולפי פירוש זה מדובר במצוות עשה ללכת בכיסוי ראש.[21]

לסיכום, אפשר להבין את אופן הלימוד מפרשיית הסוטה בכמה אופנים:

א. תיאור פריעת ראש הסוטה הוא מקור מציאותי לכך שבנות ישראל נהגו לכסות את ראשן (רש"י בפירושו העיקרי).

ב. ההקשר של פריעת ראש הסוטה מלמד שפריעת הראש היא מעשה שיש בו בושה וניוול (**פירוש רש"י על התורה**; רי"ד)

ג. מכך שהסוטה נענשת על שגילתה ראשה בפני בועלה, מוכח שהדבר אסור (**שיטה מקובצת**).

ד. מן הציווי על פריעת ראש הסוטה יש ללמוד ששאר הנשים אסורות בפריעת הראש (ר' מנחם המאירי; הרב פיינשטיין)

לסיום חלק זה נעיר כי מן הדרכים השונות בהבנת הדרשה עשויות לצמוח הבנות שונות של המשמעות הפנימית של חובת כיסוי הראש: אם מקור האיסור הוא בכך שהאישה גילתה את עצמה בפני הבועל, הרי שיסוד הדין הוא כוחו של השיער לייצר משיכה בין המינים; ואילו אם מוקד האיסור הוא בכך שגילוי השיער נחשב 'ניוול', הרי שהוא נועד לבטא את כבודן של בנות ישראל.

3. תוקף האיסור

מדאורייתא או מדרבנן

מפשט סוגיית הגמרא משתמע שמדובר באיסור תורה, וכך כתבו רבים מן הראשונים.[22] מאידך־גיסא, **בשו"ת תרומת הדשן** (סימן רמב) כתב שלדעת הרמב"ם זהו דין דרבנן

21. הרב פיינשטיין הסיק מכך שלפי פירוש זה לא תצטרך האישה להפסיד יותר מחמישית ממונה כדי לקיים את המצווה.

22. ראו: **פסקי ריא"ז**, כתובות, פרק ז, הלכה ב, אות ב ("אם לא היתה קלתה על ראשה הרי זו אסורה מן התורה"); **מישרים** (לרבנו ירוחם), נתיב כג, חלק ח ("אי מגולה מכל וכל פשיטא דאפילו מן התורה אסור"); **בית הבחירה**, כתובות עב ע"א, ד"ה אמר ("זו מן התורה היא"); **זוהר הרקיע** (לרשב"ץ), עשה קלז ("הוא איסור דאורייתא אלא שאינו נכנס למנין המצוות"). ראו גם: **שיטה מקובצת**, כתובות עב ע"א, בשם רש"י במהדורא קמא; **חידושי רבנו קרשקש וידאל**, שם; **שו"ת הרשב"א**, חלק ה, סימן רמו.

בלבד.[23] לדבריו יש לומר כי קושיית הגמרא, "דאורייתא היא", משמעה שמדובר במנהג קדום שכבר רמוז בתורה ואין בה כדי ללמד על תוקף הדין (וכך ניסח זאת **בשו"ת תרומת הדשן**: "רמז דאורייתא יש לה").[24]

כמו כן, יש להבין את לשון ה"אזהרה" שבדברי תנא דבי ר' ישמעאל כאסמכתא לאיסור מדרבנן בלבד, ואת המושג 'דת משה' יש לפרש, כדברי המאירי (**בית הבחירה**, כתובות עב ע"א, ד"ה אמר), ככולל "מצות הכתובות בתורה או הרמוזות בה".[25] פירוש זה ל'דת משה' עולה מדברי הרמב"ם (**משנה תורה**, הלכות אישות, פכ"ד, הלכות יא-יב) שמנה בין הדוגמאות של 'דת משה' גם איסורי דרבנן,[26] וכן כתבו **בשו"ת צמח צדק** (אה"ע, סימן קנא) **ובשו"ת מעיל צדקה** (סימן סא).[27] גם בספר **כתוב ישר דברי אמת** (עמ' עד-עט) האריך להוכיח מלשונות חז"ל שדרשת חכמים היא אסמכתא בעלמא - לפחות לפי חלק מן השיטות.[28]

שאלת התוקף עשויה להיות מושפעת משאלת אופן הלימוד שבה עסקנו לעיל: לפי שתי האפשרויות האחרונות שהצגנו נראה כי זהו איסור גמור וכי מדובר באיסור תורה (אם לא נאמר שזו אסמכתא); אולם לפי הפירוש הראשון, הלומד מן הדרשה תיאור מציאותי, אפשר שאין כאן חיוב גמור אלא מנהג בלבד.[29]

עם זאת, יש מקום להסביר גם פירוש זה לפי הגישה המקובלת והפשוטה יותר,

23. כך נקט בעל **תרומת הדשן** בדעת הרמב"ם, אך הוא עצמו סבור שמדובר באיסור תורה. על שיטת הרמב"ם עצמו ראו: **לבושה של תורה**, חלק א, סימן כא, ענף ד, אותיות כא-כב; הרב עודד אלון, 'חיוב כיסוי ראש לאשה נשואה', **תורת החיים** א, תשע"ב, עמ' קנג-קעב.

24. דוגמאות נוספות לשימוש כזה בלשון 'דאורייתא' ראו **בבית הבחירה** לר' מנחם המאירי, כתובות קג ע"א, ד"ה חייב אדם לכבד אשת האב, **ובשו"ת יחוה דעת**, חלק ה, סימן סב.

25. גם בעל **ההפלאה** (כתובות עב ע"א, ד"ה בפירש"י) כתב שלפי פירוש זה מדובר במנהג ולא בדין דאורייתא גמור. הוא אף הקשה על עצם הלימוד ותמה כיצד אפשר ללמוד מן המציאות בעזרה על המנהג הכללי (בדומה לשאלתו של הרב הנקין **בשו"ת בני בנים**; ראו לעיל הערה 8). יש להעיר כי מדברי המאירי עצמו משתמע (כפי שנזכר לעיל) שהאיסור הוא מן התורה.

26. לעומת זאת, **הטור** (אה"ע, סימן קטו) **והשו"ע** (שם, א) לא מנו כלל את גילוי הראש בין דיני 'דת משה'. בעניין זה כבר האריך הרב מתתיהו ברויד במאמרו 'גילוי שערה של אשה נשואה', **תחומין** כז, תשס"ז, עמ' 248-265.

27. ראו במאמרו של הרב ברויד (לעיל בהערה הקודמת) שהאריך בעניין זה.

28. וכן הובא בשם הרב משה סולובייצ'יק בספר **מפניני הרב**, עמ' רסז-רסח.

29. עיינו בדברי ר"י פערלא (**ביאור ר"י פערלא על ספר המצוות לרס"ג**, עשה צו): "וכי משום שכן נהגו בנות ישראל נימא דאית בה איסור דאורייתא. ודילמא אין בה אלא תורת מנהג שנהגו בו בנות ישראל מדעתן... אבל בתלמודין מבואר דאיסורא דאורייתא יליף מהך קרא. וכמו שהבאתי לעיל. ואולי אפשר לומר דלא מהך קרא גופיה יליף איסורא, אלא דכיון דשמעינן מקרא דדרך

שלפיה חיוב כיסוי הראש לנשים הוא מדאורייתא, אם נפרש שמדובר באיסור הליכה בחוקות הגויים שעניינו איסור מדאורייתא על סטייה ממנהג ישראל.[30] **בשו"ת יביע אומר** (חלק ד, אה"ע, סימן ג) הביא הרב עובדיה יוסף מדבריהם של כמה פוסקים שכתבו כן (מהר"ם חאגיז, מהר"י אסאד), ודחה זאת מכוח דברי הגמרא בסנהדרין (נח ע"ב) שממנה עולה שגם נשות הגויים היו נוהגות לכסות את ראשיהן,[31] וכן משום שבסוגייתנו לא הוזכר מקור זה; אך מדברי מדרש במדבר רבה שהובאו לעיל עולה שגילוי הראש הוא אכן "דרכי העובדי כוכבים", וממילא אפשר שזהו שורש האיסור.[32]

גנאי או איסור?

לפי הפירוש השני, המבואר **בפירוש רש"י על התורה**, הדרשה מלמדת שפריעת הראש נחשבת כ"ניוול" וכ"גנאי". גישה זו, שלפיה גילוי הראש הוא מעשה המבייש את האישה, עולה ממקורות נוספים. במשנה במסכת בבא קמא (פ"ח מ"ו) נאמר: "ומעשה באחד שפרע ראש האשה בשוק; באת לפני רבי עקיבא, וחייבו ליתן לה ארבע מאות זוז" (כנגד הבושה שבדבר). כמו כן, בגמרא במסכת עירובין (ק ע"ב) נאמר: "עשר קללות נתקללה חוה... עטופה כאבל, ומנודה מכל אדם, וחבושה בבית האסורין"; **ורש"י** על אתר (ד"ה עטופה) פירש כי "עטופה כאבל" היינו שהיא "בושה לצאת בראשה פרוע".

בנות ישראל בכך, שמע מינה דדבר פריצות הוא ומביא לידי גילוי עריות. ואם כן ממילא יש בו איסור דאורייתא. דהוי ליה בכלל לאו דלפני עור לא תתן מכשול".

30. בעיקר כאשר מדובר על סטייה למנהג של פריצות, ראו: **שו"ת מהרי"ק**, שורש פח; **שו"ת דברי חיים**, יו"ד, סימן ל.

31. ואכן בחוקי חמורבי וחוקי אשור מופיע חיוב על אישה נשואה לכסות את ראשה ופניה; בחוקי אשור מפורש שזהו נוהג של נשים במעמד גבוה, ואילו על זונות נאסר לכסות את ראשיהן; וגם בחברה הרומית נהוג היה שנשים ממעמד גבוה מכסות את ראשיהן במקומות ציבוריים. ראו במאמרו של יצחק (אריק) זימר, 'כיסוי ראש לנשות ישראל: תכונותיו וגלגולי תולדותיו', בתוך: אברהם (רמי) ריינר ואחרים (עורכים), **מחקרים במדעי היהדות לזכרו של ישראל מ' תא־שמע**, אלון־שבות תשע"ב, כרך א, עמ' 391–424. יש לציין כי בחוקי חמורבי החיוב מתייחס רק לאישה נשואה, ואילו בחוקי אשור הוא כולל גם אלמנה. עוד יש לציין כי במאמרו של זימר מובאת עדות מן המאה ה־3 לסה"נ שלפיה כיסוי הראש נחשב כסימן מובהק לנשות ישראל. בהקשר של ההבחנה בין נשים כשרות לזונות, ראו דבריו של **הרש"ר הירש** (במדבר ה', יח): "כִּסּוּי שער הראש הוא הסימן החיצוני של צניעות בנישואים. ואשה שסטתה מדרך הצניעות איננה ראויה לעדי הצניעות".

32. **בשו"ת שרידי אש** (חלק א, סימן עח) דן בנקודה זו בתחילת דבריו.

מדבריו עולה בבירור שהגורם המניע את האישה לכסות את ראשה הוא תחושת הבושה,[33] ולא חיוב הלכתי.[34]

מי שצעד בדרך זו והקצין אותה הוא הרב יוסף משאש (**אוצר המכתבים**, חלק ג, סימן א'תתפד):

> משמע שאנן הוא שאסור לן לגלות שערה ברבים כדי לנוולה על חנם... אמנם היא אין לה שום אסור בגלוי ראשה, שאם רצתה לנוול עצמה תנוול לכל עת שתרצה.

לדעתו אין שמץ איסור בגילוי הראש, אלא רק בושה שאותה רשאית האישה לגרום לעצמה.[35] דברים ברוח זו כתב גם הרב סידון בספר **שבט שמעון** (חלק ג, נו ע"ב) אך סיים ש"בסברה בעלמא אין אנו רשאים להקל".

אלא שהבנה זו סותרת באופן פשוט את מהלך הסוגיה (שהביאה את הדרשה כמקור לכך שפריעת הראש אסורה "מדאורייתא") וכן את הלשון "אזהרה" שבדברי תנא דבי ר' ישמעאל.[36] אומנם אפשר ליישב קושיות אלו ולומר שמכיוון שפריעת הראש מנוולת את האישה, אסור לה לעשות פעולה כזו בלי רשות של בעלה, אך מלשון הראשונים שדבריהם הובאו לעיל נראה כי עצם המעשה נחשב למעשה מגונה.

כך מפורש גם בדברי הריטב"א (**חידושי הריטב"א**, כתובות עב ע"א, ד"ה ראשה), שהבין שהניוול הוא המרכיב המרכזי בדברי רש"י, אך ניסח את המסקנה באופן מעט שונה: "דכיון דאמרה תורה לפרוע האשה כדי לנוולה מכלל דפריעת הראש פריצות

33. מדברי רש"י משתמע שהבושה קשורה לצניעות, אך אפשר גם להבין שמדובר בחיוב להתבייש בחטאה של חוה. ראו בראשית רבה, תיאודור־אלבק, פרשה יז, אות כא): "מפני מה האיש יוצא וראשו מגולה והאשה יוצאה וראשה מכוסה? אמר להם: לאחד שעבר עבירה והוא מתבייש מבני אדם לפיכך היא יוצאה מכוסה"

34. **בשו"ת להורות נתן** (חלק ה, קונטרס מבעד לצמתך, פרק ג) נדחק הרב גשטטנר להסביר את דברי רש"י בפריעה חלקית בלבד: "ברם הכונה נראה, דהעיטוף הוא רק משום בושה והיינו שבו הורגלו נשות ישראל משום צניעות, דאף אם קלתה בראשה מכל מקום בושה לצאת בלי עטיפה, והעיטוף בצעיף הוא מטעם דת יהודית, ומתעטפת כאבל שאבל צריך עטיפת הראש לכולי עלמא אף אם לא בעינן כעטיפת ישמעאלים".

35. הפוסקים נחלקו האם מותר לאדם לבייש את עצמו (ראו: **ים של שלמה**, בבא קמא, פרק ח, סימן נט; **שו"ת עטרת פז**, חלק א, כרך ג, חו"מ, סימן ז, הערה ב), אך אין זה נוגע לענייננו משום שלרוב מדובר בהקשר שבו האישה לא מתביישת בגילוי ראשה.

36. ברוח זו האריכו להקשות הרב מיכאל אברהם ורינת אנקרי, 'חידושו של הרב יוסף משאש לגבי חיוב כיסוי שער ראש האישה', **דרישה** 1, תשע"ו, עמ' 54-84.

הוא לאשה", כלומר הבושה והניוול מלמדים שפריעת הראש היא פעולה שאינה צנועה ועל כן נשים מהוגנות מתביישות בכך. לא עוד אלא שגם הרב יוסף משאש עצמו, במקום אחר (**שו"ת מים חיים**, חלק ב, או"ח, סימן קי), ביאר כך את דברי רש"י: "גם היה נחשב אצלם גלוי שער באשה לנוול, כמו שכתב רש"י... ועל כן החמירו בו חכמים הרבה על פי מנהג זמנם משום פריצות ומשום נוול".

ממקורות אלה משתמע שמדובר במעשה מגונה שאיננו איסור מוחלט, אך הרב משה פיינשטיין (**שו"ת אגרות משה**, אה"ע, חלק א, סימן נז) הבין כי לפי הריטב"א (וממילא גם לפי רש"י בפירושו זה) מדובר באיסור תורה גמור.[37] כלומר גם אם נקבל את הפירושים התולים את הדרשה במנהג מציאותי או בניוול הכרוך בפריעת הראש, אפשר שעל גביהם נוצר חיוב הלכתי לכסות את הראש ולפיכך אין בהם כדי להפקיע את פשט דברי הגמרא והראשונים שראו בכיסוי הראש חיוב גמור.

'שיער באישה ערווה'

מקור נוסף לחובת כיסוי הראש אפשר למצוא בגמרא במסכת ברכות (כד ע"א) הדנה בגדרי צניעות בקריאת שמע:

> אמר רב ששת: שער באשה ערוה, שנאמר "שערך כעדר העזים".[38]

מקור זה נושא אופי שונה לחלוטין; אין הוא דן בהתנהלותה של האישה אלא בהגדרת שערהּ כ'ערווה' בעבור האיש. ואכן, דין זה והדין שנידון בסעיפים הקודמים נפסקו בשני מקומות שונים **בשו"ע**: בחלק אבן העזר (כא, יז) נפסק כי "לא תלכנה בנות ישראל פרועות ראש בשוק, אחת פנויה ואחת אשת איש"; ואילו בחלק אורח חיים (עה, ב) נפסק כי "שער של אשה שדרכה לכסותו, אסור לקרות כנגדו [קריאת שמע], אבל בתולות שדרכן לילך פרועות הראש, מותר". שתי פסיקות אלו נבדלות זו מזו ואולי גם סותרות זו את זו בנוגע לדינו של שער הבתולות.

37. הרב פיינשטיין הניח כדבר פשוט ש'דת משה' תוקפה מדאורייתא והסביר ששני הפירושים ברש"י נבדלים זה מזה בשאלה האם מדובר במצוות עשה או במצוות לא־תעשה.

38. הגמרא יכולה הייתה לכאורה ללמוד את הדברים מפסוק אחר, זה ששימש אותה באותה סוגיה לדין 'שוק באישה ערווה': "קְחִי רֵחַיִם וְטַחֲנִי קָמַח גַּלִּי צַמָּתֵךְ חֶשְׂפִּי שֹׁבֶל גַּלִּי שׁוֹק עִבְרִי נְהָרוֹת. תִּגָּל עֶרְוָתֵךְ גַּם תֵּרָאֶה חֶרְפָּתֵךְ" (ישעיהו מ"ז, ב–ג; ועיינו **ברש"י, אבן־עזרא ורד"ק**, שם).

האחרונים הציעו דרכים שונות ליישב את דברי **השו"ע** ביחס לבתולות,[39] אך לעניינו נראה כי הסוגיה בברכות היא קומה נוספת על גבי הסוגיה בכתובות; כלומר מכיוון שנשים מכסות את שערן, כמבואר בסוגיה בכתובות, נחשב השיער כ'ערווה' לעניין קריאת שמע. לאור זאת, גם אם נפקפק בתוקף חובת הכיסוי שבסוגיה בכתובות, מכיוון שבפועל דרך הנשים לכסות את שערן, הוא נחשב כ'ערווה' וממילא אפשר ללמוד מכאן שאסור לגלותו. איסור זה הוא חלק מן החובה הכללית של הליכה בלבוש צנוע, שמלבד 'דת משה ויהודית' נובעת מאיסור קרבה לעריות ומדין 'לפני עיוור'.[40]

לסיכום, פשט דברי הגמרא והראשונים מורה כי חובת כיסוי הראש היא מן התורה, והמפרשים הציעו דרכים שונות ללמוד זאת מן הציווי על פריעת ראש האישה הסוטה. מפירושיו של רש"י אפשר להבין שהדרשה מלמדת רק על כך שפריעת הראש מנוולת את האישה, או שהליכה בראש פרוע לא הייתה מקובלת בזמן התורה; אך רוב הפוסקים הבינו כי גם לשיטתו, על גבי סברות אלו נוצר רובד של איסור גמור. כמו כן, לאחר שנהגו לכסותו, הפך שער האישה ל'ערווה' ועל כן גילויו אסור מן התורה כמו שאר 'המקומות המכוסים'.[41] ואכן, למעשה הכריעו רוב הפוסקים שגילוי הראש אסור מן התורה.[42]

ב. האם מנהג משנה הלכה?

1. האם גם בימינו 'שיער באשה ערווה'?

שאלה נוספת שעולה על רקע המקורות הנזכרים היא: האם ההלכה בתחום זה מושפעת ממנהג העולם בפועל? האם בזמן ובמקום שבו נשים אינן מכסות את ראשן, אפשר שהחיוב עצמו יפקע?

כפי שראינו, הגדרת השיער כ'ערווה' תלויה בכך ש"דרכה לכסותו", וממילא יש

39. עוד בעניין זה ראו להלן בפרק הארבעה-עשר העוסק בחובת כיסוי הראש של גרושות ואלמנות.

40. בעצם האיסור ללכת בלבוש לא־צנוע עסקנו בהרחבה לעיל בפרק השביעי. כפי שראינו שם, יש לדון בעניין זה מכמה פנים: 'והצנע לכת', 'לא תקרבו', 'לפני עיוור' ועוד.

41. **המגיד משנה** (הלכות איסורי ביאה, פרק כא, הלכה א) כתב שבפריעת הראש יש איסור תורה של 'לא תקרבו לגלות ערווה'; ראו בספר **לבושה של תורה**, חלק א, סימן כא, ענף א, אות ג.

42. ראו: **שו"ת יחוה דעת**, חלק ה, סימן סב; הרב ברויד, 'גילוי שערה של אשה נשואה' (לעיל הערה 26). עיינו גם בדברי **החפץ חיים** (**גדר עולם**, פרק א): "כל הפוסקים ראשונים ואחרונים כולם העתיקו דבר זה לדינא דאם האשה יוצאת לשוק ושערותיה מגולין היא עוברת בזה על איסור דאורייתא".

מקום רב לומר שהגדרה זו תשתנה עם שינוי המציאות.[43] המייצג הבולט של גישה זו הוא בעל **ערוך השולחן** (או"ח, סימן עה, סעיף ז):

ועתה פשתה המספחת שהנשואות הולכות בשערותן כמו הבתולות אוי לנו שעלתה בימינו כך. מיהו על כל פנים לדינא נראה שמותר לנו להתפלל ולברך נגד ראשיהן המגולות כיון שעתה רובן הולכות כך והוה כמקומות המגולים בגופה.

לדעתו, מכיוון שבפועל הנשים אינן מכסות את ראשן, אף שתופעה זו איננה חיובית, אי אפשר להגדיר את השיער כ'מקומות המכוסים'.

אולם **המשנה ברורה** (סימן עה, ס"ק י) חלק עליו:

אפילו אם דרך אשה זו וחברותיה באותו מקום לילך בגילוי הראש בשוק כדרך הפרוצות אסור... כיון שצריכות לכסות השערות מצד הדין (ויש בזה איסור תורה מדכתיב ופרע את ראש האשה מכלל שהיא מכוסה) וגם כל בנות ישראל המחזיקות בדת משה נזהרות מזה מימות אבותינו מעולם ועד עתה בכלל ערוה היא ואסור לקרות כנגדן.[44]

בדברי **המשנה ברורה** מצויים שני שיקולים לאסור: א. חובת כיסוי הראש נלמדה מן הפסוק והיא מגדירה את השיער כ'ערווה' אובייקטיבית;[45] ב. נשים שומרות הלכה עדיין נוהגות לכסות את ראשן, ולכן אי אפשר לומר שהמנהג השתנה.

43. שאלת התאמת הלכות צניעות למציאות איננה מוגבלת לדיני כיסוי הראש אלא נוגעת לכל גדרי 'ערווה'. ראו **דברי חמודות** (על **הרא"ש**, ברכות, פרק ג, סימן לז, ס"ק קטז): "ומסתבר דכל מקום ומקום לפי מנהגו דמידי הוא טעמא אלא דדברים שרגילה שלא לכסותם לא מקרי ערוה משום דלא אתי בהו לידי וכו' כיון דרגיל בהו וכדלקמן גבי קול ושער"; ולעומת זאת **בתפארת שמואל** (שם, ס"ק לז): "במקום שרגילות הנשים לגלות זרועותיהם ורגילין להיות פתוח עד סמוך לדדיה זהו מנהג רע וקורא אני בהם חקים לא טובים וטפח באשה ערוה". את ההיתר דחו גם **האליה רבה** (סימן עה, ס"ק ג) **והמשנה ברורה** (שם, ס"ק ב), וראו לעיל עמ' 223 ואילך. עם זאת, גם אם נקבל את דעת רוב הפוסקים, שלפיה ישנם גדרים אובייקטיביים של 'ערווה', אפשר להבחין בין שיער לבין שאר הגוף וכדלקמן.

44. כך גם הוכיח הרב פאלק **בשו"ת מחזה אליהו** (סימן ט) מדברי **החיי אדם** (כלל ד, סעיף ה).

45. כך כתב גם **החזון איש** (או"ח, סימן טז, אות ח): "הכי קבעו חכמים, דשיער נשואה כיון דחייבת לכסות עשאוה כערוה". בביאור עמדה זו האריך מחבר הספר **לבושה של תורה**, חלק א, סימן כא, ענף ג, אותיות טו-יח.

אלא שבסברה הראשונה יש לפקפק, משום שחובת כיסוי הראש יכולה לעמוד בפני עצמה גם בלי דיני 'ערווה' (וכדלקמן); וגם בסברה השנייה יש לדון משום שדי בכך שגילוי השיער נפוץ ברחוב כדי שיהפוך לדבר שאינו מעורר גירוי מיני או הרהור מיוחד. כמו כן, סברה זו עשויה להשתנות במציאות שבה פריעת הראש תהפוך לנורמה מקובלת גם בקרב המקפידות במצוות. למעשה, כדברי **ערוך השולחן** כתבו רבים מן הפוסקים,[46] ויש לסמוך עליו להקל.

2. גילוי שיער בימינו לכתחילה

דברי **ערוך השולחן** נאמרו לעניין קריאת שמע בסמוך לשיער גלוי של אישה, אך האם שינוי המנהג מתיר לגלות את השיער לכתחילה?

כמה מן הפוסקים נטו להקל גם בשאלה זו. מהר"ם בן חביב, הראשון לציון ורבה הראשי של ירושלים בשלהי המאה ה־17, נשאל על חובת כיסוי הראש של נשים מאורסות וכך השיב (**שו"ת מהר"ם בן חביב**, כרך א, אה"ע, סימן קמט):

> נראה לעניות דעתי דבר פשוט דכיון דכבר נהגו ללכת בגילוי שער דאין לחוש... דלמה התירו הפוסקים בבתולות משום דכיון דרגיל ביה ליכא הרהור, הוא הדין בנדון דידן.

אף שדברים אלה מתייחסים לארוסות, בהמשך תשובתו הוכיח מהר"ם בן חביב כי הם נכונים באופן עקרוני גם ביחס לנשואות - כגון לגבי חלק מסוים מן השיער שאותו

---

46. כך כתב הרב פיינשטיין (**שו"ת אגרות משה**, או"ח, חלק א, סימן מג) שחידד את ההבדל בין דין 'ערווה' לבין חובת כיסוי הראש: "דאין תלוי דין חשיבות לערוה להדין שצריכין לכסות ראשן ולכך הוצרך להסברא מדמשבח קרא בגוה שמע מינה שיש לחוש להרהור. ואם כן מאחר דחזינן שזה בעצמו אינו עושה שיהיו בדין ערוה כדחזינן מהא דלא הוו שערות בתולה בדין ערוה אלמא דבעינן תרתי שיהיה דרכן לכסות ושיהיה זה דבר שיש לחוש להרהור, ולכן אם דרך רוב הנשים ללכת מגולות אף שהוא באיסור אין להחשיבן לערוה לקריאת שמע". הרב פיינשטיין חזר על דבריו בהרחבה בתשובה נוספת (שם, או"ח, חלק ד, סימן טו): "דאם דרכן לכסות הוא כהבשר במקומות שדרכן לכסותן שהוא בדין ערוה שאסור ואם אין דרכן לכסות הוא כהבשר מהמקומות שדרכן להיות מגולות שאין להם דין ערוה". על דברים אלה כתב הרב וויינברג (**שו"ת שרידי אש**, חלק א, סימן ח, אות ד): "דבריו ברורים לכל מי שדעתו ישרה ומודה על האמת"; ועיינו גם **בשו"ת אור לציון**, חלק א, או"ח, סימן י.

לא נהגו לכסות גם נשים נשואות; ומדבריו משתמע שגם גילוי מלא של שיער אישה נשואה תלוי במנהג בלבד.[47]

אף **הבן איש חי** (שנה ראשונה, פרשת בא, אות יב) הלך בדרכו של **ערוך השולחן** והתיר קריאת שמע בפני שיער של נשים הנוהגות לגלות ראשן:

> הנשים בערי אירופא שדרכן לילך תמיד פרועי ראש, מותר לקרות כנגדן, כיון דכל הנשים דרכן בכך.[48]

במקום אחר (**חוקי הנשים**, פרק יז) צעד **הבן איש חי** צעד נוסף ונטה להתיר גם את עצם גילוי הראש:

> אנשי אירופה... מגולה שערם, ולפי הדין שלנו אסור הדבר, אבל יש להם איזה התנצלות, כי אומרים לא נתיישב המנהג הזה אצל כל נשותיהם, מבנות אומתם וחוץ לאומתם, נעשה גילוי השער, כמו גילוי פניהם וכפות ידיהם, ואינו גורם הרהור אצל האנשים, במבט עיניהם.

כיוצא בזה כתב הרב יצחק הורביץ (**יד הלוי**, עשין, קעה, עמ' קמג):

> נתפשט היום המנהג כמעט בכל ערי ישראל, וביותר במקומנו בארץ החדשה, שכולן יוצאין היום פרועות ראש בשוק, וכבר הותר הדבר אף לנשי ישראל הכשרות והצנועות, ומי שהוא שיערב לבו לגמור דינן כפרוצות וכעוברות על דת... ואחרי שדרכן כהיום כן הרי הן כבתולות לפנים שהיו דרכן בכך ולא נאסרו בזה... והאמת שענין דברים אלו האסורין והמותרין, אין בש"ס ופוסקים ראשונים יסודם, אלא במנהג הליכות הנשים במקום ובזמן ההוא.[49]

גישה זו מתיישבת היטב עם הבנת מקור האיסור כתיאור של "מנהג בנות ישראל",

---

47. עיינו גם בדברי הרב הדאיה **בשו"ת ישכיל עבדי** (חלק ד, או"ח, סימן ט) שהביא את דברי מהר"ם בן חביב כחיזוק להיתר אמירת דבר שבקדושה כנגד שיער מגולה. אומנם הרב הדאיה הדגיש כי הוא עצמו אינו מתיר את עצם ההליכה באופן זה, אך מדבריו משתמע שהאיסור קל יותר בימינו. ראו גם שם, חלק ה, או"ח, סימן נה, אות ג.
48. דברי **הבן איש חי** הובאו להלכה **בכף החיים**, או"ח, סימן עה, סעיף יז.
49. הרב הורביץ שב על עמדתו והגן עליה מפני המשיגים, בכתב העת **דגל ישראל**, כרך 2, חוברת 5, תרפ"ח, עמ' 10–12; וכן בכרך 2, חוברת 9, תרפ"ט, עמ' 10–12.

היכול מטבעו להשתנות עם הזמן. יתרה מזאת, **בשו"ת ספר יהושע** (אה"ע, סימן פט) הדגיש הרב באב"ד שגם אם נאמר שפריעת הראש אסורה מן התורה, היא עודנה תלויה במנהג הנשים:

> במה שמנהג לכסותן, אז בהתגלות קצת מתגרים בני אדם מהם, אז ערוה מיקרי ואסור מדאורייתא... אבל אי הוי נוהגין כל בנות ישראל לצאת בפריעות לא הוי שום איסור.

כך כתב גם הרב יוסף משאש (**שו"ת מים חיים**, חלק ב, או"ח, סימן קי):

> דע בני כי יסוד מוסד לאסור גלוי הראש בנשים הוא מפני מנהג שנהגו נשי העולם בימי קדם לכסות את ראשן, ואשה המגלה את ראשה היתה נחשבת לאשה פרוצה. גם היה נחשב אצלם גלוי שער באשה לנוול...
>
> ואם כן בזמן הזה שכל נשי העולם בטלו מנהג הקודם וחזרו למנהג פשוט לגלות את ראשן ואין להם בזה שום חסרון צניעות ולא פריצות חלילה, וכל שכן שאין להם בזה שום נוול, ונהפוך הוא כי זהו הודן ותפארתן. וכסוי ראש נחשב בעיני נשי הזמן לחסרון דעת, וחוסר נקיון ותקון וסדר, ולכן פקע אסורא מגלוי הראש בזמן הזה.[50]

את דברי הרב משאש חיזק הרב משה מלכה (**שו"ת והשיב משה**, סימן לד):

> הדבר תלוי במנהג, וכל שאנשי העיר כולן נהגו לגלות, אין בזה משום הרהור, וכנראה שעל זה סמכו הנשים בימינו אלה שהן הולכות בגלוי ראש.[51]

---

50. הרב עודד אלון ('חיוב כיסוי ראש לאשה נשואה', לעיל הערה 23) הקשה על האפשרות להבין את דעת רש"י כאילו לפיה האיסור תלוי במנהג, שהרי רש"י עצמו הגדיר דווקא 'דת יהודית' כ"מנהג שנהגו בנות ישראל". בדוחק יש ליישב ש'דת משה' היא איסור תורה שחל על גבי המנהג, או שדווקא היא מתארת מנהג קדום, ואילו 'דת יהודית' היא איסור שנוצר בעקבות מנהג חדש יחסית של בנות ישראל המחייב מדרבנן בלבד.

51. בעמדתו העקרונית של הרב משאש צידד גם הרב חיים אמסלם (**שו"ת מנחת חיים**, חלק א, אה"ע, סימן עה; מכתב לר' ירון אטיאס מתאריך י"ג תמוז תשע"ו), אך הדגיש שאין להסיק מכך שיש לשנות למעשה את מנהג העולם להחמיר בדבר, וכדלקמן.

דברים דומים הביא הרב פרופ' מתתיהו ברויד בשם הרב יהודה גרשוני (בשיחה שבעל-פה), ולפיהם חובת כיסוי הראש אינה חלה בחברה שבה נשים לא נוהגות בכך בפועל.[52]

אולם נראה שגם אם השיער לא נחשב כ'ערווה', אין הכרח שפריעת הראש תותר לכתחילה:[53] ראשית, משום שגם כשאין חשש הרהור מצד האנשים, אין בכך כדי להתיר הליכה בחוסר צניעות שיש בה בעיות נוספות מלבד הכשלת המסתכלים (כגון: חוקות הגויים, שינוי מ'דת משה' וכדומה);[54] ושנית, משום שחובת כיסוי הראש נלמדה מכוח פסוק מסוים, ואפשר שלימוד זה אינו תלוי בסברות הכלליות הכרוכות בדיני צניעות.

הסברה האחרונה תלויה באופן שבו נלמד האיסור מן הפסוק: אם הפסוק מלמד על דרכן של בנות ישראל והאיסור אינו אלא לסטות מדרך זו, אפשר שהאיסור אכן ישתנה עם שינוי המנהג;[55] אך אם נלמד מן הפסוק שפריעת הראש היא מעשה של ניוול או פריצות (או אם נובע ממנו ציווי ספציפי האוסר גילוי ראש של אישה מלבד הסוטה) הרי שאין בכוח המנהג להפקיע איסור זה.

נוכח כל האמור, קשה להתיר איסור תורה על בסיס אפשרות פרשנית אחת המנוגדת לדברי רוב הראשונים.[56] ואכן, הרב שלום משאש חלק על ההיתר של קרובו,

---

52. Rabbi Michael Broyde, 'Tradition, Modesty and America: Married Women Covering their Hair', *Judaism* 40, 1991, pp. 79-87. במאמר מאוחר יותר ביסס הרב ברויד פסיקה זו על מקורות נוספים; ראו Michael J. Broyde, 'Hair Covering and Jewish Law: Biblical and Objective (Dat Moshe) or Rabbinic and Subjective (Dat Yehudit)?' *Tradition* 42.3, 2009, pp. 97-179.

53. ראו בדבריו של הרב נתן גשטטנר (**שו"ת להורות נתן**, חלק ה, קונטרס מבעד לצמתך, פרק יב, אות ב): "דדוקא לענין קריאת שמע דתלוי בשער שדרכה לכסות ומשום הרהור... אבל ודאי לא עלה על הדעת דבשביל זה יתבטל איסור דאורייתא דפריעת ראש ודין דשער באשה ערוה". בדבריו כרך הרב גשטטנר יחד את איסור פריעת הראש ודין 'שיער באישה ערווה', אולם נראה שיש להבחין ביניהם ולומר שחיוב כיסוי הראש נשאר ואילו דין 'שיער באישה ערווה' עשוי להשתנות (ראו **שו"ת בני בנים**, חלק ג, סימן כא).

54. ראו לעיל בפרק השביעי העוסק ביסודותיה ההלכתיים של חובת הצניעות. עם זאת, מכך ששער הבתולות הותר בגילוי נראה שכאשר אין השיער נחשב כ'מקום מכוסה' אין איסור לגלותו גם לכתחילה. יש מקום ליישב את הדברים ולומר כי באשת איש גם גילוי מועט יותר אינו צנוע, או שנדרשת ממנה רמה גבוהה יותר של צניעות בשל חומרת האיסור. עיינו גם בספר **לבושה של תורה**, חלק א, סימן כא, ענף א, ולהלן בפרק הארבעה-עשר.

55. אלא אם נבין שמנהג הנשים שבאותו הדור מחייב את הדורות כולם, וראו על כך בפרק הבא בעניין 'דת יהודית'.

56. עם זאת, המקילים יכולים לטעון (וכך משתמע מחלק מן המקורות הנזכרים) שבלי קשר לשאלת אופי הדרשה, טעם האיסור הוא משום הרהור וטעם זה אינו קיים בימינו; אך זוהי טענה בעייתית

הרב יוסף משאש, והבחין בין גדרי 'ערווה' בקריאת שמע לבין עצם חיוב ההליכה בכיסוי ראש (**שו"ת תבואות שמש**, אה"ע, סימנים קלז-קלח):

> דענין שער באשה ערוה לענין ק"ש תלוי ברגילות... אבל לענין איסור פריעת ראש לאשה לגבי דת יהודית, זה אינו תלוי ברגילות... שכיון שהתורה קבעה לאסור אי אפשר להתיר.[57]

אחר זמן שב ודחה הרב שלום משאש גם את ראיותיו וטיעוניו של הרב מלכה.[58] אף הרב אליהו קלאצקין (**דברים אחדים**, אות מה) הגיב בחריפות על דברי הרב הורביץ (שנזכרו לעיל) וכתב ש"ראש פרוע לגמרי שהוא בדת משה אינו תלוי במנהג הצניעות".[59] כיוצא בזה כתב הרב יוסף בורלא ב**שו"ת וישב יוסף** (יו"ד, סימנים א-ב) בעקבות דברי רבה של בוקארשט, הרב מתתיהו צורמאני, שנטה להקל בדבר; הרב בורלא דחה את ההיתר משום שחובת כיסוי הראש היא חובת צניעות שאיננה תלויה בגדרי 'ערווה' וכן משום שנשות ישראל כבר קיבלו על עצמן את המנהג ושוב אין רשות לשנותו. כדברים הללו כתבו רוב גדול של הפוסקים,[60] וכך הכריע גם הרב עובדיה יוסף (**שו"ת יביע אומר**, חלק ג, אה"ע, סימן כא, אות י; שם, חלק ה, אה"ע, סימן ג).

על טיעונים אלה הוסיף הרב יחיאל יעקב וויינברג (**שו"ת שרידי אש**, חלק א, סימן עח) וכתב: "למעשה סובר אני שגם מצד המוסר היהודי ראוי שהאשה הנשואה תכסה את ראשה... דרכן של נשי ישראל הכשרות שהן בוחלות שאנשים זרים יתנו בהן עין חומדת".

עוד יש להוסיף כי בפועל מנהג רוב הנשים המקפידות על ההלכה לכסות את ראשן, וממילא אין מקום להתיר זאת בארץ ישראל, ורק בקהילות מסוימות בגולה שבהן נוהגות הנשים באופן גורף לגלות את ראשיהן יש מקום להקל בכך.[61]

משום שהיא מבוססת על 'טעמא דקרא'.

57. יש לציין כי בסימן קלז הזכיר הרב משאש 'דת יהודית' כדבר שאינו משתנה, אך בסימן קלח כתב זאת דווקא לגבי איסור המפורש בתורה, בניגוד להוצאת מקצת השיער שתלויה במנהג; וראו עוד להלן.

58. הרב שלום משאש, 'גילוי הראש לאשת איש', **אור תורה** שלז, תשנ"ו, סימן לח, עמ' רמט-רנא.

59. כך גם הגיבו רבנים נוספים; ראו ב**שו"ת רבבות אפרים**, חלק ו, סימן תנט.

60. דבריהם של פוסקים אלה יובאו להלן בפרק הבא סביב שאלת השינוי מ'דת יהודית'.

61. בקהילות אלו נהגו שנים רבות כדעת המקילים ומכיוון ששיטה זו איננה דחויה אפשר לסמוך עליה. כמו כן, כאשר שיער הנשים קלוע ואינו פזור, יש לצרף לשיטות המקילים גם את דעת **השבות יעקב**, כפי שיתבאר בפרק הבא.

סיכום

א. מפריעת ראש הסוטה למדו חכמים שבמצב רגיל מכסות בנות ישראל את ראשיהן. מדברי חז״ל ורש״י לא ברור אם מדובר בתיאור מנהגן של בנות ישראל, בהגדרה של פריעת הראש כדבר מגונה, או בחיוב גמור הנלמד מן הפסוק; אולם מדברי רוב הראשונים נראה כאפשרות האחרונה.

ב. לדעת רוב הראשונים וכפי שעולה מפשט דברי הגמרא, מקורה של חובת כיסוי הראש הוא מן התורה. השיטות שלפיהן זהו דין דרבנן, או עניין של כבוד האישה שאיננו מחייב, הן דעות מיעוט שקשה לסמוך עליהן.

ג. מלבד החובה המיוחדת לכסות את הראש, השיער נחשב לאחד ׳המקומות המכוסים׳ שאסור לגלותם (משום חובת הצניעות הכללית) ואין לברך ולקרוא קריאת שמע כנגדם.

ד. פוסקים רבים כתבו שבימינו שיער גלוי איננו נחשב כ׳ערווה׳ (לעניין הסתכלות בה ואמירת דברים שבקדושה כנגדה), משום שרוב הנשים בעולם אינן מכסות את ראשיהן, ויש לסמוך על דבריהם.

ה. יש מן הפוסקים שהתירו לכתחילה ללכת בלי כיסוי ראש במקומות שבהם נהגו גם שומרות ההלכה לגלות את ראשיהן, וזאת על בסיס ההנחה שהשיער בימינו אינו ׳ערווה׳ וכן על בהסתמך על הסברה שלפיה חובת כיסוי הראש מושתתת על מנהג העולם.

ו. לעומת זאת, רוב הפוסקים אסרו את גילוי הראש, משום שחובת כיסוי הראש נלמדה מפסוק ואיננה תלויה במנהג.

ז. מחלוקת הפוסקים תלויה בניסוחים שונים המצויים בדברי חז״ל ובהבדלים בין פירושי הראשונים, ולפיכך קשה להכריע בה בבירור. עם זאת, המגמה הפשוטה העולה מרוב המקורות היא כדברי המחמירים.

ח. למעשה, מנהגן של רוב שומרות ההלכה בארץ הקודש הוא לכסות את ראשיהן (באופן זה או אחר) וממילא שאלה זו כלל איננה מתעוררת ברוב המקומות. רק בקהילות שבהן נהגו כל הנשים להקל, יש מהפוסקים שהקלו ורובם החמירו.

ט. על אף הקושי ואי־הנעימות הכרוכים לעיתים בחבישת כיסוי הראש, חובה זו נושאת עימה גם ברכה רבה לערכי הצניעות ולמוסד המשפחה, ויש להתאמץ לשמור עליה כמנהג בנות ישראל לאורך הדורות.

יג

גדרי חובת כיסוי הראש

"מאז שהתחתנתי אני חובשת כיסוי ראש מלא, אך לאחרונה ראיתי שכמה מחברותיי מסתפקות בכיסויים חלקיים יותר. רציתי לשאול: האם יש הגדרה ברורה מה נחשב כיסוי ראש תקין על פי ההלכה?"

פתיחה

כיסוי הראש של נשים הפך בשנים האחרונות לאחד הסממנים הבולטים המעידים על השתייכות מגזרית ואידיאולוגית - בדומה לכיפה אצל הגברים. בציבור הדתי־לאומי אפשר למצוא מנעד רחב ומגוון בכל הנוגע לסוגיית כיסוי הראש: יש המכסות את שערן באופן מלא; מעטות אינן מכסות את ראשן כלל; ובתווך יש המשיירות רק מעט שיער בחוץ וכאלו המסתפקות בסרט החבוש לראשן.

אך מלבד ההיבטים האסתטיים והחברתיים, כיסוי הראש הוא קודם כול חיוב הלכתי, וממילא יש לדון בגדריו. בפרק הקודם ראינו כי עצם חובת כיסוי הראש יסודה מן התורה ולא חל בה שינוי בימינו; אולם גדריה המדויקים של חובה זו מעורפלים יותר ויש לדון האם הם עשויים להשתנות. בכך נעסוק בפרק זה.[1]

1. אף שפרק זה יכול לעמוד ברשות עצמו, כתשתית להבנתו מומלץ ללמוד את הפרק הקודם העוסק בחובת כיסוי הראש כשלעצמה.

א. חיוב כיסוי הראש מ'דת משה'

1. רקע: בין 'דת משה' ל'דת יהודית'

על דברי המשנה במסכת כתובות (פ"ז מ"ו), שמנתה את פריעת הראש בין מנהגי 'דת יהודית', הקשתה הגמרא (שם עב ע"א): הלוא מדובר באיסור תורה שנלמד מפריעת ראש האישה הסוטה?![2] בתשובתה הבחינה הגמרא (שם ע"ב) בין רמות שונות של כיסוי: "דאורייתא - קלתה שפיר דמי; דת יהודית - אפילו קלתה נמי אסור"; כלומר מדאורייתא - או מ'דת משה' - מותר לאישה ללכת ב'קלתה' ומשום 'דת יהודית' הדבר אסור.[3] מהי אותה 'קלתה'? מהו היקף הכיסוי הנדרש מדאורייתא? בשאלות אלו אפשר למצוא שתי גישות עקרוניות, וכדלהלן.

2. פריעה מול גילוי

בפירושו לתורה (במדבר ה', יח) תיאר **רש"י** את אשר עושה הכוהן לאישה הסוטה:

> ופרע - סותר את קליעת שערה כדי לבזותה, מכאן לבנות ישראל שגלוי הראש גנאי להן.

מתחילת דברי רש"י נראה שראש האישה היה מגולה מלכתחילה, והכוהן רק סתר את קליעת שערה; אולם בסוף דבריו למד רש"י מן הפסוק (בעקבות המדרש) ש'גילוי הראש' הוא מעשה מגונה. גם במקום אחר (שמות ל"ב, כה) כתב **רש"י** שהלשון 'פרוע' בהקשר שלנו משמעה 'מגולה'.[4]

2. ראו על כך בהרחבה בפרק הקודם.

3. בהמשך הגמרא (שם) מבואר שגם מ'דת יהודית' יש משמעות ל'קלתה': "אמר רבי אסי אמר ר' יוחנן, קלתה אין בה משום פרוע ראש. הוי בה רבי זירא, היכא? אילימא בשוק, דת יהודית היא! ואלא בחצר, אם כן, לא הנחת בת לאברהם אבינו שיושבת תחת בעלה! אמר אביי, ואיתימא רב כהנא: מחצר לחצר ודרך מבוי". כלומר מדאורייתא מותר לאישה ללכת עם 'קלתה' בכל מקום, ומשום 'דת יהודית' אסור לעשות זאת בשוק אך מותר במקומות פחות פומביים, "מחצר לחצר ודרך מבוי" (ומכלל הדברים משתמע כי בתוך החצר או הבית מותר לגמרי ללכת לא כיסוי ראש, גם בנוכחות זרים - עיינו **בשו"ת דברי יציב**, אה"ע, סימן פ, אות ט - אך אין זה מוקד דיוננו כאן).

4. ראו **אבן־עזרא**, במדבר ה', יח: "ופרע את ראש האשה - יגלה; ולפי דעתי יוציא פרע ראשה שהיה מכוסה".

השפתי חכמים (במדבר ה׳, יח, אות א) השווה בין פירושיו השונים של רש״י לשורש פר״ע והסביר שגילוי השיער אינו אלא פועל־יוצא של הסתירה: ״דעל ידי הסתירה נתגלה איך ששערותיה ארוכים הם שהיו נראים מקודם שהם קצרים״. לפי פירוש זה, ׳פריעה׳ פירושה סתירה והתרה ואין רמז בפסוק לכיסוי הראש וגילויו. פירוש זה הולם מופעים אחרים של פריעת הראש בתורה, וכן מילים מקבילות בשפות הקרובות ללשון הקודש,[5] וכך פירש גם **רשב״ם** (שמות ה׳, ד).[6]

אך רוב המפרשים (כגון המהר״ל בפירושו **גור אריה**) הסבירו את דברי רש״י לאור האמור בגמרא במסכת סוטה (ח ע״א):

> ופרע את ראש האשה - אין לי אלא ראשה, גופה מנין? תלמוד לומר ״האשה״; אם כן, מה תלמוד לומר ״ופרע את ראשה״? מלמד שהכהן סותר את שערה.

מן הגמרא עולה כי ישנם שני דינים שנלמדים מן הפסוק: הסרת הבגד החיצוני של הסוטה מגופה, וסתירת הקליעה הפנימית של שערה.[7] מכאן שכוונת הגמרא היא שהשיער טעון שלב נוסף של גילוי ופריעה, כפי שפירש **רש״י** (סוטה ח ע״א, ד״ה סותר): ״מרבה בגילויה שסותר קליעתה״.

לפי פירוש זה, יש לדון איזו רמה של פריעה אסורה לאישה שאינה סוטה, והדבר תלוי באופני הלימוד השונים: אם אנו לומדים ממעשי הסוטה שפריעת הראש היא דבר של ניוול וגנאי, אזי מסתבר ללמוד רק שסתירה של קליעת השיער, כפי שנעשה לסוטה, אסורה; ואילו, אם הלימוד הוא מן המצב של האישה קודם סתירת שערה, הרי שאם הכוהן עשה גם גילוי וגם סתירה,[8] מוכח ששער האשה היה מכוסה קודם לכן.[9]

---

5. ראו אורה כהן, ׳פריעת ראש האישה מהי?׳, **בית מקרא** ב, תש״ס, עמ׳ 177-184. לעומת זאת ראו את הניתוח הלשוני שערך הרב ויינברג ב**שו״ת שרידי אש**, חלק א, סימן עח, אותיות יא-כ.
6. מאידך־גיסא, עיינו ב**פירוש הרש״ר הירש** (במדבר ה׳, יח) שניסה ליישב בין משמעות הפריעה כ׳שחרור׳ לבין ההבנה כי מדובר בגילוי: ״אשה צנועה מכסה את שער ראשה; כביכול היא ׳עוצרת׳ אותו מלהיראות; ולפיכך גילוי שער הראש קרוי ׳פריעה׳: שחרור״.
7. לדעת **הרא״ם** (במדבר ה׳, יח), סתירת השיער כלל אינה קשורה ללשון ׳פרע׳ אלא נלמדה מן הייתור שבפסוק; אך בעל **הכתב והקבלה** (שם) הראה מדברי **רש״י** עצמו (כתובות טו ע״ב, ד״ה וראשה) שמשמעות הביטוי ׳ראשה פרוע׳ היא ש״שערה על כתפיה״.
8. ראו ילקוט שמעוני, ירמיהו, רמז שא: ״ופרע את ראשה ופרסם שערה״.
9. אפשר שלדעת הרא״ם, המפריד בין הגילוי לבין הפריעה, אכן מוכח מכאן שיש גם אקט של גילוי שקודם לפריעה; ואילו לדעת **הכתב והקבלה** ייתכן שיש רק מעשה אחד של גילוי גמור (פריעה), וממילא לא ברור ששער האישה היה מכוסה קודם לכן, וצריך עיון. עיינו גם ב**מגן גיבורים**,

דברים אלו עומדים ברקע דבריהם של שניים מגדולי הפוסקים: **המגן אברהם** ו**השבות יעקב**. **המגן אברהם** (סימן עה, ס"ק ג) חידש (על פי דברי **השו"ע**, אה"ע, כא, א) כי גם לבתולות אסור ללכת בשוק כשהן "סותרות קליעות שערן", אף שגילוי הראש נאסר רק על נשואות. בדבריו הפנה **המגן אברהם לפירוש רש"י על התורה**, ומכלל הדברים עולה כי לדעתו עיקרו של איסור פריעת הראש מן התורה הוא סתירת השיער ולא עצם גילויו.[10] דברים מפורשים יותר כתב ר' יעקב ריישר **בשו"ת שבות יעקב** (חלק א, סימן קג):

> מדאורייתא שאסור לבנות ישראל לילך פריעת ראש בשוק היינו ששערותיה סתורות אבל קלתה פירוש מלשון קליעת שער שפיר דמי אבל דת ומנהג יהודית אפילו קלועין שערה גם כן אסור לילך בגילוי באשת איש ובעולת בעל.

כלומר דין התורה מחייב רק קליעה של השיער (וזהו פירושה של המילה 'קלתה'), ואילו כיסוי הראש הוא מדרבנן בלבד. **השבות יעקב** היה מודע לכך שרוב הראשונים לא פירשו כמותו (וכדלקמן), אך מדבריו בהמשך התשובה נראה שפסק את פירושו להלכה.[11] דברים דומים כתב גם הנצי"ב (**עמק הנצי"ב** על הספרי, נשא, פרשה יא, עמ' נה), כדי להסביר כיצד הועילה הנחת היד של תמר על ראשה לאחר שנאנסה: "דבנשים אין איסור בגילוי ראש אלא בפרוע ראש, ובכיסוי יד יצאה מכלל ראש פרוע".[12]

עם זאת, רוב הפוסקים דחו את דברי **השבות יעקב**,[13] וכתבו שאין ללמוד מדברי רש"י על גדרי חיוב כיסוי ראש. **הפרי מגדים** (או"ח, סימן עה, אשל אברהם, ס"ק ג) התייחס לעניין זה וכתב: "פשטיה דקרא ופרע משמע גילוי ראש לחוד גנאי באשת איש, ומיתורא דריש שסותר גם כן, גנאי על גנאי"; כלומר דרשת הגמרא לא ביטלה

שלטי גיבורים, סימן עה: "ואף דפרש"י פרשת נשא דופרע היינו סתירת קליעת שערה צריך לומר דאפילו הכי יליף בש"ס מכאן לגילוי ראש, דלשון ופרע משמע דהיה מכוסה קודם ומגלה עכשיו והיינו גילוי ראש ורק דמלשון ראש האשה דמיותר דרשו גם קליעת שער כמו שכתב המזרחי שם".

10. עיינו **במחצית השקל** וב**יד אפרים** על **המגן אברהם** (שם). עם זאת, הרב וויינברג (**שו"ת שרידי אש**, חלק א, סימן עה, אות ג) כתב **שהמגן אברהם** חזר בו מפירושו.

11. כך הכריע גם בספר **כתוב ישר דברי אמת**, עמ' עט-פ.

12. כך פירש הנצי"ב גם את דברי המשנה (בבא קמא פ"ח מ"ו) בעניין האישה שהיתה "מטפחת ומנחת ידה על ראשה".

13. יוצא מן הכלל הוא הרב שמואל וואזנר (**שו"ת שבט הלוי**, חלק ה, סימן קצט) שכתב ש"אין לדחות בקל דברי המגן אברהם", אך דבריו נאמרו לחומרה, בהקשר של חיוב בתולה לקלוע את שערה, ואין להסיק מהם בהכרח כי הוא סמך על **המגן אברהם** גם לקולא.

את אקט הגילוי המלמד כי גילוי הראש הוא מעשה מגונה.[14] ר' יעקב עמדין (**שו"ת שאילת יעבץ**, חלק ב, סימן ב) כתב על דברי **השבות יעקב** כי "פירוש משובש הוא דוק ותשכח"; ואחרונים נוספים דחו את דבריו מלשון הספרי (הנזכרת לעיל), "שיהיו בנות ישראל מכסות ראשיהן",[15] וכן הצביעו על כך שפירושו למילה 'קלתה' סותר את דברי כל הראשונים שיובאו להלן.[16]

3. כיסוי חלקי

הפירוש המקובל בראשונים למונח 'קלתה' הוא כיסוי מסוים המונח על הראש ואיננו מכסה את השיער באופן הראוי. פירוש זה מצוי בכמה ניסוחים שביניהם ישנם הבדלים מהותיים. **רש"י** על אתר (כתובות עב ע"ב, ד"ה קלתה) פירש:

> קלתה - סל שיש לו מלמטה בית קבול להולמו בראשו ובית קיבול מלמעלה לתת בו פלך ופשתן.

מדברי רש"י לא ברור לגמרי כיצד נראה אותו סל ומדוע אין הוא נחשב כיסוי מלא, אך הדברים מפורשים יותר בדברי הריב"ן (שהובאו **בשיטה מקובצת**, שם, ד"ה וז"ל רש"י, בשם 'רש"י במהדורא קמא'):

> קלתה נמי לא - משום צניעות דאי אפשר שלא יראו שערותיה בין הנסרים.

14. כך כתב גם הרב וינברג (**שו"ת שרידי אש**, חלק א, סימן עח): "ובכן נתברר לנו דעת חז"ל בביאור תיבת ופרע שמשמעותה היא גילוי, כלומר, שהכהן יגלה את ראשה, ומה שפירש רש"י על הפסוק ופרע הכהן סותר את קליעת שערה, לא בא לפרש תיבת ופרע, אלא הביא את ההלכה המבוארת במשנה סוטה ובספרי, שהכהן צריך גם לסתור את שערה, אבל סתירה זו אינה נלמדת מתיבת ופרע אלא ע"י דרשא מיתורא דקרא". כעין זה כתב האדמו"ר מצאנז-קלויזנבורג (**שו"ת דברי יציב**, אה"ע, סימן פ, אות ג) כדי לדחות את שיטת **המגן אברהם**: "ובלאו הכי הוה אמינא דופרע רק גילוי, ומוכח שבנות ישראל מכסות ראשיהן, נמצא דשמעינן מהאי קרא איסורא דאורייתא בין לגילוי ובין לסתירה".
15. ראו: **שו"ת שרידי אש**, חלק א, סימן עח, אות ו; **שו"ת להורות נתן**, חלק ה, קונטרס מבעד לצמתך, פרק ב, אות ב (ראו שם שהוסיף ודחה גם את פירושו של **השבות יעקב** לדברי הרמב"ם).
16. **שו"ת להורות נתן**, שם. **השרידי אש** (חלק א, סימן עח, אות ז) הוסיף שמסוגיית הירושלמי (כתובות פ"ז ה"ו, לא ע"ב) עולה שלא כדברי **השבות יעקב**, משום שבמקום "קלתה" נאמר בה "קפלטין" וברור שמדובר בסוג של כיסוי.

מן הדברים הללו משתמע שהסל מכסה את השיעור הנדרש,[17] אך יש בו חללים שדרכם נראה השיער; וכך כתב גם **בשו"ת תרומת הדשן** (סימן י): "דאינו דומה כלל לכיסוי הבגד, שהרי הוא חלול בכמה מקומות, לפי שאינן קלועין יפה".

פירוש אחר מופיע בספר **הערוך** (ערך 'קלת'): "כִּפָּה על ראשה סגי מדאורייתא".[18] הכיפה, כפי שעולה מדברי רש"י (שבת נז ע"ב; גיטין כ ע"ב) **והערוך** (ערך 'כפה'), היא מעין כובע צמר שהיה מונח על השיער, ועל גביה היו קושרים בגד נוסף שנקרא 'שבכה'. מאליה עולה השאלה: מדוע אסור להסתפק בכיסוי התחתון (מ'דת יהודית')?

אפשר להבין שהכיפה איננה מכסה את הראש כולו. כך למשל מבואר **ברי"ף** (שבת כו ע"ב, מדפי הרי"ף) שכתב ה'כיפה' שחבש הכוהן הגדול הייתה ברוחב שתי אצבעות בלבד. גם **רש"י** (חולין קלח ע"א, ד"ה כיפה) פירש שכיפה היא "כובע קטן"; וכך משתמע גם מדברי **רבנו יהונתן מלוניל** (כתובות לא ע"א מדפי הרי"ף): "אפילו תניח כפה על ראשה, קצת שערה מבחוץ מתחת הכיפה".[19] אולם אפשר שכוונתו היא שבכיפה יש נקבים שדרכם נראה השיער.[20]

עם זאת, יש מקום לומר שהכיפה מכסה את הראש כולו, ולמרות זאת נהגו שלא ללכת בלי כיסוי על גבי כיסוי.[21] כך משתמע מדברי הרמב"ם (**משנה תורה**, הלכות אישות, פכ"ד הי"ב) שתיאר את העוברת על 'דת יהודית' באופן הבא: "יוצאה לשוק או למבוי מפולש וראשה פרוע ואין עליה רדיד ככל הנשים, אף על פי ששערה מכוסה במטפחת".[22] מפשט לשון הרמב"ם משתמע שהמטפחת מכסה את השיער לגמרי,[23] אולם **הב"ח** (אה"ע, סימן קטו) פירש שב'מטפחת' יש נקבים ורק בשל כך נאסרה מ'דת

17. מלשון ריב"ן משתמע לכאורה כי זהו כיסוי המכסה את הראש כולו, שהרי השיער נראה רק בין הנסרים; אך אין הכרח לומר זאת משום שאפשר להבין שיש צורך רק בכיסוי של רוב הראש, והבעיה בסל היא שגם החלק המכוסה נראה דרך הנסרים.
18. פירוש זה הובא גם **בשיטה מקובצת**, כתובות עב ע"א, ד"ה ופרע.
19. כך הבין הרב יהודה הרצל הנקין **בשו"ת בני בנים**, חלק ג, סימן כא.
20. עיינו במאמרו של הרב דוד יצחקי, 'שיטות רש"י והרמב"ם בענין דת משה ויהודית', **צפונות** ו, תש"ן, עמ' מו–נא (בפרט בעמ' מו, הערה 3). לגבי שיטת המאירי ראו שם **ובשו"ת רבבות אפרים**, חלק ו, או"ח, סימן תס, ענף ב.
21. כפי שראינו לעיל עמ' 226, יש מן הפוסקים שהתייחסו לבגד תחתון כאל בשר מגולה.
22. כעין זה כתב הרמב"ם **בפירוש המשנה** (כתובות פ"ז מ"ד), וכן פסק **השו"ע** (אה"ע, קטו, ד).
23. כך כתב גם הרב נתן גשטטנר (**שו"ת להורות נתן**, חלק ה, קונטרס מבעד לצמתך, פרק א, אות א) והרב יהודה הרצל הנקין (**שו"ת בני בנים**, חלק ג, סימן כא). כמו כן, מלשון הרמב"ם בהלכה הקודמת, "ואלו הן הדברים שאם עשת אחד מהן עברה על דת משה: יוצאה בשוק ושער ראשה גלוי", דייק **המעשה רקח** (שם) שאסור לאישה לגלות אפילו מקצת שערה (ומשום כך, לפי הסברו, לא כתב הרמב"ם "פרוע").

יהודית'.[24] כמו כן, לא ברור שאפשר ללמוד מדברי הרמב"ם בעניין גדרי 'דת יהודית', על גדרי 'דת משה' שעשויים להיות מצומצמים יותר.[25]

אפשר שהמחלוקת בשאלת היקף הכיסוי המחויב מ'דת משה' תלויה בשאלה עקרונית יותר: האם יסוד חובת כיסוי הראש נובע מכך שהשיער נחשב כ'ערווה' וממילא מסתבר שהוא חייב להיות מכוסה לגמרי, או שמדובר בהנהגה מיוחדת של צניעות וממילא אין הכרח שיהיה כיסוי גמור.[26]

לסיכום, מדברי רוב הראשונים נראה כי ה'קלתה' המדוברת מכסה את הראש באופן חלקי, בין משום שאין היא מקיפה את כולו בין משום שיש בה נקבים, וגם מדברי הרמב"ם לא מוכח בוודאות אחרת.[27] עם זאת, לא ברור מה גודל הנקבים או מה שיעור השיער שיצא מן ה'קלתה'.

4. שיעור הגילוי המותר מ'דת משה'

בשו"ת תשורת שי (חלק א, סימן נא) ביקש המחבר הרב טבק ללמוד על שיעור הכיסוי מדאורייתא מדברי המשנה במסכת כלים (פכ"ח מ"י): "סבכה שנקרעה אם אינה מקבלת את רוב השער טהורה", שמהם משתמע שכל עוד הסבכה מכסה את רוב השיער, אין איסור ללכת איתה.[28] כך הוכיח גם הרב ויידנפלד **בשו"ת דובב מישרים** (חלק א, סימן קכה, אות ב),[29] אך שניהם סיימו שאין לסמוך על כך למעשה.[30]

---

24. כך כתב גם ר' אלעזר פלקלס **בשו"ת תשובה מאהבה** (חלק א, סימן מח); וכן דייק הרב עובדיה יוסף.(**שו"ת יביע אומר**, חלק ה, אה"ע, סימן ה) מלשונו של **קרבן העדה** (על הירושלמי כתובות פ"ז ה"ו).

25. ראו למשל **בשו"ת באר שבע** (סימן יח) שכתב שהרמב"ם לא בא לחלוק על דברי הגמרא שתיארה את 'דת משה' כ'קלתה', אלא להוסיף שאפילו אם תכסה האישה את שערה במטפחת לא יועיל הדבר לעניין 'דת יהודית'.

26. אפשר ששאלה זו עומדת גם בבסיס מחלוקת הפוסקים בעניין גילוי שיער בבית ובחצר בנוכחות זרים, ואין כאן מקום להאריך בזה. ראו **שו"ת שיח נחום**, סימן קה.

27. מלבד האופן שבו פירש **הב"ח** את דברי הרמב"ם, לא מפורש ברמב"ם שהמטפחת כיסתה את כל השיער.

28. כך הוכיח **התשורת שי** גם מהשגות הראב"ד (הלכות כלים, פרק כז, הלכה טו): "של יוצאת החוץ טהורה מכלום והם הזונות שמראות את שערן והנקבים גדולים מאד ואין עליהם תורת בגד שאינה ראויה אלא לזונות והרי היא כמי שנקרעה ואינה מקבלת רוב השער".

29. דברים ברוח זו כתב גם **החתם סופר** (**שו"ת חתם סופר**, חלק ו, סימן ב).

30. הרב נתן גשטטנר (**שו"ת להורות נתן**, חלק ה, קונטרס מבעד לצמתך, פרק ג, אותיות ד-ו) דחה ראיה זו וכתב שהסבכה רק מחזיקה את השיער אך מעליה יש מטפחת ומתחתיה כיפה (וכן כתב

למסקנה דומה הגיע הרב משה פיינשטיין (**שו"ת אגרות משה, אה"ע, חלק א, סימן נח**) מכיוון שונה לחלוטין:

> פשוט שאין למילף מהקרא איסור אלא מה שצריך הכהן לפרוע בראש הסוטה... ובסוטה ודאי לא סגי בפריעת משהו... ואף אם נימא שלא בעינן כולו מכל מקום חלק גדול מהראש צריך ודאי שיהיה פרוע... דהוא רוב הראש או לכל הפחות קרוב לרוב הראש.[31]

כלומר מכיוון שהאיסור נלמד מפריעת ראש הסוטה, הרי שיש לאסור רק פריעה גמורה של רוב הראש, כפי שנעשה לאישה הסוטה.[32] יש להעיר כי מדברי הרב פיינשטיין לא נראה ש'דת יהודית' מרחיבה את האיסור; ומאידך־גיסא הוא מוסיף שהראש כולו נחשב כ'מקומות המכוסים', ועל כך ראו להלן.

כעין דברי הרב פיינשטיין כתב גם הרב בן־ציון אבא־שאול (**שו"ת אור לציון, חלק א, או"ח, סימן יא**): "דאיסור דת משה דאורייתא בנשואה אפשר לומר דהיינו דוקא כשכל ראשה פרוע, דהכי משמע לשון פרועת ראש, אבל בגילוי מקצת שערותיה אין בה איסור דאורייתא אלא דת יהודית". מלשונו יש מקום להבין שדי בכיסוי מקצת הראש כדי שלא יהיה בכך איסור תורה,[33] וכך סבור הרב נחום אליעזר רבינוביץ'.[34] אולם קשה להכניס בלשון חז"ל (שאסרו את 'גילוי' הראש וחייבו 'כיסוי' שלו) את ההבנה המחייבת כיסוי סמלי בלבד; והוא הדין לגבי פירושי הראשונים ביחס ל'קלתה' שמהם עולה כי מדובר בכיסוי של עיקר הראש שרק 'קצת' שיער נראה דרכו.

בספר **את צנועים חכמה**, חלק א, עמ' צו-צז). אולם מלשון הראב"ד (לעיל הערה 28) משתמע ששערן של הזונות נגלה ממש כאשר הסבכה מנוקבת.

31. מדברי הרב פיינשטיין לא נראה שדווקא 'רוב הראש' המדויק הוא שיעור הפריעה, אולם הרב הנקין (**שו"ת בני בנים**, חלק ג, סימן כא) כתב כי מדין 'רובו ככולו' הפריעה מחייבת רוב דווקא.

32. הרב פיינשטיין הוכיח שהיו פורעים חלק ניכר משערה, מן העובדה שהיו פורעים חלק משמעותי מבגדיה. עם זאת, יש מקום ללמוד משם שאין צורך לפרוע את 'רוב' הבגד אלא די בחלק ניכר ממנו, וצריך עיון.

33. אפשרות זו עולה גם מדברי הרב פיינשטיין הנ"ל, שהעלה את האפשרות כי בפריעת ראש האישה הסוטה יש חיוב לפרוע את הראש כולו.

34. בתשובתו ב**שו"ת שיח נחום**, שתובא להלן, התיר הרב רבינוביץ' לגלות רק את מיעוט הראש במקום שנהגו כך; אולם בדברים שבעל־פה, בהזדמנויות רבות, אמר שהגבלה זו נובעת ממנהג 'דת יהודית' ובאופן עקרוני במקום שבו ישנו מנהג לגלות יותר - הדבר מותר.

ב. גדרי 'דת יהודית'

1. שיער היוצא חוץ לצמה

ראינו כי 'דת משה' מחייבת כיסוי חלקי, אולי של רוב השיער, ואילו 'דת יהודית' מחייבת כיסוי מלא יותר. אך מהו ההיקף של כיסוי זה? האם הוא חייב להסתיר כל שערה ושערה?

על דברי הגמרא בברכות (כד ע"א), "טפח באשה ערוה", כתב הרשב"א (**חידושי הרשב"א, שם, ד"ה והא**):

> פירש הראב"ד ז"ל דאפשר דוקא ממקום צנוע שבה... אבל פניה ידיה ורגליה וקול דבורה שאינו זמר ושערה מחוץ לצמתה שאינו מתכסה אין חוששין להם מפני שהוא רגיל בהן ולא טריד.

מדברי הרשב"א עולה כי יש חלק מן השיער, הנמצא "מחוץ לצמתה" ואינו מתכסה, ומעמדו הוא כשל 'המקומות המגולים'.[35] דברים אלו צוטטו על ידי כמה מן הראשונים,[36] והובאו להלכה **בבית יוסף** (או"ח, סימן עה) **ובהגהות הרמ"א** (שם, ב), אלא שנחלקו האחרונים בפירושם.

פירוש מרחיב (באופן יחסי) אפשר למצוא **בשו"ת מהר"ם אלשקר** (סימן לה) שנשאל "אם יש לחוש לאלו הנשים שנהגו לגלות שערן מחוץ לצמתן להתנאות בו", והשיב "דאין בית מיחוש לאותו שער כלל, כיון שנהגו לגלותו". בהמשך התשובה כתב מהר"ם אלשקר כי מנהג הנשים בימיו, "שהאשה קולעת כל שערה ומשיירת שער הצדעים יורד על פניה", הוא מנהג הגון; ומדבריו משתמע שההיתר אמור גם מחוץ לבית וכן שמדובר על שיער שאותו מוציאה האישה בכוונה כדי להתנאות בו, ואף הרב פיינשטיין (**שו"ת אגרות משה**, אה"ע, חלק א, סימן נח) אימץ פרשנות זו. פירוש מרחיב אף יותר לדברי הרשב"א מופיע **בשו"ת אור לציון** (חלק א, או"ח, סימן

35. אף שהרשב"א דן בגדרי 'טפח באישה' שנאמרו ביחס לבעלה, נראה מדבריו ששיער זה אינו מתכסה בכל מצב.

36. ראו: **בית הבחירה**, כד ע"א, ד"ה צריך; **אורחות חיים**, חלק א, הלכות קריאת שמע, אות לה; **ספר השולחן**, הלכות קריאת שמע, ד"ה כשם.

יא): "ופשטות דבריו מורין שאין האשה חייבת לכסות כל שערותיה, ומותרת לגלות צמותיה, והיינו שערותיה הקלועות לה מאחוריה".[37]

רבים מן האחרונים השיגו על הצעתו של מהר"ם אלשקר, והציעו פירוש מצומצם יותר לדברי הרשב"א. כך למשל נכתב **בשו"ת חתם סופר** (או"ח, סימן לו):

> שמלבד כובע שעל ראשה עוד יש לה צמת בגד המצמצם השער שלא יבצבצו לחוץ, ומכל מקום אותן מעט שאי אפשר לצמצם כתב רשב"א שהיוצאים מהצמות אינם ערוה לגבי בעל דרגיל בהן.

החתם סופר צמצם את ההיתר בשני היבטים: ראשית, הוא סבור שההיתר נאמר רק "לגבי בעל"; ושנית, הוא מפרש שמדובר רק במעט שיער המציץ מכיסוי הראש בעל כורחה של האישה ואין אפשרות לוודא שיישאר מכוסה.[38] גם רד"ב מליובאוויטש (**שו"ת צמח צדק**, אה"ע, סימן קלט; שם, סימן שסג) סייג את ההיתר וטען באריכות שדברי הרשב"א נאמרו רק ביחס לבעל ולא לגבי זרים, וכי ההיתר כולל רק את "השער שהוא צומח ואחוז בלחייה מחוץ לצמתה ואין שפת השבכה שהוא הנקראת צמתה מגעת עד מקום אחיזת השער הנ"ל בלחייה"; **הצמח צדק** הוסיף שמדברי כמה מן הראשונים משתמע כי הם לא קיבלו את דברי הרשב"א.[39] פוסקים אחרים קיבלו באופן עקרוני את היתרו של מהר"ם אלשקר, אך הוסיפו שבמקומותינו נהגו להחמיר וממילא כל השיער נחשב כ'מקומות המכוסים'.[40] כמו כן, יש שביקשו לטעון כי בניגוד לאופן

---

37. קשה להבין כיצד הכניס הרב אבא-שאול את פירושו במילותיו של הרשב"א. עיינו גם בספר **כתוב ישר דברי אמת** (עמ' פ-פה) שעמל להוכיח מכמה סוגיות שמותר מ'דת יהודית' ללכת עם כובע על גבי שיער קלוע היוצא מאחוריה, וכעין דברי **האור לציון**.

38. **בשו"ת להורות נתן** (חלק ה, קונטרס מבעד לצמתך, פרקים ו-ז) הוכיח הרב נתן גשטטנר הוכיח באריכות את דברי **החתם סופר**.

39. **הצמח צדק** (אה"ע, סימן קלט) הוכיח את שיטתו מן הסוגיה במסכת שבת (ס ע"א) שבה נאמר שמחט שהאישה "אוגרת בה שערה" אמורה להיות מותרת בטלטול. **רש"י** (שם, ד"ה אוגרת וד"ה טהורה) פירש שתפקידה של אותה מחט הוא לתחוב את השיער היוצא מן הקישורים מתחת לשבכה, כדי שלא יתגלה, משום שהוא נחשב כ'ערווה'. אולם לא ברור אם **התוספות** (שם, ד"ה הואיל) ושאר הראשונים החולקים על פירוש רש"י מסכימים איתו להלכה בנקודה זו. כמו כן, לא ברור אם רש"י עצמו סבור כך להלכה לאור מסקנת הסוגיה שפירשה את דין מחט באופן אחר. עיינו גם **בשו"ת להורות נתן** (חלק ה, קונטרס מבעד לצמתך, פרק ח, אות א) שהציע להעמיד את דברי רש"י בשערות היוצאות בגובה הראש, ולא בשערות הצדעיים.

40. ראו **שו"ת מהר"ץ חיות**, סימן נג. עיינו גם **בשו"ת תשובות והנהגות**, חלק א, סימן סב: "ואני שאלתי בעצמי פעם פי הגאון ה'חזון איש' זצ"ל, והשיב לי שכל שער אסור מדינא מן התורה, ורק

שבו הובנו דברי מהר"ם אלשקר בדורות הקודמים, הוא עצמו לא התכוון להתיר את גילוי השיער מחוץ לבית, אלא רק בפני הבעל, ואכן קיימת אי־בהירות בדבריו סביב נקודה זו.[41]

אולם למעשה, **המשנה ברורה** (**ביאור הלכה**, סימן עה, סעיף ב, ד"ה שרגילין) כתב שמלשונם הסתמית של כל הפוסקים משתמע שהיתרו של הרשב"א אמור גם בהליכה בחוץ,[42] וכך מבואר גם בדברי **הבן איש חי** (שנה ראשונה, פרשת בא, אות יב) ואחרונים אחרים.[43] כמו כן, הבנה זו עולה בבירור מפשט לשון הרשב"א והרמ"א שהשוו בין השיער היוצא חוץ לצמה לבין שיער הבתולות. מלבד זאת, הרב משה לוי הביא ראיות רבות מדברי הראשונים שגם ברשות הרבים היה מקצת משער האישה נגלה, והכריע שהמקילות בכך יש להן על מי שיסמוכו.[44]

2. 'דת יהודית' ומנהג העולם

דברי מהר"ם אלשקר מתייחסים למנהג מקומי, שככל הנראה איננו זהה למנהגים המוכרים לנו כיום. אך יש לדון אם אפשר ללמוד מדבריו עיקרון רחב יותר.

כפי שראינו בפרק הקודם, דעת רוב הפוסקים היא שחובת כיסוי הראש איננה תלויה במנהג. אולם דברים אלה אמורים בנוגע לחיוב הבסיסי מ'דת משה', ואילו דיני

חוץ לצמתן אף על גב שאינו אסור מן התורה מכל מקום אסור ממנהג ישראל, ושאלתי אותו מהו נקרא שערות חוץ לצמתן, ואמר בצדדין או במצח, אבל בשערות גופא בראש האסור בכל שער ושער ואין בזה שיעור".

41. מפשט לשון השאלה, העוסקת בנשים "שנהגו לגלות שערן מחוץ לצמתן", משתמע שמדובר בגילוי שיער בחוץ; וגם בהמשך התשובה משווה מהר"ם אלשקר שיער זה לידיה ורגליה ש"דרכן להיות מגולין" ולשיער הבתולה "הרגילה בגילוי השער". מאידך־גיסא, יש מקומות בתשובה זו שבהם הוא מתעמת עם "אלו האוסרים אותו שער לאשה בתוך ביתה". ראו גם: הרב משה לוי, 'אם מותר לאשה נשואה לגלות מעט משערותיה ברה"ר', **אור תורה** רלט, תשמ"ח, סימן צג, עמ' תמד-תנד (נדפס ב**שו"ת תפלה למשה**, חלק ה, סימן נ); **שו"ת להורות נתן**, חלק ה, קונטרס מבעד לצמתך, פרק ח; **שו"ת בני בנים**, חלק ג, סימן כא; **את צנועים חכמה**, חלק א, עמ' סט-עד.

42. לעומת זאת, בעניין הגדרת השיער היוצא חוץ לצמתה קיבל **המשנה ברורה** (סימן עה, ס"ק יד) את עמדת **החתם סופר**.

43. ראו: **כף החיים**, סימן עה, ס"ק יח; **ערוך השולחן**, או"ח, סימן עה, סעיף ו.

44. הרב משה לוי, 'אם מותר לאשה נשואה לגלות מעט משערותיה ברה"ר' (לעיל הערה 41). לעומת זאת, עיינו במאמרו של הרב אילן כהן, 'דין כיסוי ראש לנשים', **מעליות** כב, תשס"א, עמ' 115-139, שהכריע להפך.

'דת יהודית' תלויים לכאורה במנהג, כפי שפירש **רש"י** (כתובות עב ע"א, ד"ה מתני'): "דת יהודית - שנהגו בנות ישראל ואע"ג דלא כתיבא";[45] ומדבריו משתמע שמנהג הנשים בכל דור ודור הוא שמעצב את גדרי 'דת יהודית'.[46]

ואכן, תשובת מהר"ם אלשקר נפתחת בקביעה הבאה: "ההיא דשער באשה ערוה לא מיירי אלא בשער שדרך האשה לכסותו", ויש מקום להבין שהיקף חובת הכיסוי נקבע לפי דרך הנשים בכל מקום.[47] כך הבין ר' יצחק הלוי (**שו"ת מהר"י הלוי**, סימן ט), אחיו של הט"ז, וכתב שגם כאשר נהוג להוציא את סוף השערות ולהניחן על הכתפיים "אין איסור בגילוי קצת כזה, מפני שכך נהגו לגלות אותו קצת מהשער, לית ביה חשש הרהור". מהר"ם בן חביב (**שו"ת מהר"ם בן חביב**, כרך א, אה"ע, סימן קמט) למד אף הוא מדברי הרשב"א שחובת כיסוי הראש תלויה במנהג.[48] גם הרב עובדיה יוסף (**שו"ת יביע אומר**, חלק ד, אה"ע, סימן ג, אות ב) הבין שהבסיס לדברי מהר"ם אלשקר הוא התפיסה שגדרי 'דת יהודית' משתנים לפי מנהג המקום,[49] והכריע על פי מקורות רבים נוספים "דדוקא עצם כיסוי הראש שהוא דאורייתא הוא מחוייב המציאות לעולם ולא ישתנה בשום זמן, אבל מנהג בנות ישראל שנהגו לצניעות כל שהמנהג בכל העיר להקל אזלינן בתר מנהגא".[50]

אומנם יש מן הפוסקים שהשיגו על עמדה זו וכתבו שמנהגי דת יהודית "היינו מה שהנהיגו מעולם האומה הישראלית וקבלו על עצמן לזהר בזה" (כלשון **החפץ חיים** בספרו **גדר עולם**, פרק א) וכי אין אפשרות לציבור מסוים לשנות מנהגים

---

45. ראו גם את לשון המאירי (**בית הבחירה**, כתובות עב ע"א, ד"ה אמר): "מנהגים הנהוגים באומה מצד צניעות להיות בנות ישראל יתירות במדת צניעות על כל שאר נשים"; וכן את לשון הריי"ד (**פסקי הריי"ד**, שם, ד"ה אי): "דבר שאין בו איסור אלא שהנשים נהגו דרך צניעות".
46. כך כתב גם הרב משה פיינשטיין. ראו: **שו"ת אגרות משה**, אה"ע, חלק א, סימן נז; שם, סימן סט.
47. הרב עודד אלון ('חיוב כיסוי ראש לאשה נשואה', **תורת החיים** א, תשע"ב, עמ' קנג-קעב) ביקש להוכיח ההפך מדברי מהר"ם אלשקר, משום שהוא טרח להביא בתשובתו ראיות לכך שבנות ישראל נהגו לגלות מקצת משערן גם בתקופת חז"ל. אולם למעשה נראה מדברי מהר"ם אלשקר - כגון על כך ש"איפשר דאפילו בעודן על אדמתן" נהגו בנות ישראל להוציא מעט שיער - שהמנהג הקדום איננו מחייב אלא רק משמש כראיה כי ישנה אפשרות עקרונית לנהוג באופן כזה.
48. מדברי מהר"ם בן חביב משתמע שגם 'דת משה' תלויה במנהג; ראו לעיל עמ' 260.
49. עם זאת, לא ברור מדברי מהר"ם אלשקר מהו היקף הכיסוי המתחייב מ'דת משה', ואפשר שדווקא גילוי שיער הצדעיים היוצא חוץ לצמה הוא שתלוי במנהג.
50. כך כתב גם הרב הנקין ב**שו"ת בני בנים**, חלק ג, סימן כא.

אלו.[51] הרב אפרים גרינבלט (**שו"ת רבבות אפרים**, חלק ו, או"ח, סימן תס, ענף ג) דן בדבריהם והסיק כי יש לסמוך על דברי המקילים רק "בתור סניף להיתר".[52] אך למעשה נראה להקל בכך הן משום שכך עולה מפשט דברי הגמרא והפוסקים, הן משום שמדובר בספק דרבנן.[53] עיקרון זה עומד בבסיס רוב העמדות המקילות בגדרי כיסוי הראש.

ראינו לעיל כי הרב יוסף משאש ביקש לתלות את עיקר דין כיסוי הראש במנהג. אך מלבד זאת סמך את היתרו גם על דברי **השבות יעקב**, שסבר כי 'פריעת הראש' שנאסרה היא דווקא סתירת קליעת השיער. מדברי הרב משאש לא ברור כיצד הוא מתמודד עם העובדה שבאופן פשוט מ'דת יהודית' נאסר גם עצם הגילוי, אך הרב משה מלכה (**שו"ת והשיב משה**, סימן לד) ביאר שמכיוון ש'דת יהודית' תלויה במנהג, יש להסתפק בקליעת הראש במקומות שנהגו בכך. למעשה, כך מפורש כבר **בשו"ת עץ אפרים** לרב אפרים זלמן סורוצקין (או"ח, עמ' 13) שכתב שאם נקבל את דעת **השבות יעקב** הרי ש"כעת שהנשים דרכן ללכת בקליעת שער יש להן על מי לסמוך", וכן הכריע בהמשך תשובתו שהדבר תלוי במנהג, "ואחרי אשר פרצו בעוונותינו הרבים נשי ישראל ללכת פרועות ראש... הרי זה כמו שכתב הב"ח בעיירות שהולכין יחף שלעולם רגליהן מגולים... או כמו שערות מחוץ לצמתן". לעומת זאת, הרב שלום משאש (**שו"ת תבואות שמש**, סימן קלח), שדחה כאמור את היתרו של בן דודו הרב יוסף משאש, עשה זאת בכך שהראה כי גם גילוי השיער ללא סתירתו אסור מ'דת משה', כדעת רוב המפרשים המובאים לעיל.

לאור האמור יש אפשרות, במקום שנהגו בכך, להסתפק בכיסוי של רוב השיער. זאת משום שכיסוי זה עומד בגדרי 'דת משה', והחיוב לכסות מעבר לכך תלוי במנהג. כך אכן כתב **בשו"ת תשורת שי** (חלק ב, סימן לח): "בלא נראה רוב שערות אין איסור מדינא, רק במקומות שקבלו עליהן איסור"; וכעין זה כתב בספר **כתוב ישר דברי אמת** (עמ' פו-פז): "הלא אנו רואים... שכל הנשים הולכות בגילוי ראש בביתן, ובשוק בכובע וקלתה, בודאי אין באלו שום חציפות ופריצות".

---

51. ראו גם: **שו"ת להורות נתן**, חלק ה, קונטרס מבעד לצמתך, פרק יב; הרב מאיר עוזר, 'בגדר דת יהודית וראשה פרוע', **אור תורה** רלח, תשמ"ח, סימן פט, עמ' תל-תלג; רתם לוי, 'כיסוי ראש לאשה וגדרי דת משה ודת יהודית', **יוצרות** ב, תש"ע, עמ' 192 והלאה.

52. עיינו גם בספר **את צנועים חכמה** (חלק א, עמ' רמט-רנו) שנטה להחמיר יותר.

53. כפי שכתב הרב פיינשטיין (**שו"ת אגרות משה**, אה"ע, חלק א, סימן נז) בהקשר אחר: "דת יהודית יש להקל מספק דודאי לא חמיר מאיסור דרבנן שספק לקולא".

ג. ההיתר לגלות עד טפח: שיטת הרב פיינשטיין

1. 'שיער באישה ערווה'

אחר שכתב שאיסור פריעת הראש חל רק על גילוי רוב השיער, מבלי להבחין בין 'דת משה' ל'דת יהודית', הוסיף הרב פיינשטיין (**שו"ת אגרות משה**, אה"ע, חלק א, סימן נח) וכתב:

> מכל מקום הא על כל פנים יש למילף דכל הראש הוא ממקומות המכוסים. דהא לא מסוים איזו חלק מהראש הוא מקום שמגלות, אלא דרשאות לגלות משהו מהראש באיזו מקום שהוא, ונמצא שכל הראש הוא נחשב מקום המכוסה... וכיון שכל הראש הוא מקום המכוסה, יש לאסור ממילא מדין ערוה כמו מקומות המכוסות שבגופה... ואסורה מדין ערוה דעלמא כשאר המקומות.

כפי שלמדנו לעיל, מלבד דיני 'דת משה ויהודית' שנידונו במסכת כתובות, ישנו דין 'שיער באישה ערווה' שנזכר במסכת ברכות. הרב פיינשטיין הבין שדין זה מתייחס לשיער כולו, אף שהאיסור המקורי של פריעת הראש נאמר רק כשמתגלה רוב השיער. לאור זאת, שבה חובת הכיסוי וחלה גם על מקצת מן השיער.

על סברה זו כבר הקשה הרב נתן גשטטנר (**שו"ת להורות נתן**, חלק ה, קונטרס מבעד לצמתך, פרק ד, אות ב) וכך כתב:[54]

> למה לא ניזל לדעתו בתר איפכא, דכיון דאין שום מקום מסוים שהיא מחויבת לכסות, והקפידא היא לדעתו רק שלא תהא רוב הראש או קרוב לרובו מגולה בבת אחת, וממילא אם תרצה הרי היא יכולה לגלות בכל פעם חלק אחר משערותיה מצד המצח או מצד העורף, מצד ימין או מצד שמאל או מאמצע, ואם כן נימא דליכא דין מקום מכוסה על שום חלק משערותיה.[55]

במילים אחרות: מכיוון שדין 'שיער באישה ערווה' מבוסס על איסור פריעת הראש,

---

54. יצוין כי הוא עצמו סבור שאיסור פריעת הראש חל גם על מקצת השיער, וכפי שנזכר לעיל.
55. כעין זה הקשה גם בספר **את צנועים חכמה**, חלק א, עמ' צא.

מסתבר שגדרי האיסורים חופפים; ולפיכך דווקא כאשר שער האישה פרוע ברובו יחול עליו שם 'ערווה'.[56]

עוד יש להדגיש כי דין 'ערווה' שנאמר ביחס לשיער תלוי בכך ש"דרכה לכסותו" (כפי שראינו לעיל) ולכן מסתבר שיהיה תלוי במנהג המקומות (אפילו לפי מי שסבור כי דיני 'דת יהודית' אינם תלויים במנהג). ממילא, אם ישנו מנהג קבוע לגלות חלקים מסוימים מן השיער (כגון החלק הקדמי או האחורי), ודאי שחלקים אלו לא ייחשבו כ'ערווה';[57] וגם אילו יהיה מנהג לגלות או את החלק הקדמי או את החלק האחורי – ולא אחד מהם דווקא – מסתבר (כדברי הרב גשטטנר) שהדבר יהיה מותר.[58]

2. 'טפח באישה ערווה'

על גבי חומרתו זו, הוסיף הרב פיינשטיין סברה להקל:

> כיון שבדין מקומות המכוסים יש חלוק בין טפח לפחות לענין ראיה שלא בכוונה... גם בשערות יש חלוק זה דאין מקום להחמיר בשערות יותר מגופה... אין להחשיב ערוה בפחות מטפח... ולכן אין לאסור כשרוצה לגלות.

כיוון שהאיסור הוא מדין 'המקומות המכוסים', ודין זה חל רק על גילוי של יותר מטפח, הרי שמותר לגלות פחות מטפח מן השיער.

אולם, יש מקום רב לפקפק במסקנה זו.[59] ראשית, כלל לא ברור כי "יש חלוק בין טפח לפחות לענין ראיה שלא בכוונה". ההבחנה בין סוגי ההסתכלות הובאה בפוסקים ביחס ל'מקומות המכוסים' (שדווקא בהם אסורה אפילו ראייה בעלמא), אך כלל לא ברור

---

56. הרב גשטטנר עצמו לא פירש כיצד מסביר הוא את דין 'שיער באישה ערווה', אך נראה כי לכך נתכוון.

57. כמו כן, אפשר שדי בכך שהנשים שאינן שומרות הלכה מגלות את שער ראשן כדי להפקיע ממנו שם 'ערווה', כדעת **ערוך השולחן** וסיעתו שדבריהם נידונו לעיל בפרק הקודם (עיינו **בשו"ת בני בנים**, חלק ג, סימן כא).

58. גם אם לא נקבל את דבריו באופן מלא, ולא נתיר משום כך לגלות גם את מרכז השיער, מסתבר שכאשר החלק הקדמי והאחורי גם יחד אינם מגיעים לכדי רוב השיער, יודה הרב פיינשטיין שמנהג הנשים יכול לצמצם את שם 'ערווה' למרכז הראש בלבד.

59. מקורות לכל האמור להלן, ראו לעיל עמ' 217 ואילך.

שיש ליישם אותה גם ביחס ל'טפח'. שנית, רבים מן הראשונים כתבו שבאישה שאיננה אשתו גם פחות מטפח נחשב 'ערווה', וכן פסק **הרמ"א** (או"ח, עה, א).[60]

הרב פיינשטיין התמודד עם הקושייה האחרונה וכתב שיש להבחין בין גוף האישה, שאסור לגלות אפילו מקצת ממנו בפני זרים,[61] ומשום כך נחשב 'ערווה' אפילו בפחות מטפח, לבין שיער האישה שמותר באופן עקרוני לגלות את מקצתו בפני זרים, ורק החובה לכסות את רובו מגדירה אותו כ'מקום מכוסה'. לכן, מקצת שערה של אישה זרה דומה לגופה של אשתו, משום שבשני המקרים מדובר במקום שיש היתר לגלותו ודווקא ביותר מטפח הוא נחשב 'ערווה'.[62] אך יש מקום לפקפק בסברה זו,[63] ואף הרב פיינשטיין עצמו דחה אותה בתשובה מאוחרת יותר,[64] ועל כל פנים מדובר בחידוש גדול ללא ביסוס.[65] כמו כן, ממקורות רבים בדברי הפוסקים עולה באופן פשוט כי איסור גילוי השיער נאמר גם בפחות מטפח.[66]

---

60. בעל **ערוך השולחן** (או"ח, סימן עה, סעיף ב) העיר כי הראשונים ביססו עמדה זו על דברי בעל **הלכות גדולות** בעוד המעיין בדבריו יראה שכתב ההפך.

61. נראה כי הרב פיינשטיין הבין שהאיסור לגלות את בשרה בפני זרים איננו תלוי בשם 'ערווה' שיחול עליו.

62. הרב פיינשטיין שב וביאר סברה זו ב**שו"ת אגרות משה**, או"ח, חלק ד, סימן קיב, אות ד. מאידך־גיסא, ראו **שו"ת תשובות והנהגות**, חלק ב, סימן תרצב: "בגילוי גופה יסודו משום ערוה דבא לידי הרהורים וקים לן דפחות מטפח אין בזה חשיבות ולא מהרהר, אבל בשערות שיסודה משום פריצות אין לחלק ואסור מן התורה בכל שיעור".

63. שהרי לא ברור שהחומרה באישה אחרת נובעת מן האיסור ולא מן העובדה המציאותית שההסתכלות בה מלווה בגירויי רב יותר. עיינו בספר **לבושה של תורה**, חלק א, סימן כד, אותיות ג-ה.

64. כך כתב הרב פיינשטיין בתשובה לרב אפרים גרינבלט (**שו"ת אגרות משה**, או"ח, חלק ד, סימן טו, אות א): "גם השער הוא כבשר שגם הוא ערוה כמו הבשר... ומהאי טעמא נראה שאין אסור לקרות קריאת שמע כנגד שער של אשתו אלא במגולה טפח וכנגד שער אשה אחרת תלוי בהמחלוקת דבשר פחות מטפח ברמ"א שם". עיינו גם בספר **לבושה של תורה**, חלק א, סימן כד, אות ב.

65. הרב גשטטנר (**שו"ת להורות נתן**, חלק ה, קונטרס מבעד לצמתך, פרק ה, אות ה) כתב על כך: "ואף אלו היה מקום לדמות דין גילוי שער הראש לדין טפח מגולה שבקריאת שמע, מכל מקום אי אפשר להורות היתר להלכה ולמעשה כל שאין הדבר מוכרח וברור בלי שום ספק".

66. כך עולה מדין 'שיער היוצא חוץ לצמה' שבו נדון להלן, שלפי פירושים רבים ברור שאין בו יותר מטפח, כפי שהעיר הרב גשטטנר (שם, פרק ה). ורק בדוחק אפשר ליישב שמשמעות היתר השיער מחוץ לצמה היא ששיער זה לא מצטרף לשיעור טפח יחד עם שיער אחר (עיינו גם ב**שו"ת אגרות משה**, או"ח, חלק ד, סימן קיב: "והשערות שמחוץ לצמתן שאינן ערוה הוא אף ביותר מטפח"; וכן בספר **לבושה של תורה**, חלק א, סימן כד, אות יא). כך מפורש גם ב**שו"ת מהר"י הלוי**, סימן

3. מקורות נוספים לדין 'טפח' בשיער

בספר **ילקוט יוסף** (אוצר דינים לאישה ולבת, פרק נח, אות יט) הובא מכתבו של הרב עובדיה יוסף:

> מה שאומרים שאפילו שערה אחת משערות הראש יש בו איסור תורה, אינו נכון, ומנהג הנשים הספרדיות דור אחר דור[67] לגלות אצבע או שתים משערות הראש כלפי פנים, ומהר"ם אלשקר שהיה גאון עולם בזמן הבית יוסף הרי פסק להתיר בזה.

הרב עובדיה יוסף התיר גילוי של שתי אצבעות (כ־4 ס"מ) מן השיער, בהתבסס על דברי מהר"ם אלשקר, ואין רמז בדבריו לסברה של הרב משה פיינשטיין. כיצד אם כן הגיע להגדרה זו של השיעור המותר בגילוי? הרב משה לוי הסביר זאת באופן הבא:[68]

> כנראה שטעמו דבכהאי גוונא עדיין לא הוי רובו של טפח... וסבירא ליה דאסור מהתורה לגלות טפח משערה ברשות הרבים...[69] ואם כן רובו של טפח יש לאסור על כל פנים מדרבנן, דרובו ככולו, ורק מיעוטו של טפח אפשר להתיר.

לדעת הרב משה לוי, ההגדרה המהותית של 'דת יהודית' מאפשרת גילוי של שתי אצבעות, שהן מחצית משיעור טפח, המותר בגילוי על פי 'דת משה'. בהמשך דבריו הביא הרב לוי סעד לשיטה זו מדברי המאירי (**בית הבחירה**, שבת נז ע"ב), אך הרב לוי עצמו נאלץ להודות שאין לשיטה זו בסיס מוצק במקורות אלא ש"כבר הורה זקן".

אולם מפשט דברי הרב עובדיה יוסף, ומן הקישור שעשה לדברי מהר"ם אלשקר, נראה אחרת:[70] שיעור ב' אצבעות לא נגזר מהגדרה למדנית כזו או אחרת, אלא מ"מנהג

ט: "אפילו בכהאי גוונא איכא איסורא כדאמר רב ששת שער באשה ערוה, והיינו אפילו במעט משערותיה".

67. יש להעיר כי **בשדי חמד** (חלק ז, ערך 'דת יהודית') מובא שגם הנשים הספרדיות נהגו לכסות את כל שערן.

68. הרב משה לוי, 'אם מותר לאשה נשואה לגלות מעט משערותיה ברה"ר' (לעיל הערה 41).

69. כפי שהציע, בדרך אפשר, **בשו"ת תשורת שי**, חלק א, סימן נא.

70. שהרי אם בא הרב עובדיה יוסף לחדש הגדרה מהותית בדיני 'דת יהודית', לא יכול היה לשאוב אותה ממהר"ם אלשקר.

הנשים הספרדיות" שראה הרב יוסף לנגד עיניו. ממילא אין מניעה עקרונית שבמציאות אחרת יתקבעו להלכה מנהגים אחרים.

כך עולה גם מן העדות המובאת **בשו"ת מעין אומר** (פרק ב, סימן ג):

> שאלה: מה שיעור השער שיכולה אישה נשואה לגלות משער ראשה?
> תשובה: מהר"ם אלשקר שהתיר זה עד טפח, ולכן יכולה לגלות שלושה אצבעות. אחר זמן אמר לי הרה"ג דוד טהרני שליט"א שהראה לרבנו שבשו"ת אגרות משה שכתב שתי אצבעות, ואמר לו שאֵין הכי נמי כך להורות.

מן הדברים עולה בבירור שלא כדברי הרב משה לוי, וכן משתמע שהרב עובדיה יוסף לא נקט את החשבון המדויק של הרב פיינשטיין, אלא סבור היה שהדבר תלוי במנהג וממילא הסכים בקלות 'ליישר קו' עם המנהג שאותו קבע הרב פיינשטיין.

4. הגדרת 'טפח'

הנחיות ברוח דברי הרב פיינשטיין והרב יוסף, המתירות לגלות 'פחות מטפח', נפוצות בכל רחבי הפסיקה הספרדית והדתית־לאומית בדור האחרון.[71] אך כיצד מודדים 'טפח'? האם ההיתר קיים דווקא בצד מסוים של הראש? האם שני מקומות מגולים מצטרפים לשיעור אחד?

הרב פיינשטיין הדגיש בתשובתו (**שו"ת אגרות משה**, אה"ע, חלק א, סימן נח) כי אין היתר לגלות שיער ברוחב טפח: "אבל הוא רק ערך ב' אצבעות בגובה שהפנים הוא ערך אורך ב' טפחים ויהיה בצרוף פחות מטפח ויותר אסורה". מדבריו עולה שיש לשער שטח של טפח מרובע, דהיינו 64 סמ"ר, ואסור לגלות יותר מכך.

אולם הרב יהודה הרצל הנקין (**שו"ת בני בנים**, חלק ד, מאמר ג) הציע מגוון דרכים למדידת שיעור טפח,[72] והכריע שהולכים לפי רוחב הגילוי תוך התעלמות מאורך האיבר המגולה; כלומר לדעתו מותר לגלות עד רוחב של טפח מקצה השיער, ואין זה משנה אם מדובר בחלק הקדמי של הראש, שאורכו שני טפחים, או בחלק

71. ראו למשל **שו"ת דבר חברון**, או"ח, סימן סו; וראו בכתובת https://goo.gl/cpRb66 (מתוך פורום 'בחדרי חרדים') קישורים לעשרות תשובות של רבנים בני זמננו שאימצו עמדה זו.

72. לפי השיטה המחמירה ביותר (המובאת ב**שו"ת מקדשי השם**, סימן צז), כאשר יש אורך או רוחב של טפח, די בעובי כלשהו כדי לאסור. לפי השיטה המקילה ביותר, רק ריבוע של טפח על טפח נאסר.

האחורי שאורכו קטן יותר. הבנה עקרונית זו עולה גם מדברי הרב משה לוי שראינו לעיל, אולם הוא עצמו סבור היה שמדרבנן יש לאסור גם חצי טפח.[73] גם מן התשובה **בשו"ת מעין אומר** (פרק ב, סימן ג), שהובאה בסעיף הקודם, משתמע שזוהי ההגדרה המחויבת לדעת הרב עובדיה יוסף מעיקר הדין (אלא שלכתחילה הורה לגלות רק שלוש אצבעות כדי שלא ללכת על קו התפר של האיסור).

מכאן נובעת גם תשובה לשאלת האפשרות לגלות יותר ממקום אחד: לפי שיטת הרב פיינשטיין, מסתבר כי "כל שרואים אותם בבת אחת מצטרפים לטפח",[74] וממילא זו הדרך לבחון כל מצב ומצב;[75] ואילו לדעת הרב הנקין נראה שמותר יהיה לגלות עד רוחב טפח בכל היקף הראש, ובלבד שרוב הראש יהיה מכוסה.

כמו כן, נראה כי שיעורים אלו, כמו גם חיוב כיסוי רוב הראש מ'דת משה', אינם מתייחסים רק ל'ראש', דהיינו לקרקפת, אלא גם ובעיקר לשערה של האישה: "שיער באישה ערווה".[76] ממילא, אסור יהיה לשיטתם לגלות שיעור של יותר מטפח מן השיער היוצא מכיסוי הראש (כשלא מדובר בשיער הצדעיים היוצא מתחת הצמה). בנקודה זו אפשר שדווקא שיטת הרב הנקין תהיה מחמירה יותר, כגון כשמדובר בצמה דקה שלדעתו אסור יהיו לגלות שיעור של טפח מאורכה, ואילו לדעת הרב פיינשטיין מותר יהיה לגלות עד כדי שטח של טפח מרובע, ונראה שאפשר להקל בכך (שכן מדובר בספק דרבנן).

ד. הלכה למעשה

ראינו לעיל כי מ'דת משה' יש לחייב כיסוי של רוב השיער (ולא די ברוב הראש ללא

73. ראו גם: הרב שרגא פייוויש שנעבאלג, 'חיוב מזוזה בחדר שאין בו ד' על ד'', **פעמי יעקב** מט, תשס"ב, עמ' כב-כו; **לבושה של תורה**, חלק א, סימן טו; **אום אני חומה**, חלק א, עדות משמיעות, סימן יג, עמ' קצד.

74. כפי שכתב הרב יהודה הרצל הנקין (**שו"ת בני בנים**, חלק ג, סימן כא) בשעה שסבור היה כדעת הרב פיינשטיין.

75. עם זאת, נראה כי שני מקומות נפרדים לחלוטין (כגון: חצי טפח מן השוק וחצי טפח מן המרפק, או שני חצאי טפחים משתי הזרועות) אינם מצטרפים לעניין זה; ויש לדון אם גם מקומות נפרדים בשיער (כגון השיער שמעל המצח ושיער היוצא מאחורי הראש) אינם מצטרפים.

76. עיינו בספר **לבושה של תורה**, חלק א, סימן כב, אותיות ה-ז, וכך מבואר גם **בשו"ת מהר"י הלוי**, סימן ט. ראו רתם לוי, 'כיסוי ראש לאשה וגדרי דת משה ודת יהודית' (לעיל הערה 51), עמ' 173-198 (בפרט בעמ' 185-187).

כיסוי השיער),[77] ואילו מ'דת יהודית' יש צורך לכסות שיעור גדול יותר, ובדברי רבים מן הפוסקים הובא שיעור של 'טפח'.

עוד ראינו כי לדעת רוב הפוסקים גדרי 'דת יהודית' עשויים להשתנות - הן לחומרא הן לקולא.[78] משום כך נראה שיש לקיים את מנהג הנשים הצנועות לגלות שיעור קרוב לטפח משערן, ואין מקום לגדרים מדוקדקים בעניין זה, שכן היקף כיסוי הראש איננו תלוי בגדר הלכתי של 'טפח באישה ערווה', אלא במנהג הנשים בכל אתר ואתר. ממילא, היישום המדויק של דין 'טפח' תלוי בכך שכיסוי הראש יהלום את הנורמות של הנשים הצנועות שבאותו מקום, וסנטימטר או שניים לכאן ולכאן אינם משמעותיים.[79]

ואכן הרב יהודה הרצל הנקין (**שו"ת בני בנים, חלק ג, סימן כא**) ציין שבתמונות של רבניות חשובות מן הדורות הקודמים אפשר לראות כי הן גילו יותר מטפח משערן והוסיף כי יש ללמד עליהן זכות ולהסביר את מנהגן.[80] כיוצא בזה כתב הרב נחום אליעזר רבינוביץ' (**שו"ת שיח נחום, סימן קה**): "מעיקר הדין צריך לכסות את רוב שיער הראש, אבל מותר להוציא קצת שיער, ולאו דווקא שיעור מסוים אלא כפי הנהוג בחברה של שומרי תורה ומצוות אליה היא משתייכת".[81] משום כך נראה שכל עוד כיסוי הראש נראה צנוע ונתפס כצנוע בעיני הבריות,[82] אפשר להקל גם בגילוי של מעט יותר מטפח. אך ראוי להקפיד ולאמץ את הסטנדרטים הגבוהים הקיימים בכל חברה בתחום זה.

---

77. כפי שכתב הרב יהודה הרצל הנקין ב**שו"ת בני בנים, חלק ג, סימן כא**: "אם היא יוצאת בשערות ארוכות, אף אם חובשת כובע על הראש, לעניות דעתי עוברת על דת לפי דינה דגמרא".

78. כפי שהדגיש הרב הנקין, שם.

79. לאור דברינו יש לעיין כיצד ראוי לנהוג במקום שבו מקובל לגלות דווקא את החלק הקדמי של השיער ואפילו לא מקצת מן החלק האחורי: לדעת הרב פיינשטיין, נראה כי אין כל הבדל בין חלקי השיער, ומותר לגלות כל חלק ממנו ובלבד שיהיה קטן מטפח; ואילו לפי דברינו ייתכן שיש לאסור זאת. אומנם, נראה כי כאשר כיסוי כזה ייחשב בעיני הבריות כצנוע (שהרי ניכר ששיעור הגילוי איננו גדול מזה של שאר הנשים), הדבר יהיה מותר גם אם איננו מקובל.

80. אולם לכתחילה כתב הרב הנקין שעדיף לגלות פחות מטפח ולא לסמוך על סברות אלו: "מפני שאנו מדמים נעשה מעשה?!" (שם).

81. הן ב**שו"ת בני בנים**, הן ב**שו"ת שיח נחום**, הודגש כי המנהג הקובע הוא דווקא מנהג הנשים המקפידות על ההלכה, והדבר מובן מאליו.

82. קשה להגדיר מתי נורמה מסוימת הופכת למקובלת, ולכאורה הדבר תלוי בכך שרוב הנשים שומרות ההלכה תלכנה באופן כזה. אולם אפשר שכאשר נורמה מסוימת הופכת ללגיטימית בחברה הצנועה (ואיננה סימן לזלזול בהלכה או במסורת), גם אם אין עדיין רוב שהולכות כך, הדבר מותר, וצריך עיון.

סיכום

א. חובת כיסוי הראש קיימת בשתי רמות: 'דת משה' - איסור בסיסי על פריעת הראש שלדעת רוב הפוסקים איננו בר־שינוי ותוקפו מדאורייתא; 'דת יהודית' - חובה מקיפה של כיסוי הראש המבוססת על מנהג נשות ישראל.

ב. בהגדרת 'דת משה' מצאנו שיטות שונות מן הקצה אל הקצה: יש שפירשו שדי בקליעת השיער ללא כיסוי כלל, ומאידך־גיסא יש שדרשו כיסוי מלא של הראש כולו ואף חידשו שמ'דת יהודית' יש צורך בשני כיסויים. למעשה נראה להכריע כשיטת הביניים המקובלת על רוב הפוסקים, שלפיה יש חובה לכסות לפחות את רוב השיער.

ג. הפוסקים נחלקו אם מותר (מ'דת יהודית') להוציא מעט מן השערות, ומדברי רוב הראשונים והאחרונים נראה שיש להקל בכך.

ד. באופן פשוט, גדרי 'דת יהודית' תלויים במנהג נשות ישראל שבכל מקום ובכל זמן, וכך כתבו רוב הפוסקים.

ה. לאור כל האמור, גילוי חלקי של השיער מותר כאשר נוהגות בו הנשים הצנועות שבאותו מקום, כל עוד רוב השיער (ולא רק רוב הראש) מכוסה.

ו. הרב פיינשטיין חידש שהראש כולו נחשב כ'ערווה' אף שמותר לגלות את מקצתו; וכתוצאה מכך הגביל את היתר גילוי הראש לפחות מטפח. לדבריו, ספק אם מדובר בשטח של טפח מרובע (בערך שתי אצבעות לאורך המצח כולו) או בשיער ברוחב טפח. אומנם, חידושו של הרב פיינשטיין קשה מסברה ואיננו עולה מן המקורות; ונראה כי שיעור הגילוי המותר (אם רוב השיער מכוסה) מוגדר אך ורק על פי מנהג נשות ישראל הצנועות.

ז. בדור האחרון, אפשר שבהשפעת הרב פיינשטיין, מקובל בציבור הדתי־לאומי בארץ לגלות פס ברוחב של כשתי אצבעות מן הראש, וכיסוי כזה מותר וראוי לכתחילה (גם אם בפועל יש מעט יותר מטפח מגולה).

ח. בשנים האחרונות מקובל בחלק מן המקומות לגלות שיעור גדול יותר מן השיער, או להוציא חלק מן השיער מחוץ לכיסוי הראש (בשיעור העולה על טפח). כיסוי הראש באופן זה מותר אם הוא נתפס כצנוע ולגיטימי בקרב הנשים שומרות ההלכה באותו מקום, ובתנאי שרוב ברור של השיער נותר מכוסה.

יד

חיוב אלמנות וגרושות בכיסוי הראש

"כמה חודשים אחרי החתונה הגענו, בן־זוגי־לשעבר ואני, למסקנה שנישואינו היו שגיאה והחלטנו להיפרד. במהלך תקופת הנישואין הקצרה חבשתי כיסוי ראש, וכעת אני מבקשת לשאול אם מותר לי להסיר אותו וכך להמשיך בחיי בקלות רבה יותר"

פתיחה

תופעת הגירושין ההולכת ומתרחבת בעולם, ולהבדיל חרב המלחמה המוסיפה לעבור בארצנו וחרב תאונות הדרכים, גורמות לכך שנשים רבות הופכות לגרושות ולאלמנות בעודן צעירות לימים. בקרב רבות מן הנשים הללו קיים רצון עז לפתוח דף חדש ולהתקדם אל עבר מערכות יחסים אחרות. מכשולים נפשיים וחברתיים רבים ניצבים בפניהן בדרך להגשמת רצונן, אך נוסף עליהם קיים גם מכשול הלכתי: כיסוי הראש שאותו החלו לחבוש בתקופת הנישואין הופך כעת למטרד נפשי וחברתי בדרך למציאת בן זוג חדש ולשיבה אל נקודת הפתיחה החברתית והנפשית שקדמה לנישואין. המציאות מורה שנשים צעירות רבות מוותרות על כיסוי ראשן בשלב זה, אך ההתייחסות ההלכתית לשאלה זו מעורפלת מעט ונבקש לדון בה בפרק זה.

א. חובת כיסוי הראש באלמנה וגרושה

1. המקורות לחובת כיסוי הראש באלמנה וגרושה

חובת כיסוי הראש של אלמנה ושל גרושה לא נידונה במפורש בדברי הגמרא והראשונים. המקור הבולט ביותר בעניין זה, שהוא הבסיס לכל דברי האחרונים בעניין, מופיע בדברי הרמב"ם (**משנה תורה**, הלכות איסורי ביאה, פכ"א הי"ז) שנפסקו **בטור** (אה"ע, סימן כא) **ובשו"ע** (שם, ב):

> לא תלכנה בנות ישראל פרועות ראש בשוק, אחת פנויה ואחת אשת איש.

פסיקה זו, הכוללת את הפנויה באיסור גילוי ראש, עומדת בניגוד לכאורה לפסיקת **הטור** (או"ח, סימן עה) **והשו"ע** (שם, ב) בהלכות קריאת שמע:

> שער של אשה שדרכה לכסותו, אסור לקרות כנגדו, אבל בתולות שדרכן לילך פרועות הראש, מותר.

נושאי הכלים של **הטור** **והשו"ע** עמדו על סתירה זו, ורבים מהם הציעו להבחין בין "פנויות" לבין "בתולות". כך למשל כתב **הבית שמואל** (סימן כא, ס"ק ב) על דברי **השו"ע** שאסר על פנויה ללכת בגילוי ראש: "היינו אלמנה או גרושה אבל בתולה מותר". גם **הב"ח** (שם, ס"ק ב) **והחלקת מחוקק** (שם, ס"ק ב) הלכו בכיוון זה, אך ניסחו את האיסור בצורה כללית יותר וכתבו כי הוא נאמר ביחס ל"פנויה בעולה". מתוך דברי האחרונים הללו ניתן ללמוד שאלמנה וגרושה, ואולי כל בעולה,[1] חייבות בכיסוי ראש כאישה נשואה.[2]

מאידך־גיסא, דברי הרמב"ם והשו"ע סובלים פירוש אחר שאינו מבחין בין פנויה לבין בתולה, אלא מבחין בין האיסור לכתחילה ללכת בגילוי ראש בשוק לבין הגדרת השיער כ'ערווה' גמורה שאסור לקרוא קריאת שמע כנגדה. בכיוון זה צעד המגן אברהם (סימן עה, ס"ק ג) שכתב:

---

1. עיינו **בפתחי תשובה**, אה"ע, סימן כא, ס"ק ב.
2. **בשו"ת מים רבים** (אה"ע, סימן ל) תמה הרב רפאל מילדולה על פסיקה זו וכתב "דמסוגיא משמע דלא אסרו אלא בנשואה", אך לא חלק עליה למעשה; ועיינו גם בספר **בגדי שש** על **השו"ע**, אה"ע, סימן כא.

> ויש לומר דפרועות ראש דכתב באבן העזר היינו שסותרות קליעות שערן והולכות בשוק דזה אסור אפילו בפנויה... ומכל מקום צריך לומר דפנויה לא מתסרי מדאורייתא... רק שמדת צניעות היא לבתולות שלא לילך כן.

המגן אברהם הדגיש בתחילת דבריו כי לא מסתבר שהרמב"ם **והשו"ע** בנוקטם לשון "פנויה" התכוונו דווקא לאלמנה וגרושה, והוא עצמו מחליף את המונחים 'פנויה' ו'בתולה'. מדבריו משתמע שאין כל הבדל בין הפנויות השונות, ועל כולן לא חלה כלל חובת כיסוי ראש אלא רק מידת צניעות שלא לסתור את קליעת שערן בשוק.[3] בדרכו של **המגן אברהם** הלך גם בעל **שו"ת פנים מאירות** (חלק א, סימן לה) שהתיר הלכה למעשה לפנויה בעולה ללכת בלי כיסוי ראש.[4]

מקור נוסף שעשוי לשמש כבסיס לחיוב אלמנה וגרושה בכיסוי ראש מובא בדברי **הדגול מרבבה** (אה"ע, סימן כא, ס"ק ב) שאימץ את פירושם של **החלקת מחוקק** **והבית שמואל** לדברי **השו"ע** וכתב שהמקור לפסיקה זו מופיע בירושלמי במסכת כתובות. במשנה (שם פ"ב מ"א) נאמר שכאשר מעידים כי אישה פלונית יצאה לחופתה בהינומא וראשה פרוע, אות הוא שאישה זו נישאה כבתולה וכתובתה מאתיים זוז. על דברים אלו הקשה הירושלמי (שם פ"ב ה"א, כו ע"ב):

> וחש לומר שמא בתולה מן הנישואין היא!
> זאת אומרת בתולה מן הנישואין אינה יוצאת וראשה פרוע.

הדגול מרבבה טוען כי בדברי הירושלמי מפורש שאפילו בתולה מן הנישואין (אלמנה או גרושה שטרם קיימה יחסי אישות) אסורה לצאת בראש מגולה וקל וחומר שבעולה אסורה לצאת בראש מגולה. מקור זה נזכר בדבריהם של פוסקים מספר,[5] אך קשה עד מאוד לקבלו כהוכחה תקפה, משום שמיד לאחר מכן דן הירושלמי בדברי ר' יוחנן בן ברוקא שאמר כי אף עדות על חילוק קליות במהלך החתונה היא ראיה לכך שאותה אישה הייתה בתולה בעת חתונתה:

---

3. עם זאת, פירוש זה אינו מוכרח, ואפשר שה**מגן אברהם** מודה שיש איסור גמור באלמנה וגרושה אלא שלדעתו אין בכך כדי להסביר את לשון הרמב"ם וה**שו"ע**. ראו ב**שו"ת ברכת יהודה**, חלק ד, אה"ע, סימן ג.
4. מדברי **הפנים מאירות** עולה בבירור שהוא מאמץ את האופן שבו הבין **המגן אברהם** את לשון **השו"ע**, אף שמדברי **הפתחי תשובה** (אה"ע, סימן כא, ס"ק ב) נראה כי **הפנים מאירות** מבחין בין רווקה שנבעלה לבין אלמנה וגרושה.
5. ראו למשל ב**שו"ת יביע אומר**, חלק ד, אה"ע, סימן ג, אות א.

> וחש לומר שמא בתולה מן הנישואין היא!
> זאת אומרת בתולה מן הנישואין אין לה חילוק קליות.

ברור לחלוטין שאין ללמוד מן הירושלמי כי אסור לאלמנות וגרושות לחלק קליות בחיי היומיום שלהן; וממילא נראה שסוגיית הירושלמי כולה עוסקת במנהגים המקובלים בשעת החתונה ואי אפשר ללמוד ממנה דבר לגבי הלכות צניעות בחיי היומיום.[6]

דווקא בהקשר זה, דהיינו דין הבתולה היוצאת פרועת ראש בשעת חופתה, אפשר למצוא מקור כמעט מפורש המתיר את ההליכה בגילוי ראש לכל מי שאינה נשואה. **בשיטה מקובצת** (כתובות טו ע"ב, ד"ה וראשה פרוע) הובאו דברי הגאונים על היחס בין המנהג לפרוע את השיער בשעת החתונה לבין האיסור ללכת בגילוי ראש:

> והאי דאמרינן ופרע את ראש האשה ותנא דבי רבי ישמעאל מכאן אזהרה לבנות ישראל שלא יצאו בפרועי ראש - איכא למימר בנשואות קא מיירי.

מלשונם של הגאונים אפשר לדייק שאיסור פריעת הראש נאמר לנשואות בלבד ולא לפנויות מכל סוג שהוא.

מקור נוסף מדברי חז"ל בעניין זה הובא **בשו"ת שבות יעקב** (חלק א, סימן קג) מתוך דברי הספרי בפרשת נשא (פיסקא יא):

> לימד על בנות ישראל שהן מכסות ראשיהן, ואף על פי שאין ראייה לדבר זכר לדבר: "ותקח תמר אפר על ראשה".

הרמז שאותו מוצא המדרש לחובת כיסוי הראש הוא מעשה תמר ששמה אפר על ראשה לאחר שנאנסה בידי אמנון אחיה. **השבות יעקב** דייק מלשון הספרי שחובת כיסוי הראש נאמרה גם לפנויה שנבעלה, ובאופן פשוט נראה שדיוק זה בדברי הספרי אכן הכרחי. אומנם, מלבד העובדה שמדובר במקור מדרשי וברמז בעלמא, חשוב לציין

6. הרב מאיר אמסעל ('בתולה שהתגרשה ימים אחדים אחרי נישואיה אם חייבת לכסות ראשה', **המאור** רעד, תשמ"ז, עמ' 31-33) הוסיף שאפשר לדייק מדברי הירושלמי שאלמנות לא היו נוהגות ללכת בכיסוי ראש, ולכן היה צורך בסימני היכר מיוחדים בשעת חתונתן. עיינו גם **בשו"ת יד יצחק** (סימן קצד), בספר **ציון וירושלים** (על הירושלמי כתובות פ"ב ה"א) **ובשו"ת אמרי שפר** (קלצקין, סימן פ) שדחו את ראיית **הדגול מרבבה** באופנים אחרים.

שמקור זה מתייחס לכל פנויה שנבעלה (ואפילו באונס) ואי אפשר ללמוד ממנו איסור מיוחד לאלמנה וגרושה.

מקור הפוך ניתן למצוא בברייתא המובאת במסכת יבמות (קטז ע"ב) ומספרת על אישה שבעלה מת ור' יהודה המליץ לה להציג עצמה כאבלה בכך שתסתור את שערה. הראב"ן (**ספר ראב"ן**, סימן צה) הקשה על סיפור זה מן הגמרא בסוטה (ח ע"א), שבה מבואר כי לדעת ר' יהודה אסור לסתור את שערה הנאה של אישה סוטה משום חשש להרהור, ותירץ שמכיוון שבמסכת יבמות מדובר רק בסתירת השיער או משום שמדובר באלמנה (ולא באשת איש), לא חשש ר' יהודה להרהור. מדברי הראב"ן מוכח שיש להבחין בין גילוי שיער של נשואה לבין גילוי שיער של אלמנה, אך לא ברור מדבריו האם באלמנה קיים היתר גורף או רק איסור קל יותר.[7]

הרב בן־ציון אבא־שאול (**שו"ת אור לציון**, חלק א, או"ח, סימן יא) התייחס אף הוא למעשה המובא במסכת יבמות, אך כתב שיש להבחין בין שתי רמות של חובת כיסוי הראש. בגמרא בכתובות (עב ע"ב) נאמר שמן התורה ('דת משה') יש חיוב רק לאסוף את השיער ב"קלתה",[8] ואילו הכיסוי הגמור של השיער הוא רק מנהג 'דת יהודית'. לאור האמור במסכת יבמות טען הרב אבא־שאול כי אלמנה וגרושה חייבות רק בדין הבסיסי של 'דת משה' ולא בחומרות שנוספו מ'דת יהודית'. את דבריו הוכיח הרב אבא־שאול גם מלשון הרמב"ם (**משנה תורה**, הלכות איסורי ביאה, פכ"א הי"ז; ראו בתחילת הסעיף), שאסר דווקא על פנויות ללכת פרועות ראש בשוק (כ'דת משה') ולא הטיל עליהן את חומרות 'דת יהודית'.[9]

מקור נוסף שהביאו הפוסקים בהקשר זה הוא הסיפור המובא בגמרא בכתובות (סו ע"ב) על בתו של נקדימון בן גוריון ש"נתעטפה בשערה" ועמדה לפני ר' יוחנן בן זכאי. אותה בת הייתה אלמנה (כמבואר בגמרא שם), וממילא אפשר להוכיח שמותר היה לה לגלות את שערה! האחרונים יישבו קושיה זו בדרכים שונות,[10] אך באופן פשוט

---

7. שהרי מדובר במקום צורך ובנסיבות מיוחדות שמצטרפות להיתר. את הגמרא עצמה ניתן גם להסביר באופן אחר, ולומר שכל פריעה משום צער מותרת. עיינו בשו"ת **אמרי שפר** (קלצקין), סימן פ.
8. המפרשים נחלקו מהי אותה 'קלתה'; ראו בהרחבה לעיל עמ' 271.
9. גם בעל ספר **יצחק ירנן** (על **משנה תורה**, הלכות איסורי ביאה, פכ"א הי"ז) דייק כך מלשון הרמב"ם.
10. עיינו בשו"ת **כרם שלמה** (אה"ע, סימן צא) ובספר **עלי תמר** על הירושלמי (כתובות פ"ו ה"א)

נראה שלאותה אישה לא היו בגדים להתעטף בהם כראוי ולכן השתמשה בשערה, וממילא אין מכאן כל ראיה.[11]

2. הסברות לחייב או לפטור אלמנה וגרושה מכיסוי ראש

כפי שראינו, קיים ערפל מסוים סביב שאלת חיובן של אלמנות וגרושות בכיסוי ראש, ונדמה שהוא נובע בין השאר מכך שעצם ההבחנה בין בתולות לנשואות בעניין זה היא מיוחדת במינה ואינה מפורשת בגמרא. בסעיף זה נבקש לבחון הבחנה זו כשלעצמה, על מקורותיה וטעמיה, ולנסות להסיק מכך על דינן של אלמנה וגרושה.

המקור העיקרי להיתר גילוי ראש בבתולה נמצא בדברי ראשוני אשכנז בהלכות קריאת שמע, דוגמת דברי **הראבי"ה** (ברכות, סימן עו): "וכל הדברים שהזכרנו למעלה לערוה דווקא בדבר שאין רגילות להגלות, אבל בתולה הרגילה בגילוי שער לא חיישינן, דליכא הרהור". דברים ברוח זו כתב גם **הרא"ש** (ברכות, פרק ג, סימן לז), וכן פסקו **הטור** (או"ח, סימן עה) **והשו"ע** (שם, ב), אף שמדברי הרמב"ם (**משנה תורה**, הלכות איסורי ביאה, פכ"א הי"ז) אפשר להבין כי הוא אינו מקבל הבחנה זו - כפי שנזכר לעיל.

מלשונם של מקורות אלה עולה שהיתרן של הפנויות נובע מכך שהן רגילות לגלות את שערן. בנקודה זו יש לכאורה פרדוקס מסוים, שהרי אם היינו מתירים גם לנשואות לגלות את שערן היו גם הן רגילות בכך. ניתן להבין זאת בשתי דרכים:

א. אכן, לו תחלטנה בבת אחת כל הנשים הנשואות שאין הן מכסות את ראשן, הרשות בידן; אך המצב הנוכחי הוא שנשים נשואות נוהגות לכסות את ראשיהן וממילא אסור לאישה מסוימת לחרוג ממנהג זה.

ב. **בשו"ת ישועות יעקב** (אה"ע, סימן כא, תשובה מנכד המחבר) כתב שמנהג הנשים אף קודם מתן תורה היה שנשים נשואות מכסות את ראשן, ובאה התורה והעניקה למנהג זה תוקף מחייב. לפי דבריו, לאחר שניתנה התורה כבר נתקבע האיסור ושוב אין אפשרות לשנותו.

לענייננו, לפי האפשרות הראשונה תלוי חיובן של אלמנה וגרושה במנהג העולם, ואנו נשוב ונפתח כיוון זה לקמן; לעומת זאת, לפי ההבנה השנייה חובת כיסוי ראש תלויה במנהג הקדום של הנשים קודם מתן תורה, ועלינו לברר אם אלמנה וגרושה היו בכלל

11. כך כתב גם הרב מנחם מרדכי פרנקיל תאומים, 'בענין איסור פריעת ראש (ב)', **בית אהרן וישראל** קה, תשס"ג, עמ' נט-ס.

מנהג זה. סיוע מסוים להבנה שנשים אלו לא היו בכלל המנהג ניתן ללמוד מן המקור לדין כיסוי הראש - פריעת ראש האישה הסוטה. ממקור זה ניתן ללמוד דווקא לגבי נשים נשואות בפועל, שבהן שייך דין סוטה, ולא לגבי אלמנה וגרושה.[12]

כמו כן, אפשר לנסות ולהתחקות אחר הסברות שיכולות לעמוד בבסיס המנהג המבחין בין נשואות לבין פנויות, ולבחון לאורן את דין אלמנה וגרושה. בדברי הפוסקים מופיעים טעמים מספר להבחנה זו:

א. איסור אשת איש חמור מאיסור פנויה, ולכן דווקא באשת איש נהגו הרחקה זו.[13]
ב. מטרת כיסוי הראש הייתה בעיקרה להבדיל בין הנשים הנשואות שאינן זמינות לנישואין ובין הנשים הפנויות שאפשר לשאתן (מעין תפקידה של טבעת הנישואין בימינו).[14]
ג. התירו לפנויה לגלות את שערה כדי שגברים יוכלו להסתכל ביופייה ולהינשא לה.[15]
ד. עניינו של כיסוי הראש הוא שמירת האינטימיות שבגילוי השער בעבור הבעל בלבד.[16]

לפי כל הטעמים הללו נראה בבירור שאין סיבה לחייב אלמנה וגרושה בכיסוי ראש. גם רוב ככל הטעמים הנוספים שהובאו בספר **לבושה של תורה** (חלק א, עמ' רטו-רכד) שייכים דווקא באשת איש.

הוכחה מעניינת בעניין מנהג הנשים אפשר למצוא בדין גירושי שפחות של בני נח. בגמרא במסכת סנהדרין (נח ע"ב) מבואר שכאשר בן נח מייחד שפחה

12. סברה זו הובאה **בשו"ת יד אליהו** (פסקים, סימן עט) כראיה לכך שארוסה פטורה מכיסוי ראש, וניתן לכאורה ליישם אותה גם בנידון דידן.

13. עיינו בספר **את צנועים חכמה** (חלק א, עמ' נג) שדן באפשרות זו והציע אפשרות נוספת שלפיה החשש המוגבר באשת איש הוא משום ש'מים גנובים ימתקו' ולכן יש סבירות גבוהה יותר לכישלון.

14. כך כתב ר' יעקב עמדין בספר **מור וקציעה** (סימן עה, ד"ה ולענין); כך הציע הרב אפרים גרינבלט **בשו"ת רבבות אפרים** (חלק ו, עמ' תקסט) וזוהי גם דעת השואל **בשו"ת פנים מאירות** (חלק א, סימן לה).

15. ראו בספר **לבושה של תורה**, חלק א, עמ' ריט. גם **בשו"ע** (אה"ע, כא) מופיע דין כיסוי ראש בסמוך להיתר להסתכל בפנויה לשם נישואין.

16. כך עולה מדברי הזוהר (חלק ג, קכה ע"ב) המדגיש את האינטימיות הזוגית כבסיס לדין כיסוי ראש - בעקבות הפסוק "אֶשְׁתְּךָ כְּגֶפֶן פֹּרִיָּה בְּיַרְכְּתֵי בֵיתֶךָ" (תהילים קכ"ח, ג).

לעבדו היא נחשבת כאשת איש. הגמרא מבררת את אופן הגירושין של שפחה כזו ומלמדת: "מאימת התרתה? אמר רב הונא: משפרעה ראשה בשוק". **ברש"י** על אתר (ד"ה משתפרע) מבואר שאף הנכריות הנשואות היו רגילות שלא לצאת בראש פרוע, ולכן פריעת הראש היא ביטוי לגירושין. מדברי רש"י מוכח שמנהגם של בני נח הוא שדווקא נשים נשואות בפועל מכסות את ראשן ולא אלמנות או גרושות, ויש מקום לדייק מדבריו שגם אצל ישראל המנהג אינו שונה.

מבלי להזדקק לראיות וסברות אלו, כתב **בשו"ת ישועות יעקב** (אה"ע, סימן כא) כי אכן מצד עיקר המנהג ומצד עיקרו של דין התורה לא התחייבו אלמנה וגרושה בכיסוי ראש, אך למרות זאת הן חייבות בכך מסיבה עקיפה:

> נראה לי דמטעם אחר קאתינן לאסור, ולא משום איסור תורה דופרע את ראש האשה, ורק דכיון דבעודן נשואות היו מחויבות לכסות שער ראשן, אסורות שוב לגלותן משום ערוה דהוי כשאר מקומות המכוסין באשה ורק הבתולות שלא התחילו מעולם לילך עם כיסוי ראש והוי דרכן לגלותו מותר.[17]

לפי הסבר זה, גם אם נכונים דברינו לעיל ואין חיוב עקרוני של כיסוי ראש באלמנה וגרושה, הרי שאם האישה נהגה לכסות את ראשה בתקופת נישואיה שוב אין היא יכולה לגלותו משום ששערה הפך לאחד מ'המקומות המכוסים'. דברים ברוח זו כתב גם ר' משה פיינשטיין (**שו"ת אגרות משה**, אה"ע, חלק א, סימן נח) ביחס לדין כיסוי ראש באישה נשואה; לדבריו, מעיקר הדין רק פריעה גמורה של הראש נאסרה אך למעשה הנשים מכסות את כל ראשן מחמת איסור זה, ועל כן השיער כולו נחשב כ'מקומות המכוסים'.

ב. היתרים

כפי שראינו לעיל, מן המקורות עצמם לא ברור האם אלמנה וגרושה חייבות בכיסוי ראש כל עיקר. עם זאת, בקרב רבים מן הפוסקים רווחה הדעה שאלמנה וגרושה חייבות

---

17. **בשו"ת מחזה אליהו** (סימן קיח) העיר הרב פאלק שלפי זה דווקא אלמנה וגרושה שנהגו בפועל לכסות את ראשן חייבות בכך; וכן כתב שעיקר טעמו של **הישועות יעקב** מחודש מאוד שהרי לפי דבריו אישה שנהגה ללכת בבגד ארוך יותר מהנדרש לא תוכל לקצר אותו בעתיד. אומנם ניתן לדחות השוואה זו משום שכאן לא מדובר בהנהגה מקרית של האישה אלא דבר שמצד הדין היה נחשב כמכוסה לגביה (וכך תירץ בספר **מלבושי מרדכי**, סימן ג, הערה ט).

לכסות את ראשן.[18] עתה נבקש לדון בהיתרים שונים העשויים להיות תקפים גם לפי השיטות המחייבות באופן עקרוני כיסוי ראש לגרושה ואלמנה.

1. חשש מהפסד ממוני או מפגיעה בשידוכין

היתר ידוע ומפורסם שעליו הסתמכו רבים מפוסקי דורנו הוא היתרו של הרב משה פיינשטיין. הרב פיינשטיין נשאל על אודות אלמנה שהייתה נתונה במצוקה כלכלית ומצאה עבודה רק במקום שבו הייתה חייבת ללכת ללא כיסוי ראש. הרב פיינשטיין התיר לאותה אישה להסיר את כיסוי הראש במקום העבודה, ונצטט כאן מדבריו באריכות בשל חשיבותם (**שו"ת אגרות משה**, **אה"ע, חלק א, סימן נז**):

> והשבתי שיש להתיר לה בצורך גדול כזה, דהא פשוט שאף להבית שמואל והדגול מרבבה בסימן כ"א סק"ה שסברי מירושלמי שגם אלמנה אסורה ללכת פרועת ראש, הוא רק מצד דת יהודית דמדאורייתא הא רק באשת איש נאמר, ולכן כיון שיש לפרש דמאחר שלא נאמר בתורה בלשון איסור הוא רק חיוב עשה שתלך בכיסוי הראש...
>
> והחילוק לדינא הוא דאם הוא איסור יש לאסור אף בהפסד גדול שתפסיד כל ממונה אבל אם הוא רק חיוב עשה הוי גם אונס ממון דיותר מחומש אונס דבעשה חייב רק עד חומש. ולכן כל שהוא הפסד כחומש נכסיו ויותר כהא שאין משגת משרה להרויח לחיותה וחיות בניה הוא אונס שאינה מחוייבת...
>
> אך מכל מקום באשת איש שהוא דאורייתא יש לאסור מספק... אבל באלמנה שהוא רק דת יהודית יש להקל מספק דודאי לא חמיר מאיסור דרבנן שספק לקולא.

היתרו של הרב פיינשטיין מבוסס על כמה הנחות ושלבים: א. ספק אם דין כיסוי ראש הוא איסור לאו או מצוות עשה; ב. דין כיסוי ראש באלמנה וגרושה הוא רק מ'דת יהודית' שהוא כעין דרבנן, ולכן יש להקל בו מספק ולהכריע שהוא רק כמצוות עשה; ג. מותר לעבור על מצוות עשה כדי להימנע מהפסד ממוני כבד.

בשו"ת לב אברהם (סימן קז) **ובשו"ת מחזה אליהו** (סימנים קיח-קכ) הראו הרב

18. עיינו במאמרו של הרב משה צוריאל ('כיסוי שערות ראשיהן של גרושה ואלמנה', **תחומין** ל, תש"ע, עמ' 216-221) שפקפק בכך, ולמעשה הסיק ש"אשה שמצבה דורש זאת - על כל רב ותלמיד חכם ליידע אותה בדבר המתירים, ולהודיעה שיש על מי לסמוך גם בבואה להתיר לעצמה את גילוי הראש".

אברהם ויינפלד והרב פסח אליהו פאלק שאפשר לחלוק על כל אחת מהנחותיו של הרב פיינשטיין,[19] ולפיכך נטו לאסור לגמרי את גילוי הראש במקרה זה.[20] גם הרב עובדיה יוסף (**שו"ת יביע אומר**, חלק ד, אה"ע, סימן ג) חלק באריכות על היתרו של הרב פיינשטיין - בעיקר על ההנחה השלישית שלפיה מותר לעבור על איסור עשה כדי להימנע מהפסד כספי. אומנם, הרב עובדיה יוסף עצמו פסק כדעת **המגן אברהם** שחובת כיסוי ראש באלמנה וגרושה היא מדרבנן בלבד, ועל כן התיר לאלמנה וגרושה ללכת עם פאה נוכרית (גם שלא במקום הפסד).[21]

במקום אחר (**שו"ת אגרות משה**, אה"ע, חלק ד, סימן לב, אות ד) הרחיב הרב פיינשטיין את היתרו מתרחיש מקומי של הפסד ממוני לתופעה רחבה הרבה יותר של נשים המבקשות להינשא בשנית וכיסוי הראש מקשה עליהן בכך:

> באשה צעירה גרושה שאינה רצונה שידעו שהיתה נשואה (ויימנעו מלהשתדך עמה) שלכן רצונה ללכת בלי כיסוי הראש... יש להתיר גם לה שהוא הפסד גדול לענין השגת אחד לנושאה כמו שהתרתי שם, דגרושה שצריך לכסות ראשה אינו גם כן מדאורייתא אלא מצד דת יהודית, אבל צריכה לידע שבמקום שאין לה לחוש צריכה לכסות ראשה ולא תהיה מותרת לגמרי בשביל זה.

דברים אלו של הרב פיינשטיין הפכו לנכסי צאן ברזל של הפוסקים והמשיבים בדורנו, כפי שהעיד בעל **שו"ת רבבות אפרים** (חלק ו, עמ' תקעא) בשם הרב יוסף שלום אלישיב.[22] הרב פיינשטיין הדגיש שמדובר בהיתר מקומי לצורך שידוכין ולא בפטור גמור מחובת כיסוי הראש, אולם בפועל נראה שבחברה שבה חלק גדול מההיכרויות

19. א. מלשונו של תנא דבי ר' ישמעאל, "אזהרה לבנות ישראל", אפשר ללמוד שמדובר בלאו ולא בעשה. ב. **הב"ח** (ראו לעיל בגוף הפרק) למד את איסור אלמנה וגרושה מן הלשון "בנות ישראל" שבדברי תנא דבי ר' ישמעאל, הכוללת גם פנויות, וממילא משתמע שמקור האיסור ותוקפו זהה לאלו של נשים נשואות (אומנם **הלב אברהם** עצמו הודה שיש דוחק בדברי **הב"ח** כי לדבריו צריך היה לאסור גם בתולות). ג. יש אומרים שמצוות עשה נדחית מפני הפסד ממוני רק ב'שב ואל תעשה' ו'לא בקום עשה'; וכמו כן, במקרה שבו דן הרב פיינשטיין מדובר במניעת רווח ולא בהפסד ישיר.

20. כך הכריע גם בספר **כבודה בת מלך**, פרק א, סעיף א.

21. אכן, לא ברור כיצד הרב עובדיה יוסף פוסק כדעת **המגן אברהם** ולמרות זאת מחייב דווקא אלמנה וגרושה בכיסוי ראש, בניגוד **למגן אברהם** שהשווה לחלוטין בין בתולות לבין אלמנות וגרושות.

22. כך פסק גם הרב אליעזר מלמד במאמרו 'הלכות צניעות ב'' (מצוי באתר 'ישיבה', בכתובת http://www.yeshiva.org.il/midrash/1831). כך כתב גם הרב שלמה אבינר (**שו"ת שאילת שלמה**,

נוצרות על רקע מפגשים מקריים ברשות הרבים, יש להרחיב את ההיתר לכל סיטואציה שבה יש אפשרות למפגש כזה. אפשרות של היתר כללי אף יותר ננסה להציע בסעיף הבא.

2. מנהג והרגל בדין כיסוי ראש[23]

בדברינו לעיל, בעניין ההבחנה בין פנויה ונשואה באשר לכיסוי ראש, הצענו אפשרות שלפיה דין כיסוי ראש תלוי לחלוטין במנהג, ואם תחלטנה הנשים שמעתה אין הן מכסות את ראשן גם לאחר נישואיהן תיפטרנה מחובה זו. דברים מפורשים ברוח זו כתב הרב יהושע העשיל באב"ד (**שו"ת ספר יהושע**, אה"ע, סימן פט):

> שכל דבר הנראה תמיד ואין דרכן לכסותן ורגילים בהו אנשים, אין זה ערוה ואין בני אדם מתגרים בהם... אבל במה שמנהג לכסותן אז בהתגלות קצת מתגרים בני אדם מהם אז ערוה מיקרי ואסור מדאורייתא... אבל אי הוי נוהגין כל בנות ישראל לצאת בפריעות לא הוי שום איסור אפילו בנשואות לצאת בכך.

לדעת **הספר יהושע**, דין כיסוי ראש תלוי באופן מוחלט במנהג הנשים, ובאופן עקרוני הן יכולות לבטל אותו לחלוטין.

הפוסקים דנו רבות בשאלה עקרונית זו, ורבים חלקו על הגישה הנזכרת לעיל,[24] ועל כן למעשה אין הנשים יכולות להתיר לעצמן את איסור פריעת הראש. עם זאת, ייתכן שביחס לאלמנה וגרושה המצב שונה. בסוף תשובתו הנזכרת (**שו"ת אגרות משה**, אה"ע, חלק א, סימן נז) כתב הרב פיינשטיין סברה נוספת לפטור אלמנה מכיסוי ראש במקום הפסד:

> ויש גם לומר שאולי דת יהודית הוא רק מדיני מנהג שאין לאסור באופן שלא מצינו שנהגו ובמקום הפסד הא לא מצינו שנהגו.

חלק ג, סימן שסא), והוסיף שגם בלי קשר לשידוכין יש מקום להתיר זאת אם לאישה יש קושי נפשי להמשיך לחבוש את כיסוי הראש.

23. דיון ביחס למקומו של המנהג בשאר דיני צניעות, ראו לעיל בפרק האחד־עשר. דיני כיסוי הראש קובעים ברכה לעצמם בשל ריבוי המקורות הקושרים בין חובת הכיסוי לבין מנהג הנשים, כפי שנראה להלן.

24. עיינו ב**שו"ת יביע אומר**, חלק ד, אה"ע, סימן ג, אות ב.

כלומר מכיוון שכיסוי ראש של אלמנה וגרושה הוא רק מדין 'דת יהודית', הרי שהוא תלוי במנהג ויכול להתבטל לפיו.[25] הרב פיינשטיין יישם סברה זו ביחס למקום הפסד, אך ניתן גם ליישם את הסברה ביחס לאלמנות וגרושות צעירות בכלל, אם המנהג המקובל אצלן הוא שהן אינן מכסות את ראשן.

עד כה עסקנו במנהגן הכללי של נשים הנמצאות במעמד מסוים בכל הנוגע לכיסוי ראשן, אך יש לדון גם ביחס להרגלה של האישה הפרטית. לעיל ראינו כי **הישועות יעקב** טען שאלמנה וגרושה נאסרו בפריעת הראש רק משום שהורגלו לכסות את ראשן בזמן הנישואין. כמו כן ראינו את דברי הרב פיינשטיין שכתב שהגדרת השיער כולו כ'ערווה' נובעת רק מן ההרגל לכסותו; ואף בעל **שו"ת ספר יהושע** כתב שאלמנה וגרושה חייבות בכיסוי ראש משום שכבר הורגלו לכסות את ראשן ולכן שערן נחשב כ'מקומות המכוסים'.[26]

לאור הדברים הללו ניתן להציע היתר נוסף שיועיל לרבות מן האלמנות והגרושות. במקרה שבו האלמנה או הגרושה נדרשת להיתרו של הרב פיינשטיין במהלך חלק ניכר מזמנה - וזו המציאות הרווחת בימינו, כשכל מפגש ברחוב עשוי להוביל בעקיפין ליצירת קשר - הרי ששערה אינו נחשב עוד כ'מקום מכוסה' ולפיכך אין האישה צריכה לשוב ולכסותו גם לאחר מכן. כמו כן, יש לדון במקרה של אישה שהתאלמנה או התגרשה ימים מעטים או שבועות ספורים לאחר חתונתה ואפשר שיש להגדירה כמי שטרם הורגלה לכסות את שערה ולכן יכולה לשוב ולגלותו.

סיכום

א. באשר לעיקר חובת כיסוי ראש לאלמנה וגרושה יש אי־בהירות במקורות הקדמונים וכן מחלוקת בין הפוסקים. עם זאת, הכרעת רוב הפוסקים האחרונים היא שאלמנה וגרושה חייבות לכסות את ראשן וכך נוהגות למעשה אלמנות מבוגרות וגרושות מבוגרות.

ב. חובת כיסוי ראש של אלמנה וגרושה קלה מזו של אשת איש: לדעת הרב בן־ציון

25. ראו לעיל עמ' 277.

26. לשונו של בעל **שו"ת ספר יהושע** (אה"ע, סימן פט) היא: "אלמנות וגרושות פנויות, כיון שכבר נהגו לכסות ראשן בצעיף, אסורים מדאורייתא לילך בפריעות ראש, דלגבייהו כיון שאינן הרגילות בכך ערוה מקרי כשמגלין שער ראשן". מדבריו לא ברור עד תום אם ה"הרגל" האוסר הוא ההרגל של אותה אישה בשעת נישואיה, או של האלמנות והגרושות כקבוצה; אך דברי **הישועות יעקב** ברורים והם כפי שכתבנו וכפי שהבין הרב פאלק (**שו"ת מחזה אליהו**, סימן קיח) כנזכר לעיל.

אבא־שאול חייבות אלמנה וגרושה רק בדיני 'דת משה' ופטורות מדיני 'דת יהודית'; ואילו לדעת הרב משה פיינשטיין והרב עובדיה יוסף הן חייבות רק משום 'דת יהודית' ועל כן ניתן להקל בכל הספקות הרלבנטיים (כגון: פאה נוכרית, גילוי הראש בתוך הבית, הוצאת חלק מהשיער).

ג. במקום הפסד מרובה או לצורך שידוכין סמכו פוסקים רבים על דבריו של הרב פיינשטיין והתירו לאלמנה ולגרושה לגלות את ראשן באופן זמני. בדבריו של הרב פיינשטיין מפורש שהיתר זה אינו אמור דווקא לגבי זמן הפגישה עם המשודך אלא בכל זמן שבו יכולים אנשים לראות את האישה ולרצות להיפגש עימה לשם נישואין; בפועל מדובר בחלק הארי של המקרים.

ד. אפשר להתיר לאלמנות וגרושות צעירות, שכיסוי הראש קשה להן, להסתמך על הדעות המקילות ולגלות את ראשן גם היכן שגילוי הראש לא נדרש לצורכי שידוכין.[27] היתר זה אינו גורף והוא נסמך על כמה נקודות המצטרפות זו לזו:

1. דעת **המגן אברהם** ופוסקים נוספים הסבורים שאין להבחין בין בתולה לבין אלמנה וגרושה לעניין כיסוי הראש.
2. דעת הפוסקים הסבורים שחובת כיסוי ראש (לפחות באלמנות ובגרושות) תלויה במנהג, והכרה בעובדה שבימינו אין מנהג גמור להחמיר בזה.
3. דעת **הישועות יעקב** והספר **יהושע** שלפיה אלמנה וגרושה פטורות מעיקר החיוב וחיובן הוא רק משום שהורגלו לכסות את שערן. לפי דעה זו ביארנו שאצל נשים הנדרשות בחלק ניכר מזמנן להיתרו של הרב פיינשטיין אין השיער נחשב כמקום מכוסה.

ה. לאור זאת, ההיתר אמור דווקא במקום שבו אין מנהג ברור להחמיר ודווקא בנוגע לנשים שמבקשות באופן עקרוני להינשא בשנית ועל כן צריכות ללכת לפעמים בגילוי ראש.[28]

---

27. כך נטה לפסוק גם הרב מאיר אמסעל במאמרו 'בתולה שהתגרשה ימים אחדים אחרי נישואיה' (לעיל הערה 6).

28. המבקשות להחמיר יכולות להגביל את ההיתר לגילוי השיער ולא להליכה בשיער פזור לגמרי, וכך להסתמך על דעת **המגן אברהם** שלפיה כל הפנויות מותרות בגילוי הראש אך אסורות בפריעתו בשוק. המבקשות להחמיר על עצמן אף יותר, יכולות ללכת במקומות ציבוריים עם כיסוי ראש חלקי (כגון סרט רחב וכדומה) וכך יצאו ידי שיטת הרב אבא־שאול הנזכרת לעיל. כמו כן, כיסוי ראש חלקי עונה לחובת כיסוי הראש מן התורה לדעת הרב פיינשטיין שדבריו הובאו לעיל. מלבד זאת, אם האישה נוהגת כדת משה, הרי שגם לפי מי שסבור שאלמנה וגרושה חייבות בכיסוי הראש כנשואות גמורות, החומרות של 'דת יהודית' תלויות במנהג הנשים בכל מקום וניתן לבטלן ביתר קלות.

שער רביעי

חברה מעורבת

טו

ריקודים מעורבים

"לאחרונה יצא לי להשתתף בכמה חתונות של חברים דתיים שבהן בשלב מסוים (בדרך כלל אחרי שרוב בני דור ההורים כבר הלכו) הוסרה המחיצה בין הבנים לבנות והחלו ריקודים מעורבים. לפעמים מדובר היה בְּריקודים מעורבים לגמרי, אך יש שהקפידו לרקוד אחד כנגד השני בלי לגעת זה בזו באופן ישיר. רציתי לשאול: האם יש היתר כלשהו להשתתף בריקודים כאלו?"

פתיחה

התהליכים העוברים על העולם המודרני כרוכים בין השאר בהסרת המחיצות ביחסים בין המינים. תופעה זו מקבלת ביטויים שונים בתחום הלבוש ומערכות הקשרים הבלתי־מחייבות הנבנות בין נשים לגברים, אך היא חודרת גם אל המרחב הציבורי: במקוֹמות רבים מתפשטות נורמות התנהגות 'משוחררות' יותר דוגמת ריקודים מעורבים בשמחות ובמסיבות, גם בקרב בוגרי ישיבות ובוגרות מדרשות.

לתופעה זו גורמים רבים שחלקם עתיקים כימות עולם. המעיין בספרות השו"ת ובמנהגי הקהילות לאורך הדורות ימצא חוט השוזר את כולם: התנגדות חד־משמעית של רוב ככל הפוסקים ומנהיגי הקהילות לריקודים מעורבים; התנגדות הניצבת כנגד חלק מבני הקהילה אשר בפועל ממשיכים לרקוד במעורב - במינונים שונים ובאופנים שונים.[1] נדמה כי זהו מתח מובנה הקיים בעולם הריקוד והשמחה; עולם שבמהותו

1. צבי פרידהבר, 'המחול בחברה היהודית בראי ספרות המוסר ותקנות הקהילות במאות 17-18', **דברי הקונגרס העולמי למדעי היהדות** י, תשמ"ט, חטיבה ד, כרך שני: אמנות פולקלור ומוסיקה,

מבקש לפרוץ, להשתחרר ולצעוד מעבר לגבולות, אך דווקא בו יש לגבולות חשיבות רבה כל כך, "וְגִילוּ בִּרְעָדָה" (תהילים ב', יא).[2]

נראה שתופעה זו מתחזקת בעקבות אי־הבהירות סביב עמדת ההלכה בשאלות שונות הנוגעות לתחום היחסים בין המינים. תחום שבו אפשר למצוא הבדלים של שמיים וארץ בין ציבורים שונים ובין פוסקים שונים, ומקורותיו לעיתים מעורפלים ודו־משמעיים. משום כך יש חשיבות לבירור ההלכה ממקורותיה, כדי לבאר את האיסורים, לבסס אותם ולסרטט את גבולותיהם.

א. האיסור על ריקודים מעורבים לאורך הדורות

תופעת הריקודים והמחולות מלווה את העולם בכלל ואת עם ישראל בפרט כבר אלפי שנים,[3] ובמקורותינו מצויות התייחסויות חיוביות לריקודים, הן של נשים הן של גברים: "וַתִּקַּח מִרְיָם הַנְּבִיאָה אֲחוֹת אַהֲרֹן אֶת הַתֹּף בְּיָדָהּ וַתֵּצֶאןָ כָל הַנָּשִׁים אַחֲרֶיהָ בְּתֻפִּים וּבִמְחֹלֹת" (שמות ט"ו, כ); "יֵצְאוּ בְנוֹת שִׁילוֹ לָחוּל בַּמְּחֹלוֹת" (שופטים כ"א, כא); "אָז תִּשְׂמַח בְּתוּלָה בְּמָחוֹל וּבַחֻרִים וּזְקֵנִים יַחְדָּו" (ירמיהו ל"א, יב) ועוד. אולם דווקא ממקורות אלו עולה כי הנשים והגברים לא רקדו יחדיו,[4] כפי שדייק המהרש"ל (**ים של שלמה**, גיטין, פרק א, סימן יח): "משמע דוקא שהבחורים יהיו עם זקנים, ובתולות יהיו במחול לבדן... גם אמר הכתוב 'בחורים וגם בתולות', ולא אמר בחורים עם בתולות, כמו שאמר גבי 'זקנים עם נערים', אלא להשמיע לנו הבדלן",[5] ומו"ר הרב צבי יהודה קוק זצ"ל היה שב ומדגיש הבחנה זו.[6]

מאידך־גיסא בדברי חז"ל מצויים תיאורים שמהם אפשר להבין אחרת. הבולט שבהם נמצא במשנה במסכת תענית (פ"ד מ"ח): "לא היו ימים טובים לישראל כחמשה עשר באב וכיום הכפורים שבהן בנות ירושלם... יוצאות וחולות בכרמים". מן המשנה

עמ' 21-28; הנ"ל, 'חיי המחול בקהילות היהודים הספרדיים', בתוך: יששכר בן־עמי (עורך), **מורשת יהודי ספרד והמזרח**, ירושלים תשמ"ב, עמ' 347-353.

2. על הסכנות ופריצת הגבולות העשויים להתלוות לריקוד ראו במאמרו של ראובן בונפיל, 'קווים לדמותם הרוחנית והחברתית של יהודי איזור וויניציאה בראשית המאה הטז', **ציון** מא, תשל"ו, עמ' 68-96 (בעיקר בעמ' 84-85).

3. ראו בספרו של צבי פרידהבר, **המחול היהודי: מסות**, חיפה תשכ"ח.

4. ראו בספר **גן נעול: פרקי צניעות**, עמ' 151-156.

5. דברים דומים כתב כבר בעל **ספר חסידים** (סימן קסח); ועיינו גם **בערוך השולחן**, אה"ע, סימן כב, סעיף ג.

6. ראו הערתו על **ספר חסידים**, הוצאת מוסד הרב קוק, עמ' תקצז.

מוכח לכאורה שהריקוד היה נעשה לעיני הגברים, שלהם ביקשו הנערות להינשא, אולם מלבד שאין מדובר במשנה על ריקוד משותף של גברים ונשים, מסתבר שהדבר הותר דווקא בהקשר של בחירת בן זוג לנישואין.[7]

סקירה יסודית של דברי הפוסקים בגנות הריקודים המעורבים התפרסמה לפני כארבעים שנה במאמריהם של הרב שלמה אבינר והרב יהודה הנקין בכתב העת **המעין**,[8] והיא שבה ונדפסה בספריהם.[9] סקירה מקיפה של ספרות השו״ת ותקנות הקהילות בעניין אפשר למצוא במאמריו ובספריו של ד״ר צבי פרידהבר, חוקר תולדות המחול היהודי.[10] לא נחזור כאן על הראשונות, אך נציין כי ממקורות אלה עולה תמונה ברורה של התנגדות לריקודים מעורבים: החל מתקופת הגאונים,[11] עבור דרך תקנות הקהילות בימי הראשונים,[12] וכלה בפסקי ההלכה של אחרוני האחרונים (ובכללם המשתייכים לציונות הדתית, כגון: הראי״ה קוק, הרב חיים דוד הלוי ועוד).[13] גדולי ישראל לא חסכו את שבטם מן העוברים על האיסור, וכינו אותם ״עוברים על כל אזהרות חז״ל״ (**של״ה**, שער האותיות, קדושת המעור, סור מרע) ו״פריצים״ (**שו״ת זכרון יוסף**, או״ח, סימן יז), ואף קראו לנדותם (**דרך פקודיך**, מצוות לא־תעשה לה, חלק הדיבור, אות יד).

לא נימנע מלהזכיר את החריגים מקרב הפוסקים שמדבריהם אפשר לשמוע צדדי

7. ראו **ים של שלמה**, גיטין, פרק א, סימן יח, וכן במאמריהם של הרב אבינר והרב הנקין המובאים בהערה הבאה.
8. הרב שלמה חיים הכהן אבינר, ׳רקודים והלכות צניעות׳, **המעין** יח(א), תשל״ח, עמ׳ 1-16; הנ״ל, ׳רקודים והלכות צניעות (המשך)׳, **המעין** יח(ב), תשל״ח, עמ׳ 54-68; הרב יהודה הרצל הנקין, ׳הערות למאמר ״רקודים והלכות צניעות״׳, **המעין** יח(ד), תשל״ח, עמ׳ 78-95.
9. **גן נעול: פרקי צניעות**, עמ׳ 151-191; **שו״ת בני בנים**, חלק א, סימן לז.
10. צבי פרידהבר, ׳המחול ביהדות ימי־הביניים והרניסאנס׳, **מחול בישראל**, 1984, עמ׳ 5-10. בין המקורות הקדומים שהובאו במאמר זה, ולא צוינו במאמרים של הרבנים הנקין ואבינר, מלבד תקנות הקהילות, יש להזכיר את פירוש **משיבת נפש** על התורה לר׳ יוחנן לוריא (המאה ה־15), פרשת חיי שרה, ד״ה אך, את ספר **ראשית ביכורים** לר׳ חנוך העניך (סוף המאה ה־17 לסה״נ), חלק ב, כט ע״א, ואת **שו״ת זרע אמת**, יו״ד, סימן צח.
11. ראו **אוצר הגאונים**, סוכה נב ע״א, אות קצ: ״מהו במחול האנשים והנשים בערבוביה? אסור לחול כן״.
12. על תקנות אלו העידו מהר״ם מרוטנבורג (מובא **בכלבו**, סימן סו), ר׳ דוד קורפו (**שו״ת הרד״ך**, בית יב) ועוד. מקור מעניין נוסף הוא **שו״ת אהלי יעקב** (לר׳ יעקב קאשטרו, מהריק״ש), סימן ס: ״בשנים קדמוניות היתה פרצה גדולה במצרים בענין החופות שהיו באות בחורות גויות לנגן ולרקד מלובשות משי ורקמה... ותקנו והעמידו כמה אנשים בחברה קדושה לנגן ולשיר בהכנסת כלה״.
13. ראו אצל הרב אבינר, **גן נעול: פרקי צניעות**, עמ׳ 151-191.

היתר בעניין זה. בספר **כלבו** (סימן סו) הובאה עדות שלפיה מהר״ם מרוטנבורג התיר לבניו ריקודים מעורבים (למרות החרם שהוטל על כך), והוכיח את ההיתר מן הכוהן המניף את המנחה יחד עם האישה הסוטה.[14] עדות מפתיעה לא־פחות אפשר למצוא בתקנות קהילת פאדובה, שחתומים עליהן רבים מגדולי הדור בתחילת המאה ה־15 לסה״נ ובראשם מהר״י מינץ: ״גזרנו על האנשים שלא ירקדו עם הנשים הנשואות שום זכר עם נקבה נשואה, מלבד בימי הפורים. אמנם עם הפנויות יוכלו לרקד... והעובר על זה יעבור על דת יהודית״.[15] לכאורה פוסקים אלה לא ראו בריקוד כזה איסור גמור, אולם מסתבר שיש לבחון את הדברים על רקע חוסר היכולת להניא את הקהילות כולן באופן גורף מן הריקוד.[16]

היתר מסויג אחר אפשר למצוא בתקנות קהילת מנטובה משנת 1687: ״אשרנו והסכמנו לחלות פני כמוהר״ר משה זכות שיתיר לעשות מחול אנשים ונשים בנישואי בחור ובתולה פעם אחת בלבד, אך בתנאי שיהיו מלובשים בבתי ידים. כמו כן, להתיר בכל זמן ללומדי המחול ללומדו האנשים עם הנשים עם בתי ידים״.[17] אולם מגרסאות קודמות ומאוחרות יותר של תקנות קהילת מנטובה, נראה בבירור שמדובר בניסיון להתפשר מול לחץ ציבורי גדול (ולא ברור אם ר׳ משה זכות אכן נענה לו).[18] בין כך ובין כך, מדובר בעמדות חריגות ביותר הבטלות בשישים אל מול האיסור הגורף העולה מדברי כל הפוסקים.

אחר שהראינו לדעת כי ריקודים מעורבים נאסרו באופן מוחלט על ידי הפוסקים ומנהיגי הקהילות, נבקש לברר את יסודות האיסור ומתוך כך גם את גדריו.

---

14. החיד״א כבר תמה על דברים אלו **בשו״ת יוסף אומץ**, סימן צז.
15. ראו אצל בונפיל, ׳קווים׳ (לעיל הערה 2). הקלות מסוימות בתקנות הריקודים בימי הפורים אפשר למצוא גם בתקנות קהילת מנטובה; ראו צבי פרידהבר, ׳המחול בקהילות יהודי דוכסות מאנטובה במאות הי״ז והי״ח׳, **פעמים** 37, תשמ״ט, עמ׳ 67–77. גם מהר״י מינץ עצמו ידוע בהתייחסותו הסלחנית להתנהלות בימי הפורים (**שו״ת מהר״י מינץ**, סימן טו): ״על דבר לבישת הפרצופים שנוהגין ללבוש בחורים וגם בתולות זקנים עם נערים בפורים״, ועיינו **בשו״ת בני בנים**, חלק א, סימן לז, סעיף 5.
16. ראו: שם, סעיף 6; פרידהבר, ׳המחול ביהדות ימי־הביניים׳ (לעיל הערה 10).
17. פרידהבר, ׳מאנטובה׳ (לעיל הערה 15).
18. שם.

ב. יסודות האיסור

1. 'לא תקרבו לגלות ערווה'

כיוון שרוב הנשים הפנויות בימינו הן נידות, נראה כי האיסור העיקרי שיש לדון בו בענייננו הוא איסור קרבה לעריות, שלדעת הרמב"ם תוקפו מדאורייתא ולדעת הרמב"ן תוקפו מדרבנן.[19] אכן יש לדון אם מגע במהלך ריקוד נכלל באיסור זה, משום שלדעת רוב הפוסקים נגיעה שאינה של חיבה מותרת מדאורייתא,[20] ויש להסתפק אם מגע במהלך ריקוד נחשב כמגע של חיבה. כאשר מדובר בריקוד זוגות אינטימי, ברור שזהו מגע בעל פוטנציאל מיני וממילא הוא אסור מן התורה (לדעת הרמב"ם); אך כאשר מדובר במגע בעל אופי סתמי יותר, כגון במעגל רוקדים האוחזים זה בידו של זה, יש לדון בדבר.

שורש הספק הוא מהות המושג 'חיבה' בהקשר זה: אפשר להבין שכל מגע שאיננו טכני נחשב כמגע של חיבה, משום שיש בו קרבה והנאה מסוימת; לחילופין, אפשר שדווקא מגע שהוא חלק מתהליך שסופו ביאה נאסר מן התורה. לעיל בפרק הראשון (עמ' 36 ואילך) הבאנו את מחלוקת הפוסקים בסוגיה והכרענו כי מגע מסוג זה לא נאסר מדאורייתא, אך מדרבנן הוא אסור כשאין מדובר בשעת הצורך. כמו כן, כאשר המגע יוצר תחושה של קרבה בעלת אופי מיני בעבור אחד הצדדים, מסתבר שהוא אסור מדאורייתא.

בהיבט זה עסק בין היתר הרב הנקין, שהראה באריכות כי בכל דברי הראשונים וראשוני האחרונים שכתבו בגנות הריקודים המעורבים "לא נמצא לאחד מהם שהזכיר איסור תורה של נגיעה" (**שו"ת בני בנים**, חלק א, סימן לז, סעיף 8); ומכך הוכיח הרב הנקין שאיסור נגיעה אינו קיים בריקודים מעורבים. אולם יש להעיר על דבריו כי לגבי רבים מן המקורות כלל לא ברור שהם עוסקים בריקוד הכולל מגע פיזי בין גברים לנשים.[21] עם זאת, בספר **כלבו** (סימן סו) אכן נאמר שיש שדרשו על האיסור

19. ראו לעיל עמ' 27 ואילך.

20. ראו לעיל עמ' 31 ואילך.

21. **באוצר הגאונים** (סוכה נב ע"א) השאלה היא: "מהו במחול האנשים והנשים בערבוביה", והתשובה היא ש"אסור לחול כן אלא האנשים לבד והנשים לבד". קשה לדעת באיזה מחול מדובר בדיוק, אך לא ברור שהנידון הוא מצב שבו אנשים היו נותנים ידיים לנשים האסורות עליהן. הוא הדין גם לדברי **ספר חסידים** (סימן קסח): "אל תערב בנים ובנות פן יחטיאו אז תשמח בתולה במחול לבדם אבל בחורים וזקנים יחדיו", וכן **לשו"ת הרד"ך** ו**לשו"ת בנימין זאב**, שם נאמר: "העידו לפנינו איך חלק מפריצי בני עמנו בהיותם חלין במחולות אנשים ונשים יחד, שלחו ידיהם בחיק הנשים שהיו

את הפסוק "יָד לְיָד לֹא יִנָּקֶה רָּע" (משלי י"א, כא), ומשתמע שהיה בריקודים האסורים מגע כלשהו בין הידיים,[22] ולמרות זאת המגע עצמו לא הוגדר כקרבה לעריות.

עוד יש להעיר כי במקומות מסוימים נהוג היה ללבוש כפפות במהלך הריקוד,[23] ואפשר שמשום כך לא התייחסו הפוסקים לריקוד כאל מגע האסור מדאורייתא;[24] אולם מדברי כמה מן האחרונים נראה בבירור כי לדעתם גם במגע ישיר אין איסור תורה.[25] מאידך־גיסא אפשר שאין להוכיח ממקורות אלו כי לדעת מחבריהם המגע במהלך ריקוד מותר לגמרי, וייתכן שחשבו שהוא אסור רק מדרבנן ומשום כך ביקשו להצביע על היבטים חמורים יותר הקיימים בריקודים מעורבים, וכדלקמן.[26] כמו כן, בדברי אחרונים רבים מבואר כי אכן לדעתם בריקודים יש איסור תורה של קרבה לעריות.[27]

נשואות, ותהי זעקה גדולה ומרה". לא ברור עד תום מהו הדבר שעורר זעקה, ובמה הוא שונה מן המציאות המקובלת: אפשר להבין שהריקודים תמיד כללו מגע, והחידוש היה בכך שהמגע היה אינטימי יותר או בכך שנגעו בנשים נשואות; אך אפשר גם להבין שעצם המגע לא היה חלק מובנה מן הריקודים.

22. בהמשך נאמר כי מהר"ם מרוטנבורג, שהתיר את הדבר, "מביא ראיה מכהן גדול על ענין סוטה שלוקח המנחה מידו לידה". מעניין לשים לב לתיאור של 'לקיחת המנחה' שאיננו כולל מגע של ממש. גם הדרשה של 'יד ליד' מתייחסת במקור למי ש"מרצה מעות מידו לידה של אשה", וגם שם לא ברור אם יש מגע פיזי ביניהם.

23. פרידהבר, 'מאנטובה' (לעיל הערה 15).

24. ראו עוד לעיל בפרק השני. אף אם חלק מן הרוקדים היו עושים זאת בלי כפפות, מסתבר שדברי התקנות והחרמות נוסחו באופן ההולם את התופעה כולה - מבלי להותיר פתח להבחין בין מקרה למקרה.

25. ראו למשל בדברי החפץ חיים (**אהבת חסד**, חלק ג, הערות לפרק ו): "ועל כולם מצוי שעובר על ידי הריקוד גם על הלאו דלא תקרבו לגלות ערוה כי... לפעמים מחבקין ומנשקין איש את רעהו בעת הריקוד". מדבריו משתמע, כפי שדייק הרב הנקין, שבעצם המגע שבריקוד אין איסור תורה.

26. עיינו בספר **אום אני חומה** (חלק ב, חידותם משתעשעות, סימן רפז) שכתב שהפוסקים לא הזכירו את עניין הקרבה לעריות משום שלא רצו לנמק את דבריהם באופן שיפתח פתח לחלוק עליהם, והוסיף שוודאי יש כאן איסור תורה משום שזהו מגע היוצר קשר שעשוי להביא בעתיד לידי ביאה.

27. ראו למשל **בשו"ת בנין ציון**, סימן קלט: "כשמרקדים בחורים ובתולות יחד ועוברין על אביזרא דעריות"; וכן **בשדי חמד**, חלק ז, מערכת חתן וכלה וחופה, אות יב, עמ' 27: "לאו דוקא חיבוק ונישוק אלא כל נגיעה מידו לידה אסורה". כך כתבו גם הרב מנשה קליין (**שו"ת משנה הלכות**, חלק י, סימן ריט) והרב משה שטרנבוך (**שו"ת תשובות והנהגות**, חלק ג, סימן רמו). בהקשר זה יש להעיר על דברי הרב אבינר (**גן נעול: פרקי צניעות**, עמ' 166, הערה 14, אות כז) שציטט את דברי הרב קוק בעניין הריקודים (**שו"ת עזרת כהן**, סימן ל): "וחלילה לחקות את פורקי עול תורה ויראת שמים, ולהכשל אפילו בשמצא דאביזרא האסורה ומגונה". הרב אבינר למד מכאן

מלבד המגע הפיזי, עצם הריקוד נכלל באופן פשוט בגדרי קרבה לעריות כפי שהם מפורטים במניין המצוות הקצר לרמב"ם (הקדמה ל**משנה תורה**, לא־תעשה שנג):

שלא לקרב בעריות בדברים המביאים לידי גילוי ערוה כגון חיבוק ונישוק ורמיזה וקפיצה.[28]

וכן **בפירוש המשנה** (סנהדרין פ"ז מ"ד):

המצחק עם אחת העריות, והשחוק עמה והקריצה בעין לשם תענוג, כל זה אסור והעושה אותם חייב עליהם מלקות.

ממקורות אלו נראה שפעולות של 'שחוק' אסורות מן התורה גם ללא מגע פיזי ישיר, אולם מלשון הרמב"ם **במשנה תורה** (הלכות איסורי ביאה, פכ"א, הלכות א–ב) נראה אחרת:

חבק ונשק דרך תאוה ונהנה בקרוב בשר הרי זה לוקה מן התורה... ואסור לאדם לקרוץ בידיו וברגליו או לרמוז בעיניו לאחת מן העריות או לשחוק עמה או להקל ראש ואפילו להריח בשמים שעליה או להביט ביפיה אסור, ומכין למתכוין לדבר זה מכת מרדות.[29]

מדברי הרמב"ם משתמע שפעולות שאין בהן מגע ישיר נאסרו מדרבנן בלבד, וכך אכן כתב **המגיד משנה** (שם, הלכה ב).[30] גם הרמב"ן (**השגות הרמב"ן לספר המצוות**, לא־

שאיסור הריקוד הוא בגדר 'אביזרייהו דעריות' ממש, אולם נראה יותר מלשון הרב קוק שיש כאן רק 'שמץ' מן הדבר האסור והמגונה ולא איסור תורה גמור שהוא בדין 'ייהרג ואל יעבור'.

28. יש לדון אם פעולות אלו כלולות בלשון הכללית שאותה נקט הרמב"ם **בספר המצוות** שלו (לא־תעשה שנג, בתרגום הרב קאפח): "שהזהירנו מקרוב לאחת מכל אלו העריות ואפילו בלא ביאה, כגון חבוק ונשיקה והדומה להם מפעולות הזנות".

29. כעין זה פסק **השו"ע** (אה"ע, כא, א): "אסור לקרוץ בידיו או ברגליו ולרמוז בעיניו לאחד מהעריות".

30. כך מבואר גם **בספר החינוך** (מצווה קפח): "מדיני המצוה, מה שאסרו חכמים זכרונם לברכה בזה לגדר, והוא שלא יקרוץ אדם בידיו וירמוז בעיניו לאחת מן העריות". מאידך־גיסא, עיינו **בשו"ת אגרות משה** (אה"ע, חלק ד, סימן ס): "ומוכרחין לומר דמה שכתב הרמב"ם בהלכה ב ואסור לאדם לקרוץ בידיו וברגליו... שזהו גם כן מדאורייתא ומה שמסיק ומכין למתכוין לדבר זה מכת מרדות,

תעשה שנג) כתב שמקורו של איסור רמיזה וקפיצה הוא במדרש האוסר שיחה בטלה עם האישה, וטען משום כך שלא ייתכן שמדובר באיסורי תורה: "והם באמת דברים בטלים שיהיה במדבר עם אשתו נדה שיחה בטלה לאו ומלקות מן התורה".[31]

בין כך ובין כך, מכל האמור עולה כי איסור קרבה לעריות (לפחות מדרבנן) איננו מוגבל למגע בלבד, והוא כולל גם תנועות גוף המבטאות קרבה - שבכללן באופן פשוט גם ריקוד.[32]

2. הסתכלות והרהור

גם כאשר הריקוד איננו כולל מגע, הוא עשוי להיות בעייתי מבחינות אחרות. כפי שיתבאר להלן בפרק העשרים, הסתכלות של גברים בנשים כרוכה בשני איסורים (מלבד איסור קרבה לעריות): א. "וְלֹא תָתוּרוּ אַחֲרֵי לְבַבְכֶם וְאַחֲרֵי עֵינֵיכֶם" (במדבר ט"ו, לט) - איסור על הסתכלות באישה האסורה על האדם שמא יבוא לחטוא עימה; ב. "וְנִשְׁמַרְתָּ מִכֹּל דָּבָר רָע" (דברים כ"ג, י) - איסור על הסתכלות במראות העשויים לגרות את היצר ולהביא לידי הרהור עבירה והוצאת זרע. כפי שראינו לעיל בפרק השמיני (עמ' 179 ואילך) איסורי 'לא תקרבו' ו'לא תתורו' שייכים גם בהסתכלות של נשים בגברים.

ריקוד של גבר ואישה זה לעומת זו כרוך בשני האיסורים הללו, משום שההסתכלות במהלך הריקוד איננה פעולה אגבית וארעית, אלא חלק ממטרת הריקוד, ויש בה תנועה נפשית של קרבה המוגדרת באופן פשוט כ"הסתכלות דרך זנות" שנאסרה.[33]

הוא משום דמדאורייתא אין לוקין משום שהוא לאו שאין בו מעשה", והוכיח זאת מכך שסיפור דברים עם אישה אסורה נחשב כ'אביזריהו דעריות'. עיינו גם ב**שיעורי ר' שמואל** (סנהדרין עה ע"א, הערה תקנב): "יתכן ליישב סתירת דברי הרמב"ם הנ"ל מדבריו שבהל' איסורי ביאה ובספר המצוות, לדבריו שבמנין הקצר, ונפרש בדעתו דלעולם עיקר הלאו הוא בקריבה ממש, אבל מכל מקום גם רמיזה וקפיצה הם בכלל האיסור מן התורה וכעין איסור חצי שיעור, וכמו להרמב"ן בקריבה ממש ודו"ק". וראו גם **שו"ת שבט הלוי**, חלק ה, סימן קצז, אות א. יש להעיר כי גם בסוגיות אחרות נראה כי לדעת הרמב"ם יש דינים הכלולים באיסור התורה אך אין לוקים עליהם משום שאינם עיקר האיסור (ראו: **משנה תורה**, הלכות מאכלות אסורות, פ"ח הט"ז; שם, הלכות עבודה זרה, פ"ג ה"ו; שם, הלכות מלכים, פ"ו ה"ח).

31. עיינו **בלב שמח** על **ספר המצוות לרמב"ם**, לא-תעשה שנג. נראה שנעלמו ממנו דברי הרמב"ם במניין המצוות הקצר וב**פירוש המשנה**.

32. כך גם כתב בענייננו החיד"א (**שו"ת יוסף אומץ**, סימן צז): "וכל דברים אלו אינם מתורת חסידות אלא הם מן הדין כמו שהוא מבואר בהרמב"ם ובשו"ע בדין זה".

33. ראו **אנציקלופדיה תלמודית**, ערך 'לא תתורו', הערות 130-143.

כמו כן, הדעת נותנת שהסתכלות ממין זה עשויה להביא לידי הרהור יותר מאשר ראייה יומיומית רגילה. ואכן, רבים מן הפוסקים - **השל"ה**, **הזכרון יוסף**, **והחפץ חיים** - הזכירו בין נימוקי האיסור את איסור ההסתכלות וההרהור.[34] עם זאת, איסורים אלו אינם מתקיימים בהכרח בכל סוגי הריקודים, כגון בריקודי מעגל שאינם כרוכים בהסתכלות ממוקדת ברוקדים האחרים.

3. עירוב בין גברים לנשים

האיסורים שמנינו עד כה הם איסורים נקודתיים שעליהם עוברים איש ואישה הרוקדים זה עם זה, אך הריקוד לרוב איננו מעשה פרטי אלא מאורע קבוצתי־חברתי (גם אם סגנון הריקוד הוא של זוגות־זוגות). משום כך, מלבד האיסורים הנזכרים לעיל, יש בריקוד חריגה בוטה מן הכללים שהתוו חז"ל להנהלות של גברים ונשים במרחב הציבורי.

בגמרא (סוכה נא ע"ב - נב ע"א) מתוארת ההפרדה בין נשים לגברים שנדרשה בעת שמחת בית השואבה, זמן שבו "עסוקין בשמחה ויצר הרע שולט בהן"; וכך פסקו הרמב"ם (**משנה תורה**, הלכות יום טוב, פ"ו הכ"א) **והשו"ע** (או"ח, תקכט, ב):

> חייבין בית דין להעמיד שוטרים ברגלים שיהיו מסבבין ומחפשין בגנות ובפרדסים ועל הנהרות כדי שלא יתקבצו לאכול ולשתות שם אנשים ונשים ויבואו לידי עבירה, וכן יזהירו בדבר זה לכל העם כדי שלא יתערבו אנשים ונשים בבתיהם לשמחה, ולא ימשכו ביין שמא יבואו לידי עבירה.

התכנסות לשם ריקודים משותפים מנוגדת באופן חד־משמעי לדברי חכמים בעניין זה.

חשוב להדגיש שדברי חכמים אלו אינם תקנה בעלמא, אלא נובעים מתוך ניתוח של ההשלכות השליליות הנלוות בהכרח לריקודים מעורבים ומפגשים ממין זה. סוג אחד של השלכות הוא ההידרדרות המהירה מקרבה קלה לקרבה חמורה, כפי שתיאר **החפץ חיים** (**אהבת חסד**, חלק ג, הערות לפרק ו): "לפעמים מחבקין ומנשקין איש את רעהו בעת הריקוד... ועוד בא מענין הרע הזה של התקרבות אהדדי לכמה איסורים גדולים של עון כרת".

סוג שני של השלכות, שעליו עמד הרב מנשה קליין (**שו"ת משנה הלכות**, חלק ד, סימן עב), הוא השפעה עמוקה וארוכת טווח והגברת מתח מיני לא־בריא בחברה: "על ידי זה יבואו להתאוות אשת חבירו ולעבור על לא תחמוד אשת רעיך כשיראה

34. עיינו בספר **גן נעול: פרקי צניעות**, עמ' 173, הערה 23.

אשת חבירו מרקדת יותר מאשתו או נראה בעיניו יפה ביותר, ולפעמים יביא לידי פירוד הלבבות או זימה וכיוצא בזה מה שיוכל לצמוח מזה ועוד ועוד". האווירה המתירנית שבריקוד עשויה להפר את הקדושה והבלעדיות שבמוסד הנישואין ולערער אותו; ואכן, בדברי החרמות והתקנות לאורך הדורות מתוארות שוב ושוב התופעות השליליות שהתלוו לריקודים המעורבים.

מכאן נובעת גם ההבנה שאיסור הריקוד איננו מוגבל לרוקדים עצמם, אלא חל על כל הנוטלים חלק בפעילות כזו. למשל, **השדי חמד** (חלק ז, מערכת חתן וכלה וחופה, אות יב, עמ' 30) כתב כי גם "אותם שאינם מרקדים" עוברים על איסור 'לא תתורו' ועל איסור ישיבה ב'מושב לצים'. אם כן, לא מעשה הריקוד בלבד הוא שנאסר, אלא עצם לקיחת חלק בהווי חברתי המרופף את הגבולות הראויים בקשרים בין גברים לנשים. משום כך אסור להשתתף בריקודים כאלו גם אם באופן אישי מקפידים לרקוד מול בני אותו המין.

ג. גדרי האיסור

1. 'מצווה־טאנץ'

מנהג קדום ששורשיו בקהילות אשכנז במאה ה־15 לסה"נ ורווח עד היום בציבור החסידי הוא מנהג ריקוד המצווה עם הכלה במהלך חתונתה;[35] מנהג זה עשוי ללמד רבות על הלכות ריקודים מעורבים. כבר בגמרא מצאנו כי מלבד הריקודים "לפני הכלה" היו גם כאלו שרקדו עימה ממש (כתובות יז ע"א):

> רב אחא מרכיב לה אכתפיה ומרקד, אמרי ליה רבנן: אנן מהו למיעבד הכי? אמר להו: אי דמיין עלייכו ככשורא - לחיי, ואי לא - לא [=רב אחא היה מרכיב את הכלה על כתפיו ורוקד. אמרו לו חכמים: האם לנו מותר לעשות כך? אמר להם: אם היא דומה בעיניכם כקורה - מותר לכם, ואם לא - לא].

סיפור זה מתאר ריקוד הכולל קרבה פיזית משמעותית, ויחד עם זאת יש בו הגבלה של ההיתר לאנשי סגולה שהכלה נדמית בעיניהם כקורת עץ.[36]

35. ראו על כך אצל פרידהבר, **המחול היהודי** (לעיל הערה 3), עמ' 62–78.

36. לא נימנע מלהעיר כאן על המחיר הנפשי והחברתי שעשוי להיות כרוך בהתייחסות לנשים כאל קורות עץ, ולשם המחשה נזכיר את התיאור המובא בספר **פרדס אליעזר** (חלק ה, פרק לט): "ובעת

יש שלמדו היתר רחב יותר ממעשה אחר על רב אחא (קידושין פא ע"ב - פב ע"א):

> רב אחא בר אבא איקלע לבי רב חסדא חתניה, שקליה לבת ברתיה אותבוה בכנפיה [=רב אחא בר אבא נקלע לבית רב חסדא חתנו. לקח את בת בתו והושיבה בחיקו] אמר ליה:... אין משתמשים באשה! אמר ליה:... הכל לשם שמים.

רש"י (שם פב ע"א, ד"ה הכל) פירש כי "הכל לשם שמים" היינו ש"אין דעתי אחריה לחיבת אישות אלא לחיבת קורבה ולעשות קורת רוח לאמה כשאני מחבב את בתה"; כלומר יש מקום להתיר קרבה בין איש לאישה כאשר הדבר נעשה לצורך ובהקשר שאינו מיני. הריטב"א (**חידושי הריטב"א, שם פב ע"א**, ד"ה הכל) סייג את ההיתר וכתב: "אין ראוי להקל בזה אלא לחסיד גדול שמכיר ביצרו"; אולם **התוספות** (שם, ד"ה הכל) **והסמ"ג** (לאוין, מצווה קכו) כתבו שאנו סומכים היום על היתר זה באופן רחב יותר.[37]

דוגמה ליישום מעשי של היתר זה ציין המהרש"ל בביאורו **לסמ"ג** (**עמודי שלמה**, לאוין, מצווה קכו): "כגון כלה כדי לחבבה על בעלה או משום כבוד בית אביה שהוא תלמיד חכם", והוסיף: "וראוי להם להחמיר".[38] **הב"ח** (אה"ע, סימן כא, ס"ק ה) ציטט

ריקודו של הרב הקדוש מסקווירא התעלפה הכלה, וכשהקיצו אותה מעלפונה החזירו אותה אל זקנה הקדוש אשר המשיך לרקוד עמה, ואחר זמן מה התעלפה הכלה שוב שנית, ואף בפעם הזאת הקיצו אותה והמשיך זקנה הקדוש לרקוד עמה, וגם לרבות דביני ביני לא הניח הרב הקדוש מסקווירא את רגליו מלרקוד".

37. ראו **ים של שלמה**, קידושין פרק ד, סימן כה: "הכל לפי מה שעיניו רואות, וגם שמושל ביצרו, ויכול להתגבר עליו, מותר לו לדבר ולהסתכל בערוה, ולשאול בשלומה. ועל זה סומכין כל העולם, שמשתמשים ומדברים ומסתכלים בנשים". דיון נוסף בעקרון 'הכול לשם שמיים' ראו להלן עמ' 340 ואילך.

38. דבריו הובאו, ללא תוספות, **בבאר היטב**, אה"ע, סימן כא, ס"ק ט. התייחסות מחמירה אף יותר, וקדומה יותר, אפשר למצוא בספר **משיבת נפש** (בראשית כ"ה) לר' יוחנן לוריא: "אך אבוי ואוי על המנהג הללו במדינות הללו שבשעת השמחה שמרקדים ומזמרים שלוקחים האנשים את הנשים בידם ומרקדים באכילה שביעה ובטוב לב מיין ואפילו אשת איש לקחו ידם ומרקדים עמהם. ויש שחושבים שעושים מצוה לרקד עם הכלות. ויראה לי שעון פלילי היא". בדבריו מפורש כי הוא התייחס לריקוד יד ביד של אנשים ונשים. ראו גם דבריו במקום אחר (שם, שמות ט"ו): "הכל ראוי לפני חתן וכלה, כי מאחר שהשמחה בא בשבילם, אכן בדרכי יהודית וצניעות ולא בבלבול שידחפו הבחורים והבחורות זה את זה, ולא בצעקה ויללה שהכתוב הוציאו מן הכלל שנאמר קול ענות וכו', פירוש קול חירופים וגידופים שיוצא מכלל שמחה, גם שלא יזמרו הנשים לפני אנשים אפילו בפני חתן וכלה, שקול באשה ערוה רק הבתולות ראוי להם שיחבבו עצמם על הבריות לקפוץ אחריהם".

את דברי מהרש"ל (בשינוי קל),[39] והעיר עליהם: "ובמלכותינו נהגו תלמידי חכמים להקל בכלה גם הגדולים שבדור והיכא דנהוג - נהוג; והיכא דלא נהוג - איסורא איכא", ודבריו הובאו להלכה ב**חלקת מחוקק** (שם, ס"ק ו). אף **הבית שמואל** (שם, ס"ק יא) ציין שעל בסיס זה נהגו "לרקד עם הכלה" וכי "במלכותינו" לא נהגו איסור בדבר.[40]

אולם בספר **אפי זוטרי** (אה"ע, סימן כא, סעיף ה, ס"ק יט) השיג בחריפות על דברי הפוסקים הללו וכתב ש"לא ניתנו ליכתב"; וממעשהו של רב אחאי בהרכבת הכלה הוכיח ה**אפי זוטרי** שאין להתיר את הדבר אלא לאנשי מעשה יוצאי דופן. כיוצא בזה כתב **ערוך השולחן** (אה"ע, סימן כא, סעיף ז): "יש אומרים עוד דכל שאינו עושה דרך חיבה ורק כוונתו לשם שמים כמו לרקד עם הכלה מותר, ושומר נפשו ירחק מזה דרחוק שלא לבא לידי הרהור והיא מצוה הבאה בעבירה".

מדברי הפוסקים הנזכרים, הן האוסרים והן המתירים, לא ברור באיזה ריקוד עסקו: האם במגע ישיר יד ביד עם הכלה, באחיזה משותפת בבגד כלשהו, או ללא מגע כלל. דברים מפורשים בעניין זה, המורים איסור גורף, כתב בעל **תורת חיים** (עבודה זרה יז ע"א): "נראה דאסור ללכת במחול עם הכלה בשבעת ימי המשתה אפילו אינו אוחז בידה ממש אלא בהפסק מטפחת כדרך שנוהגין מקצת תלמידי חכמים שבדור הזה אפילו הכי לאו שפיר עבדי".[41]

לדבריו, גם ריקוד הנעשה ללא מגע ישיר נאסר, אולם היו מי שחלקו עליו. כך למשל כתב מהר"י שפירא בחידושיו (עבודה זרה יז ע"א) שמדברי הירושלמי (סוטה פ"ג ה"א, יח ע"ג; הובא לעיל עמ' 57) משתמע שחציצה של בד (בין ידי הכוהן והאישה הסוטה) מתירה את המגע ביניהם, והוא הדין לריקוד עם הכלה. כיוצא בזה כתב ב**שו"ת מנחם משיב** (חלק ב, סימן כז) שהורה כי משום כך נהגו להקל ולרקוד בהפסק מטפחת.[42]

באיזו מציאות בדיוק מדובר? בספר **שלחן העזר** (סימן ט, סעיף ח, שמלה

---

39. **הב"ח** ציטט: "ותלמיד חכם ראוי להחמיר", בניגוד לדברי מהרש"ל עצמו שמהם משתמע שלכולם ראוי להחמיר בכך. עם זאת, יש להעיר כי המילה "להם" מעט קשה להבנה לפי הגרסה הנדפסת של דברי מהרש"ל, ויש בכך חיזוק מסוים לגרסת **הב"ח**.

40. עיינו גם בדברי **הפרישה** (אה"ע, סימן סב, ס"ק יג): "המנהג במדינות האלו אחר שיוצאים מבית הכנסת בשחרית בשבת נוהגין השושבינין והשייכים לחתן ולכלה לרקד ולמחול עם החתן והכלה בחצר ב"ה [=בית הכנסת]".

41. דבריו הובאו על ידי **השדי חמד** (חלק ו, מערכת חתן וכלה וחופה, אות יב) שהסכים עימו, וכן על ידי **הפתחי תשובה** (אה"ע, סימן סה, ס"ק ב), שסיים בהפניה ל**חלקת מחוקק** ול**בית שמואל**.

42. כך כתב ר' אליהו פוסק (**שו"ת מור ואהלות**, אוהל ארץ נוד, אות ז, עמ' פב) שמנהגנו להקל בדבר הוא שלא כדעת **התורת חיים**. ב**שו"ת משיב טעם** (סימן כו, אות ד) כתב שגם **התורת חיים** מודה

לצבי, ס"ק ה) הוכיח מהקשר דבריו של **התורת חיים**, שהריקוד שעליו דיבר הוא ריקוד שבמהלכו האיש אוחז בידה של הכלה ורק מטפחת מפסיקה ביניהם. גם מדברי המתירים, שהוכיחו את דבריהם מן הכוהן המניף את המנחה עם הסוטה, נראה שהתכוונו להתיר מגע של ממש דרך מטפחת העוטפת את היד.[43] מכאן מסיק בעל **שלחן העזר** כי כאשר האיש והכלה אוחזים בשני קצוות מרוחקים של מטפחת, יתירו זאת גם **התורת חיים** וסיעתו.[44] בהמשך דבריו התלבט בעל **שלחן העזר** אם מגע כזה איננו אסור כלל או שהותר לצורך מצווה בלבד.[45]

עד כה עסקנו בבעיית המגע, אך מה בדבר עצם הריקוד? האם אין בעיה בכך שהאיש והכלה רוקדים זה כנגד זה ולעיני הקהל? בספר **שלחן העזר** (שם) כתב שאנשי מעשה נוהגים שהכלה אינה רוקדת ורק האיש הוא המרקד כנגדה,[46] אך הוא עצמו הודה כי דברי המתירים הנ"ל התייחסו למצב שבו גם הכלה רוקדת, וכך עולה מלשון ספרי המנהגים.[47] עוד נזכר בספרים אלו כי החתן והכלה רוקדים יחד יד ביד לעיני המסובים (**כלילת חתנים**, פרק יא, אות ג).[48]

אומנם בספר **עלי תמר** (על הירושלמי פאה פ"א ה"א) כתב שהריקוד בימינו מותר לכל הדעות, כי "אינו ריקוד ממש אלא סיבוב בעלמא", אולם מן המקורות נראה כי

לגבי ליל החתונה ואוסר רק בשבעת ימי המשתה. עיינו גם **בנטעי גבריאל**, נישואין, פרק מה, הערה ב.

43. כך הוכיח גם בספר **פרדס אליעזר** (חלק ה, פרק לט) מדברי ספר **יוסף אומץ** (זיטאמיר תר"ל, עמ' 227, דיני נידה וערווה): "במחול של מצוה, המדקדקים כורכים סביבות ידיהם בגד שקורין וטשינלן, ואם יודע בעצמו בודאות שלא יבא לידי הרהור שרי".
44. אף שבעיית ההשתמשות באישה, שעמדה במוקד הדיון של המהרש"ל **והב"ח**, בעינה עומדת.
45. ראו גם לעיל בפרק השני שעסק במגע עקיף באמצעות חפץ וכיוצא בו.
46. כך כתב גם, בנחרצות שאין לה בסיס, בספר **את צנועים חכמה** (חלק ב, עמ' תקמב): "לכולי עלמא הכלה אינה רוקדת, וזה פשוט כביעתא בכותחא".
47. **בפרדס אליעזר** (חלק ה, פרק לט) הובאו ביאורים שונים על אודות הסודות הרוחניים הגנוזים בריקוד של הכלה.
48. עיינו בספר **נטעי גבריאל** (נישואין, פרק מה, סעיף ד) ובמאמרו של הרב יהושע לייפער, 'בענין מחיצה במצוה טאנץ', **אור ישראל** כב, תשס"א, עמ' רלט-רמא. עדות לריקוד משותף של החתן והכלה לעיני החוגגים יש בידינו כבר בכתב יד מן המאה ה־16: "ועושין מחולות, החתן עם הכלה בראשון... ובשעת שהחתן והכלה עושין מחולות ביחד נוהגים לזרוק חיטין עליהם" (אנ"צ רות, 'זוטות מכת"י נירנברג', **ידע עם** ז, חוברת 25, עמ' 66, מובא אצל צבי פרידהבר, **המחול היהודי**, לעיל הערה 3, עמ' 65).

הריקוד המקובל בעבר היה ריקוד רגיל לכל דבר ועניין.[49] כך גם נראה ממנהג עתיק אחר, שהביא ר' אברהם בן הרמב"ם (בחידושיו שבספר **מעשה רֹקח**, א ע"א):

> בדבר מה שיש נוהגים שהכלה תצנוף מצנפת או כובע ולוקחת בידה סיף ויוצאת במחול לפני האנשים והנשים, לא יעלה על הדעת שמפני היותה כלה הותר לה איסור תורה בתועבה זו, אלא אם כן יתנצלו לומר שהם סומכים על המנהג, שכך נהגו, כמו שיתנצלו בזולתו, וכבר נעשה כן במצרים, והיו נכשלים בו גדולים, עד שבטלנו אותו, ומחינו זכרו.[50]

ר' אברהם בן הרמב"ם יצא נגד המנהג משום איסור 'לא ילבש', ולא ברור מהי עמדתו ביחס לריקוד עצמו.

מה אפשר ללמוד ממנהג זה לסוגיה הרחבה של דיני ריקודים? ודאי שאין ללמוד מכאן היתר גורף על ריקודים מעורבים, שהרי באותם מקורות עצמם שבהם הותר ה'מצווה־טאנץ' הודגש שוב ושוב האיסור על ריקודים מעורבים. מאידך־גיסא, לא נראה כי שורש ההיתר הוא המצווה לשמח חתן וכלה, שהרי לא הותרו איסורים לשם מצווה זו.[51] משום כך נראה, כפי שמפורש בדברי הפוסקים סביב הכלל 'הכול לשם שמיים',[52] שההיתר נובע מן ההבנה שאיסור הריקוד הוא תלוי הקשר. דהיינו אין גזירת הכתוב האוסרת על נשים וגברים לרקוד אלו עם אלו, אלא שריקוד כזה עשוי להיות כרוך באיסורים שונים אשר פורטו לעיל. ממילא, במקרים חריגים שבהם אין כל חשש לאיסורים אלו, ומדובר בריקוד סולידי במיוחד שנעשה מתוך מטרה חיובית וכוונה טהורה, יש מקום להתיר את הדבר.

49. בשו"ת **שלמת חיים** (אה"ע, סימן כב) נשאל "איך אפשר שאשת איש תרקד לפני החתן ותחשב לה למצוה?" והשיב שהדבר אפשרי, שהרי "רבי יהודה בר אלעי רקד עם הכלה".

50. עיינו בשו"ת **עולת יצחק**, חלק ב, סימן רלט.

51. ראו כתובות יז ע"א: "א"ר שמואל בר נחמני א"ר יונתן: מותר להסתכל בפני כלה כל שבעה, כדי לחבבה על בעלה. ולית הלכתא כוותיה". אולם עיינו ב**משיבת נפש** (במדבר ח') שהפך את פשט דברי הגמרא: "ושא עיניך וראה שאמר מותר ולא אמר מצוה פסק סתם תלמודא לית הילכתא כוותי'... שאין חובה להסתכל בפני הכלה כי אם מותר למי שיודע שיצא מן המכשול. וכמו כן גבי כלה נהגו לפרוע ראשה ולהעמידה בין האנשים וחסידים ואנשי מעשה דמי להו ככשורא ויודעים בעצמם שינצלו מכל הרהורים וירקדו עמה ומסתכלים בה כדי לחבבה על בעלה זהו בודאי מצוה גדולה".

52. עוד בענין זה ראו להלן עמ' 340 ואילך.

2. ריקוד צנוע במסגרת משפחתית

לאור האמור יש לדון במציאות שבה במהלך סעודה משפחתית יוצאים המסובים בריקוד סביב השולחן או לידו. על גדרי צניעות וקרבה בין בני משפחה הרחבנו לעיל בפרק העשירי, אך ההיתרים השונים שנאמרו שם מוגבלים לבני המשפחה הגרעינית הביולוגית (או לכל היותר לדודים וכדומה), ויש לשאול אם אפשר יהיה לצרף לריקוד מסוג זה גם חתנים, כלות וכדומה (כאשר מקפידים שאיש ואישה האסורים זה על זו לא יהיו סמוכים).

לעיל עמדנו על שלושה יסודות אפשריים לאיסור הריקוד, ויש לבחון את השאלה לאורם: דיני 'לא תקרבו' ו'לא תתורו' תקפים כמובן גם במסגרת משפחתית. אולם כאשר מדובר בריקוד מעגלי פשוט, ומקפידים על כך שאיש ואישה האסורים זה על זה לא ירקדו בסמיכות, אפשר שאין עוברים על איסורים אלו. גם העקרונות הכלליים של צניעות במפגש בין המינים תקפים בתוך המשפחה, ופריצה שלהם עשויה להוביל להשלכות שליליות ביותר. אך אין דומה היישום של עקרונות אלו בין בני משפחה ליישומם בין זרים, ולכן כשמדובר בריקוד צנוע וסולידי אפשר שאין איסור בדבר.

יש מקום גם לדמות ריקוד כזה ל'מצווה־טאנץ' שבו עסקנו לעיל באריכות. ואכן, בספרי קהילת מנטובה אפשר למצוא את התקנה הבאה (משנת 1771): "והמחול נאסר בכל זמן בין אנשים ונשים, ואלה יצאו מן הכלל: האומן המלמד ובני משפחה אחת", בלי הגדרה ברורה של מושג ה'משפחה'. שני המקרים, מורה לריקוד ובני משפחה אחת, מייצגים מציאות שבה הריקוד נעשה מתוך אווירה עניינית ללא מגמה של פריצות, ולכן הותר הדבר. כמו כן מצאנו שחלק מהקהילות התירו אפילו ריקודים מעורבים פומביים והתנו זאת בכך "שלא ירקד אלא איש עם אשתו ואב עם בתו ואם עם בנה ואח עם אחותו" (**שו"ת הרד"ך**, בית יב);[53] ולדבריהם קל וחומר שיש להתיר זאת במסגרת שכולה משפחתית.

אולם למעשה אין במקורות אלה בסיס איתן לקבוע היתר בדבר; ועל כל פנים ודאי שכאשר הריקוד נעשה בנוכחות אנשים אחרים, כגון במסגרת שמחת חתונה, אין להתירו משום שהדבר עשוי להביא בקלות לידי פרצה. במסגרות מצומצמות ופרטיות יותר הדבר צריך עיון, וראוי להחמיר.

53. ראו על כך ב**שו"ת בני בנים**, חלק א, סימן לז.

3. רמת ההפרדה הנדרשת בריקודים

ראינו עד כה כי ריקודים מעורבים אסורים על פי ההלכה, מלבד אולי בהקשרים מיוחדים כגון סעודה משפחתית או 'מצווה־טאנץ'. אך מהי מידת ההפרדה שצריכה להיות בין גברים לנשים בזמן הריקודים? האם מותר לרקוד במעגלים נפרדים הנמצאים זה בתוך זה? לחילופין האם אסור בכלל לרקוד באותו בית או במתחם משותף?

במסגרת תיעוד של חתונה שנערכה בעיר אפטא מצוי תיאור מפורט של ריקודי המצווה: רב העיר נכנס למעגל, מזמין אליו את החתן והכלה ורוקד עימם, כשמסביבם נסגר מעגל רוקדים שני של גברים, והנשים יוצרות מעגל רוקדים שלישי סביב למעגל הגברים.[54] ריקודים מסוג זה, של מעגל גברים בתוך מעגל נשים, היו נפוצים גם בתנועות הנוער הדתיות לפני כמה עשורים, והרב שלמה גורן כתב על כך: "אם כי לכאורה אין בזה איסור ממש, אין זה מנהג חסידות".[55] גם בכמה מתקנות הקהילות נראה שהותרו ריקודי זוגות כאשר כל זוג כשלעצמו מורכב מקרובי משפחה.[56] מאידך־גיסא, בתקנה המובאת **בשו"ת בנימין זאב** (סימן שה) נאמר: "אפילו לחול בבית אחד אנשים לבד ונשים לבד אסור".

מהי, אם כן, רמת ההפרדה הנדרשת בריקודים? נשוב אל יסודות האיסור שאותם מנינו לעיל:

א. קרבה לעריות: באופן פשוט נראה כי כאשר אין מגע בין איש לאישה, ואין הם רוקדים זה כנגד זה באופן מודע ומכוון, אין כאן יסוד של קרבה לעריות.

ב. הסתכלות והרהור: בנידון דידן לא מדובר לרוב על מצב של הסתכלות קבועה ומכוונת של הגברים בנשים, אלא בראייה אגבית שאפשר להימנע ממנה.[57] נראה כי

---

54. צבי פרידהבר, 'מנהגי מחול יהודיים באספקלרית ספרות הזכרון לקהילות ישראל באירופה', **דברי הקונגרס העולמי השנים־עשר למדעי היהדות** ד, תשכ"ט, עמ' 109–115.

55. **תרומת הגורן**, חלק א, סימן פה, עמ' 200.

56. כך למשל מצאנו בתקנות קהילת פיררה מן המאה ה־18 "שלא לחול במחולות אנשים ונשים יחד רק איש ואשתו, אב עם בתו, אח ואחות" (**המחול היהודי**, לעיל הערה 3, עמ' 33). כך עולה גם מן התקנה שהובאה **בשו"ת הרד"ך** (בית יב): "ובראות כל הקהלות הפרצה היוצאת מזה הרקוד עמדו ותקנו ושמו חרם גמור ברוב מנין ורוב בנין עם כל החומרות שאפשר שלא ירקד אלא איש עם אשתו ואב עם בתו ואם עם בנה ואח עם אחותו". נראה בבירור שתקנות אלו מקבלות ללא פקפוק את עצם עריכת הריקודים במרחב משותף.

57. ואכן, ריקודי זוגות מעורבים ממש, הכרוכים בכך שכל הנוכחים מביטים בשאר הרוקדים, ייאסרו גם מטעם זה כפי שכתב **בשו"ת משנה הלכות**, חלק ד, סימן עב; וראו שם טעמים נוספים לאסור ריקוד כזה.

נקודה זו משנה באופן מהותי את ההכרעה ההלכתית בעניין, משום שיסוד האיסור לראות נשים רוקדות הוא בדין הליכה אחרי אישה (ברכות סא ע"א), וממילא אין בכלל זה הסתכלות ארעית מזדמנת אלא הליכה ממושכת בלבד, כפי שכתב הרדב"ז (**שו"ת הרדב"ז**, חלק ב, סימן תשע): "אשה זונה אסור לקרב אצלה בתוך ד' אמות שלה אבל אשה אחרת מותר לקרב אצלה בתוך ד' אמות דרך אקראי אבל ללכת אחריה אפילו חוץ לד' אמות אסור לפי שהדבר ברור שיבא לידי הרהור".[58]

ראיה להיתר זה הביא הרב הנקין (**שו"ת בני בנים**, חלק א, סימן לז, סעיף 3) מריקודי המצווה שבהם רוקדת הכלה (ולעיתים גם נשים אחרות) בנוכחות גברים. הרב אלעזר בריזל הגיב לדברים ודחה את הראיה: "אין לדמות זה עם רקידת מצווה בשמחת חתן וכלה, כי אין זה 'ריקוד עם הכלה' אלא 'רוקדים לפני הכלה'... אבל חלילה לנו, שומרי תורה ומצוות, להסתכל ברקידת הכלה, הס מלהזכיר".[59] אולם המעיין בספרות המנהגים יראה אל־נכון שבמקומות רבים נעשה הריקוד עם הכלה לעיני שאר החוגגים, כפי שהעידו למשל על בעל **שו"ת מנחת אלעזר**: "ומה נהדר היה המחזה לראות את רבינו כיצד מרקד עם הכלה בתו היחידה ואחז בידיה" (**פרדס אליעזר**, חלק ה, פרק לט), וכן עולה באופן פשוט מן המקורות שהובאו לעיל בעניין זה ומעדויות רבות נוספות.[60]

משום כך נראה כי כל עוד הנשים רוקדות באופן שאינו 'מחייב' את האנשים להסתכל בהן ממושכות, וכגון שמעגל הנשים נמצא במרחק של 2–3 מטרים ממעגל הגברים ואיננו סמוך מדי לשאר הנוכחים באירוע, הרי שהחובה להימנע מהסתכלות ממושכת מוטלת על הגברים.[61]

ג. תערובת: נראה שזהו הסעיף העיקרי הרלבנטי לשאלתנו. ואכן, בתשובה לשאלה "האם מותר לרקוד מעגל של בחורים ומסביבו מעגל של בחורות?" הביא הרב חיים דוד הלוי (**שו"ת עשה לך רב**, חלק א, סימן עג) את דברי הגמרא והרמב"ם

---

58. בספר **הסתכלות בהלכה** (פרק ד, הערה ל) ביאר "דלא אסרו אלא ללכת אחריה בקביעות לזמן מה". בספר **גן נעול** (חלק א, פרק ד, סעיף ו, הערה 19) השיג על כך וכתב "דדוחק לומר דבאקראי מותר לילך אחורי אשה, דאם כן נתת דבריך לשיעורין", והבין שהיתרו של הרדב"ז הוא רק לעמוד בד' אמותיה של אישה, ולא ללכת אחריה באקראי. אולם מלשון הרדב"ז משתמע שאין הבדל בין אישה שעומדת לבין אישה שהולכת - כל עוד האיש איננו הולך אחריה אלא רק עובר לידה באקראי.

59. הרב אלעזר בריזל, 'על מאמר "ריקודים והלכות צניעות"', **המעין** יט(א), תשל"ט, עמ' 77–78.

60. ראו למשל אצל פרידהבר, **ספרי זיכרון** (לעיל הערה 54), על מנהג ה'חלה־טאנץ' שבמסגרתו היו רוקדות נשות המשפחה לפני החתן והכלה.

61. **שו"ת בני בנים**, חלק א, סימן לז, סעיף 3.

הנזכרים בעניין איסור תערובת גברים ונשים, וחתם: "הרי שאסורה התערובת עצמה, ולא כל שכן הריקודים מעגל תוך מעגל". כעין זה כתב גם הרב הנקין (**שו"ת בני בנים**, חלק א, סימן לז, סעיף 3): "במעגל נשים סביב למעגל אנשים אפשר שיש מכשול למסובים שאינם רוקדים, וגם היא פריצות לגברים הרוקדים לעבור את שורת הנשים להכנס או לצאת".

מן האמור עד כה עולה כי גדרי ההפרדה בריקודים צריכים להיבחן מנקודת המבט של חובת ההפרדה הכללית בין גברים לנשים. משום כך, הדרישה העיקרית צריכה להיות שהריקודים יהיו נבדלים: "נשים לבדן ואנשים לבדם" (**שו"ת בנימין זאב**, סימן שז), והבדלה זו יכולה להיעשות באמצעות מחיצה אך יכולה גם להתקיים בהרחקה הולמת בין מעגלי הרוקדים, והכול לפי העניין.

סיכום

א. הריקוד הוא כלי נפלא להתרוממות הנפש ולעבודת ה' מתוך שמחה.

ב. ריקודים מעורבים מנוגדים לערכי הצניעות של עם ישראל, ועל כן נאסרו על ידי הפוסקים לאורך הדורות כולם.

ג. האיסורים הכרוכים בריקוד מעורב הם: קרבה לעריות, הסתכלות המביאה לידי הרהור ועירוב של גברים ונשים באופן אסור העשוי לגרור השלכות הרסניות.

ד. בקהילות אשכנז נהגו לערוך בשעת החתונה 'ריקודי מצווה' שכללו עירוב מסוים בין גברים לנשים ובפרט ריקוד של החתן וקרוביו עם הכלה. מימות הראשונים ועד ימינו נחלקו הפוסקים כיצד להתייחס למנהג זה, וכן מהם גדרי הריקוד הכלולים בו. אולם מכלל הדברים עולה כי צורות מתונות במיוחד של 'ריקוד', בהקשר של שמחת חתונה משפחתית, לא נאסרו באופן מוחלט.

ה. צריך עיון בדין ריקוד צנוע וסולידי במסגרת משפחתית, כאשר אין מגע בין גברים ונשים האסורים אלו על אלו, וראוי להחמיר; אולם ודאי שאין לעשות כן בפומבי משום שהדבר עשוי להוביל להיסחפות ופריצת גבולות.

ו. כאשר הנשים והגברים רוקדים במעגלים נפרדים, אין חובה להפריד ביניהם במחיצה אטומה, אולם יש לעשות זאת באופן שבו ההבדלה בין הרוקדים לרוקדות ברורה ומורגשת.

טז

'קול אישה' בימינו

"אני לומד בישיבת הסדר ומוזיקה היא אחד מתחביביי העיקריים. אני מקפיד מנעוריי לא ללכת להופעות של זמרות, אך בזמן האחרון זה נראה לי פחות ופחות הגיוני: אני שומע כל הזמן שירה של נשים ברדיו ובפלאפון, אז מה זה משנה אם אלך גם להופעה? האם איסור 'קול אישה' עדיין רלבנטי בימינו?"

פתיחה

בין אורח החיים הדתי לבין התרבות המודרנית ישנם חיכוכים לא־מעטים, ונורמות הצניעות המקובלות בתחום התרבות והבידור שונות מאוד מהנורמות שמתווה ההלכה. את החיכוכים הללו אפשר לחלק לשני סוגי הקשרים: א. הקשרים שלגביהם ישנה תחושה ברורה שהתרבות המערבית הרחיקה לכת עד שגם מי שאינו שומר הלכה יודה שיש בה טעם לפגם; ב. הקשרים שבהם הנורמה התרבותית הולמת את התחושה האנושית הפשוטה, והדרישות ההלכתיות הן הנדמות זרות ומשונות. בעיני רבים, שירת נשים משתייכת לסוג השני.

בעבר ברור היה לכול ששירה היא פעולה בעלת ממד אינטימי וכי יש לה פוטנציאל מיני.[1] כך למשל בדיאלוג 'המשתה' (פרק 3), לאחר שנער מנגן ושר בפני הנוכחים, מעיר כסנופון כי "עירוב זה של נוער בפריחתו וצלילים מעיר את

1. לניתוח עומק פסיכולוגי על אודות כוחו של הקול ראו: Mladen Dolar, 'The Object Voice', in: Renata Salecl and Slavoj Zizek (eds.), *Gaze and Voice as Love Objects*, Durham 1996, pp. 7-31.

אפרודיטה".[2] אולם בשנים האחרונות, כששירת נשים הפכה רווחת בכל מרחבי התרבות, ישנה תחושה שפעולה זו עברה טריוויאליזציה, היינו ששוב אין בה אינטימיות מיוחדת שיש להימנע ממנה.

דין שירת נשים נידון בהרחבה בספרי הפוסקים בדורות האחרונים, אך מכיוון שלמציאות ולמנהג עשויה להיות השפעה על ההכרעה ההלכתית יש לבחון את הסוגיה מיסודה ולראות כיצד ליישם את דיניה בדורנו.[3]

א. מקור הדין ואופיו

המוקד שסביבו סובבת־הולכת סוגייתנו נמצא בקביעתו של האמורא שמואל כי "קול באישה ערוה";[4] קביעה שכל מילה בה טעונה ביאור - מהו "קול"? באיזו "אישה" מדובר? ובעיקר, מהי משמעות המילה "ערווה" בהקשר זה?

דברי שמואל הובאו בשני התלמודים, ואנו נפתח בסוגיית הירושלמי.[5] במשנה במסכת חלה (פ"ב מ"א) נאמר: "האשה יושבת וקוֹצָה [=מפרישה] חלתה ערומה, מפני שהיא יכולה לכסות את עצמה". הירושלמי (שם ה"א, נח ע"ג) מסיק מן המשנה כי "עגבות אין בהן משום ערוה", כלומר האיסור לומר דבר שבקדושה (כגון ברכת הפרשת חלה) בערווה מגולה, מצומצם דווקא למקום הערווה עצמו ולא לחלקי גוף אחרים.

על כך מוסיף הירושלמי:

> הדא דאת אמר [=זה שאתה אומר] - לברכה; אבל להביט אפילו כל שהוא אסור. כהדא דתני [=כזו ששנינו]: המסתכל בעקיבה של אשה כמסתכל בבית הרחם. והמסתכל בבית הרחם כ[א]ילו בא עליה.

2. כסנופון, **דיאלוגים סוקרטיים**, מיוונית: גבריאל דנציג, ירושלים תשס"ב, עמ' 43.
3. כדי שנוכל לעמוד על יסודות הדין ולהכריע הלכה למעשה, בלי לחרוג מהיקף סביר של דיון, נפנה את הקורא למקורות שהאריכו בעניינים שבהם קיצרנו, ובפרט לספר **גן נעול** (חלק ב) של הרב יעקב לוי, שהקדיש לכך 262 עמודים גדושים ומלאים. הפניה סתמית לספר זה תהיה לפרק ט.
4. כהקדמה לדיוננו נעיר כי לדעת רוב הפוסקים דין 'קול אישה' הוא מדרבנן בלבד, כמבואר **בספר חרדים** (מצוות לא־תעשה מדברי קבלה, פרק ג, אות ב), ומשום כך באופן עקרוני יש לנטות לקולא במצבים מסופקים. ראו: **שו"ת יביע אומר**, חלק א, או"ח, סימן ו; **גן נעול**, סעיף ב.
5. בשנים האחרונות העירו כמה מחברים על ההתעלמות התמוהה - הן בספרות הרבנית, הן בספרות המחקרית - מסוגיית הירושלמי. ראו במאמריהם של הרב יהודה הרצל הנקין ('עיונים בהלכות צניעות בדורנו', **תחומין** כט, תשס"ט, עמ' 109-137) ושל אהרן עמית (ראו להלן הערה 9).

כלומר דווקא לעניין אמירת דבר שבקדושה גדרי 'ערווה' מצומצמים למקום הערווה עצמו; אך איסור הסתכלות באישה זרה כולל אפילו את "עקֵבה".

מיד לאחר מכן מובאים דברי שמואל:

שמואל אמר: קול באשה ערוה. מה טעם? "והיה מקול זנותה ותחנף הארץ".

דברי שמואל נאמרו לאחר שהסוגיה עברה מדיני 'דבר שבקדושה' לאיסור הכללי להסתכל בנשים; וגם הפסוק המובא בדבריו קשור לבעיות של זנות וניאוף שאינן נוגעות דווקא לברכה כנגד הערווה.[6] מכלל הדברים עולה אפוא ששמואל מתייחס לקול של אישה זרה ומבקש לכלול את קולה באיסור הכללי של הסתכלות, אך לא להכניס אותו לדין החמור של 'ערווה' שאסור לומר כנגדה דבר שבקדושה (אף כשמדובר באשתו של האדם).[7]

בסוגיית הבבלי (ברכות כד ע"א) הדברים מעורפלים יותר. לאחר הדיון במשנה ובדין 'עגבות', הובאו דברי רבי יצחק "טפח באשה ערוה"; אך מכיוון שאיסור הסתכלות קיים אפילו באצבע קטנה, הסיקה הגמרא שדין 'טפח' נאמר "לאשתו ולקרית שמע". כלומר הבבלי מחדש שאסור לומר דבר שבקדושה כנגד טפח מגולה מגופה של אישה, אף שלא מדובר במקום הערווה. רק לאחר מכן הובאו דברי שמואל בעניין 'קול' יחד עם דברים דומים של רב חסדא ורב ששת בעניין 'שוק' ו'שיער':

אמר רב חסדא: שוק באשה ערוה... אמר שמואל: קול באשה ערוה, שנאמר "כי קולך ערב ומראך נאוה". אמר רב ששת: שער באשה ערוה.

דין 'שוק' סובל לכאורה מאותה קושיה שהוקשתה על דין 'טפח', שהרי אם אסור להסתכל באצבע קטנה של אישה זרה קל וחומר שאסור להסתכל בשוקה; ובכך יש כדי ללמד שמימרות אלו מתייחסות אף הן להלכות קריאת שמע. גם הפסוק שהובא בבבלי איננו עוסק דווקא בזנות אלא מעיד על הערֵבוּת שבקול, ומשום כך יש מקום להבין שגם דינים אלה מתייחסים להלכות קריאת שמע, וכך אכן כתבו רבים מן הראשונים.[8]

6. ראו פירוש **עלי תמר** על הירושלמי שם: "וביאורו שגדר חונף הוא שבגלוי הוא טוב וישר ובקרבו ישים ארבו, ואף קול באשה בגלוי הוא יפה והזנות חבויה במעמקיו".

7. יודגש גם כי בירושלמי דווקא מקום הערווה ממש נחשב 'ערווה' לעניין קריאת שמע, וממילא ברור שקול אישה איננו שייך לכך.

8. זוהי דעת רב האי גאון (המובאת **במרדכי**, ברכות, רמז פ, **וביראים**, סימן שצב), רבנו חננאל (המובא **בראבי"ה**, ברכות, סימן עו), ראבי"ה (שם), הראב"ד (שדבריו הובאו **בחידושי הרשב"א**,

אולם לאור דברי הירושלמי מסתבר יותר כי דברי שמואל נאמרו בהקשר של איסור ההסתכלות, כהמשך לברייתא האוסרת להביט בערווה.[9] ואכן, לדעת ראשונים רבים אחרים, דברי שמואל לא נאמרו לגבי קריאת שמע אלא רק לעניין איסור הסתכלות.[10] כשיטה זו מבואר מתוך שתיקת הרי"ף, הרמב"ם **והטור**, וכך מפורש בדברי **הרא"ש** (ברכות, פרק ג, סימן לז).

הבית יוסף (או"ח, סימן עה) כתב שמעיקר הדין הלכה כדברי הרמב"ם, המתיר לקרוא את שמע כנגד קול אישה, אך "טוב להיזהר לכתחילה"; וכך פסק גם **בשו"ע** (שם, ג): "יש ליזהר משמיעת קול זמר אשה בשעת קריאת שמע". אולם הרמ"א כתב (**דרכי משה**, שם, ס"ק ב) שגם מעיקר הדין "יש לחוש משום איסורא מאחר דרבים אוסרים", והאחרונים התלבטו אם רמז לכך בהגהותיו על **השו"ע**.[11]

חשוב להדגיש, לאור דברינו, כי לכל הדעות אסור לשמוע קול של אישה זרה, גם שלא בזמן קריאת שמע,[12] וכי שאלתנו אינה נוגעת אלא לאופי הדין: האם קול אישה

ברכות כד ע"א, ד"ה והא), הרא"ה (**חידושי הרא"ה**, שם, ד"ה ושער); **והשיטה מקובצת** (שם, ד"ה קול).

9. שילוב דברי ר' יצחק והסברם בסוגיית הבבלי, אין בו כדי להשפיע על הבנת דברי האמוראים בהמשך הסוגיה. ראו אהרן עמית, 'למוצאה, משמעה והתפתחותה של סוגיית הערווה בבבלי ברכות כד ע"א', **אוקימתא** ג, תשע"ה, עמ' 11-25. עמית מעיר גם כי מבנה הסוגיה בברכות עשוי לרמז כי דברי שמואל ושאר האמוראים הם אמירות מוסריות ולא קביעות הלכתיות-משפטיות (וכעין דברי **השדי חמד** להלן). כמו כן, לדעתו הפסוק המובא בירושלמי (המשקף לדעתו את הדרשה המקורית) מלמד באופן פשוט שיש איסור בכל סוג של קול ולא דווקא בקול שיר - בניגוד לסוגיית הבבלי שבה נאסר רק קול 'ערב'.

10. ראו: **תשובות הגאונים: שערי תשובה**, סימן כט; **תוספות הרא"ש**, ברכות כד ע"א, ד"ה וקול; **ספר האגודה**, ברכות, פרק ג, אות עג, בשם ר"י; **אורחות חיים**, הלכות קריאת שמע, סימן לו, בשם רבנו תם (דברי **הבית יוסף** בסימן עה, שהביא ההפך בשם רבנו תם, מבוססים ככל הנראה על טעות סופר משום שמקורו **בהגהות מיימוניות** המביא את שיטת רבנו חננאל); **בית הבחירה**, ברכות כד ע"א, ד"ה צריך.

11. ראו: **פרי מגדים**, או"ח, סימן עה, אשל אברהם, ס"ק ו; **אליה רבה**, שם, ס"ק ה; **שו"ת ציץ אליעזר**, חלק ה, סימן ב, אות ד; **גן נעול**, הערה 324.

12. **עצי ארזים**, סימן כא, ס"ק א; **מקנה**, קידושין ע ע"א, ד"ה בגמ' א"ל; הרב אברהם יצחק הכהן קוק, 'למקדש מעט', **לצניעות ולטהרה בישראל**, ירושלים תשי"א, עמ' יד-כב. דברים אלה הם שלא כפי שהבינו כמה מן האחרונים (ראו לדוגמה: **שו"ת עולת יצחק**, חלק ג, סימן רסט, אות ג; הרב דוד ביגמן, 'עיון מחודש ב"קול באשה ערוה"', זמין במרשתת; Rabbi Saul J. Berman, 'Kol Isha', in: Leo Landman (ed.), *Rabbi Joseph H. Lookstein Memorial Volume*, New York 1980, pp. 45-66. עיינו גם **בשו"ת מבשן אשיב**, חלק א, סימן קסה, ובספר **גן נעול**, הערה 2.

דומה לאצבע קטנה שלה, שאסור להסתכל בה רק כשמדובר באישה זרה? או שמא דומה הוא ל'מקומות המכוסים' שאסור לקרוא קריאת שמע כנגדם אפילו כשמדובר באשתו של האדם?[13] מחלוקת זו עומדת בבסיס שתי שאלות יסודיות בדין 'קול אישה' שבהן נדון להלן: הגדרת הקול האסור, והצורך בכוונה ליהנות.

ב. איזה קול נאסר? שיטת הרשב"א

1. פתיחה

דברי שמואל, "קול באשה ערוה", מתייחסים באופן פשוט לכל קול היוצא מפיה, ואין בדבריו רמז להבחנה כלשהי בין קולות שונים. כך עולה גם מן הסוגיה במסכת קידושין (ע ע"א) שבה מציע רב נחמן לרב הונא: "נשדר ליה מר שלמא לילתא [=ישלח כבודו שלום לילתא אשתי]", ורב הונא מגיב במילים "הכי אמר שמואל: קול באשה ערוה". אם אכן יש לגרוס קטע זה בגמרא,[14] מוכח ממנו לכאורה שהאיסור קיים גם באמירת שלום פשוטה.[15]

מאידך־גיסא, ברור לחלוטין שאין לאסור באופן גורף שמיעת קול אישה. סיפורי התנ"ך ואגדות חז"ל מלאים בדיאלוגים בין גברים לנשים, ולכל היותר נאמר במקורותינו "אל תרבה שיחה עם האישה" (משנה אבות פ"א מ"ה), ולא שיש איסור גמור לדבר עם נשים.[16]

---

13. ברור שגם במקומות אלה אסור להסתכל כשמדובר באישה זרה, שהרי בדיוק על כך אמרה הגמרא שאין צורך לחדש ש'טפח באישה ערווה' לעניין הסתכלות, אחר שכבר ידוע לנו שאיסור זהה קיים גם באצבע קטנה. רק בדוחק גדול יש לומר שהגמרא חידשה שקול אישה נחשב כ'ערווה' חמורה לעניין קריאת שמע (אולי משום שהוא גורם הרהור) וכי למרות זאת מותר לשמוע קול של אישה זרה (משום שאין רואים את האישה עצמה). כך או כך, עמדה זו סותרת את דברי הירושלמי וכן את דברי הרשב"א שיובאו להלן ודברי הפוסקים הרבים שציטטו את הרשב"א והלכו בדרכו.

14. בחלק מכתבי היד נמחק משפט זה, והוא אינו מובא בדברי רוב מוחלט של הראשונים על אתר (להוציא הראב"ד שיובא להלן); ויש אפוא מקום רב לומר שאין זה חלק מקורי מן הסוגיה. ראו אהרן עמית, '"שלמא לילתא": האם איסור קול אישה מוזכר בבבלי קידושין ע ע"א-ע"ב?', **סידרא** ל, תשע"ה, עמ' 121-131.

15. אומנם עיינו בדברי המהרש"ל (**ים של שלמה**, קידושין, פרק ד, סימן ד): "ונראה, דדיחוי הוא דקא מדחיה ליה, דלא אסרו אלא לשמוע קול שיר". עיינו גם ב**שדי חמד** (מערכת הקו"ף, סימן מב) שהציע לומר שדברי הגמרא בקידושין הם מידת חסידות.

16. ראו **צידה לדרך**, פרשת וירא, בראשית י"ח, ט.

ממילא ברור שיש להבחין בין מצבים שונים, אלא שהבחנה כזו יכולה להיעשות בשני מישורים: בהגדרת הקול שנאסר, או בהגדרת אופן השמיעה שנאסר. לפי השיטה המגדירה 'קול אישה' כסוג חמור של 'ערווה', שנאסר אפילו באשתו (בקריאת שמע), מסתבר להגביל זאת לסוגים מסוימים של קול, ובכך נדון בסעיף זה; ואילו לפי השיטה המשווה את קול האישה לאצבעה, אפשר שאין להבחין בין סוגים שונים של קול אלא בין סוגים שונים של שמיעה, ובכך נדון בסעיף הבא.

2. שירה מול דיבור

מקור ההבחנה בין שירה לבין דיבור[17] מצוי בדברי הראב"ד (המובאים **בחידושי הרשב"א, ברכות כד ע"א, ד"ה והא דאמר**) בעניין דין 'טפח באישה ערווה' שנאמר אפילו באשתו:

> אפשר דווקא ממקום צנוע שבה... אבל פניה ידיה ורגליה וקול דבורה שאינו זמר ושערה מחוץ לצמתה שאינו מתכסה אין חוששין להם מפני שהוא רגיל בהן ולא טריד. ובאשה אחרת אסור להסתכל בשום מקום ואפילו באצבע קטנה ובשערה ואסור לשמוע אפילו קול דבורה כדאמרינן בקדושין... ואלא מיהו נראה דדוקא קול של שאלת שלום או בהשבת שלום כי התם דאיכא קרוב הדעת.

הראב"ד השווה את קול האישה לגופה, והבחין בין קול זמר הדומה ל'מקומות המכוסים' (ולכן אסור גם באשתו ובקריאת שמע) לבין קול דיבור הדומה ל'מקומות המגולים' (ולכן אסור רק באישה אחרת).[18] בהמשך כתב הראב"ד שאפילו באישה אחרת נאסר דווקא קול של שאילת שלום שיש בו קירוב דעת מיוחד, ולא דיבור רגיל.[19] גם רבנו יונה כתב שהאיסור הוא דווקא כש"מנגנת" (**רבנו יונה, ברכות יז ע"א מדפי הרי"ף**)

---

17. רמז לכך מופיע בילקוט המדרשים 'פתרון תורה' (פרשת קדושים, עמ' 72): "אמרו חכמים: קול באשה ערוה, שהוא קרוי יופי, שנאמר 'יפה קול'". בדומה לסוגיית הבבלי, מוקד הדרשה הוא היופי והערֵבות של הקול, וכאן נראה בבירור כי הכוונה לקול שיר, שהרי בכך עוסק הפסוק שאליו מפנה המדרש: "וְהִנְּךָ לָהֶם כְּשִׁיר עֲגָבִים יְפֵה קוֹל וּמֵטִב נַגֵּן" (יחזקאל ל"ג, לב). כמו כן, במקור זה אין כל אזכור של קריאת שמע.
18. מסתבר שקול דיבור ייאסר דווקא כשהשומע מתכוון להקשיב לקול האישה, כפי שמפורש **בבית הבחירה** למאירי, ברכות כד ע"א, ד"ה צריך, וראו להלן.
19. מדברי הרשב"א לא ברור מדוע הוצעה הבחנה זו, ונראה שהיא נובעת מהתבוננות פשוטה במציאות שבה גברים ונשים מקשיבים אלו לדברי אלו.

או "משוררת" (**ספר היראה**, אות רלח); בעל **היראים** (סימן שצב) אסר "שמיעת קול שיר של אשה"; והריא"ז (**פסקי ריא"ז**, ברכות, פרק ג, הלכה ג, אות ו) כתב שאסור לאישה רק "להנעים קולה" ליד גברים. כך פסק גם **השו"ע** (או"ח, עה, ג): "יש ליזהר משמיעת קול זמר אשה בשעת קריאת שמע".

מהו ההבדל בין שירה לבין דיבור? אפשרות אחת היא להבחין בין זמרה שיש בה מנגינה (כלשון רבנו יונה) לבין דיבור שנאמר בלי מנגינה - מבלי להבחין בין הקשרים ומצבים שונים.[20] אפשרות אחרת היא להבחין בין דיבור שעניינו העברת מידע, לבין זמרה שבה יש חשיבות גם ל'פרפורמנס' (Performance), דהיינו לאופן הביצוע של הדיבור ולנעימת הקול (כלשון הריא"ז).[21] על רקע זה התלבטו הפוסקים אם לאסור האזנה לנאום של אישה: הרב וואזנר (**שו"ת שבט הלוי**, חלק ג, סימן יד) נטה לאסור; ואילו בשם הרב יוסף שלום אלישיב הובא שיש להתיר זאת (**שו"ת אבני ישפה**, חלק ב, סימן ה, ענף י).[22]

3. 'קול הרגיל'

מדברי הרשב"א עצמו, וכן מדברי המאירי, עולה אפשרות שלישית שלפיה שורש ההבחנה איננו הגדרה אובייקטיבית כלשהי של צורת הדיבור, אלא השאלה האם מדובר בקול שהאדם 'רגיל' בו.[23] דברים מפורשים יותר כתב **הראבי"ה** (ברכות, סימן עו): "וכל הדברים שהזכרנו למעלה לערוה דווקא בדבר שאין רגילות להגלות, אבל בתולה הרגילה בגילוי שער לא חיישינן, דליכא הרהור, וכן בקולה (שהרגילה)[24] וכו'".

מדברי הראבי"ה משתמע שהוא מתייחס דווקא לקול של בתולה, ומתיר אותו

20. לפי גישה זו עדיין יש לדון מה נחשב כמנגינה, והאם קריאת מגילה בטעמים וברכת נר חנוכה בניגון נחשבות מנגינה לעניין זה. ראו: **שו"ת יחוה דעת**, חלק ג, סימן נא; **גן נעול**, סעיף מ.
21. אפשר שהחלוקה הראשונה הולמת יותר את העמדה שלפיה הקול נחשב כ'ערוה' ("קולך ערב"), וממילא יש להגדיר באופן ברור קול מסוים כערווה, ואילו החלוקה השנייה הולמת יותר את הגישה שלפיה המוקד הוא גרימת הרהור ומשיכת תשומת לב ("מקול זנותה").
22. מאידך־גיסא, ב**קובץ תשובות** (חלק ה, סימן כא) אסר הרב אלישיב נאום של נשים בפני גברים; וראו **גן נעול**, סעיפים לז–לח.
23. מדברי הרשב"א לא ברור אם הרגילות מגדירה את הקול האסור והמותר, שכן הרשב"א לא כתב אלא שבפועל האיש רגיל בקול דיבור של אשתו ואפשר שהרגילות נובעת מכך שמותר לה לדבר בפני זרים. שאלה דומה מצויה גם ביחס לשיער היוצא חוץ לצמתה ולידיה ורגליה, שגם אותם הזכיר הרשב"א יחד עם קול דיבורה.
24. זוהי הגרסה במהדורת דבליצקי על פי אחד מכתבי היד. בכתבי יד אחרים חסרה המילה "הרגילה".

באופן גורף.[25] אך **בהגהות מיימוניות** (הלכות קריאת שמע, פרק ג, אות ס) הובאו דברי הראבי"ה ובמקום המילים "וכן בקולה" נכתב "וכן בקול הרגיל (בו)".[26] בעקבות זאת כתב **הבית יוסף** (או"ח, סימן עה) "דהוא הדין לכל קול הרגיל בה", וכך פסק גם **הרמ"א** (או"ח, עה, ג): "אבל קול הרגיל בו אינו ערוה".[27]

כמה מן האחרונים פירשו את דברי הרמ"א לאור הבחנתו של הרשב"א וכתבו שכוונתו היא להתיר רק שמיעת קול דיבור;[28] אך מהקשרם של דברי **הבית יוסף** והרמ"א ברור לחלוטין שהיתר 'קול הרגיל' הוא דין נוסף על גבי הגבלת האיסור לקול זמר, וכך עולה גם מדברי **הב"ח** (או"ח, סימן עה) ומפורש **בעטרת צבי** (שם, ס"ק ו).[29]

מהו בדיוק 'קול הרגיל' שהותר? מלשון הרמ"א נראה שהכוונה היא לקול מסוים שהאדם כבר הורגל בו,[30] כפי שכתב הרב פישר **בשו"ת אבן ישראל** (חלק ט, סימן סג) שהדגיש כי ההיתר כולל "אפילו קול של זמר": "שפיר מותר בשבת לשמוע קול הזמירות של בנותיו ואחיותיו המשתתפות עמו, דכיון שהם מזמרים מקטנותן הוי קול הרגיל בו".[31] אלא שמדברי הראבי"ה, שהשווה את 'קול הרגיל' לשער הבתולות, יש מקום ללמוד על היתר רחב יותר, שכן שער הבתולות הותר באופן גורף משום שהן רגילות לגלותו, גם אם האדם אינו רגיל בשערה של בתולה מסוימת, ומלשון הראבי"ה עצמו משתמע שהוא הדין גם לקול הבתולות.

---

25. כעין דברי **המשיבת נפש** שיובאו להלן עמ' 359.

26. המילה "בו" חסרה בכתבי יד של **הראבי"ה** אך נמצאת בדפוסים.

27. בפסיקה זו הלך הרמ"א לשיטתו (**בדרכי משה**, או"ח, סימן עה) שלפיה יש הבדל מהותי בין קול שאינו רגיל, הנחשב כ'מקומות המכוסים', לקול הרגיל הנחשב כ'מקומות המגולים'.

28. כך עולה מלשון **הלבוש** (או"ח, סימן עה, סעיף ג): "ודוקא קול של שיר וזמר מייתי לידי הרהור, אבל קול דיבור שרגיל בו לית לן בה", וכך משתמע **משולחן ערוך הרב** (שם, סעיף ו) ומן **המשנה ברורה** (שם, ס"ק יח). כך נקטו להלכה כמה מן האחרונים, כגון הרב עובדיה יוסף (**שו"ת יביע אומר**, חלק א, או"ח, סימן ו, אות יא), ועיינו בספר **לבושה של תורה**, סימן עג, ובספר **גן נעול**, הערה 398.

29. כך הוכיח הרב משה לוי בספר **ברכת ה'** (חלק א, פרק ז, הערה 64), וכן הרב יצחק רצאבי **בשו"ת עולת יצחק** (חלק ג, סימן רסט, אות ב) והרב יעקב לוי בספר **גן נעול** (הערה 397), וכך הכריעו פוסקים רבים נוספים כמבואר להלן.

30. כך מפורש גם **בשו"ת רבי עזריאל הילדסהיימר**, חלק א, או"ח, סימן קכח.

31. כך כתב גם הרב יעקב כץ (**לקט הקמח החדש**, סימן עה, ס"ק כז): "באונגארן היו נוהגים שמזמרין זמירות בשבת כל הבני בית אשתו והבנות... ברגיל מתיר הרמ"א, ועם בני ביתו הוא רגיל בקולם... נמצא לפי זה הוא הדין בכלתו יושבת בשולחנו" (ובהמשך דבריו תהה כיצד אפשר להגיע למצב שבו יהיה האדם רגיל בקולה של כלתו). כך הבין גם הרב יעקב אריאל במאמרו 'קול באישה', **תחומין** ל, תש"ע, עמ' 212-215.

כמו כן, גם בנוגע לנשים נשואות כתבו רבים מן הפוסקים שכאשר הן רגילות לגלות את שערן שוב אין איסור לקרוא קריאת שמע כנגדו, משום שאנו רגילים בכך, ומכאן שהדבר תלוי בשינוי הזמנים והמקומות.[32] אומנם ביחס לגילוי הראש כתבו רוב הפוסקים שהדבר אסור לכתחילה, אך איסור זה נובע בעיקר מדיני 'דת משה ויהודית' שנאמרו דווקא בכיסוי ראש.[33]

לאור זאת העלה הרב עובדיה יוסף (**שו"ת יביע אומר**, חלק א, או"ח, סימן ו, אות יא) את האפשרות להקל בשירת נשים בימינו, ודחה אותה:

> ואל יקחך לבך לומר דהשתא חשיבי כרגילים בקול נשים ואין לחוש להרהור, וכעין מה שכתב הר"ח [=רבנו חננאל] דלרגיל בקול מותר (אלא דהתם רצונו לומר קול הרגיל בו שאינו של זמר), שאין לנו לומר דברים אלו מדעתינו כל שאינו מפורש בש"ס ופוסקים.

הרב עובדיה יוסף לא מצא סיבה עקרונית לאסור, מלבד העובדה שהיתר זה אינו מפורש בדברי הפוסקים, אולם הנחת המוצא שלו היא שהיתר 'קול הרגיל' מתייחס רק לדיבור; וממילא לפי טענתנו כי ההיתר נאמר גם בקול זמר, יש מקור בדברי הרמ"א להתיר שירת נשים במצב שבו היא רגילה בינינו.

כך כתב גם הרב יהודה הרצל הנקין (**שו"ת בני בנים**, חלק ד, סימן ז, אות ז):

> וכן הוא סניף להקל לשמוע קול זמר של בתולות למי שרגיל בשירן... ולא מפני שאנו מדמים נעשה מעשה להתיר לכתחילה לשמוע קול אשה המזמרת לפנינו לבדה, אבל בשירה ברדיו או דרך רמקול שעל פי דין אינה קולה ממש... ובתנאי שהשירה אינה של עגבים נראה פשוט להקל.[34]

---

32. ראו: **ערוך השולחן**, או"ח, סימן עה, סעיף ז; **שו"ת אגרות משה**, או"ח, חלק ד, סימן טו; וראו גם לעיל עמ' 258 ועמ' 277.

33. **שו"ת תבואות שמש**, אה"ע, סימנים קלז–קלח; וראו לעיל עמ' 258 ועמ' 277. דבריו של הרב אריאל ('קול באישה', לעיל הערה 31) בהקשר זה קשים להבנה. בתחילת דבריו נראה כי הוא משווה בין קול לבין שיער ומבקש להחמיר כשיטות המחמירות בשיער, ואילו בהמשך דבריו הוא מבחין בין הדינים וטוען שקול הוא "ערווה בעצם" בניגוד לשיער שתלוי ברגילות (וכעין זה טען גם הרב יהושע ון־דייק ב**שו"ת מבשן אשיב**, חלק א, סימן קסה, אות ט). אלא שהבחנה זו מנוגדת לפשט דברי הראבי"ה שהשווה בין הדינים, ואף הרב עובדיה יוסף לא העלה על דעתו להבחין ביניהם באופן כזה.

34. בהערה שם ציין שזוהי גם דעת זקנו, הרב יוסף אליהו הנקין.

כיוצא בזה כתב הרב יונתן רוזנצויג (ללא הסתייגות מעשית) במאמרו בכתב העת **תחומין**:[35]

> בדורנו, שקולן של נשים נשמע ברחובות, בחנויות ובבתים, ואף קול זמרתן של נשים נשמע בשידורי הרדיו, בתקליטורים ובקלטות, אנשים הרגילים בכך מותרים בשמיעת קול נשים, וקול באישה שהם רגילים בו - אינו ערוה לגביהם.

כלומר מכיוון שאנשים רבים בימינו רגילים לשמוע שירת נשים מוקלטת, הרי שדין שירה בימינו כדין דיבור לכל דבר.[36]

עם זאת, יש לפקפק בהיתר גורף זה משני טעמים.

ראשית, שירה בפני גברים איננה דבר הרגיל בקרב כלל הנשים במקומותינו; וברוב המקומות אישה המקפידה על ההלכה תימנע מלשיר לבדה בפני גברים זרים, וגברים שומרי הלכה יימנעו לרוב מלהגיע למופע יחיד של זמרת. קול שירה נחשב אפוא גם בימינו כבעל ערך אינטימי שיש עניין להצניעו, אלא שנשים שאינן שומרות הלכה אינן מצניעות אותו, וכן בשמיעת קול מוקלט או מקהלה נוהגים רבים להקל.

האם התרגלות לשירה מסוג מסוים תתיר גם שירה מסוג אחר? מן המקורות שהובאו לעיל עולה כי התשובה שלילית. גם כאשר קול הבתולות היה רגיל בינינו, עדיין נאסר קול הנשואות.[37] יתר על כן, הראשונים (**יראים**, סימן שצב; **מרדכי**, ברכות, רמז פ) דנו במצב שבו אדם חי בסביבת גויים ושומע שירת נשים גויות בזמן הלימוד, והתירו להמשיך בלימוד רק משום 'עת לעשות לה' הפרו תורתך', ולא משום הרגילות בקולן של נשים אלו.[38] הרב הנקין (**שו"ת בני בנים**, חלק ג, סימן כו) תירץ זאת בכך ש"סתם ארמיות שרות שירי עבודה זרה ושירי עגבים", אולם בדברי הראשונים אין רמז לכך. נראה להוכיח מכאן שבמציאות שבה לא מקובל שאישה צנועה תשיר בפני גברים, אין כל משמעות לכך שנשים מסוימות נוהגות לשיר והאנשים מתרגלים לשמוע

35. הרב יונתן רוזנצויג, 'קול אישה בימינו', **תחומין** כט, תשס"ט, עמ' 143-138.

36. כך כתב גם הרב רונן נויבירט ('קולה של הנורמליות', מוסף שבת, **מקור ראשון**, ט"ו באב תשע"ה): "נראה לומר שבתקופתנו עם מהפכת המדיה והתקשורת, כאשר שירים וקול זמרה נשמעים מכל עבר, עבור האדם הנורמטיבי קול שירה הינו בגדר 'קול הרגיל בו'. החוש מורה שאין בשמיעת שירה תמימה דבר שמעורר כל רגש של אינטימיות".

37. באופן פשוט נראה שגם אדם שהיה רגיל לשמוע קול של בתולה מסוימת נאסר בכך משעה שנישאת.

38. אפשר להציע שראשונים אלה לא קיבלו כלל את דין 'קול הרגיל', אולם בכתב יד של **המרדכי** הובא גם דין 'קול הרגיל' וכן **בבית יוסף** הובאו הדברים ללא רמז לסתירה ביניהם.

את קולן – בדומה לגילוי הראש שאינו מותר כל עוד נוהגות הנשים הצנועות לכסות את ראשן.[39]

ממילא, יש בסברה זו רק כדי להתיר את המותר, דהיינו להכשיר נורמות שכבר התקבעו בציבור כגון שמיעת שירת נשים מוקלטת או סיטואציות מסוימות של שירה משותפת (גם לפי השיטות האוסרות זאת מעיקר הדין); ואין בה כדי להרחיב את ההיתר למחוזות נתונים במחלוקת שרבים משומרי ההלכה משתדלים להימנע מהם.

נקודה נוספת שבגינה יש לדחות את סברתם של הרב הנקין והרב רוזנצוויג היא שהיתר 'קול הרגיל' נאמר בהלכות קריאת שמע, ואין ללמוד ממנו בהכרח למקרה שבו אדם מתכוון ליהנות מן הקול. נרחיב על כך בסעיף הבא.

לסיכום, הרשב"א סבור ש'קול אישה' המוגדר 'ערווה' לעניין קריאת שמע הוא דווקא קול שירה ולא קול דיבור. הרמ"א פסק שקול שאדם רגיל בו נחשב כדיבור, ויש שביקשו ללמוד מכאן על כל שירת נשים בימינו; אולם נראה שגם בימינו איננו רגילים בשמיעה חופשית לחלוטין של שירת נשים ולפיכך היתר זה אינו מבוסס דיו.

ג. כוונה ליהנות: שיטת הרמב"ם

1. פתיחה

הרמב"ם כתב (**משנה תורה**, הלכות איסורי ביאה, פכ"א ה"ב): "המסתכל אפילו באצבע קטנה של אשה ונתכוון להנות כמי שנסתכל במקום התורף, ואפילו לשמוע קול הערוה או לראות שערה אסור"; וכך פסק גם **השו"ע** (אה"ע, כא, א). בדברי הרמב"ם אין הגבלה של האיסור לקול זמר, וכך עולה גם מדבריו בתשובה על שמיעת שירים ערביים (**שו"ת הרמב"ם**, מהדורת בלאו, סימן רכד): "אם המזמרת אשה, יש שם איסור חמישי, לאומרם ז"ל קול באשה ערוה, ומכל שכן אם היא מזמרת". מדבריו משתמע שעצם האיסור קיים גם כשהאישה אינה מזמרת.[40]

כיצד יש להבין את שיטת הרמב"ם? כפי שהתבאר לעיל, דעת הרמב"ם היא

39. יש להעיר כי ביחס לגילוי הראש יש יותר מקום להבחין בין ישראליות לבין גויות ולומר ששער הגויות לא ייחשב 'ערווה' (משום שאין להן כל חיוב לכסותו), ואילו קול הוא דין אובייקטיבי יותר שאינו נוגע במיוחד לישראליות, ועל כן כל עוד לא נהגו כולן לשיר אסור לשמוע גם את שירת גויות.

40. אומנם ראו **פרישה**, אה"ע, סימן כא, ס"ק ב, בשם יש מפרשים: "וקאמר קול לאפוקי דיבורן של נשים דמותר לשמוע שאינו מעורר התאוה".

שיש להשוות את קול האישה לאצבע קטנה שלה, שאסור להסתכל בה מתוך כוונה ליהנות, וכלשון **ספר החינוך** (מצווה קפח): "ואפילו לשמוע קולה לכוונה שיהנה בה אסור". לפי הרמב"ם, חידושם של דברי שמואל, "קול באשה ערוה", הוא שגם קול האישה נחשב כגופה ואסור לאיש ליהנות ממנו בכוונה. ממילא, לדעת הרמב"ם אין להבחין בין סוגים שונים של קול אלא בין צורות שונות של הקשבה.

קריאה זו של הסוגיה גוררת עימה השלכות משני סוגים, לקולא ולחומרה, וכדלקמן.

2. שמיעת קול זמר בלי כוונה

השלכה אחת של דברי הרמב"ם היא לקולא: לדעתו, אין מעמד מיוחד לקול זמר של אישה ודינו כקול דיבורה (וכדין ראיית 'מקומות המגולים') שמותר לשומעו ורק אסור להתכוון ליהנות ממנו. משום כך לא הביא הרמב"ם דין זה בהלכות קריאת שמע, שבמסגרתן לא נאסר אלא להיחשף ל'מקומות המכוסים'; ולפיכך נראה כי שמיעת קול זמר בלי כוונה ליהנות תהיה מותרת.[41]

41. כך כתבו **האפי זוטרי** (אה"ע, סימן כא, ס"ק ז: "פשוט דאם לא נתכוון ליהנות אלא דרך העברה או הסתכל בה או שמע בקולה שהיתה משוררת או שהיתה בראשה מגולה, אין בזה איסור"), **המאמר מרדכי** (או"ח, סימן עה, ס"ק ד: "דבעלמא אינו אסור אלא כשמסתכל ושומע בכוונה ומתכוין ליהנות בה"), והראי"ה קוק (**שו"ת אורח משפט**, או"ח, סימן לה); וכיוצא בזה כתב גם ר' אהרן טולידו בספר **דברי חפץ** (דרוש לד, קיג ע"א): "לא אמרו קול באשה ערוה אלא כשהיא הומיה ושוררת שירי עגבים ומתכוין לשמוע קולה וליהנות ממנה... אבל היא משוררת לעצמה בשביל נס שנעשה לה או שפועה לילד כדי להרדימו, לית ביה משום ערוה" (דבריו הובאו **בשדי חמד**, מערכת הקו"ף, סימן מב, שכתב שאומנם נכון להחמיר אך הדברים אינם תמוהים, ועיינו **בשו"ת ציץ אליעזר**, חלק ה, סימן ב, אות ד). **הדברי חפץ** ביקש לפרש באופן זה את דברי הרמ"א בעניין 'קול הרגיל', אך לא ברור כיצד אפשר לתלות זאת במילותיו של הרמ"א (כפי שאכן כתב בספר **יפה ללב**, או"ח, סימן עה, ס"ק ג), וגם מסברה לא נראה שהרמ"א יסכים לכך וכדלקמן. עוד יש להדגיש ש**הדברי חפץ** התיר זאת דווקא כשהאישה שרה לעצמה ואינה מתכוונת להשמיע את קולה לאנשים, וכן יש להדגיש שהביטוי "שירי עגבים" אינו מתייחס דווקא לשירים של פריצות אלא לסוגים שונים של שירת חשק ושחוק שנועדה להנעים לשומע (ראו במפרשים על יחזקאל ל"ג, לא-לב). מוקד היתרו של **הדברי חפץ** הוא אפוא הטענה שכאשר האישה כלל אינה מתכוונת להשמיע והאיש לא מתכוון לשמוע, יש להתיר את שמיעת הקול; וזאת שלא כפי שהבין הרב דוד ביגמן (במאמרו שנזכר לעיל הערה 12). עיינו גם **בשו"ת עולת יצחק** (חלק ג, סימן רסט, אות ג), **בשו"ת מבשן אשיב** (חלק א, סימן קסה, אות ז) **ובשו"ת אשר חנן** (חלק ח, סימן קסה) שדחו אף הם הבנה זו.

בהקשר זה יש להבהיר את המושג 'כוונה' ולהבחין בין שני אופנים של שמיעה ללא כוונה:

אופן אחד הוא מצב שבו האדם כלל אינו רוצה לשמוע את הקול, והשמיעה נגרמת לו בעל כורחו (כגון מי שנקלע לטקס צבאי או ציבורי שכלולה בו שירת נשים ואין זה מנומס לאטום את האוזניים).[42] במצב כזה, גם הראשונים החולקים על הרמב"ם יודו שיש להקל, בדומה למראות לא־צנועים שמותר לאדם ללכת לידם כאשר 'ליכא דרכא אחריתא'.[43]

אופן שני הוא מצב שבו האיש רוצה לשמוע את הקול אלא שאין הוא מתכוון ליהנות ממנו, כגון כשהוא מעוניין לשמוע את המילים בלי כוונה ליהנות מנעימת הקול (אפילו אם נהנה מתוכן הדברים),[44] או כשהוא מאזין לשירה מסיבות מקצועיות (ובכלל זה גם מי שיכול להימנע בקלות משמיעת הקול - כגון כשביכולתו לצאת מן המקום, לאטום אוזניים וכדומה - ואינו עושה כן). במקרה כזה, לדעת הרמב"ם השמיעה תהיה מותרת,[45]

---

42. יש לדון אם לכלול בהגדרה זו גם מורָה באולפנה או מדריך בסמינריון הנוכחים בזמן השירה.

43. עיינו **בשו"ת תורה לשמה**, סימן שצד. לשיטתו, ההיתר קיים גם כשהאדם יכול ללכת למקום אחר, ואילו לדעת **החפץ חיים** (הלכות לשון הרע, כלל ו, באר מים חיים, ס"ק יד) ההיתר קיים רק כשאין 'דרכא אחריתא', וכן משתמע בדבריו **במשנה ברורה** (סימן עה, ס"ק יז). יש לדון מדוע לא התירו משום כך את שמיעת קול הגויות, אלא נזקקו לסברת 'עת לעשות לה'', ואפשר שסברה זו מסבירה מדוע האדם אינו חייב להתרחק מאותן גויות אפילו לכתחילה או מדוע אין כאן בעיה של 'ערווה' לעניין אמירת דבר שבקדושה. ראו גם **בדברי רבנו יונה** (ברכות יז ע"א מדפי הרי"ף) שהשווה את קול האישה ל'מקומות המכוסים', אך כתב שגם בהם ראייה ללא כוונה מותרת: "ואפילו בשעה שמנגנת, אם הוא יכול לכוין בלבו לתפלתו בענין שאינו שומע אותה ואינו משים לבו אליה - מותר ואין לו להפסיק קריאתו וכן כשמגולה טפח, אינו אסור אלא כשמסתכל בה אבל בראייה בעלמא מותר" (עיינו גם **במקנה**, קידושין ע ע"א, ד"ה בגמ' א"ל, שהתקשה בהבנת דבריהם).

44. ראו **חוט שני**, אה"ע, סימן כא, סעיף א, ס"ק י, אות ו.

45. יש לדון האם כל מי שהתיר את שמיעת הקול בזמן קריאת שמע יסבור בהכרח כרמב"ם. לכאורה התשובה חיובית, שהרי אם שמיעת קול אישה גם בלי כוונה שקולה כראיית הערווה, צריך היה לאסור את קריאת שמע באותו זמן. אולם **המעדני יום טוב** (על **הרא"ש**, ברכות, פרק ג, סימן לז, אות פ) כתב שחז"ל התירו את שמיעת הקול בזמן קריאת שמע משום שקשה להיזהר מכך והדבר עשוי להביא לידי ביטול קריאת שמע. מדבריו עולה שבאופן עקרוני הקול נחשב כ'מקומות המכוסים', אלא שיש היתר מיוחד בקריאת שמע. אפשר לומר גם שקול אישה נחשב כ'מקומות המכוסים' לעניין חומרת ההרהור הנגרם על ידו, ולמרות זאת אין הוא כלול בגדרי 'לא יראה בך ערוות דבר' לעניין קריאת שמע. עיינו גם **במאמר מרדכי** (או"ח, סימן עה, ס"ק ד) שדחה את דברי **המעדני יום טוב**.

אולם לדעת שאר הראשונים תהיה השמיעה אסורה, משום שלשיטתם קול זמר נחשב כ'מקומות המכוסים' שאסור לראותם גם בלי כוונה ליהנות.[46]

כמה מן הפוסקים האחרונים הכריעו כשיטת הרמב"ם והתירו לשמוע קול אישה בלי כוונה ליהנות - מבלי שעמדו על כך ששאר הראשונים חולקים על דבריו ומחשיבים את קול האישה כ'מקומות המכוסים'.[47] בניגוד לדבריהם, מסתבר שפסיקת **השו"ע** - כי יש לחשוש לדעת החולקים על הרמב"ם - תקפה גם כאן.[48] כמו כן, אפשר שגם אם הרמב"ם לא הגדיר באופן עקרוני שירת אישה כ'מקומות המכוסים', הוא יודה שכאשר נהגו למעשה שאישה לא שרה בפני גברים קולה נחשב כמקום שנהגו לכסותו[49] שאסור לראותו גם בלי כוונה ליהנות.[50]

---

46. על ההבחנה בין 'המקומות המגולים' ל'מקומות המכוסים' ראו בהרחבה להלן בפרק העשרים.

47. מלבד **המאמר מרדכי** ו**הדברי חפץ** הנ"ל, המתירים שמיעת קול זמר בלי כוונה ליהנות הם: הרב יחיאל יעקב ויינברג (**שו"ת שרידי אש**, חלק א, סימן עז, אות ח); הרב נתן גשטטנר (**שו"ת להורות נתן**, חלק א, סימן ס, אותיות ג-ד); הרב משה לוי ('בענין קול באשה ערוה', **אור תורה** תקלו, אדר תשע"ב, סימן נט, עמ' תעח-תפח; ובעל **שו"ת ארחותיך למדני** (חלק ב, סימן קב, אות ט). בין המקורות שעליהם התבססו מצויים דברי **ספר האשכול** (מהדורת **נחל אשכול**, הלכות תפילה וקריאת שמע, פרק ז, עמ' 15): "יש מי שאומר שמותר לקרות קריאת שמע אף כששומע קול זמר של אשה ורואה שערה אם אינו מכוון להנות ממנו ולא אתמר בגמרא לענין קריאת שמע... אלא לאסור להנות בקולה ושערה של ערוה, ולא משמע הכין בגמרא". לדבריהם, אף **שהאשכול** דחה את שיטת הרמב"ם, כוונתו אינה אלא לדחות את ההיתר בקריאת שמע ולא את הגבלת האיסור לשמיעה מכוונת. אולם נראה שהדברים תלויים זה בזה: האיסור לקריאת שמע מבוסס על כך שקול זמר נחשב כ'מקומות המכוסים', שאסור לראותם גם בלי כוונה ליהנות. ממילא גם הראיה שהביא הרב משה לוי (שם) מן **הפרי מגדים** (או"ח, סימן עה, משבצות זהב, ס"ק א) להתיר ראייה בלא כוונה, היא ראיה לסתור, שהרי **הפרי מגדים** כתב בפירוש שב'מקומות המכוסים' אסור גם בלי כוונה ליהנות. כמו כן, חלק מן המקורות שהביאו האחרונים מתייחסים למצב שבו כלל אין כוונה לשמוע (כגון דברי רבנו יונה המובאים **בבית יוסף**, שעליהם הסתמך הרב גשטטנר); ועיינו בספר **גן נעול**, סעיף יא.

48. אכן יש מקום לומר **שהשו"ע** החמיר דווקא בהלכות קריאת שמע; וכן כתב הרב דב ליאור (**שו"ת דבר חברון**, או"ח, סימן סח): "אף על פי שמחלוקת זו מתייחסת בעיקרה לענייני קריאת שמע, פשוט הוא שמשם למדים אנו את גדרי איסור ערווה גם שלא בשעת קריאת שמע".

49. אלא אם נאמר כדברי בעל **שו"ת ארחותיך למדני** (חלק ב, סימן קב; חלק ד, סימן קל) הסבור שקול אישה נחשב תמיד כ'מקומות המגולים' משום שיוצא מן הפה שנמצא בגלוי, וחכמים התירו באופן עקרוני ראייה של מקומות אלו. אכן, דבריו הם חידוש גדול.

50. אפשר שלכך התכוון הרמב"ם כשכתב שאסור לשמוע קול אישה "כל שכן כשהיא מזמרת" (**שו"ת הרמב"ם**, סימן רכד); כלומר אף לשיטתו קיים הבדל בין צורות שונות של קול, גם אם אין לכך הגדרה פורמלית ברורה. כעין זה כתב **המקנה** (קידושין ע ע"א, ד"ה בגמ' א"ל) בדעת הרא"ש

לסיום נקודה זו יש להעיר על חידושו של הרב משה פיינשטיין (**שו"ת אגרות משה**, או"ח, חלק א, סימן כו) בהגדרת מושג ה'הנאה': "אף אם יש להם הנאה משמיעת קול שירה אין להחשיב זה הנאה מהאשה, דכמו כן אם היה מזמר איש נמי היה להם הנאה דשמיעת שירה"; כלומר הנאה אסתטית תמימה מיופי השירה אינה נחשבת כ'הנאה' שנאסרה. דברי הרב פיינשטיין מתייחסים לאיסור ליהנות מקולה של פנויה טהורה (שבו נדון להלן), אך מהמשך דבריו משתמע שהוא מגדיר כך את עצם מושג הכוונה ליהנות, וממילא אפשר יהיה להתיר לשיטת הרמב"ם גם האזנה לשם הנאה אסתטית.[51]

אולם פשט דברי הרמב"ם והפוסקים אינו תומך בחידוש זה; מדבריהם עולה שהאלטרנטיבה לכוונה ליהנות היא שמיעה באונס או באופן אגבי (**מאמר מרדכי**, או"ח, סימן עה, ס"ק ד) – או לכל היותר מתוך כוונה לשמוע את תוכן הדברים[52] – וכי הם לא העלו על דעתם שמותר יהיה להתכוון ליהנות מן השירה תוך הבחנה דקה בין כוונות שונות.[53] יתר על כן, בדברי הרמב"ם מפורש כמעט שהכוונה שנאסרה בערווה שונה מ"דרך זנות" שנאסרה גם בפנויה,[54] ואילו לפי הצעתו של הרב פיינשטיין קשה להבחין ביניהן.[55]

וסיעתו: לדבריו, אומנם הם מפרשים את דברי הגמרא המתייחסים לקול כאילו הוא הנחשב כ'מקומות המגולים', אך גם הם מודים שישנו קול הנחשב כ'מקומות המכוסים' ולכן למעשה "אין מחלוקת בין הפוסקים" (אכן, מדברי **הבית יוסף** ופוסקים אחרים ברור שיש מחלוקת בדבר, לפחות לעניין קריאת שמע).

51. בתחילת דבריו הציע הרב פיינשטיין לדמות זאת לאיסור להסתכל בפנויה "דרך זנות", ואף הציע להבחין בין איסור ההסתכלות ב'ערווה' (שבו עצם ההנאה נאסרה) לבין איסור פנויה (הקשור רק לחשש הרהור; ראו לקמן, ועיינו בספר **את צנועים חכמה**, חלק ב, מאמר כא, סעיף 6, אות ב). אך בהמשך דבריו הסיק הרב פיינשטיין כי לדעת **המשנה ברורה**, אין הבדל בין המושגים ומדבריו משתמע שהנאה שלא מן ההיבט הנשי של הקול כלל לא נאסרה. כדבריו פסק בעל **שו"ת ארחותיך למדני** (חלק ב, סימן קב, אות יא) גם לעניין קול ערווה.

52. ראו: **חוט שני**, אה"ע, סימן כא, סעיף א, ס"ק י, אות ו; **ישמח ישראל**, פרק יט, הערה יב.

53. ראו **שו"ת ברכת ראובן שלמה**, חלק ו, סימן מח: "הלא ברור הוא דאף על פי דאם היה מזמר איש היא להם גם כן הנאה משמיעת שירה, מכל מקום כששומע שירת אשה יש להם הנאה לאין ערוך משמיעת שירת איש, דבשמיעת שירת אשה קשתו ננערת".

54. גם אם אין הבדל בין הסתכלות בערווה להסתכלות בפנויה, הרי זה משום שיש להרחיב את איסור ההסתכלות בפנויה "דרך זנות", כפי שפירש בספר **יפה ללב** (אה"ע, סימן כא, ס"ק י): "דהיינו הסתכלות יתירה יותר משיעור היכרה, כי זו דרך הנאתן". עיינו גם **בשו"ת שבט הלוי**, חלק ה, סימן ר.

55. אף הרב פיינשטיין עצמו כתב במקום אחר (**שו"ת אגרות משה**, או"ח, חלק א, סימן מ) שהתפעלותו של רשב"ג מיופייה של הנוכרית נחשבת כהסתכלות לשם הנאה, אף שלכאורה זו התפעלות

לכן נראה שלכל היותר אפשר להתיר על פי הרמב"ם מצב שבו אדם נהנה מחוויה של שירה בציבור, או מן התוכן של השירה (כגון בקריאת מגילה, או להבדיל במופע היתולי שנעימת הקול איננה העיקר בו, וכן כאשר אישה מבקשת ללמד מנגינה מסוימת), בלי ליהנות כלל מיופיו של קול מסוים.[56]

כמו כן, אף אם נדחוק כך בלשון הרמב"ם, אי אפשר לומר כי **השו"ע** ורוב הראשונים אסרו שמיעת קול אישה דווקא כשהאדם מתכוון להנאה כזו, שהרי הם עסקו בשמיעה רגילה ובכל זאת אסרוה. גם הרמב"ם עצמו (**שו"ת הרמב"ם**, סימן רכד) אסר בסופו של דבר האזנה לזמרת, אף שאין סיבה להניח שמדובר דווקא במצב שבו יש כוונה ליהנות מכך שהיא אישה. לכן, גם הפוסקים שנטו לפסוק כרמב"ם אסרו את השמיעה בכל מקום שבו יש כוונה ליהנות מן השירה,[57] ומשום כך צמצמו מאוד את היתרם.[58]

3. שמיעת קול דיבור (או 'קול הרגיל') בכוונה ליהנות

השלכה אחרת של דברי הרמב"ם היא לחומרה: מדבריו עולה שאפילו קול דיבור אסור לשמוע תוך כוונה ליהנות, משום שקול האישה נחשב כגופה. אף הרשב"א (**חידושי**

שעשויה להתרחש גם בעקבות מראה של איש, ורק בדוחק יש להבחין בין הסתכלות לבין שמיעה בנקודה זו (לא ברור אם הרב פיינשטיין עצמו ניסה להציע הבחנה כזו).

56. יש לדון גם במצב שבו האדם זקוק לשירה מסיבות נפשיות. ראו בספר **גנזי יוסף**, סימן מא: "הא דאמרינן קול באשה ערוה ואסור לשמוע, רק אם הוא עושה לשם תאוה דמגרה היצר הרע בלבו, אבל כשעושה משום רפואה שרי". עיינו גם ב**שו"ת אשר חנן**, חלק ח, סימן קסה.

57. זאת כאמור (לעיל הערה 49) מלבד בעל **שו"ת ארחותיך למדני**.

58. טעם הדבר הוא שהפוסקים המתירים נדרשים לומר שיסוד ההבדל בין דיבור לבין זמר הוא ההנאה, כפי שכתב הרב גשטטנר (**שו"ת להורות נתן**, חלק א, סימן ס, אות ד): "פשוט שאין ללמוד מכאן הוראת היתר לשמוע קול זמר ולומר שאינו מכוין ליהנות, דכל שמתכוין לשמוע קול זמר ממילא כונתו ליהנות". מדבריו עולה ביטול מעשי כמעט מוחלט של ההיתר (ודבריו נאמרו בעיקר כדי להתיר שמיעה של נאום וכדומה), ואילו ה**שרידי אש** הרחיב את ההיתר מעט יותר: "ואולי מטעם זה כתבו הפוסקים לאסור רק קול זמר אף שבגמ' נאמר קול סתם, משום שזמר גורם להרהורי תאוה ולא קול סתם שרגיל בו. מכל מקום יש מקום לומר, שבזמירות קודש הזמר מעורר רגש קודש ולא הרהור עבירה". כך או כך, מדבריהם ברור שאין להתיר שמיעת קול זמר לשם הנאה, וכך עולה גם משאר המקורות הנ"ל. ראו גם במאמרו של הרב מאור קיים (שנכתב בהנחיית הרב אליעזר מלמד), 'קול באישה' (זמין במרשתת): "נראה שגם דברי המתירים לא נאמרו אלא כאשר הוא יושב בביתו ושומע שירה מבית אחר, או שהלך לעסקיו ונקלע למקום שהוא שומע שירה. אבל להשתתף באירוע שבו מופיעה זמרת, לא דיברו, מפני שכל האירוע מכוון לשמיעת קולה".

הרשב"א, ברכות כד ע"א, ד"ה והא דאמר רב יצחק) כתב בתחילת דבריו שאסור לשמוע קול דיבור של אישה אחרת; והמאירי (**בית הבחירה**, שם, ד"ה צריך) ביאר שהאיסור אמור דווקא בשמיעה מכוונת. עם זאת, הרשב"א והמאירי הסיקו לבסוף שדווקא קול של שאילת שלום אסור, משום קירוב הדעת שבו, וכן כתב גם **הנימוקי יוסף** (ברכות כד ע"א); ואילו מלשון הרמב"ם נראה כי הוא אסר כל סוג של דיבור.

השו"ע (אה"ע, כא, א) פסק את לשון הרמב"ם ומכך אפשר לדייק כי הכריע כמותו בעניין זה, וכן פסק גם **המשנה ברורה** (סימן עה, ס"ק יח): "אסור לכוין להנות מדיבורה שהרי אפילו בבגדיה אסור להסתכל להנות".[59] אך מכיוון שרוב הראשונים סבורים שיש להתיר לחלוטין שמיעת קול דיבור, ומשום שהאיסור קיים דווקא כשמתכוון ליהנות מקולה ולא מתוכן הדברים – ויש אף מקום לפרש (כדברי הרב פיינשטיין הנ"ל) שדווקא הנאה מכך שמדובר בקול של אישה היא שנאסרה[60] – הרי שלמעשה מותר להקשיב לקול דיבור של אישה גם כאשר הוא גורם הנאה (כגון בהצגה או במופעי 'פואטרי־סלאם').[61]

בנקודה זו יש להבחין בין דיבור לבין שירה, וזאת גם במצבים שבהם מדובר ב'קול הרגיל בו'. 'קול הרגיל' הושווה בדברי הראשונים לשער הבתולות, ומכאן שאין הוא דומה לדיבור (שכלל לא נאסר לדעת רוב הראשונים) אלא ל'מקומות המגולים' שבגוף האישה שאין להסתכל בהם מתוך כוונה ליהנות. ממילא, גם אם נקבל את דעת האומרים ששירת נשים בימינו נחשבת כ'קול הרגיל', יהיה בכך רק כדי להתיר שמיעה אגבית של השירה ולא האזנה מתוך כוונה ליהנות.[62]

לסיכום: הרמב"ם אינו מבחין בין סוגי קול שונים אלא מחשיב כל סוג של קול כ'מקומות המגולים' ואוסר להאזין לו דווקא מתוך כוונה ליהנות. לדעת הרמב"ם מותר יהיה לשמוע באקראי אפילו שירה; ומאידך־גיסא אסור יהיה לשמוע בכוונה ליהנות אפילו קול שרגילים בו. להלכה נפסק כדברי הרמב"ם לחומרה, ולכן אסור לשמוע

---

59. מדברי **המשנה ברורה** משתמע שלא פסק כך מכוח שיטת הרמב"ם בדין 'קול ערווה' אלא מחשש צדדי של הרהור; ראו **גן נעול**, הערה 116.

60. סברה זו נראית נכונה בהקשר זה משום שמדובר בהסבר דעת הרמב"ם ולא דעת שאר הפוסקים. כמו כן, אם אכן **המשנה ברורה** אסר משום הרהור, מסתבר שהאיסור אמור דווקא בהנאה המביאה לידי הרהור.

61. על פי תפיסה זו נוסד – בברכת הרב דב ליאור – החוג לתיאטרון במכללת אמונה; ראו דבריו **בשו"ת דבר חברון**, או"ח, סימן סט.

62. כך אכן פסק הרב קרליץ בספרו **חוט שני**, אה"ע, סימן כא, סעיף א, ס"ק יא, אות ו; אולם מדבריו נראה שהוא לא הבחין באופן עקרוני בין קול שירה 'רגיל' לבין קול דיבור.

קול אישה בכוונה ליהנות גם אם רגילים בו; אך לא ברור שנפסק כמותו לקולא, ולכן ראוי להחמיר בשמיעת קול שירה שאין רגילים בו - גם שלא בכוונה ליהנות.

ד. 'הכול לשם שמיים'

ראינו לעיל כי גם בימינו נחשב קול שירת סולו חיה של אישה כקול שאינו רגיל, ואף אם מדובר ב'קול הרגיל' אסור להאזין לו לשם הנאה; אולם שינוי הנורמות החברתיות עשוי להתיר את הדבר מזווית נוספת. בגמרא במסכת קידושין (פא ע"ב - פב ע"א) מסופר על רב אחא בר אבא שהושיב את נכדתו בחיקו, וכשהקשו עליו ותמהו הלוא "אין משתמשים באשה" השיב שהוא סומך על דברי שמואל, "הכל לשם שמים"; וכפי שפירש **רש"י** (שם פב ע"א, ד"ה הכל): "אין דעתי אחריה לחיבת אישות אלא לחיבת קורבה ולעשות קורת רוח לאמה".

הריטב"א (**חידושי הריטב"א**, שם, ד"ה הכל) למד מכאן עיקרון כללי:

> הכל כפי מה שאדם מכיר בעצמו, אם ראוי לו לעשות הרחקה ליצרו עושה ואפילו להסתכל בבגדי צבעונין של אשה אסור... ואם מכיר בעצמו שיצרו נכנע וכפוף לו ואין מעלה טינא כלל מותר לו להסתכל ולדבר עם הערוה ולשאול בשלום אשת איש... אלא שאין ראוי להקל בזה אלא לחסיד גדול שמכיר ביצרו, ולא כל תלמידי חכמים בוטחין ביצריהן.

מפשט דברי הריטב"א נראה שעיקרון זה עשוי להתיר (כאשר הוא מיושם בכנות) כמעט את כל גדרי הצניעות: הסתכלות, מגע וכן הלאה.[63] עם זאת, הריטב"א כתב "שאין ראוי להקל בזה אלא לחסיד גדול שמכיר ביצרו". מדברי הריטב"א עצמו נראה שמעיקר הדין אפשר להקל גם כשמדובר במי שאינו חסיד,[64] אולם בעל **ספר החינוך** (מצווה קפח) התנגד באופן גורף לשימוש בהיתרים כאלו:

63. כפי שעולה מן הדוגמאות שהביא הריטב"א: "והיינו ההיא דרבי יוחנן דיתיב אשערי טבילה ולא חייש איצר הרע, ורבי אמי דנפקי ליה אמהתא דבי קיסר, וכמה מרבנן דמשתעי בהדי הנהו מטרונייתא, ורב אדא בר אהבה שאמרו בכתובות דנקיט כלה אכתפיה ורקיד בה ולא חייש להרהורא מטעמא דאמרן".

64. כפי שעולה מלשונו בתחילת הדברים: "הכל כפי מה שאדם מכיר בעצמו". נראה שכך הבין גם בעל **שו"ת דברי יציב** (אה"ע, סימן מ) שכתב שהריטב"א חולק על בעל **ספר החינוך**.

מכל מה שהזהירו זכרונם לברכה אין אדם רשאי לזוז ממוסרם הטוב, ואף על פי שהוא מוצא עצמו חשוך התאוה קצת, לא יאמר כיון שאני מוצא עצמי כן מה איכפת לי אם אסתכל בנשים כי יודע אני בעצמי שלא יתעורר יצרי בכך, שהרבה אמרו כן ונכשלו... שהם זכרונם לברכה היו כמלאכים... ולא היו מרגישים הרגש רע בשום דבר מרוב דבקותם בתורה ובמצוות. אבל אנחנו עכשיו אין לנו לפרוץ אפילו גדר קטן בענינים אלו כלל.[65]

גם לפי שיטתו של **ספר החינוך** זו יש מקום ליישם את סברת 'הכול לשם שמיים' בימינו לגבי מי שמסיבות שונות אין כל חשש לכך שיצרו יתגבר עליו (כגון זקן שתש כוחו), אך יישומים אלו יהיו מוגבלים ביותר.[66]

לעומתם, **התוספות** (קידושין פב ע"א, ד"ה הכל) כתבו: "ועל זו אנו סומכין השתא שאנו משתמשים בנשים", וכך כתב גם הרא"ש (**תוספות הרא"ש**, שם, ד"ה הכל) והסמ"ג (לאוין, מצווה קכו); כך פסק גם **הרמ"א** (אה"ע, כא, ה): "כל שאינו עושה דרך חִבּה, רק כוונתו לשם שמים, מותר, לכן נהגו להקל בדברים אלו". מדבריהם של **התוספות** והרמ"א עולה היתר ציבורי רחב שיש להחיל על פעולה מסוימת שמשמעותה המינית ניטלה ממנה, אלא שדבריהם אמורים רק לגבי דין בודד – איסור השתמשות באישה.[67]

אולם בלשון הרמ"א, "בדברים אלו", יש פתח להרחיב עיקרון זה, וכך אכן עשו שניים מבני זמנו ומקומו. המהרש"ל (**ים של שלמה**, קידושין, פרק ד, סימן כה) ניסח את ההיתר באופן הבא: "ועל זה סומכין כל העולם, שמשתמשים ומדברים ומסתכלים בנשים", ונראה ששילב את דברי הריטב"א ו**התוספות**. דברים בסגנון דומה כתב **הלבוש** (או"ח, מנהגים, אות לו) על סעודות נישואין מעורבות של נשים וגברים הרוֹאים אלו את אלו: "אין נזהרין עכשיו בזה, ואפשר משום דעכשיו מורגלות הנשים הרבה בין האנשים ואין כאן הרהורי עבירה כל כך, דדמיין עלן כקאקי חיוורא מתוך רוב הרגלן בינינו וכיון דדשו דשו".[68] מדברי המהרש"ל ו**הלבוש** עולה כי נורמות התנהגות שהפכו רווחות שוב אינן אסורות.[69]

65. מקורות נוספים שהלכו בדרך זו ראו בספר **גן נעול**, חלק א, עמ' יב–טו.
66. עיינו **בשו"ת חלקת יעקב**, אה"ע, סימן סו.
67. עוד על יישומו של הכלל 'הכול לשם שמיים' ראו לעיל עמ' 314 ואילך.
68. בעל **שו"ת דברי יציב** (אה"ע, סימן מ) עמד על הקשר בין דברי **הלבוש** לבין דברי הריטב"א והצביע על ביטויים נוספים של עיקרון זה. מקורות נוספים שהלכו בדרכו של הלבוש צוינו **בשו"ת עטרת פז** (חלק א, כרך ג, אה"ע, סימן ו); ועיינו בספר **גן נעול**, חלק א, עמ' י–יא.
69. אפשר שהם חולקים על הריטב"א ושל **ספר החינוך**, שהגבילו את ההיתר לחסיד שמכיר ביִצרו, אך אפשר שלדעתם סיוג זה נאמר דווקא באדם פרטי הסוטה מן הנורמה הכללית, ולא כאשר הנורמה

יישום סברה זו ביחס לקול אישה נמצא כבר בדברי הריטב"א, שהתיר למי ששולט ביצרו לשאול לשלום אשת איש, וניסוח רחב של ההיתר אפשר למצוא **בספר המאורות** לר' מאיר המעילי (ברכות כה ע"א): "ואסור לשמוע דבריה, כדאמרינן בקידושין ואפילו לשאילת שלום. והאידנא נהגי בשאילת שלום ובדברי צורך, והכל לשם שמיים כדאיתא התם".[70] גם מהר"ם שיק (**שו"ת מהר"ם שיק**, אה"ע, סימן נג) כתב בעניין שאלת שלום "דאין העולם נזהרין בזה", וסמך את המנהג על דברי הרמ"א הנזכרים, שמהם עולה כי ההיתר לא נאמר רק בהשתמשות באישה אלא "בכל כיוצא בזה".

דברי הפוסקים הללו נאמרו ביחס לשאלת שלום, ויש לשאול האם הוא הדין גם לשמיעת קול זמר. הריטב"א עצמו התייחס בדבריו גם לקול זמר, וכך הסביר כיצד התיר ר' אבהו למשרתות הקיסר לשיר לפניו (כתובות יז ע"א); ובאופן דומה הסביר **השלמי נדרים** (נדרים נא ע"א) כיצד יכולה הייתה אמו של רבי לשיר בפני בר קפרא (שם). הרב ויינברג (**שו"ת שרידי אש**, חלק א, סימן עז, אות ח) צירף סברה זו כצד להקל בשירי קודש, והוסיף:

> ואף שיש לחלק בין שימוש בנשים ובין שמיעת קול זמר, מכל מקום יש לומר כיון שהמזמרים זמירות קודש גם כן מתכוונים לשם שמיים, כדי לעורר רגשות דתיים אצל הבנות ולטעת בלבם חיבה לקדשי ישראל, יש לסמוך על המקילים.[71]

אך מדברי הפוסקים עולים שני שיקולים נגד היתר זה. שיקול אחד נמצא בדברי החיד"א (**מורה באצבע**, סימן ט, אות שט): "איסור גדול לשמוע שירי נשים המשוררות... ואם יאמרו שהם חסידים ודמו עלייהו כקאקי, יודע נסתרות יגער בהם ויבושו כי היה להם הנאה בקול ומראה וריח". כלומר בפועל שירת נשים איננה דומה לשאלת שלום, וגם למי שהורגל בה היא גורמת הנאה שיש בה ממד יִצרי. נדמה כי היבטים מסוימים של תעשיית המוזיקה בימינו מעידים כאלף עדים כי בשירה אכן עשוי להתקיים ממד ארוטי.[72]

עצמה משתנה (**שו"ת בני בנים**, חלק א, סימן לז, סעיף 3; שם, חלק ד, מאמר ב).

70. כעין זה העיר ר' משולם מבדרש **בספר ההשלמה** (ברכות כד ע"א). בשני הספרים הובאו הדברים בשם הראב"ד.

71. אף **בשו"ת משנה הלכות** (חלק ד, סימן פו) כתב בעניין שמיעת קול אישה ברדיו: "ובאמת כי דברים הללו תלוי לפי הענין וכמו שכתוב בים של שלמה... הכל לשם שמים".

72. ראו גם את תיאורי השירה בספרו של דוד גרוסמן, **מישהו לרוץ אתו**, בני־ברק 2000, עמ' 129: "השיר פרץ ממנה כמו צעקה, בדחף לא נשלט. היא מעולם לא היתה חולמת לשיר שיר כזה בלי ליווי, חשופה ממש מולו". אדרבה, זוהי מעלתה של השירה, שהיא מוציאה החוצה את פנימיותו

שיקול עקרוני יותר נמצא בדבריו של הרב בצלאל שטרן (**שו"ת בצל החכמה**, חלק ה, סימן נ, אות ז) שסייג את היתרו של מהר"ם שיק:

> דוקא באיש השואל בשלום אשה, דהחששא בזה משום קירוב דעת וחיבה... כשכוונתו לשם שמים אין מקום לחוש. לא כן בשאילת שלום מאשה לאיש שאיסורו משום קול באשה ערוה, מה בכך שהיא כוונתה לשם שמים, מכל מקום קולה ערוה היא לגבי האיש שהיא שואלת בשלומה.

לדבריו, ההיתר 'לשם שמיים' אמור דווקא בפעולות שעניינן קרבה בין נשים לגברים, אך אין בו כדי להתיר ראיית 'ערווה' או שמיעת קולה; ואכן, לא מצאנו היתר גורף כזה ביחס לראיית 'המקומות המכוסים'.[73] אומנם הראשונים יישמו את ההיתר גם בשמיעת קול של שאילת שלום (בניגוד לדברי **בצל החכמה**), אך אפשר שדווקא דיבור של שאילת שלום נאסר לדעתם משום קירוב הדעת, ואילו קול זמר נחשב כ'ערווה' ממש.[74] נראה כי להבחנה כזו התכוון הרב עובדיה יוסף (**שו"ת יביע אומר**, חלק א, או"ח, סימן ו, אות יא) שהביא את דברי **הלבוש**, אך הכריע שאין ללמוד מהם להתיר שירת נשים: "מכל מקום אין כל הנידונים שוין, ויש לחלק בין הנושאים".[75]

ה. האווירה וההקשר

גם אם אין להתיר שמיעת קול אישה בימינו באופן גורף, יש שביקשו להתיר אותה

של האדם. אלא שהיא יכולה לבוא לידי ביטוי רק בעולם שאין בו יצר הרע, כפי שנאמר בזוהר (חלק ג, קסז ע"ב): "בהיכלא אחרא אית יוכבד אמיה דמשה נביאה מהימנא... בכל יומא ויומא אודת ומשבחת למארי עלמא איהי וכל אינון נשין די בהדה ושירתא דימא מזמרין בכל יומא ואיהי בלחודהא... וכל אינון צדיקייא די בגן עדן צייתין לקל נעימו דילה, וכמה מלאכין קדישין אודאן ומשבחן עמה לשמא קדישא".

73. ישנן גישות שלפיהן גם גדרי ראיית 'ערווה' מותאמים להקשר ולמנהג המקום, אך שאלה זו נתונה במחלוקת גדולה וגם המקילים מסייגים לרוב את ההיתר. ראו לעיל עמ' 258 ועמ' 277.

74. לדברינו יש הבדל בין שני דינים בקול אישה: קול דיבור נאסר (בהקשרים מסוימים) רק משום קירוב הדעת, ואילו קול זמרה נחשב כ'ערווה' גמורה. אך ראו להלן, בדיון סביב האווירה וההקשר של השירה, כי יש שהבינו את דברי הרשב"א באופן אחר.

75. גם הרב פיינשטיין (**שו"ת אגרות משה**, או"ח, חלק ד, סימן טו, אות ב) כתב שאסור לשמוע קול אישה "אף כשאין לו הרהור, מטעם שהיא ערוה". נראה שהדבר תלוי במהות האיסור כפי שיבואר להלן.

בהקשרים מסוימים. בכמה מקומות מצאנו שהלכות צניעות מושפעות גם מן האווירה וההקשר, ולא רק מהגדרות פורמליות,[76] אולם בעניין קול אישה נקודה זו בולטת במיוחד. כבר ראינו לעיל את דברי הרשב"א שכתב על קול דיבורה של אישה, שנאסר רק בהקשר שיש בו קירוב הדעת; ובאופן פשוט נראה שסיוג זה נאמר דווקא בדיבור ואילו קול זמר אסור בכל מצב כ'ערווה' גמורה. מאידך־גיסא יש גם מקום להבין שכל דין 'קול אישה' עניינו קירוב הדעת בלבד;[77] ולחילופין אפשר שכאשר אין חשש הרהור לא נאסרה שמיעת הקול, אף אם הקול נחשב 'ערווה'. ואכן, גם לגבי קול שירה כתבו כמה מן הפוסקים שיש להבחין בין מצבים והקשרים שונים, וכדלקמן.[78]

מציאות רווחת המתוארת בתנ"ך ובדברי חז"ל היא מציאות של נשים המקוננות בזמנים של אבל וצער.[79] באופן פשוט נראה שקינה איננה דיבור רגיל אלא מעין שיר במנגינה עצובה, וממילא צריך היה לאסור זאת משום 'קול אישה'.[80] **התפארת ישראל** (מועד קטן פרק ג, יכין, אות סח) הציע שמדובר בהיתר מקומי ומצומצם: "דבשעה שהמת מוטל לפניו אין חוששין להרהור" (למעשה, גם היתר זה נתון במחלוקת; ראו שם ובספר **גן נעול** הערה 159). אך בספר **דברי חפץ** (דרוש לד, קיג ע"א) התייחס ר' אהרן טולידו לשאלה זו ולמד ממנה עיקרון רחב יותר: "יש לחלק ולומר דהתם לית ביה משום ערוה משום דהם אומרים קינה, דבר הגורם להרבות בכיה ומשבר את הלב, ולית למיחש להרהור עבירה".[81] יש לדון אם אפשר להרחיב היתר זה גם לטקסים

76. ראו: **משיבת נפש**, בראשית י"ט, טז; **שו"ת יביע אומר**, חלק א, או"ח, סימן ז, אות י.

77. כך משתמע מלשונו של **הדברי חפץ** שתובא להלן; וראו דברי המאירי (**בית הבחירה**, ברכות כד ע"א, ד"ה צריך) שהשווה בין שאילת שלום לקול זמר: "אפשר לומר ששאלת שלום והשבתו כעין זמר הוא".

78. חשוב להדגיש כי הנחת המוצא של הפוסקים (ובכללם **הדברי חפץ**), העולה גם מדברי הרשב"א, היא שסתם קול זמרה מביא לידי קירוב הדעת, גם אם התכנים שלו ניטרליים - שלא כפי שכתב הרב משה ליכטנשטיין במאמרו 'שירת נשים ללא קירוב הדעת', **תחומין** לב, תשע"ב, עמ' 291-299.

79. ראו: ירמיהו ט', טז; דברי הימים ב ל"ה, כה; משנה, כתובות פ"ד מ"ד. דיון במקורות אלו ובמקורות נוספים ראו בספר **הגיוני הפרשה**, ויקרא, עמ' תקפא-תקפב.

80. לשיטות המתירות קול אישה כאשר אין כוונה ליהנות, היה מקום להתיר זאת כשהמאזינים אינם מתכוונים ליהנות מקול המקוננות; אולם **הדברי חפץ**, שלשונו תובא להלן, הבין כנראה כי יש להתיר מסיבה זו רק כשכלל אין כוונה לשמוע את השירה.

81. בשלב זה בדבריו נראה שהוא מבין שהקינה נעשית באופן של דיבור, אך בהמשך הוא מתייחס באותה דרך גם לשירה.

שבהם נשים שרות שירים עצובים המשברים את הלב, שבהם גם אם יש לשומעים הנאה אסתטית מן השירה, לא עולים בליבם הרהורי עבירה.[82]

שירת נשים מסוג אחר המצויה אף היא בתנ"ך הוא שירי הלל לה' ששרו נשים, ובפרט שירת מרים ושירת דבורה. קולמוסים רבים נשתברו על מקרים אלו, וקשה להוכיח מהם דבר־מה במישרין (בפרט משום שלכאורה כל מי שלא הסביר מקרים אלו באופן מסוים, לא הסכים לאופן הסבר זה); אך החיד"א כתב על שירת דבורה את הדברים הבאים (**ראש דוד**, פרשת בשלח): "אל תחושו עתה אם שמוע תשמעו בקולי קול באשה, הלא תדעו 'אנכי לה'', שאני מרכבה לשכינה, וכיון דאיכא אימתא דשכינה מסלקת ההרהורים ואין לחוש".[83] מכאן הציע הרב ויינברג (**שו"ת שרידי אש**, חלק א, סימן עז, אות ז) ללמוד "שבשירי קודש לא חיישינן להרהור", ואף הרב עובדיה יוסף סמך על דבריו כדי להתיר שהייה של מחנכים במקום שבו שרות התלמידות שירי קודש.[84]

הרב וולדנברג (**שו"ת ציץ אליעזר**, חלק יד, סימן ז) השיג על היקשו של **השרידי אש**, וכתב שהיתרו של החיד"א נאמר רק "כשיש גילוי שכינה בפועל",[85] ומשום כך אין מקום "להקיש וללמוד משם בדרך כלל לשירת אנשים ונשים יחדו בשירי קודש, שגילוי שכינה ודאי שליכא שם".[86] אולם החיד"א עצמו השווה סברה זו לסברת 'אימתא דשכינה' שנאמרה על כל מי שנמצא בסמוך לבית הכנסת (נידה יג ע"א), ולאו דווקא במצבים מיוחדים של השראת שכינה; וממילא יש מקום רב להרחיב זאת לכל הקשר של קדושה.

82. מובן שיש הבדל בין חבורת נשים המקוננות על קבר פתוח, לבין זמרת מקצועית השרה בטקס יום הזיכרון, אך בצירוף צדדי היתר נוספים המבוארים לעיל - ובעיקר אם אין האיש מסתכל בה - יש מקום להתיר זאת.

83. החיד"א חזר על רעיון זה במקומות רבים מאוד בספריו: **דבש לפי**, מערכת ק', אות יט; **מראית העין**, נידה יג ע"א; **צוארי שלל**, הפטרת בהעלותך; **חומת אנך**, פרשת בשלח; שם, צפניה ג'; שם, תהילים פ"ז; ועוד.

84. הרב עובדיה יוסף, 'על שירת בנות בסעודת שבת בנוכחות המחנכים - שו"ת', **המעין** נה(א), תשע"ה, עמ' 5-7. יצוין כי אפשר היה לצרף להיתר את העובדה שמדובר בשירה של נשים רבות, וכן את העובדה שהאנשים כלל לא מתכוונים לשמוע את שירת הנשים וליהנות ממנה, אולם הרב עובדיה יוסף לא התמקד בהיבטים אלו בתשובתו.

85. כך טען הרב מאיר אמסעל, 'על הארגון "ישורון" בצרפת', **המאור** נט, תשט"ז, עמ' 13-15.

86. הרב וולדנברג הוסיף לדבריו הערכה מציאותית: "ואפילו אם יש מתחילה כוונה לשם שמים ברור הדבר שלאחר מכן היא מתבטלת ויצא השכר בהפסד, והפרוץ בזה יהא על פי רוב מרובה על העומד, ודי לחכימא".

עם זאת, ודאי שסברה זו אינה מוסכמת: מחד־גיסא, יש בה כדי להסביר את דברי רבים מן הראשונים שהתעלמו מבעיית 'קול אישה' בקריאה בתורה או במגילה;[87] ומאידך־גיסא, רבים מן הפוסקים סברו שיש בעיה של 'קול אישה' גם בהקשרים של קדושה כגון אמירת קדיש, הלל וזמירות שבת.[88]

למעשה קשה לסמוך על סברות אלו, שדברי רוב הפוסקים סותרים אותן, מלבד אולי במקומות שבהם ההקשר מופקע באופן מובהק מכל חשש הרהור, כגון במהלך הספד בלוויה או קריאת דברים שבקדושה; וודאי שאין להרחיב את ההיתר לכל שירה שתכניה אינם מיניים,[89] שהרי שירה שתכניה אינם צנועים אסורה גם כאשר היא נשמעת מפי איש (**שו"ת הרמב"ם**, סימן רכד).

ו. 'עת לעשות לה"? שיקולים ציבוריים וחברתיים

דיני צניעות לא רק משקפים מציאות אלא גם מעצבים אותה. תפיסות מרחיבות של איסור 'קול אישה' עשויות לעורר כמה וכמה קשיים הנוגעים למקומה של האישה בחיים המודרניים.[90] ראשית, במישור הטכני, ככל שנאסור שמיעת קול אישה כך היא תיאלץ להימנע מפעולות רבות: לא לשיר במופע סיום של בית הספר, לא לנאום באירועים ושמחות וכן הלאה.[91] במקביל, גברים ייאלצו להימנע מטקסים ואירועים שונים המאורגנים על ידי אנשים שאינם מקפידים על 'קול אישה'.[92] שנית, במישור

87. ראו: **שו"ת יחוה דעת**, חלק ג, סימן נא; **ילקוט יוסף**, אוצר דינים לאישה ולבת, פרק מה, הערה כא; **גן נעול**, סעיף מ.

88. ראו למשל **משנה ברורה**, סימן תעט, ס"ק ט. עיינו גם **בשו"ת אבני ישפה** (חלק ב, סימן ה, ענף ז) שהביא בשם הרב יוסף שלום אלישיב "שללמד הפסוקים בניגון אין בזה איסור, כי זה כמו תפילה ואין בזה קירוב הדעת".

89. כפי שראינו לעיל, היו שביקשו לפרש באופן זה את דעת **הדברי חפץ**. גם לו היינו מקבלים פירוש זה, הרי שכל דברי הפוסקים שהובאו בסעיף זה מוכיחים שדווקא בשירים בעלי אופי מיוחד (של צער או קדושה) יש מקום להתיר.

90. ראו תמר רוס, 'תרומת הפמיניזם לדיון ההלכתי: "קול באישה ערווה" כמקרה מבחן', בתוך: אבינעם רוזנק (עורך), **הלכה, מטה־הלכה ופילוסופיה: עיון רב־תחומי**, ירושלים 2011, עמ' 35–64.

91. ראו במאמרו של הרב ביגמן (לעיל הערה 12): "צורך נפשי נחשב צורך גדול המצדיק הסתמכות אף על דעת יחיד. על פי עדויות מהימנות יש נשים בציבורים מסוימים שנעלבות מהקביעה שאסור להן לשיר בצבור עד כדי ניכור מתורה ומצוות בגין קביעה זו".

92. על הקשיים המתעוררים כתוצאה מהימנעות זו ראו אצל שני אומיאל־פלדמן, **מפגשי זהויות במרחבים הציבוריים: המשגות חדשות – מקרה הבוחן של שירת נשים והציונות הדתית**, עבודת

המהותי יותר, התייחסות לקול אישה כאל גורם המעורר הרהור ומשיכה מינית עשויה לצייר את האישה כמי שהמפגש הטבעי עימה הוא בעל אופי מיני.[93]

שיקולים ממין זה עמדו באופן מובהק בבסיס תשובתו הנזכרת של **השרידי אש** שנכתבה כדי לבסס את מנהגי יהדות צרפת, מתוך תפיסה שלפיה שימור המנהג המקל הכרחי כדי להציל את הקהילה היהודית במקום, ו'עת לעשות לה' הפרו תורתך'. אכן גם הרב ויינברג הגביל את היתרו למקרה של שירי קודש בחבורה, שאותו הצדיק מכמה וכמה טעמים הלכתיים.

אל מול שיקולים אלו עומד כמובן (מלבד האיסורים ההלכתיים עצמם) החשש מפני הידרדרות במדרון החלקלק, דווקא בשל הנורמות המערביות של יחסי גברים ונשים, הרחוקות מאוד מערכי התורה.

למעשה נראה כי היחס לשיקולים כאלו ישתנה בין שני סוגי מצבים:

כאשר מדובר במצב שבו יש כוונה ליהנות מן השירה, אין להקל בדבר; לא רק משום ששירה כזו אסורה לדעת כל הראשונים, אלא גם משום שהאיסור משקף את הרצון למנוע קשר על בסיס אסתטי־פיזי בין גברים לנשים, והקול נחשב כאחד הביטויים הפיזיים של האישה לעניין זה. איסור על סוג זה של שירה אינו מונע פעילויות משותפות ענייניות, אלא רק מגביל את ההקשרים העלולים להכיל מתח מיני כגון מופעי שירה משותפים ודומיהם. איסור זה גם אינו כולל מצב שבו האיש נקלע שלא בטובתו לאירוע שבו שרה אישה.

מאידך־גיסא, כאשר מטרת השירה איננה לשם הנאה מקולה של האישה אלא כחלק מפעילות בעלת מוקד אחר, כגון שירה משותפת בציבור,[94] יש מקום רב יותר לשקלל בין סיבות ההיתר גם את הרצון לאפשר השתתפות שווה לנשים ולגברים בפעילויות שהמוקד שלהן איננו פיזי או מיני; כמובן, בהנחה שמדובר בפעילות

דוקטור, אוניברסיטת בר־אילן, תשע"ז.

93. כך למשל נאמר בגמרא (מגילה טו ע"א): "רחב בשמה זינתה, יעל בקולה, אביגיל בזכירתה, מיכל בת שאול בראייתה". קביעות אלו מתייחסות לנשים שעל פי המסופר בתנ"ך כושר הפיתוי היה חלק מתכונותיהן. ראו גם במאמרו של הרב משה ליכטנשטיין: "הרחבת איסור קול אישה מפאת החשש להרהורי עבירה במקום שאינו מוצדק... צובעת את ההווי האנושי כהוויה מינית... אינה חומרא והידור, אלא קולא וזלזול באדם". אין ספק כיום שצדק הרב חיים דוד הלוי (**שו"ת עשה לך רב**, חלק ה, סימן צז) כשהתלבט אם הטיעון שלפיו "קול אשה עשוי להיות גורם מעורר להרהורים" הוא נימוק משכנע "בהשקפת העולם האמריקנית".

94. בערבים כאלו אפשר לומר שכלל אין כוונה ברורה לשמוע את שירת הנשים; והרב יעקב אריאל התיר למעשה השתתפות בערבי שירה כאלו במקומות מסוימים (כך לפי שמועות שבעל־פה, וכן ראו במאמרו שיידון בפרק הבא).

צנועה וערכית מכל בחינה אחרת. כפי שראינו, ההלכה אכן מקילה מעיקר הדין ברוב הפעילויות הללו, ואל מול הנטייה המבורכת לקדש את עצמנו גם במותר, יש להציב את השיקולים הנ"ל ולאפשר לנשים לקחת חלק בשירה כזו במסגרת ההלכה.

סיכום

א. נאמר בגמרא "קול באישה ערווה", אך משמעות הקביעה הזו נתונה במחלוקת, כדלקמן.

ב. לדעת הרמב"ם, קול אישה נחשב כ'מקומות המגולים' שבה, ולכן מותר לאיש לשמוע אותו באקראי (אפילו בזמן קריאת שמע), כפי שמותר לראות את פניה וידיה של אישה, אך אסור לו להתכוון ליהנות ממנו.

ג. לדעת הרשב"א, קול זמר של אישה נחשב כ'מקומות המכוסים' שבה ולכן אסור לשמוע אותו אפילו באקראי או לומר דברים שבקדושה כשהוא נשמע. לשיטתו, קול דיבור רגיל (שאין בו קירוב דעת) לא נאסר כלל, ואילו קול זמר שאדם רגיל בו נחשב כ'מקומות המגולים'.

ד. **השו"ע** סבר מעיקר הדין כרמב"ם, אך כתב שיש לחשוש לכתחילה לשיטת הרשב"א.

ה. נוכח כל האמור: שמיעת קול שירת אישה מתוך כוונה ליהנות אסורה לכל הדעות; שמיעת קול שירה שהאדם אינו רגיל בו, בלי כוונה ליהנות, תלויה במחלוקת (ויש להחמיר); ואילו שמיעת קול רגיל בלי כוונה ליהנות מותרת לכל הדעות.

ו. בחברה שבה מקובל לשמוע קול אישה והדבר אינו מביא לידי הרהור, יש מקום לכאורה להתיר את הדבר על פי עקרון 'הכול לשם שמיים'. אולם למעשה קשה לומר כי שירת נשים נחשבת באופן גורף כמעשה שאין בו פוטנציאל של הרהור, וכן נראה כי סברה זו נאמרה רק בפעולות שנאסרו משום קירוב הדעת, ואילו קול זמר של אישה נאסר מדין 'ערווה'.

ז. לדעת רוב הפוסקים, דין 'קול אישה' קיים גם בתוך הקשרים של כובד ראש וקדושה, ורק לגבי מקרים חריגים ביותר (כגון הספד ואולי גם קריאה בתורה) אפשר לומר שהם מופקעים מכל חשש של מתח מיני.

ח. למעשה, שמיעת שירה לשם הנאה (כגון בהופעה) אסורה גם בימינו, משום שקול זה אינו רגיל בקרב שומרי ההלכה, וכן משום שהאזנה מתוך כוונה ליהנות אסורה גם בקול רגיל. אין בסיס להתיר זאת באופן גורף בטענה שההאזנה נעשית 'לשם שמיים' - אפילו כשהשירה נעשית בהקשר של עצב או קדושה.

ט. מאידך־גיסא, בשמיעה שלא לשם הנאה אפשר להקל בצורות השירה המקובלות

במקום, כגון בשירה משותפת של גברים ונשים (ואפילו של שירי ארץ ישראל וכדומה), וקל וחומר בשירה מוקלטת.

יז

גדרי איסור 'קול אישה'

"אני קומונרית בסניף בני עקיבא. מדי שנה צפים ועולים אצלנו דיונים בעניין שירת נשים בהופעות: האם מותר לקבוצה של בנות לעלות ולשיר מול ההורים? האם מותר להשמיע ברקע שיר של זמרת? ושאלות נוספות. הייתי שמחה לדעת מהם גדרי ההלכה בשאלות אלו"

פתיחה

זכינו וקולן של הנשים הולך ונשמע במקומותינו: בבתי המדרש ובאקדמיה, בהנהגת הקהילה ובתנועות הנוער. הקללה שהוטלה על האנושות והגבילה את נוכחותן של הנשים במרחב הציבורי, הולכת ומתפוגגת; אולם כוחו של היצר שניתן באדם עם אכילת פרי עץ הדעת עודנו בתוקפו עומד. לכן פעמים רבות אנו נדרשים לאיזון עדין בין הרצון לאפשר ביטוי מלא של כישוריהם ויכולותיהם של נשים וגברים כאחד, לבין המחויבות לשמור על הגבולות והסייגים שסרטטה ההלכה בעבורנו.

אחת הסוגיות העדינות והמורכבות בתחום זה היא סוגיית 'קול אישה'. פרשנויות מחמירות של דין זה מונעות כמעט לחלוטין כל ביטוי נשי במרחב הציבורי, ואילו פרשנות מקילה יתר על המידה עשויה להגיע לידי פריצה מוחלטת של האיסור. משום כך יש חשיבות רבה לבחינת הגדרים המדויקים שהורו לנו חכמים בעניין זה.

א. מהות האיסור

1. פתיחה

בפרק הקודם עסקנו בהגדרת הקול הנחשב 'ערווה', וכעת נבקש לבחון כמה שאלות הנוגעות לאופי האיסור: קולן של אילו נשים אסור בשמיעה? מה דין שמיעת קול אישה ברדיו או בסרט? ושאלות נוספות. לשם כך עלינו להקדים ולברר את גדרו של איסור זה ועל מה הוא מבוסס.

ככלל, איסור הסתכלות בעריות נובע משלושה פסוקים שונים:[1] א. "וְלֹא תָתוּרוּ אַחֲרֵי לְבַבְכֶם וְאַחֲרֵי עֵינֵיכֶם" (במדבר ט"ו, לט); ב. "וְנִשְׁמַרְתָּ מִכֹּל דָּבָר רָע" (דברים כ"ג, י); ג. "לֹא תִקְרְבוּ לְגַלּוֹת עֶרְוָה" (ויקרא י"ח, ו). כעת נבקש לברר האם 'קול אישה' כלול באחד או יותר מבין איסורים אלו; כפי שנראה, לשאלה זו עשויות להיות השלכות רבות על גדרי הדין.

2. 'לא תתורו'

על הפסוק "וְלֹא תָתוּרוּ אַחֲרֵי לְבַבְכֶם וְאַחֲרֵי עֵינֵיכֶם" דרשו חכמים: "אחרי עיניכם - זו זנות" (ספרי במדבר, פיסקא קטו), ופירש רבנו יונה (**שערי תשובה**, שער ג, אות סד) כי כוונתם היא ש"הוזהרנו בזה שלא יסתכל אדם באשת איש ובשאר עריות פן יוקש בהן". **הלבוש** (אה"ע, סימן כא, סעיף א) למד מכאן לענייננו: "כתיב לא תתורו אחרי לבבכם וגו', לפיכך אמרו ז"ל דבר תורה צריך אדם להתרחק מאד מן הנשים... ואסור לשמוע קול ערוה או לראות שערה".[2] כלומר הבעייתיות שבקול אישה היא האפשרות להימשך אחריו ולבוא לידי עבירה.

אולם מלבד שעצם האיסור הנלמד מפסוק זה נתון במחלוקת,[3] יש להתלבט אם אפשר לכלול את שמיעת הקול בפסוק העוסק בראיית העין. ואכן, בספר **עצי ארזים** (סימן כא, ס"ק א) כתב שזה החידוש שבדברי שמואל על גבי האיסור להסתכל אפילו

---

1. ראו בהרחבה להלן בתחילת פרק כ.
2. **הלבוש** חתם את דבריו במילים "שכל אלו דברים מביאין ההרהור", ונראה שכוונתו להרהור בעשיית עבירה ולא להרהור של גירוי מיני.
3. הרמב"ם למשל פירש את האיסור כמתייחס להרהור זנות, ולא להסתכלות (ראו: **ספר המצוות לרמב"ם**, לא־תעשה מז; **משנה תורה**, הלכות עבודה זרה, פ"ב ה"ג; וראו גם שם, הלכות תשובה, פ"ד ה"ד). עיינו גם ב**אנציקלופדיה תלמודית**, ערך 'לא תתורו', אות ג.

באצבע קטנה של אישה,[4] וכך פירש גם הרב עובדיה יוסף (**שו"ת יביע אומר**, חלק א, או"ח, סימן ו, אות א; כחלק מהסבר דברי הראבי"ה שיובאו להלן).

3. 'ונשמרת'

מן הפסוק "וְנִשְׁמַרְתָּ מִכֹּל דָּבָר רָע" (דברים כ"ג, י) למדה הגמרא (עבודה זרה כ ע"א) "שלא יסתכל אדם באשה נאה ואפילו פנויה, באשת איש ואפילו מכוערת". מהמשך הסוגיה עולה ששורש האיסור הוא ההרהור הנגרם מן ההסתכלות (**בית הבחירה**, שם, ד"ה אע"פ) ועשוי להביא לידי הוצאת זרע.[5] מכיוון ששמיעת קול אישה הושוותה לראייתה, מסתבר שהאיסור הוא משום הרהור.

4. 'לא תקרבו'

לאחר שתיאר הרמב"ם (**משנה תורה**, הלכות איסורי ביאה, פכ"א, הלכות א–ב) את אופני הקִרבה שלוקים עליהם מן התורה משום 'לא תקרבו' (חיבוק ונישוק) ומנה את אופני הקִרבה שלוקים עליהם מכת מרדות (שחוק והבטה ביופייה), הוסיף: "והמסתכל אפילו באצבע קטנה של אשה ונתכוון להנות כמי שנסתכל במקום התורף ואפילו לשמוע קול הערוה או לראות שערה אסור". מהקשר דבריו של הרמב"ם נראה כי גם פעולות אלו הן הרחבה של איסור קרבה לעריות וכי הן אינן חלק מדין 'ונשמרת' שהובא רק בהמשך הפרק (שם, הלכות יח–כא).

כך עולה גם מדברי הרמב"ן (**השגות הרמב"ן לספר המצוות**, לא־תעשה שנג): "שהדבר ידוע שבאשת רעהו אסור הוא לעשות כן [לשכב יחד כשהוא בבגדו והיא בבגדה] אפילו ההסתכלות בה אסור וקולה ערוה"; כיוצא בכך כתב הר"ן (**חידושי הר"ן**, שבת יג ע"א, ד"ה ופליגא)[6] שבדבריו מפורש שזהו איסור תורה. אומנם מקור האיסור לא ברור עד תום, אך ודאי שיסודו בקרבה אל האישה.[7]

---

4. לא ברור מדבריו אם שמואל בא לכלול את שמיעת הקול בדין 'לא תתורו' או באיסור אחר; ועיינו גם ב**אנציקלופדיה תלמודית**, ערך 'לא תתורו', הערה 156.

5. ראו: **תורה תמימה**, דברים כ"ג, הערה מז; **שו"ת אגרות משה**, אה"ע, חלק א, סימן סט.

6. הרב עובדיה יוסף (**שו"ת יביע אומר**, חלק א, או"ח, סימן ו) הביא דברים דומים בשם הריטב"א; ודברים אלה הובאו שוב בספר **גן נעול** (הערה 10), אך ציטוט זה אינו נמצא במהדורות שבידינו. כמו בפרק הקודם, גם בפרק זה הפניה סתמית ל**גן נעול** היא לחלק ב, פרק ט.

7. כך עולה גם מדברי כמה מן הראשונים בעניין הסוגיה בסנהדרין שנזכיר להלן; עיינו בספר **את צנועים חכמה**, חלק ב, עמ' תנה.

5. גדר האיסור

השאלה היסודית העולה מדברינו לעיל היא: מהו גדר האיסור? האם עניינו הוא שקול אישה מביא לידי קרבה אסורה בינה לבין האיש? או שמא ההרהור העשוי להיגרם מהקול, או ההנאה הכרוכה בשמיעתו, הם מוקד האיסור?

מדברי הירושלמי, שלמד את האיסור מן המילים "מקול זנותה", משתמע שמוקד האיסור הוא החשש מפני פיתוי לזנות, בדומה לדברי הרמב"ם הנזכרים, שמהם עולה כי האיסור הוא הקרבה הנובעת משמיעת הקול. כך עולה גם מדברי **ספר החינוך** (מצווה קפח) שבמסגרת האיסור "שלא להתעדן באחת מכל העריות", מנה גם את האיסור "להסתכל אפילו בשערה של אשה האסורה לו ואפילו לשמוע קולה לכוונה שיהנה בה"; כלומר המוקד איננו ההרהור שייגרם לאיש אלא הקִרבה המינית שבינו לבין האישה, וכך כתב גם הרב זילבר (**בית ברוך**, כלל ד, ס"ק יח) "דאיסורו משום נהנה מן הערוה".[8] נראה כי יסוד 'קירוב הדעת' הקיים בשאלת שלום, עניינו בחשש זה, אולם, כפי שראינו בקול זמר של אישה מצויים יסודות איסור נוספים.[9]

מאידך־גיסא מדברי כמה מן הראשונים נראה בבירור שמוקד האיסור הוא ההרהור הנגרם מן הקול. את אופן הלימוד של שמואל מן הפסוק בשיר השירים ביאר **רש"י** (ברכות כד ע"א, ד"ה קולך) במילים "מדמשבח לה קרא בגוה, שמע מינה תאוה היא". כלומר מוקד האיסור הוא התאווה שאותה מעורר הקול בליבו של האיש, אף שאין מדובר בגוף האישה ממש. כך מפורש יותר בדברי **הראבי"ה** (ברכות, סימן עו), "דטעמא דאף על גב דאין הקול נראה לעין מיהו, הרהור איכא", שהובאו גם **בהגהות מיימוניות** (הלכות קריאת שמע, פרק ג, אות ס) **ובמרדכי** (ברכות, רמז פ).[10] כך הוכיח גם הרב מנשה קליין (**שו"ת משנה הלכות**, חלק ז, סימן יג): "דטעם האיסור דשמיעת

---

8. ראו גם **גן נעול**, הערה 8.

9. יש להעיר כי לדעת ר' חיים בר שמואל מטודילה (**צרור החיים**, דרך ראשון, סימן יב) איסור 'קול אישה' נאמר דווקא בקול של שאלת שלום ומשום קירוב הדעת, ולא ברור מדבריו אם יש בכלל איסור מיוחד בשמיעת קול זמר.

10. האחרונים (ראו: **שו"ת יביע אומר**, חלק א, או"ח, סימן ו, אות א; **שו"ת ציץ אליעזר**, חלק ה, סימן ב, אות א; **שו"ת משנה הלכות**, חלק ז, סימן יג) ייחסו דברים אלו לרבנו חננאל, לאור גרסת נוסח **ההגהות מיימוניות** המופיע בדפוסים. אולם המעיין בדברי הראבי"ה, שעליהם התבסס **ההגהות מיימוניות**, וכן **במרדכי**, יראה אל־נכון שלא מדובר בדברי רבנו חננאל אלא בדברי הראבי"ה עצמו. כך עולה גם מכתבי יד של **הגהות מיימוניות** שבהם מופיעה המילה "וכן" במקום "וכו'" לפני המילים "פי' רבינו חננאל".

קול באשה לא הוי אלא משום הרהור";[11] וכך הכריע הרב וואזנר (**שו"ת שבט הלוי**, חלק ג, סימן קפא).[12]

אפשר שמחלוקת הראשונים שבה הארכנו בפרק הקודם נובעת משאלה זו. לדעת הרמב"ם, שורש האיסור הוא הקרבה לערווה וההנאה ממנה, ומשום כך אסר רק פעולה שיש בה כוונה להנאה כזו, ומאידך־גיסא הרחיב את האיסור גם לדיבור משום שכאשר אדם מתכוון לכך הוא עשוי לחוש קרבה גם בדיבור. לעומת זאת, לדעת הרשב"א יסוד הדין הוא חשש הרהור, וממילא דווקא קול מיוחד העשוי לעורר הרהור הוא שנאסר - אפילו אם האדם אינו מתכוון לכך.[13]

לשאלה זו ישנן כמה השלכות משמעותיות שבהן נדון להלן.[14]

ב. על אילו נשים חל האיסור?

בעוד קרבה לעריות נאסרה דווקא בעריות, ו'לא תתורו' נאמר באופן פשוט דווקא בהסתכלות העשויה להביא לידי איסור, הרי שדין 'ונשמרת' קיים בכל הרהור - גם בהרהור הנובע ממפגש עם אישה פנויה טהורה.

בעקבות לשון הרמב"ם (**משנה תורה**, הלכות איסורי ביאה, פכ"א ה"ב), כתבו **הטור** (אה"ע, סימן כא) **והשו"ע** (שם, א) כי "אסור לשמוע קול ערוה או לראות שערה". המהרש"ל (בביאורו על **הטור**, שם) דייק שלשון "ערווה" באה "לאפוקי קול של אשתו המותרת לו, והוא הדין פנויה";[15] ודבריו הובאו להלכה **בפרישה** (אה"ע, סימן כא, ס"ק ב) **ובבית שמואל** (שם, ס"ק ד). מקור קדום לשיטה זו אפשר למצוא בדברי **רבנו יהונתן מלוניל** (סנהדרין יח ע"ב מדפי הרי"ף), בעניין אותו אדם שנתן עיניו באשה אחת וחלה מרוב תשוקה כלפיה, וקבעו חכמים ש"ימות ולא תספר עמו":

---

11. עיינו גם **בשו"ת משנה הלכות**, חלק ז, סימן רלח. יש להעיר כי הרב קליין השווה את דין קול לדין שיער ושוק, ואילו מדברי הראבי"ה אפשר ללמוד כי יש להבחין ביניהם. ראו **שו"ת יביע אומר**, חלק א, או"ח, סימן ו, אות א.

12. ראו גם **גן נעול**, הערה 7.

13. ראו שם, הערה 396.

14. למעשה, אפשר שדין קול אישה משלב אלמנטים שונים (כפי שכתב **בשו"ת שלמת יוסף**, סימן כו), ומשום כך לא תמיד המסקנות תהיינה חופפות.

15. מהרש"ל הוסיף: "אבל קול באשה ערוה הוא ענין אחר, שאסור להתפלל כנגדה, וקאי על כל הנשים שבעולם". כך כתב גם **הבית שמואל** (סימן כא, ס"ק ז).

> **בשלמא למאן דאמר אשת איש היתה, שפיר דהיינו גילוי עריות... כיון דקימא לן דקול באשה ערוה מתסר, אלא למאן דאמר פנויה היתה מאי כולי האי?**

בדברי רבנו יהונתן מלוניל מפורש שדין 'קול אישה' עניינו קרבה לערווה וממילא שהוא אמור דווקא באשת איש.[16]

אולם **הבאר שבע** (באר מים חיים, אות ג) חלק בתוקף על דיוקו של המהרש"ל, וכתב שלשון "ערווה" באה להוציא רק את אשתו של האדם המותרת לו, ואילו פנויה זרה בכלל האיסור. כך הוכיח את עמדתו:

> דמאי שנא קול באשה ערוה דקאמר שמואל ממה שאמר שמואל גופיה "אין משתמשין באשה"... דפשוט הוא שרצונו לומר בין נשואה בין פנויה. ועוד שהרי לא התירו הפוסקים לראות שער של בתולות... אלא מפני שדרכן לילך פרועות הראש... לכן ראוי ונכון לכל אשה כשרה יראת ה' בין שהיא נשואה בין שהיא פנויה בתולה או אלמנה שלא תשמיע קול שיר בזמירות... לפי שאולי יבא האיש השומע קולה לידי הרהור.

דבריו הובאו להלכה **בכנסת הגדולה** (אה"ע, סימן כא, ס"ק ד), **באליה רבה** (או"ח, סימן עה, ס"ק ה) **ובבגדי ישע** (שם, ס"ק ה).[17]

מה שורש מחלוקתם של **הבאר שבע** והמהרש"ל?[18]

טענתו של **הבאר שבע** פשוטה: דין 'קול אישה' אינו שונה משאר דיני צניעות, וכפי שהשתמשות באישה וראיית 'המקומות המכוסים' שבה נאסרו גם בפנויה, הוא

---

16. יש מקום לדחות ראיה זו ולומר שגם בפנויה קיים איסור מצד הרהור, אלא שאין חובה למסור את הנפש על כך; אולם לאור פרשנותו של רבנו יהונתן מלוניל לסוגיה בברכות אין מקור לאיסור בפנויה.

17. כך משתמע גם מדברי **ערוך השולחן** (אה"ע, סימן כא, סעיף ג): "אסור לשמוע קול אשה קול ניגון כשאינה אשתו", וכך הכריע גם הרב וויינברג (**שו"ת שרידי אש**, חלק א, סימן עז). **הבית משה** (אה"ע, סימן כא, ס"ק א) הכריע ששמיעת קול דיבור אסורה דווקא ב'ערווה' ואילו שמיעת קול זמר נאסרה גם בפנויה.

18. ההשוואה לדין השתמשות באישה מוכיחה שיש מחלוקת ביניהם וכי דעת **הבאר שבע** היא לאסור אף שמיעת קול פנויה טהורה - בניגוד לדבריו של בעל **שו"ת פרחי כהונה** (או"ח, סימן כט) שהעמיד את דברי **הבאר שבע** בפנויה נידה. יש להעיר כי ראייתו של **הבאר שבע** מדברי הפוסקים בעניין שער הבתולות אכן לא מוכיחה באופן מובהק שהאיסור קיים גם בפנויה טהורה.

הדין לשמיעת קולה. כך כתב גם בעל **ההפלאה** בספרו **נתיבות לשבת** (אה"ע, סימן כא, ס"ק ד):

> קול ומראה דין אחד להם, דקול זמר דלא שכיח הוי כמו במראה במקום שדרך להיות מכוסה... ולפי זה קול של זמר אסור אפילו בפנויה דהוי כמו מקומות המכוסים באשה, וכל שכן כשהיא נדה.

טעם האיסור להשתמש באישה המותרת לו, מבואר **בפירוש המשנה** לרמב"ם (סנהדרין פ"ז מ"ד): "ואסור לאדם שתשרת אשה לפניו... ערוה עליו או שאינה ערוה... והטעם בכך שלא יבוא לידי הרהור"; כלומר מכיוון שיסוד הדין הוא ההרהור, אין בו הבחנה בין נשואה לבין פנויה.[19] נראה שזהו גם שורש דברי **הבאר שבע** בענייננו,[20] וכך עולה מדברי הרב עובדיה יוסף שנטה להכריע כשיטת **הבאר שבע** וחיזק את עמדתו מדברי **ספר חסידים** שאסר לאישה לשמוע קול של איש (**שו"ת יביע אומר**, חלק א, או"ח, סימן ו, אות ד):

> כיון דאף האשה מוזהרת שלא תשמע קול איש, מוכח דהוי מטעם הרהור, ואם כן הוא הדין שאסור לשמוע קול אשה פנויה... וכן מסתבר.[21]

כלומר מכיוון שטעם איסור שמיעת הקול הוא ההרהור הנגרם ממנו, אין להבחין בין נשואה לבין פנויה.[22]

כיצד אפוא יש להבין את היתרו של המהרש"ל? נראה שאפשר להסביר את דבריו בשתי דרכים שונות, שביניהן ישנו הבדל משמעותי. אפשרות אחת היא שדין 'קול אישה' יסודו באיסור קרבה לעריות, ולפיכך נאמר איסור זה רק בנשים שיש

19. כך כתב גם **בשו"ת פרחי כהונה**, או"ח, סימן כט: "ואף גם זאת אם טהורה היא נראה לאסור בכהאי גוונא שודאי אין נמלט מהרהורי עבירה".

20. ראו גם את דברי הרב פיינשטיין (**שו"ת אגרות משה**, או"ח, חלק א, סימן כו) שדחה את האפשרות ללמוד משימוש באישה לשמיעת קולה: "והא דהביא כבוד תורתו הרמה מהא דאסור להשתמש אף בקטנה... אין שייך לכאן... דלרמב"ם והש"ע הא לא אסור אלא תשמישי חיבה שאין עושין זה אלא באשתו, וזמר הא לא הוי בכלל זה".

21. כך הובא בשם הרב עובדיה יוסף גם **בשו"ת מעין אומר**, חלק יב, פרק ב, שאלה יא/יג.

22. יש להעיר כי מדברי **ספר חסידים** אפשר היה להבין שאסור לאישה דווקא לשמוע קול של איש שאסור עליה (כגון כשהיא נשואה), משום 'לא תתורו', שהרי בדין 'ונשמרת' לא ברור שנשים מוזהרות; וראו לעיל עמ' 180.

איסור בקרבה אליהן. אף אם לעניין קרבה לעריות נחשב קול זמר כ'מקומות המכוסים' (שאסור לראותם גם בלי כוונה ליהנות), הרי זה משום שהקול חושף רובד פנימי ואישי של המזמרת ומביא לידי קרבה, אך אין הוא מביא לידי גירוי מיני בדומה ל'מקומות המכוסים'.[23]

המסקנה הנגזרת מכך היא שהיתרו של המהרש"ל נאמר רק בפנויה טהורה, ולא בפנויה נידה, שביחס אליה נאמר בתורה "וְאֶל אִשָּׁה בְּנִדַּת טֻמְאָתָהּ לֹא תִקְרַב לְגַלּוֹת עֶרְוָתָהּ" (ויקרא י"ח, יט).[24] כך אכן כתב **הפרי מגדים** (או"ח, סימן עה, משבצות זהב, ס"ק ב): "ויראה פנויה נדה מכלל ערוה הוה",[25] וכן פסק **החיי אדם** (**חכמת אדם**, שער בית הנשים, כלל קכה, אות ג) והוסיף על כך **המשנה ברורה** (סימן עה, ס"ק יז):[26] "ובתולות דידן כולם בחזקת נדות הן משיגיע להן זמן וסת".[27]

אפשרות אחרת העלה בספר **אפי זוטרי** (אה"ע, סימן כא, ס"ק ח): "רבותינו ז"ל השוו בשיעוריהם קול באשה ערוה שער באשה ערוה, וכי היכי דשער דאסיר אינו

---

23. כך נראה להסביר את דברי הפוסקים שהתירו שמיעת קול פנויה אפילו לדעת הרשב"א המחשיב קול זמר כ'מקומות המכוסים'. התמודדות שונה מעט ראו **בשו"ת ארחותיך למדני**, חלק ב, סימן קב, אות ז. **הבית משה** (אה"ע, סימן כא, ס"ק א) כתב שדין פנויה תלוי במחלוקת הראשונים הנזכרת לעיל ולדעת הרשב"א יש לאסור שמיעת קול פנויה.

24. כפי שמבואר **בשו"ת הריב"ש** (סימן תכה), ובאריכות **בשו"ת משנה הלכות** (חלק ה, סימן קכז). החלת איסורי קרבה על נידה מפורשת כבר בתורת כהנים (אחרי מות, פרשה ח) ופשוטה בדברי הפוסקים (עיינו למשל **בשו"ע**, יו"ד, קצה, יז ובנושאי כליו). אולם ראו **שו"ת שואל ומשיב**, מהדורה רביעאה, חלק ג, סימן קלב: "נראה לפי עניות דעתי דבר חדש דבנדה ל"ש [=לא שייך] ללקות על חיבוק ונישוק משום לא תקרבו לגלות ערוה דהנה כיון שזה אינו רק סייג לעריות שלא יבא לידי ערוה ובנדה שיש לה היתר לא חיישינן".

25. כך כתב **הפרי מגדים** (או"ח, סימן ריז, אשל אברהם, ס"ק ו) גם בעניין האיסור להריח בשמים שעליה: "ופנויה נדה נמי יש לאו דלא תקרבו"; וכך כתב גם **המשנה ברורה** (שער הציון, שם, ס"ק כו). יש להעיר כי בהקשר של דין בשמים לעמדה האוסרת את הרחתם גם בפנויה טהורה יש נוכחות בולטת יותר בדברי הפוסקים. ראו: **אליה רבה**, שם, ס"ק ז; **משנה ברורה**, שם, ס"ק טז.

26. כך כתב **החפץ חיים** גם בספרו **נדחי ישראל** (פרק כד, אות ב): "אסור לשמוע קול ערוה כשהיא משוררת ואפילו כשהיא פנויה דסתם כל הבתולות הם בחזקת נדות והרי הם ככל העריות".

27. לפי גישה זו, לכאורה הוא הדין גם בשמיעת קול אשתו כשהיא נידה, וכך כתב **הפתחי תשובה** (יו"ד, סימן קצה, ס"ק י) תוך שהוא נסמך על הגמרא במסכת שבת (יג ע"א) שהשוותה את חובת ההרחקה מאשת איש לחובת ההרחקה מאשתו נידה, אך לבסוף נשאר ב'צריך עיון'. כך פסק גם **ערוך השולחן** (שם, סעיף כג). אך הרמב"ם (**משנה תורה**, הלכות איסורי ביאה, פכ"א ה"ד) כבר התיר לאדם להביט באשתו נידה "אף על פי שהיא ערוה... הואיל והיא מותרת לו לאחר זמן", ופוסקים רבים כתבו שהוא הדין לשמיעת קולה (**טהרת הבית**, סימן יב, סעיף כט; **שו"ת יביע אומר**, חלק ד, יו"ד, סימן טו).

אלא בנשואה... הכי נמי קול".[28] דברים דומים כתב בעל **שו"ת דברי יציב** (אה"ע, סימן לו), על רקע ההשוואה שערך הרמב"ם בין 'קול' ל'שיער': "כיון דבשערה הוי ערוה רק בנשואה... והכי נמי קול הוי דוקא בנשואה"; כלומר קול ושיער אינם חמורים כשאר 'המקומות המכוסים', ועל כן נאסרו רק באשה נשואה. בהמשך מעלה **הדברי יציב** לאור זאת אפשרות להתיר גם שמיעת קול פנויה נידה,[29] וכותב שהדבר תלוי במחלוקת הפוסקים בעניין הגדרת נידה כ'ערווה' לעניין איסור ייחוד (והוא עצמו מסיק שיש לאסור זאת).[30]

את טעם ההיתר יש להבין בשתי דרכים: א. מכיוון שמדובר באיסורי דרבנן קלים, לא גזרו אותם אלא באשת איש;[31] ב. יסוד האיסור הוא החשש מפני קרבה העשויה להביא בעתיד לידי זנות וניאוף,[32] ומשום כך אסרו זאת חכמים דווקא בנשים שמערכת היחסים עימן אסורה תמיד, ולא בפנויות.[33]

גרסה של שיטה זו אפשר למצוא גם בדברי ר' יוחנן לוריא, מראשוני אשכנז (**משיבת נפש**, שמות ט"ו): "ראוי למחות לנשים המשוררות לכלות לפני האנשים, רק הבתולות שמותרים בזה כדי לחבב הבחורים לקפוץ עליהם לשם אישות". מדבריו נראה כי יסוד ההבחנה הוא בכך שלפנויות מותר (ואף ראוי) לעשות מעשים הגורמים לאנשים להימשך אליהן (למטרת נישואין), ועל כל פנים ברור מדבריו כי הוא לא הבחין בין נידות לבין טהורות.[34]

---

28. יש מקום לדייק מלשון **הראבי"ה** (ברכות, סימן עו) כי סבר כשיטה זו: "בתולה הרגילה בגילוי שער לא חיישינן, דליכא הרהור, וכן בקולה". דיון בדבריו ראו בפרק הקודם.

29. **האפי זוטרי**, בניגוד **לדברי יציב**, לא ציין מסקנה זו בפירוש, אך הרב אלינסון (**האשה והמצוות**, חלק ב, עמ' 82, הערה 177) דייק זאת מדבריו. כיוצא בזה דייק בספר **גן נעול** (הערה 243) מדברי **השלחן שלמה** (סימן עה, סעיף ג).

30. למעשה כתב **הדברי יציב** ש"ראוי לאסור" גם בקטנה שלא הגיעה לגיל ראיית וסת. אף **האפי זוטרי** הוסיף: "הן אמת דלבטל ההרהור יש להחמיר על דרך ומה אתבונן על בתולה". גם הרב קליין (**שו"ת משנה הלכות**, חלק ז, סימן רלה) הסכים שיש לתלות את איסור הסתכלות בדין ייחוד.

31. כעין זה הציע הרב עובדיה יוסף (**טהרת הבית**, סימן יב, סעיף כט) לגבי קול אשתו נידה.

32. כך דייק בעל **שו"ת ארחותיך למדני** (חלק ב, סימן קב, אות ז) מן הירושלמי שלמד את האיסור מפסוק שעניינו ניאוף.

33. לאור זאת היה מקום להחמיר יותר בימינו, כאשר חרם דרבנו גרשם אוסר על גברים נשואים יחסים עם כל אישה אחרת, אך איננו מחדשים גזירות מדעתנו. עוד יש לדון מהי עמדתו של **הדברי יציב** ביחס לגרושה ואלמנה.

34. גם בעל **שו"ת ארחותיך למדני** (חלק ב, סימן קב, אות יג) כתב שיש להתיר את שמיעת קולה של פנויה נידה.

בין כך ובין כך, גם המתירים שמיעת קול פנויה הסכימו שיש לאסור שמיעת קול של נשים האסורות באיסור לאו, כפי שכתב הרמב"ם (**משנה תורה**, הלכות איסורי ביאה, פכ"א ה"ג) בפירוש: "והדברים האלו אסורין בחייבי לאוין", וכפי שפסק גם **השו"ע** (אה"ע, כא, א).[35] ההשלכה העיקרית של קביעה זו היא שהאיסור קיים גם ביחס לגויה, כפי שדייק הגר"א (**ביאור הגר"א**, שם, ס"ק י) מן הגמרא (שבת סד ע"ב),[36] וכך מפורש כבר בספרי הראשונים (**יראים**, סימן שצב; **מרדכי**, ברכות, רמז פ).[37]

למעשה, דעת רוב הפוסקים האחרונים היא כאפשרות האמצעית, דהיינו שקול פנויה טהורה מותר וקול פנויה נידה אסור.[38] מכיוון שעיקר הדין הוא מדרבנן, ויש פוסקים המתירים גם בפנויה נידה, אפשר להקל ב'קול אישה' עד הגיל שבו רוב הבנות כבר בגדר ספק נידות, דהיינו סביב גיל בת־המצווה.[39]

אומנם על היתר קול פנויה הוסיף **המשנה ברורה** (שם): "אך שלא יכוין להנות מזה כדי שלא יבוא לידי הרהור כוונה", וב'שער הציון' (שם, ס"ק כג) ביאר שזה סיוג "פשוט"; אך כבר הראה הרב פיינשטיין (**שו"ת אגרות משה**, או"ח, חלק א, סימן כו)

35. ראו גם **מגיד משנה**, הלכות איסורי ביאה, פרק כא, הלכה ג: "ואין דעת רבינו שילקה בקריבה אלא בחייבי כריתות או בחייבי מיתות בית דין הכתובים בפרשה, והם הנקראים עריות, אבל בחייבי לאוין יש בהן בדברים אלו איסור אבל לא מלקות".

36. יש להעיר כי דיוקו של הגר"א מתייחס לאיסור הסתכלות בכלל.

37. כך כתבו גם **הפרי מגדים** (או"ח, סימן עה, משבצות זהב, ס"ק ב) **והמשנה ברורה** (שם, ס"ק יז); אולם **הארחותיך למדני** (חלק ב, סימן קב, אות יב) נטה להתיר גם שמיעת קול נוכרית.

38. ראו: **שו"ת חתם סופר**, חלק ה, סימן קצ; **שו"ת אגרות משה**, או"ח, חלק א, סימן כו; **שו"ת ציץ אליעזר**, חלק כ, סימן לו. עיינו גם **באוצר הפוסקים**, אה"ע, סימן כא, ס"ק כא, ובספר **גן נעול**, סעיפים נח-נט.

39. הרב פיינשטיין (**שו"ת אגרות משה**, או"ח, חלק א, סימן כו) הורה לכתחילה להחמיר מגיל 11; מאידך־גיסא, בספר **גן נעול** (הערה 245) הובאה דעתם של כמה פוסקים שנטו להקל עד גיל 13 וכן הכריע הרב שלמה אבינר (**גן נעול: פרקי צניעות**, עמ' 216). למעשה, הגיל הממוצע של קבלת המחזור הראשון בימינו הוא קצת אחרי 12 וחצי, אך מכיוון שיש צדדים להקל ולהחמיר (מחד־גיסא, חזקתה שאינה נידה, ומאידך־גיסא זהו ספק שאפשר לברר), נכון לקבוע את קו הגבול בגיל בת־המצווה. כמו כן, לא ברור כיצד לדון במצב שבו שרה מקהלת בנות סביב גיל מצוות שמסתבר שחלקן כבר נידות, שהרי באופן פשוט די בכך שאחת מהן נידה וקולה נשמע כדי לאסור את שמיעת המקהלה כולה (**גן נעול**, סעיף ז), ומשום כך נראה שאין להתיר זאת אחרי גיל 12 (וכן פסק בספר **מלבושי מרדכי**, סימן ב, סעיף ה). במקרה שבו שרה קבוצת נערות בנות שגילן פחות מ־12, ונערה מסוימת יודעת שהיא כבר נידה, נראה שאפשר להתיר לה לשיר עם חברותיה משום כבוד הבריות ומשום שקולה יתערב בקולן.

כי מפשט דברי הרמב"ם והשו"ע לא נראה כן.[40] אף שלמעשה כתב הרב פיינשטיין שיש לחשוש לדברי **המשנה ברורה**, ביאר שהכוונה האסורה היא דווקא כשנהנה מן העובדה שהמזמרת היא אישה, ולא כשנהנה מן הקול עצמו.[41] ממילא, במציאות רגילה יש להתיר האזנה לשירה כזו גם כשנהנה מכך.[42]

ג. קול אישה ברמקול, רדיו וטלוויזיה

1. קול בלי מראה

מדברי הגמרא נראה שדין 'קול אישה' נאמר גם כאשר האיש לא רואה את האישה; וודאי שטיעון זה נכון לדעת הרמב"ם, שהשווה את קול האישה לאצבע קטנה שלה, וממילא ברור שכל חידושו של דין הגמרא הוא שאסור להאזין לשירת האישה גם כשאין מסתכלים בה. כך כתב גם רבנו חננאל (מובא **בראבי"ה**, ברכות, סימן עו): "אף על גב דאין הקול נראה לעין, מיהו הרהור איכא".[43]

---

40. לדעת הרב פיינשטיין, הרמב"ם מתיר אפילו הסתכלות לשם הנאה כשאינה לשם זנות; וכדבריו משתמע מלשון **החכמת אדם** (כלל קכה, סעיף ג) שכתב שהאיסור הוא רק בהסתכלות "בדרך תאוה וזנות" (ושלא כפירוש **היפה ללב** שהובא לעיל בפרק הקודם, הערה 54, וראו: **מלבושי מרדכי**, סימן ו, הערה ו; **גן נעול**, חלק ג, פרק יג, הערה 178). לעומת זאת, הרב עובדיה יוסף (**טהרת הבית**, חלק ב, עמ' קסט) כתב שגם אם הסתכלות לשם הנאה נאסרה, שמיעה לשם הנאה מותרת לדעת המתירים בפנויה.

41. ראו בפרק הקודם, עמ' 333 ואילך, על הגדרת כוונה ליהנות בדעת הרמב"ם.

42. ראו את הכרעתו של הרב משה לוי ('בענין קול באשה ערוה', אור תורה **תקלו**, תשע"ב, סימן נט, עמ' תעח-תפח): "מעיקר הדין נראה שמותר לשמוע קול זמר פנויה אף במתכוין ליהנות מקולה".

43. יש שדייקו מניסוח מסוים של **הראבי"ה** (ברכות, סימן עו) שהסביר את דברי הירושלמי, כי דין 'קול אישה' נאמר דווקא כאשר האדם רואה את האישה ששרה או לכל הפחות יכול לראותה. אולם דיוק זה סותר את תחילת דברי הראבי"ה עצמו, וכן את דברי כל הראשונים (ראו לעיל עמ' 332) שדנו באדם ששומע קול אישה בעל כורחו בשעת הלימוד (אף שלא מדובר דווקא כשהאישה נמצאת לפניו). דיוק זה סותר גם את דברי רבנו יהונתן מלוניל בעניין אישה המספרת עימו מאחרי הגדר, ואכן למעשה לא סמכו הפוסקים על סברה זו (עיינו בספר **גן נעול**, סעיף מט). נעיר כי יש שדייקו לקולא מדברי **ספר השולחן** (הלכות קריאת שמע, שער ג): "וכן שער וקול באשה ערוה לרואה אותה" (ראו **שו"ת בני בנים**, חלק ד, סימן ז, אות ו), אך כלל לא ברור שזו כוונתו ואפשר שרצה לומר ששיער וקול נחשבים 'ערווה' רק כאשר האדם רואה ושומע בפועל, להוציא ממצב שבו עוצם האדם עיניו ואוטם אוזניו (וכך משתמע מן המשפט הבא שם: "טפח שהוא מגולה ממנה והוא רואה אותה ערוה").

אולם, כאשר האיש כלל אינו מכיר את האישה המזמרת, יש מקום לדון בדבר: מצד הנאה מן הערווה נראה שכל עוד ישנה הנאה משמיעת קולה, הדבר יהיה אסור ואין צורך בהיכרות עם האישה; אולם מצד הרהור נראה שקול המנותק מכל הקשר של אישה ספציפית אינו מביא לידי הרהור - ודאי שלא לידי הרהור עבירה שנאסר משום 'לא תתורו' - ואפשר שגם גירוי מיני אין בו.

מדברי כמה ראשונים לא נראה שיש להבחין בין המקרים;[44] אך גדולי הפוסקים כתבו (במסגרת הדיון על שירים מוקלטים, שבהם נדון להלן) שכאשר האיש אינו מכיר את האישה המזמרת מותר לו לשמוע את קולה; את טענתם הוכיחו מכמה סוגיות התולות את התעוררות היצר במראית העין ובהיכרות עם האישה.[45] הפוסקים האחרונים התחבטו בעניין זה, אך רבים מהם נטו להקל תוך הסתייגויות שונות.[46]

2. קול מלאכותי

לפני יותר ממאה שנה החל שימוש נרחב באמצעים שונים להגברת הקול ולהקלטתו, ומאז ועד היום נחלקים הפוסקים במעמדו של קול הנשמע ברמקול (או מוקלט ומנוגן לאחר זמן) לעניינים הלכתיים שונים. בענייננו, אופי הדיון תלוי בחקירה הנזכרת לעיל: אם יסוד הדין הוא ההנאה מן ה'ערווה', הרי שיש לדון אם שמיעה קול מוגבר או מוקלט נחשבת כהנאה ממשית מה'ערווה' או מתוצר חיצוני שאין עליו שם 'ערווה'; אם יסוד הדין הוא ההרהור הנגרם מן השמיעה, הרי שיש לבחון אם אופן זה של שמיעה גורם להרהור דומה.

נראה כי לפי הצד הראשון, מכיוון שהכרעת הפוסקים היא שאי אפשר לצאת ידי חובת מקרא מגילה, תקיעת שופר וכדומה דרך אמצעים אלקטרוניים, הרי שהקול איננו נחשב לקול 'ערווה', וממילא דין 'קול אישה' לא יחול עליו.[47] כך הכריע הרב

44. מדברי **היראים** ו**המרדכי** (ראו לעיל עמ' 218) בעניין קול נשים נוכריות שאדם שומע במהלך לימודו, לא נראה שמדובר דווקא בנשים שהאדם מכיר באופן אישי.

45. ראו: **שו"ת בית שערים**, סימן לג; **שו"ת מהרש"ג**, חלק ג, סימן ז.

46. ראו: **שו"ת משנה הלכות**, חלק ז, סימן יג; **שו"ת ציץ אליעזר**, חלק ה, סימן יב; **שו"ת יביע אומר**, חלק א, או"ח, סימן ו. עיינו גם במאמרו של הרב אליהו בחבוט, 'בדין קול באשה ערוה כשאינו מכירה', **משנת יוסף** ט, תשע"ה, סימן עג, עמ' לא-מה.

47. ראו: **שו"ת אז נדברו**, חלק ט, סימן נט, אות א; **הליכות שלמה**, תפילה, פרק כ, סעיף יב.

יוסף שלום אלישיב,[48] שהוסיף כי אם בפועל הדבר מביא לידי הרהור ודאי שיש לאוסרו.[49]

רוב הפוסקים שדנו בעניין זה נקטו כצד השני וכתבו שהאיסור הוא משום הרהור, ומתוך כך יש מהם שאסרו זאת באופן גורף.[50] כך עולה גם מפשט דברי הפוסקים שדנו בשירה ברדיו רק מנקודת המבט של קול אישה שאינו מכירה. אכן פוסקים רבים צירפו את העובדה שמדובר בקול מלאכותי לעובדה שהשומע אינו מכיר את האישה המזמרת והתירו זאת.[51]

למעשה נראה שכאשר הקול מנותק מן האישה, כגון כשאדם שומע אותה ברדיו (אפילו בשידור חי) או בהקלטה, ודאי שיש בו פחות חשש מאשר הקול שעליו גזרו חכמים, וממילא יש להתירו (גם כשהאדם מכיר את הזמרת) אם אינו מביא לידי הרהור בפועל.[52] יתר על כן, מכיוון שאין כאן הנאה מ'ערווה' ממש, מסתבר שגם החולקים על ההיתר העקרוני לשמוע קול אישה שאינו מכירה, יודו שהשמיעה מותרת במקרה זה. אף שדעת הרבה פוסקים להחמיר, רבים מהם לא הכריעו בוודאות שיש לאסור,[53] ומדובר בדין דרבנן; ועל כך יש להוסיף שלמעשה נהגו רבים להקל (ובכלל זה תחנות רדיו דתיות) וממילא קול זה נחשב בעבורנו כ'קול הרגיל' שאינו מביא לידי הרהור.[54]

לעומת זאת, כאשר אישה שרה בהופעה חיה, והרמקול רק מגביר את קולה

48. דברי הרב אלישיב הובאו בקובץ **בית הלל** מב, תש"ע, עמ' לו, ובשו"ת **יביע אומר**, חלק ט, או"ח, סימן קח, אות מג (כפי שעולה מעיון בתשובה זו, דעת הרב עובדיה יוסף עצמו אינה ברורה עד תום).

49. הרב אליקים אלינסון (**האשה והמצוות**, חלק ב, עמ' 84-85) כתב שמכיוון שהוכרעה הלכה שמותר לשמוע קול פנויה טהורה, הרי שהאיסור קיים דווקא כשנהנה מן הערווה ממש ויש חשש שיבוא לחטוא עימה, וממילא "יתכן שניתן להרחיק לכת ולהתיר קול אשה במופעים אומנותיים פומביים כגון באופרה וכדומה, אם אינו מכיר את הזמרות". אכן לבסוף כתב הרב אלינסון כי "למעשה קשה ללמוד היתר בזה".

50. ראו: **שו"ת פרי השדה**, חלק ג, סימן לב; **שו"ת חלקת יעקב**, או"ח, סימן ל; **שו"ת שבט הלוי**, חלק ה, סימן קצז, אות ג; ועוד רבים.

51. ראו: **שו"ת ציץ אליעזר**, חלק ה, סימן יב; **שו"ת יביע אומר**, חלק א, או"ח, סימן ו.

52. כך הכריע גם הרב יהודה הרצל הנקין בשו"ת **בני בנים** (חלק ד, סימן ז, אות ו). אף הרב עובדיה יוסף (**שו"ת יביע אומר**, חלק ט, או"ח, סימן קח, אות מג) כתב שכאשר ההיכרות עם הזמרת היא רק מתמונות וכדומה יש להקל.

53. ראו: **שו"ת שבט הלוי**, חלק ג, סימן קפא, אות ב; **שו"ת יביע אומר**, שם.

54. אף שבפרק הקודם כתבנו שגם כשמדובר ב'קול הרגיל', אסור לשמוע קול אישה מתוך כוונה ליהנות, הדברים אמורים בשמיעה ישירה הנחשבת כקרבה לערווה לדעת הרמב"ם, ולא בהקשבה

הטבעי ומעניק חוויית שמיעה חדה ומדויקת, אין מקום לומר שחשש ההרהור פוחת - ואולי יש בכך אף משום קרבה לערווה ממש.[55] על כן ודאי שאין להסתכל על הזמרת בהופעה כזו ולכתחילה אין לנכוח בה כלל.[56]

מקרה גבולי יותֵר הוא מקרה של קול אישה בטלוויזיה או בקולנוע. אם שורש האיסור הוא הקרבה לעריות, יש מקום רב לומר שקרבה כזו אינה מתקיימת כשהאישה עצמה נמצאת הרחק מכאן (בניגוד למקרה שבו האישה נוכחת בסביבה ומוכרת לאדם באופן אישי); וכעין זה כתב בעל **שו"ת ארחותיך למדני** (חלק ב, סימן קב): "אף אם האשה היא אשת איש... כיון שהיא אינה שם לפני השומע, ממילא לא שייך לומר שזה יכול לגרום לקירוב בשר".[57] מאידך־גיסא, אם שורש האיסור הוא חשש הרהור, אפשר שאין להבחין בין המקרים.[58] עם זאת, כפי שצוין לעיל, קול אישה שנאסר רק משום הרהור, מותר כשמדובר ב'קול הרגיל', ויש לדון האם כאשר רגילים לשמוע קוֹל ברדיו יש בכך כדי להועיל לראייה בטלוויזיה. משום כך נראה שהדבר תלוי מאוד בהקשר, באופי השירה, באופן הצילום ובתחושותיו של הצופה וקשה לקבוע בו מסמרות.[59]

לקול מלאכותי. משום כך ייתכן שבמקום שבו גם קול אישה בהופעה נחשב 'קול הרגיל', יהיה מותר להקשיב לקולה על מנת ליהנות, וצריך עיון.

55. עיינו בספר **גן נעול**, סעיף נג.

56. קשה להציב גבול ברור בין קול מוקלט לבין קול של הופעה חיה, ומסתבר שכל עוד חוויית השמיעה נותנת תחושה של קול טבעי וישיר - היא תהיה אסורה. כאשר אדם נוכח בגופו בהופעה חיה, גם אם הוא אינו רואה כעת את פני הזמרת, נראה שהחוויה קרובה לשמיעה ישירה. עיינו גם **בשו"ת דבר חברון** (או"ח, סימן ע) שהתיר בשעת הצורך לטכנאי הגברה להיות נוכח בהופעה, והסתמך גם על השיטות שלפיהן אין דין 'קול אישה' ברמקול.

57. בעל **ארחותיך למדני** הוסיף כי לדעת הרמב"ם אין חשש של הרהור בקול אישה כאשר אין בעיה של הנאה מהערווה. יש להעיר שדבריו נאמרו לעניין רדיו, אך נראה כי הם תקפים גם לגבי טלוויזיה. ראו גם בדברי הרב אלינסון, **האשה והמצוות**, חלק ב, עמ' 84-85.

58. שהרי מצד אחד ברור שהופעה חיה היא עוצמתית יותר מהופעה על גבי מסך; ומצד שני, בסרט מקצועי ישנם אמצעים מלאכותיים רבים המכוונים להגביר את החוויה.

59. כך העיד הרב יהודה הרצל הנקין (**שו"ת בני בנים**, חלק ב, מאמר א, אות לז) בשם סבו הרב יוסף אליהו הנקין (הסוגריים המרובעים במקור): "שמעתי מפיו הקדוש שקול אשה על הרדיו אינו נקרא קול אשה ומותר לשמעו [בפעם הראשונה ששאלתי אותו על זה אמר בפירוש שגם בטלביזיה אינו נקרא קול אשה ומותר לשמעו, אבל כשחזרתי ושאלתי אותו על זה אחר זמן לא היה ברור אצלו - ואולי מפני חולשתו]".

ד. קול של נשים רבות

האם מותר לשמוע קול שירה משותפת של כמה נשים? גם שאלה זו תלויה בהבנת שורש הדין. אם יסוד האיסור הוא ההנאה מן ה'ערווה', הרי שגם הנאה מקולן של נשים רבות אמור להיות אסור באותה מידה. לעומת זאת, אם האיסור תלוי בחשש שמא האיש יתור אחר הקול ויתפתה לקיים יחסים עם האישה, הרי שבקול משותף - שבו קשה להבחין בין אישה לחברתה - החשש קטן הרבה יותר; ומסתבר שגם חשש ההרהור והגירוי קטן יותר כאשר הקולות מתערבים אלו באלו.[60]

בגמרא במסכת סוטה (מח ע"א) נאמר:

> זמרי גברי ועני נשי - פריצותא; זמרי נשי ועני גברי - כאש בנעורת [=גברים מזמרים ונשים עונות - פריצות; נשים מזמרות וגברים עונים - כאש בנעורת].

מפשט הדברים אפשר להבין כי הם כלל אינם עוסקים בדין 'קול אישה' אלא מדובר בחלק מן הגזירה הכללית על שירה ונגינה שנידונה בסוגיה שם; ואם כך, ייתכן אף לדייק שאין במקרה כזה דין 'קול אישה'.

אולם **רש"י** על אתר (ד"ה כאש) פירש:

> כאש בנעורת - לפי שהעונה מטה אזנו לשמוע את המזמר לענות אחריו ונמצאו האנשים נותנים לבם לקול הנשים וקול באשה ערוה כדכתיב "השמיעני את קולך" ומבעיר את יצרו כאש בנעורת. אבל זמרי גברי ועניין נשי קצת פריצות יש דקול באשה ערוה אבל אינו מבעיר יצרו כל כך שאין המזמרים מטים אזנם לקול העונים.[61]

בדברי רש"י מבואר לכאורה שהאיסור קיים גם כאשר קבוצה של נשים מזמרת יחד; ומכאן למד **החתם סופר** (**שו"ת חתם סופר**, חלק ה, סימן קצ) שיש לאסור מצב שבו נשים שרות בעזרת הנשים והגברים נמצאים בעזרת הגברים, ועמדה זו עולה מדברי

60. לגבי מקרה קיצוני יותר כתב בספר **משמרת חיים**, פרק ה, הערה ו: "נראה אם שרות כמה נשים ביחד ואינו מזהה שהוא קול נשים שאין בזה איסור דתו ליכא הרהור".

61. יש מקום לדקדק בלשונו וללמוד על חומרת דין 'קול אישה' ועל משמעות כוונתו של השומע בהקשר זה.

רבים מן הראשונים והאחרונים.[62] עם זאת, יש מקום דווקא להסיק ההפך, היינו שרק כאשר האנשים "נותנים לבם לקול הנשים" מתבטל הטשטוש הנוצר מריבוי הקולות.[63]

בתשובתו הידועה בעניין זה (**שו"ת שרידי אש**, חלק א, סימן עז), הביא הרב יחיאל יעקב ויינברג את סברת 'תרי קלי לא משתמעי' כאחד מן היסודות שעליהם נסמך כדי להתיר במצבים מסוימים שירת קודש משותפת. אף שרבים מן הפוסקים מחו על דבריו,[64] **בשו"ת מעין אומר** (חלק יא, פרק ג, סימן טז; חלק יב, פרק ב, סימן יא) הובא שהרב עובדיה יוסף נטה בהקשרים מסוימים לסמוך על סברה זו.[65]

למעשה נראה כי אין לסמוך על סברה זו באופן בלעדי (כגון במופע דואט מקצועי), משום שאין לה מקור ובסיס (ואדרבה היא סותרת מקורות רבים); אולם במקרים רבים שירה כזו היא שירה שאין בה כוונה ליהנות מקולן של הנשים ובני אדם רגילים בה. לכן אפשר להקל למשל ב'הופעה' שבה שרים נשים וגברים שיר לכבוד חתן בר־מצווה וכדומה, משום שהמוקד הוא תוכן השיר והאווירה המשפחתית ולא ההנאה מקולן של הנשים.[66] כמו כן, נראה שיש להקל כאשר אין מסתכלים על הנשים השרות, משום שקול של נשים רבות דומה לקול שאינו מזוהה שהפוסקים נטו להקל בו מעיקר הדין.[67]

סיכום

א. מדברי הפוסקים עולות שלוש הבנות שונות לגבי מהותו של איסור 'קול אישה' ולגבי גדריו: א. איסור על קירוב הדעת עם האישה המזמרת העשוי להביא לידי

---

62. ראו **גן נעול**, סעיף ג.
63. הרב יהודה הרצל הנקין, 'עיונים בהלכות צניעות בדורנו', **תחומין** כט, תשס"ט, עמ' 109-137.
64. ראו למשל **שו"ת ציץ אליעזר**, חלק יד, סימן ז.
65. הרב יעקב אריאל ('קול באישה', **תחומין** ל, תש"ע, עמ' 212-215) כתב שיש להקל בשעת הדחק ולהתיר שירה של מקהלה.
66. הופעות 'צוות הווי' של בני עקיבא, שבהן גברים ונשים מזמרים יחד שירי תנועה, הן מקרה די גבולי מבחינה זו, ועל כן יש להתירן (בצירוף העובדה שהשירה היא באמצעות רמקול) רק בשעת הצורך (כפי שנהג **השרידי אש** וכדברי הרב אריאל, לעיל בהערה הקודמת) וראוי שלא להסתכל בנשים השרות בהופעה כזו.
67. ראו את דברי הרב יעקב אריאל (**שו"ת באהלה של תורה**, חלק ה, סימן ט): "באשר להופעת מקהלה של נשים בפני גברים, אם אפשר עדיף למקם את המקהלה מאחורי מחיצה, כך שהמקהלה תהיה מוסתרת. ובכל מקרה יש להימנע משירת סולו של אשה". ככל שמדובר בשירה של נשים רבות יותר שקולותיהן אינם מובחנים, יש יותר מקום להקל אף כשמסתכלים על המקהלה.

זנות; ב. איסור על הרהור וגירוי מיני העשוי להביא לידי הוצאת זרע; ג. איסור על הנאה מן ה'ערווה'.

ב. יש להתיר, כדעת רוב הפוסקים, שמיעת קול זמר של פנויה טהורה. בהיעדר מידע קונקרטי, מותר לשמוע את קולן של ילדות עד גיל שתים־עשרה; ומותר לשמוע שירה כזו גם מתוך כוונה להנאה אסתטית. קול נוכרית או פנויה נידה אסור לדעת רוב הפוסקים, ויש להחמיר בדבר.

ג. אסור לאדם לשמוע קול אישה שהוא מכיר גם אם אינו רואה אותה כשהיא שרה.

ד. הפוסקים נחלקו אם מותר לאדם לשמוע קול אישה שאינו מכיר (ואינו רואה), ואם מותר לשמוע קול מוקלט או קול שמועבר באמצעים אלקטרוניים. כאשר שני ההיתרים קיימים, ומדובר בקול מוקלט של אישה לא־מוכרת, ודאי שיש להתיר. גם בקול מוקלט של אישה מוכרת אפשר להקל, משום שמדובר ב'קול הרגיל' בימינו. בקול אישה לא־מוכרת המושמע באופן ישיר (ובכלל זה דרך רמקול היוצר רושם של קול ישיר), כגון בהופעה (כשאינו מביט בזמרת) - יש להחמיר לכתחילה; אך בשעת הצורך אפשר לסמוך על המתירים (ודאי אם האדם אינו מתכוון ליהנות).

ה. קול אישה בטלוויזיה, כאשר נלווית לו התבוננות על האישה ששרה, עשוי להביא לידי הרהור; ובמצב שבו האישה השרה נמצאת במוקד והחוויה קרובה להופעה חיה (כפי שקורה בתוכניות ריאליטי מסוימות) - יש להחמיר. אך כאשר האדם אינו מתבונן באישה, או שהוא רואה אותה באופן אגבי, אפשר להקל וקשה לקבוע גדרים בדבר.

ו. דין 'קול אישה' קיים באופן עקרוני גם בשירה של כמה נשים, ולכן גם מופע זוגי כלול באיסור. אך שירה משותפת שבה הקולות מתערבים זה בזה נחשבת במקרים רבים כקול שרגילים בו, וכאשר אין כוונה ליהנות מקול הנשים אפשר להקל בדבר. לכן אפשר להתיר שירה קבוצתית של גברים ונשים.[68] כאשר מדובר במופע שההנאה היא מטרתו, קשה יותר להתיר זאת, אך כאשר השומעים לא מסתכלים על הזמרות ואינם מזהים את קולן יש להקל.

68. כגון בשירת זמירות משפחתית סביב שולחן השבת, גם כאשר נוכחים גיסים וכדומה. עדויות על הרב פרנק והרב עובדיה יוסף שנהגו כך למעשה, ראו אצל הרב אליעזר מלמד, 'מעמד האישה בעלייה', **בשבע**, י"א בטבת תשע"ד, https://goo.gl/cGznGy. כך עולה גם מעדותה של בת החתם סופר (**שו"ת תשובות והנהגות**, חלק ה, סימן עד). אומנם, **בשו"ת מעין אומר** (חלק יב, פרק ב, שאלה יא/ב) הובא בשם הרב עובדיה יוסף ששירה משותפת (יחד עם גיסים וגיסות) מותרת "רק בדיעבד".

ז. מובן שבכל המקרים הללו יש לאסור בכל מצב שבו השמיעה מביאה לידי הרהור או יוצרת תחושה של חוסר צניעות, והדבר מסור ללב.

יח

היחס לאונס בתורה

"בכל פעם שאני לומד את פסוקי התורה העוסקים בדיני אונס, קשה לי להבין אותם. כיצד ייתכן שעל עבירה כה חמורה נותנת התורה עונש סמלי של תשלום חמישים שקל? האם התורה אינה רואה בחומרה אונס של נשים?"

פתיחה

סוגיית הענישה על עבירת אינוס היא סוגיה מורכבת ומעוררת מחלוקת. מחד־גיסא, יש הרואים באונס עבירה השקולה לרצח, ובמדינות מסוימות בעולם העונש על אונס (בפרט אונס של ילדים) הוא עונש מוות.[1] דוגמה בולטת מן השנים האחרונות היא זו שבה הפך בית המשפט העליון של ארצות הברית עונש מוות שהטיל בית המשפט של מדינת לואיזיאנה על אדם שאנס ילדה בת שמונה.[2] מאידך־גיסא, קיימת לעיתים נטייה להקל בחומרת המעשה ובענישה עליו,[3] וכבר בשנות השבעים של המאה הקודמת כתב על כך אפרים קישון קטע סאטירי מושחז בשם 'אונס: הספורט הלאומי'.[4]

1. ראו למשל בכתבה של ה־BBC בעניין עונש מוות על אונס ילדים בהודו: 'India Introduces Death Penalty for Child Rapists', BBC, 21.4.2018.
2. Kennedy v. Louisiana, 554 U.S. 407 (2008).
3. ראו למשל במאמרה של רוני אלוני־סדובניק, 'כמה שווה אונס?', goo.gl/2TcKtg.
4. בקטע זה שם קישון בפיו של אנס סדרתי את המילים הבאות: "על מעילה בכספים או זיוף מסמכים מטיל החוק שתים־עשרה שנות מאסר, לא? אם אני מאיים על מישהו בסכין, אני עלול לשבת חמש שנים. אבל עם אונס זה רק שלוש וחצי. ברור כשמש, המחוקק העברי מכיר בחיוניותו של האונס ההמוני".

לשאלת האופן שבו רואה התורה את עבירת האונס עשויות להיות השפעות הן על היחס הקהילתי והחברתי כלפי מעשים כאלו, הן על היחס כלפי עבירות מין קלות יותר שבהן נדון בפרק הבא.

א. פסוקי התורה

בפרשת כי תצא עוסקת התורה בהרחבה בסוגים שונים של אונס (דברים כ"ב, כג-כט):

כִּי יִהְיֶה נַעֲרָ בְתוּלָה מְאֹרָשָׂה לְאִישׁ וּמְצָאָהּ אִישׁ בָּעִיר וְשָׁכַב עִמָּהּ. וְהוֹצֵאתֶם אֶת שְׁנֵיהֶם אֶל שַׁעַר הָעִיר הַהִוא וּסְקַלְתֶּם אֹתָם בָּאֲבָנִים וָמֵתוּ...
וְאִם בַּשָּׂדֶה יִמְצָא הָאִישׁ אֶת הַנַּעֲרָ הַמְאֹרָשָׂה וְהֶחֱזִיק בָּהּ הָאִישׁ וְשָׁכַב עִמָּהּ וּמֵת הָאִישׁ אֲשֶׁר שָׁכַב עִמָּהּ לְבַדּוֹ. וְלַנַּעֲרָ לֹא תַעֲשֶׂה דָבָר אֵין לַנַּעֲרָ חֵטְא מָוֶת כִּי כַּאֲשֶׁר יָקוּם אִישׁ עַל רֵעֵהוּ וּרְצָחוֹ נֶפֶשׁ כֵּן הַדָּבָר הַזֶּה...
כִּי יִמְצָא אִישׁ נַעֲרָ בְתוּלָה אֲשֶׁר לֹא אֹרָשָׂה וּתְפָשָׂהּ וְשָׁכַב עִמָּהּ וְנִמְצָאוּ. וְנָתַן הָאִישׁ הַשֹּׁכֵב עִמָּהּ לַאֲבִי הַנַּעֲרָ חֲמִשִּׁים כָּסֶף וְלוֹ תִהְיֶה לְאִשָּׁה תַּחַת אֲשֶׁר עִנָּהּ לֹא יוּכַל שַׁלְּחָהּ כָּל יָמָיו.

קריאה משפטית של פשטי המקראות עשויה ללמד כי התורה אינה מייחסת חומרה רבה למעשה האונס: כאשר מדובר בנערה מאורסה, העונש על יחסים עימה הוא מוות בסקילה, בין באונס בין ברצון; והאונס רק מסיר מהנערה עצמה את אחריות למעשה, אך לא מחמיר את עונשו של האיש. גם העונש המוטל על אדם האונס נערה בתולה פנויה הוא מינורי באופן יחסי: תשלום כספי בתוספת החובה לשאת אותה לאישה.[5] בהקשר זה בולטת העובדה שמדובר בעונש אזרחי בלבד ללא משמעות פלילית,[6] כפי שהעיר כבר הרמב"ם (**ספר המצוות**, לא־תעשה שנה):

שהבועל בתולה בין שיהיה מפתה או אונס אינו חייב שום עונש מן העונשים אלא קנס ממון לבד ושישא אותה.

5. כעין זה למדנו גם בפרשת משפטים: "וְכִי יְפַתֶּה אִישׁ בְּתוּלָה אֲשֶׁר לֹא אֹרָשָׂה וְשָׁכַב עִמָּהּ מָהֹר יִמְהָרֶנָּה לּוֹ לְאִשָּׁה. אִם מָאֵן יְמָאֵן אָבִיהָ לְתִתָּהּ לוֹ כֶּסֶף יִשְׁקֹל כְּמֹהַר הַבְּתוּלֹת" (שמות כ"ב, טו-טז).

6. יש להעיר כי הכללתם של ניאוף ואינוס נערה מאורסה בתחום הפלילי, מבלי שניתנת לבעל סמכות למחול עליהם, היא חידוש של התורה המנוגד לחוקי העמים באותה תקופה. ראו אלכסנדר רופא, 'דיני משפחה ואישות בספר דברים ובספר הברית', **בית מקרא** א, תשל"ז, עמ' 19-36.

גישה זו, העולה כאמור מפשט הפסוקים עומדת בניגוד לרוח הדברים המצויה בסיפורי האונס שבתנ"ך: מעשה דינה, מעשה פילגש בגבעה, ומעשה אמנון ותמר. בשלושתם אפשר למצוא את הביטוי החריף "נְבָלָה" ביחס למעשה האונס, וכן ענישה חמורה של החוטא וסביבתו, ולא נראה כי איסורי עריות הם העומדים במוקד המתואר בהם.[7] משלושת סיפורי האונס שבמקרא יש ללמוד כי חומרת המעשה גדולה הרבה יותר מכפי שמשתקף בעונש המשפטי המוטל על האנס.[8]

כדי ליישב בין המקורות עלינו להתעמק יותר הן בדין אונס של ערווה הן בדין אונס של פנויה, ולעמוד על היחס ביניהם.

ב. אונס של אישה האסורה משום 'ערווה'

את הקביעה שאין להעניש את הנערה המאורסה על כך שנאנסה, מצדיקה התורה במילים "כִּי כַּאֲשֶׁר יָקוּם אִישׁ עַל רֵעֵהוּ וּרְצָחוֹ נֶפֶשׁ כֵּן הַדָּבָר הַזֶּה" (דברים כ"ב, כו). באופן פשוט, כוונת הפסוק אינה אלא לתאר את חוסר האונים וחוסר האשמה של הנערה, כפי שכתב **רש"י** (שם): "לפי פשוטו זהו משמעו, כי אנוסה היא ובחזקה עמד עליה כאדם העומד על חברו להרגו".[9]

אולם לשם אמירה זו לבדה לא היה צורך להשוות בין אונס לרצח, ואכן חז"ל כבר הורו שהשוואה זו מלמדת על דמיון מסוים בין רמת החומרה של המעשים (סנהדרין עג ע"א): "מקיש רוצח לנערה המאורסה: מה נערה המאורסה ניתן להצילה בנפשו, אף

7. ראו למשל את דברי **רש"י** (בראשית ל"ד, ז) בנוגע למעשה דינה: "וכן לא יעשה - לענות את הבתולות, שהאומות גדרו עצמן מן העריות על ידי המבול" (ראו גם **בפירוש ר' חיים פלטיאל**, **בבית הלוי** ו**בהעמק דבר** שם). עם זאת, שלושת הסיפורים מכילים מרכיבים נוספים מלבד עצם הבעילה הכפויה.
8. על עניין זה עמד בהרחבה הרב אודי פרומן במאמרו 'היחס לאונס במקרא', המופיע בבלוג 'הרב של הנפגעים/ות' (https://goo.gl/qpV7Fg).
9. קביעה זו נשמעת מובנת מאליה, אך ישנן עד היום חברות שבהן מקובל להמית את קורבנות האונס (למשל ראו בכתבה על הנוהג הרווח בלוב: Pascale Harter, 'Libya Rape Victims Face Honour Killings', BBC, 14.6.2011). כמו כן, נדמה שהתורה ביקשה לדבר אל ליבם של הנערה ושל ארוסהּ ולנקות אותם מכל רגשות אשם העשויים להתעורר בקרבם. הדבר מודגש יפה במדרש (מדרש תנאים לדברים כ"ב, כו): "יכול לא תהא בחנק אבל תהא בקרבן? תלמוד לומר אין לנערה חטא. לא תהא בקרבן אבל תהא במכות? תלמוד לומר כי כאשר יקום איש על רעהו ורצחו נפש כן הדבר הזה, מלמד שפטורה מכל עונשין שבתורה". המדרש מדגיש שאפילו חטאת, המובאת על עבירה בשגגה, איננה נדרשת מן הנערה: היא נקייה מכל עוון, ממש כמי שקם עליו איש ורצחו נפש.

רוצח ניתן להצילו בנפשו" (כלומר הן ברצח הן באונס יש להציל את הקורבן אפילו במחיר חייו של התוקף).

מהי משמעותה של השוואה זו? אפשר היה להבין שההשוואה נובעת מחומרת העבירה של איסור אשת איש, בלי קשר לממד האונס שקיים כאן;[10] אולם בסוגיית הגמרא מבואר שהמוקד איננו חומרת העבירה אלא הפגיעה באישה.[11] כאשר הגמרא דנה בגדרי הדין, השיקול המרכזי לאורך הדיון כולו הוא עד כמה יש במעשי הבועל כדי "לפוגמה",[12] כלומר כפי שפירש **רש"י** (שם עג ע"א, ד"ה לפגמה): "לביישה ולזלזלה". משום כך מכריעה הגמרא שכל עוד האישה מקפידה על הפגם, אף אם היא מבקשת שלא יהרגו את האנס, אנו הורגים אותו, משום ש"אפיגמה קפיד רחמנא [=על פגמה הקפיד הקב"ה]" (שם ע"ב).[13] כך כתב גם בעל **השאילתות** (שאילתא מב): "כיון דקא פגים לה הוה ליה כי דקטלא",[14] וביאר הרב חיים דוד הלוי (**שו"ת עשה לך רב**, חלק ג, סימן לח): "האונס גובל עם רצח נפשה של הנאנסת והרס חייה וחיי משפחתה".[15]

בנוגע לאילו נשים נאמרו דברים אלו?[16]

התורה עצמה מדברת על נערה מאורסה, "שחביבה ויעלת חן על הארוס ועכשיו מתגנה עליו" (**רש"י**, סנהדרין עג ע"ב, ד"ה ולא), אך הגמרא (שם ע"א) הרחיבה את

---

10. שהרי מהשוואה זו למדה הגמרא בהמשך (סנהדרין עד ע"א) כי "מה רוצח יהרג ואל יעבור, אף נערה המאורסה תהרג ואל תעבור", ודין זה נובע מחומרת איסור גילוי עריות. כך עולה לכאורה מדברי המפרשים את הביטוי "להצילו" כמכוון להצלה מן העבירה; ראו **בחידושי רבנו יונה**, שם עג ע"א, ד"ה ואלו, **וביד דוד**, שם, ד"ה ואלו.
11. ראו **תוספות**, שם עג ע"א, ד"ה ומה: "ואם תאמר ומנא לן דאפגימה קפיד רחמנא דילמא אאיסורא קפיד?... ובקונטרס פירש לקמן דאפגימה קפיד מדגלי בהני ולא בעבירות אחרות, ועוד יש לומר דאין מושיע לה משמע דאבושתה קפיד קרא".
12. ראו למשל בגמרא שם: "אי כתב רחמנא נערה - משום דקא פגים לה, אבל נער דלא קא פגים ליה - אימא לא...".
13. אף לדעת ר' שמעון בר יוחאי, המתיר "להציל בנפשו" גם את המבקש לעבוד עבודה זרה, הדבר נובע מכך שהוא "פוגם בגבוה" (שם עד ע"א); וראו פסיקתא זוטרתא (כי תצא): "מלמד שכל עונשין שבתורה מצילין אותן בנפשן".
14. כיוצא בזה מצאנו **בפירוש רס"ג על התורה** (דברים כ"ב, כו): "דומה ענינה לאיש אשר יקום על רעהו והכהו ואבד את נפשו".
15. האחרונים דנו האם נוכח השוואה זו יש לחלל שבת לשם הצלת הנאנסת. ראו: **שו"ת דברי יציב**, ליקוטים והשמטות, סימן לו; **תוספת שבת**, סימן שלט, ס"ק ו.
16. חשוב להדגיש כי דין זה נאמר גם ביחס לרודף אחר הזכר (משנה סנהדרין פ"ח מ"ז).

הדין גם לרודף אחר חייבי כריתות.[17] כך פסק גם הרמב"ם (**משנה תורה**, הלכות רוצח ושמירת הנפש, פ"א הי"א): "והוא הדין לשאר כל עריות חוץ מבהמה", והאחרונים דייקו מלשונו שהוא הדין גם לפנויה נידה.[18] מאידך־גיסא, מדברי **רש"י** (סנהדרין עג ע"ב, ד"ה אפגמה) משתמע שדווקא כאשר "הולד ממזר ונעשית זונה" ישנו פגם המחייב הצלה בנפשו, ואילו בפנויה נידה שבנה אינו ממזר אין פגם כזה.[19]

העולה מכל האמור הוא שיש בעבירת אונס פגיעה חמורה בנאנסת[20] – השקולה במובן מסוים לרצח – ומשום כך התירו חכמים "להצילה בנפשו" (כאשר אי אפשר להצילה באמצעים פחות קיצוניים). לדעת הרמב"ם, וכך עולה גם מפשט הסוגיה, דין זה קיים גם בפנויה נידה וממילא ברוב הנשים הבוגרות בימינו.[21]

ג. אונס של פנויה

על רקע זה יש לשוב ולבחון את התייחסותה של התורה לאונס של פנויה טהורה. כפי

---

17. באופן פשוט, גם שם חובת ההצלה נובעת מן הפגם הנגרם לאותן נשים, ולא כפי שחידש בעל **שו"ת אבני נזר** (יו"ד, סימן קכט) כי במקרים אלה ההצלה היא מן העבירה שעובר הבועל. על רקע דברינו לעיל בעניין חשיבות הפגם של האישה, יש לומר שגם בעילה של נידה היא פגם בעבורה, וראו להלן בדיון על אונס פנויה טהורה בימינו.
18. ראו: **מנחת חינוך**, מצווה תר; **שו"ת דברי יציב**, ליקוטים והשמטות, סימן לו. ראו גם ב**שו"ת יביע אומר** (חלק ו, יו"ד, סימן טו, אות ג) בעניין מחלוקת הראשונים האם נידה נחשבת כערווה לעניין דין 'ייהרג ואל יעבור'; ייתכן שיש קשר בין הנושאים – אם כי קשר זה אינו מוכרח.
19. **מנחת חינוך**, מצווה תר; **מקנה**, קידושין סז ע"ב, ד"ה ולפ"ז.
20. כך עולה בבירור הן מלשון הגמרא והמפרשים הן מיישום הדין גם כאשר הנאנסת איננה נשואה; וזאת בניגוד לדבריה של מרב שניצר־מימון, **אונס בין הלכה למציאות**, תל־אביב, תשע"ז, עמ' 28: "חכמי התלמוד שותפים לתפיסה המקראית הרואה באונס קודם כול פגיעה בגבר שאליו משתייכת הנאנסת". יצוין גם כי דבריה בהמשך (שם, עמ' 53) על כך שבחירתם של חכמי אשכנז שלא לחייב אדם שנחשד באונס על פי עדותה של הנאנסת־לכאורה היא בחירה ערכית ולא הכרעה משפטית הכרחית נובעים מבלבול בין סוגי הטענות הקבילים כאשר אישה נחשדת בזנות והיא מגינה על עצמה בטענת 'נאנסתי', לבין תביעת פיצוי מן האנס החייבת להתבסס על עדות מוצקה.
21. מבחינה מעשית, אפשר שהחיוב להצילה בנפשו יתרחב באופן משמעותי משום שהוא קיים גם במקרים מסופקים; ראו Benny Porat, 'Lethal Self Defense against a Rapist and the Challenge of Proportionality: Jewish Law Perspective', *Columbia Journal of Gender and Law* 26, 2013, pp. 123-181. לגרסה מקוצרת בעברית ראו בני פורת, 'הריגת אנס כהגנה עצמית', **פרשת השבוע** 389, תשע"א (זמין במרשתת); וראו בסוף הסעיף הבא דברים השייכים גם לכאן.

שראינו לעיל, התורה לא קבעה סנקציה פלילית (כגון מוות או מלקות) על אונס כזה; ועם זאת, דין האונס חורג מדיני נזיקין רגילים. הציווי "לא יוכל שלחה כל ימיו" הוא עונש יוצא דופן וחריג בחומרתו: האיש מחויב למסגרת של נישואין שאין לו מוצא מהם; ובמושגיו של דין התורה משמעות הענישה היא שהאיש והאישה מחליפים תפקידים במערכת היחסים ביניהם. זוהי ודאי פגיעה אנושה בכבודו של אותו אנס ובמעמדו – הרבה יותר מתשלומים ממוניים רגילים[22] – וכך כתב גם בעל **ספר החינוך** (מצווה תקנז):

> משרשי המצוה כדי ליסר הנבלים מן המעשה הרע הזה, ושלא יהיו בנות ישראל כהפקר, שאם יחשוב האונס למלאת נפשו בה וילך לו יקל בעיניו לעשות כן פעמים הרבה. אבל בדעתו שתהיה קשורה עמו ומוטלת עליו כל ימיו לחיוב שאר כסות ועונה, ואפילו אם יקוץ בה לא יהיה לו רשות לגרשה לעולם, ושיתחייב ליתן לאביה חמשים כסף, מיד באמת יכבוש יצרו וימנע מלעשות הנבלה עם הקנס הזה. וגם יש בזה קצת תנחומין על העניה המבוישת שתשאר עמו לעולם פן יבישנה איש אחר בדבר הרע שאירע לה, ופקודי ה' ישרים משמחי לב.

העונש המיוחד המוטל על האנס נובע אפוא ממגמה הרתעתית ואין זה רק פיצוי על הנזק שנגרם לנערה. כמו כן, בעל **ספר החינוך** מדגיש שהאנס לא פגע רק בנאנסת מסוימת אלא בתדמיתן ומעמדן של "בנות ישראל" כולן.[23]

דברים אלו אמורים דווקא במי שאונס נערה בתולה שגילה פחות משתים־עשרה וחצי; לעומת זאת, כאשר מדובר ב'בוגרת' (וקל וחומר בבעולה), הקנס על אובדן הבתולים אינו קיים וכמותו גם החובה לשאת את הנאנסת.[24] במקרה כזה, שהוא הנפוץ

22. ראו **בפירוש הרלב"ג** (דברים כ"ב, כח): "לפי שרצה זה האונס לקחת אותה שלא לשם אישות, כי אולי לא יתרצה בזה מצד מעלתו או מצד פחיתותה – עמדה התורה כנגד מחשבתו והכריחה אותו שתהיה לו לאשה".

23. זאת בדומה לעמדתה של קתרין מקינון (מובאת אצל אורית קמיר, 'איזו מין הטרדה: האם הטרדה מינית היא פגיעה בשוויון או בכבוד האדם?', **משפטים** כט, תשנ"ח, עמ' 317–382), שלפיה "הטרדה מינית של אשה מסוימת אינה רק פגיעה בשוויונה, אלא אף חיזוק ההפליה של כל קבוצת הנשים".

24. התורה כלל לא התייחסה למקרה כזה, אולם אפשר למצוא התייחסות כזו בכתבי פילון האלכסנדרוני (**החוקים לפרטיהם**, ג, סעיף 64; מהדורת מוסד ביאליק, ירושלים תש"ס, כרך ג, עמ' 100), ואפשר שהם משקפים את האופן שבו מילאו חכמי התורה שבעל־פה את הפער שהותירה התורה שבכתב: "אם בכוח יחלל איש את כבודה של אישה גלמודה, שנתאלמנה מבעלה או שנפרדה ממנו גרידא, פטור יהיה מעונש מיתה, הואיל ועבר עבירה קלה מן הניאוף, השווה בערך למחציתו. אבל יואשם

יותר בימינו, דנה ההלכה באונס כחלק ממכלול דיני הנזיקין שבין אדם לחברו, כמבואר במשנה (כתובות פ"ג מ"ד) שהוסיפה על תשלומי הקנס גם "בושת", "פגם" ו"צער";[25] ומסתבר, כפי שכתב **הרלב"ג** (דברים כ"ב, כח), שבמקרים מסוימים הבועל "ישלם גם כן שבת ורפוי, אם קרה שיצטרך לה זה מפני צער השכיבה".[26]

האם מלבד החיוב הממוני חל על האונס גם איסור פלילי?[27] במקרה רגיל של אדם החובל בחברו, מתלווה לחיוב התשלומים איסור 'לא יוסיף' האוסר הכאה של

על שחשב ליפים ביותר את הדברים המחפירים ביותר: אלימות, עלבון, הפקרות, עזות מצח. בית הדין יקבע מה עליו לסבול או לשלם". אפשר לראות בדברי פילון כי אונס כזה כלול לדעתו במסגרת הדין הפלילי: הוא מושווה לניאוף, ובית הדין יכול לקבוע שעל האיש 'לסבול' ולא רק 'לשלם'.

25. **בשו"ת הרי"ף** (סימן לט) מפורש שגם לנערות בעולות "יש להן על האונס דין הבושת כדין כל המבייש את חבירו". אולם הרמב"ם (**משנה תורה**, הלכות נערה בתולה, פ"ב ה"י) כתב ש"כל בת שאין לה קנס כך אין לה לא בושת ולא פגם"; ומדבריו משתמע שהוא קושר את מכלול התשלומים לאובדן הבתולים (ביסוס של שיטתו בסוגיית הגמרא ראו אצל רונית עיר־שי, 'אינוס נשים פנויות: בין חז"ל לרמב"ם', **שנתון המשפט העברי** כח, תשע"ה-תשע"ו, עמ' 171-202). בעל **ספר החינוך** (מצווה תקנז), **הטור** (אה"ע, סימן קעז), **הבית יוסף** (שם) והמהרש"ל (**ים של שלמה**, כתובות, פרק ג, סימן ח) השיגו על דברי הרמב"ם ותמהו מה הטעם לפטור את הבועל מתשלומי בושת. בעל **ערוך השולחן** (אה"ע, סימן קעז, סעיף כב) הציע שהבושת הנזכרת במשנה נובעת מכך שכאשר תינשא, הנאנסת תימצא ללא בתולים, ולכן בושת זו אינה שייכת כאן. עוד יש ליישב על פי דברי האחרונים שהבחינו בין אונס לבין דיני חובל רגילים; ראו להלן.

אולם בדברי הרמב"ם עצמו (**משנה תורה**, שם, ה"ח) מבואר שיש בושת גם באונס של בעולה (כפי שדייקו כמה מן האחרונים; ראו: **בית שמואל**, סימן קעז, ס"ק א; **מנחת חינוך**, מצווה סא; **שו"ת שואל ומשיב**, מהדורה רביעאה, חלק א, סימן כה; **קהלות יעקב**, כתובות, סימן לג, אות ב; ועיינו **באור שמח**, הלכות נערה בתולה, פרק א, הלכה ט), ומסתבר (כפי שכתב **בשו"ת בנין ציון**, סימן קנח) שהרמב"ם התכוון לפטור רק מתשלומי הבושת המיוחדים לאובדן הבתולים (כדברי **ערוך השולחן**), ולא להפקיע את כל ההיבטים של צער ובושת הכרוכים בבעילה, שהרי כפי שהעיר המהרש"ל (**ים של שלמה**, שם), לא יעלה על הדעת שאדם המסיר את בגדה של אישה ומתחייב בתשלומי בושת (**שו"ע**, חו"מ, תכ, לד), יפקע חיובו אם ימשיך ויאנוס אותה.

26. זאת שלא כדברי **השיטה מקובצת** (כתובות לט ע"א, ד"ה מתני'): "תנא מניינא למעוטי שבת וריפוי דאף על גב דחלתה מחמת השרת בתולים אינו נותן אלא שלשה דברים אלו ולא דמיא לשאר חבלות" (ראו **ברכת אברהם**, כתובות לט ע"א, ד"ה מתני' המפתה); ועיינו **באילת השחר**, כתובות לב ע"א, ד"ה וצ"ע. אפשר ששאלה זו קשורה גם לשאלת הזיקה בין בושת לבין קנס שהתבארה בהערה הקודמת.

27. מלבד, כמובן, הציוויים הכלליים על "ואהבת לרעך כמוך", איסור אונאה ועוד על זו הדרך, וראו להלן.

אדם מישראל;[28] ולכאורה הוא הדין גם למקרה של אונס, הנכלל תחת הקטגוריה של חבלה (לעניין תשלומי בושת ופגם). כך עולה מדברי **התוספות ישנים** (כתובות לב ע"א, ד"ה ועוד) שכתבו: "אטו בושת לאו חובל הוא"; וכך כתב גם **בשו"ת אבני נזר** (אה"ע, סימן רפז): "נראה שיש לאו דלא יוסיף במאנס בתולה כמו בכל חובל".[29]

אולם מדברי הרמב"ם דייקו האחרונים שאין באונס איסור 'לא יוסיף',[30] והם ביארו את הדבר במגוון דרכים.[31] **המנחת חינוך** (מצווה מט) התלבט האם בעילה נחשבת כמעשה 'הכאה',[32] ונטה להבחין בין בעולה לבין בתולה (שנעשית בה חבלה פיזית ניכרת). טיעון אחר הציעו ר' שמעון שקופ **והחזון איש**,[33] ולפיו מכיוון שמטרת האנס לא הייתה לצער ולהכאיב, אלא לשם הנאה, אין מעשיו בגדר 'חובל'. אלא שראוי לבחון סברה זו מחדש נוכח המחקרים האחרונים על היחס בין התשוקה המינית לבין דחפים אלימים העומדים בבסיס המוטיבציה של תקיפות מיניות.[34] כיוון שלישי, מהותי יותר, הציע הרב ישראל יעקב פישר (**אבן ישראל**, הלכות חובל ומזיק, פרק ד, הלכה טז):

> שדה העומדת למרעה הבהמות, אפילו נכנסה בהמה ואכלה אינה חייבת מדין שן

---

28. ראו **משנה תורה**, הלכות חובל ומזיק, פ"ה ה"א.
29. כך נטה לומר באופן פשוט גם **החזון איש** (חו"מ, סימן יט, אות ב); וראו להלן.
30. ראו: **תרומת הכרי**, סימן תכד; **אמרי משה**, סימן מא; ואחרונים נוספים שיובאו להלן. לדעת הרמב"ם (**משנה תורה**, הלכות חובל ומזיק, פ"ד ה"ט), החובל בחברו ביום הכיפורים משלם תשלומי נזיקין רגילים אף שעבר עבירה שיש בה חיוב מלקות (חבלה ביום הכיפורים), משום ש"בפירוש ריבתה תורה חובל בחבירו לתשלומין". למרות זאת פסק הרמב"ם (שם, הלכות נערה בתולה, פ"א הי"א) שאם אדם אנס נערה האסורה עליו והתרו בו - הוא פטור מתשלומים; ומכאן שאונס אינו כלול בגדרי 'חובל' הרגילים שבהם חידשה התורה שמשלם על אף שעובר על 'לא יוסיף' ומשום כך משלם גם אם עובר במקביל על איסורים נוספים.
31. ראוי להדגיש כי מסתבר שהפוסקים שדחו את שיטת הרמב"ם בעניין התלות שבין בושת לקנס (ראו לעיל הערה 25), סבורים שאונס נחשב כחבלה גמורה.
32. ר' שמואל רוזובסקי נטה להכריע "דביאה לית לה תורת מעשה חבלה" (**חידושי ר' שמואל**, בבא קמא, סימן ד).
33. ראו: **חידושי ר' שמעון שקופ**, כתובות, סימן נב, אות א; שם, סימן נט, אות ג; **חזון איש**, חו"מ, סימן יט, אות ה; שם, אה"ע, סימן קלה, אות ה. כך כתב גם הרב יוסף שלום אלישיב בהערותיו, כתובות לב ע"ב.
34. ראו למשל: Joanna Jamel, 'An Exploration of Rapists' Motivations as Illustrated by their Crime Scene Actions: Is The Gender of the Victim an Influential Factor?', *Journal of Investigative Psychology and Offender Profiling* 11.3, 2014, pp. 276-298. סיכום בהיר של הנושא אפשר למצוא באתר Wikiversity, בכתובת goo.gl/UomCMi.

המזיק ואינו גובה מעידית משום דהשדה עומדת לכך למרעה הבהמות לאו מזיק הוא. הכא נמי באשה דדרכה ליבעל ועומדת לכך, אלא דהוא אנס שלא ברצון האשה או אביה... וכל חיובו הוא מצד שמחסר ממון או לה או לאביה.

כלומר האישה - בדומה לשדה מרעה - עומדת ומוכנה באופן עקרוני להיבעל;[35] ולפיכך הבעילה אינה דומה לחבלה שהיא דבר שהנחבל כלל לא חפץ שיקרה לו אי־פעם. משום כך, האנס אינו נחשב כחובל אלא כמי שנהנה בלי רשות ועליו לשלם.[36] כך כתב גם **הלבוש מרדכי** (בבא קמא, סימן מג): "דחובל מקרי דוקא דבר שאין בדרכה להיות כך אז הוי חובל, אבל דבר שדרך שיהיה ורק השינוי משום שנעשה שלא ברצונה או דבר אחר זה לא הוי חובל".[37]

נראה כי יש לחלוק על הנחת המוצא הבסיסית של פוסקים אלה, משום הנערה עומדת אומנם לקיים חיי אישות ברצון ובאהבה עם האיש שבו תבחר (או שאביה יבחר בעבורה) ואיתו תקים בית ומשפחה, אך אין היא עומדת להיאנס על ידי איש זר. אין כלל מקום להשוואה בין הבושת והצער הכרוכים באונס לבין התחושות האמורות ללוות חיי אישות תקינים; ולמעשה כבר הגמרא (כתובות לט ע"ב) עמדה על כך שצער הבעילה באונס אינו דומה כלל ליחסים מרצון.[38]

אם דבריהם של אחרונים אלה, הצורמים לאוזן המודרנית, מבטאים נכונה את שיטת הרמב"ם, הרי שהיא משקפת מציאות שונה לחלוטין מהמציאות המוכרת לנו ויש בכך כדי להסביר את היעדרה של סנקציה פלילית על עבירת אינוס פנויה. לפי גישה זו, אין הבדל מהותי בין יחסי אישות של אישה עם בעלה לבין יחסי מין הנכפים עליה בידי אנס. בשני המקרים, באישה הפסיבית נעשית פעולה הראויה לה, ואין מקום

35. ראו **מורה הנבוכים**, חלק ג, פרק מט (בתרגום שוורץ): "מכיוון שכל נערה בתולה עשׂויה להינשׂא לכל מי שיזדמן, לא מוטל על מי שפיתה אותה אלא לשׂאתה לאשה, מפני שהוא ראוי לה".

36. לפי גישה זו, ובניגוד לגישות הקודמות, לא חל באונס גם האיסור הכללי להזיק.

37. כך כתב גם **הקהלות יעקב** (כתובות, סימן לג, אות ב). ביטוי נוסף להבחנה זו הוא העובדה שהרמב"ם (**משנה תורה**, הלכות חובל ומזיק, פ"ה ה"ו; שם, הלכות נערה בתולה, פ"ב הי"ג) הבחין בין נזק וצער של חובל רגיל, הנחשבים כקנס (שאם הודה בו – פטור), לבין פגם וצער של אנוסה (החייב בו גם אם הודה). **האור שמח** (הלכות חובל ומזיק, שם) ביאר שתשלומי חובל הם עונש על הפגיעה באדם ואילו תשלומי אנוסה הם על הרווח הממוני שיימנע ממנה בעתיד (ראו: **קהלות יעקב**, שם; **שיעורי הגרי"ד**, בבא קמא ה ע"א).

38. הבחנה דומה הובאה בשם הרב יוסף שלום אלישיב בספר **משכן ישראל** (חלק ב, עמ' מ) בהקשר של יחסים בין איש לאשתו; ראו **אבוא ביתך**, חלק א, פרק כא, עמ' 413.

להעניש בחומרה יתרה את מי שעושה זאת נגד רצונה.[39] למותר לציין כי גם אם אי־פעם התקיימה בעם ישראל מציאות חברתית כזו, אין היא מצויה כלל בימינו ולפיכך אין היא רלבנטית כיום.[40]

יתר על כן, יש להוכיח מדברי הרמב"ם עצמו שגם אם אין איסור 'חובל' באונס, יש בו איסור תורה של גזל. כאשר הסביר הרמב"ם את חטאו של שכם בן חמור במעשה דינה, כתב (**משנה תורה**, הלכות מלכים, פ"ט הי"ד): "ומפני זה נתחייבו כל בעלי שכם הריגה, שהרי שכם גזל והם ראו וידעו ולא דנוהו", וביאר הרא"ש (**פירוש הרא"ש על התורה**, בראשית ל"ד, לא): "שגזל את דינה ועשה בתוליה הפקר". גם **המנחת חינוך** (מצווה לה) כתב שבן נח שאנס חייב מיתה משום גזל,[41] ובאופן פשוט איסור זה קיים באותה מידה בישראל.[42] גם אם האנס איננו נחשב כחובל, הוא נחשב כמי שגוזל את גופה של הנערה ואת חירותה,[43] ועוונו חמור עד כדי כך שבן נח חייב מיתה על מעשה זה.[44]

לסיום נקודה זו, יש מקום להציע הצעה נוספת בדרך אפשר. לאורך הדיון עמדנו על הפער שבין יחסה המחמיר של התורה לאונס של ערווה לבין היחס המקל (באופן יחסי) לאונס של פנויה; ראינו גם כי אי אפשר לתלות פער זה רק בחומרת העבירה של עריות וכי הוא קשור ב'פגם' הנוצר במהלך האונס. אפשר שמשמעות הפגם קשורה להבחנה שעשינו כעת: בחברות מסוימות פנויה טהורה נתפסה כאישה

39. כפי שציינה רונית עיר־שי (לעיל הערה 25): "בסביבה תרבותית שבה המיניות לא נתפסה שמרכיב חשוב בזהות... ובנוסף אוטונומיה גופנית לא הייתה ערך, אין לצפות שאונס ייחשב כעבירה חמורה במיוחד".

40. יתר על כן, מדברי חז"ל והראשונים שגינו בחריפות אונס של אישה על ידי בעלה, עולה בבירור שגם אם זו הדרך הנכונה בהבנת הרמב"ם אין היא הולמת את דברי חז"ל והפוסקים גם יחד; ראו **אבוא ביתך**, חלק א, פרק כא. בין השאר הובאו שם דבריו של בעל **שו"ת דברי יציב** (אה"ע, סימן עז) שכתב שגם אונס של אישה על ידי בעלה "אסור מהתורה והוי כחבלה".

41. כך משתמע גם מ**פירוש אבן־עזרא** על המילים "וַתִּמָּלֵא הָאָרֶץ חָמָס" (בראשית ו', יא): "בגזל ועֹשֶק, וקחת גם הנשים בחזקה". ראו גם לשון ר' מנחם המאירי (**בית הבחירה**, סנהדרין נז ע"א, ד"ה הגניבה): "הגניבה בכלל הגזילה היא ובן נח נהרג עליה בין שגנב או גזל או אנס ממון בין שגנב או שגזל או אנס נפשות כמו שביארנו בשכם".

42. כך כתב גם ב**שו"ת מחנה חיים** (חלק א, סימן סה); הוא החריג מאיסור זה את היחסים שבין אישה לבעלה.

43. לכן תשלומי הצער הם תשלומי ממון רגילים ולא קנס בעלמא, משום שהאנס נחשב כאילו גזל ממנה את הצער.

44. מלבד זאת נראה שאונס כלול במסגרת האיסור הכללי להזיק, שעל מקורותיו ואופיו האריכו לכתוב האחרונים.

הראויה לביאה ולנישואין (ובכלל זה 'נישואי חטיפה'),[45] מבלי שהדבר יפגע בה באופן מהותי; בעילה של ערווה, לעומת זאת, היא מעשה שאינו ראוי לה ונתפס כפגיעה חמורה בה ובכבודה. משום כך אנו מוצאים התייחסות חמורה ביותר למקרים שונים של אונס דווקא כשהנערה לא הייתה זמינה לנישואין בעבור האנס (כגון מעשה תמר ומעשה דינה).

לאור הבחנה זו נראה שיש להגדיר באופן שונה לחלוטין את משמעות האונס בימינו. במציאות המודרנית, גם כאשר מדובר בפנויה טהורה (ובפרט כשפנויות שאינן נידות הן לרוב בנות שתים־עשרה ומטה), האישה איננה מזומנת לכל אדם שירצה לשאת אותה; גם אין די בתשלום מוהר לבני המשפחה או בשכנוע קל של האישה. נישואין כיום (ברוב החברות המודרניות) הם מעשה שהאישה בוחרת בו ברצונה החופשי ואך ורק עם אדם שהיא חפצה בו.

נראה אם כן שהמציאות של אונס בימינו, על השלכותיה הנפשיות והתדמיתיות, אפילו כשמדובר בפנויה טהורה, קרובה במהותה לאונס של ערווה.[46]

ד. היחס לאונס בזמן הזה

בין אם נחיל על אונס של פנויה את איסור 'לא יוסיף' בין אם לאו, ובין אם נגדיר פנויה בימינו כ'ערווה', בין אם לאו, ודאי כי בימינו יש להתייחס למעשה זה בחומרה רבה לאין שיעור מבעבר. רק בשלהי המאה ה־19, ובעיקר החל מאמצע המאה ה־20, נחשפה חומרת ההשלכות הנפשיות של פגיעות מיניות; השלכות הכוללות בין השאר סיכון גבוה – באופן יוצא דופן – להידרדרות לפשע או לאובדנות.[47] הפוסקים כבר כתבו, בהקשרים שונים, כי סכנה נפשית דומה מבחינה הלכתית לסכנה גופנית;[48] וממילא במציאות המוכרת לנו, הפגיעה הנפשית הנלווית לאונס מצדיקה כל פעולה שתמנע

---

45. על מושג זה והופעותיו בתנ"ך ראו יוסף פליישמן, 'היבטים חברתיים ומשפטיים בפרשת שכם ודינה (בראשית לד)', **שנתון לחקר המקרא והמזרח הקדום** יג, תשס"ב, עמ' 141–155.
46. ראו את דברי פילון (לעיל הערה 24) שהתייחס לגרושה ואלמנה כמקרה הקרוב בחומרתו לניאוף עם אישה נשואה. אפשר שטעם הדבר קרוב להצעתנו, היינו שדווקא נערה בתולה נחשבה, בתקופות מסוימות, כמי שבין כה וכה עומדת להינשא, ולא תמיד על פי בחירתה החופשית.
47. סיכום תמציתי של מחקרים רבים בנושא זה ראו במאמרה של ענת גור, 'השלכות נפשיות ארוכות טווח בנשים נפגעות תקיפה מינית'. זמין במרשתת.
48. לסיכום ממצה עיינו במאמר 'מקצת היבטים הלכתיים בסוגיית פגועי נפש', **עלון בית הלל** 12, תשע"ז, עמ' 4–10. זמין במרשתת.

מהאנס לבצע את זממו - ואולי אף את הריגתו.[49] גם אם לא לכך התכוונה התורה, נראה כי בימינו ניתן לומר שהאנס הוא כמי שקם על רעהו ורוצחו נפש לכל דבר ועניין.[50]

ביטוי לגישה זו קיים בדברי הפוסקים המובאים בספר **נשמת אברהם** (מהדורה שנייה, חלק ד, חו"מ, סימן שפח, ס"ק א) סביב האיסור "למסור ישראל ביד עכו"ם".[51] בשם הרב אליעזר וולדנברג הובא שם, ביחס לאב האונס את בתו, כי "אפילו אילו לא היתה ערוה עליו, גם כן היה מותר למוסרו... דבכאן הרי פוגע על ידי כך בגופה ובנפשה". ביחס למורה הפוגע מינית בילדים נמסר שם בשם הרב אלישיב ש"אין הבדל בין נערים ונערות, כי מדובר בכל אופן על פגיעה נפשית חמורה וכן סכנה לרבים".[52] כך כתב גם הרב יצחק זילברשטיין (**חשוקי חמד**, כתובות מב ע"א) על מקרה דומה: "מורה כזה עלול לסכן את שלום הילדים והוא קרוב לפיקוח נפש".[53] כל גוף ציבורי

---

49. דברים אלה נכונים בוודאי כשמדובר באונס של פנויה נידה (שה'פגם' שלה הוכר כשקול לרציחה כבר על ידי חז"ל), אך גם כשמדובר בפנויה טהורה, נוכח ההערכה הריאלית כי בימינו מדובר בפגיעה שכדי להימנע ממנה עשויה הנערה להיאבק עד מוות. אכן יש לעיין אם עצם הסיכון לאובדנות מצדיק הריגה של האנס ואיזו רמת סיכון תגדיר אותו כ'רודף'. בני פורת (לעיל הערה 21) העיר כי מפסקי דין של המשפט הישראלי עולה שהתגוננות מפני אונס מוגדרת כהגנה עצמית המתירה הריגה של האנס. ראו גם את ההנחיה המובאת **בספר חסידים** (סימן תשב): "האשה שהלכה בדרך ושמעה שפוגעים בה גוים ויראה פן ישכבו עמה יכולה ללבוש בגדי כומרת כדי שיהו סבורים שהיא כומרת ולא ישכבו עמה. ואם היא שמעה שפריצי ישראל יפגעו בה כמו כן מותרת ללבוש מלבוש נכרית ולומר היא גויה. ויכולה לומר להם שהיא תצעוק ותלשין עליהם. וגם יכולה לצעוק קודם כדי שיבואו גוים לעזור לה אף על פי שיהרגו הפריצים". לא ברור לחלוטין האם הנחיה זו מתייחסת דווקא לאישה נשואה או גם לפנויה.

50. ראו גם את דברי מו"ר הרב אהרן ליכטנשטיין זצ"ל ('למשמעותם הרעיונית של דיני אונס ומפתה', **עלון שבות בוגרים** יד, תשס"א, עמ' 71-90): "מידת העונש שנקצבה בתורה נקבעה בהתאמה פרופורציונלית לממדי הפגיעה כפי שהיתה במציאות היסטורית מסוימת, ומציאות זו שונה כיום באופן משמעותי... לו נדרשנו כיום לקביעת עונש מתאים לאונס, הרי שבראותנו את המציאות הנוכחית, שבה מעשה זה נתפס כעוולה רבת עוצמה מבחינה מוסרית וחברתית, על הטראומה הנלווית לו, מן הסתם היינו מוסיפים על העונשים שנקבעו בתורה".

51. על איסור זה בהקשר שלנו ראו גם במאמרו של הרב אריה כץ, 'הגשת תלונה במשטרה על הטרדות', **אמונת עתיך** 115, תשע"ז, עמ' 81-86. במאמר זה התיר הרב כץ את הפנייה למשטרה מכמה וכמה סיבות הנוגעות לדיני 'מוסר', מבלי לדון בהיבטים המייחדים הטרדה מינית.

52. כך כתב גם הרב אשר וייס ('מסירה לשלטונות של מי שחשוד בהתעוללות בילדים', **ישורון** טו, תשס"ה, עמ' תרנו-תרס): "הפגיעה בילדים היא לפעמים נוראה עד שכל ימיהם נושאים הם איתם פצעים נפשיים... אם מותר למסור את הרגיל להכות, בודאי מותר למסור את אלה".

53. הרב זילברשטיין התלבט כיצד לנהוג כאשר אין ראיות ברורות על התנהגותו של המורה. ראו גם: **שו"ת משנה הלכות**, חלק טז, סימן נח; 'קונטרס "דם רעך" - בענין דיווח לרשויות על התעוללות

וכל אדם פרטי חייבים אם כן לפעול למניעת פגיעה מינית מכל סוג שהוא - מדין 'לא תעמוד על דם רעך'.[54]

סיכום

א. התורה התייחסה לעבירה של אונס בחומרה רבה והגדירה אותה כ'נבלה'.
ב. כאשר מדובר באונס של 'ערווה', ובכלל זה (לרוב השיטות) גם פנויה נידה, השוותה אותו התורה לרצח והורתה להציל את הנאנסת אפילו במחיר חייו של האנס.
ג. גם אונס של פנויה שאינה נידה הוא עבירה חמורה, שיש בה הן משום איסור חבלה (לדעת חלק מהראשונים) הן משום איסור גזל של גוף האישה.
ד. בימינו יש לייחס לכל סוג של אונס חומרה מרבית בדומה לאונס של 'ערווה', זאת משום שבימינו מדובר בפגיעה אנושה באישה וכן אנו מודעים להשלכות הנפשיות הקשות והמסוכנות הכרוכות באונס.
ה. משום כך מוטלת החובה - הן על הפרט והן על הציבור - לפעול בכל האמצעים כדי למנוע אונס מכל סוג.

בילדים', **ישורון** טו, תשס"ה, עמ' תרלד-תרסו; Steven H. Resnicoff, 'Jewish Law and the Tragedy of Sexual Abuse of Children: The Dilemma within the Orthodox Jewish Community', *Rutgers Journal of Law and Religion* 13.2, 2012, pp. 1-90; יונתן הוארד, 'אל תשלח ידך אל הנער: הלכה ומוסר אצל עבריינות מין בקטינים', **מעגלים** ט, תשע"ז, עמ' 141-163.

54. וכן מדין השבת אבידה. ראו בדברי המבוא של הרב צבי גרטנר לקונטרס 'דם רעך' (לעיל בהערה הקודמת).

יט

פגיעה מינית והטרדה מינית בהלכה

"במוסד שבו אני מלמדת ישנו מורֶה המרבה להחמיא (או להעיר) לתלמידות על הופעתן החיצונית, על יופי התספורת, הבגדים וכדומה; ולפעמים נראה שהוא גם נועץ בהן מבטים יותר מן הנדרש והמקובל. אין לי בסיס לחשוד שאותו מורה פגע (או פוגע) בתלמידה כלשהי באופן פיזי, אך ההתנהלות שלו יוצרת תחושה לא־נעימה של הטרדה. רציתי לשאול: האם ההלכה מכירה במושג 'הטרדה מינית', ואם יש הצדקה להעיר לו ואף להתלונן עליו, או שמא זהו רק עניין של צניעות בינו לבין מצפונו ואלוהיו ואין לי זכות להתערב בכך?"

פתיחה

אחד הנושאים הבוערים כיום בעולם המערבי בכלל, ובמדינת ישראל בפרט, הוא נושא ההטרדות המיניות והפגיעות המיניות; חדשות לבקרים מתפרסמות סביבו שערוריות, חוצות מגזרים, ושאלות אתיות וציבוריות מתעוררות יחד איתן. דמויות רבניות וגופים תורניים (כמו פורום תקנה) עושים רבות לשם הטיפול בנגעים אלו, אך קולה של ההלכה אינו נשמע כל כך בשיח הציבורי. בפרק זה נבקש לבחון את יחסה העקרוני של התורה להתנהלות מינית פוגענית.

המודעות והרגישות לפגיעות מיניות והטרדות מיניות צמחו יד ביד עם המהפכה הפמיניסטית. התנועה למען עצמאותה של האישה ולמען שוויון זכויותיה הובילה להכרה בזכותה הבלעדית של האישה על גופה ומיניותה,

ומתוך כך לשלילת הלגיטימציה של התנהגויות גבריות מסוימות שבעבר נחשבו תקינות.[1]

שאלת היחס בין תהליך זה לבין המסורת ההלכתית היא שאלה מורכבת.[2] מחד־גיסא, אפשר לראות בכך נקודת מפגש נדירה בין התנועה הפמיניסטית הפרוגרסיבית לבין תפיסת הצניעות של התורה, שהרי שתיהן כאחת מגבילות את תנועת השחרור המיני שצברה תאוצה באמצע המאה ה־20. מאידך־גיסא, לפנינו שתי מגמות שונות ואף הפוכות במהותן: התנועה הפמיניסטית מבקשת להוציא את האישה מן המשבצת המסורתית שלה באמצעות הגבלת זכותו של הגבר להתייחס אליה כאובייקט מיני; ואילו התפיסה המסורתית מניחה את דבר קיומו של אלמנט מיני המצוי אצל נשים, והיא דורשת דווקא מהן להצניע אותו.[3]

הפער בין נקודות המבט הללו איננו תיאורטי בלבד, ויש לו השלכות מעשיות רבות. אחת השאלות הקשורות בו היא שאלת היחס לפגיעה מינית ולהטרדה מינית: האם ההלכה מכירה בהטרדה כפגיעה באוטונומיה של האישה, וממילא מטילה סנקציות ואמצעי הרחקה על המטריד? או שמא זכות האישה על גופה היא זכות מצומצמת, ועניינן של הלכות צניעות אינו אלא שימור טהרתו הרוחנית של האיש ומעמדן כשל מצוות שבין אדם למקום בלבד?[4]

---

1. כפי שכתב השופט אליקים רובינשטיין (׳משפט ציבורי בחברה מיוסרת׳, בתוך: יצחק אלפסי וגאולה בת־יהודה [עורכים], **יובל המאה של המזרחי**, ירושלים תשס״ב, עמ׳ רנג-רסה): ״ספק רב אם תיקים הנחקרים ונאכפים כיום בנושאים שבינו לבינה, ובוודאי הכוללים אלימות, היו נחקרים ונאכפים באותה מידה בעבר״. נקודת מפנה סמלית אפשר למצוא בפסק הדין של השופט מישאל חשין בפרשת האונס בשמרת (ע״פ 5612/92 מדינת ישראל נ׳ אופיר בארי ואח׳. פ״ד מח[1], 302, ניתן ב־9 בדצמבר 1993), שבו ביקר חשין את שירו של דן אלמגור ״כשאת אומרת לא, למה את מתכוונת״, ובעקבות הביקורת הוסיף אלמגור בית לשיר: ״כשהיא אומרת לא, לזה היא מתכוונת״. אם בשירים עסקינן, אפשר לציין עוד כמה וכמה דוגמאות פופולריות מן העבר שהיו נחשבות כיום להטרדה מינית, כגון ׳אהבת פועלי בניין׳ של נעמי שמר.
2. עסקנו בשאלה זו בהרחבה לעיל בפרק השישי.
3. פער זה בא לידי ביטוי מוחשי בהתייחסות להטפה לצניעות: מנקודת המבט המסורתית, עידוד נשים לשמור על הלכות צניעות הוא מעשה ראוי לשבח; ואילו מנקודת מבט פמיניסטית (שהיא גם נקודת המבט של החוק בישראל כיום), הערה לאישה על לבוש לא־צנוע עשויה להיתפס כהטרדה מינית.
4. כפי שנראה להלן, מבחינה הלכתית אין הבדל מהותי בין איש לאישה בסוגיה זו (הן ביחס לזהות הפוגע, הן ביחס לזהות הנפגע). אנו נדגים זאת כאן באמצעות מקרה של איש הפוגע באישה משום שזוהי הדוגמה הנפוצה בימינו ומשום שזוהי הדוגמה שבה דנו רוב המקורות ההלכתיים.

א. פגיעה מינית פיזית ללא בעילה

בפרק הקודם ראינו כי התורה התייחסה בחומרה רבה לאונס של ערווה ואסרה גם אונס של פנויה; אך מה בדבר פגיעות מיניות מינוריות יותר? כאשר מדובר בפגיעה חמורה, העשויה להותיר צלקות נפשיות משמעותיות, ודאי שדינה כדין אונס, כפי שהתבאר בפרק הקודם;[5] אך מהו מעמדה ההלכתי של פגיעה 'קלה' יותר, כגון מגע בעל אופי אינטימי באישה נגד רצונה ('מעשה מגונה')?[6]

תיאור של פגיעה מינית באישה אפשר למצוא בכמה מקומות בדברי חז"ל. את הפסוק "וַיִּגַּשׁ גֵּיחֲזִי לְהָדְפָהּ" (מלכים ב ד', כז), המתאר כיצד התייחס גיחזי לאישה השונמית, דרשו חכמים במובן של מגע בעל אופי אינטימי: "אחזה בהוד יפיה, מלמד שנתן ידו על גבי דדיה" (פרקי דרבי אליעזר, פרק יג; וכעין זה בגמרא ברכות י ע"ב). כמו כן, לגבי אישה שנשבתה על ידי נוכרים, סבר ר' דוסא שאין הם חשודים לאנוס אותה אך הם נוהגים להתעלל בה באופן מיני (כתובות לו ע"ב; **רש"י**, שם, ד"ה מפני).

הפרשייה ההלכתית המובהקת המתארת פגיעה מינית עוסקת דווקא במקרה של אישה שפגעה בגבר (דברים כ"ה, יא-יב):[7]

> כִּי יִנָּצוּ אֲנָשִׁים יַחְדָּו אִישׁ וְאָחִיו וְקָרְבָה אֵשֶׁת הָאֶחָד לְהַצִּיל אֶת אִישָׁהּ מִיַּד מַכֵּהוּ וְשָׁלְחָה יָדָהּ וְהֶחֱזִיקָה בִּמְבֻשָׁיו. וְקַצֹּתָה אֶת כַּפָּהּ לֹא תָחוֹס עֵינֶךָ.

---

5. אף הפוסקים שדבריהם נזכרו בסוף הפרק הקודם לא דרשו דווקא יחסים מלאים כדי להגדיר את סכנת הפגיעה כפיקוח נפש.

6. בתורה לא מצאנו ענישה על הטרדה גופנית שלא כוללת בעילה ממש, אף שבחוקי אשור יש עונש חמור גם למי שמנשק אשת איש, ראו גרשון מלבר, עבירת האינוס ועבירות מיניות אחרות במשפט העברי ובמשפט האנגלי, עבודת דוקטור, האוניברסיטה העברית, תש"ך, עמ' 9. ראו גם דבריו שם עמ' 66: "אין המשפט העברי מכיר בנסיון בתור עבירה, ואילו המשפט האנגלי רואה בכך עבירה ממשית".

7. ראו ילקוט שמעוני, כי תצא, רמז תתקלח: "אנשים אין לי אלא אנשים, איש עם אשה ואשה עם איש אשה עם אשה מנין, תלמוד לומר יחדו מכל מקום" מדרש דומה מובא בהקשר אחר בספרי דברים (פיסקא רפו).

הגמרא (בבא קמא פו ע"א) למדה מפסוקים אלה את דין תשלומי בושת;[8] ומקור נוסף לדין בושת מצוי בדרשת הספרא (אמור, פרשה יד), על הפסוק "וְאִישׁ כִּי יִתֵּן מוּם בַּעֲמִיתוֹ כַּאֲשֶׁר עָשָׂה כֵּן יֵעָשֶׂה לּוֹ" (ויקרא כ"ה, יט):

> אין לי אלא בזמן שנתן בו מום, מנין צרם באזנו תלש בשערו רקק והגיע בו הרוק והעביר טליתו ממנו ופרע ראשה של אשה בשוק? תלמוד לומר "כאשר עשה כן יעשה לו".

הפשטת בגד המיועד לצניעות, כמו כיסוי ראש של אישה, נחשבת אם כן כבושת; כך מבואר גם במשנה (בבא קמא פ"ח מ"ו) וכך נפסק להלכה.[9]

עם זאת, נדמה כי אין בדין בושת כדי למצות את מלוא משמעותה של הפגיעה המינית. ראשית, לדעת רבים מן הפוסקים אין כלל דין תשלומי בושת כאשר האירוע התרחש שלא בפני אנשים אחרים.[10] שנית, השלכותיה של הפגיעה המינית רחבות הרבה יותר מן הבושה הנלווית לה. במקרים רבים, פגיעה מינית גורמת נזקים (קצרי טווח וארוכי טווח) שעליהם יש להשית גם תשלומי שבת, ריפוי ולעיתים גם נזק - בעקבות ההלכה המחייבת את "המבעית את חבירו" (באמצעות מעשה פיזי) עד שהלה "חלה מן הפחד", לשלם על הנזקים הנפשיים שנגרמו לזולת בדיוק כמו על פגיעה גופנית.[11]

---

8. זאת בניגוד לספרי דברים (פיסקא רצו) שלמד מכאן את דין 'רודף', מתוך הנחה שבאחיזת המבושים יש סכנת נפשות. יצוין כי הרמב"ם (**משנה תורה**, הלכות רוצח ושמירת הנפש, פ"א ה"ז; שם, הלכות חובל ומזיק, פ"א ה"ט) הביא להלכה את שני הפירושים. עוד יש להעיר כי זוהי פעם נוספת שבה אנו מוצאים זיקה בין פגיעה מינית לבין רציחה.

9. ראו: **משנה תורה**, הלכות חובל ומזיק, פ"ג ה"ב; **שו"ע**, חו"מ, תכ, לד.

10. כך כתבו תלמידי רבנו יונה (**שיטה מקובצת**, כתובות סה ע"ב, ד"ה וז"ל תלמידי): "אם ביישה בסתר לית להו ולא מידי שאין שם בושת כלל"; ואילו **התוספות** (שם, ד"ה בזמן) חלקו עליהם וכתבו שיש בושת גם "בינו לבינו" (וראו **תוספות הרא"ש**, שם, ד"ה בזמן). מדברי הרמב"ם (**משנה תורה**, הלכות חובל ומזיק, פ"ה ה"ז) נראה שאין משלמים על בושת שבסתר, וכן כתב **הראב"ד** (שם, פרק ב, הלכה ב).

11. ראו **שו"ע**, חו"מ, תכ, לב. כיוצא בזה כתב הרב יעקב אפשטיין (**שו"ת חבל נחלתו**, חלק טז, סימן נב): "נראה שמדין תורה חייבים בתשלום ריפוי על פגיעה מינית". וכן הרב יהודה סילמן ('בענין דיווח לרשויות על התעללות בילדים', **ישורון** כב, תש"ע, עמ' תקפח-תקצ) שהורה כי יש לחייב את הפוגע לשלם על "הוצאות הטיפול פסיכולוגי הנצרך", והוסיף שלשיטת הרמ"א (שלפיה אין גובים תשלומי ריפוי בזמן הזה) יש "ללחוץ עליו בפרסום הרחקה" עד שישלם. כך הובא גם בשם הרב יעקב אריאל (**יערב שיחי**, עמ' 300): "בעבר רפואת הנפש לא היתה כל כך במודעות, אבל כיום אנחנו מודעים יותר לעובדה שריפוי נפשי נחוץ יותר מריפוי פיזי". יש להדגיש כי גם אם אין

סעיף נוסף שמסתבר מאוד לחייב בו, גם בפגיעות קלות יותר, הוא סעיף הצער – שהרי האירוע גרם ללא ספק צער לנפגע;[12] אלא שכבר העיר **הפתחי חושן** (חלק ו, פרק יא, הערה לב) כי "לא מצינו תשלומי צער נפשי, כשם שלא מצינו תשלומין במצערו בדברים".[13] נמתין עם ההשוואה לצער דברים עד לסעיף העוסק בהטרדה מילולית, ולעת עתה נדגיש כי גם אם אין אב נזיקין ברור שמכוחו יש לחייב את הפוגע, ודאי שחכמים ראו פגיעות כאלו בחומרה רבה.

גם כאן אפשר להוכיח את הדבר מתחום היחסים שבין איש לאשתו, בנידון זה קבעה הגמרא (נדרים כ ע"ב) שבאופן עקרוני מותר לבני זוג לקיים מגוון צורות של יחסים אינטימיים; אולם הראשונים הבהירו כי ההיתר נאמר דווקא כשהאישה "מתרצית עמו לדעתה" (**בעלי הנפש**, שער הקדושה), ואילו כשהיא אינה רוצה בכך – גם אם היא מוכנה לתשמיש עצמו – העושה מעשים המנוגדים לרצונה נקרא "חוטא" (**טור**, אה"ע, סימן כה).[14] מדין זה יש ללמוד בקל וחומר שאסור לאדם לבצע מעשים מיניים באיש או אישה זרים שלא מרצונם. מקור אחר הממחיש נקודה זו מצוי בדברי המשנה (בבא קמא פ"ח מ"ז; וראו בגמרא, שם צב ע"א) המלמדת כי המצער אדם "אין נמחל לו עד שיבקש ממנו", והראיה לכך היא מאבימלך שלקח את שרה לארמונו וצריך היה לפייס את אברהם ואת שרה.[15]

ב. חדירה לפרטיות (הסתכלות, צילום)

עד כה עסקנו ברמות שונות של פגיעות פיזיות, שלרוב הן העומדות במוקד דיני נזיקין

כאן 'נזק' המחייב בתשלומים עדיין אפשר לחייב את תשלומי הריפוי, בדומה למי ששינה את צבע עורו של חברו וחייב להשיבו לצבעו המקורי אף שאין במעשיו משום 'נזק'. ראו: **שו"ע**, חו"מ, תכ, י; **פתחי חושן**, חלק ו, פרק יא, הערה לג.

12. סעיף מדויק יותר, הקיים במשפט הישראלי אך איננו קיים בדין התורה וגם לא ברוב שיטות המשפט האחרות, הוא סעיף ה'פגיעה באוטונומיה'. ראו אברהם וינרוט, 'פיצוי בגין פגיעה באוטונומיה של האדם', **פרשת השבוע** 443, תשע"ד. זמין במרשתת.
13. כך קבעו גם יובל סיני ובנימין שמואלי ("הגיעו מים עד נפש": דרכי התמודדות עם התעללות בבן־זוג בדיני הנזיקין, בדין הפלילי ובדיני המשפחה – הצעת מודל חדש־ישן', **מאזני משפט** ו, 2007, עמ' 273–352): "נזק נפשי שאיננו בושת אינו מוכר מעיקרו של הדין העברי".
14. ראו **אבוא ביתך**, חלק א, פרק כא.
15. אומנם הפיוס שאותו מתארת הגמרא נעשה בפני אברהם, שמטבע הדברים החזיק את ההון המשפחתי וניהל אותו, אך הפיצוי ניתן בפירוש גם בעבור שרה (בראשית כ', טז): "וּלְשָׂרָה אָמַר הִנֵּה נָתַתִּי אֶלֶף כֶּסֶף לְאָחִיךְ הִנֵּה הוּא לָךְ כְּסוּת עֵינַיִם".

של התורה; אך מה בדבר פגיעות שאינן כוללות מגע? ישנם שני סוגים עיקריים של דרכי פגיעה כאלו: הסתכלות, והטרדה מילולית. גם את ההסתכלות יש לחלק לשתי פעולות אפשריות: א. הצצה ב'מקומות המכוסים' (ובכלל זה צילום תמונות פרטיות והפצתן). ב. הטרדה על ידי נעיצת מבטים.

הסרת בגדו של אדם אחר בלא רצונו היא הדוגמה המובהקת ביותר ל'בושת' המחייבת בתשלום; אך מה הדין במקרה שבו אדם הסיר בעצמו את בגדיו (או את חלקם) במקום צנוע, ואדם אחר מציץ ומסתכל בו?

לפי פשטי המקראות, זה בדיוק היה חטאו של חם (בראשית ט', כא-כב): "וַיֵּשְׁתְּ מִן הַיַּיִן וַיִּשְׁכָּר וַיִּתְגַּל בְּתוֹךְ אָהֳלֹה. וַיַּרְא חָם אֲבִי כְנַעַן אֵת עֶרְוַת אָבִיו וַיַּגֵּד לִשְׁנֵי אֶחָיו בַּחוּץ"; כך התפרש החטא גם בפסיקתא זוטרתא על אתר ("וירא - מדעתו ומרצונו, שהיה לו להעצים עיניו ולא עצם") וכן פירשו **אבן־עזרא**, **רד"ק** ופרשנים נוספים. אולם הפירוש המקובל בדברי חז"ל הוא שחם שכב עם אביו או סירס אותו (סנהדרין ע ע"א), וכך הובא גם ב**פירוש רש"י על התורה** (בראשית ט', כב).

איסור מפורש על הסתכלות ב'מקומות המכוסים' בשעה שהם מגולים אפשר למצוא דווקא ביחס לכלי המקדש (במדבר ד', כ): "וְלֹא יָבֹאוּ לִרְאוֹת כְּבַלַּע אֶת הַקֹּדֶשׁ וָמֵתוּ", וכפי פירושם של חז"ל שכוונת הפסוק היא לאסור הסתכלות "בשעת הכנסת כלים לנרתק שלהם" (יומא נד ע"א). בדברי חז"ל (שם) אפשר למצוא השוואה של הכלים לכלה שאינה רוצה שארוסה יראה אותה ללא בגדים, ואף המפרשים על אתר דימו את הקב"ה למלך ש"אין כבוד לראותו ערום" (**ריקאנטי**, במדבר ד', כה; וכעין זה ב**צרור המור** על אתר בשם מדרש הנעלם). אם כן, כאשר חז"ל ביקשו להצדיק את האיסור ביחס לכלי המקדש, הם נתלו בהנחה המוסרית הפשוטה בדבר האיסור לראות אדם שאינו לבוש בניגוד לרצונו.

במשנה (בבא בתרא פ"ג מ"ז) נאמר: "לא יפתח אדם לחצר השותפין פתח כנגד פתח וחלון כנגד חלון", ובגמרא (שם נט ע"ב) מבואר שהוא הדין לחצרו של אדם יחיד. בהמשך הסוגיה (שם ס ע"א) מובא מקור הדין:

> וישא בלעם את עיניו וירא את ישראל שוכן לשבטיו - מה ראה? ראה שאין פתחי אהליהם מכוונין זה לזה. אמר: ראוין הללו שתשרה עליהם שכינה.

הרמב"ן (**חידושי הרמב"ן**, שם נט ע"א, ד"ה ומסתברא) הדגיש שגם אם האדם שתק כשפתחו חלון לחצרו, אין זו 'חזקה' המאפשרת את השארת החלון. כדי לנמק את דבריו מנה הרמב"ן שלושה איסורים הכרוכים בחדירה לצנעת הפרט:

> לא אמרו חזקה בנזקין אלא בנזקי ממון... אבל קוטרא ובית הכסא שהוא עצמו ניזוק ומצטער בהם אין להם חזקה... והוא הדין וכל שכן בהיזק ראיה דנזקי אדם באדם הוא, אי משום עין רעה אי משום לישנא בישא אי משום צניעותא.[16]

הרמב"ן מונה שלוש סיבות אפשריות לכך שהיזק ראייה ייחשב כנזק: עין רעה, לשון הרע, וצניעות.[17] נדון עתה בגורמים אלה בפרוטרוט (שלא על פי סדרם).

הטעם השני שמציע הרמב"ן הוא מדין לשון הרע; ובכך הוא מחדש שאיסור לשון הרע לא נאמר רק כאשר מעבירים מידע פוגעני לצד שלישי, אלא גם כאשר אדם נחשף באופן אישי למידע (או למראה) שחשיפתו איננה נעימה לזולת. חידוש זה מנוסח בבהירות **בשו"ת הלכות קטנות** (חלק א, סימן רעו): "נראה שיש איסור לבקש ולחפש מסתוריו של חבירו ומה לי לא תלך רכיל לאחרים או לעצמו";[18] וכעין זה כתב גם **הקהלות יעקב** (בבא בתרא, סימן ה): "כל המציץ בחצר חבירו בשעה שהוא עושה מילי דצניעותא ומתבייש בזה, הרי זה צערא דגופא".[19]

יסוד ה'צניעות' שבדברי הרמב"ן יכול להתפרש בשתי דרכים. אפשרות אחת, העולה באופן פשוט מן ההקשר של דבריו, היא שכוונתו לאיסור לפגוע בצנעת הפרט. הזכות 'להצטנע' היא אבן פינה בסוגיות של היזק ראייה (ראו בבא בתרא נט ע"ב –

---

16. הרמב"ן הוסיף וכתב: "ועוד, דאפילו מחל הניזק, כיון דודא אסור הוא למזיק להזיקו בראיה ולהסתכל בו לדעת... על כרחנו ונאמר לזה סתום חלונך".

17. הרשב"א (**חידושי הרשב"א**, בבא בתרא נט ע"א, ד"ה אמר) השמיט את היסוד הראשון וכתב: "אילו יש בו היזק ראיה לעולם אין לו שעור דגירי שאין אדם סובלן הוא וכקוטרא ובית הכסא וקשה מינייהו אי משום צניעותא אי משום לישנא בישא". ראו גם מאמרו של הרב אברהם בן־חיים, 'בדין פתיחת חלון מול חלון ופתח מול פתח ובגדר דין היזק ראיה', **מקבציאל** לג, תשס"ח, עמ' תלא-תמד. הרב בן־חיים ביאר את דברי הרמב"ן באופן הבא: "על ידי ההבטה עליו כשהוא בתוך ביתו או בחצרו מזיקים לגופו בשלושה דברים, נזק צער ובושת: א. הוא ניזק בחבלתו או בחוסר הצלחתו על ידי עינא בישא. ב. הוא מצטער בלבו בחושבו על המסתכל בו שיכול לילך ולספר את אורחותיו הנסתרים לאחרים, וזהו לישנא בישא. ג. הוא מתבייש ממלבושו ומתנועותיו שבביתו ובחצרו, וזה משום צניעותא".

18. ראו הרב נחום רקובר, **ההגנה על צנעת הפרט**, ירושלים תשס"ו, עמ' 283-284.

19. הרחבה של עיקרון זה לעניין האזנות סתר ראו בפסק הדין של הרב שלמה דיכובסקי שנדפס **בפסקי דין רבניים** (חלק יד, עמ' 321 והלאה) ועובד למאמרו 'האזנות סתר', **תחומין** יא, תשנ"א, עמ' 299-312; וכן ראו מאמרו 'האזנות סתר', **תורה שבעל פה** לו, תשנ"ה, עמ' נח-עב. גישה מחמירה אף יותר ראו אצל הרב אליעזר שנקולבסקי, 'האזנת סתר', **המעין** לז(ד), תשנ"ז, עמ' 45-54.

ס ע"א), ונראה שהרמב"ן הבין שפגיעה בפרטיות נחשבת כהיזק ישיר לגוף האדם. אפשרות שנייה היא שהצניעות איננה זכות של האדם אלא חובה המוטלת על החברה כדי שתהיה ראויה להשראת שכינה, כפי שעולה מפירושה של הגמרא לברכת בלעם. ואכן, הרמ"ה (**יד רמה**, בבא בתרא, פרק ג, אות רפ) למד מדרשה זו: "דבהא איסורא נמי איכא משום צניעותא דנשי".[20] אומנם מדבריו משתמע שהאיסור קשור להיבטים של הרהור וקרבה לעריות (ומשום כך התייחס דווקא לצניעות של נשים) אך אפשר גם שמדובר בחובה מהותית יותר של שמירת גבולות צנעת הפרט.[21]

שני האיסורים הללו קיימים דווקא כאשר אדם מציץ אל תוך מקום פרטי ונסתר; אך האם יש מקום לאסור נעיצת מבטים חודרנית גם ברשות הרבים? שמא כאשר אדם יוצא לרחוב הוא מפקיר עצמו לחלוטין למבטי העוברים והשבים? כאן רלבנטי האיסור השלישי שמנה הרמב"ן: "עין רעה". מקור הדברים נמצא בגמרא (בבא בתרא ב ע"ב) שהורתה: "אסור לאדם לעמוד בשדה חבירו בשעה שהיא עומדת בקמותיה", ופירש **רש"י** (שם ד"ה אסור): "שלא יזיקנו בעין רעה". אף שהרמב"ם השמיט איסור זה וטען שאלו "דברי חסידות" בלבד,[22] הוא נפסק להלכה **בטור** (חו"מ, סימן שעח) **ובשו"ע** (שם, ה): "ואפילו בראייתו, אם יש בו היזק לחבירו אסור להסתכל בו. לפיכך אסור לאדם לעמוד על שדה חבירו בשעה שעומדת בקמותיה".[23]

באופן פשוט, עניינו של דין 'עין רעה' הוא שהסתכלות בממון חברו "דרך קנאה

---

20. אולם **רבנו גרשם** (בבא בתרא ס ע"א, ד"ה שלא) פירש: "שלא היו מכוונים זה כנגד זה - מפני היזק ראיה".

21. כך העלה הרב חגי דביר במאמרו '"להציץ בעולם שאינו שלו": עיון אקטואלי בסוגיית היזק ראיה', **נתיבה** ב, תשע"ב, עמ' 26-44; אולם נראה שדיוקיו בלשון הרשב"א והרמ"א אינם מוכרחים כלל. אפשר ששאלת היכולת למחול על צנעת הפרט כרוכה בשאלת היכולת למחול על בושת. הרב יוסף מרכוס ('האם רשאי אדם לבזות עצמו?', **תחומין** כו, תשס"ו, עמ' 262-269) תלה זאת בשאלה אם הביוש פוגע רק ברגשותיו של האדם או גם בצלם אלוהים שבו; וראו גם מאמרו של הרב איתמר ורהפטיג, 'השתתפות בתכנית טלוויזיה אתגרית', **תחומין** כו, תשס"ו, עמ' 270-276. עוד על המשמעות הרעיונית של דין היזק ראייה הנלמד מברכת בלעם ראו אצל הרב ישראל סמט, 'עין טובה: על היזק ראיה', **אסופות** ב, תשע"ב, עמ' 27-39.

22. כמבואר בתשובתו לחכמי לוניל המובאת **במגדל עוז** (הלכות שכנים, פרק ב, ד"ה תשובה). חשוב להדגיש שייתכן כי הרמב"ם מודה שיש איסור בהסתכלות על האדם עצמו באופן שיש בו אי־נעימות, ודווקא את סברת 'עין רעה' בנוגע להסתכלות בממונו של הזולת לא קיבל כהלכה גמורה.

23. יש להעיר כי **הבית יוסף** (חו"מ, סימן שעח) למד את האיסור להסתכל בחברו "מדין הרחקת היזק ראיה", וכך כתב גם הגר"א (**ביאור הגר"א**, שם, ס"ק יג). מדבריהם מבואר שדין היזק ראייה כולל גם איסור הסתכלות ולא רק מניעה של אפשרות ההסתכלות.

ושנאה" עשויה להזיק לו באופן על־טבעי;[24] אולם בלשון **השו"ע** מבואר שזהו עיקרון כללי שלפיו כל הסתכלות מזיקה אסורה. כיוצא בזה כתב ר' יעקב סקילי (מתלמידי הרשב"א) בספר **תורת המנחה** (פרשת משפטים, דרשה כה): "ובלא תחמוד תלוי כל היזק שיבא לאדם מחברו על ידי ראיית העין"; ובהמשך דבריו יישם עיקרון זה גם על אדם המסתכל באישה וחושק בה, וכתב ש"הבל המחשבה עולה ושורף ומכלה ומשחית לדבר הנחמד וגם לחומד".

הרחבה של היקף האיסור מצויה גם בדבריהם של הפוסקים האחרונים, כגון **שולחן ערוך הרב** (הלכות נזקי ממון, סעיף יא) שכתב: "ואין צריך לומר שאסור להסתכל בחבירו בענין שיש לחוש שיזיקנו בעין רעה";[25] והוסיף שכאשר מדובר בהסתכלות העשויה להפריע לחבר היא אסורה "אפילו רואהו ושותק לו, שמא מתבייש לומר לו". למותר לציין כי שתיקה הנובעת מאי־נעימות רווחת בתחום ההטרדה המינית; ומסתבר כי גם כאשר ההתנגדות לנעיצת המבט איננה נובעת מחשש לעין רעה, אלא מתחושות לא־נעימות הנגרמות ממבט שמקובל להתייחס אליו כפוגעני, הוא כלול באיסור.[26]

בהקשר זה מסתבר שיהיה צורך להבחין - הבחנה דקה אך מהותית - בין סוגים שונים של מבטים. לעיל הזכרנו את האיסור להסתכל בכלי המקדש כשהם אינם מכוסים. אך גם לנעיצת מבטים ברשות הרבים יש מקבילה ביחס לקב"ה (חגיגה טז ע"א):

> כל שלא חס על כבוד קונו רתוי לו שלא בא לעולם. מאי היא? רבי אבא אמר: זה המסתכל בקשת... דכתיב "כמראה הקשת אשר יהיה בענן ביום הגשם כן מראה הנֹגה סביב הוא מראה דמות כבוד ה'".

הקשת היא ייצוג, חשוף מעט, של הקב"ה. ייצוג זה איננו מסתתר בקודש הקודשים

---

24. ראו **מגן אבות** לרשב"ץ, פרק ב, משנה יא.

25. ראו דברים ברוח זו **בקיצור שולחן ערוך**, סימן קפג, סעיף ו, **ובשו"ת שלמת חיים**, עניינים שונים, סימן קיז.

26. לכאורה אי אפשר ללמוד מהלכה המבוססת על תפיסה על־טבעית לגבי מבט שיש בו הטרדה נפשית. שתי תשובות בדבר: א. איננו יודעים מהי בדיוק 'עין רעה' - אפשר שאכן נגרם נזק רוחני מכל מבט חומד, ואפשר שמלכתחילה כוונת חכמים הייתה לאותה פגיעה שכיום אנו מגדירים בשפה נפשית־פסיכולוגית; ב. עיקר החידוש של חכמים הוא בכך שייתכן לאסור הסתכלות במרחב הציבורי כאשר היא פוגעת בזולת, ועל בסיס זה אין מניעה להרחיב את מושג הפגיעה לסוגים שונים של צער שעל חשיבותם למדנו בתחומים אחרים כגון בדין אונאת דברים (וכדלקמן).

אלא מופיע ברשות הרבים, ומשום כך אין איסור 'לראות' אותו אלא רק 'להסתכל' בו, כפי שביאר הרא"ש (**אורחות חיים**, חלק א, הלכות ברכות, אות נו; **אבודרהם**, ברכת הראייה השבח וההודאה) "כי המסתכל מוסיף ומדקדק בהבטתו יותר מהרואה".[27] נעיצת המבט היא אפוא פגיעה באינטימיות, גם אם הדבר עצמו גלוי לעיני כול.

הבחנה דומה אפשר למצוא בדברי הרמב"ם (**משנה תורה**, הלכות איסורי ביאה, פכ"א ה"ג) שהתיר לאדם להסתכל באישה פנויה כדי לראות "אם היא נאה בעיניו, ישאנה", אך סייג את ההיתר וכתב "אבל לא יסתכל דרך זנות".[28] באופן פשוט, דבריו נאמרו מצד דיני הצניעות של האיש, אך יש ללמוד מהם על סוג מבט מסוים שהוא "דרך זנות" וממילא עשוי לפגוע במי שאינה מעוניינת בכך.

עד כה התבססנו על דברי הרמב"ן שמנה שלושה היבטים של נזק הגוף הכרוכים בהסתכלות, והסיק זאת מן ההלכה המורה שאי אפשר למחול על פתיחת חלון כנגד חלון וכי דין חזקה איננו שייך במקרה זה.[29] אך הרמב"ם (שם, הלכות שכנים, פ"ז ה"ו) חלק על דברי הרמב"ן וכתב שאם פתח אדם חלון כנגד חצר חברו, והלה מחל לו, המחילה תקפה; כך פסק גם השו"ע (חו"מ, קנד, ז) ואף הרמ"א (שהביא את דעת החולקים) הודה שכך יש לנהוג למעשה. האחרונים הסבירו כי לדעת הרמב"ם "הראיה מצד עצמה אין עושה בהן היזק אלא שגורמת היזק, כגון שחבירו לא יעשה עסקיו בחצר מכח שבוש ממנו" (**סמ"ע**, סימן שעח, ס"ק ד); כלומר פתיחת החלון פוגעת באפשרות השימוש בחצר, ולפיכך דינה ככל פגיעה ממונית והיא ניתנת למחילה.[30]

---

27. ראו להלן בפרק הבא, עמ' 414 ואילך, ובמאמרו של הרב שלמה אלברט, 'ראיה, הבטה והסתכלות, החילוקים ביניהם והמסתעף מזה לשמעתתא ולדינא', **אור ישראל** יט, תש"ס, עמ' קכו-קל.
28. בביאור גדרי הבחנה זו דן בספר **גן נעול**, חלק ג, פרק יג, הערה 178.
29. זו גם נטיית הרשב"א. ראו: **שו"ת הרשב"א**, חלק ב, סימן קסח; שם, חלק ג, סימן קס; שם, סימן קעא; ועיינו בספרו של הרב רקובר בספרו **ההגנה על צנעת הפרט** (לעיל הערה 18), עמ' 287-290.
30. ראו: **אבן האזל**, הלכות שכנים, פרק ב, הלכה טז; **קהלות יעקב**, בבא בתרא, סימן ה; הרב רצון ערוסי, 'צנעת הפרט במשנת הרמב"ם', **שערי צדק** ו, תשס"ה, עמ' 56-72. ראו גם: **חזון יחזקאל**, בבא בתרא, פרק א, הלכה ה; **חידושי ר' שמעון שקופ**, בבא בתרא, סימן א; הרב רקובר, **ההגנה על צנעת הפרט** (לעיל הערה 18), עמ' 277-280.

אולם גם לפי שיטה זו, חל איסור על ההסתכלות עצמה, כפי שפסק **הרמ"א** (חו"מ, קנז, ז) בשם הרשב"א: "אבל הוא אסור לעמוד בחלון ולראות בחצר חבירו, כדי שלא יזיקנו בראייתו, ובזה איסורא קא עביד ולא מהני ליה חזקה, וזה יוכל בעל החצר למחות בו".[31] יש לשים לב כי לא מדובר רק באיסור שבין אדם למקום, מדין 'צניעות', אלא בזכות אישית המאפשרת לבעל החצר "למחות".

אם כן, מחלוקת הרמב"ן והרמב"ם איננה נסובה על עצם האיסור לפגוע בצנעת הפרט אלא על הזווית שמבעדה נבחנים דיני שכנים: לדעת הרמב"ן, עניינם של דיני שכנים הוא הרחבה של איסור ההסתכלות עד לכדי מניעה של אפשרות ההסתכלות; ואילו לדעת הרמב"ם איננו מרחיבים את איסור ההסתכלות אלא מיישמים את זכות השימוש של האדם בחצרו.[32] יש מקום להשוות בין שתי הגישות הללו לבין שתי גישות משפטיות, הישראלית והאמריקנית, בנוגע לסוגיית ההטרדה המינית: במשפט האמריקני מעוגן איסור ההטרדה בחוק האוסר הפליית עובדים על בסיס מין; במשפט הישראלי, לעומת זאת, האיסור מוגדר כפגיעה בכבוד האדם וחירותו.[33] בדומה לכך, הרמב"ם מדגיש את הפגיעה בחופש השימוש של האדם בחצרו, כתוצאה מן ההסתכלות של השכן; ואילו הרמב"ן מתמקד בעצם הפגיעה שבהסתכלות.[34]

לסיום נקודה זו נציין כי חכמים הגבילו לא רק את ההסתכלות על אדם זר, אלא גם את הסתכלותו של איש באשתו וכך אמרו (נידה יז ע"א): "אסור לו לאדם שישמש מטתו ביום, שנאמר 'ואהבת לרעך כמוך'. מאי משמע? אמר אביי: שמא יראה בה דבר מגונה ותתגנה עליו". מבלי להיכנס לפרטיה של הלכה זו, נציין שעולה ממנה כי גם כאשר הדבר נעשה בהסכמה יש להימנע ממצבים שבהם ההסתכלות בגופו של אדם אחר עשויה להביכו ולצערו.[35]

31. הרב רצון ערוסי (במאמרו הנזכר בהערה הקודמת) ביקש לדייק כך גם מלשון הרמב"ם.

32. עיינו **בקהלות יעקב** (לעיל הערה 30): "והסוברים דמהני חזקה להיזק ראיה, כנראה דסברי דבכל חצר יכול להזהר במילי דצניעותא".

33. ראו: אורית קמיר, 'איזו מין הטרדה: האם הטרדה מינית היא פגיעה בשוויון או בכבוד האדם?', **משפטים** כט, תשנ"ח, עמ' 317–382; הנ"ל, **זה מטריד אותי: לחיות עם החוק למניעת הטרדה מינית**, ירושלים תש"ע, עמ' 149–160.

34. עם זאת, יש להדגיש שגם לדעת הרמב"ם יש איסור על עצם ההסתכלות, בניגוד לגישה האמריקנית (בתחילת שנות השבעים) הבוחנת רק את ההשלכות על חופש העיסוק של הנפגע.

35. אומנם הדברים נאמרו במערכת יחסים זוגית שבה יש חשיבות יתרה לכך שאחד מבני הזוג לא יתגנה בעיני האחר (ראו קידושין מא ע"א), אך מסתבר שעיקרון זה נכון גם במציאויות נוספות.

ג. הטרדה מילולית

עסקנו עד כה בשלושה סוגים של פגיעה מינית: אונס, פגיעה פיזית, והסתכלות. הראינו התייחסויות לשלושת הסוגים במקורות, ונדמה גם כי לפי המוסר הטבעי הפשוט מדובר במעשים הראויים לגינוי ולענישה. אולם החוק הישראלי אוסר גם התבטאויות מילוליות הנחשבות כהטרדה - "הצעות חוזרות בעלות אופי מיני", "התייחסויות חוזרות המופנות לאדם, המתמקדות במיניותו" ו"התייחסות מבזה או משפילה המופנית לאדם ביחס למינו או למיניותו";[36] והוא תקף בכל מצב שבו המוטרד "הראה למטריד כי אינו מעוניין בהצעותיו או בהתייחסויותיו.[37] איסור רחב כזה (בעל השלכות פליליות) הוא פחות אינטואיטיבי ואיננו נובע בהכרח מתפיסתו המוסרית של האדם הממוצע.[38] יש לבחון אפוא כיצד רואה ההלכה סוגיה זו.

כבר בתנ"ך אפשר למצוא הטרדות מילוליות משני הסוגים שהזכרנו לעיל: הצעה חוזרת, והתמקדות במיניות. הצעה חוזרת של בעל מרות אפשר למצוא במעשה אשת פוטיפר:[39] "וַיְהִי כְּדַבְּרָהּ אֶל יוֹסֵף יוֹם יוֹם וְלֹא שָׁמַע אֵלֶיהָ לִשְׁכַּב אֶצְלָהּ לִהְיוֹת עִמָּהּ" (בראשית ל"ט, י; אומנם בהמשך הסיפור עברה אשת פוטיפר למעשים פיזיים). הצעה הכרוכה בהתייחסות מינית אפשר אולי למצוא במגילת שיר השירים (ז', א): "שׁוּבִי שׁוּבִי הַשּׁוּלַמִּית שׁוּבִי שׁוּבִי וְנֶחֱזֶה בָּךְ". על פי חז"ל, פסוק זה נאמר על ידי האומות המבקשות לפתות את הרעיה לבגוד בדודה,[40] ואכן לאחריו מופיעים תיאורים פיזיים מפורטים (שם, ב-ג): "חַמּוּקֵי יְרֵכַיִךְ כְּמוֹ חֲלָאִים מַעֲשֵׂה יְדֵי אָמָּן, שָׁרְרֵךְ אַגַּן הַסַּהַר". תיאורים כאלו, של פלג גופה התחתון של האישה, אינם מופיעים בדברי הדוד לרעייתו אלא דווקא בדברי המבקשים לפתותה.[41] כל הדוגמאות הנ"ל, אפשר שיש בהן כדי ללמד על יחס שלילי לתופעת ההטרדה, אך אין בהן איסור חד־משמעי ועוד נותר לנו לברר האם אכן יש איסור כזה.

---

36. סעיף 3 לחוק למניעת הטרדה מינית, התשנ"ח-1998.
37. שם.
38. כפי שטענו מרדכי קרמניצר וליאת לבנון, 'האיסור הפלילי על הטרדה מינית: קידוש האמצעי ומחירו', **שערי משפט** ב, תשס"א, עמ' 285-305: "המטריד אינו מודע לכך שהתנהגותו המבודדת עלולה לפגוע פגיעה עמוקה בכבוד האישה".
39. עמד על כך אביעד הכהן במאמרו 'על עבירות מין ואיסור הטרדה מינית', **פרשת השבוע** 188, תשס"ה (זמין במרשתת) וראו גם מאמרו 'על איסור הטרדה מינית, חפצון האישה וביזוי כבודה', **פרשת השבוע** 277, תשס"ז (זמין במרשתת).
40. ראו: במדבר רבה פרשה ב ד; תנחומא במדבר יא; שיר השירים רבה פרשה ז א.
41. כפי שהעיר הרב יובל שרלו בספרו **אחריך נרוצה**, עמ' 110-112.

1. ניבול פה

דיבור לא־צנוע בנושאים שבינו לבינה נכלל באופן פשוט באיסור ניבול הפה,[42] כפי שנאמר בגמרא (שבת לג ע"א; כתובות ח ע"ב):

> הכל יודעין כלה למה נכנסה לחופה, אלא כל המנבל פיו אפילו חותמין עליו גזר דין של שבעים שנה לטובה - הופכין עליו לרעה.

כיוצא בזה נאמר במדרש (ויקרא רבה, פרשה כד): "ולא יראה בך ערות דבר - זה נבול הפה",[43] והרמב"ן בפירושו לתורה (ויקרא י"ט, ב) כלל איסור זה בציווי "קְדֹשִׁים תִּהְיוּ" (שם).

מהם טעמו של איסור ניבול הפה ומהם גדריו?

ייתכן שמדובר באיסור על התעסקות בנושאים מיניים כדי שלא להגיע להרהורי עבירה, כפי שכתב **המשנה ברורה** (שער הציון, סימן תקס, ס"ק כה): "איכא איסורא בשירי עגבים ודברי נבלות, דקא מגרי יצר הרע בנפשיה".[44] אך מלשונם של חז"ל והראשונים נראה כי מדובר באיסור מיוחד המתקיים דווקא בדיבור.

במורה הנבוכים (חלק ג, פרק ח, בתרגום שוורץ) כתב הרמב"ם:

> כי הדיבור בלשון הוא מסגולות האדם ומתת־חסד שהוענקה לו ובה נתייחד... ולא ראוי שמתת־חסד זאת, אשר ניתנה לנו לשם השלמות כדי שֶׁנִּלְמַד וּנְלַמֵּד, תשמש

42. 'ניבול' פירושו 'ביזוי' כמו בפסוק "בֵן מְנַבֵּל אָב" (מיכה ז', ו), ואילו 'נבלות' פירושה 'ערווה' כמו "וְעַתָּה אֲגַלֶּה אֶת נַבְלֻתָהּ לְעֵינֵי מְאַהֲבֶיהָ" (הושע ב', יב). ראו **מילון בן־יהודה**, ערך 'נבל' וערך 'נבלת'.

43. **בספר חרדים** (מצוות לא־תעשה, פרק ד) הובאה דרשה זו מן הזוהר ונלמד ממנה שניבול הפה אסור מן התורה.

44. כיוצא בזה כתב המהרש"א (**חידושי אגדות**, עבודה זרה כ ע"ב, ד"ה ואמר רוח): "שאם אינו עוסק בדברי תורה רק בדברים בטלים ונבול פה עם חבירו ביום שהוא הדבור הרע יבא לידי הרהור בלילה". עיינו גם בספר **מגיד מישרים**, פרשת בחוקותי ("שהזכירו דבר נבלות הפה ולא יכולת להתעכב מלהרהר") ובשו"ת **הלכות קטנות**, חלק א, סימן קנט ("שאלה - דבור שבלשון אחת הוא מנוול ובמקום אחר אין בו דופי. תשובה - יאמרו הרהור אסור דבור מותר ובכלל נבלות הפה והדיבור המאוס הוא כי אי אפשר בהוציאו מפיו שלא יבא לידי הרהור"). מאידך־גיסא עיינו בדברי ר' צדוק הכהן מלובלין **בספר הזכרונות** (מצוות פרייה ורבייה, פרק ב): "ולא ידבר דיבורים המביאים לידי הרהור (מלבד שיש בזה איסור דניבול פה שיתבאר במקומו)".

> לגרוע שבחסרונות ולחרפה המושלמת... וכל מי שמשתמש במחשבתו או בדיבורו לסיפור מסיפורי אותו חוש שהוא חרפה לנו, לחשוב על משקה או משגל יותר מהדרוש, או לחבר על זאת שירים, לוקח את מתת־החסד שהוענקה לו ומשתמש ונעזר בה כדי להמרות את פי מעניק־החסד ולהפר את ציווייו.

כיוצא בזה כתב רבנו יונה (**שערי תשובה**, שער ג, אות רכט) שלימד כי המנבל פיו "מחלל כלי השכל אשר הוא יקר מכל כלי חמדה";[45] כלומר עניינו של ניבול הפה הוא חילול וביזוי כוח הדיבור של האדם וניצולו לעניינים נמוכים.

המשותף לשתי הגישות שהצגנו עד עתה הוא שמדובר באיסור בעל אופי אישי, בין אדם למקום, ובאופן פשוט אין הוא מצדיק מחאה מצד השומעים או מצד המושא של ניבול הפה;[46] אולם הרמח"ל ב**מסילת ישרים** (פרק יא) הציג גישה אחרת:

> נבול פה הוא ערותו של הדיבור ממש, ומשום זנות הוא שנאסר ככל שאר עניני הזנות.

כבר הרמב"ם כלל באיסור קרבה לעריות פעולות של "רמיזה וקפיצה", שחוק וקלות ראש;[47] אך הרמח"ל מוסיף על כך ומורה שדיבור בעל תוכן מיני נחשב כמעשה של זנות.[48] ממילא, כאשר דיבור כזה נעשה שלא לרצונו של הנמען, יש לראות בו כפייה של יחסים בעלי אופי מיני.[49]

---

45. כיוצא בזה כתב בספר **מוסר ודעת** (הלכות דעות, פרק ב): "כי הוא מטנף ומתעיב כלי הדבור אשר בם בחר ה' לשרתו ולקדשו ולברך בשמו". כעין זה מצאנו גם ב**חידושי אגדות למהר"ל** (שבת לג ע"א, ד"ה אמר): "שחוטא בדבר אשר הוא צורת האדם, במה שהאדם חי מדבר והוא מנבל פה אשר נחשב צורת האדם".
46. כפי שהדגיש המהר"ל (**חידושי אגדות**, כתובות ח ע"ב, ד"ה הכל): "אין הדבר גנאי לחבירו, רק החטא הוא מפני הדבור עצמו, ואפשר שאפילו אם היה מוציא דבר נבלה בינו ובין עצמו היה חטא, דלא דמי ללשון הרע".
47. הקדמה ל**משנה תורה**, מניין המצוות הקצר, לא־תעשה שנה; **פירוש המשנה**, סנהדרין פ"ז מ"ד; **משנה תורה**, הלכות איסורי ביאה, פכ"א ה"ב.
48. ראו **שו"ת מהרש"ם**, חלק ז, סימן רטו: "דברי פריצות כאלו שמשחקת עם בחורים בדברי עגבים וניבול פה קרובים להביא לידי זנות".
49. כבר בגמרא (שבת לג ע"א) נאמר שגם מי ש"שומע ושותק" עובר על האיסור, וממילא כאשר אדם נמצא במעמד שבו קשה לו למחות, הרי שהמנבל את פיו כופה עליו השתתפות בסיטואציה בעייתית.

פן נוסף של האיסור עולה מתוך דברי הרמב"ם (**משנה תורה**, **הלכות דעות, פ"ה ה"ד**) וראשונים נוספים שכתבו שאסור לאדם לנבל את פיו אפילו במהלך היחסים עם אשתו, אף שבאותו זמן הוא אמור דווקא לדבר ולהתנהל באופן שיעורר את "תאוותו ותאוותה" (**ספר הרוקח**, הלכות תשובה, סימן יד) כדי שהיחסים יהיו "ברצון שניהם ובשמחתם" (**משנה תורה**, שם)!

נראה ללמוד מכך שמוקד האיסור איננו עצם העיסוק במיניות, לא משום הרהור ולא משום קרבה, אלא אופי העיסוק. רבנו יונה (**שערי תשובה**, שער ג, אות רכט) תיאר את המנבל פיו כמי ש"עזב והניח הבושה והצניעות שהן המדות הידועות לזרע הקדש, והלך על שבילי עזות פנים". המנבל את פיו מפקיע את המיניות מן המרחב האינטימי והופך אותה לנושא גס ומוחצן; ואת הסיטואציה העדינה והקדושה של כלה הנכנסת לחופתה הוא מכתים במבטו המחפיץ והיִצרי. בכך אין הוא פוגע רק בנפשו שלו, והוא מזהם את המרחב הציבורי בכלל ואת מושא דיבורו בפרט.[50]

ביטוי לשני היבטים אלו של הטרדה, האישי והציבורי, אפשר למצוא בגמרא במסכת סנהדרין (עה ע"א):

> מעשה באדם אחד שנתן עיניו באשה אחת, והעלה לבו טינא, ובאו ושאלו לרופאים ואמרו אין לו תקנה עד שתבעל. אמרו חכמים: ימות, ואל תבעל לו. תעמוד לפניו ערומה? ימות ואל תעמוד לפניו ערומה. תספר עמו מאחורי הגדר? ימות ולא תספר עמו מאחורי הגדר.
>
> פליגי בה רבי יעקב בר אידי ורבי שמואל בר נחמני. חד אמר: אשת איש היתה, וחד אמר: פנויה היתה.
>
> בשלמא למאן דאמר אשת איש היתה - שפיר; אלא למאן דאמר פנויה היתה מאי כולי האי? רב פפא אמר: משום פגם משפחה. רב אחא בריה דרב איקא אמר: כדי שלא יהו בנות ישראל פרוצות בעריות.

בגמרא מבואר שהן בסיפור מאחורי הגדר (שבאופן פשוט עניינו הוא דיבור בעל אופי מיני),[51] הן בעמידה בפניו עירומה, יש גם "פגם משפחה" במובן הפרטי וגם פגיעה חברתית בצניעותן של בנות ישראל כולן. מן הגמרא עולה כי כל אחד משיקולים אלה

50. דוגמה נאה לכך מספרות העולם אפשר למצוא בספר **עלובי החיים** (לוויקטור הוגו) כאשר מריוס נוטש בזעם את בית סבו לאחר שהאחרון התלוצץ באופן גס ורדוד על הקשר שבין מריוס לארוסתו.

51. ראו **שו"ת דברי יציב**, חו"מ, סימן עט.

עשוי לדחות אפילו פיקוח נפש,[52] ומכאן יש ללמוד בקל וחומר שאסור לאדם לבצע פעולות אלו נגד רצון האישה.

2. אונאה, הלבנת פנים ובושת דברים

דין ניבול פה המחיש את כוחו של דיבור בעל אופי מיני לייצר קשר של זנות ואווירה מחפיצה, אולם עניינו של איסור זה הוא הגדרת האופי הראוי של היחס למין בחברה, ואין הוא מתייחס ישירות לפגיעה בזולת.[53] הבסיס ההלכתי לאיסור שבין אדם לחברו בהטרדה מילולית הוא כפול: אונאת דברים ובושת דברים.

בפרשת בהר נאמר: "וְלֹא תוֹנוּ אִישׁ אֶת עֲמִיתוֹ" (ויקרא כ"ה, יז), וחכמים לימדו כי "באונאת דברים הכתוב מדבר" (בבא מציעא נח ע"ב). בהסבר האיסור כתב הרמב"ם (**ספר המצוות**, לא־תעשה רנא): "והוא שנאמר לו מאמרים יכאיבוהו ויכעיסוהו"; וכן כתב רבנו יונה **באיגרת התשובה** (יום ג, כלל ד): "אסור לצער כל איש מישראל בין בדברים בין במעשה".[54] יש להוסיף כי מעבר ל'צער' שקיים בסוגים נוספים של דיבור לא־נעים, פעמים רבות בהטרדה מינית ישנו ניצול של חולשה הנובעת מהבדלי מין[55] או מעמד. ניצול כזה הוא ממהותו של איסור האונאה, כפי שכתב **הרש"ר הירש** (ויקרא כ"ה, יז): "יש צד שווה בין אונאת דברים לבין אונאת ממון: בשתיהן המאנה מנצל את חולשת חבירו לרעתו: את חוסר בקיאותו בטיב הסחורה או את רגישותו הנפשית".[56]

במקרים רבים עשויה ההטרדה לגרום גם תחושות קשות של בושה והשפלה,

52. **בשו"ת שלמת חיים** (אה"ע, סימן מט) כתב כי לולא שיקולים אלה חייב אדם להראות את חפציו לחבירו במקרה של פיקוח נפש.

53. ואכן, לשיטתה של קתרין מקינון, מן ההוגות הפמיניסטיות הבולטות בארה"ב, העוול העיקרי בהטרדה המינית הוא היחס הבעייתי כלפי נשים בחברה - שאותו משמרת ההטרדה. ראו אצל אורית קמיר, 'איזו מין הטרדה' (לעיל הערה 33) שם וכן את ביקורתם של מרדכי קרמניצר וליאת לבנון (במאמרם 'האיסור הפלילי על הטרדה מינית', לעיל הערה 38) על נקודה זו.

54. רבנו יונה פירש (שם) כי המילה 'אונאה' היא מלשון 'צער', וכן כתב **בשערי תשובה** (שער ג, אות כד). ראו גם לשונו של **ספר החינוך**, מצווה שלח: "שלא נאמר לישראל דברים שיכאיבוהו ויצערוהו".

55. בהקשר זה יש להזכיר גם את דברי הגמרא (בבא מציעא נט ע"א) כי חובה על האדם להיזהר יותר באונאת אשתו מפני "שמתוך שדמעתה מצויה אונאתה קרובה". לדעת המהר"ל (**חידושי אגדות**, שם), הכוונה היא לאשתו דווקא; ואילו לדעת **הסמ"ע** (סימן רכח, ס"ק ה) הכוונה היא לכל אישה.

56. דיון בשאלה האם איסור אונאה חל דווקא על סוגים מסוימים של צער, או על כל צער, ראו בספרו של הרב יעקב לנגנסר, **שערי אונאה**, סימן א.

מלבד צער וכעס;[57] ומשום כך המטריד עובר גם על איסור הלבנת פנים, שעניינו הכלמת אדם מישראל (**משנה תורה**, הלכות דעות, פ"ו ה"ח).[58] חז"ל השוו את דין המלבין פנים לדין שופך דמים (בבא מציעא נח ע"ב), ויש בכך כדי להרחיב את ההשוואה שראינו בפרק הקודם בין פגיעה מינית לבין רציחה.[59]

האם מלבד האיסור שבהטרדה מילולית יש גם חיוב לפצות את הנפגע?

במשנה (בבא קמא פ"ח מ"ו) נאמר שאדם חייב לשלם אם "רקק והגיע בו רוקו", ור' יוסי בר אבין (ירושלמי שם ה"ו, ו ע"ג; בבלי שם צא ע"א) למד מן המשנה שדווקא בושת הכרוכה בפגיעה פיזית מחייבת בתשלום, ואילו "ביישו בדברים פטור מכלום".

הרמב"ם (**מורה הנבוכים**, חלק ג, פרק מא, בתרגום שוורץ) כתב שאין נענשים על דיבורים שכן

> הקלקול הנגרם על ידי כל יתר הלאווין שאין בהן מעשׂה מועט, וכן אי אפשר להיזהר מהם, בגלל היותם דיבורים. ואילו [היה עונשם מלקות] לא היו האנשים מפסיקים (לספוג) מלקות בגבם במשך כל הזמן.[60]

אולם בתשובת רב שרירא גאון, שהובאה על ידי **הרא"ש** (בבא קמא, פרק ח, סימן טו) ונפסקה **בשו"ע** (חו"מ, א, ו) נאמר כי "אף על בשת דברים מנדים אותו עד שיפייסנו כראוי לפי כבודו"; **והרמ"א** (שם תכ, לח) הוסיף "דמכין אותו מכת מרדות". אף אם ההטרדה אינה כלולה בגדרי 'בושת' (אולי גם אם הייתה פגיעה פיזית, ואף אז אין

---

57. ראו *Violence against Women: An EU-wide Survey: Main Results*, European Union Agency for Fundamental Rights, Luxembourg: Publications Office of the European Union, 2014, pp. 114-115.

58. על שאלת היחס בין איסור הלבנת פנים לבין איסור אונאת דברים ראו **אנציקלופדיה תלמודית**, ערך 'הלבנת פנים', אות א.

59. הראשונים התלבטו בנוגע למשקלה ההלכתי של ההשוואה בין הלבנת פנים לבין שפיכות דמים. ראו למשל **בתוספות**, סוטה י ע"ב, ד"ה נוח, וראו גם דברי רבנו יונה (**שערי תשובה**, שער ג, אות קלט): "והנה אבק הרציחה - הלבנת פנים, כי פניו יחורו ונס מראה האודם, ודומה אל הרציחה. וכן אמרו רבותינו זכרונם לברכה. והשנית, כי צער ההלבנה מר ממות".

60. ראו **עלי תמר** על הירושלמי בבא קמא פ"ח ה"ו; והשוו לביקורתם של קרמניצר ולבנון (במאמרם 'האיסור הפלילי על הטרדה מינית', לעיל הערה 38, עמ' 298): "יש התנהגויות שהן כל כך נפוצות ומקובלות, עד שכל כוחו הכופה של המשפט הפלילי לא יעמוד לו בהתמודדות איתן".

הצער שבה מוגדר כ'בושת' כנזכר לעיל), כבר כתב הרמב"ם (**משנה תורה**, הלכות חובל ומזיק, פ"ג ה"ה) כי "יש לבית דין לגדור בדבר בכל מקום ובכל זמן כמו שיראו".[61]

יישום של הנחיה זו אפשר למצוא בדברי הריב"ש (**שו"ת הריב"ש**, סימן רסה), הדן בתלונתה של אישה נשואה על איש אחד "שהוא הולך אחריה פתאום באמרו אליה כי הוא אוהב אותה, עד שאמר לה אם אין את עושה בעבורי תן לי נשיקה אחת שלא אמות בעבור אהבתך". הריב"ש כותב שאם היו עדים בדבר אפשר היה "לייסרו ולהענישו", וכל עוד אין עדים יש "לצוות עליו בכח נדוי לבל ידבר עמה מטוב ועד רע... ולאיים עליו שאם לא יתנהג כשורה שתבדילוהו מכם לרעה ושתדחוהו בשתי ידים"; וכך נפסק **בשו"ע** (אה"ע, קעח, כ). יש להדגיש כי הבסיס ההלכתי לדברי הריב"ש היה איסור קרבה לעריות, אולם יש ללמוד מדבריו על מידת יכולתו של בית הדין להתערב גם כאשר מדובר בהתנהלות מילולית בלבד שמסתבר שלא היו נזקקים לה לולא תלונתה של האישה.

ממילא נראה כי כאשר סוג מסוים של דיבור חורג מן הנורמות המקובלות ונתפס כפוגע ומזיק, מוטל על החברה להפעיל סנקציות כדי למנוע אותו.[62] מכוח זה רשאי בית הדין להכיר בצער נפשי כנזק, אף אם אין סעיף פורמלי בדיני נזיקין המגדיר אותו כך (כפי שנזכר לעיל).

ד. התנהגות הנפגע

פירטנו עד כה סוגים שונים של התנהגויות פוגעניות, ברמות חומרה משתנות, אך מה בדבר התנהלותה של הנפגעת? האם היא עשויה להסיר את האחריות מן הפוגע או להפחית מחומרת המעשה?[63]

פרשיית אונס דינה נפתחת בפסוקים הבאים (בראשית ל"ד, א-ב):

וַתֵּצֵא דִינָה בַּת לֵאָה אֲשֶׁר יָלְדָה לְיַעֲקֹב לִרְאוֹת בִּבְנוֹת הָאָרֶץ. וַיַּרְא אֹתָהּ שְׁכֶם בֶּן חֲמוֹר הַחִוִּי נְשִׂיא הָאָרֶץ וַיִּקַּח אֹתָהּ וַיִּשְׁכַּב אֹתָהּ וַיְעַנֶּהָ.

---

61. דבריו הובאו להלכה **בשו"ע**, חו"מ, תכ, לח; וראו **בהגהות הרמ"א**, שם.

62. ראו על כך אצל הרב יעקב אריאל, 'סמכות הנהגה ציבורית בענייני מוסר ("פורום תקנה")', **תחומין** לא, תשע"א, עמ' 181-196): "גם הטרדה, הפוגעת פגיעה נפשית, פוצעת את נפש הנפגע ומקבילה לחבלה גופנית". על סמכותם של גופים ציבוריים בתחום זה עיינו גם במאמרו של הרב יהושע שפירא, 'טיפול הנהגה ציבורית בפוגעי מין ("פורום תקנה")', **תחומין** לז, תשע"ז, עמ' 281-293.

63. קמיר ('איזו מין הטרדה', לעיל הערה 33) ציינה למחלוקת בנקודה זו בין ערכאות שונות בארה"ב.

חז"ל למדו מפתיחה זו שיציאתה של דינה הייתה תחילתה של שרשרת האירועים שבאו לאחר מכן (תנחומא וישלח):

> צריכה אשה להיות יושבת בתוך הבית ולא תצא לרחוב שלא תכשל עצמה ולא תביא מכשול לבני אדם... שהרי דינה בת יעקב... גרמה תקלה לעצמה.[64]

האם יש ללמוד מכאן שכאשר האישה מתלבשת או מתנהלת באופן לא־צנוע, מוסרת האחריות מעל כתפי הפוגע ומוטלת על שכמה?[65] התשובה לכך שלילית בהחלט.

ראשית, בפשט הכתובים אין בסיס מוצק לפרשנות המדרשית, כפי שכתב בעל **עקידת יצחק** (שער כז): "אומר אני שבשבח הנערה הכתוב מדבר שלא היתה בלבה מחשבה פוסלת ביציאה זו".[66] שנית, העיסוק בהתנהלותה של דינה מופיע אומנם בפתיחת הפרשה, כדי להפיק ממנו לקחים לעתיד, אך אין הוא משנה במאומה את היחס כלפי מעשיו של שכם. כאשר הרמב"ם (**משנה תורה**, הלכות מלכים, פ"ט הי"ד) לדוגמה מגדיר את מעשה שכם כ'גזל' המחייב מיתה, אין הוא (או מי מן הדנים בדבריו) מעלה על דעתו להקל בעונש בשל 'אשמתה' של דינה. אין זה מענייננו לדון באמצעי הזהירות שאותם יכול הצד הנפגע לנקוט, ומסתבר כי לאחר מעשה הייתה כל אם מונעת מבתה להלך לבדה ברחובות שכם, או לפחות מציידת אותה בתרסיס של גז פלפל,[67] אולם ללא כל קשר לכך התורה רואה את הצד הפוגע כנושא באחריות המלאה למעשיו.[68]

---

64. ראו בראשית רבה, תיאודור־אלבק, פרשה פ, אות א): "ר' ברכיה בשם ר' לוי: [משל] לאחד שהיה בידו ליטרא בשר, כיון שגילה אותה ירד העוף וחיטפה ממנו, כך 'ותצא דינה', מיד 'וירא אותה שכם בן חמור'". ראו גם דברי **רש"י** (דברים כ"ב, כג, על פי ספרי דברים פיסקא רמב): "ומצאה אִיש בעיר - לפיכך שכב עמה, פרצה קוראה לגנב הא אילו ישבה בביתה לא אירע לה".

65. על טענה זו שלפיה אישה הגונה אין מסתבר שתיאנס, ראו אצל מרב שניצר־מימון, **אונס בין הלכה למציאות**, תל־אביב, תשע"ז, עמ' 57-58.

66. כך כתב גם **המלבי"ם** (בראשית ל"ד, א): "ותצא דינה - מודיע כי דינה לא אשמה בזה, שלא תאמר שפרצה גדר הצניעות, כי היתה בת לאה, שהיתה צנועה באהלה... כי לא היתה היציאה ללכת אחרי הבחורים רק לראות בבנות הארץ ובתהלוכותיהן". עיינו גם בספר **ברית שלום**, פרשת וישלח, ד"ה ובזה.

67. כך לדוגמה לאחר מעשה אמנון ותמר, גזרו חכמים על ייחוד עם פנויה (סנהדרין כא ע"א-ע"ב).

68. ראו את דברי הרב יעקב אריאל (**הלכה בימינו**, עמ' 273): "אווירת ההחפצה מעודדת את ההטרדה. אי לכך אל תופתענה הנשים מתופעת ההטרדה הגברית. אמנם אין שום הצדקה להטרדה. גברים צריכים לשלוט ביצרם למרות ההטרדה הנשית. אולם תופעת ההטרדה לא תיעלם כל עוד הנשים שותפות לה בהטרדתן". על דבריו יש להעיר שגם אם תיעלם תופעת 'ההטרדה הנשית'

התנהגות הנפגע, אם כן, איננה משנה במאומה את אחריותו של הפוגע. אדם מועד לעולם, ומחובתו ולהשתלט על יצריו ולעמוד בפני פיתויים. אך יש לדון בשאלה נוספת: האם כאשר האישה הנפגעת מתנהלת מרצונה בחוסר צניעות, הדבר עשוי להפחית מחומרת הפגיעה שפגע האיש בצניעותה?[69]

אפשר ששאלה זו תלויה בהבנת שתי סוגיות העוסקות בתשלומי בושת לבני אדם שבעצמם לא חסו על צניעותם.

בברייתא (בבא קמא פו ע"ב) נאמר: "ביישו ערום - חייב, ואינו דומה ביישו ערום לביישו לבוש"; ועל כך הקשתה הגמרא (שם): "ערום בר בושת הוא?", והביאה את תשובתו של רב פפא: "אמר רב פפא: מאי ערום? דאתא זיקא כרכינהו למאניה, ואתא הוא דלינהו טפי ובי‍ישיה [=שבאה רוח והרימה מעט את בגדיו, ובא המבייש והרימם עוד ובי‍ישו]".

המפרשים נחלקו מה פירוש הקביעה שאדם ערום אינו "בר בושת": לדעת **רש"י** (שם, ד"ה ערום) הכוונה היא שאדם ההולך בעירום ברחוב מפקיע עצמו לגמרי מדיני בושת, וגם הסוטר לו פטור מתשלומים; אך **התוספות** (שם, ד"ה ערום) כתבו "דפשיטא דערום בר בושת הוא אם רוקק בו או סטרו", ופירשו שכוונת הגמרא בקושייתה היא כיצד תיתכן בושת של הסרת בגדים כאשר האדם כבר ערום.[70]

על כל פנים, הגמרא מעמידה את דברי הברייתא במי שהרוח הגביהה מעט את בגדיו ובא אדם אחר והגביה אותם עוד יותר. **התוספות** (שם, ד"ה דאתא) התלבטו מה יהיה הדין אם האדם עצמו הגביה מעט את בגדיו: האם עדיין יתחייב מי שהגביה אותם

כלשונו, סביר מאוד שתופעת ההטרדה הגברית עדיין תישאר, כפי שאכן קורה בחברות מסוימות, ולהתנהלות הנשית יש השפעה מוגבלת בעניין זה (אם בכלל); ראו למשל במאמרה של אביגיל מור, 'ממדי החשיפה לאלימות מינית בקרב נשים בישראל ומאפייניה: הערכה ראשונית', **סוגיות חברתיות בישראל** 7, תשס"ט, עמ' 46-65. ראו גם את דברי הרב שלמה אבינר, 'גבר הטריד אותי: מה לעשות?' (אתר 'כיפה', י"ב בכסלו תשע"ט): "אל תאשימי את עצמך. אל תגידי לעצמך: אולי אני אשמה בגלל שבגדיי לא היו צנועים. ודאי שצריך בגדים צנועים, אבל זה לא קשור. זה לא תירוץ. יש בעולם אנסים שדווקא מחפשים נשים צנועות".

69. ראו בפסק הדין של השופט חשין (לעיל הערה 1): "גופם של איש או אשל אישה הוא לעולם שלהם, ואין אישה הופכת חופשית לכול בשל כך שהיא מקיימת יחסים עם זה או אחר".

70. להלכה, יש שדייקו מדברי הרמב"ם (**משנה תורה**, הלכות חובל ומזיק, פ"ג ה"ב) **והשו"ע** (חו"מ, תכ, לד) כדעת רש"י (ראו: **מגיד משנה**, על **משנה תורה**, שם; **סמ"ע**, סימן תכ, ס"ק מא) אך אין זה הכרחי (ראו: **הגהות מיימוניות** על **משנה תורה**, שם, אות א; **בית יוסף**, חו"מ, סימן תכ, סעיף לד). לכל הדעות זהו דין מיוחד בעירום, כפי שהסביר **הב"ח** (שם, ס"ק כד): "דכיון דמבזה את עצמו כל כך שהולך ערום בשוק אינו מקפיד כלל על שום בושת" (וראו **ים של שלמה**, בבא קמא, פרק ח, סימן יט).

עוד קצת? לפי תירוצם הראשון, במקרה כזה יהיה פטור "כיון שזה אינו מקפיד"; ואילו לפי התירוץ השני יהיה המגביה חייב. מחלוקת התירוצים מעוררת שאלה עקרונית: האם כאשר אדם מבזה את עצמו, יש בכך כדי לפטור אדם אחר שמבזה אותו?

שאלה זו נידונה לכאורה כבר במשנה (בבא קמא פ"ח מ"ו):

> מעשה באחד שפרע ראש האשה בשוק, באת לפני רבי עקיבא, וחייבו ליתן לה ארבע מאות זוז. אמר לו: רבי תן לי זמן, ונתן לו זמן. שמרה עומדת על פתח חצרה ושבר את הכד בפניה ובו כאיסר שמן, גילתה את ראשה והיתה מטפחת ומנחת ידה על ראשה, העמיד עליה עדים ובא לפני רבי עקיבא. אמר לו: רבי לזו אני נותן ארבע מאות זוז אמר לו: לא אמרת כלום; החובל בעצמו אף על פי שאינו רשאי - פטור, אחרים שחבלו בו - חייבין.

אם כן, אף שהאישה עצמה גילתה את ראשה מרצונה בהזדמנות אחרת, חִייב רבי עקיבא את מי שפרע את ראשה לשלם ארבע מאות זוז דמי בושתה. כיצד ניתן להבין זאת? המהרש"ל (**ים של שלמה**, בבא קמא, פרק ח, סימן לד) פירש שר' עקיבא הולך בעניין זה בשיטתו (במשנה שם) שלפיה גם האדם הנקלה ביותר מקבל דמי בושת הראויים לעשיר, ולמעשה אין הלכה כמותו. אולם **רבנו יהונתן מלוניל** (בבא קמא לב ע"א מדפי הרי"ף) כתב (על פי הגמרא בתענית טו ע"ב - טז ע"א) "שאינו דומה המתבייש מעצמו למתבייש מאחרים", ומשום כך גם מי שלא אכפת לו לבייש את עצמו נפגע כאשר אחרים מביישים אותו.[71]

מדברי רבנו יהונתן מלוניל עולה שגם כאשר אישה בוחרת מרצונה להתלבש (או להתנהג) באופן לא־צנוע, מי שיכפה עליה התנהגות כזו יתחייב בדמי בושתה, משום שקיים הבדל מהותי בין דבר שאדם עושה לעצמו לבין התנהגות שכופים עליו אחרים.[72] אומנם כאשר באים לאמוד במדויק את סכום הפיצוי, ודאי שיש להתחשב

71. **הים של שלמה** (שם) דחה טיעון זה: "אדרבא, נמצא, שלפעמים אחד אינו לוקח כל חללי דעלמא לבייש את עצמו. ובדיעבד מאדם אחר אינו מקפיד כל כך".

72. זאת בניגוד לתירוצם הראשון של **התוספות** הנזכר לעיל. **הדבר יעקב** (בבא קמא צ ע"ב, אות א) הבחין בין מקרה שבו האישה הסירה את כיסוי הראש לצורך כלשהו, לבין מקרה שבו אדם הסיר את בגדיו סתם כך. לחילופין יש להבחין בין מי שהסירה את כיסוי ראשה בהזדמנות אחרת לבין מי שמסיר את בגדיו עכשיו ואפשר לאמוד שלא אכפת לו להסיר אותם עוד, וצריך עיון. אף הרב אויערבך (**מנחת שלמה**, בבא קמא פו ע"ב) תמה על דברי **התוספות**: "לא ידעתי למה פטור, והרי בודאי הוא בושת גדול יותר, ואם ניחא ליה בבושת קטן עדיין ליכא הוכחה דניחא ליה בבושת מרובה".

במכלול הנתונים ואפשר שחומרת הפגיעה גדולה יותר כאשר אדם כפה על איש או אישה התנהגות המנוגדת באופן חריף להתנהלותם האישית.

לסיום נקודה זו יש להזכיר את דברי **הרמ"א** (חו"מ, רכח, א) כי "מי שמאנה את עצמו מותר להוניהו". המפרשים התלבטו כיצד להבין את דבריו: יש שפירשו שמדובר במי שמאנה את חברו, ומשום כך מותר לחבר להתגונן ולהונות אותו בחזרה; ויש שפירשו שמדובר במי שמאנה את עצמו וההיתר הוא משום "שאינו מכלל בני הישוב והדרך ארץ" (**סמ"ע**, שם, ס"ק ד).[73] על כל פנים נראה כי גם לפי הפירוש האחרון מדובר רק במצבים חריגים במיוחד ואין ללמוד מדין זה כי יש להתיר פגיעה במי שהתנהגותה אינה עומדת בסטנדרט צניעות מסוים.[74]

ה. כוונת הפוגע

פגיעה מינית, מכל סוג שהוא, עשויה לכלול כל אחד מחמשת אבות הנזיקין של אדם המזיק - נזק, צער, ריפוי, שבת ובושת - אך במקרים רבים (ובפרט בהטרדות מילוליות או פגיעות קלות באופן יחסי) עיקר החיוב נובע מן ה'בושת' שנגרמה לנפגע. אלא שבתשלומי בושת ישנו תנאי מיוחד: "אינו חייב על הבושת עד שיתכוון לביישו; והמבייש את חבירו שלא בכוונה, פטור" (**שו"ע**, חו"מ, תכא, א).

בפגיעה מינית גלויה וברורה, יש להחשיב את הפוגע כמי שמתכוון להזיק - גם אם עיקר כוונתו הייתה להנאת עצמו - בדומה לבושת של אונס שהאנס חייב לשלמה גם אם לא התכוון דווקא לבייש את הנערה, משום שזהו חלק מובנה מן המעשה שאותו עשה בכוונה (**מקנה**, קונטרס אחרון, סימן נ, סעיף ו).[75]

אך ישנן התנהגויות שבעיני אנשים רבים אין בהן כדי לגרום צער לזולת - ולעיתים הם יכולים אף לתפוס אותן כ'מחמיאות' - ולמרות זאת הן גורמות צער

73. ראו בספר **שערי אונאה**, סימן יב, שהרחיב בעניין זה.

74. יש לציין גם לתחילת דברי **הרמ"א** (חו"מ, רכח, א), שהתיר להונות את מי שאינו 'ירא השם'. **בפתחי חושן** (חלק ה, פרק טו, הערה יג) כתב שהכוונה היא דווקא למי שעובר על עבירות המפורסמות לאיסור, ותינוקות שנשבו אינם בכלל זה.

75. הפוסקים התלבטו לגבי מקרים שונים שבהם הבושת מגיעה באופן עקיף, כתוצאה מן המעשה, ודנו האם די בכך שהאדם התכוון לעשות את המעשה או שיש צורך שיתכוון לבייש. ראו: **אנציקלופדיה תלמודית**, ערך 'בושת', הערות 65-68 **וקובץ תשובות** (הרב אלישיב), חלק ב, סימן קכט. ראו גם את הכרעתו של הרב צבי ליפשיץ (במאמרו 'פיצוי על בושת דברים', **תחומין** טז, תשנ"ו, עמ' 381-391): "כיון שהוא פעל באופן מודע, גם אם נתכוון להנאת עצמו, מכל מקום חייב". אך על כל פנים נדמה שבנידון דידן אין מקום לספק, משום שזו בדיוק המציאות של אונס.

בפועל. במקרים כאלו נראה שאי אפשר לחייב בתשלומי בושת, ואפשר שיש ללמוד מכך שלא ראוי להטיל עליהם סנקציה פלילית.[76] יחד עם זאת, איסור אונאה במובנו הרחב, דהיינו החובה להימנע מגרימת צער לזולת, תקף גם כאן, כפי שכתב **החפץ חיים** בספרו **חובת השמירה** (פרק ח, אות ד): "מרוב הרגלו של אדם יוצא מדבורו כמה פעמים ענין גנותו של אדם או אונאתו שלא במתכון, הוא גם כן בכלל לשון הרע ואונאת דברים". משום כך מוטלת על כל אדם חובת הזהירות והרגישות, ודאי בתחומים אלה המוכרים כרגישים. כמו כן, כאשר התנהגות מסוימת כבר מוכרת כפוגענית - וקל וחומר אם הצד הנפגע הביע את הצער הנגרם לו - הפוגע נושא באחריות מלאה למעשיו.

סיכום

א. פגיעה מינית חמורה, כגון פגיעה בקטינים (אך לא רק פגיעה כזו) אף שאין בה יחסים מלאים, דינה כדין אונס לכל דבר משום שהיא עשויה להזיק לנפגע במידה דומה.

ב. הסרת בגדיו של אדם אסורה כמו כל חבלה גופנית ומחייבת בתשלומי בושת. מגע אינטימי כפוי אסור גם הוא, הן משום הבושת שבו הן מחמת הצער שנגרם לנפגע. מקורות לכך אפשר למצוא בדין אישה שהחזיקה במבושיו של איש, בביקורת על גיחזי שנגע באישה השונמית, בעונשו של אבימלך שפגע בשרה, ובאיסור על איש לנגוע באופן אינטימי באשתו בלי רצונה.

ג. לכל אדם יש זכות לצניעות ואסור להפר אותה על ידי הצצה למרחב פרטי שבו האדם לבוש (או מתנהג) באופן שאין הוא מעוניין שייחשף לרבים. זכות זו היא זכות מוסרית והלכתית בסיסית המעוגנת בהלכות היזק ראייה, והיא קיימת גם בין בני זוג.

ד. נעיצת מבטים ממושכים הגורמים לאי־נעימות נתפסת גם כן כפגיעה בפרטיותו של האדם, והיא אסורה.

ה. דיבור בעל אופי מיני עם בן המין השני אסור משום 'ניבול פה'. איסור זה קיים גם כאשר הדיבור נעשה בהסכמה, מכיוון שהוא מביא לידי הרהור והימשכות אחר היצר. לא עוד אלא שניבול הפה נתפס (בדברי הרמח"ל והרמב"ם) כמעין זנות, ולפיכך יש בו חומרה יתרה כאשר הוא נכפה על הצד השני בעל כורחו. מלבד

76. כפי שטענו קרמניצר ולבנון במאמרם 'האיסור הפלילי על הטרדה מינית' (לעיל הערה 38).

זאת, דיבור בעל אופי מיני זול אסור גם בין איש לאשתו משום שהוא מוזיל הן את המיניות הן את הנשים בחברה ומחפיץ אותן.

ו. הטרדה מילולית - בין בדיבור בעל אופי מיני, בין בהצעות חוזרות המעמידות את הצד השני במצוקה - אסורה משום אונאה ומשום בושת דברים. לבית הדין שבכל דור יש זכות וחובה לתקן תקנות כדי למנוע התנהלות כזו, בהתאם לצורכי השעה.

ז. קיים נתק גמור בין חובת הצניעות לבין איסור ההטרדה המינית והפגיעה המינית. גם אם התנהלות כלשהי של הצד הנפגע עשויה להעלות את הסיכוי שייפגע, אין הדבר מסיר כמלוא נימה מאחריותו של הצד הפוגע. גם כאשר אדם מתנהג באופן שפוגע בצניעותו, אין הדבר מתיר לאדם אחר להוסיף על כך ולהמשיך פגיעה זו בניגוד לרצון הנפגע.

ח. על כל אדם מוטלת חובת הזהירות מלצער אדם אחר מבלי משים, ולכן יש להיות קשוב לתחושותיהם של בני המין השני בכל פנייה העשויה להיתפס כפוגעת. יחד עם זאת, כאשר מדובר בפעולה הנעשית בתום לב, ואין היא נתפסת בעיני כול כפוגענית, אין להעניש את הפוגע קודם שמבהירים לו את העניין בדרכי נועם.

ט. לאורך הדיון ראינו כי קיימות נקודות השקה עמוקות בין דין התורה לבין התפיסה המודרנית של ההטרדה המינית: הן בעמידה על זכותו של כל פרט לאוטונומיה מלאה על גופו, על פרטיותו ועל מיניותו, הן בהתייחסות לסוגים שונים של פגיעה והטרדה כפוגעים במעמד הנשים בכלל וכמסייעים להחפצת המיניות ולהוזלתה. יחד עם זאת, יש בהלכה הבחנה בין הדרישה האישית המחמירה לבין הרף הפלילי שאותו קשה יותר לחצות בתום לב.

כ

שמירת העיניים במרחב הציבורי

"אני בוגר ישיבת הסדר ולומד כעת באוניברסיטה. מטבע הדברים אני שוהה הרבה בחברה מעורבת של גברים ונשים, ואנו משוחחים ורואים אלו את אלו כמנהג בני האדם. רציתי לשאול: כיצד מציאות זו מתיישבת עם עקרון שמירת העיניים, בפרט כאשר לא־תמיד מדובר בחברה המקפידה על לבוש ההולם את גדרי ההלכה?"

פתיחה

איוב מעיד על עצמו: "בְּרִית כָּרַתִּי לְעֵינָי וּמָה אֶתְבּוֹנֵן עַל בְּתוּלָה" (איוב ל"א, א), וההימנעות מהסתכלות על נשים מתוארת בדבריו ככריתת ברית, היינו כהתנהגות לא־טבעית המבטאת מחויבות יוצאת דופן. הימנעות מוחלטת מהסתכלות בנשים מתוארת באופן ציורי גם בדברי הגמרא (סוטה כב ע"ב) על אודות הפרושים הצועדים ברחוב בעצימת עיניים ומתוך כך ראשם נתקל בכתלים וניתז ממנו דם.

אם כבר בימי קדם הייתה שמירת העיניים מן המשימות הקשות ביותר, הרי שכיום היא אתגר מורכב פי כמה וכמה. במציאות החברתית שבה אנו חיים, גברים ונשים עובדים יחד, לומדים יחד, משרתים יחד בצבא ומקיימים במשותף פעילויות מכל סוג. בד בבד, נורמות הלבוש בחברה המערבית, ולעיתים גם בחברה הדתית, אינן עומדות תמיד בכללי הלכות צניעות - עד שאתגר שמירת העיניים במציאות המודרנית נראה לפעמים כמשימה בלתי־אפשרית. יתר על כן, בחברות רבות התקבעו הרגלים

המנוגדים להלכה, עד כדי כך ששמירת ההלכה נתפסת כמנהג חסידות התלוש מן המציאות.[1]

להלן נבקש לבחון את העקרונות ההלכתיים בחיוב שמירת העיניים של גברים,[2] לסרטט את גבולות הגזרה ההלכתיים שלו ולהגדיר את המשתנים השונים שיש לבחון בהתנהלות היומיומית בחברה מעורבת.

א. מקור הדין ואופיו

בתורה איננו מוצאים התייחסות מפורשת לאיסור על איש להסתכל על אישה (או להפך),[3] אף שאפשר למצוא בתנ"ך רמזים לעמדה ערכית בעניין.[4] לעומת זאת, בדברי חז"ל - וקל וחומר בדברי הפוסקים - אפשר למצוא התבטאויות חריפות ביותר לגבי הנושא. לשם הבנת הדין וקביעת גדריו יש להבחין בין שלושה יסודות איסור שונים העולים מדברי חז"ל בעניין זה.[5]

1. 'לא תקרבו לגלות ערווה'[6]

איסורי העריות שבתורה נאמרו בלשון שאפשר להבין ממנה כי עצם החשיפה של הגוף נאסרה וכך אמרה תורה: "לֹא תִקְרְבוּ לְגַלּוֹת עֶרְוָה" (ויקרא י"ח, ו). לשון הנוטה יותר לכיוון זה נאמרה בעניין איסור אח ואחות: "וְאִישׁ אֲשֶׁר יִקַּח אֶת אֲחֹתוֹ בַּת אָבִיו אוֹ

---

1. כך נכתב כבר לפני מאתיים שנה בספר **דרך פקודיך** (מצוות לא־תעשה, סימן לה, חלק הדבור): "תדע ידידי שהרבה מהמון עם חושבים כי זה רק ממילי דחסידי ואינם נזהרים מהסתכלות בנשים".
2. על שמירת העיניים של נשים ראו לעיל בפרק השמיני. ככלל אפשר לומר שחובת הנשים בתחום זה יותר תלוית־הקשר וסובייקטיבית וכי במרחב הציבורי הרגיל (משרד, בנק, אוניברסיטה) האתגר ההלכתי קטן באופן יחסי.
3. גם הציווי "וְלֹא תָתוּרוּ... וְאַחֲרֵי עֵינֵיכֶם " (במדבר ט"ו, לט), שבו נדון להלן, עשוי להתפרש כציווי כללי שלא ללכת אחר התאוות הגשמיות, ראו למשל **באבן־עזרא** (שם).
4. כגון עדותו של איוב הנזכרת לעיל, או אמירות כלליות על ה"עֹצֵם עֵינָיו מֵרְאוֹת בְּרָע" (ישעיהו ל"ג, טו) שעשויות להתפרש גם בהקשר שלנו. גם מן התיאור השלילי של בנות ישראל ה"מְשַׂקְּרוֹת עֵינָיִם" (שם ג', טז) אפשר ללמוד על הבעייתיות שבשיקור העין.
5. פירוט והרחבה של האיסורים הכרוכים בהסתכלות ראו בספר **תורת ההסתכלות** (סימנים ב–ג) ובספר **לבושה של תורה** (חלק ב, סימן ע).
6. על איסור זה בהקשר של גילוי הגוף כבר עמדנו בקצרה בפרק השביעי העוסק בבסיס ההלכתי של דיני צניעות.

בַּת אִמּוֹ וְרָאָה אֶת עֶרְוָתָהּ וְהִיא תִרְאֶה אֶת עֶרְוָתוֹ חֶסֶד הוּא" (שם כ׳, יז). מן הפסוקים משתמע לכאורה שחשיפת הערוה וראייתה הן גוף האיסור, והגמרא במסכת סנהדרין (מ ע״ב) העירה על כך: "אטו בראיה תליא מילתא?". למעשה ברור שכוונת התורה היא לאסור יחסי אישות, אך הלשון שאותה נקטה עשויה ללמד על הקִרבה בין גילוי הבשר למעשה העבירה.[7] יתר על כן, בגמרא במסכת יומא (עד ע״ב) נאמר: "טוב מראה עינים באשה יותר מגופו של מעשה", ובמדרש ויקרא רבה (פרשה כג) נאמר כי "נואף בעיניו נקרא נואף".

ואכן, בגמרא במסכת סנהדרין (עה ע״א) נאמר, ביחס לחולה שרפואתו היחידה היא לראות אישה מסוימת בעירום, כי "ימות ואל תעמוד לפניו ערומה"; והר״ן ביאר שהסתכלות כזו נחשבת כ"אביזרייהו דעריות". לכאורה אפשר ללמוד מכאן שחשיפת הגוף וההסתכלות בו נכללות באיסורי קרבה לעריות, ואכן כך טען השואל **בשו״ת אגרות משה** (אה״ע, חלק א, סימן נו).[8] אולם הרב פיינשטיין עצמו (שם) נטה לומר כי אין מדובר באיסור גמור, וכן "שהסתכלות שיהיה שייך לאיסור גילוי עריות הוא רק כעובדא דהתם שהאשה באה או שהובאה לזה שיסתכל בערמומיתה אבל מה שהוא הולך למקום שנשים נמצאות מגולות בבשרן אין זה שייך לגילוי עריות". כלומר לדעתו דווקא כאשר האישה חושפת את גופה בתוך הקשר מכוון של הנאה וקרבה, יש בכך צד של גילוי עריות.[9]

7. כפי שנאמר במדרש ויקרא רבה (פרשה יט): "על ידי שהאשה זו מתעצלת מלכסות את עצמה כראוי ימך המקרה, הדה הוא דכתיב וגלה את ערותה את מקורה הערה והיא גלתה את מקור דמיה". עיינו גם **בתורה תמימה** (ויקרא כ׳, הערה מב): "דע כי על דרך הפשט יש לפרש הלשון וראה את ערותה שהוא כנוי לזנות... ויש לומר בטעם שימוש לשון זה על ענין זנות על פי מה שאמרו בסוטה ח׳ א׳ אין יצר הרע שולט אלא במה שעיניו רואות, והוי אם כן העין סרסור דעבירה".

8. עיינו גם **בשו״ת שואל ומשיב** (מהדורה תליתאה, חלק ב, סימן קלט). הרב נתנזון דן שם באיסור שאותו עוברת האישה כשהיא עומדת לפניו ערומה, ובאופן עקרוני נטה לומר שיש בכך איסור של גילוי עריות גם מצידה, ולמרות זאת ביאר כיצד אפשר היה להתיר לה את הדבר: "והנה שאלני... היא שהיא גם כן מצוות על גילוי עריות ואיך תעמוד לפניו ערומה? והשבתי... כל שלא מקרי גילוי עריות לגבי הבועל היא אנוסה בדבר כדי להציל נפשו של זה, וכמו דמותר לעשות כל מלאכת איסור בשביל פקוח נפש כמו כן מותר לעשות כן. ובפרט באשה דקרקע עולם היא, ובמה שעומדת ערומה אינה עושית שום מעשה מגילוי עריות, רק דאסור בשביל הבועל והיא עושית לפקוח נפש של זה".

9. נראה שכך אפשר להסביר גם את דברי המשנה (סוטה פ״א מ״ז) כי "במדה שאדם מודד בה מודדין לו: היא קישטה את עצמה לעבירה, המקום נוולה; היא גילתה את עצמה לעבירה, המקום גילה עליה". גם במשנה זו מדובר על אישה שגילתה את בשרה לאיש זר כחלק מתהליך של זנות, ועל

במשנה תורה (הלכות איסורי ביאה, פכ"א, הלכות א-ב) מביא הרמב"ם את דין ההסתכלות בסמוך לאיסור קרבה לעריות, והוא דן בכך באופן מפורש יותר **בפירוש המשנה** (סנהדרין פ"ז מ"ד):

> ואסור להריח בשמים שעל הערוה ולהשביע את העין מצורתה לשם הנאה אלא שאין חייבין על כך מלקות... ואשה שאינה נשואה מותר למי שאינה ערוה עליו ליהנות בהסתכלות בצורתה, ואין איסור בכך אלא בדרך הצניעות והפרישות מן המותר.

הרמב"ם כתב שאין לוקים על הסתכלות באישה, והרב פיינשטיין בתשובתו הנזכרת למד מלשון הרמב"ם שאיסור ההסתכלות אינו קשור כלל לקרבה לעריות.[10] אך מדברי הרמב"ם **בפירוש המשנה** (שלא הוזכרו **באגרות משה**) עולה בבירור אחרת: הרמב"ם כתב שם במפורש שדווקא על אישה האסורה באיסור ערווה אסור להסתכל, ובאופן פשוט כך עולה גם מדבריו **במשנה תורה**. מלשון הרמב"ם נראה אפוא כי הסתכלות באישה היא בגדר 'קרבה מדרבנן', כך מפורש גם **בספר החינוך** (מצווה קפח) וכך הציע גם ר' דוד פוברסקי בשיעוריו (**שיעורי ר' דוד**, יבמות ג ע"ב, אות צד).

בתשובה מאוחרת יותר (**שו"ת אגרות משה**, אה"ע, חלק ד, סימן ס) כתב הרב פיינשטיין שמדברי הרמב"ם בהלכותיו נראה כי גם הסתכלות אסורה מן התורה משום קרבה לעריות,[11] אלא שאין לוקים על כך משום שזהו לאו שאין בו

כך הענישה אותה התורה. הרב חיים דוב אלטוסקי (במאמרו 'לא יראה בך ערות דבר', **הפרדס** מז(א), תשל"ג, סימן ד, עמ' 16-18) ביקש לדחות את הבחנתו של הרב פיינשטיין לאור דברי **הרמ"א** (יו"ד, קנז, א) שכתב שגם מי שאנסוהו גויים באביזרייהו דגילוי עריות צריך ליהרג. מקור דברי הרמ"א באותה סוגיה במסכת סנהדרין, וממילא מוכח כי הוא לא הבחין בין מי שביקש להתרפא מיוזמתו על ידי הסתכלות למי שאנסוהו גויים להסתכל. אולם נראה שאין זו קושיה משום שהרמ"א לא למד מן הסיפור אלא שבאופן עקרוני יש ליהרג על אביזרייהו דעריות (כגון כשאונסים אותו לשמש דרך איברים), ואין מוכח מדבריו שגם כשאונסים אותו להסתכל הדבר נחשב כקרבה לערווה.

10. בשלב מסוים בדיון הציע הרב פיינשטיין כי יש בכך איסור קרבה מדרבנן, אך לאחר מכן הכריע "דבכל הסתכלות ליכא איסור קריבה אלא איסור ונשמרת מצד איסור הרהור".

11. תשובתו הראשונה של הרב פיינשטיין נכתבה בחודש אב תש"כ במענה למי שביקש להגדיר איסור הסתכלות כאביזרייהו דעריות שדינו ייהרג ואל יעבור. תשובתו השנייה של הרב פיינשטיין נכתבה בדיוק חמש-עשרה שנה לאחר מכן, לנער שביקר לכונן קשרי חברות עם נערה בטענה שכל האיסורים הכרוכים בכך הם רק מידת חסידות ולא הלכה פסוקה. יש לדון אם הרב פיינשטיין

מעשה.[12] כך עולה גם מדברי הרמב"ם **במורה הנבוכים** (חלק ג, פרק מט, בתרגום שוורץ): "נאסר עלינו להתענג על ערווה באיזו דרך שהיא ואפילו במבט מתוך כוונה ליהנות, כמו שהבהרנו בהלכות איסורי ביאה". אך הרב פיינשטיין הוסיף והביא את דברי **המגיד משנה** (הלכות איסורי ביאה, פרק כא, הלכה ב) שכתב זהו איסור מדרבנן בלבד, וביאר כי טעמו של דבר הוא שהאישה הייתה פסיבית והאיש הוא שהסתכל עליה.[13]

עם זאת, גם אם יש משום קרבה לעריות בהסתכלות אף כשהאישה אינה מגלה את גופה בכוונת קרבה, יש מקום להגביל זאת למצב שבו קיימת זיקה כלשהי בין האישה לאיש, בניגוד למצבים שבהם קיים נתק מוחלט ביניהם, כגון בהופעה או הרצאה בפני צופים רבים שבה לא נוצר קשר אישי עם אף אחד מהם.

2. 'לא תתורו אחרי לבבכם ואחרי עיניכם'

בפרשת שלח נאמר: "וְלֹא תָתֻרוּ אַחֲרֵי לְבַבְכֶם וְאַחֲרֵי עֵינֵיכֶם אֲשֶׁר אַתֶּם זֹנִים אַחֲרֵיהֶם" (במדבר ט"ו, לט), וחכמים דרשו (ספרי במדבר, פיסקא קטו) כי "ואחרי עיניכם - זו זנות". אפשר היה להסביר שכוונת הפסוק היא להזהיר את האדם מפני הליכה מעשית אחר עיניו וביצוע עבירות;[14] אולם רוב הראשונים מנו זאת כמצוות לא־תעשה עצמאית שעניינה הימנעות משלב מקדים של החטא, ובדבריהם התייחסו לשני שלבים כאלו: הרהור והסתכלות.

בגמרא (ברכות יב ע"ב) נאמר: "אחרי עיניכם - זה הרהור עבירה", וכך הגדיר זאת הרמב"ם (**ספר המצוות**, לא־תעשה מז): "המשך אחר ההנאות והתאוות הגשמיות והתעסק המחשבה בהן תמיד". הירושלמי (ברכות פ"א ה"ה, ג ע"ג) העיר על הפסוק

חזר בו במהלך השנים הללו, או שביקש להדגיש בכל אחת מן התשובות הבנה אפשרית אחרת של דברי הרמב"ם.

12. בספר **לבושה של תורה** (סימן לז, או"ת ה) הציע שיש כאן מעין דין 'חצי שיעור' האסור מן התורה אך אין לוקים עליו.

13. הרב עובדיה יוסף (**שו"ת יביע אומר**, חלק א, או"ח, סימן ו) הביא את דברי **ספר האשכול** (מהדורת **נחל אשכול**, חלק ג, עמ' 129) וספר **ערך לחם** למהריק"ש (או"ח, סימן ריז), שמהם משתמע שהסתכלות בעריות, בדומה להסתכלות בהקדש, אסורה מדרבנן בלבד. בעל **שו"ת ארחותיך למדני** (חלק ב, סימן קב, אות יד) דן בשאלה זו באריכות ונטה להכריע ש**בפירוש המשנה** סבור היה הרמב"ם שיש כאן איסור תורה ואילו **במשנה תורה** חזר בו ופסק שהדבר אסור מדרבנן בלבד.

14. עיינו **בביאור ר"י פערלא על ספר המצוות לרס"ג**, מצוות לא־תעשה א–ד.

כי "ליבא ועינא תרין סרסורין דחטאה [=הלב והעין שני סרסורי עבירה]", ורבנו יונה (**איגרת התשובה**) למד מכך כי "אסור להסתכל באשת איש מן התורה".[15]

אף הרמב"ם (**משנה תורה**, הלכות תשובה, פ"ד ה"ד) כתב "שראיית העיניים עוון גדול שהיא גורמת לגופן של עריות שנאמר 'לא תתורו אחרי לבבכם ואחרי עיניכם'", וכן הובא להלכה **בבית יוסף** (אה"ע, סימן כא). יש מן הפוסקים שהבינו כי מדובר באיסור תורה גמור, אולם לדעת **הבית שמואל** (שם, ס"ק ב) ופוסקים נוספים, איסור הסתכלות לפי הרמב"ם הוא מדרבנן בלבד.[16] כמו כן, רבים מן הפוסקים כתבו שאיסור זה מתקיים דווקא כאשר אדם מסתכל לשם זנות.[17]

3. 'ונשמרת מכל דבר רע'

בפרשת כי תצא נאמר: "כִּי תֵצֵא מַחֲנֶה עַל אֹיְבֶיךָ וְנִשְׁמַרְתָּ מִכֹּל דָּבָר רָע. כִּי יִהְיֶה בְךָ אִישׁ אֲשֶׁר לֹא יִהְיֶה טָהוֹר מִקְּרֵה לָיְלָה..." (דברים כ"ג, י-יא). מסמיכות הפסוקים למדו חז"ל שההישמרות מ"כל דבר רע" עניינה זהירות מפני הרהור המביא לידי טומאת קרי: "שלא יהרהר אדם ביום ויבוא לידי טומאה בלילה" (עבודה זרה כ ע"ב). משום כך אסרו חז"ל הסתכלות על כל דבר המביא לידי הרהור, ובכלל זה הסתכלות בנשים: "ונשמרת מכל דבר רע - שלא יסתכל אדם באשה נאה ואפילו פנויה, באשת איש ואפילו מכוערת".[18] איסור זה אינו קשור באופן ישיר לאישה, והוא כולל גם מראות נוספים

15. כך כתב גם **בשערי תשובה**, שער ג, סימן סד: "הוזהרנו בזה שלא יסתכל אדם באשת איש ובשאר עריות פן יוקש בהן".
16. יש לעיין אם דברי הרמב"ם נאמרו כפסק הלכה גמור, שהרי **מספר המצוות** משתמע שהרמב"ם פירש את האיסור כהרהור, וכן בדבריו לעיל בעניין קרבה לעריות התעלם מאיסור 'לא תתורו', ראו: **פני משה**, אה"ע, סימן כא, סעיף א; **אנציקלופדיה תלמודית**, ערך 'לא תתורו', הערה 137; **תורת ההסתכלות**, סימן א בהערה.
17. ראו **אנציקלופדיה תלמודית**, ערך 'לא תתורו', הערות 130-143. האחרונים דנו גם האם איסור ההסתכלות תלוי בחשש הרהור; עיינו **בבית שמואל**, סימן כא, ס"ק ב, **ובשו"ת שלמת חיים**, אה"ע, סימן סו, ובהערות שם. אכן הרב פיינשטיין הדגיש שלא הרהור זה הוא האוסר הסתכלות על אישה לא־צנועה (**שו"ת אגרות משה**, או"ח, חלק ד, סימן טו): "איכא עוד איסור הרהור מקרא דאחרי עיניכם, והוא ענין הרהור אחר שלא יהרהר לעשות עבירה דזנות, אבל לא שייך לחוש לזה בהסתכלות וכדומה אלא לענין חשש דהוצאת זרע על ידי זה".
18. שני האיסורים הכרוכים בהסתכלות נובעים מהתייחסויות שונות מאוד כלפי האישה: בראשון היא סובייקט שהאיש מתקרב אליו; ובשני היא אובייקט הגורם לו להרהור. על הבחנה זו ראו במאמרו של הרב משה ליכטנשטיין, 'שירת נשים ללא קירוב הדעת', **תחומין** לב, תשע"ב, עמ' 291-299.

כגון בגדים מסוימים של נשים וכן בעלי חיים הנזקקים זה לזה.[19] הפוסקים נחלקו אם זהו איסור מן התורה או מדרבנן.[20]

4. הסתכלות בפנויה

שאלה המחדדת את היחס בין האיסורים השונים היא שאלת ההסתכלות בפנויה.

כפי שראינו לעיל (עמ' 410), הרמב"ם הבחין במפורש בין אשת איש לבין פנויה לעניין איסור קרבה לעריות. הבחנה זה מובנת מאליה, שהרי כל מהות האיסור היא קרבה לגילוי עריות, ולפיכך ברור שהסתכלות בפנויה נידה אסורה, כפי שאסורה כל קרבה פיזית עימה, ודווקא בפנויה טהורה לא קיים איסור קרבה לעריות.

עניינו של איסור 'לא תתורו' הוא הימשכות לאיסורים וממילא הוא נאמר בעיקר ביחס לאשת איש ושאר עריות - ולפי חלק מהשיטות, לגביהן זהו איסור מדאורייתא.[21] יש מקום לומר שאפילו בפנויה נידה לא יהיה איסור כזה, משום שאפשר באופן עקרוני לקיים עימה יחסים מותרים, אך נטיית האחרונים להחמיר בכך.[22]

---

19. יש להעיר כי לדעת חלק מהפוסקים נשים אינן עוברות על 'לפני עיוור' כשהן גורמות איסור שלא הוזהרו עליו (ראו **אנציקלופדיה תלמודית**, ערך 'לפני עור לא תתן מכשול', הערות 188-193), ולדעת פוסקים רבים נשים לא הוזהרו על 'ונשמרת מכל דבר רע' (ראו **אבוא ביתך**, חלק א, פרק כג). ממילא יש מקום לומר שבדברים האסורים רק משום 'ונשמרת' לא יחול האיסור על הנשים; וראו **בשו"ת נצח יוסף** (חלק ב, סימן סג) בעניין קול אישה.

20. ראו: **תקנת השבין**, סימן טו, עמ' קמז-קנא; **שו"ת יביע אומר**, חלק א, או"ח, סימן ו, אות ח; **אנציקלופדיה תלמודית**, ערך 'הרהור עברה', הערות 22-25.

21. ראו: **אוצר הפוסקים**, אה"ע, סימן כא, ס"ק ז; **שו"ת משנה הלכות**, חלק ו, סימן רכה; **אנציקלופדיה תלמודית**, ערך 'לא תתורו', הערות 89, 119-121.

22. **בשו"ת משנה הלכות** (חלק ז, סימן רלה), אחר שהביא את דברי **האורחות חיים**, ציטט הרב קליין את דברי האחרונים שכתבו "דבתולות שלנו בחזקת נדות הן". על בסיס זה כתבו **באנציקלופדיה תלמודית** (ערך 'לא תתורו', הערה 144) שלדעתו איסור 'לא תתורו' חל גם בפנויה נידה. אולם המעיין בדברי הרב קליין יראה כי אסר את ההסתכלות בפנויה נידה משום קרבה לעריות ולא מחמת 'לא תתורו' (עיינו גם **בשו"ת משנה הלכות**, חלק ט, סימן רסח). עם זאת **בשו"ת שבט הלוי** (חלק ה, סימן ר) כתב בפירוש: "כשהיא כבר נדה כבתולות דזמנינו בודאי איכא גם לאו דלא תתורו". עיינו גם **בשו"ת אז נדברו**, חלק יד, סימן מח (הסוגריים במקור): "הלאו דלא תתורו נאמר בעיקר בהסתכלות באשת איש (דאין זנות אלא באשת איש)", ועיינו בספר **תורת ההסתכלות**, סימן ד. ראו גם מאמרו של הרב זאב שכטר, 'בענין אי מותר לחתן להפגש עם המשודכת אחר התנאים', **אור ישראל** יד, תשנ"ט, עמ' קסז-קפח.

לא עוד אלא שהראשונים כתבו שגם בפנויה שאינה נידה יש איסור הסתכלות מדרבנן.[23]

לעומת שני הדינים הללו, איסור 'ונשמרת' כלל איננו מתייחס לאישה עצמה ולעבירה עימה, אלא להרהור של האיש, וממילא הוא קיים באותה מידה גם בפנויה טהורה,[24] ובאופן עקרוני אפילו באשתו של אדם כשהיא מותרת לו.[25]

ב. גדרי האיסור: אופן ההסתכלות

אל מול כל האיסורים הללו עומדת מציאות פשוטה, המגובה גם בפסוקי המקרא ובסיפורי חז"ל, שבה אנשים ונשים רואים אלו את אלו בחיי היומיום. אין צורך בתיאורים המפורשים של החליצה הנעשית "לְעֵינֵי הַזְּקֵנִים" (דברים כ"ה, ט), או של טקס פריעת הסוטה שבו "כל הרוצה לראות בא לראות" (משנה סוטה פ"א מ"ו), כדי להבין כי מציאות שבה גברים רואים נשים היא המציאות הנורמטיבית בעיני התורה. אלמלא כן, לא היה אליעזר מבחין ביופייה של רבקה ועלי לא היה רואה בסבלה של חנה. קביעה זו כוחה יפה גם לגבי דברי חז"ל, שגם בסוגיות של הלכות צניעות הניחו כדבר פשוט שמלמדי תינוקות ושאר בעלי אומניות מתקשרים עם נשים על בסיס קבוע (קידושין פב ע"א). ברור אם כן שקיימות הבחנות כלשהן בין ההסתכלות האסורה לבין ההסתכלות המותרת.

באשר לאופן ההסתכלות, יש להתייחס לשלושה היבטים המשיקים זה לזה: משך ההסתכלות, צורת ההסתכלות, וכוונת המסתכל.

נחדד את ההבדל בין שלושת ההיבטים הללו: כאשר אדם הולך ברחוב והוא מרים את מבטו כדי לראות את ההולכים מולו ולא להיתקל בהם, הרי שמדובר בראייה קצרה, לא־ממוקדת ופונקציונלית גם יחד. לעומת זאת, כאשר אדם הולך מאחורי אישה ומשתדל שלא להיתקל בה, מדובר במבט ממושך אך עדיין פונקציונלי ולא־ממוקד. בביקורת דרכונים, לעומת זאת, הפקיד נותן באישה (או באיש) מבט ממוקד אך קצר. בכל המקרים הללו מטרת ההסתכלות היא פונקציונלית, בניגוד למצב שבו אדם מסתכל בדוגמנית כדי ליהנות מיופייה (ואף כאן יש להבחין בין הנאה אסתטית לבין הנאה מינית).

23. ראו **אורחות חיים**, הלכות ביאות אסורות, אות יג (הובא **בבית יוסף**, אה"ע, סימן כא).

24. ראו **באורחות חיים** (שם): "אסור להרהר באשה מן התורה ואפילו פנויה וחמור הרהור פנויה ממגעה שעל ההרהור עובר בלאו מן התורה שנאמר ונשמרת מכל דבר רע".

25. כפי שכתב הרב קרליץ בספר **חוט שני** (אה"ע, סימן כא, סעיף א, ס"ק ז, אות ב), ועיינו **בחידושים וביאורים**, עבודה זרה כ ע"ב.

1. משך ההסתכלות

אחד המקורות הקדומים להבחנה בין סוגים שונים של הסתכלות נמצא בדברי הרא״ש המובאים משמו **בספר חסידים תנינא** (סימן צט):[26]

> לשון ׳הסתכל׳ אינו אלא שמביט בכיוון זמן ארוך... אבל לישא עיניו ולראות בו כרגע שפיר דמי. וכן המסתכל בנשים פירוש שמביט בכוונה גמורה אל זיו פניה ואל יופי יפעתה.[27]

כעין זה כתב המהרש״ל (**ים של שלמה**, כתובות, פרק ב, סימן ג) בעניין הסתכלות בפני הכלה:

> נראה דווקא להסתכל קאמר, דומיא דהמסתכל בקשת, שהוא דרך עיון והבטה, אבל דרך ראיה בעלמא שרי, אפילו בשאר אשה... דלא אסור אלא דרך הבטה והסתכלות בדמותה, והתבוננות בצורת קלסתירה.

כדבריו מבואר כבר בדברי הרמ״ה (שהובאו **בשיטה מקובצת**, כתובות יז ע״א, ד״ה וז״ל תלמידי):

> דוקא להסתכל אמרו דאינו מותר אבל ראיה בעלמא לפי שעה בשעה שמוליכין אותה מותר.[28]

---

26. מקור קדום אף יותר הובא **בשו״ת משנה הלכות**, חלק ז, סימן יג. הרב קליין הוכיח הבחנה זו מלשונו של **תרגום יונתן** בעניין בנות מדיין (במדבר ל״א, נ): ״וְחַמְיַין בְּנָתֵיהוֹן יָאֲתָא... וּבְכָל דָא חַס לָן לְמִיתְלֵי עֵינָן בְּהוֹן וְלָא אִסְתַּכַּלְנָא בַּחֲדָא מִנְהוֹן״. בדבריו מפורשת ההבחנה בין ראיית בנות מדיין (׳וחמיין׳) לבין ההסתכלות שממנה נשמרו בני ישראל (׳לא אסתכלון׳). מקור נוסף שאפשר ללמוד ממנו הבחנה כזו מופיעה בגמרא במסכת ברכות (סא ע״א) שאסרה להרצות מעות לידה של אישה ״כדי להסתכל בה״, ונראה שתפקיד המעות הוא לאפשר הסתכלות שהיא מעבר לראייה חטופה. עיינו גם במסכת כלה רבתי, פרק א, הלכה ט.
27. אומנם מחבר הספר, ר׳ משה הכהן, נטה להחמיר בעניין זה ביחס להסתכלות בקשת, וכן הרא״ש עצמו כתב אחרת בפסקיו כמובא בהערה להלן.
28. הבחנה לשונית זו מופיעה גם בדברי **המגן אברהם** (סימן קכח, ס״ק לה) בעניין הסתכלות בידי הכוהנים. עיינו גם **בסמ״ע** (סימן קנד, ס״ק יד) שכתב בדיוק ההפך.

מקורות אלה מתייחסים לשני גורמים שונים: משך ההסתכלות ואופן ההסתכלות. הרמ"ה הדגיש יותר את ממד הזמן, מהרש"ל הדגיש את אופן ההסתכלות, והרא"ש התייחס לשני הגורמים; כך או כך, מדברי כולם נראה כי יסוד ההבחנה איננו משך הזמן כשלעצמו אלא אופי ההסתכלות המוגדרת כ'ראייה בעלמא'.

כך יש להסביר את העובדה שהרא"ש עצמו כתב בפסקיו (כתובות, פרק ב, סימן ג) "דאפילו שעה אחת אסור להסתכל", ואין בכך סתירה למה שהובא בשמו שהאיסור הוא רק "להביט בכוונה גמורה אל זיו פניה".[29] נוכח עובדה זו אפשר באופן עקרוני להתיר גם הסתכלות ממושכת (כגון בהרצאה) כאשר האדם אינו "מביט בכוונה גמורה אל זיו פניה ואל יפעתה" של האישה.

2. כוונת המסתכל

הבחנה אחרת העולה בדברי הראשונים היא ההבחנה בין סוגים שונים של כוונה בהסתכלות, והמקור העיקרי לכך נמצא בדברי הרמב"ם.

בפירוש המשנה (סנהדרין פ"ז מ"ד) כתב הרמב"ם:

> אסור להריח בשמים שעל הערוה ולהשביע את העין מצורתה לשם הנאה... "לא תנאף" - לא תהנה לאף.

מדברי הרמב"ם **בפירוש המשנה** עולה שאיסור הסתכלות בערווה אמור בעיקרו כאשר האדם מתכוון "להשביע את העין מצורתה לשם הנאה". כך עולה גם מדבריו **במורה הנבוכים** (לעיל עמ' 411), שהאיסור הוא "להתענג על ערווה... במבט מתוך כוונה ליהנות". וכן כתב בעל **ספר החינוך** (מצווה קפח): "מדיני המצוה, מה שאסרו חכמים... להביט בנשים כלל ואפילו בפני כלה בכוונת הנאה".

אומנם בהמשך דבריו **בפירוש המשנה** כתב הרמב"ם:

> ומותר לראות את הכלה בשעת הברכה ואף על פי שהיא אשת איש והיא ערוה, ואסור לראותה אחר כך אלא אם כן לא נתכוון להשיג צורתה.

מדבריו האחרונים משתמע כי ישנו מצב ביניים, שבו אדם מתכוון להשיג את צורתה

---

29. אומנם המהרש"ל (**ים של שלמה**, כתובות, פרק ב, סימן ג) כתב שמדברי הרא"ש משתמע שהוא חולק על ההבחנה שערך; ועיינו בספר **גן נעול**, פרק יג, הערה 46.

של האישה אך לא ליהנות ממנה, והוא אסור לכתחילה (אולי מדרבנן) אך מותר בכלה בשעת ברכה.[30] עם זאת, גדר זה של כוונה "להשיג צורתה" אינו נהיר לגמרי,[31] ולא ברור אם הרמב"ם התכוון לאסור היכרות טכנית של צורת האישה, או שמא אסר דווקא התבוננות משמעותית יותר.

הבחנות אלו מופיעות בלבוש שונה מעט ב**משנה תורה** (הלכות איסורי ביאה, פכ"א ה"ב):

> ואסור לאדם לקרוץ בידיו וברגליו או לרְמוז בעיניו לאחת מן העריות... או להביט ביפיה אסור, ומכין למתכוין לדבר זה מכת מרדות, והמסתכל אפילו באצבע קטנה של אשה ונתכוון להנות כמי שנסתכל במקום התורף ואפילו לשמוע קול הערוה או לראות שערה אסור.

כאן לא כתב הרמב"ם בפירוש איזה סוג של הסתכלות הותרה, אך גם כאן מפורש שמלקים דווקא את "המתכוון לדבר זה" וכי האיסור החמור להסתכל באצבע קטנה של אישה חל רק כש"נתכוון ליהנות". גם בתיאור עיקר הדין נאמר שאסור "להביט ביופייה", ומכלל זה משתמע שהסתכלות שאינה מתמקדת ביופי הותרה לגמרי ואילו התמקדות ביופי אסורה לכתחילה גם שלא לשם הנאה. כך עולה גם מדברי הרמב"ם בהלכה ג, שבה הותר "להסתכל בפני הפנויה ולבדקה" ומוכח שהסתכלות כזו (שאין בה בהכרח כוונה ליהנות) אסורה באישה נשואה.[32]

פיתוח של עיקרון זה, בכיוון מעט שונה, נמצא בדברי **הסמ"ק** (מצווה ל), שהבחין בין שני סוגים של כוונות, היוצרים בהתאמה שני איסורים שונים:

> שלא לתור אחר העין דכתיב "אחרי עיניכם"... שלא יסתכל בנשים לשם זנות. אף על גב דמפיק הסתכלות נשים מקרא ד"ונשמרת מכל דבר רע", ההוא הסתכלות נשים שלא לשם זנות רק שנהנה בהסתכלה. אבל אי דמיין עליה כי כשורי או

30. דין כלה סותר לכאורה את פשט הגמרא בכתובות (יז ע"א). הרדב"ז (**שו"ת הרדב"ז**, חלק ו, סימן ב'עט) ניסה ליישב את סוגיית הגמרא עם דברי הרמב"ם והעיר "שהרב ז"ל חזר בו בחבור שלא הזכיר חלוק זה של כלה".

31. הרמב"ם עצמו ניסח זאת במילים "תחציל צורתהא": הרב קאפח תרגם זאת כ"להכיר צורתה", ובמהדורת מכון המאור תרגמו "להנאת צורתה". מילה זו, 'תחציל', משמשת את הרמב"ם כמה פעמים ב**מורה הנבוכים** במשמעות של 'השגה' (ראו למשל **מורה הנבוכים**, חלק ג, פרק נד, על פי תרגום שוורץ וקאפח), ולכן נראה לתרגם כך גם כאן.

32. כך הסיק גם בספר **תורת ההסתכלות**, סימן ב.

כי קאקי חיורי שרי. ומטעם זה אסרו חכמים להרצות מידו לידה מעות. וכל דבר שיכול לבא לידי הרהור זנות בנשים אסור לעשות.

הסמ"ק הבחין בין הסתכלות "לשם זנות" האסורה משום 'לא תתורו', בין הסתכלות לשם הנאה שנאסרה משום 'ונשמרת', ובין הסתכלות שאיננה מעוררת כל רגש והותרה. מהמשך דבריו נראה כי גוונים שונים הנמצאים בתווך - בין הסתכלות לשם הנאה לבין אדישות גמורה - אסורים מדברי חכמים.[33]

יש מן הפוסקים שנראה כי התירו על פי הרמב"ם כל הסתכלות שלא לשם הנאה.[34] כך למשל כתב **הצל"ח** (ברכות כד ע"א, ד"ה שוק): "שלא הקפיד אלא במתכוין להסתכל כדי ליהנות אבל באינו מתכוין ליהנות ליכא איסור"; וכך נראה גם מדברי **הב"ח** (או"ח, סימן עה, ס"ק א): "דלא אסור להסתכל אפילו באצבע קטנה אלא כשמכוין לראות בה דאז נהנה". אלא שיש מקום להעמיד את דבריהם דווקא באצבע קטנה שאיננה מקום יופייה של האשה,[35] עוד משתמע קצת מדבריהם (בעיקר מלשון **הב"ח**) כי אין להבחין בין גוונים שונים של הסתכלות אלא רק בין שני קצוות, וכעין דברי **האפי זוטרי** (אה"ע, סימן כא, ס"ק ז): "אם לא נתכוון ליהנות אלא דרך העברה או הסתכל בה... אין בזה איסור".[36]

העולה מדברינו עד כה הוא שיש להבחין בין שלושה סוגים של הסתכלות:[37]

א. הסתכלות בכוונה ליהנות אסורה באיסור חמור (אולי מדאורייתא), אפילו באצבע קטנה. מן המקורות נראה שהאיסור כולל גם הסתכלות לשם הנאה אסתטית, כאשר היא ממוקדת בגוף האישה.[38]

---

33. יש להעיר כי מדברי הרמב"ם נראה שגם הסתכלות לשם הנאה כלולה באיסור קרבה לעריות, אך המכנה המשותף הוא ההבחנה בין דרגות הכוונה השונות.
34. כך הכריע, לאור דבריהם של פוסקים רבים, בספר **גן נעול**, חלק ג, פרק יג, סעיף יג.
35. ראו בספר **תורת ההסתכלות**, סימן ב.
36. כך כתב גם הרב טריווש בספר **ארח מישרים** (סימן יב, ס"ק א): "ונראה דראייה בהעברה בעלמא אין בה לא איסור דאורייתא ולא איסור דרבנן". כעין זה ראו בדברי הרב פיינשטיין (**שו"ת אגרות משה**, או"ח, חלק א, סימן מ) שכתב בתחילה שהאיסור הוא "דוקא כשמכוין ליהנות", ובהמשך כתב שהאיסור הוא "כשמתכוין לראותה".
37. אפשר שישנו סוג רביעי של הסתכלות 'דרך זנות' שנאסרה גם בפנויה; וראו להלן.
38. כך כתב גם הרב שלמה אבינר (**שו"ת שאילת שלמה**, חלק ז, סימן קנא): "פירוש הנאה מן היופי אינו דווקא התרגשות של יצרא דעריות אלא סתם הנאה אסתטית של יופי".

ב. **הסתכלות הממוקדת ביופייה של האישה, גם בלי כוונה ליהנות, אסורה לכתחילה (מדרבנן) והותרה במקרים מסוימים (כגון לקראת חתונה).**[39]

ג. **ראייה בעלמא, שכלל אינה ממוקדת ביופייה של האשה, הותרה.**[40] **בכלל זה גם התבוננות במהלך שיחה או שיעור; ונראה שהוא הדין גם להצגה שבה ההנאה איננה מיופייה של המציגה אלא מן התוכן וההקשר של מעשיה ודבריה.**[41]

ג. הסתכלות ב'מקומות המכוסים'

המקורות שראינו עד כה לא דנו כלל בלבושן של הנשים שבהן מסתכל האיש, או במראן, והתייחסו רק לאופן ההסתכלות של האיש.[42] כך נראה גם מפשט דברי הגמרא בברכות (כד ע"א):

> אמר רבי יצחק: טפח באשה ערוה. למאי? אילימא לאסתכולי בה, והא אמר רב ששת: למה מנה הכתוב תכשיטין שבחוץ עם תכשיטין שבפנים לומר לך כל המסתכל באצבע קטנה של אשה כאילו מסתכל במקום התורף!

מדברי הגמרא משתמע שלעניין איסור ההסתכלות אין כל הבדל בין "טפח באשה" (או אפילו "מקום התורף") לבין "אצבע קטנה" שלה, ומשום כך נדרשה הגמרא להעמיד את דברי ר' יצחק "באשתו ולקריאת שמע".

לפי קריאה זו, גם הסתכלות ב'מקומות המכוסים' תהיה מותרת בדרך ארעי. ואכן,

39. **בשו"ת עולת יצחק** (חלק ב, סימן רלד, אות ב; ועיינו שם באותיות ג-ה) הוכיח הרב רצאבי באריכות שגם הסתכלות ביופייה של אישה לא נאסרה כשאין מתכוון ליהנות, אך נראה שראיותיו הן רק במישור הדאורייתא.

40. בנקודה זו אפשר שיש הבדל בין לשון הרמב"ם **במשנה תורה** (וכן לשון הרא"ש), שבה המוקד הוא יופייה של האישה, לבין לשון הרמב"ם **בפירוש המשנה** (וכן לשון מהרש"ל) שבה המוקד הוא ההתבוננות המדוקדקת בצורתה של האישה, ולאו דווקא ביופייה. צריך עיון אם יש לכך משמעות מעשית.

41. זאת בניגוד לדברי הרב שלמה אבינר (**שו"ת שאילת שלמה**, חלק ז, סימן קמו; שם, סימן קנא). עם זאת, כאשר המציגה היא אישה נאה באופן מיוחד, קשה להימנע מהסתכלות שיש בה גם הנאה מיופייה.

42. אפשר שבדברי הגמרא במסכת נדרים (כ ע"א; ועיינו במסכת כלה רבתי, פרק א, הלכה יא) בעניין "המסתכל בעקבה של אשה", מצויה הבחנה בין חלקי גוף שונים שאותם רואה האיש, אך ישנו מגוון רחב של פרשנויות לביטוי זה ולהקשרו ההלכתי.

בעניין איסור קריאת שמע כנגד ה'ערווה' כתב **רבנו יונה** (ברכות יז ע"א מדפי הרי"ף, ד"ה ערוה) בשם רב האי גאון:[43] "וכן כשמגולה טפחה אינו אסור אלא כשמסתכל בה אבל בראייה בעלמא מותר" (ודבריו הובאו **בבית יוסף**, או"ח, סימן עה); ובאופן פשוט משתמע שבהסתכלות כזו אין חשש הרהור והיא מותרת גם שלא בשעת קריאת שמע. **הב"ח** (שם, ס"ק א) חלק על דברי רבנו יונה לעניין קריאת שמע,[44] אך נראה כי הוא מסכים לעצם ההיתר לראות כשאין כוונה להסתכל.[45]

שורש להיתר אפשר למצוא בדברי הירושלמי (סוטה פ"ג ה"א, יח ע"ג; ראו לעיל עמ' 57) שהתיר מגע בין הכוהן לאישה הסוטה משום "שאין יצר הרע מצוי לשעה".[46] כיוצא בזה כתב הרב מנחם טריוויש בספר **ארח מישרים** (סימן יב, ס"ק א) שסבר שגם ב'מקומות המכוסים' הותרה ראייה בעלמא בלא דקדוק. **הבית משה** (אה"ע, סימן כא, ס"ק א) הקל אף יותר וכתב שלדעת הרמב"ם מותר להסתכל ב'מקומות המכוסים' (ולא רק לראותם באקראי) כשאין מתכוון ליהנות.[47]

בהמשך הסוגיה במסכת ברכות (כד ע"א) אמר רב חסדא: "שוק באשה ערוה", ועל פי ההקשר אפשר היה לחשוב שדבריו מתייחסים לקריאת שמע, שהרי באישה אחרת אסור להסתכל אפילו באצבעה.[48] אולם **רש"י** על אתר (ד"ה שוק וד"ה ערוה) פירש: "שוק באשת איש ערוה להסתכל, וכן באשתו לקריאת שמע",[49]

---

43. בדברי רבנו יונה עצמו לא ברור היכן מסתיימים דברי רב האי והיכן (אם בכלל) מתחילים דברי עצמו, אולם כך עולה מן ההשוואה ללשונו של **ספר האשכול** שתובא להלן.

44. גם בעל **ספר האשכול** (מהדורת **נחל אשכול**, חלק א, עמ' 15) חלק על דברי רב האי גאון: "לא שמענו מרבותינו חילוק זה, כיון דקרא קרי ערוה".

45. כך כתב גם הרב עובדיה יוסף (**שו"ת יביע אומר**, חלק ו, או"ח, סימן יג) בדעת **ספר האשכול**: "לא פליג אלא לגבי קריאת שמע לאסור גם בראיה בעלמא, אבל בלאו הכי אין הכי נמי דבראיה מותר" (יש להדגיש כי הרב עובדיה יוסף לא התייחס ל'מקומות המכוסים'). דיון בשיטת **הב"ח** ראו בספר **לבושה של תורה**, חלק ב, סימן ע, אותיות עז-עח.

46. כך פירש **קרבן העדה**, שם. אומנם יש מן הראשונים שגרסו בירושלמי שאין יצר הרע מצוי "לאותה שעה" (ראו לדוגמה **תוספות**, סוכה מז ע"ב, ד"ה וכהן), ומדבריהם אפשר להבין שמדובר בדין שקשור לסיטואציה הקשה של קורבן הסוטה. עיינו גם **בהלכות שמחות** למהר"ם מרוטנבורג (סימן עז), שם הורחב עיקרון זה. הרב עובדיה יוסף (**שו"ת יחוה דעת**, חלק ד, סימן טו) התיר על בסיס סברה זו ברכת 'הגומל' של אישה בפני גברים. ראו גם לעיל עמ' 35 ואילך.

47. מקורות נוספים ברוח זו ראו בספר **גן נעול**, חלק ג, פרק יג, הערות 85, 96.

48. ראו על כך במאמרו של אהרן עמית, 'למוצאה, משמעה והתפתחותה של סוגיית הערווה בבבלי ברכות כד ע"א', **אוקימתא** ג, תשע"ה, עמ' 11-25, ולעיל בפרק השישה־עשר.

49. כך משתמע מלשונו של בעל **המאור**, ברכות טו ע"ב מדפי הרי"ף.

ולפיכך יש לשאול: מהו היחס בין האיסור להסתכל באצבע קטנה, לבין האיסור להסתכל בשוקה?[50]

אפשר להבין שאין הבדל בין שוק לבין שאר האיברים וכי כוונת הגמרא לפי רש"י היא שגם השוק דינה כאצבע - משום שהיה עולה בדעתנו לומר שאין בה כל איסור. כך כתב ה**ב"ח** (או"ח, סימן עה, ס"ק א) וביאר שמסברה היינו מתירים להסתכל בשוקיים "דמן הסתם הן מלוכלכות בטיט וצואה ולא יגיע לידי הרהור".[51]

אולם ה**צל"ח** (ברכות כד ע"א, ד"ה שוק) כתב שיש להבחין בין אצבע, שאסור להסתכל בה דווקא לשם הנאה, לבין השוק שאסור לראותה "אפילו אינו מתכוין ליהנות". כיוצא בזה סבר ה**פרי מגדים** (או"ח, סימן עה, משבצות זהב, ס"ק א) שכתב כי "במכוסה אף ראיה בעלמא אסור", וכן כתב ר' יהודה עייאש בספרו **לחם יהודה** (הלכות קריאת שמע, פרק ג, הלכה טז). שלושת הפוסקים הללו כתבו את דבריהם באותה עת, לפני כ־250 שנה, וקצת תמוה שקודם לכן אין למצוא זכר להבדל יסודי זה; אף על פי כן דבריהם התקבלו ונקבעו להלכה בדברי הפוסקים האחרונים.[52]

נראה כי יש להוכיח הבחנה זו מן הגמרא במסכת בבא בתרא (נז ע"ב):

> ועוצם עיניו מראות ברע - א"ר חייא בר אבא: זה שאין מסתכל בנשים בשעה שעומדות על הכביסה.

במקומות אחרים דרשו חכמים פסוק זה דווקא על "מי שרואה דבר ערוה ואינו זן עיניו ממנו",[53] אך בגמרא מפורש שישנה דרישה להימנע מעצם ההיתקלות ב'ערווה' על ידי הליכה בדרך אחרת או עצימת העיניים. מסוגיה זו מוכח שיש להימנע לחלוטין מראייה

---

50. ר' שמואל אבוהב (**שו"ת דבר שמואל**, סימן רצג) היה מן הראשונים שהעירו על קושי זה, וכתב שאכן אין חידוש הלכתי בדברי רב חסדא בהקשר זה ואין הבדל בין שוק לאצבע, אלא שמכיוון שרב חסדא הוכיח את דבריו מפסוק (בעוד דברי קודמיו נאמרו מסברה בלבד) יש לכך ערך גם אם אין חידוש בדבריו.

51. כך תירץ גם הרב יוסף שלום אלישיב בהערותיו. תירוץ נוסף הוצע בספר **יד דוד** (ברכות, מהדורה בתרא, כד ע"א, ד"ה שוק) ולפיו רש"י ביקש להשוות בין הסתכלות באשת איש, האסורה בכלשהו, לבין הסתכלות בשוק של אשתו, וללמד שאפילו פחות בטפח נאסר; אך תירוץ זה אינו הולם יפה את לשון רש"י.

52. ראו למשל: **משנה ברורה**, סימן עה, ס"ק ז; **שו"ת אגרות משה**, או"ח, חלק א, סימן מ; **שו"ת יביע אומר**, חלק א, או"ח, סימן ז, אות ח; **גן נעול**, חלק ג, פרק יג, הערה 72; **עין במשפט** (אוחנה), פרק ג, הלכה א.

53. מסכת דרך ארץ, פרק עריות, הלכה יג; ויקרא רבה, פרשה כג.

של נשים שאינן לבושות בצניעות. כיוצא בזה מוכח ממקומות אחרים בגמרא. במסכת ברכות (סא ע״א) נאמר שאסור לאדם לעבור אחרי אישה בנהר, ופירש **רש״י** (שם, ד״ה אחרי) שהאישה ״מגבהת את בגדיה מפני המים״ והאיש מסתכל בגופה. בדומה לכך, נאמר במסכת בבא קמא (מח ע״א) שכאשר אישה אופה בחצר, והיא ״מגלה זרועותיה״ (**רש״י**, שם, ד״ה למיפא), מסתלקים הגברים מן החצר (עם זאת, בגמרא לא מפורש שמדובר בחובה הלכתית). מכל המקורות הללו משתמע שכשמדובר ב׳מקומות המכוסים׳, גם ראייה בעלמא נאסרה.[54]

מהו פשר הדבר? מהו יסוד ההבחנה בין ׳המקומות המכוסים׳ ל׳מקומות המגולים׳?

מדברי הרמב״ם נראה כי מדובר בשני דינים מובחנים: בעוד איסור ההסתכלות לשם הנאה הובא **במשנה תורה** בתחילת פרק כא (בהלכות איסורי ביאה), בחלק העוסק בצורות שונות של קרבה לעריות, הרי שהאיסור להסתכל בנשים שאינן לבושות בצניעות הובא רק לקראת סוף הפרק, בחלק העוסק בדיני הוצאת זרע לבטלה (שם, הלכות יט-כב):

> אסור לאדם שיקשה עצמו לדעת או יביא עצמו לידי הרהור... ולא יסתכל בבהמה ובחיה ועוף בשעה שמזדקקין זכר לנקבה... וכן אסור לאדם להסתכל בנשים בשעה שהן עומדות על הכביסה... מי שפגע באשה בשוק אסור לו להלך אחריה.

מדברי הרמב״ם עולה שאיסורי ההסתכלות הללו נובעים כולם מחשש הרהור והוצאת זרע, וכן כי הם קיימים באופן גורף בלי קשר לכוונתו של האדם. משום כך התיר הרמב״ם למרביעי בהמה לעשות את עבודתם רק ״מפני שהן עסוקין במלאכתן״ (שם, ה״כ), ולא הסתפק בכך שהם לא יתכוונו ליהנות, וכן אסר לאדם שנתקל במקרה באישה להמשיך וללכת אחריה.[55]

סוגיה נוספת שיש בה כדי לחדד את ההבחנה שעשינו נמצאת במסכת עבודה זרה (כ ע״א-ע״ב):

---

54. הרב טריווש (**ארח מישרים**, סימן יב, ס״ק א) ניסה להתמודד עם דברי הגמרא בבבא בתרא ולטעון שדווקא משום מידת חסידות יש לו לאדם לעצום את עיניו לגמרי.

55. כך כתב כבר הרב משה פיינשטיין (**שו״ת אגרות משה**, אה״ע, חלק א, סימן נו): ״איכא לפי זה בהסתכלות במקומות שדרכן לכסות בכוונה ליהנות ב׳ איסורין אחד מצד קריבות ואחד מצד הרהור, ובמקומות שדרכן לגלות במכוין ליהנות רק איסור קריבה, ובלא כוונה ליהנות יהיה אסור רק במקום שדרכן לכסות ורק מצד חשש הרהור״.

מעשה ברשב"ג שהיה על גבי מעלה בהר הבית, וראה עובדת כוכבים אחת נאה ביותר, אמר: מה רבו מעשיך ה'!

ואף ר' עקיבא ראה אשת טורנוסרופוס הרשע; רק שחק ובכה. רק - שהיתה באה מטיפה סרוחה; שחק - דעתידה דמגיירא ונסיב לה [=שהייתה עתידה להתגייר ולהינשא לו]; בכה - דהאי שופרא בלי עפרא [=שהיופי הזה עתיד להתבלות בעפר]!...

ולאסתכולי מי שרי [=והאם מותר להסתכל]? מיתיבי: ונשמרת מכל דבר רע - שלא יסתכל אדם באשה נאה ואפילו פנויה, באשת איש ואפילו מכוערת... קרן זוית הואי [=הייתה זו קרן זווית].

הגמרא הקשתה על עצם ההסתכלות ונאלצה ליישב שמדובר היה במפגש מאולץ בקרן זווית; ומכלל הדברים מוכח לכאורה שאיסור הסתכלות קיים גם בלי עיון מדוקדק או כוונה ליהנות. ואכן, אחרונים רבים הוכיחו מן הגמרא שאין להבחין כלל בין סוגי ההסתכלות, אפילו ב'מקומות המגולים'.[56] אחרונים אחרים הציעו ליישב סוגיה זו בדרכים שונות,[57] אולם נראה שאפשר להבחין בין איסורים שונים ומצבים שונים: הגמרא (שם) דנה באיסור 'ונשמרת', שעניינו ראייה של מראות המביאים לידי הרהור, גם בלי כוונה ליהנות;[58] ומכיוון שהנשים שבהן מדובר הן נשים 'נאות ביותר', אפשר שגם ראייה חטופה (באופן יחסי) שלהן עשויה להביא לידי הרהור – בדומה למיכל בת

56. כך כתבו החיד"א (**יעיר אזן**, מערכת ה, אות נ), ר' שלמה קלוגר (**עבודת עבודה**, עבודה זרה כ ע"א, ד"ה לאסתכולי), בעל **ההפלאה** (**נתיבות לשבת**, סימן כא, ס"ק ג), **והמשנה ברורה** (ביאור הלכה, סימן רכה, ד"ה אפילו).

57. הדרך העיקרית היא להצביע על כך שרשב"ג ור' עקיבא הביעו התפעלות מן הנשים שראו, ומכאן יכולנו לחשוב שהסתכלו בהן בדקדוק (**יד מלאכי**, כלל קעט). הבעיה בפירוש זה היא שהגמרא יכולה הייתה לומר בשלב התירוץ שהייתה זו רק ראייה בעלמא; ואכן **היד מלאכי** נדחק לתרץ שהגמרא תירצה כך "כי מעשה שהיה כך היה". וריאציה מעט שונה של תירוץ זה קובעת שבעצם ההתפעלות יש 'הנאה' (ראו **שו"ת אגרות משה**, או"ח, חלק א, סימן מ) או מוכיחה שהתנאים ראו גם את יופיין של הנשים (ראו: **העמק שאלה**, שאילתא נב, אות א; **שו"ת משנה הלכות**, חלק ז, סימן רלח). **בשו"ת משנה הלכות** (שם) הציע הרב קליין לתרץ גם שהקושיה היא דווקא מר' עקיבא שעמד ודיבר עם אותה אישה; אך בירושלמי (ברכות פ"ט ה"א, יג ע"ג) מפורש שהקושיה היא על רבן גמליאל (אומנם הלשון שם עשויה ללמד על איסור קל יותר: "זו דרכו של רבן גמליאל להסתכל בנשים??!").

58. יש להעיר על ניתוח זה מדברי **רש"י** בשתי הסוגיות במסכת ברכות (כד ע"א, ד"ה שוק; סא ע"א, ד"ה אחורי), שהעמיד את דברי הגמרא באשת איש דווקא, וכבר השיג עליו ר' יעקב עמדין (**חידושי היעב"ץ**, ברכות סא ע"א) וכתב שהוא הדין בפנויה.

שאול ש"זינתה בראייתה" (מגילה טו ע"א), ואין ללמוד מכאן להסתכלות ב'מקומות המגולים' של אישה רגילה.[59]

באופן דומה יש להסביר גם את דברי הגמרא במסכת סוטה (ח ע"א) שהעלתה חשש של הרהור כתוצאה מראייה של אישה הנסקלת עירומה, אף שלא מדובר דווקא כשמסתכלים בה בכוונה ליהנות.[60] ממכלול הסוגיות הללו עולה באופן פשוט שקיים הבדל בין הסתכלות באישה הלבושה בצניעות, שנאסרה רק באופן ממושך ומתוך כוונה ליהנות, לבין הסתכלות ב'מקומות המכוסים' שנאסרה אפילו דרך ארעי.

לסיכום, מלבד דין קרבה לעריות, שממנו נובע האיסור להסתכל בעריות בכוונה ליהנות (ולכתחילה בכל אופן המתמקד ביופיין), ישנו דין נוסף של 'ונשמרת' האוסר כל פעולה העשויה להביא לידי הרהור ובכלל זה ראייה של 'המקומות המכוסים' שבאישה, שנאסרה לפי רוב הפוסקים אפילו באקראי.[61]

ד. התנהלות בסביבה לא־צנועה

מכל האמור עולה שאומנם מותר לאיש לראות נשים ולהסתכל בהן כאשר הן לבושות בצניעות, אך 'המקומות המכוסים' אסורים אפילו בראייה בעלמא. ממילא עולה השאלה: כיצד יש לנהוג כאשר עובדים, לומדים או משרתים בסביבה שלא מקפידה על הלכות צניעות? מה עושים כאשר המרצה באוניברסיטה או הפקידה בבנק לבושות

59. ההבחנה בין אישה נאה ביותר לבין אישה רגילה הוצעה גם בספר **חוט שני** (אה"ע, סימן כא, עמ' מא) ובספר **לבושה של תורה** (סימן ע, סעיף יז).

60. כך יש לדחות את דברי החיד"א (**יעיר אזן**, מערכת ה, אות נ) שהוכיח מן הגמרא שאין להבחין כלל בין ראייה בכוונה לראייה בלי כוונה.

61. עם זאת, חשוב להדגיש כי ההבחנה בין 'המקומות המכוסים' ל'מקומות המגולים' איננה מהותית. גם הסתכלות ב'מקומות המגולים' יכולה להיעשות "להרהור עבירה" (כלשון **חידושי הר"ן**, שבת סד ע"א) ואזי יש בה משום 'ונשמרת'. כך כתב גם המהר"ל מפראג (**נתיבות עולם**, נתיב הפרישות, פרק ב): "אין חלוק אצל אשה בין אבר לאבר כלל רק בשביל שאותו מקום מביא הרהור ויצר הרע, אבל אם מסתכל באשה לזון עיניו ממנו הרי יש כאן הרהור והוי כאלו מסתכל במקום התורפה". מאידך־גיסא, מסתבר כי ראייה של 'המקומות המכוסים' עשויה להביא לידי הנאה וקרבה במהירות רבה יותר מאשר ראייה של 'המקומות המגולים', וממילא יהיה בכך איסור של 'לא תקרבו', כפי שכתב **החזון איש** (או"ח, סימן טז, אות ז): "אין ראיה במקום צנוע בלא הסתכלות". ראו גם **גן נעול**, פרק יג, הערות 94-95.

שלא כהלכה? האם חובה להשפיל את המבט לאורך כל ההרצאה או השיחה ולהימנע מכל ראייה שלהן?

להלן נבקש לבחון כמה סברות להקל בדבר, ולהסיק מתוך כך כיצד לנהוג למעשה.

1. שיטת המתירים ראייה אקראית

כששהיתי בארה"ב בשנת תשל"ה זכיתי להיכנס אל הקודש פנימה ולפגוש את הרב משה פיינשטיין.[62] שאלתי אותו שאלה שהטרידה את חבריי ואותי במדרשת עופרה: האם מותר לנו ללמד תורה כאשר בקהל יושבות נערות שאינן לבושות בצניעות? הרב כבר היה מבוגר, ואת התשובה לחש באוזן נכדו: "וכשירמיהו הוכיח את הנשים המקטרות לאלילים (ראו ירמיהו מ"ה, טו-כה), מה אתה חושב שהן לבשו?!".

שאלה זו העסיקה רבות את פוסקי ההלכה בדורות האחרונים. **החזון איש** (או"ח, סימן טז, אות יא) הביא את דברי **המרדכי** (ברכות, רמז פ) שהתיר ללמוד תוך כדי שמיעת קול אישה משום 'עת לעשות לה'',[63] וכן את שיטת רבנו יונה הסבור שאם לא שמים לב לקול הנשים אין כל איסור בדבר. **החזון איש** למד מדבריהם, שנאמרו לגבי קול אישה, גם ביחס להסתכלות בשער אישה:

> מהאי טעמא אפשר לצדד להקל בזמן הזה להגיד תוכחה ברבים ולהזכיר דברי חז"ל אף שיש פרועות ראש כנגדו ומשום עת לעשות, וגם אפשר לסמוך על דעת הר"י דכיון דאינו משים לבו מותר.

הרב ולדנברג (**שו"ת ציץ אליעזר**, חלק טו, סימן יא, אות ב) ניתח את דברי **החזון איש** והרחיב אותם גם ביחס לגוף מגולה:

> למדנו מדברי חזון איש תרתי: ראשית שיש לצדד להתיר בכלל בזה משום עת לעשות, ואם בפרועות ראש כן הוא הדין נמי גם בנוגע לטפח באשה דשניהם שוים בזה; ושנית גם בלי הטעם של עת לעשות יש מקום להתיר בהיכא שאינו משים לבו לכך

62. הערת המחבר (אברהם סתיו): לשון גוף־ראשון־יחיד בספר מתייחסת תמיד לאבי מורי.
63. ראו לעיל עמ' 218.

הציץ אליעזר הוכיח ששיער מגולה שווה לטפח מגולה לעניין זה, והדגיש שההסתמכות על השיטה המקילה איננה רק במקום שבו 'עת לעשות לה''; כחיזוק לדבריו הביא **הציץ אליעזר** פסיקה דומה של ר' יוסף חיים זוננפלד (**שו"ת שלמת חיים**, או"ח, סימנים סו-סט). כיוצא בזה כתב הרב זילבר (**שו"ת אז נדברו**, חלק יב, סימן מה). אומנם **בשו"ת מעין אומר** (חלק יב, פרק ב, סימן א, שאלה ב) הובא שהרב עובדיה יוסף סירב לסמוך על היתרו של **החזון איש**, ואף בחלק מחוגי ישיבת מרכז הרב מקובל היה להחמיר בעניין זה.

החזון איש ו**הציץ אליעזר** אומנם לא עשו את הקישור בפירוש, אך למעשה נראה שהם נוטים לסמוך בשעת הצורך על שיטת **הב"ח** שהובאה לעיל, שלפיה גם ב'מקומות המכוסים' הותרה ראייה אקראית. אף שהראינו כי מפשט הסוגיות עולה אחרת, אפשר שבמצבים מסוימים יש לסמוך על המקילים.

2. מנהג העולם

הלכות רבות בענייני צניעות ויחסים בין המינים מושפעות ממנהג העולם,[64] כפי שכתב **הלבוש** (או"ח, מנהגים, אות לו) בעניין סעודה משותפת לגברים ונשים: "שעכשיו מורגלות הרבה הנשים בין האנשים, ואין כאן הרהורי עבירה כל כך". הרב עובדיה הדאיה (**שו"ת ישכיל עבדי**, חלק ה, או"ח, סימן ט) נשאל על עריכת סדר פסח בחברת "נשים שהולכות בפריצות בשער ובזרועות מגולות", כאשר עורך הסדר נאלץ לומר את ההגדה כשהוא רואה אותן. במצב מעין זה ישנה אמירת דבר שבקדושה כנגד ה'ערווה', אך הרב הדאיה התיר זאת בשעת הדחק:

> כיון שעיקר טעם האיסור בזה הוא משום הרהור, כל שכבר נהגו ורגילי בהם לא מטרדי ולא אתו לידי הרהור.

סברתו של הרב הדאיה נתונה במחלוקת גדולה בין הפוסקים, וודאי שאין לסמוך עליה כדי להתיר לכתחילה ללכת בלבוש לא־צנוע;[65] אך כאשר נקלעים למצב שבו נמצאים מול אישה שלבושה באופן המקובל והרגיל בציבור, אף שאיננו הולם את גדרי ההלכה, יש מקום לצרף את דבריו לצדדי היתר נוספים.

---

64. הרחבנו בעניין זה בכמה מקומות בספר זה; ראו לדוגמה לעיל עמ' 223, 277.

65. ראו לעיל עמ' 224.

3. 'ליכא דרכא אחריתא'

יסוד הלכתי חשוב, שנדון בו בהרחבה בפרקים הבאים, הוא ההיתר ללכת במקום עם בעיות צניעות כאשר אין אפשרות אחרת, "ליכא דרכא אחריתא" כלשון הגמרא (בבא בתרא נז ע"ב). יסוד זה הוא המאפשר לגברים ללכת ברחובות ובאתרים שבהם יש נשים לא־צנועות, כל עוד אין דרכים חלופיות צנועות יותר. אלא שגם כאשר הותרה ההליכה ברחוב, לא הותרה ההסתכלות עצמה, ועל האדם להשתדל ככל האפשר שלא לראות מראות לא־צנועים. לכן, יסוד זה עשוי להועיל רק במקרים מסוימים, כגון כשסטודנט חייב לראות את המידע הרשום על הלוח, ובדרך מבטו חולף בעל כורחו על הנשים שבחדר. ניתן לכלול בהגדרה זו גם מצב שבו הימנעות מקשר עין תפגע באישה שעימה משוחחים, כאשר אין אפשרות להתחמק מעצם המפגש.[66]

כעין זה התיר גם הבן איש חי (**שו"ת תורה לשמה**, סימן שצד) כשדן במקרה שבו באה אשה לביתו מדברת עמו על איזה ענין של עסק והיא היתה אשת איש והיתה יפה מאוד ומקושטת והוא היה לו הנאה בראייתו בה אך הוא בעל כורחו צריך להביט בפניה כי מוכרח לדבר עמה ולהשיב לה תשובתה בעבור איזה ענין ועסק וכפי הענין אי אפשר לסגור עיניו ולדבר עמה.[67]

אך לכאורה אין בכך כדי להתיר התנהלות 'נורמלית' שבה אדם מרים את עיניו ומסתכל בסובבים אותו יותר מן המינימום ההכרחי לתפקוד.

4. 'בעבידתיה טריד'

במסכת עבודה זרה (כ ע"ב) מנתה הגמרא בין גדרי 'ונשמרת' את האיסור להסתכל בבגדי צבעונין של אישה, ולאחר מכן שאלה כיצד אפשר לתת בגדי נשים לכובס. הגמרא השיבה שיש לדמות את הכובס לאדם שמרביע בעלי חיים, ש"בעבידתיה טריד

66. מקרה זה חמור מעט יותר מן המקרה הרגיל של הליכה ברחוב, משום שכאן האדם נכנס ביודעין למצב שבו לא תהיה לו אפשרות לעצום את עיניו; ועדיין נראה כי מצב זה בכלל ההיתר, משום שעצימת העיניים מתוארת בגמרא כמידת חסידות, ומכלל הדברים משתמע שגם מי שיודע שבחלק מהזמן לא יעצום את עיניו יכול להשתמש בהיתר.

67. **בשו"ת תורה לשמה** התיר זאת **הבן איש חי** משום 'הנאה הבאה לו לאדם בעל כורחו'; וראו על כך בפרק הבא.

[=שבעבודתו טרוד]", ופירש **רש"י** (שם, ד"ה בעבידתיה): "לבו על מלאכתו ושוכח בהרהור". הראשונים הרחיבו עיקרון זה גם ביחס לרופא נשים (**כפתור ופרח**, פרק נח),[68] והאחרונים כתבו כי מסיבה זו אפשר (באופן עקרוני) להתיר נוכחות מציל בחוף של נשים,[69] והתלבטו אם להתיר צילום או הקלטה מקצועיים של נשים.[70]

יש מן הפוסקים שהגבילו היתר זה דווקא למקום שבו האיש טרוד במלאכה עדינה וחושש שמא תתקלקל (**שו"ת בית שערים**, יו"ד, סימן רעד), אך מכמה מקורות נראה שההיתר אמור בכל עיסוק ענייני וממוקד מטרה. כך למשל הביא המאירי (אבות פרק א, משנה ה) סברה זו כדי להתיר שיחה עם האישה "בדברים הצריכים"; **השל"ה** (שער האותיות, אות הקו"ף, אות שכט) הגדיר הרצאת מעות מידו לידה כמצב של 'טריד' (אף שבאופן ספציפי התייחס לכך כאיסור, ולא לגמרי ברור מדוע ובאיזו מציאות מדובר); והאדר"ת (**עובר אורח**, סימן קי) התיר משום כך שמיעת קריאה בטעמים מפי אישה.[71]

בדברי הפוסקים אפשר למצוא סייגים רבים להיתר: יש שהגבילו את ההיתר לבני תורה בלבד (**נימוקי יוסף**, בבא מציעא צא ע"א); יש שכתבו שהוא אינו קיים במקרה של אישה נאה (**שו"ת שלמת יוסף**, סימן ג); ויש שכתבו שההיתר כלל לא נאמר ביחס להסתכלות בנשים אלא רק ביחס לאיסורים קלים יותר (**תפארת ישראל**, נגעים, פרק ב, יכין, אות כד).[72] כמו כן, לכתחילה ודאי ראוי להימנע משימוש בהיתר זה כשאין בו צורך.[73]

למרות כל ההסתייגויות הנזכרות, נראה שאפשר ליישם את ההיתר במצבים

68. ראו: **שו"ת אגרות משה**, יו"ד, חלק ג, סימן נד; **גן נעול**, חלק א, יסודות בצניעות, סעיף יא.

69. ב**שו"ת שאילת שלמה** (חלק א, סימן שלו; חלק ו, סימן קלב) וב**שו"ת דברי חכמים** (אה"ע, שאלה 46) התירו את הדבר בלא סייג; ולעומת זאת הרב אלישיב (בהערותיו למסכת בבא מציעא צא ע"א) כתב שבאופן עקרוני סברה זו קיימת כאן אלא שה**נימוקי יוסף** (שדעתו תובא להלן) הגביל את עיקר ההיתר לבני תורה. ב**שו"ת אגרות משה** (אה"ע, חלק ד, סימן סב, אות א) התיר הרב פיינשטיין מעיקר הדין לרחוץ במקום שבו יש מציל, אך הוסיף שראוי לכתחילה להימנע מכך.

70. ראו: **שו"ת עולת יצחק**, חלק ב, סימנים רלד-רלה; **שו"ת אבני דרך**, חלק ט, סימן קנח; **שו"ת אבני ישפה**, חלק ה, סימן קח.

71. אומנם בדבריו מפורש שסברת 'בעבידתיה טריד' מועילה רק לקול אישה ולא לטפח מגולה שבה, אך לא ברור הרקע להבחנה זו.

72. כך כתבו גם בספר **תורת ההסתכלות** (פרק ח) ובספר **אום אני חומה** (אה"ע, סימן כא, סעיף א, ס"ק קכו), וביארו שדווקא במקרים שבהם יש חשש עקיף של הרהור התירו למי שטרוד בעבודתו, ולא כשמדובר באיסור גמור.

73. כך דייק הרב פיינשטיין (**שו"ת אגרות משה**, יו"ד, חלק ג, סימן נד) מכך שאבא אומנא הקפיד לכסות את הנשים בשעה שהיה מקיז להם דם (תענית כא ע"ב). הרב פיינשטיין כתב שגם אם מעשיו של אבא אומנא הם מידת חסידות, אפשר ללמוד מהם על החשש האמיתי שקיים בדבר.

חברתיים שונים. בספר **לבושה של תורה** (חלק ב, סימן ע, אות פה, ס"ק ה) נכתב שכאשר אדם מדבר עם אישה הלבושה בלבוש לא־צנוע, ועליו להפנות את פניו אליה בזמן הדיבור, הוא נחשב כמי שטרוד במלאכתו; אך הוסיף שאם יכול להסתכל בפניה בלי לראות את שאר גופה, עליו להתאמץ לעשות כן.

לסיכום, יש להימנע לכתחילה מכל ראייה של אישה שאינה לבושה בצניעות. יחד עם זאת, כאשר האישה לבושה באופן המקובל בציבור ונמצאים בסיטואציה שבה מטעמים שונים (ובכלל זה נימוס ומנהג דרך ארץ) צריכים לראות את האישה - יש מקום להגדיר את האיש כמי שטרוד במלאכתו, או כמי שאין לו דרך אחרת, ולצרף את השיטות המקילות בעיקר האיסור. עם זאת, יש להשתדל להמעיט במבטים וכן לא להסתכל על גופה אלא על פניה בלבד.

סיכום

א. את האיסור החל על גברים להסתכל בנשים השתיתו חכמים על שלושה יסודות: 1. איסור קרבה לעריות; 2. האיסור לתור אחר העיניים ולהימשך אחריהן לעבירות; 3. האיסור להגיע לידי הרהור שעשוי להביא לידי הוצאת זרע לבטלה.

ב. גם כאשר האישה לבושה בצניעות, אסור לאיש להסתכל בה לשם הנאה מיופייה. חכמים אסרו כל הסתכלות המתמקדת בצורתה של האישה, גם בלי כוונה ליהנות, אך התירו ראייה שנעשית כחלק מהתנהלות יומיומית־עניינית ואיננה מתמקדת ביופי. נראה שיש להתיר בדומה לכך גם ראייה של אישה כשהיא נואמת או מציגה, כל עוד המוקד הוא תוכן הדברים ועצם ההבעה ולא האסתטיקה של גופה (להוציא כוריאוגרפיה, למשל).

ג. כאשר האישה לבושה שלא בצניעות, הורו חכמים לאיש להימנע כליל מלראותה, משום שראייה כזו עשויה להביא לידי הרהור עבירה. עם זאת, כאשר איש נקלע לפעילות משותפת (פגישה, הרצאה וכדומה) עם אישה בלבוש כזה - מותר לו להביט בה במידה הנדרשת, מצד העניין והנימוס, ועליו להשתדל למעט בכך ולא למקד את מבטו בגופה. היתר זה מבוסס על כך שכיום אנו רגילים בלבוש שאיננו עונה על דרישות ההלכה, וכן על כך שהאדם טרוד וממוקד בפעילות שבה הוא עוסק, ובצירוף דעת המתירים ראייה בעלמא של 'המקומות המכוסים'.

כא

שמירת העיניים בצריכת תקשורת ובידור

"אני אדם עובד, וכשאני חוזר הביתה מן המשרד אני נוהג לנוח קצת מול הטלוויזיה. אינני צופה בתכניות לא־צנועות באופן מובהק, אבל גם בתוכניות רגילות (ואפילו במהדורות החדשות) מופיעות לעיתים קרובות נשים שאינן לבושות על פי גדרי ההלכה. משום כך אני מבקש לשאול: מהן ההגדרות ההלכתיות לסרטים ותוכניות המותרים בצפייה?"

פתיחה

עולם המדיה הוויזואלית, הכולל פרסומות, סדרות וסרטים, הוא אחד מסוכני התרבות החשובים בדורות האחרונים; ואולפני ההסרטה בהוליווד מעצבים את ערכי היסוד והנחות המוצא של החברה המודרנית, ומגדירים בעבורנו את הטוב, הרע והמכוער.

אחד התחומים - לא היחיד וגם לא החשוב ביותר - שבהם קיים פער מהותי בין הנורמות המקובלות בתעשיית הקולנוע לבין הנורמות ההלכתיות הוא תחום הצניעות. עם הזמן הולכות וגוברות שתי מגמות: מחד־גיסא, הציבור הדתי מגביר את חשיפתו לתרבות החילונית והוא מעורה בה באופן עמוק; ומאידך־גיסא, התרבות הולכת ופורצת את כל גבולות הצניעות והטעם הטוב שהיו נהוגים בתיאטרון ובקולנוע עד אמצע המאה העשרים. כך נוצר מצב שבמסגרתו התכנים הוויזואליים שאנו צורכים הולכים ומתרחקים מן הסטנדרטים שאנו מאמינים בהם והולכים לאורם בשאר מרחבי החיים.

לעומת זאת, דווקא בשנים האחרונות אנו הופכים מודעים יותר לבעייתיות הגדולה של היחשפות למראות לא־צנועים. הרמב"ם (**משנה תורה**, הלכות תשובה, פ"ד ה"ד) מנה את ההסתכלות בעריות בין העבירות שאין חזקתו של החוטא בהן לחזור

בתשובה, מחמת חוסר ההבנה של חומרתן ("המסתכל בעריות מעלה על דעתו שאין בכך כלום שהוא אומר וכי בעלתי או קרבתי אצלה"), אך בימינו הולכת ומתבררת עוצמתה של ההסתכלות - אפילו בסרט או בתמונה. על נזקי הצפייה בפורנוגרפיה נכתבו מחקרים רבים ואנו יודעים כיום שאין זהו רק איסור הלכתי אלא גם התנהגות הפוגעת בזוגיות ובתפיסת המיניות;[1] ולצד זאת אנו מודעים גם למטענים התרבותיים־ערכיים שנושאות עימן בעיות צניעות 'קלות' יותר ולהשפעתן על נקודת המבט שלנו.

נקדים ונאמר כי שאלת הצפייה בסרטים בכלל, ובסרטים עם בעיות צניעות בפרט, היא בראש ובראשונה שאלה חינוכית־רוחנית ולכן המענה לה שונה בין אדם לאדם ובין ציבור לציבור. כמו כן, ההכרעה המעשית צריכה להתחשב בהשלכות הנפשיות והרוחניות של ההיחשפות לסצנות לא־צנועות ולא להצטמצם לגדרים הלכתיים בלבד.[2]

א. מעמדם ההלכתי של מראות לא־צנועים בתמונות ובסרטים

תמונות וסרטים, במובן המוכר לנו כיום, הם תופעה בת פחות ממאתיים שנה; אך גם בעולם העתיק אפשר היה לראות דמות איש או אישה באופן לא־ישיר: באמצעות ראי, או בראיית תמונה ופסל.

התייחסות לדמות מלאכותית של אישה אפשר למצוא כבר בדברי חז"ל על אודות איזבל שעשתה לאחאב "שתי צורי זונות במרכבתו, כדי שיראה אותן ויתחמם" (סנהדרין לט ע"ב) ומכאן שציורים ממין זה עשויים להביא לידי גירוי. למעשה אין כל חידוש בדבר: תיאורים של דמויות מצוירות ומפוסלות כמושאי תשוקה שזורים במיתולוגיה ובטרגדיות היווניות; וכן קשה להאמין שתעשיית הפורנוגרפיה המודרנית הייתה מגלגלת מיליארדים רבים מדי שנה לולא היו החומרים שהיא מייצרת מביאים לידי גירוי כלשהו.[3]

---

1. ראו למשל Gert Martin Hald, Neil N. Malamuth and Theis Lange, 'Pornography and Sexist Attitudes among Heterosexuals', *Journal of Communication* 63.4, 2013, pp. 638-660.

2. ואכן, לא־מעט רבנים הביעו התנגדות גורפת לצריכת תכנים מסוג זה, ראו למשל: **שו"ת אגרות משה**, או"ח, חלק ב, סימן עט; שם, סימן צה; **ילקוט יוסף**, דינים לאשה ולבת, פרק ס, סעיף טו; הרב שלמה אבינר, 'אסור לצפות באישה בטלוויזיה', אתר 'כיפה', י"ח בשבט תשע"ד (זמין במרשתת). עיינו גם ב**שו"ת עשה לך רב**, חלק א, סימן סג.

3. מאידך־גיסא, במשנה (עבודה זרה פ"ג מ"ד) נאמר שרבן גמליאל רחץ במרחץ שהיה בו פסל של אפרודיטי, ונראה שמדובר בפסל עירום כמו זה שנמצא בעתיקות בית שאן. אפשר, עם זאת, שרבן גמליאל נמנע מלהסתכל בפסל, ובסברות מסוג זה נדון בפרק הבא.

השאלה שעלינו לשאול, אם כן, איננה על עצם האיסור לראות מראות לא־צנועים בתמונה או בסרט אלא על גדריו של איסור זה, דהיינו האם ישנם גדרים ברורים למראה האסור או המותר בסרט, כפי שישנם בראייה ישירה, או שמא אין זו אלא הנחיה כללית להימנע ממראות העשויים להביא לידי הרהור. לשם כך יש לבחון את שלושת יסודות האיסור הקיימים במראות אסורים: קרבה לעריות, 'לא תתורו', ו'ונשמרת'.

נפתח בדיון באיסור קרבה לעריות ובשאלה האם ראייה של תמונת אישה שקולה לראיית האישה עצמה (שבה יש משום קרבה לעריות). דיון קרוב לשאלה זו הוא הדיון לגבי ראיית אישה דרך מראה. בגמרא במסכת ברכות (כה ע"ב) נאמר שאסור לקרוא קריאת שמע כנגד "ערוה בעששית" ("מחיצת זכוכית", כלשון **רש"י**, שם, ד"ה בעששית), היינו שגם ראייה דרך 'עששית' נחשבת ראייה; ואילו במסכת ראש השנה (כד ע"ב) נאמר שאי אפשר להעיד על קידוש החודש כשרואים את הירח "בעששית".

כיצד יש ליישב את הסתירה בין המקורות? גדולי הפוסקים כתבו שיש להבחין בין שני סוגים של ראייה בעששית:[4] כאשר אדם רואה את החפץ מבעד למחיצת זכוכית, כגון בחלון או באמצעות משקפיים, הדבר נחשב לראייה גמורה (ועל כך מדובר במסכת ברכות); אך כאשר הוא רואה רק השתקפות של החפץ אין זה נחשב לראייה (ועל כך מדובר בגמרא במסכת ראש השנה). לאור הבחנה זו ברור שאין לראייה בטלוויזיה מעמד של ראייה גמורה.

הרב עובדיה יוסף טען בכמה מקומות שהבחנה זו אינה תקפה ביחס לדיני 'ערווה'.[5] לדעתו, איסור אמירת דברים שבקדושה כנגד 'ערווה' נעוץ בחשש הרהור (כפי שמבואר **בחידושי הרשב"א**, ברכות כד ע"א, ד"ה אמר), ולפיכך אין להבחין בין 'ערווה' ממשית לבין 'ערווה' הנראית במסך. אלא שמדברי הראשונים וגדולי הפוסקים – שלמדו מדין 'ערווה בעששית' לגבי מגוון רחב של סוגיות אחרות[6] – מוכח שיש לדחות את סברתו של הרב עובדיה יוסף. יתר על כן, בגמרא עצמה במסכת ברכות (שם) מבואר שטעם האיסור הוא שהערווה "מיתחזיא" לאדם, ומשום כך הוא עובר על "לא יראה בך ערות דבר"; ומכלל הדברים משתמע שדווקא משום שהרי זה כאילו האדם רואה אותה ממש יש איסור בדבר. אומנם מסתבר כי אין לקרוא את שמע מול מראות המביאים לידי הרהור, אך באותה מידה אסורים גם סתם הרהורי עבירה, מבלי לראות

---

4. ראו: **שו"ת דבר שמואל**, סימן רמב; **שו"ת שבות יעקב**, חלק א, סימן קכו, ועוד
5. **שו"ת יביע אומר**, חלק א, או"ח, סימן ז; שם, חלק ו, או"ח, סימן יב; **שו"ת יחוה דעת**, חלק ד, סימן ז.
6. כגון: הרשב"א (**חידושי הרשב"א**, ברכות נג ע"ב, ד"ה היתה) שלמד מכאן לברכות הראייה; ר' יעקב חאגיז (**שו"ת הלכות קטנות**, סימן צט) שלמד מכך לעניין קריאה בספר תורה, ועוד רבים.

מראות אסורים, ואין כאן אפוא גדר של 'ערוות דבר' ממש. כך כתבו בפירוש **בשו"ת נחלת בנימין** (סימן כו) **ובשו"ת דברי יוסף** (חלק ב, סימן כג).[7]

דברינו עד כה נאמרו ביחס לאמירת דבר שבקדושה; אך האם יש חשיבות לאופן הראייה ביחס לדיני קרבה לעריות? כיור הנחושת שבמשכן היה עשוי מראות נחושת, ובטעם הדבר כתב **ר' מנחם ריקאנטי** (ויקרא א', ג): "בעבור שאסור להסתכל באשה לכן עשו הכיור במראות הצובאות, כי כשהכהן מקריב קרבן נשים מסתכל בכיור ורואה בו פרצוף האשה המביאה הקרבן". מדבריו עולה שבהסתכלות במראה אין משום הסתכלות אסורה בנשים, ורעיון זה הובא במקורות נוספים.[8]

ודאי שאין ללמוד מכאן כי אין כל אפשרות של גירוי היצר באמצעות מראה, שהרי המראות הצובאות עצמן שימשו את נשות ישראל כדי לגרות את בעליהן במצרים;[9] אך אפשר שיש להסיק מכאן שהסתכלות במראה איננה נחשבת כהסתכלות באישה עצמה שיש בה משום 'לא תקרבו' ואין לדון בה אלא מצד גדרי 'ונשמרת'. עם זאת, גם מסקנה זו אינה מוכחת ואפשר שראייה דרך מראה תיחשב ראייה גמורה ודווקא לכוהן הצריך להסתכל בפני האישה הורו לעשות זאת באופן עקיף.[10] אך כאשר מדובר בתמונה מסתבר מאוד שאכן אין דין הסתכלות בתמונה כדין הסתכלות באישה עצמה, שהרי אין כאן כל קרבה והנאה ביחס לאישה עצמה. ודאי כאשר מדובר באישה שאין לאדם קשרים אישיים עימה.[11]

שאלת קיומו של איסור 'לא תתורו' בתמונה היא שאלה מורכבת יותר, משום שמהות האיסור איננה מעשה קרבה ממשי אלא כל הסתכלות העשויה להביא לידי עבירה. אולם גם איסור זה יסודו באפשרות לעבור עבירה עם אותה אישה, ואפשר שנאמר דווקא בהתבוננות לשם זנות ומשום כך אין הוא רלבנטי ברוב המקרים.

---

7. כך נטה לומר גם הרב משה צוויג **בשו"ת אהל משה**, חלק א, סימן לב, אות ב.

8. ראו: **שו"ת יביע אומר**, חלק א, או"ח, סימן ז, אות י; **גן נעול**, חלק ג, פרק יג, הערה 124.

9. כמבואר בדברי **רש"י** (שמות ל"ח, ח): "היו הולכות ומוליכות להם מאכל ומשתה ומאכילות אותם ונוטלות המראות, וכל אחת רואה עצמה עם בעלה במראה ומשדלתו בדברים, לומר אני נאה ממך, ומתוך כך מביאות לבעליהן לידי תאוה ונזקקות להם". כך הוכיחו הפוסקים גם ממעשה הנזיר מן הדרום שראה את בבואתו במים ופחז עליו יצרו (נדרים ט ע"ב), אלא שיש מקום לפקפק בראיה זו; ראו **גן נעול**, חלק ג, פרק יג, הערה 124.

10. ראו: **שו"ת יביע אומר**, חלק א, או"ח, סימן ז; **גן נעול**, פרק יג, הערות 124-126.

11. באופן עקרוני תיתכן סיטואציה של קרבה לעריות באמצעות סרט או תמונה, כאשר הם משמשים חלק ממערכת יחסים אישית. מסתבר שתקשורת לא-צנועה דרך מצלמת אינטרנט איננה עדיפה על שאר מעשי הקרבה שכלל הרמב"ם באיסור (לפחות מדרבנן), אך זו אינה השאלה הנפוצה בהקשר זה.

אם כן, האיסור העיקרי הקיים בצפייה בתמונות ובסרטים לא־צנועים הוא איסור 'ונשמרת' שעניינו הימנעות מדברים המביאים לידי הרהור עבירה. לעיל בפרק הקודם ראינו כי על בסיס דין זה אסרו חכמים ראייה של אישה שאינה לבושה בצניעות (כגון בנשים הכובסות ליד הנהר) או הסתכלות באישה הנעה באופן המבליט את תווי גופה (כגון בהליכה אחרי אישה). כיוון שכך, מסתבר לכאורה שהוא הדין גם בתמונות ובסרטים. בהתאם - ומכיוון שלא מדובר בראייה של האישה עצמה - הציעו הפוסקים לדמות את דין תמונה ומראה לאיסור להסתכל בבגדי צבע של אשה (עבודה זרה כ ע"ב).[12] איסור זה הובא בגמרא (שם) ו**במשנה תורה** (הלכות איסורי ביאה, פכ"א ה"כ) יחד עם האיסור להסתכל בבעלי חיים המזדווגים זה עם זה, ומכך משתמע שעניינו הוא הימנעות כללית מהרהורים בעלי אופי מיני; וזאת בניגוד ל**שו"ע** (אה"ע, כא, א) שכרך איסור זה עם שאר ענייני קרבה לערווה ולפיכך נראה כי תפס אותו כאופן של קרבה לעבירה עם אישה מסוימת.

על כל פנים, מכיוון שחכמים לא הגדירו מציאות זו (שלא הייתה קיימת בימיהם) נראה שאין הכרח להעתיק במדויק את גדרי איסור הסתכלות ישירה להסתכלות בתמונה. ואכן, מן האמור ב**שו"ת נחלת בנימין** (סימן כו) נראה שהתיר הסתכלות דרך מראה באישה ששערה מגולה כאשר אין כוונה ליהנות. כעין זה סבר הרב אפרים גרינבלט שנטה להתיר מעיקר הדין ראיית שיער מגולה בטלוויזיה אפילו בזמן קריאת שמע, משום שהוא נחשב כשיער תלוש (**שו"ת רבבות אפרים**, חלק ו, קונטרס הררים התלויים בשערה, ענף ח, עמ' תקעו).[13] כאשר נדרש הרב זילבר (**שו"ת אז נדברו**, חלק יא, סימן נא) להגדיר אילו תמונות אסורות בהסתכלות כתב ש"קשה ליתן גדר נכון מה זה פריצות, לכן יש להחמיר בכל מה שנקרא פריצות באשה"; והרב יוסף חיים זוננפלד הורה שהסתכלות דרך מראה היא דבר התלוי "במה שמרגיש בעצמו" (**שו"ת שלמת חיים**, סימן תשא).[14]

12. אם מקבלים השוואה זו במלואה, הרי שבגמרא שם נאמר שאיסור ההסתכלות בבגדים קיים רק "במכיר בעליהן", וממילא יש מקום להתיר הסתכלות בתמונת אישה שאינו מכירה, וכך אכן כתב הרב בנימין יהושע זילבר (**תורת ההסתכלות**, סימן יד; **שו"ת אז נדברו**, חלק י, סימן לה; שם, חלק יא, סימן נא). אולם נראה שקשה לקבל השוואה זו כפשוטה, שהרי הבחנה זו נאמרה דווקא בבגדים, שבלי היכרות עם בעליהם אין להם שום משמעות, וקשה ללמוד ממנה לעניין תמונת אישה (ראו: **שו"ת אז נדברו**, שם; **שו"ת עולת יצחק**, חלק ב, סימן רלה, אות א; **גן נעול**, פרק יג, הערה 133).
13. על דינו של שיער תלוש ראו ב**שו"ת יביע אומר**, חלק ה, אה"ע, סימן ה, אות ח.
14. יצוין כי לא מבואר שם כיצד לבושה האישה.

העולה מכל האמור הוא שדיני הסתכלות בתמונות ובסרטים שונים מהסתכלות ישירה בשני מובנים:

א. האיסור הגורף על הסתכלות באישה לשם הנאה, משום קרבה לעריות, לא נאמר בתמונות ובסרטים; ולכן כאשר האישה לבושה בצניעות מותר להסתכל בה לשם הנאה כשאין הדבר מביא לידי הרהור. מובן כי ההיתר אמור דווקא לגבי הנאה אסתטית, ולא בהסתכלות לשם הנאה מינית.[15]

ב. גדרי הצניעות הנדרשים בתמונות וסרטים נבחנים לפי השפעתם בפועל על האדם הצופה. האיסור הגורף על ראיית נשים שאינן לבושות על פי כללי ההלכה לא נאמר בהקשר זה, ובמקומו יש לדון בכל מקרה לגופו על רקע האיסור הכללי להימנע ממראות המביאים לידי הרהור.

ב. כיצד מגדירים סצנות לא־צנועות?

1. אופי הגירוי שנאסר

השאלה העיקרית שבה יש לדון, לאור דברינו בסעיף הקודם, היא שאלת השפעתה של הסצנה על הצופה. שאלה זו יש לברר בשני צירים: ראשית, מהי מידת הגירוי או ההרהור שנאסרה; ושנית, מהם הגורמים העשויים להביא לידי גירוי כזה.

שאלה יסודית בעניין זה היא: מהי רמת הגירוי המיני שנאסרה בדין 'ונשמרת מכל דבר רע'? האם נאסרה כל נימה דקה של גירוי או שמא דווקא שקיעה עמוקה בהרהורי עבירה היא שנאסרה?

הפוסקים כבר עמדו על כך שמחשבה חולפת בעלמא היא בכלל "הרהור שאין אדם ניצול ממנו בכל יום" (בבא בתרא קסד ע"ב), ואילו האיסור מתייחס דווקא למי שמשהה את המחשבה בדעתו ומתעמק בו.[16] הרב אליעזר מלמד (**פניני הלכה**, שמחת הבית וברכתו, הרחבות, פרק ז, אות ו) הוסיף ודייק מדבריהם של כמה פוסקים כי

15. הבחנה עקרונית בין סוגים שונים של הנאה מופיעה **בשו"ת אגרות משה** (או"ח, חלק א, סימן כו): "אף אם יש להם הנאה משמיעת קול שירה אין להחשיב זה הנאה מהאשה, דכמו כן אם היה מזמר איש נמי היה להם הנאה דשמיעת שירה". אף שלעיל עמ' 337 דחינו את ההקלה הגורפת העולה מדבריו, נראה שכאשר אין בעיה של קרבה לעריות הבחנתו תהיה נכונה (כמו במקרה של שמיעת קול פנויה טהורה שבו עסק שם הרב פיינשטיין).

16. ראו: **בית הבחירה**, חולין לז ע"א; **דרך פיקודיך**, לא־תעשה לה, חלק המחשבה, אות ד; **עזר מקודש**, סימן כג, סעיף ג.

האיסור אמור דווקא כשמביא את עצמו לידי קישוי: אחד מהם הוא הרב מנחם טריווש בספר **אֹרח מישרים** (סימן יב, ס"ק ג) שהציע זאת באחד מתירוציו (אולם הביא גם עמדה אחרת בדבריו); פוסק נוסף הוא הרב משה פיינשטיין (**שו"ת אגרות משה**, אה"ע, חלק ב, סימן יד) שבשעת הדחק התיר לאדם ללכת במקום שבו הוא עשוי להגיע לידי הרהור כל עוד הוא אינו מגיע לידי קישוי.

עם זאת, מדברי כל הפוסקים הנזכרים נראה בבירור שאסור לאדם להביא עצמו לכתחילה גם לרמה נמוכה יותר של הרהור. יתר על כן, מכך שהגמרא (עבודה זרה כ ע"א-ע"ב) אסרה באופן גורף למדי הסתכלות באישה פנויה נאה וכן בבעלי חיים הנזקקין זה לזה, אף שכלל לא ברור כי כל הסתכלות כזו כרוכה בהרהור שקרוב לקישוי, נראה שלפחות מדרבנן נאסרו גם מראות הגורמים לגירוי קל הרבה יותר.

ייתכן שאפשר להגדיר באופן מובחן יותר את ההסתכלות שנאסרה לאור היתר 'בעבידתיה טריד' שבו עסקנו בפרק הקודם. היתר זה מאפשר למי שעוסק במלאכתו להיחשף למראות לא־צנועים, בהנחה שטרדת המלאכה תסיח את דעתו מן ההרהור. נדמה כי אפשר ללמוד מהיתר זה שדווקא כאשר קיימת רמה מודעת ומובחנת של גירוי והרהור יש לאסור, ואילו כאשר מדובר בסרט שבאופן מודע איננו מגרה, אין לחשוש לנימות דקות או תת־מודעות של מתח מיני העשויות להתלוות לצפייה.

כעת נבקש לבחון מאפיינים שונים של תכנים ויזואליים המעוררים שאלות ביחס להיתר לצפות בהם.

2. מאפיינים ספיציפיים של תכנים ויזואליים

לבוש

ודאי שאחד ההיבטים העשויים להביא לידי הרהור הוא לבוש לא־צנוע. עם זאת, מכיוון שמדובר בתמונה ולא בראייה ישירה יש פחות חשיבות לאורך המדויק של בגדי האישה בסרט או בתמונה וחשיבות רבה יותר למראה הכולל שלה. משום כך, כאשר המראה הכללי של האישה צנוע וההסתכלות בה אינה מביאה לידי הרהור, אפשר להתעלם מכך שלבושה איננו הולם במדויק את כללי ההלכה (כגון: היעדר כיסוי ראש, לבישת מכנסיים או חולצות שלהן שרוולים שאינם באורך הנדרש).

למעשה, מדברי **החזון איש** (או"ח, סימן טז, אות ח) עולה כי באופן עקרוני הוא הדין גם לראייה ישירה, שהרי ביחס להסתכלות בילדות קטנות שאינן לבושות בצניעות כתב **החזון איש** שאם האדם אינו רואה את ערוותן ממש, "כל שאין דעתן של בני אדם עליהן מחמת קטנותו מותר" - משום שחכמים אסרו ראייה זו משום

הרהור בלבד וכאשר אין הרהור אין סיבה לאסור. מסתבר שגם החולקים על החזון איש בראייה ישירה (כגון **המשנה ברורה**, ביאור הלכה, סימן עה, ד"ה טפח) יודו לו כאשר מדובר בתמונה או בסרט.

למותר לציין שגם ההפך נכון (הן לגבי ראייה ישירה, הן לגבי תמונות), וכאשר מראה האישה משדר מיניות ומביא לידי הרהור, אסור להסתכל בה גם אם היא לבושה לכאורה על פי גדרי ההלכה.

עוד יש להדגיש כי באופן בסיסי קיימת הלימה בין גדרי הצניעות ההלכתיים לבין הקביעה איזה מראה אינו עשוי להביא לידי הרהור; ולכן גדרים אלה אמורים להנחות אותנו וסטייה מהם צריכה להיות מוצדקת וסבירה.

3. הֶקשר

כיוון שמוקד האיסור הוא ההרהור הנגרם מן הראייה, יש חשיבות גם להקשר הרחב של התמונה או של הסצנה. במשנה במסכת סוטה (פ"א מ"ה) נאמר כי ה"כהן אוחז בבגדיה [של הסוטה], אם נקרעו - נקרעו, אם נפרמו - נפרמו, עד שהוא מגלה את לבה... ר' יהודה אומר: אם היה לבה נאה לא היה מגלהו"; ובגמרא (שם ח ע"א) מבואר שר' יהודה חשש מפני האפשרות שמראה האישה יביא את האנשים הנוכחים במעמד לידי הרהור וחטא. אולם להלכה נפסק כחכמים, וטעמו של דבר לפי המאירי (**בית הבחירה**, סוטה ז ע"א, ד"ה ואמר אח"כ) הוא "שאין החשק מצוי בדבר שעיקרו עשוי לנוול". כעין זה, יש שגרסו בירושלמי (סוטה פ"ג ה"א) שההיתר לכוהן לנגוע ביד האישה הסוטה הוא משום "שאין יצר הרע מצוי לאותה שעה", וביאר ר' יוחנן לוריא (**משיבת נפש**, בראשית י"ט, טז) שבכל מקום שיש בו "יראה ופחד ורעדה" אין חוששים ליצר הרע;[17] כלומר חשש ההרהור איננו נובע אך ורק ממידת החשיפה של הגוף אלא גם מן ההקשר שבה היא נעשית ומן האווירה הכללית של הסיטואציה.

משום כך, למשל, תמונות של נשים שאין לבושות בצניעות המופיעות כחלק מתיאור מעשי הנאצים בשואה, עשויות להיות מותרות בצפייה. עם זאת, חשוב להדגיש שאין בכך כדי לפרוץ את הגבולות, ויש לגשת למקרים כאלו ברגישות ובכנות. סביר מאוד גם שתמונות המותרות לאדם אחד יהיו בעייתיות בעבור חברו - בשל תפיסות שונות של ההקשר ושל משמעותו.

17. להסבר דברי הירושלמי ראו: **שו"ת יביע אומר**, חלק ה, אה"ע, סימן י, אות ב; **שו"ת משנה הלכות**, חלק י, סימן רטו.

4. מיניות

בלי קשר ללבוש של האישה, אין לצפות בסצנות המציגות מצבים אינטימיים בין גבר לאישה. אפילו ביחס לבעלי חיים נאמר שאין להסתכל בהם "בזמן שנזקקים זה לזה" (עבודה זרה כ ע"ב), וקל וחומר הדברים לגבי בני אדם. לא רק ראייה של יחסים מלאים נאסרה אלא גם סוגים אחרים של מגע אינטימי. כך למשל הסביר הט"ז (אה"ע, סימן כא, ס"ק א) את האיסור על בני זוג להפגין גילויי חיבה פיזיים לעיני זרים: "דכל הרואה זה נזכר לקירוב שלהם על ידי תשמיש ויבא לידי הרהור על ידי זה". קשה להגדיר מהם בדיוק גילויי החיבה שנאסרו, אך ככלל אפשר לומר שכל פעולה בעלת אופי מיני החורגת מגינוני חיבה חבריים אסורה בראייה.[18]

סיכום

א. ראייה של דמות על גבי מסך איננה נחשבת כ'ראייה' מבחינה הלכתית, ומשום כך אין בה איסור קרבה לעריות. כמו כן מסתבר, בעיקר כשהנשים שבהן צופים אינן מוכרות לצופה באופן אישי, כי אין בזה משום 'לא תתורו אחרי עיניכם'. משום כך אין לאסור באופן גורף הסתכלות של אנשים בנשים המציגות בסרטים - גם כשההסתכלות נעשית לשם הנאה.

ב. עם זאת, גם בתמונות ובסרטים קיים חשש שמא הצפייה תביא לידי הרהור וגירוי מיני שחל עליהם איסור 'ונשמרת מכל דבר רע'. משום כך יש לאסור כל הסתכלות המביאה לידי הרהור או גירוי מודעים. לא קל לתת גדרים מדויקים בתחום זה, אך חובה גמורה מוטלת על כל אדם להפעיל שיקול דעת ולבחון אם תמונה מסוימת או סצנה מסוימת מביאות אותו לידי הרהור.

ג. בחינה זו כלולה מהיבטים שונים, ולבושה של האישה עשוי ודאי להשפיע אך אפשר שגם אם הוא סוטה במעט מגדרי ההלכה אין בכך איסור - אם האישה צנועה באופן כללי. מאידך־גיסא, גם אם הלבוש הולם את גדרי ההלכה הפורמליים, אפשר שההופעה הכללית תביא לידי הרהור. כמו כן, יש חשיבות רבה לשאלת ההקשר: אפשר שיהיו תמונות של נשים שאינן לבושות בצניעות בהקשר טרגי שאינו מביא לידי הרהור (כגון סביב השואה), וכן להפך. נוסף על כך אין להסתכל בסצנות המציגות קרבה אינטימית בעלת אופי מיני, גם אם האיש והאישה לבושים לגמרי.

18. ראו בספר **אבוא ביתך**, חלק א, פרק כ (העוסק כולו בשאלת גילויי חיבה פומביים בין בני זוג).

כב

צפייה בסרטים עם סצנות לא־צנועות

"אני משתדל לברר לפני כל סרט שאני צופה בו, אם הוא ראוי לצפייה מבחינה ערכית והלכתית, ואם הוא כולל גסויות, אלימות ובעיות צניעות. פעמים רבות אני שומע על סרט או סדרה שהם טובים וראויים חוץ משתיים־שלוש סצנות שפחות מתאימות. למעשה, די קשה למצוא סרטים שאין בהם סצנות כאלו. לכן רציתי לשאול: האם אפשר לצפות בסרט כזה תוך הסטת המבט או עצימת עיניים בסצנות שאינן ראויות?"

פתיחה

בספרו **ספר, סופר וסיפור** (עמ' קמה) מעיד ש"י עגנון על מפגש מיוחד שלו עם הראי"ה קוק זצ"ל:

רבינו הגדול ר' אברהם יצחק הכהן קוק זכרונו לברכה בקשני שאתן לו את כתבי... ונזדרזתי והבאתי לו. אחר זמן נכנסתי אצלו. אמר לי, קראת את כל סיפוריך ומצאתי בהם אף דברים שאינם נאים לך. אלא ספר קטן יש לבעל פרי מגדים, ומתן שכרן של מצוות שמו, וכתוב שם בוא וראה כמה גדול כחו של היתר, שאם נפל איסור לתוך ההיתר ויש ששים כנגדו הרי האיסור מתבטל לגבי ההיתר, נמצא שההיתר מרויח מן האיסור. כך סיפוריך, נפל איסור לתוכם והרי הוא בטל בששים.

קשה לדעת באיזו מידה סיפור זה מציג במדויק את עמדתו של הרב קוק,[1] אך אין ספק שהוא ממחיש היטב את הדילמה שמציבה התרבות המודרנית בפני הרב קוק ותלמידיו. הרב קוק עצמו הקפיד מאוד על ענייני צניעות בכלל, ובתרבות בפרט, ולא היסס להעיר במכתבו לעורך גיליון 'העברי': "דרך אגב, לא לרוחנו הוא לתבל רשמי מסע בהבלטה של הפנים המלבבות והלחיים האדומות של בנות הארץ" (**אגרות ראיה, איגרת שנה**). יחד עם זאת אנו יודעים שביקר יותר מפעם אחת בגלריית האומנות הלאומית בלונדון,[2] אף שמן הסתם נתקל בדרכו באי־אלו ציורים שאינם לרוח ההלכה.[3]

התביעה לברור בין הטוב והרע ולהבחין ביניהם צריכה להנחות גם אותנו. סרטים המשלבים סצנות לא־צנועות הם במובן מסוים מקרה פשוט (באופן יחסי) שבו הטוב והרע מובחנים ונבדלים;[4] אולם - אם נמשיך עם הטרמינולוגיה של הרב קוק מתחום הלכות תערובות - עלינו לברר לגבי כל מצב אם החתיכה האסורה נותנת טעם ומשפיעה על התבשיל כולו, ואם היא בבחינת 'דבר חשוב' שאינו בטל אפילו במאה.

בדומה לאמור בפרק הקודם, גם בשאלה זו ההכרעה צריכה לקחת בחשבון את ההשלכות הנפשיות והרוחניות של ההיחשפות לסצנות לא־צנועות, ולא להצטמצם לגדרים הלכתיים בלבד. בסוף הפרק נעיר גם על היבטים אלה.[5]

א. השאלה ההלכתית

בפרק הקודם ראינו כי ישנו איסור הלכתי לצפות בסצנות לא־צנועות המוקרנות על גבי מסך משום איסור 'ונשמרת מכל דבר רע' המחייב להימנע מהרהור מיני וגירוי מיני העלולים להביא בעקיפין לידי הוצאת זרע לבטלה; בחלקו השני של הפרק ניסינו

---

1. חיזוק להשערה שבסיפור קיים גרעין אמת אך הוא אינו מדויק לחלוטין אפשר ללמוד מכך שהרעיון המובא בשם ספר **מתן שכרן של מצוות** אכן מופיע בו (בשאלה א) אך בצורה שונה.
2. יהודה גלמן, 'האסתטיקה במשנתו של הרב קוק', בתוך: בנימין איש־שלום ושלום רוזנברג (עורכים), **יובל אורות**, ירושלים תשס"ה, עמ' 159-168.
3. עוד על יחסו של הרב קוק לתרבות ראו בספרנו **בין הזמנים: תרבות, בילוי ופנאי בהלכה ובמחשבה**, עמ' 145-148.
4. שאלה זו עשויה להיות רלבנטית גם לגבי סרטים שהדילמה החינוכית־תרבותית בעניינם קטנה באופן יחסי, כגון סרטי מדע תיעודיים וכדומה.
5. יצוין כי פרק זה הוא הרחבה ותוספת לדברים שנכתבו בספר **בין הזמנים** (הנ"ל) ועוררו דיון שבא לידי ביטוי (בין השאר) בהסכמות לספר.

להציע קווים מנחים להגדרת הסצנות האסורות בצפייה. השאלה שבה נתמקד בפרק זה היא: בהינתן סרט שיש בו סצנות המוגדרות כאסורות בצפייה, האם מותר לצפות בסרט כולו תוך עצימת עיניים (או החשכת המסך) במהלך הסצנות הבעייתיות?

בהשקפה ראשונה נראה שהצפייה מותרת שהרי הצופה איננו רואה את הסצנות האסורות ואינו עובר על איסור כלשהו. עם זאת, ישנן שתי סיבות עיקריות שיכולות לאסור את הצפייה גם באופן זה:[6]

א. בחלק גדול מהמקרים מופיע הקטע הלא־צנוע במפתיע, והצופה נאלץ לצפות בו במשך רגע־קט קודם שיהיה סִפֵּק בידו לעצום את עיניו.
ב. קיים חשש שמא הצופה יימשך אחר עיניו וימשיך לצפות גם בסצנות הלא־צנועות.

יש לשים לב להבדל בין סוגי החששות. החשש הראשון מעורר שאלה הלכתית טהורה: האם מותר להגיע לראייה חטופה של מראות לא־צנועים? לעומתו, החשש השני קשור לשאלה מציאותית: האם קיים חשש סביר שהצופה לא יעצום את עיניו?[7]

ב. סוגיית 'דרכא אחריתא'

הסוגיה העוסקת במישרין בענייננו מצויה במסכת בבא בתרא (נז ע"ב) ונסובה על הפסוקים מנבואת ישעיהו (ל"ג, טו–יז):

> הֹלֵךְ צְדָקוֹת וְדֹבֵר מֵישָׁרִים מֹאֵס בְּבֶצַע מַעֲשַׁקּוֹת נֹעֵר כַּפָּיו מִתְּמֹךְ בַּשֹּׁחַד אֹטֵם אָזְנוֹ מִשְּׁמֹעַ דָּמִים וְעֹצֵם עֵינָיו מֵרְאוֹת בְּרָע. הוּא מְרוֹמִים יִשְׁכֹּן מְצָדוֹת סְלָעִים מִשְׂגַּבּוֹ לַחְמוֹ נִתָּן מֵימָיו נֶאֱמָנִים. מֶלֶךְ בְּיָפְיוֹ תֶּחֱזֶינָה עֵינֶיךָ תִּרְאֶינָה אֶרֶץ מַרְחַקִּים.

---

6. הרב פיינשטיין (**שו"ת אגרות משה**, אה"ע, חלק א, סימן נו) הציע סברה אחרת שלפיה עצם הידיעה שקיים במרחב מראה לא־צנוע גורמת להרהור. לפי סברה זו, נראה שיש להקל בצפייה בסרטים יותר מאשר בהליכה במקומות לא־צנועים, משום שבסרט אין אישה ממשית העומדת לפנינו.
7. מובן (כמו בכל תחום הלכתי־מציאותי) שהשאלה המציאותית צריכה להיבחן לאור גדרים ערכיים־הלכתיים, המכריעים מהי רמת החשש שאנו מחויבים להימנע ממנה.

במדרש (ויקרא רבה, פרשה כג) נאמר על הפסוקים הללו:

ר׳ מנשיה בר בריה דרבי יהושע בן לוי אמר מצינו שכל מי שרואה דבר ערוה ואינו זן עיניו ממנה זוכה להקביל פני השכינה. מאי טעמא? ״ועוצם עיניו מראות ברע״ מה כתיב בתריה ״מלך ביפיו תחזינה עיניך תראינה ארץ מרחקים״.

המדרש מתייחס למצב שבו אדם ״רואה דבר ערוה״ כאל מצב נתון, והוא משבח אדם זה אם הוא נמנע מלזון עיניו ממנו. המדרש כלל אינו דן בשאלה כיצד הגיע האדם לראות את ה׳ערווה׳, ונראה שבעיניו עצם העובדה שבני אדם נתקלים במראות לא־צנועים איננה טעונה הסבר מיוחד. כך נראה גם מפשט דברי ר׳ חייא בר אבא הפותחים את הסוגיה (בבא בתרא נז ע״ב):

ועוצם עיניו מראות ברע - אמר רבי חייא בר אבא: זה שאין מסתכל בנשים בשעה שעומדות על הכביסה.

ר׳ חייא בר אבא מניח כי אדם עשוי לעבור ליד נשים העומדות על הכביסה, והוא משבח את מי שאינו מסתכל בהן. אולם הגמרא מוטרדת משאלה אחרת: כיצד בכלל הגיע האדם למצב שבו הוא עובר ליד נשים? כך היא מתמודדת עם הבעיה:

היכי דמי [=במה מדובר]? אי דאיכא דרכא אחריתא [=אם יש דרך אחרת], רשע הוא! אי דליכא דרכא אחריתא [=אם אין דרך אחרת], אנוס הוא! לעולם דליכא דרכא אחריתא, ואפילו הכי מיבעי ליה למינס נפשיה [=ואפילו כך נדרש הוא לאנוס את עצמו].

הגמרא מבחינה בין שני מצבים וקובעת הלכות שונות למצבים אלו: א. כאשר ״איכא דרכא אחריתא״, העובר ליד הנשים הכובסות נקרא רשע; ב. כאשר ״ליכא דרכא אחריתא״, אין העובר במקום נחשב רשע אך עליו להכריח את עצמו ולהתאמץ שלא לראות את הנשים.

תחילה נדון במצב הראשון, שבו ״איכא דרכא אחריתא״. בגמרא נאמר שבמקרה כזה האדם נקרא ״רשע״, אך אפשר להבין את דבריה בשתי דרכים.

הרשב״ם (שם, ד״ה רשע) פירש שהכוונה גם למי שעוצם את עיניו, ולמרות זאת נקרא רשע משום ״שלא היה לו לקרב אלא להרחיק מן העבירה דקיימא לן הרחק מן הכיעור״; וכך נקטו באופן פשוט גם הרב משה פיינשטיין (**שו״ת אגרות**

משה, אה״ע, חלק א, סימן נו) והרב עובדיה יוסף (**שו״ת יחוה דעת**, חלק ה, סימן סג).

אולם מפשט דברי הגמרא נראה שדווקא מי שאינו עוצם עיניו נקרא רשע. שהרי המקבילה למילה ״רשע״ היא המילה ״אנוס״ שנאמרה במקרה שבו ״ליכא דרכא אחריתא״, והיא מתייחסת בבירור למי שאינו עוצם את עיניו (כפי שפירשו **רבנו גרשם**, שם, ד״ה אנוס, **ורשב״ם**, שם, ד״ה אנוס);[8] ואף הרמ״ה (**יד רמה**, שם, אות רסא) כתב שמדובר במי ש״לא מיכוין לאסתכולי״ כלומר מי שאינו עוצם עיניו. כך כתב גם הרב בנימין יהושע זילבר (**שו״ת אז נדברו**, חלק ז, סימן עה) בדעת הרמב״ם (**משנה תורה**, הלכות איסורי ביאה, פכ״א הכ״א) **והשו״ע** (אה״ע, כא, א) שכתבו: ״ואסור להסתכל בנשים שעומדות על הכביסה״ ומלשונם משתמע שאין כל איסור בעצם ההליכה אלא רק בהסתכלות בפועל.

המצב השני שבו דנה הגמרא הוא כאשר ״ליכא דרכא אחריתא״. במקרה כזה ברור שהאדם יכול ללכת ליד הנשים הכובסות, וגם אם הוא מסתכל בהן בהליכתו הוא אינו נקרא ״רשע״ אלא ״אנוס״. אומנם ראוי לו להשתדל ולהטות את עיניו לצד אחר (כלשון **הרשב״ם**, שם, ד״ה למינס) כדי שתחול עליו ברכת הנביא: ״וְעֹצֵם עֵינָיו מֵרְאוֹת בְּרָע; הוּא מְרוֹמִים יִשְׁכֹּן מְצָדוֹת סְלָעִים מִשְׂגַּבּוֹ לַחְמוֹ נִתָּן מֵימָיו נֶאֱמָנִים״; אך לא מדובר בחובה גמורה אלא רק במידת חסידות (כלשון **הרשב״ם**, (שם, ד״ה למינס): ״דאי אניס נפשיה חסיד הוא״).[9]

העולה מכל האמור הוא שכאשר יש דרך אחרת, אין לבחור בדרך שיש בה בעיות

8. לפי הבנה זו, כוונת הגמרא היא להקשות: מדוע הכתוב משבח את מי שעוצם עיניו כאילו נהג במידת חסידות מיוחדת, הלוא זוהי חובה ואם לא קיימהּ רשע הוא!

9. ידידנו הרב עזריה אריאל שליט״א העיר שכך אומנם הבינו רוב הפוסקים את דעת הרשב״ם (ראו: **שו״ת מהרש״ם**, חלק ב, סימן רכד; **שו״ת אגרות משה**, אה״ע, חלק א, סימן נו; **שו״ת שרידי אש**, חלק א, סימן לז; **שו״ת יחוה דעת**, חלק ה, סימן סג), אך מדברי הרשב״ם עצמו יש ללמוד אחרת, משום שכתב (בבא בתרא נז ע״ב, ד״ה אנוס): ״אם מסתכל דרך הליכתו ואונס רחמנא פטריה ולמה **מזקיקו** הכתוב להעצים עיניו דמדמשתבח ביה קרא שמעינן **דצריך** לעצום עיניו״ - ומכללם משתמע שהאדם צריך לעצום עיניו ואין זו רק מידת חסידות. אומנם לענ״ד נראה כדעת רוב האחרונים, משום שציטוט זה של הרשב״ם נאמר בשלב ההוה־אמינא של הסוגיה, שבו סברה הגמרא שהפסוק אכן מחייב עצימת עיניים והקשתה על כך, ובמסקנתה הבינה שאכן מדובר במידת חסידות בלבד. עוד יש להעיר כי מן **החפץ חיים** (הלכות לשון הרע, כלל ו, באר מים חיים, ס״ק יד) אכן משתמע שמדובר באיסור גמור (ראו בפירוש **עלי באר**, שם).

צניעות (ודאי אם מסתכל בהן בדרך הליכתו);[10] ואילו כאשר אין דרך אחרת אפשר ללכת במקום עם בעיות צניעות ולהשתדל להימנע ככל האפשר מהסתכלות אסורה. אם נשליך מכך לענייננו, הרי שכאשר אדם ניצב מול שני סרטים, אחד עם בעיות צניעות ואחד לא, חובה עליו לבחור בסרט הצנוע; אך כאשר יש לפניו רק סרט אחד, הוא רשאי לכאורה לצפות בו ולהטות את עיניו בסצנות בעייתיות.[11]

אלא שעדיין יש לברר כמה שאלות ביחס לסוגיית הגמרא: מה נחשב כ"ליכא דרכא אחריתא"? איזו רמת מאמץ נדרשת כדי ללכת בדרך חילופית? לשם איזו מטרה מותר לצאת לדרך שיש בה בעיות צניעות? על אילו בעיות צניעות מדובר?

כדי להשיב על שאלות אלו יש ללבן את יסודות היתר 'ליכא דרכא אחריתא'.

ג. הנאה הבאה לו לאדם בעל כורחו

כאשר אדם נתקל במראות אסורים הניצבים בדרכו, בלי שהוא עצמו רצה בכך, יש בכך משום 'הנאה הבאה לו לאדם בעל כורחו' שלגביה נחלקו האמוראים (פסחים כה ע"ב):

> איתמר, הנאה הבאה לו לאדם בעל כורחו. אביי אמר: מותרת; ורבא אמר: אסורה.

סוגיית הגמרא שם סבוכה ומורכבת משום שהיא דנה במחלוקת אמוראים (אביי ורבא) על אודות מחלוקת תנאים (ר' יהודה ור' שמעון); אך בעיקרו של דבר מבחינה הסוגיה בין שני צירים: "אפשר" ו"אי אפשר" (האם לאדם יש אפשרות לחמוק מן האיסור); ו"מיכוון" ו"לא קמיכווין" (האם האדם מתכוון ליהנות מן האיסור). באופן פשוט, מסקנת הסוגיה היא שלדעת ר' שמעון (שהלכה כמותו) אין חשיבות לציר של "אפשר" ו"אי אפשר", אלא רק לציר של "מיכווין" ו"לא קמיכווין", וכך פסק גם הרמב"ם (**משנה תורה**, הלכות מאכלות אסורות, פי"ד הי"ב):

> הנייה הבאה לו לאדם בעל כורחו באיסור מכל האיסורין אם נתכוון אסור ואם לא נתכוון מותר.

---

10. נראה שאין הכוונה דווקא כשמסתכל בכוונה, אלא די בכך שבוחר ללא צורך את הדרך שבה יראה את הנשים ממילא.

11. מסתבר שכאן חובת הטיית העיניים תהיה חובה גמורה ולא מידת חסידות, משום שלא מדובר על אדם ההולך בדרך ועשוי להיכשל בה, אלא בבחירה פשוטה שלא לראות את הסצנה הלא־צנועה.

מדברי הגמרא והרמב"ם עולה שכאשר האדם נהנה הנאה אסורה מבלי שהוא מתכוון אליה, אין בכך איסור ואין חובה להימנע מהנאה כזו. ממילא, היה מקום לומר שגם בנידון דידן, כאשר האדם אינו רוצה לראות את המראה הלא־צנוע הוא אינו עובר על שום איסור בראייתו (גם אם בפועל נהנה מכך).[12] לפי זה, לא הייתה צריכה הגמרא להבחין בין "איכא דרכא אחרינא" לבין "ליכא דרכא אחרינא", אלא להתיר באופן גורף כל עוד האדם אינו מתכוון ליהנות מן המראה!

הראשונים כבר הקשו קושיה זו בסוגיה המקבילה במסכת עבודה זרה (מח ע"ב) הדנה באשרה הגוזלת את הרבים:

> היתה גוזלת את הרבים, ועבר תחתיה – טהור.
>
> איבעיא להו: עבר או עובר? רבי יצחק בן אלעזר משמיה דחזקיה אמר: עובר, ורבי יוחנן אמר: אם עבר. ולא פליגי: הא דאיכא דירכא אחרינא, הא דליכא דירכא אחרינא.[13]

בגמרא מבואר שמותר לכתחילה לעבור תחת אשרה הגוזלת את הרבים רק כאשר "ליכא דירכא אחרינא", וראשוני ספרד על אתר כבר הקשו: מדוע אין מתירים זאת באופן גורף משום שהאדם אינו מתכוון ליהנות? בדבריהם אפשר למצוא כמה תשובות.

הרמב"ן (**חידושי הרמב"ן**, שם, ד"ה הא) כתב ש"כיון דודאי מתהני בצל, חיישינן דילמא איידי דאזיל ואתי מכוין להנאת הצל ולאו אדעתיה";[14] ובאופן שונה מעט כתב **הר"ן** (עבודה זרה כא ע"א מדפי הרי"ף) שאנו חוששים "שמא ישהא בישיבה ואתא לכווני". לפי הרמב"ן, החשש קשור לתודעת האדם בעת המעבר; ואילו המוקד של דברי הר"ן הוא האפשרות שהאדם ישהה ומתוך כך ייהנה. אכן מבחינה מהותית יש דמיון בין שני החששות שעניינם הוא האפשרות להימשך מן האופן המותר אל האופן האסור.

הריטב"א (**חידושי הריטב"א**, שם, ד"ה הא) ביאר את ההבדל בין הסוגיות באופן אחר: "הכא שעובר תחתיה ממש כל היכא דאית ליה דרכא אחרינא נראה שהוא מזיד ומתכוין להנאה". לפי הסברו, הסוגיה בפסחים דנה במקרים שונים שבהם אדם חולף

12. ראו בספר **גן נעול**, חלק א, פרק ה, הערה 61.
13. בהמשך הגמרא (שם) מבואר שאדם חשוב צריך לרוץ תחת האשרה גם כאשר 'ליכא דרכא אחרינא', ויש לדון אם יש לכך השלכות לנידון דידן.
14. הריטב"א (**חידושי הריטב"א**, עבודה זרה מח ע"ב, ד"ה הא) הביא את דברי הרמב"ן בנוסח מעט שונה: "דשאני הכא שהוא עובר תחתיה ממש ודמי למכוין, או דלא סגיא דלא איתהני כי שביק דרכא אחרינא ועייל בהא".

במקרה ליד ריח או מראה אסורים, ודווקא אז הותרה ההליכה כשהאדם אינו מתכוון ליהנות; אך כאשר אדם בוחר לעבור ממש מתחת לאשרה ללא סיבה אחרת, נראה כאילו הוא מתכוון ליהנות ממנה.

לעומת הריטב"א והרמב"ן, הרשב"א (המובא **בחידושי הריטב"א**, שם) כתב שאין קשר בין הסוגיות, משום שאיסור אשרה איננו איסור הנאה אלא איסור טומאה, וממילא אין משמעות לכוונת האדם.

את שלוש הסברות הללו אפשר ליישם גם בסוגייתנו:

חששם של הרמב"ן והר"ן שמא יגיע האדם לידי הנאה מכוונת קיים באופן פשוט גם בראיית מראות לא־צנועים, וכך כתב גם **החפץ חיים** (הלכות לשון הרע, כלל ו, באר מים חיים, ס"ק יד):

> ואין להקשות על סוגיא זו מהא דאמרינן בבבא בתרא... אי דאיכא דרכא אחריתי רשע הוא... דבעריות מפני שנפשו של אדם מחמדתן צריך להחמיר יותר, דהגם שעתה חושב שלא ניחא ליה בהנאה זו, פן יתגבר יצרו עליו בעל כרחו ויבוא להרהר על ידי זה.[15]

לדעת הריטב"א, לעומת זאת, יסוד האיסור הוא בכך שהאדם בוחר במודע את הדרך האסורה על פני המותרת; וכך כתב גם המהרש"א בסוגייתנו (**חידושי אגדות**, בבא בתרא נז ע"ב, ד"ה ועוצם): "אי דאיכא דרכא אחרינא הרי הוא מתכוין לעבירה ורשע מקרי על הלוכו שם".

הרשב"א כאמור הצביע על אפשרות שלישית, שלפיה היתר 'לא מתכוון' כלל אינו שייך באיסור טומאה; ונראה כי בדומה לאיסור טומאה שאינו מושפע מן הכוונה, אפשר לומר שגם איסור הסתכלות בנשים איננו איסור הנאה התלוי בכוונת האדם אלא דין שהמוקד שלו הוא התוצאה: ההרהור והטומאה הנובעת ממנו.[16] אכן, אם מדובר באיסור קרבה לעריות (כפי שמשתמע מלשון **השו"ע**, אה"ע, כא, א) מסתבר לדון בו

---

15. **החפץ חיים** הביא דוגמאות נוספות לעיקרון זה: "וכן מצינו בכמה ענינים שהחמירו יותר בעניני הסתכלות מכל האיסורים שבתורה אף בלא אפשר ולא מכוין, וכענין שאמרו אחורי ארי ולא אחורי אשה, פגע באשה בדרך - רץ אחריה ומסלקה לצדדין".

16. זאת בהנחה שהיתר 'הנאה הבאה לו בעל כורחו' נאמר רק באיסורי הנאה, ראו: **חזון איש**, או"ח, סימן ג, אות ו; ולעומתו **פני יהושע**, פסחים כה ע"ב, ד"ה אלא וד"ה כל, **ותוספות הרי"ד**, מהדורא תליתאה, פסחים כה ע"ב, ד"ה אביי.

כאיסור הנאה רגיל, אולם אם מדובר בדין 'ונשמרת' (כדברי הרמב"ם **במשנה תורה**, הלכות איסורי ביאה, פכ"א הכ"א) נראה ששאלת הכוונה פחות משמעותית בענייננו.[17]

נפקא־מינה חשובה בין השיטות מצויה סביבה השאלה האם היתר הנאה הבאה לו לאדם בעל כורחו קיים בדיני עריות. לפי **החפץ חיים** התשובה שלילית באופן גורף, לדעת הריטב"א מסתבר שהתשובה חיובית, ואילו לפי הרשב"א נראה שיש להבחין בין איסורי קרבה לבין דיני הרהור. למעשה, **הבן איש חי** (**שו"ת תורה לשמה**, סימן שצד) יישם בפירוש את היתר 'אין מתכוון' גם בענייני עריות, ומשום כך התיר לאדם לשהות בחדר שבו הגיע לאוזניו קול שירה של אישה, וכן התיר להביט בפניה של אישה יפה אף שהדבר גרם למתבונן להנאה, משום שלא נהנה מכך בכוונה.[18] גם הרב יוסף חיים זוננפלד (**שו"ת שלמת חיים**, סימן תש) כתב כי באופן פשוט יש להתיר גם הנאה של עריות אף שהיא עושה רושם על האדם.[19] יתר על כן, יש שדייקו מדברי **המשנה ברורה** (סימן עה, ס"ק יז) שגם **החפץ חיים** מתיר הנאה בעל כורחו כאשר מדובר בשמיעת קול אישה פנויה, שחומרתה פחותה מהסתכלות רגילה,[20] ואפשר שגם בראיית תמונה לא היה אוסר באופן גורף. לכאורה יש בכך כדי להוכיח שפוסקים אלו נקטו כדעת הריטב"א, היינו שדווקא קיומה של דרך אחרת הופכת את ההליכה למעין הנאה מכוונת.

ד. יסוד ההיתר בדליכא דרכא אחריתא

אחר שביארנו בדרכים שונות את טעם האיסור, מאליה עולה השאלה: מדוע התירו חכמים את ההליכה ב"דליכא דרכא אחריתא"?

לפי דברי הריטב"א, התשובה ברורה: כל עיקרו של האיסור נובע מכך שהאדם בוחר במודע וברצון חופשי ללכת דווקא בדרך האסורה, ובכך נראה כמתכוון ליהנות מן האיסור. ממילא ברור שכאשר 'ליכא דרכא אחריתא', וההליכה היא פעולה הנעשית בדלית־ברירה, הדבר יהיה מותר מדין הנאה הבאה לו לאדם בעל כורחו, וכך משתמע בדברי המהרש"א שנזכרו לעיל.

17. כך נקט בפירוש **עלי באר** על **החפץ חיים** ועיינו בספר **לבושה של תורה**, חלק ב, סימן ע, אות פה, ס"ק ב.
18. הרב יעקב לוי (**גן נעול**, חלק א, פרק ה, הערה 65) דן אם **הבן איש חי** סותר את עצמו בספר **בן איש חי**, שנה שנייה, פרשת צו, סעיף כה.
19. בספר **גן נעול** (שם) דייק כך גם מדברי **ההפלאה**, כתובות ג ע"ב, תוס' ד"ה ולידרוש.
20. **אום אני חומה**, חלק א, להבין שמועות, אות רלא. ראו גם בספר **גן נעול**, חלק א, פרק ה, הערה 63.

סברה זו תקפה רק אם נניח שבאופן עקרוני דין הנאה הבאה לאדם בעל כורחו תקף גם בהסתכלות בעריות, וכדברי חלק מן הפוסקים הנזכרים; אולם אפשר גם לבאר את ההיתר באופן שונה מעט. **בשו"ת זרע אברהם** (יו"ד, סימן ה) כתב ר' אברהם יצחקי שכאשר אדם הולך ליד הנשים רק משום שאין לו דרך אחרת, הוא אינו נחשב כ"עושה דרך תאווה";[21] כלומר אפשר להבין את סוגיית הגמרא כשיטת הפוסקים (כגון רבנו יונה והב"ח) המתירים ראייה אקראית אפילו של 'המקומות המכוסים'.[22]

דרך שלישית הציע בעל **ארחותיך למדני** במכתבו, ולפיה יסוד ההיתר הוא בכך שאדם רשאי להכניס את עצמו למצב שבו יגיע לידי איסור באונס (כגון הפלגה בים שתימשך גם בשבת; ראו **שו"ע**, או"ח, רמח), ובלבד שלא ייראה כמי שמתכוון לעבור על האיסור לכתחילה.

המשותף לכל הדרכים הללו הוא ההבנה שכאשר אין דרך אחרת האיסור כלל אינו קיים; אולם מלשון הגמרא, "אי דליכא דרכא אחריתא אנוס הוא", משתמע קצת שהאיסור קיים גם כשאין דרך אחרת, אלא שהאדם אנוס לעבור עליו ו"אונס רחמנא פטריה" כלשון **הרשב"ם** (ד"ה אנוס).[23] כך סבר גם הרב פיינשטיין (**שו"ת אגרות משה**, אה"ע, חלק א, סימן נו) שכתב שמכיוון שהאיסור הוא רק משום חשש הרהור התירו חכמים "במקום צורך" שאדם יסמוך על עצמו שלא יהרהר.

שתי ההבנות הללו עשויות להביא לידי הגדרות מעשיות שונות של היקף ההיתר: לדעת הריטב"א, די בכך שהאדם לא יבחר בדרך הבעייתית מתוך כוונה לעבור איסור; ואילו לפי הגישה השנייה צריך לשקול את ההפסד שייגרם לאדם אם יימנע מללכת בדרך זו ולהעמידו מול חומרת האיסור ללכת ליד הנשים הכובסות, וכדלקמן.

ה. הגדרת 'ליכא דרכא אחריתא'

איזה מצב נחשב ככזה שבו "ליכא דרכא אחריתא"? האם דווקא כאשר אין שום אפשרות אחרת להגיע אל היעד?

מקור המגדיר את המושג "דרכא אחריתא" אפשר למצוא **בתוספות** במסכת

21. עיינו גם **בשו"ת פני יהושע**, חלק ב, סימן מד: "כיון שאין זה מתרפא או מציל עצמו בגילוי עריות, אלא הגילוי עריות מעכבין את דרכו, אין לו להניח דרכו בשבילם אם אי אפשר לו, שאין הגילוי עריות מסייעין לו לדרכו".

22. ראו לעיל עמ' 419, 426.

23. אולם לפי הסברו הנזכר לעיל של בעל **ארחותיך למדני** אפשר ליישב את לשון הגמרא והרשב"ם.

עבודה זרה (מח ע"ב, ד"ה אי) על דברי הגמרא המלמדת שכאשר "ליכא דירכא אחרינא" מותר ללכת מתחת לאשרה:

> אי דליכא דרכא אחרינא – פירוש קצר כזה, דאי בעינן למימר אפילו ארוך יותר, אין לדבר סוף.[24]

כלומר די בעדיפות כלשהי לדרך העוברת ליד הנשים כדי להתיר ללכת בה, ואין חובה לבקש דרכים עוקפות אם הן מאריכות את משך הצעידה.[25]

מנעד רחב יותר של דעות אפשר למצוא בדברי הראשונים בסוגיה בפסחים הנזכרת לעיל. בגמרא שם נאמר שמותר לאדם ליהנות מאיסור כאשר "אי אפשר", אך מן הדוגמאות שהובאו בסוגיה ברור שלא מדובר במקרים של אונס גמור. בעקבות זאת כתבו **התוספות** (פסחים, שם, ד"ה לא):

> ו"לא אפשר" דכולי שמעתא נראה לר"י דלא אפשר כדרכו אלא בטורח גדול.

מן **התוספות** עולה שאין צורך באונס גמור, אלא די ב"טורח גדול", אך **בחידושי הריטב"א** (שם, ד"ה איתמר) נאמר:

> דכל היכא דאמרינן בשמעתין "אפשר" ו"לא אפשר" היינו אפשר בלא שום טורח או לא אפשר אלא בטורח.

דהיינו די בטורח כלשהו כדי שהדבר ייחשב כ"אי אפשר". ההקבלה בין גדרי "אי

---

24. כיוצא בזה כתב **בתוספות ר' יהודה מבירינא**, עבודה זרה מח ע"ב, ד"ה הא.

25. **התוספות** לא אמרו את דבריהם ביחס לסוגייתנו, אך סברת 'אין לדבר סוף' נכונה גם כאן. ראו גם **בשו"ת דובב מישרים**, חלק ד, ליקוטי תשובות והערות, חלק א: "על דבר שוחט ובודק אחד שהלך בכמה פעמים לכפר לשחוט ועבר על דרך כביסה שנשים עומדות שם על הכביסה ורננו אחריו, והוא הצדיק את עצמו שעוצם עיניו בשעה שעובר שם, והחלטנו אז שאין מקום להצטדקותו אחרי שיש גם דרך אחר לילך להכפר... אולם יש להמליץ עליו קצת, אחרי שהדרך השני הוא רחוק קצת יותר יש לומר דלא הוי בכלל איכא דרכא אחריתא, וסעד לדברינו מדברי התוס' בע"ז דף מ"ח [ע"ב] ד"ה אי דאיכא דרכא אחריתא פי' קצר כזה דאם לא כן אין לדבר סוף, ואם כן יש לומר הכא נמי רק בכהאי גוונא חשוב דאיכא דרכא אחריתא. אולם כל זה הוא רק מדרך המלצה אולם לקושטא דמלתא אין לדמות זה לזה, ועל כן היה לו מלחדול בזה ועל כן ישוב ויתרפא. ועל כל פנים יועיל דברינו על פי הנ"ל להקל הקנס מעליו".

אפשר" לבין גדרי "דרכא אחרינא" איננה הכרחית, אף שהיא מפורשת **בחידושי הריטב"א** (עבודה זרה מח ע"ב, ד"ה הא). עם זאת, מכלל דברי הראשונים הנזכרים עולה שבסוגיות אלו אין צורך באונס גמור של פיקוח נפש או הפסד מרובה. ואכן, **בשו"ת שלמת חיים** (אה"ע, סימן תרפו) **ובשו"ת עטרת פז** (חלק א, כרך ג, אה"ע, סימן ו) הסיקו על פי מקורות אלה ואחרים שמותר ללכת במקומות עם בעיות צניעות כאשר האלטרנטיבה כרוכה בטורח או בהפסד ממוני (כגון לנסוע במונית במקום באוטובוס).[26]

גם בנידון שלנו ברור שאם אדם יכול לבחור סרט נקי לגמרי מבלי לעשות מאמץ מיוחד, הרי שעליו לעשות זאת, ולכן יבואו על הברכה הספריות הדואגות לצנזר את הסרטים שברשותן. אך כאשר אין אפשרות זמינה להשיג סרט ללא בעיות צניעות, או שיש לאדם עניין מיוחד בסרט מסוים, נראה שהדבר נחשב כ"ליכא דרכא אחריתא"; וכך כתב גם בעל **שו"ת ארחותיך למדני** במכתבו:

> ולפי זה הכי יש לומר לגבי סרט, שאם באותה שעה הוא רוצה לראות דוקא סרט זה, אין לומר שאפשר לו לראות סרט אחר, שהרי אין סרט זה דומה לסרט אחר, ואי אפשר לראות הסרט שהוא רוצה לראות באופן אחר, ולכן צריך לומר שזה בכלל "אין לו דרך אחרת".

ו. מטרת ההליכה

הגמרא עצמה לא התייחסה כלל לשאלת מטרת ההליכה של האדם העובר ליד הנהר. באופן פשוט אפשר ללמוד מכך ששאלה זו איננה רלבנטית וכי דברי הגמרא נאמרו בלי קשר למטרת ההליכה. גם מן הדוגמאות המובאות בגמרא בסוגיית 'הנאה הבאה לו בעל כורחו' - ישיבה בצל בזמן העברת שיעור (פסחים כו ע"א), בעילה ראשונה של בתולה בשבת (**תוספות**, שם כה ע"ב, ד"ה לא) וכיוצא באלו - לא נראה שמטרת ההליכה היא בהכרח בעלת חשיבות מיוחדת. יתר על כן, מדברי הראשונים שהובאו לעיל, שהגדירו

26. בעל **שו"ת עטרת פז** (חלק א, כרך ג, אה"ע, סימן ו) ניסה להוכיח מדברי הרמ"ה בבבא בתרא שלדעתו דווקא אונס נפשות נחשב כ'ליכא דרכא אחרינא'; אך לענ"ד אין דבריו מוכרחים ואין כאן מקום להאריך. **העטרת פז** הביא גם את דבריו של הרב זילבר (**שו"ת אז נדברו** חלק ז, סימן עה) שביקש להבחין בעניין זה בין איסורי עריות לבין שאר איסורים; ולבסוף דחה את דבריו. כן הוכיח **העטרת פז** **משו"ת תורה לשמה** (סימן שצד) שגם בעריות די בטורח כלשהו כדי להתיר.

כל מצב שבו יש טורח כלשהו בהליכה דרך אחרת כ"ליכא דרכא אחרינא", מסתבר שכל מטרה שערכה שקול לטורח כזה מתירה את ההליכה.[27]

רמז לכך שהנחה זו אינה פשוטה אפשר למצוא בדברי המאירי (**בית הבחירה**, בבא בתרא נז ע"ב, ד"ה מדת) שתיאר את מידת החסידות של העוצם עיניו מראות ברע:

> ואפילו לא היתה שם דרך אחרת, והוא מוכרח לילך על כל פנים, צריך הוא לאנוס את עצמו ולהטות עצמו לצד אחר.

מדברי המאירי אפשר ללמוד שדין 'ליכא דרכא אחרינא' נאמר דווקא במי שהוא "מוכרח לילך",[28] אך אין הכרח להבין את דברי המאירי באופן זה משום שהוא דן בגדרי מידת החסידות של העוצם עיניו ולא בהגדרת הדין הבסיסית (כלומר מדבריו אין מוכח אלא שגם כאשר האדם הולך למטרה חשובה, ראוי למי שהוא חסיד לעצום את עיניו).

התייחסות מפורשת לשאלת תכלית ההליכה אפשר למצוא ב**שו"ת אגרות משה** (אה"ע, חלק א, סימן נו) שכתב כי היתר הגמרא נאמר בהליכה "לפרנסתו ולעבודתו ולשאר צרכיו" ולא לטיול בעלמא, שהרי כל עניינו של ההיתר הוא שבדלית־ברירה יכול אדם לסמוך על כך שלא יהרהר. כך פסק גם הרב שטרנבוך (**שו"ת תשובות והנהגות**, חלק ד, סימן רצז) שכתב כי אין ללכת למקומות נופש שיש בהם פריצות (אך הוא לא התייחס בפירוש למצב שבו אין מקומות נופש מקבילים בלי פריצות).

דברי ה**אגרות משה** מבוססים על שתי הנחות: א. איסור ההליכה הותר דווקא במקום 'צורך', אף שלא מדובר ב'צורך גדול'; ב. טיול איננו בגדר 'צורך'. לעיל ראינו כי ההנחה הראשונה איננה מתיישבת עם עמדת רוב הראשונים, וגם על ההנחה השנייה יש מקום של ממש להשיג – שהרי הרב פיינשטיין מודה שמותר ללכת ולקנות צרכים פיזיים שאינם הכרחיים לקיום האדם, וממילא מסתבר שהוא הדין לטיול כשיש בו מרגוע נפשי ופיזי. ואכן בספר **שלהי דקייטא** (פרק כד) ובספר **את צנועים חכמה** (חלק ב, עמ' תכד) נטו להגדיר גם טיול כ'צורך' (לפחות כאשר אין מסלול דומה שאין בו בעיות אלו), ועינינו הרואות את המוני בית ישראל החרדים לדבר ה' המטיילים בכל מרחבי ארצנו בימות הקיץ.[29]

---

27. אף שיש מקום לומר שדווקא בעבור צורך משמעותי התירו לאדם ללכת כדרכו.

28. כמו כן, מדברי המאירי (**בית הבחירה**, פסחים כה ע"ב, ד"ה הנאה) משתמע קצת כי בניגוד לשאר הראשונים הוא סבור שכאשר יש דרך אחרת שיש בה טורח אין זה נחשב כ"אי אפשר".

29. נראה שבעניין זה צעד הרב פיינשטיין בשיטתו (ראו **שו"ת אגרות משה**, או"ח, חלק ג, סימן צג), שלפיה אסור לטייל בחג הסוכות משום שאין בכך שום צורך, ורבים חלקו עליו. ראו הרב אהרן

לענייננו, לפי הזרם המרכזי של הראשונים, התופס את דין 'ליכא דרכא אחריתא' כהיתר גמור, נראה שגם הצפייה בסרט נכנסת לכלל ההיתר; אך לפי שיטתו של הרב פיינשטיין, המתיר את ההליכה רק במקרה של 'צורך', יש לשאול: האם סרט מוגדר כצורך?[30]

קשה לענות על שאלה זו וייתכן שהתשובה משתנה בין ציבור לציבור. בעיני חלק מסוים מן הציבור התורני, שהסרטים אינם חלק מעולמו, ייתכן שסרט איננו מוגדר כלל כ'צורך'. ציבור כזה אינו חש בחיסרון כלשהו הנובע מן ההימנעות מצפייה בסרטים, ותרבות הבילוי והפנאי שלו מלאה ב'דרכים אחרות'. אולם, בעבור חלק גדול מאוד מן הציבור הדתי בדורנו, המציאות שונה. פשוט וברור שסרטים ערכיים וחינוכיים (כגון סרטי היסטוריה ומדע) נחשבים כ'צורך גמור' ואולי אף כ'דבר מצווה'; אך באקלים התרבותי שבו אנו חיים, כאשר סרטים ותוכניות טלוויזיה הם מרכיב חשוב בעולם הבידור והתרבות, גם סרטים 'רגילים' יכולים בהחלט להיחשב כ'צורך' וככלי לחוויה רגשית או רגיעה נפשית; והא ראיה - סך המשאבים (זמן, ממון ועוד) שאותם משקיע האדם כדי לצרוך תכנים אלו. דברים ברוח זו טען מו"ר הרב אהרן ליכטנשטיין זצ"ל בנוגע ליציאה מהארץ על מנת "לראות תרבות בחוץ לארץ או לראות נופים שאי אפשר לראותם בארץ"; לדעתו, יש להתיר זאת בדומה להיתר לצאת לצורכי פרנסה גם אם אין בכך צורך קיומי.[31]

על כן נראה שבימינו אין כל הבדל בין טיול ממשי בשבילי הארץ לבין טיול דמיוני שהאדם חווה במהלך צפייה בסרט, ו'טיול' כזה חשוב לפחות כמו קניית מותרות שבאופן פשוט לא נאסרה ב'דליכא דרכא אחריתא'.

ז. בעיות הצניעות שהותרו

מהן בעיות הצניעות שהותר לאדם להיתקל בהן כאשר "ליכא דרכא אחריתא"? הגמרא (בבא בתרא, נז ע"ב) דנה בראיית נשים העומדות על הכביסה, ונחלקו הראשונים מה הבעיה בכך: **הרשב"ם** (שם, ד"ה לפי) פירש שבמהלך הכביסה מגלות הנשים את שוקן; ואילו **רבנו גרשם** (שם, ד"ה שעומדות) פירש שהן מגלות את זרועותיהן.

ליכטנשטיין, 'חיוב סוכה במשך טיול', **עלון שבות** 90, תשמ"ב, עמ' 78-89.

30. שאלה זו מוצגת באופן בינארי, אך מסתבר שאפשר גם לראות בסרט או בטיול 'צורך' ברמה מסוימת שמתיר רק בעיות צניעות קלות באופן יחסי.

31. הרב אהרן ליכטשנטיין, 'יציאה מארץ ישראל לחוץ לארץ: שיעור שהועבר ביום העצמאות תשס"ב', **דף קשר** 874, תשס"ב.

הזרוע והשוק הם מקומות הנחשבים כ'ערווה' (ראו ברכות כד ע"א), וממילא אפשר היה ללמוד מכאן על כל מראה שאינו צנוע. ואכן, **בשו"ת עטרת פז** (חלק א, כרך ג, אה"ע, סימן ו) הביא את דברי ר' חיים פלאג'י (בספר **עיני כל חי**, בבא בתרא נז ע"ב), שכתב שבנשים העומדות על הכביסה "מתגלה מקום התורף". נראה שכך סבר גם הרב משה פיינשטיין (**שו"ת אגרות משה**, אה"ע, חלק א, סימן נו), ולכן התיר הליכה לים מעורב "אם צריך לרפואה להיות אצל הים".

אומנם, הרב עובדיה יוסף (**שו"ת יחוה דעת**, חלק ה, סימן סג) טען שיש לסייג את היתרה של הגמרא:

> יש לחלק, שלא הותר היכא דליכא דרכא אחרינא אלא כשעובר דרך העברה בעלמא, שאפשר לו שלא להסתכל במכוון בנשים העומדות על הכביסה, אבל ללכת ולהתרחץ בים מעורב שכל פינות שהוא פונה והנה אשה לקראתו שית זונה ונצורת לב, ואי אפשר להמנע מלהסתכל ולבוא לידי הרהורי עבירה במשך זמן שהותו שם... כאן שהנשים במערומיהן, וכי אפשר אש בנעורת ולא תהבהב?

הרב עובדיה יוסף התמקד בתחילת דבריו בהיבט הכמותי, אך בהמשך דבריו דן גם בהיבט האיכותי. ואכן מסתבר להבחין בין בעיות צניעות קלות (כגון גילוי שוק וזרוע) לבין בעיות צניעות חמורות יותר שגם חשיפה קצרה אליהן עשויה להשפיע באופן משמעותי על הצופה. גם בקרב אומות העולם מקובל לדרג את רמת ההגבלה של הסרטים לפי שני היבטים אלה – כמות הסצנות הלא־צנועות ודרגת חוסר הצניעות – ולא תהא תורה שלמה שלנו כשיחה בטלה שלהם. ממילא, כאשר סרט מכיל סצנות עירום וכדומה, מסתבר לאסור את הצפייה בסרט כולו, ודווקא בבעיות צניעות קלות יש להסתמך על עצימת עיניים.[32]

כדי להגדיר נקודה זו ולחדד אותה ניעזר בדברי הרב פיינשטיין (**שו"ת אגרות**

32. באופן טבעי, קשה להגדיר הנחיות אלו באופן מדויק. יש מקום לקבל השראה מן החלוקה המקובלת בקרב אומות העולם ולומר שסרטים שקיבלו רמת סיווג (R Restricted) בשל בעיות צניעות – אסורים בצפייה; סרטים ברמת סיווג (G General Audiences) מותרים בצפייה – בכפוף לעצימת עיניים בסצנות בעייתיות; וסרטים ברמת סיווג (PG Parental Guidance Suggested) נמצאים באזור הגבול. יש להעיר שרמות סיווג אלו מתייחסות גם לתוכני האלימות וניבולי הפה שבסרט, והיבטים אלה זוקקים דיון נפרד. עוד יש להעיר שבעיות צניעות 'קלות', כגון לבוש לא־צנוע של נשים, עוברות 'מתחת לרדאר' של סיווגים אלו גם אם הן מלוות את הסרט כולו ובכך אוסרות את הצפייה בו. ההכללה הנ"ל נועדה רק לתת כיוון כללי להגדרת הסצנות האוסרות את הסרט כולו בצפייה.

משה, אה"ע, חלק א, סימן נו). הרב פיינשטיין לא הבחין בין רמות אובייקטיביות שונות של בעיות צניעות, ועל כך השיג עליו הרב עובדיה יוסף; אך מדברי הרב פיינשטיין עולה הבדל סובייקטיבי בין מצבים שונים, וכך הוא מסביר את עצם ההיתר ללכת ליד הנהר:

> דכיון דהאיסור הוא רק משום חשש שיבוא לידי הרהור רשאי לסמוך על עצמו שיסיח דעתו מהן ולא יהרהר מחמת שיסתכל בהן.

כלומר ההיתר כולו מבוסס על ההנחה שהאדם לא יגיע לידי הרהור עבירה מתוך ההסתכלות. בהמשך דבריו התלבט הרב פיינשטיין מה דינו של אדם שמעריך שיש סיכוי גבוה שהמראות הלא־צנועים יגרמו לו להרהור, והוא נשאר בספק בשאלה זו.[33] גם מבין השיטין של דברי הרב עובדיה עולה שהבעיה איננה עצם המראות הבעייתיים שיש בחוף הים אלא האווירה הכללית השוררת שם ויוצרת סבירות גבוהה להרהורי עבירה.

אם כן, שאלת הצפייה בסרט עם סצנות בעייתיות - שהקריטריון המרכזי להתירה או לאוסרה הוא מידת הסיכון להגעה להרהורי עבירה - היא בראש ובראשונה שאלה אישית, כפי שמודגש בדברי הרב פיינשטיין, אך יש לה גם היבטים אובייקטיביים. לפי הגדרה זו, מלבד כמות הסצנות הבעייתיות ומידת חומרתן, יש חשיבות גם לרוח הכללית הנושבת בסרט כולו: אם האווירה הכללית של הסרט קשורה לנושא שאיננו מיני ויש בו הבלחות קצרות הדורשות עצימת עיניים, יש לאפשר זאת; אך אם בסרט כולו שזור מתח מיני, אף אם רק סצנות מעטות מוגדרות כאסורות לחלוטין, יש מקום של ממש להימנע כליל מן הצפייה בו.

ח. הצניעות בסרט וברחוב

שיקול נוסף שיכול להשפיע על פסיקת ההלכה בענייננו הוא היחס שבין בעיות הצניעות המופיעות בסרט לבין רמת הצניעות הכללית של הרחוב. כדי להסביר נקודה

33. זו לשונו של הרב פיינשטיין: "אם סובר שלא יבוא לידי הרהור מותר להיות שם אם אינו מוצא מקום ושעות שאין שם נשים, ואם אינו בטוח צריך עיון לדינא". אומנם לעיל התיר הרב פיינשטיין כש"יותר נוטה שלא יבוא בזה לידי הרהור", ואפשר אם כן ש"אינו בטוח" משמעו שרוב הסיכויים שלא יבוא לידי הרהור; אפשר גם שבים החמיר יותר. בעל **ארחותיך למדני** התייחס גם הוא במכתבו לשאלת הספק והכריע "שאם הוא בגדר ודאי שהוא מכוין להסתכל מרצונו (באותה שעה) אז אין לו היתר לראות הסרט, אבל אם יש רק ספק בזה אז עדיין יש להתיר".

זו נקדים עיקרון חשוב שאותו ניסח הרב בנימין יהושע זילבר (**שו"ת אז נדברו**, חלק ז, סימן עה):

> בזמנינו כמעט בכל מקום הוי כעומדות על הכביסה והוי כליכא דרכא אחרינא, דאפילו בנוסע במונית אם לא ישמר היטב העינים נמי יכולין להכשל, ומנא לן דבכהאי גוונא מחויב (ללכת) בדרכא אחרינא? והנסיון יורנו דלפעמים במקום דשכיח פריצות ממילא הוא נותן לב יותר ומחליט לא להסתכל, וניצל מהסתכלות יותר ממקום שאינו מצוי.

הרב זילבר כותב, שאם אדם הולך ליד מראות שממילא רואים בכל מקום, הרי שדבר זה נחשב כ"ליכא דרכא אחריתא", כי אין אפשרות ממשית להימנע כליל ממראות אלו. גם בנידון שלנו, פעמים רבות מדובר על מראות שאומנם אינם צנועים, אך נמצאים לדאבוננו בכל מקום כיום ובכל הליכה ברחוב כמעט.

נוכחות של מראות לא־צנועים ברחוב היא משמעותית לא רק מחמת חוסר האפשרות להימנע מהם, אלא גם בשל השפעתם על האדם הצופה, שהרי כפי שראינו בפרקים הקודמים כאשר בני אדם רגילים בסוגים מסוימים של מראות, שוב אין הם גורמים להרהורי עבירה.[34] ואכן, קשה להעלות על הדעת שנתיר לאדם ללכת להנאתו ברחובות ערי החוף של מדינת ישראל בימות הקיץ, ונאסור עליו לצפות בסרט הוליוודי צנוע ברובו.

יתר על כן, נראה שצפייה בסרט עדיפה במידה רבה על הליכה ברחוב, משום שהבעיה העיקרית בשני המקרים היא הסתכלות חטופה שקשה להימנע ממנה. כבר הבאנו לעיל בפרק העשרים את מחלוקת הפוסקים בעניין מבט אקראי ב'מקומות המכוסים',[35] והראינו שמעיקר הדין יש להחמיר אלא שאפשר לצרף את דעת המקילים לסברות היתר נוספות; אך בנידון דידן יש מקום לסמוך על הדעה המקילה משום שלא מדובר במראה ממשי אלא בתמונה בלבד ואפשר שחכמים לא גזרו על כך. כעין זה כתב **העזר מקודש** (סימן כג, סעיף ג) "אודות מניעות הרבה דברים מלהסתכל בהם שלגבי אגב שיטפא לא שייך איסור"; גם בעל **שו"ת ארחותיך למדני** כתב (על פי

34. הרב זילבר מוסיף עוד עיקרון חשוב: לעיתים, כשאדם מודע מראש שעליו להיזהר משום שזהו מקום שיש בו שכיחות גבוהה יותר של פריצות, הוא מצליח להיזהר יותר מאשר במציאות רגילה (כשגם בה ישנן בעיות צניעות). לעיתים, עצם המודעות לכך שעל האדם להיזהר, יוצרת מנגנון מוצלח יותר של התמודדות.

35. ראו לעיל עמ' 277, 281.

יד מלאכי, כלל ה, אות קעט; בתגובה לגרסה מוקדמת של פרק זה) שראייה חטופה שלפני הסטת המבט מן הסרט איננה נחשבת כהסתכלות אסורה.

מאידך־גיסא יש מקום להבחין בין צפייה בסרט לבין הליכה ברחוב, משום שבהליכה ליד הנהר אין קשר בין מטרת ההליכה לבין בעיות הצניעות, ואילו בנידון דידן הסרט הוא עסקת חבילה הכוללת היתר ואיסור המעורבים זה בזה. אך בסוגיה בפסחים (כה ע״ב - כו ע״א) בעניין "אין מתכוון" הובאו דוגמאות שבהן האיסור כרוך במעשה ההיתר עצמו (כגון ישיבה בצילו של היכל), וממילא נראה שאין להבחין בין העניינים.

הבדל אחר בין התחומים קשור לתודעתו של האדם הצופה. כאשר מדובר בהליכה ברחוב, האדם טרוד בבחינת הנתיב שבו עליו ללכת ובאופן בסיסי הוא מסיח דעתו מכל דבר אחר שהוא רואה; במובן מסוים אפשר אף להגדיר אותו כמי ש'טרוד באומנותו'.[36] לעומת זאת, אדם שצופה בסרט מתכוון לראות את הדמויות המוקרנות על המסך ולהתמקד בהן, והסטת המבט היא תנועה המנוגדת לעצם מטרת הצפייה. לפיכך מסתבר כי בסופו של דבר יהיו מראות מסוימים שמותר לאדם לחלוף לידם בהליכתו ברחוב, ולמרות זאת אין נכון לצפות בסרט שהם משולבים בו. אכן, אין בסיס לומר שסברה זו תסתור את ההיתר כולו.

ט. צפייה משותפת

פתחנו בכך שישנן שתי בעיות בצפייה בסרט עם סצנות בעייתיות: ההרהור שיכול להיגרם גם מרגע־קט של הסתכלות; החשש שמא האדם יימשך אחר המראה וימשיך לצפות בו מבלי לעצום את עיניו. את שני החששות הללו אפשר להקהות כאשר צופים בסרט יחד עם אנשים נוספים. באשר לחשש השני, ההימשכות אחר הצפייה, הפתרון ברור מאליו - שהרי כל דיני ייחוד מבוססים על כך שבחברת אנשים אחרים האדם מתבייש לחטוא. כך כתב **בשו״ת פתחא זוטא** (אה״ע, סימן ח) בעניין רחיצה של בן עם אביו, המותרת לדעתו במקום רבים, ואת סברת ההיתר ביאר הרב גשטטנר (**שו״ת להורות נתן**, חלק א, סימן סא):

> דכיון דבאמת בעבידתיה טריד דבכהאי גוונא לא חיישינן להרהור... והרי הוא טריד ברחיצה, אלא דמכל מקום חיישינן להסתכלות במכוון, בזה יש לומר דבמקום רבים לא חיישינן להכי, ומשום בושה.

---

36. עיינו בספר **לבושה של תורה**, חלק ב, סימן ע, אות פה.

גם ביחס לחשש הראשון, יש משמעות לנוכחותם של אנשים אחרים כפי שמבואר בדברי **הרמ"א** (אה"ע, כא, ה):

> במקום שרוב בני אדם מצויים כגון במרחץ, מותר לרחוץ מעובדות כוכבים שפחות, וכן נוהגים.[37]

האיסור להשתמש באישה מוסבר על ידי **השו"ע** (שם) בחשש שמא יבוא לידי הרהור ולא בחשש שמא יגיע לדבר עבירה; ולמרות זאת כתב הרמ"א שיש להתיר את השימוש באישה במקום שרוב בני אדם מצויים. נראה מדברי הרמ"א שבחברת בני אדם יצרו של האדם מתפקד בעוצמה פחותה יותר, והתרחשויות שהיו גורמות לו הרהור ביחידות אינן עושות זאת בחברת אנשים אחרים.[38] הוא הדין לצפייה בסרט: אינו דומה אדם הצופה בסרט ביחידות ונאלץ להיאבק ביצרו כדי לעצום את עיניו לחבורה הצופה בסרט יחד ונזעקת להחשיך את המסך מיד כשיש חשש לסצנה בעייתית. בדומה לכך ראוי שאדם נשוי יצפה בסרטים יחד עם אשתו, שהרי בהלכות ייחוד למדנו כי בנוכחות בן זוגו אדם נרתע מלחטוא.[39]

י. ההכרעה למעשה

לפני שנים מספר, כאשר נכתבה הטיוטה הראשונה של פרק זה, שלח לנו מחבר **שו"ת ארחותיך למדני**, תלמיד חכם אנונימי בן דורנו, תשובה ארוכה ומפורטת המסכימה עם דברינו "מצד עיקר הדין". לאחר שהדברים פורסמו בכתב העת **צהר**,[40] פנו גורמים מסוימים לבעל **ארחותיך למדני** והשפיעו עליו להוציא גילוי דעת שבו נאמר כי "למעשה נראה פשוט שאין להתיר כלל, שמי יכול לשלוט על נפשו בכל פעם שנראה ערוה בסרט; ולכן מצינו שלמעשה הדבר אסור מן הדין מצד ערוה".

אנקדוטה זו ממחישה את התופעה הכואבת, המוכרת לנו היטב בדורות האחרונים, של פוסקים החוששים להביע את דעתם מפחד התגובות מבחוץ אך היא ממחישה גם

37. עיינו **בהגהות הרמ"א על המרדכי** (כתובות, רמז קפב) שהעיר על דין זה: "אם יכול להזהר מהרהור, והנמנע יתברך".

38. עם זאת, ודאי שאין כאן היתר גמור וישנם מקומות שבהם יש חשש הרהור גם בנוכחות רבים, כפי שהוכיח הרב גשטטנר **בשו"ת להורות נתן** (חלק א, סימן סא). דיון על השפעתה של נוכחות רבים ראו **בשו"ת בית יהודה** (עייאש), אה"ע, סימן לג.

39. ראו לעיל בפרק הרביעי.

40. 'צפייה בסרטים עם בעיות צניעות', **צהר** מב, תשע"ח, עמ' 71-90.

את הקושי בפסיקת הלכה בתחום זה - תחום חדש השונה באופן מהותי מן המציאות שאותה הכירו חז"ל והפוסקים. הרתיעה שאותה חשים רבים מפוסקי דורנו מובנת ומוצדקת. ה'הכשר' שניתן בציבור הדתי־לאומי לצפייה בטלוויזיה וסרטים יצר נורמה קלוקלת שבמסגרתה אנשים יראי שמיים נחשפים על בסיס קבוע לתכנים בעייתיים מאוד; כך נוצר מצב מעוות שבו אדם שלעולם לא יאכל מוצר מזון ללא הכשר (גם כשהסיכוי לעבור על איסור תורה אינו גדול), כלל לא יטרח לבדוק את הסרטים שבהם הוא צופה. משום כך יש מקום לעצור את הסחף ולקבוע סייגים לתחום פרוץ זה.

מאידך־גיסא, יש להיות מודעים לכך שחלק גדול מן הציבור הדתי־לאומי רואה סרטים אלו (וגרועים מהם) בכל מקרה וגם ימשיך לראותם. צפייה בסרטים ובסדרות היא חלק בלתי־נפרד ממציאות החיים המודרנית, וכל מי שמרפרף על עיתוני המגזר ועלוניו או מציץ ברשתות החברתיות יודע זאת. יתר על כן, גם רבנים ובני ישיבות, אנשי חינוך ומרביצי תורה, צורכים חומרים אלו פה ושם. התעלמות מן התופעה לא תעלים אותה אלא תשאיר את נושא הצניעות בסרטים פתוח, ללא גבולות וללא מענה הלכתי.

נדמה כי הדרך הנכונה היא להיות מודעים לשני מישורים של הנחיות. המישור ההלכתי הבסיסי, המתיר מעיקר הדין לצפות בסרטים תוך הקפדה על בחירת תכנים נקיים ככל האפשר והסטת המבט בקטעים בעייתיים; והמישור הגבוה יותר של תביעה מתמדת לקדושה ולטהרה, שבו אדם צריך להתאמץ להתקדם ולהתעלות. שמירת העיניים איננה הלכה בעלמא שנלמדה מגזירת הכתוב, אלא ערך יסוד בהלכה היהודית המכיל אוצרות עמוקים של עדינות וגבורה פנימית; על כן גם אם מבחינה פורמלית אפשר להתיר את הדבר, ראוי לכל אדם לקדש את עצמו במותר לו.

סיכום

א. הגמרא אסרה ללכת במקום שיש בו בעיות צניעות כאשר "איכא דרכא אחריתא" (יש דרך אחרת) והתירה כאשר "ליכא דרכא אחריתא" (אין דרך אחרת).

ב. כאשר "איכא דרכא אחריתא", העובר במקום ומסתכל במראה הלא־צנוע נקרא רשע, והפוסקים נחלקו אם מותר לאדם לעבור לכתחילה ליד מראות לא־צנועים תוך עצימת עיניים.

ג. כאשר "ליכא דרכא אחריתא" מותר ללכת במקום ולהסתמך על עצימת עיניים.[41]

41. מדברי הגמרא עצמה עולה לכאורה שעצימת העיניים היא מידת חסידות בלבד, אך מובן שדין זה נאמר דווקא ביחס להולך בדרך, שאינו מחויב לחלוטין ללכת בעצימת עיניים, ואין בה כדי

מדברי רוב הראשונים עולה שהיתר זה קיים בהליכה לכל מטרה, אך יש מן הפוסקים האחרונים שהגבילו זאת רק להליכה 'לצורך'.

ד. הפוסקים נחלקו האם טיול נחשב כ'צורך', ונראה שדין סרט כדין טיול.

ה. משלושת הסעיפים הקודמים עולה כי את שאלת הצפייה בסרט עם בעיות צניעות תוך עצימת עיניים אפשר להגדיר כספק־ספק־ספיקא לקולא (ספק אם אסור כש"איכא דרכא אחרינא", ספק אם ההיתר קיים דווקא ב'מקום צורך', וספק אם סרט נחשב כ'צורך'). לכך יש לצרף את העובדה שמדובר במראות וירטואליים ולא־ממשיים שחומרתם קלה יותר.[42] כמו כן, נראה כי סרט בעל ערך משמעותי יהיה מותר לכל הדעות (משום שמדובר ב'צורך' ואין תחליף שייחשב כ'דרכא אחריתא').[43]

ו. מכיוון שמדובר בבעיות צניעות הדומות לאלו המצויות ברחוב, מסתבר עוד יותר להקל, משום שבפועל אין אפשרות להתחמק ממראות כאלו.[44]

ז. הפוסקים הגבילו את ההיתר למקומות שאין בהם חשש גדול להרהור. זוהי הגבלה קשה להגדרה, שיש לדון בה לאור ארבעה קריטריונים: כמות הסצנות, חומרת בעיות הצניעות, האווירה הכללית של הסרט, ותחושתו האישית של הצופה.

ח. רצוי לצפות בסרט בחברת אנשים נוספים, ובמקרה כזה יש מקום למתוח מעט יותר את גבולות ההיתר אך מובן שאין לפרוץ אותם לגמרי.

ט. כל הדברים שנאמרו עד כה מתייחסים אך ורק לסרט שרובו הגדול צנוע ומותר בצפייה על פי גדרי ההלכה. בפועל, חלק ניכר מן הסרטים בימינו מלווים לכל אורכם בחוסר צניעות במובנה ההלכתי, מלבד הסצנות הנחשבות בעיני הצופים

להתיר צפייה בסצנות לא־צנועות. כמו כן, מלשון הרמב"ם והשו"ע המובאת לעיל משתמע שאין כל היתר להסתכל ממש; ועיינו **בשו"ת עטרת פז**, חלק א, כרך ג, אה"ע, סימן ו.

42. כעין זה כתב הרב הבר בספרו **את צנועים חכמה**, חלק ב, עמ' תמא, בעניין גלישה באינטרנט.

43. ראו למשל את דברי הרב שלמה אבינר בתשובתו באתר 'כיפה' מיום כ"ה באלול תשע"ח (ראו בכתובת https://goo.gl/dZH9xA): "ש: אם יש סרט חינוכי כשר באינטרנט אבל במשך דקה יש שחקנית עם שרוולים מעל המרפק מותר לראות? ת: ודאי זה לא בסדר. באותו רגע יש לעצום עיניים, כדין אדם ההולך ברחוב". מדבריו עולה שהצפייה עצמה מותרת כאשר יש צורך בדבר, כל עוד מקפידים לעצום את העיניים בזמן הסצנה הבעייתית.

44. כך כתב גם הרב יניב חניא, בתשובתו 'סרט וצניעות', ה' בתמוז תשע"ח (זמין במרשתת): "אתה רואה סרטים שהם בסדר באופן עקרוני אלא שיש שם מידי פעם דברים שהם לא 'הכי כשרים' אולם לצערנו מקובלים מאוד בחברה של ימינו... אני חושב שזה בסדר ולא יקרא 'דרך רשעים'. ואני חושב שלצערנו אין היום דרכא אחרינא של ממש בדברים אלו".

כלא־צנועות. על כן יש לבדוק ולברר היטב על אודות הסרט ואופיו קודם שצופים בו.

י. גם במסגרת קווי יסוד אלה, מוטלת החובה על כל אדם לעשות חשבון בנפשו ולהחליט האם אופי הסרטים שהוא צופה בהם תואם את שאיפותיו הרוחניות והדתיות.

רשימת פרסומים קודמים

א. מגע בין המינים במסגרות טיפוליות: 'הלכות קרבה בין המינים במסגרת טיפול', **צהר** מ, תשע"ו, עמ' 163-182.

ג. ייחוד של אדם מבוגר עם עובדת זרה: 'דיני ייחוד עם עובדת זרה', **תחומין** לח, תשע"ח, עמ' 165-185.

ד. ייחוד עם אם מבוגרת ועובדת זרה: 'דיני ייחוד עם עובדת זרה', **תחומין** לח, תשע"ח, עמ' 165-185.

ה. דיני ייחוד לבעלי נטייה חד־מינית: 'דיני ייחוד לבעלי נטייה חד־מינית, **צהר** מא, תשע"ז, עמ' 82-100.

ח. הלכות צניעות לגברים: 'הלכות צניעות לגברים', **תחומין** לט, תשע"ט, עמ' 208-217.

יד. חיוב אלמנות וגרושות בכיסוי הראש: 'חיוב אלמנות וגרושות בכיסוי הראש', **צהר** לז, תשע"ה, עמ' 51-62.

יח. היחס לאונס בתורה: 'פגיעה מינית והטרדה מינית בהלכה', **צהר** מג, תשע"ט, עמ' 93-123.

יט. פגיעה מינית והטרדה מינית בהלכה: 'פגיעה מינית והטרדה מינית בהלכה', **צהר** מג, תשע"ט, עמ' 93-123.

כב. צפייה בסרטים עם סצנות לא־צנועות: 'צפייה בסרטים עם בעיות צניעות', **צהר** מב, תשע"ח, עמ' 71–90.